계 약 법

정 광 수 著

법 영 사

본 저술은, “2014년도 강원대학교 학술연구조성비로 연구하였음(관리번호 120140246)”

머 리 말

법학전문대학원에서의 계약법강의는 종래 법과대학에서 주로 행하여지던 이론 이해 중심의 주입식 교육방식이 아닌 사례풀이 및 판례학습을 통한 문답식 내지 토론식 교육방식으로 변하고 있다. 그러므로 이에 따른 계약법과 관련된 사례 및 판례연구 중심의 강의교재 개발을 시도하여 보았다.

계약법은 민법의 가장 중심이 되는 분야라고 생각한다. 계약법의 이해를 위해 저자가 이번에 저술한『계약법』은 채권총론의 주요내용 중 채권종류 부분과 채권양도 및 채권소멸 부분을 포함하여, 계약총론과 계약각론을 중심으로 중요한 이론과 사례문제들을 해결하는 방식으로 기술하였다. 나아가 사례해결을 위한 관련 판례를 소개하여 이를 동시에 학습을 할 수 있도록 하였다. 다시 말해서 민법전상 주로 계약법과 관련된 중요한 내용의 사례마다 사례풀이를 통하여 쟁점 이론을 요약하여 정리·소개를 하였을 뿐만 아니라, 판례에 기초한 계약법상의 법률문제를 해결할 수 있도록 관련 판례들도 소개·정리를 하였다. 또한 몇몇 주제와 관련해서는 저자가 그동안 연구한 논문들 중 관련된 논문도 수록하여 참고할 수 있도록 하였다.

이번에 출간하는『계약법』교재가 그 중요성에 비추어 법학전문대학원에서 사용될 수 있는 계약법 강의교재로써 과연 얼마나 적합한 지를 스스로 판단하여 볼 때, 매우 부족한 저술임을 고백하지 않을 수 없다. 따라서 저자는 이와 같은 점들은 인식하고 향후 점진적으로 보완 과 개선을 통하여서 더욱 발전시켜 나갈 것을 스스로 다짐하여 본다.

이 책이 출간되기까지 여러 분들의 도움이 많았다. 특히 도서출판 법영사 고호균 대표님께 감사의 말씀을 드리며 또한 그 밖에도 여러 가지로 도움을 주신 모든 분들께도 이 자리를 빌어서 감사의 말씀을 올린다.

2014년 12월

강원대학교 법학전문대학원 연구실에서

정 광 수

차 례

제1장 채권법 서론

제 2 장 계약총론

제 3 장 계약각론

주요참고문헌 및 범례

1. 채권총론

곽윤직, 채권총론(신정판), 박영사, 1994 ········· 곽윤직
김기선, 한국채권법총론(제3전정판), 법문사, 1987 ········· 김기선
김상용, 채권총론(개정판증보), 법문사, 2003 ········· 김상용
김용한, 채권법총론, 박영사, 1988 ········· 김용한
김주수, 채권총론, 삼영사, 1988 ········· 김주수
김증한, 채권총론(보정판), 박영사, 1988 ········· 김증한
김현태, 신채권법총론, 일조각, 1982 ········· 김현태
김형배, 채권총론(제2판), 박영사, 1998 ········· 김형배
이승우·문흥안, 채권법총론, 한국방송대학교출판부, 1998 ········· 이승우·문흥안
이은영, 채권총론(개정판), 박영사, 1999 ········· 이은영
이태재, 채권총론, 진명문화사, 1987 ········· 이태재
이호정, 채권법총론, 한국방송대학교출판부, 1996 ········· 이호정
임정평, 채권총론, 법지사, 1989 ········· 임정평
현승종, 채권총론, 일신사, 1982 ········· 현승종

2. 채권각론

곽윤직, 채권각론(수정판), 박영사, 2000 ········· 곽윤직
김상용, 채권각론(상)[계약법], 법문사, 2003 ········· 김상용
김용한, 채권법각론, 박영사, 1988 ········· 김용한
김주수, 채권각론, 삼영사, 1988 ········· 김주수
김증한, 채권각론, 박영사, 1988 ········· 김증한
김현태, 신고 채권각론, 일조각, 1969 ········· 김현태
김형배, 채권각론《계약법》(신정판), 박영사, 2001 ········· 김형배
이은영, 채권각론(제3판), 박영사, 1999 ········· 이은영
이태재, 채권각론(개정판), 진명문화사, 1987 ········· 이태재

임정평, 채권각론, 법지사, 1995 ······ 임정평

3. 기타

김용한, 친족상속법론(보정판), 박영사, 2003 ······ 김용한가족
김주수, 친족상속법, 법문사, 1991 ······ 김주수가족
김형배, 민법학강의(제9판), 신조사, 2010 ······ 김형배강의
김형배 · 김규완 · 김명숙, 민법학강의(제10판), 2011 ······ 김형배 · 김규완 · 김명숙
이영준, 민법총칙(전정판), 박영사, 1995 ······ 이영준민총
송덕수, 신민법강의(제2판), 박영사, 2009 ······ 송덕수
송덕수, 신민법강의(제3판), 박영사, 2011 ······ 송덕수
정광수, 채권법요론, 다나출판사, 2011 ······ 정광수
지원림, 민법학강의(제5판), 홍문사, 2007 ······ 지원림

제 1 장 채권법 서론

제1절 총 설

1. 채권법의 의의

(1) 채권법의 개념

채권법은 채권관계를 규율하는 사법의 한 분야이다. 사법은 평등한 개인적 권리주체간의 법률관계를 규율한다. 이에 반하여 공법은 주로 상하관계에 있는 당사자 간의 관계 즉, 명령복종관계를 규율한다. 채권관계라 함은 그에 기하여 채권자가 채무자에 대하여 급부를 요구할 수 있는 권리를 가지는 법률관계를 말한다.

채권관계로부터 채무자에게 급부를 청구할 수 있는 권리 즉, 채권이 나온다. 그리고 채권자에게 급부를 하여야 하는 채무자의 의무 즉, 채무가 채권에 대응한다.[1)]

(2) 채권법의 법원(法源)

민법 제3편(373조-766조)이 채권법의 가장 중요한 법원이다. 본편의 제2장(계약), 제3장(사무관리), 제4장(부당이득), 제5장(불법행위) 등에서는 실제 생활에서 자주 발생하는 채권관계의 유형들을 명문으로 규정하고 있다. 이와 같은 채권발생원인들로부터 발생하는 모든 또는 다수의 개별적인 채권관계에서 공통으로 발생하는 법률문제들에 공통적으로 적용되는 규정들을 모아서 제1장 총칙이라는 이름으로

---

1) 독일에 있어서는 채권관계를 넓은 의미의 채권관계와 좁은 의미의 채권관계로 나누어 이해한다. 전자는 주채무와 기타의 부수적 주의의무가 포함된 유기적 법률관계를 의미하며, 후자는 그와 같은 법률관계에서 나오는 개별적 급부청구권 또는 채권적 청구권을 의미한다. 개별적 급부청구권을 좁은 의미의 채권관계로 파악하고 있는 것은 그 청구권이 상대방의 채무를 전제하고 있기 때문이다(김형배, 채권총론(제2판), 박영사, 1998, 23-24면); 이호정, 채권법총론, 한국방송대학교출판부, 1996, 1-2면.

전치시키고 있다. 이러한 법제도를 판덱텐 체계라고 한다.[2)]

채권총론은 민법의 다른 편으로부터 발생하는 채권관계에 대해서도 원칙적으로 적용된다. 민법전 이외에도 채권관계를 발생시키는 법률들(상법, 어음법, 수표법 등)에서도 이 법률이 달리 정하고 있지 않는 한, 채권총칙의 규정들이 적용된다.[3)]

(3) 물권법과의 차이

채권법은 특정인과 특정인 사이의 개별적 법률관계 즉, 채권관계에 관한 법이다. 따라서 채권을 상대적 권리라고 한다. 이에 반해서 물권법은 어떤 권리주체가 물건에 대하여 가지는 관계 즉, 소유권, 질권 등에 관한 법이다. 따라서 물권은 절대적 권리로 이해되고 있다. 채권법은 재산의 생산, 유통, 소비 등의 법적 거래(재화의 교환과정 즉, 장래의 재화를 취득하기 위한 관계)를 규율하는 반면에(동태적인 법역: 현재상태 변화목적), 물권법은 권리자가 현재 그의 재화를 직접 지배하는 관계를 규율한다(정태적인 법역: 현재상태 유지목적). 그러나 채권계약에 의해서는 물권변동이 발생하지 않는다.[4)]

또한 일상생활의 매매관계에서 채권법상의 매매계약과 매매목적물 및 대금의 물권법상의 재산권이전행위는 실제로 동시에 이루어지는 것이 보통이지만 개념상 구별된다. 우리 민법도 형식주의에 따라 채권행위를 의무부담행위로 파악하고 물권행위를 처분행위로 구성하고 있다. 의무부담행위와 처분행위의 상관관계는 학설상의 논쟁(유인성·무인성에 관한 견해)이 물권법에서 크게 논의되고, 채권법에서는 채권양도와 채무인수와 관련하여 준물권행위에서 다루어지고 있다.[5)]

(4) 채권법의 사회적 작용과 특질

1) 채권법의 사회적 작용

① 자본주의사회에 있어서 채권법

중세 봉건사회에서는 토지소유권을 중심으로 한 정태적 생활관계로서 물권법적 관계가 위주로 되어 있었으며 채권은 단순히 물권에 봉사하는 수단에 지나지

---

2) 이 제도는 공통적·일반적 규정을 모아서 특수규정들 앞에 전치시키는 법제도로써 우리 민법, 독일 민법 등이 이러한 법제도를 취하고 있다(이호정, 상게서, 4면).

3) 김형배, 상게서, 4면.

4) 이호정, 전게서, 3면.

5) 김형배, 전게서, 11면.

않았으나, 자본주의사회로의 발전은 물권법과 채권법의 사회적·경제적 기능에 대해서도 커다란 변화를 가져왔다. 자본주의 사회에 있어서는 물권법과 채권법이 각각 개별적으로 기능한다는 것은 드문 일이며, 상호관련 하에서 작용하는 것이 일반적이다.[6)]

예컨대, 자본주의사회에서 상품교환이 발전함에 따라 신뢰관계가 싹트기 시작하며 「현재의 재화의 교환」(소유권과 소유권의 교환)의 단계로부터 「현재의 재화와 장래의 재화의 교환」(소유권과 채권의 교환) 내지 「장래의 재화와 장래의 재화의 교환」(순수한 채권계약)의 단계로 발전한다.

② 물권의 채권화

물권 특히 소유권은 자본주의 경제의 발전과 더불어 생산수단을 확보하는 작용을 했을 뿐만 아니라, 채권과 결합하여 유동자본으로서 이용범위를 확대해 나갔다. 즉, 권리자는 물건을 스스로 사용·수익하지 않고 타인에게 이용케 하여 그 대가를 취득한다든지 또는 물건의 교환가치를 담보시킴으로써 신용을 획득하게 되었다. 따라서 자본주의의 발전은 소유권의 내용을 이용권과 가치권으로 분리시키게 되었고, 그 결과 물권(소유권)은 본래의 기능인 물건의 직접적인 지배로부터 물건의 이용 또는 가치의 공여에 대한 대가청구를 주된 기능으로 삼게 되었다.[7)]

③ 채권의 물권화

임차권을 등기하거나 또는 임차권의 목적물이 주택인 경우에는 등기가 없더라도 임차인이 그 주택의 점유와 주민등록을 마친 때에는 그 익일부터 제3자에게 대항력을 가지게 된다. 이러한 현상을 채권의 물권화라고 한다.[8)]

④ 채권의 동산화

채권을 독립된 재산으로 거래할 필요성 및 안정된 유통성을 확보하기 위하여 채권이 증권으로 화체되어 증서 그 자체가 채권과 같이 유통되는 현상을 말한다.

⑤ 채권의 우월화

오늘날 대부자본으로서의 금융자본은 동시에 그의 채권을 보전하기 위하여 기

6) 김형배, 상게서, 12면; 이승우·문홍안, 채권법총론, 한국방송대학교출판부, 1998, 8면.

7) 김형배, 상게서, 13면.

8) 예컨대, 사회정책적 필요에 의해 일정한 요건 하에서 대항요건을 갖춘 주택임차권을 그 예로 들 수 있다(주택임대차보호법 제3조 1항).

업담보제도(재단저당·공장저당 등)를 채택함으로써 그 지배력을 확고하게 굳히게 된다. 그 결과 소유의 지배적 작용의 실현을 위한 단순한 수단에 지나지 않았던 채권은 이제 반대로 소유권에 대하여 우월적 지위를 차지하게 되었다.[9] 즉, 장래의 재화 또는 노무를 취득하게 하는 채권관계가 현재의 재화를 직접 이용 및 지배하는 물권관계에 도달하기 위한 수단(보조적 관계)이었지만 오늘날은 채권이 물권을 지배하는 현상(주도적 지위)이 나타나게 되었다.

2) 채권법의 특질

① 임의법규적 성질

당사자의 의사에 의해서 채권관계의 종류, 성립 및 내용이 자치적으로 결정된다. 그리고 채권은 배타성이 없기 때문에 특정인에 대한 청구권에 지나지 않는다. 따라서 채권은 물권과 달리 내용상 획일성이나 정형성을 필요로 하지 않는다. 또한 채권법은 합리적 거래의 기준을 제시하며, 의사가 불명확하거나 결여된 경우 당사자의 의사를 보충하는 기능을 한다.[10] 그러나 자본주의의 경제발전으로 계약의 자유가 명목적인 것에 그치게 됨에 따라 경제통제입법이나 사회입법(노동법, 독점금지법, 주택임대차보호법 등) 등에 의해서 채권법의 범위가 제한되는 경우가 있다. 또한 채권관계의 내재적 성격에 비추어 채권법의 임의성이 제한되는 경우가 있다. 예컨대, 채권양도의 방법과 효력에 관한 규정은 적어도 제3자와의 관계에 있어서는 강행성을 띤다고 해석한다.[11]

② 국제적·보편적 성질

물권법 및 가족법이 지역적 색체와 역사적 특색을 지닌다면, 채권법은 자유로운 거래규율을 통해 보편적·국제적 특색을 지닌다.

③ 신의칙의 지배

채권법이 규율하는 채권관계는 계약 당사자 상호간의 신뢰관계를 중요시 하는 법률관계이다. 즉, 채권자와 채무자 사이의 신의와 성실을 바탕으로 하는 법률관계이다. 신의칙의 본질은 이익형량의 최후수단으로 당해 법규의 부당한 결과를 회피하기 위하여 이미 존재하는 법규와 법적 관계의 의미를 그 법규와 법적 관

9) 김형배, 전게서, 15면.

10) 이승우·문홍안, 전게서, 3면.

11) 김형배, 전게서, 16면.

계의 취지, 목적에 따라 완성하거나 형식적으로 주어진 법적 지위의 한계를 구체화시키는 작용을 한다. 따라서 신의칙은 채권법상 다음과 같은 역할을 한다. 첫째, 계약의 해석기준이 된다. 즉, 계약관계의 성질상 형식상의 문언에 구속을 받을 수 없는 사정이 존재하거나 또는 당사자의 의사가 흠결되어 있는 경우, 계약은 신의칙에 따라 해석되어야 한다. 둘째, 급부의 방법, 부수적 의무의 발생, 변제의 시기와 장소 및 변제과정에서의 채권자의 협력의무 등 권리의 행사와 의무의 이행에 있어서 신의칙이 가장 중요한 기능을 발휘한다.[12)]

④ 강한 로마법적 요소

물권법이 로마법적 요소와 게르만법적 요소가 혼재된 것이라면, 채권법은 강한 로마법적 요소를 지니고 있어 이점에 있어서 서로 대조된다.[13)]

2. 채권관계의 개념과 한계

(1) 채권관계의 개념

채권관계는 당사자 사이에 채권법적 권리와 채권법적 의무 및 기타 부수적 의무의 실현을 내용으로 하는 법률관계이다. 그리고 이것은 채권발생원인과 구별해야 된다.[14)] 채권관계는 그 발생원인에 의하여 결정된다. 즉 그 주채무의 성질에 따라 채권관계의 내용이 결정되는 것이라고 할 수 있다. 채권관계는 합의 또는 법률규정 혹은 그 성질에 의하여 신의칙상 부수적 의무가 성립할 수 있다. 채권관계의 내용을 결정하는 일차적 채무(주된 채무)가 이행되지 않거나 불능이 되어 이차적 채무(손해배상채무)로 변경되더라도 채권관계의 동일성은 유지된다. 보통의 경우 채권관계의 발생과 소멸 사이에 시간적 간격이 존재한다(예외, 현실매매). 채무의 이행으로 채권관계는 소멸되지만 그 채권관계는 이행된 급부에 대한 법률상의 원인으로서 의의를 유지한다.[15)]

12) 김형배, 전게서, 19면; 이승우·문홍안, 전게서, 3면.
13) 김형배, 민법학강의, 신조사, 2007, 892면.
14) 현실매매는 구별이 어려우나 계속적 채권관계의 경우는 확실히 구별된다.
15) 부당이득의 저항 없이 채권과 물권 사이의 관계가 연결된다.

(2) 채권자의 채권

1) 채권과 청구권

우리 나라 학설은 채권과 청구권이 동일하지 않다는 데에 일치하고 있다. 청구권은 채권의 본질적 요소이나 그 내용의 전부는 아니다. 채권에는 그밖에 급부수령권, 급부보유권 등의 여러 권능이 붙어 있다. 청구권은 채권의 이행기가 도래하여야 비로소 발생한다. 채권에서 본질적 요소인 청구권만을 분리해서 양도하지 못한다. 청구권은 채권이외의 권리(물권, 친족권 등)에서도 발생한다.

2) 채권의 일반적 성질

① 채권의 다양성

채권은 그 발생원인(약정 또는 법정)에 의하여 그 종류와 성질이 다양하게 이루어진다. 따라서 이에 대응하는 채무도 재산권이전형 계약이나 부당이득 및 불법행위에 의한 주는 채무, 노무제공형 계약에 의한 하는 채무, 대차형 계약에 의한 타인에 대해 물건의 이용을 요구하는 채권 등으로 다양하게 구분된다.

② 채권의 상대성

채권은 특정인에 대한 급부를 청구할 수 있는 권리라는 점에서 상대권 또는 대인권이다. 그러나 채권이 채무자와의 상대적 관계에서 이루어지는 권리라고 하여 채무자 이외의 제3자에 의한 채권침해가 용납된다는 것은 아니다[16]. 다만 채권의 상대성과 평등성으로 인하여 채권의 대세적 보호는 물권에 비하여 약하다고 할 수 있다.

③ 채권의 평등성

물권은 배타성으로 인하여 우선적 효력과 물권적 청구권이 인정되지만 채권의 경우는 채권자 평등의 원칙이 적용된다.

④ 채권의 양도성

채권은 재산권이므로 양도되는 경우에 그 동일성을 유지한 채 유통되는 것이

16) 우리 나라의 학설과 판례는 그 이론구성에 있어서는 커다란 차이가 있으나 제3자에 의하여 채권이 침해될 수 있다는 것과 이 경우에 불법행위가 성립된다는 데 대하여 모두 긍정적 태도를 취하고 있다(자세한 내용은 김형배, 전게서, 320면 이하 참조).

원칙이나 다만 신뢰관계나 인적관계를 기초로 하는 사용대차, 임대차, 고용에 있어서는 채권양도가 제한된다.

(3) 채무자의 의무

채무자의 의무는 채권자의 권리에 상응하여 채권자에 대한 일정한 행위를 부담하는 의무이다. 채무자의 의무에는 급부의무 이외에도 부수적 주의의무가 있으며, 그밖에 채권자와 채무자는 상호간의 현상이익 내지 완전성 이익을 보호하기 위한 보호의무가 있다.

① 급부의무

급부의무는 계약유형을 특정지우는 채무자의 중심적인 의무이다. 급부의무는 다시 주된 급부의무[17]와 계약유형을 결정하는 것이 아닌 우연적인 급부의무인 종된 급부의무가 있다.

전자는 계약이나 법률규정에 의해 결성되고 실례로서 매매계약에 있어서의 소유권이전의무 등을 들 수 있다. 이 의무위반의 효과로서 손해배상청구권과 계약해제권이 인정된다. 그러나 후자는 복잡한 기계의 설명서나 보증서의 인도의무로서 그 위반의 효과는 이행청구권과 손해배상청구권이 인정되고 계약해제권은 인정되지 않는다.

② 부수적 주의의무(기본채무 이외의 용태의무)

부수적 주의의무는 급부의무인 주된 급부의무의 내용을 제대로 실현하기 위해 채무자가 적절한 배려와 주의를 해야 하는 의무이다. 즉, 이 의무는 급부의 결과 내지는 급부이익의 보호를 위해서 필요하므로, 법률이나 계약상 명시적으로 규율되어 있지 않더라도 채권관계의 성질로부터 신의칙상 인정된다. 예컨대, 동산매매관계에 있어서 매도인의 채무를 예로 든다면 소유권이전의무·목적물인도의무

---

17) 주된 급부의무와 달리 주된 채무라는 개념이 판례에서 사용된다. 전자가 급부의 중심적 내용을 기준으로 파악되는 의무라면, 후자는 계약의 목적달성에서의 중요성을 중심으로 파악되는 의무이다. 즉, 주된 급부의무 이외에, 개념상으론 부수적 의무이라도 당해 계약의 목적달성에 필요불가분하다면 이는 주된 채무로 볼 수 있다. 따라서 이를 이행하지 아니하면 계약목적이 달성되지 아니하여 채권자가 그 계약을 체결하지 아니하였을 것이라고 여겨질 정도여야 한다. 예컨대, 매매계약에 있어서 주된 급부의무인 재산권이전의무가 아닌 것이라도 주된 채무가 될 수 있다. 따라서 이 경우 주된 채무를 위반하면 계약목적을 달성할 수 없으므로 채권자는 계약을 해제할 수 있다. 이처럼 주된 채무는 주된 급부의부보다 넓은 개념이다(대판 2005.11.25, 2005다53705·53712; 대판 2005.7.14, 2004다67011 등 참조).

는 급부의무이지만, 이와 같은 급부의무를 그 본래의 채무내용대로 실현하기 위하여 적절한 준비를 하고 목적물이 훼손되지 않도록 보관하여 인도 시에도 목적물에 흠이 발생하지 않도록 주의를 해야 할 의무(보관의무)와 목적물의 사용방법을 매수인에게 알려 주어야 할 의무(설명의무) 등은 부수적 주의의무에 해당한다. 보통 부수적 주의의무는 주된 급부의무의 이행에 이바지 하는 것으로서 스스로 고유한 목적을 가지고 있지 않기 때문에, 이 의무만의 이행을 소구할 수 없는 것이 원칙이고 다만 이와 같은 의무위반으로 채무자에게 손해가 발생한 경우 채무자는 손해배상의무를 진다. 그러나 부수적 주의의무 자체에 고유한 목적이 주어져 있는 경우에는 채권자가 이를 이행청구할 수 있을 뿐만 아니라 소구할 수도 있다고 생각한다.[18)]

③ 보호의무

보호의무는 채권관계 당사자 상호간의 현상이익이나 완전성이익을 보호하기 위해 요청되는 급부의무와 병존적 관계에 서는 의무이다. 즉, 채권자와 채무자는 서로 상대방의 생명·신체·소유권 기타 재산권 이익을 침해하지 않도록 배려해야 할 주의의무를 부담한다. 따라서 이 의무는 계약의 유효한 성립을 전제요건으로 하지 않으며, 급부의무와 별도로 부과되는 것이므로 그 성질상 급부의무의 이행청구나 불이행에 대한 구제와 관련이 없다. 다만 이 의무의 위반으로 상대방에게 손해를 입힌 경우에는 채무자에게 손해배상책임이 발생된다. 그러나 고용관계에 있어서는 일반적으로 노무자의 노무급부는 사용자가 제공하는 시설과 사업장에서 이루어지며, 노무자의 노동은 그의 인신과 분리되어 행하여 질 수 없다. 그러므로 사용자는 위험하고 유해한 시설이나 작업장에서 노무급부가 행하여지지 않도록 해야 할 보호의무(안전배려의무)를 부담한다고 보아야 한다. 이러한 보호의무는 노무자의 급부의무와 불가분의 관계에 있다. 근래 일본에 있어서는 근로관계에 있어서 사용자의 안전배려의무가 판례상 인정되고 있다. 따라서 이 의무는 근로자의 직장에서의 안전과 건강을 확보하기 위한 적절한 배려를 해야 할 사용자의 채무라고 이해되고 있다.[19)] 이와 같은 보호의무위반의 효과는 단순히 손해배상책임

---

18) 예컨대, 수임인의 보고의무(민법 제683조), 업무집행조합원의 보고업무(민법 제707조) 등을 생각할 수 있다.

19) 우리 나라 판례의 태도를 살펴보면 사용자의 피용자에 대한 안전배려의무(보호의무)를 근로계약에 수반되는 신의칙상의 부수적 의무로서 보고 있는가 하면(대판 2001.7.27, 99다56734 참조), 이 의무를 부수적 의무로서만 이해하지 않고 있는 판례도 있다(대판 2008.1.17, 2007다40437). 생각건대, 안전배려의무(보호의무)는 해당 계약관계의 구체적 성질에 따라 주된 채무의 내용이 될 수 있다. 예컨대, 운송계약상 운전자의 승객에 대한 보호의무 또는 유치원이나 탁아소 또는 학교나 학

의 발생에 그치지 않으며, 이를 중대하게 위반했을 경우에는 계약의 해제·해지권이 인정될 뿐만 아니라 노무제공거부권도 발생할 수 있다고 생각한다.[20]

(4) 채권관계와 호의관계

채권관계가 법률관계(권리·의무의 관계)라고 한다면 호의관계는 법외적 일상생활영역에 속하는 사실관계라고 할 수 있다. 즉, 채권관계는 법적 구속력을 지니고 있지만, 호의관계에 있어서는 당사자 사이에 법적 의무가 발생하지 않으므로, 호의관계의 당사자는 약속한 호의를 실현할 채무를 부담하지 않는다. 호의관계와 채권관계는 이해상황 또는 기타 사정을 고려하여 순수한 호의만이 존재하는가 또는 표시된 내용에 대하여 법적 구속의사가 존재하는가를 구체적으로 판단하여야 한다. 결국 호의관계의 존부에 대하여는 의사표시와 사실인 관습에 의하여 구체적인 해석을 통하여 판단하여야 한다.

단순한 호의관계만이 성립된 경우에는 이행청구권이나 채무불이행으로 인한 손해배상청구권도 발생하지 않는다. 그러나 주된 급부의무가 존재하지 않는다 하더라도, 보호의무위반으로 손해배상청구권은 발생될 수 있다. 예컨대, 파티에 초대받은 손님이 그의 외투를 하인에게 맡겼으나, 하인의 과실로 도난을 당한 경우에 주인에게는 주된 채무(파티를 개최하는 것)에 대한 의무부담의사가 없음으로 이에 대한 이행의무도 없다. 그렇지만 이 경우에 보호의무가 발생하지 않는다고는 할 수 없다. 이러한 보호의무위반으로 인한 손해에 대하여는 주인이 배상책임을 부담하여야 한다(제391조 참조). 또한 호의관계에 있어서도 불법행위로 인한 손해배상청구권은 발생할 수 있다. 예컨대, 호의로 무전여행자를 자신의 승용차에 동승시키고 가던 중 사고가 발생한 경우에는 호의동승자에 대한 운전자의 불법행위책임이 면책될 수 없다고 생각한다. 다만 호의동승자에게 사고에 기여한 과실이 있는 경우에는 운전자책임이 경감될 수 있다고 하겠다.[21]

원 등의 유치원생 또는 학생(및 학원생)에 대한 보호(및 감독)의무 등이 이에 해당될 수 있다.

20) 김형배, 채권총론, 박영사, 1998, 37면 이하.

21) 판례도 자동차손해배상보장법 제3조에 의한 자동차보유자의 손해배상책임을 원칙적으로 호의동승자에 대해서도 그대로 인정하지만, 특별한 사정이 있는 경우에 한하여 손해배상액을 경감하고 있다(대판 1996.3.22, 95다24302 등).

[문제 1]

자본주의사회에 있어서 채권과 물권의 중요성을 비교·검토하고, 채권법의 사회적 작용과 특질에 관하여 설명하시오.

(질문)

첫째, 자본주의사회에 있어서 채권의 발달에 관하여 설명하시오.

둘째, 자본주의사회에 있어서 채권법의 사회적 작용과 특질에 관하여 설명하시오.

[문제 1] 해설 :

첫째, 자본주의 경제거래가 고도로 발전하면서 채권은 소유권의 지배적 작용을 완성하는 중요한 기능을 가지는 것이 되었고, 그 본래의 기능으로부터 이탈하여 채권 자체가 독립된 재산가치를 가지는 것으로 되었다.[22]

① 자본주의 사회에서는 소유자가 소유물을 이용할 경우, 일반적으로 채권관계에 놓이게 된다. 예컨대, 상품의 소유자는 매매계약을 통해 대금채권을 취득하고, 가옥의 소유자는 임대차계약을 통해 임료(임대료)청구권을 취득한다. 그 이용가치는 이용권으로써 차주(임차인)에게, 교환가치는 담보권으로써 담보권자에게 귀속한다. 소유자는 단지 이용권자로부터 받은 대가(임료), 담보권자로부터 받은 금융(융자)을 통해 간신히 소유자로서 이익을 얻는데 그친다.

자본주의 사회에 있어서 물권(소유권)의 실질은 본래의 기능을 이탈하여 이용 또는 담보에 대한 대가청구를 할 수 있는 권리라고 말할 수 있다면, 그 실현은 채권에 의한 것이다.

② 자본주의 사회에 있어서 기업은 거대한 자본과 시설을 가지며, 기업소유권은 근로계약에 의한 노무청구권(채권)을 가지고 사람을 지배하고 있다. 그 밖에도 이와 같은 산업자본 위에 금융자본이 자리 잡고 있다. 금융자본은 자본주의 경제의 발전에 따라 자본을 축적하고 그것을 산업자본에 투자하여 기업을 사실상 장악하고 있다. 그 투자된 화폐(금융자본)는 통상 채권의 형태이다. 이와 같이 소유권의 지배작용의 실현에 봉사했던 채권이 도리어 소유권을 자신의 지배작용의 실현을 위한 수단으로써 구사하고 있다.

③ 자본주의 경제에 있어서 채권은 그 자체 독립된 재산적 가치를 가진 것이므로 대가를 받고 타인에게 양도할 수 있다. 이 재산적 가치를 가장 강도 있게 구현하는 것은 금전채권이다. 이 채권이 증권으로 화채된 어음·수표는 그 양도성·융통성에 있어서 일반 동산을 훨씬 능가하여 경제사회를 종횡으로 전전·유통되기 때문에, 쉽게 자본으로 집중되어 강력한 힘을 가지게 된다.

둘째, 중세 봉건사회에서는 토지소유권을 중심으로 한 정태적 생활관계로서 물권법적 관계가 위주로 되어 있었으며 채권은 단순히 물권에 봉사하는 수단에 지나지

---

22) 石川信·藤村和夫, 演習ノート 債權總論·各論[第4版], 法學書院, 2005, 3面.

않았으나, 자본주의 사회로의 발전은 물권법과 채권법의 사회적·경제적 기능에 대해서도 커다란 변화를 가져왔다. 자본주의 사회에 있어서는 물권법과 채권법이 각각 개별적으로 기능한다는 것은 드문 일이며, 상호관련 하에서 작용하는 것이 일반적이다. 아울러 자본주의 사회가 발전함에 따라서 물권의 채권화, 채권의 물권화, 채권의 동산화, 채권의 우월화 현상 등이 나타나고 있다. 또한 채권법의 특질은 임의법규적 성질, 국제적·보편적 성질 등을 가지며 또한 신의칙이 지배하며, 강한 로마법적 요소 등을 지니고 있다.

제 2 절 채권의 목적

1. 총 설

(1) 채권의 목적의 의의

채권의 목적이라 함은 채권자가 채무자에 대하여 청구할 수 있는 일정한 행위(작위·부작위) 즉, 급부(Leistung)를 말한다. 또는 이를 채무의 내용이라고도 한다. 예컨대, 매매관계에서 채권의 목적은 매도인이 매매의 목적물의 권리를 이전하는 것이고, 채권(급부)의 목적물은 매도인이 그 재산권을 이전해야 할 객체를 말한다. 따라서 민법 제375조 제1항 및 제399조의 채권의 목적은 채권의 목적물로 표현하는 것이 타당하다.[23)]

(2) 채권의 목적의 요건

1) 확정성

① 채권이 성립시에 확정되어야 하는 것은 아니며, 이행시까지 확정될 수 있는 것이면 된다. 객관적 사정을 고려하여 급부의 확정성 여부를 해석한다. 예컨대, 가격표 등의 객관적 표준이 있으면 매수인의 대금지급은 이에 따라 확정된다.

② 급부의 확정표준에 관하여 법률이 보충적 규정을 정하고 있는 경우 예컨대, 당사자 의사가 불명확하고, 객관적 표준이 없는 경우 급부내용은 이 규정에 의해 확정된다.

---

23) 김형배, 전게서, 43면.

민법전은 당사자 일방 또는 제3자에게 급부의 확정을 맡긴 경우에 관해서 아무 규정이 없다. 따라서 당사자의 형평을 고려하여 구체적 채권관계에 부합하는 합리적 확정기준을 찾아내야 한다. 독일 민법(제315조, 제317조)은 이 경우 『공평한 재량』을 합리적 기준으로 설정하고 있다.

③ 법률의 규정에 의하여 발생하는 채권에 있어서는 법률이 급부의 확정기준도 정하고 있다(제734조 이하, 제741조 이하, 제750조 이하, 제974조 이하 등).

2) 가능성

① 급부는 채권성립시 실현가능해야 한다. 즉, 급부의 실현불능은 무효이다. 급부실현의 가능여부는 사회의 거래관념에 따른다. 반드시 이론적 또는 물리적 불능 만에 한하지 않는다.

② 당사자 일방 또는 쌍방이 주관적으로는 급부가 가능한 것으로 믿었으나 원시적 객관적 불능인 경우는 일반적으로 채권은 불성립된다. 그러나 그것을 알거나 알 수 있었을 자는 신뢰이익의 배상을 해야 하고(제535조), 불능인 급부의 채무자가 이행의 가능성을 보증한 경우와 유책의 후발적 불능의 경우에는 이행이익의 배상을 해야 한다.

③ 후발적 불능의 경우에 대해서는 편무계약과 쌍무계약으로 나누어 살펴보면 다음과 같다. 편무계약관계에 있어서는 채무자 또는 당사자 쌍방에게 귀책사유가 없으면 채권은 소멸하고 채무자에게 귀책사유가 있는 경우는 손해배상책임을 진다. 한편, 쌍무계약관계에 있어서는 당사자쌍방에게 귀책사유가 없으면 위험부담(제537조)의 문제가 생긴다. 그러나 채권자에게 귀책사유가 있으면 제538조로 처리하고, 채무자에게 귀책사유가 있으면 채무불이행(제390조, 제393조)의 문제가 발생한다.

3) 적법성

① 계약내용이 불법 또는 부적법이면 계약은 무효이다(제105조). 예컨대, 15세 미만자를 근로자로 사용하는 계약은 무효이다(2007년 4월 11일 전부개정 법률 8372호 근로기준법 제64조 참조).

② 급부 자체는 적법한 것이더라도 위법한 목적으로 사용되는 경우, 계약은 전체적으로 위법한 것으로 무효이다. 예컨대, 금전소비대차계약을 체결하는 목적이 그 금전(급부)을 범죄의 수단으로 사용되는 경우를 말한다.

4) 사회적 타당성(반사회적 법률행위로써 제103조 위반)

첩(妾)계약은 제103조를 위반한 내용의 법률행위로써 상대방의 동의유무에 불구하고 무효이다. 그러나 부동산의 이중매매의 경우에는 제2의 매수인이 매도인의 제1의 매수인에 대한 배임행위에 적극 가담하여 매매계약을 체결한 때(제103조 위반)에만 그 매매계약은 무효이다.

5) 급부의 금전적 가치

① 급부는 보통 금전적 가치가 있으나, 금전으로 가액을 산정할 수 없는 급부도 채권의 목적으로 할 수 있다(제373조).

② 금전으로 산정할 수 없는 급부도 강제이행이 인정된다(제389조 참조).

③ 금전으로 산정할 수 없는 급부에 있어서도 채권자는 채무불이행의 경우 정신적 손해의 배상(위자료)의 청구가 인정된다(학설 및 판례). 이 경우에도 금전으로 손해를 배상할 수 있다(제394조).

(3) 급부의 종류

1) 작위급부 · 부작위급부

급부내용이 적극적 행위(작위)인 경우에는 주는 급부(매매, 교환, 증여 등)와 하는 급부(고용 및 도급 등)가 있고, 소극적 행위(부작위)인 경우에는 단순부작위 예컨대, 경업을 하지 않을 것과 임대인의 보존행위에 대한 임차인의 인용(제624조) 등이 있다. 그리고 작위급부와 부작위급부의 종류 및 성질 차이로 강제이행의 방법이 다르다. 후자의 경우는 채무자의 비용으로써 그 위반한 것을 제거하고 장래에 대한 적당한 치분을 법원에 청구할 수 있다(제389조 3항)

2) 주는 급부 · 하는 급부

작위급부의 내용에 따라서 주는 급부와 하는 급부로 분류된다. 주는 급부 즉, 작위가 물건의 인도를 의미하기 때문에 물건이 인도된다는 결과가 중요하며, 인도행위는 그 결과를 위한 수단이다. 주는 채무는 결과채무[24]로 분류될 수 있으

---

24) 결과채무는 수단채무에 비하여 채무불이행의 입증(채권자가 부담)이 용이하다. 예컨대, 운송계약상 채무자인 운송업자는 결과채무를 부담하고, 채권자인 기탁자는 채무불이행사실(화물의 도착하

며, 「직접강제」에 의하여 강제이행이 된다. 또한 하는 급부는 물건의 급부 이외의 작위가 그 내용(협의의 작위급부)이 된다. 따라서 강제이행의 방법도 「대체집행」 또는 「간접강제」에 의한다. 그리고 채무자의 행위가 중요한 고용·위임(부대체적 작위급부)의 경우에는 대인적 신뢰관계가 긴밀하여 신의칙과 사정변경의 원칙이 크게 작용한다. 그러나 도급은 일의 완성을 목적으로 하는 급부이더라도 일의 완성이라는 결과에 중점이 놓여져 있어, 그 일을 완성하는 방법이나 과정은 커다란 의의를 가지지 않는 결과채무로 분류된다. 따라서 하도급이 인정되고 강제이행의 방법은 「대체집행」의 방법에 의한다.

3) 특정물급부·불특정물급부

주는 급부에 있어서 인도목적물의 특정여부에 의한 구별이다. 점유이전을 중심으로 파악하므로 반드시 재산권이전을 수반할 필요는 없다. 또한 특정물인도 예컨대, 매도인의 급부는 보통 1회의 인도로 목적이 실현(재산권이전)되며, 임대인의 급부는 특정물을 인도(점유이전)하여야 한다. 그 결과 임차인은 이를 사용·수익하게 된다. 그리고 특정물급부의 경우 채무자는 급부목적물에 대해 선관주의의무를 부담하며(제374조), 채권성립당시 그 목적물이 있던 장소에서 이행하면 된다(제476조). 또한 양당사자의 귀책사유 없이 목적물이 멸실된 경우 반대급부위험은 채무자의 부담이다(제537조). 그리고 불특정물급부는 일정종류의 물건을 일정량을 인도하는 종류물급부를 말한다. 추상적인 일정량의 가치를 급부하는 금전급부도 여기에 속한다. 또한 불특정물급부에 있어서는 이행을 위하여 목적물이 특정되어야 한다. 이행방법·시기·장소 및 위험부담의 문제에 있어서 특정물급부와 구별된다.

4) 가분급부·불가분급부

급부의 본질 또는 가치를 손상함이 없이 급부의 분할실현여부에 따른 구별이다. 예컨대, 금전급부 및 종류물급부(예: 맥주 50병 등)가 가분급부이고, 주택 1동 또는 자동차 1대의 급부가 불가분급부이다. 그리고 급부의 가분여부는 보통 급부 또는 급부목적물의 성질에 의해 정해지나, 당사자의 의사로 불가분급부로 할 수 있다. 또한 가분급부는 법률규정(어음법 제39조 제2항) 또는 당사자의 합의가 있는 경우 분할해서 이행할 수 있다. 이와 같은 가분·불가분급부의 구별은 다수당사

지 않음)을 쉽게 입증할 수 있다. 반면 의료계약상 의료행위를 하는 의사는 수단채무를 부담하지만, 채권자인 환자는 의사의 채무불이행사실(의사가 진료를 하지 않았다는 것)을 입증해야 하는데 이것은 결과채무에 비하여 그 입증이 쉽지 않다(김형배, 전게서, 44면 주1) 참조).

자채권관계(제408조 이하)에서 특히 그 실익이 있다.

5) 일시적(일회적) 급부·계속적 급부·회귀적 급부

급부실현의 현상형태가 일시적(=일회적)(가옥의 명도) 인가, 계속적(토지의 임대나 전기·가스의 공급) 인가, 또는 회귀적(=반복적)(신문·우유배달) 인가에 의한 구별이다. 회귀적 급부를 목적으로 채무는 기본채무가 존재하고 이에 기하여 파생되는 지분채무의 내용으로 각개의 지분급부가 반복적으로 행해진다. 각개의 지분급부는 독립된 존재이지만 전급부의 한 부분이라는 측면을 지닌다(일시적 급부와 회귀적 급부의 성질을 함께 가짐). 이 구별의 실익은 이행지체·이행불능 등에서 나타난다.

회귀적 급부와 계속적 급부에 있어서는 계속적 관계의 발생으로 신의칙 및 사정변경의 원칙이 강하게 지배된다.[25] 또한 당사자의 의사표시에 의한 법률관계의 종료는 해제와 구별되는 해지(제550조 참조)이다.

2. 채권의 종류

(1) 특정물채권

1) 의 의

특정물의 인도를 목적으로 하는 채권이다. 종류채권이나 선택채권도 목적물이 특정되면, 그 때부터 특정물채권이 된다. 특정물의 인도 시까지 선량한 관리자의 주의로 보존해야 한다(제374조). 이 규정은 임의규정 내지 보충규정이므로 일차적으로 당해계약 또는 법률관계의 성질에 의하여 정해진다.

2) 선관주의

① 의 의

거래상 일반적으로 평균인에게 요구되는 정도의 주의(일반적·객관적 표준에 의한 주의)를 의미한다. 이는 민법상의 주의의무의 원칙이며, 이를 결하는 것을 "추상적 과실"이라 한다. 민법이 특히 주의의무를 경감하는 경우, 행위자의 구체적·주관적 주의능력에 따른 주의만을 요구하는 데 예컨대, "자기재산에 관한 행위와

---

25) 고용·위임·임대차 등의 계속적 채권관계에 있어서는 인적신뢰가 커다란 중요성을 지닌다.

동일한 주의", 제695조(무상수치), 제922조(친권자 주의), 제1022조(상속인의 상속재산 관리) 등, 이 주의를 결하는 것을 "구체적 과실"이라고 한다. 따라서 과실에는 경과실과 중과실이 있다. 즉, 경과실은 다소간의 주의를 결한 경우로서, 민법상의 일반적 과실을 의미한다. 반면에 중과실은 현저히 주의를 결한 경우이다. 그리고 일반적 과실은 추상적 경과실, 그밖에는 구체적 경과실이 있다.

② 선관주의의무의 존속기간

실제로 인도할 때까지 이다(학설일치). 다만 이행기 이후에는 채무자의 이행지체인 경우에는 채무자는 과실이 없더라도 책임을 지며(채무자의 책임이 가중 된다: 제392조), 채권자의 수령지체인 경우에는 채무자는 고의 또는 중과실이 있는 경우에만 책임을 진다(채무자의 주의의무가 경감 된다: 제401조).

③ 보 존

보존이라 함은 자연적 또는 인위적인 멸실·훼손으로부터 물건을 보호하여 그의 경제적 가치를 유지함을 의미한다. 구체적 행위의 내용은 그때그때의 사회통념에 따라야 하지만, 물건의 성질 또는 경제적 효용에 따라 구체적으로 결정된다.

④ 선관주의의무의 이행과 위반

선관의무를 이행했음에도 손해발생 시에는 급부위험부담은 채권자가 부담한다. 이 경우 입증책임은 채무자가 부담한다(대판 1994.10.14, 94다38182 등). 그러나 선관주의의무를 해태하여 목적물이 멸실·훼손된 경우에는 손해배상책임이 있다(제390조).

3) 기타의 효력

① 인도시(이행기)의 현상대로 인도(제462조)하면 된다. 따라서 훼손에 대하여 책임을 부담하지 않는다.

② 변제장소는 특약이 없으면 채권성립시 그 물건이 있었던 장소이다(제467조).

③ 인도전까지의 천연과실의 수취권자는 이행기이전이면 채무자이고, 이행기이후이면 채권자이다(통설). 다만 매매에 관한 제587조는 이행기 이후라도 매수인이 목적물의 대금을 지급하지 않았음을 전제로 하여 인도전에 목적물로부터 생긴 과실은 매도인(채무자)에게 과실수취권이 있다고 한다.[26]

---

26) 김형배, 전게서, 57면.

(2) 종류채권

1) 의 의

인도해야 할 목적물을 종류와 수량에 의하여 정하는 채권이다(예: 통일미 10가마). 따라서 인도해야 할 목적물이 종류채권의 성립 시 구체적으로 특정되지 않음을 이유로 불특정물채권이라고도 한다. 오늘날 대량소비사회에서 종류채권은 중요한 역할을 담당한다(단, 부동산을 목적물로 하는 경우에는 여전히 특정물채권은 중요한 위치에 있다). 종류채권은 인도목적물의 개성을 중요시하지 않으나 일정한 종류에 속하는 물건의 일정량으로 나타낼 수 있으면 성립될 수 있다. 따라서 종류채권과 특정물채권의 구별은 인도목적물이 개성적 표지에 의하여 구체적으로 확정된 것이면 특정물채권이다(예: 이 그림, 이 중고 엘란트라 승용차 등). 그러나 종류채권·특정물채권의 성립여부는 일차적으로 법률행위 해석의 문제이므로 당사자의 약정에 의한다(즉, 특정성·불특정성의 개념은 당사자의사에 의하여 주관적으로 결정될 수 있다). 그리고 종류채권의 목적물은 대체물이 보통이지만, 부대체물이라도 종류채권으로 할 수 있다(예: 일정한 면적과 구조를 가진 주택, 어느 산지의 몇 살된 말 등).

한편, 제한종류물채권은 종류채권의 일종이다. 즉, 동일 종류의 범위의 것을 특약에 의하여 특별히 한정하여 이를 목적물로 하는 채권이다(예: 甲창고에 보관된 백미 10가마). 다만 일정범위의 부대체물 중에서 일정 수량의 물건을 인도 할 것을 목적으로 하는 채권이 제한종류물채권인가 선택채권인가의 여부는 다음과 같다. 즉, 2개 이상의 급부가 선택적인을 목적을 하고 있어서 선택권자의 선택으로 수개의 급부 중의 하나가 목적이 되는 채권이면 선택채권(선택의 대상이 되는 목적물이 각각 다른 개성을 가짐. 예컨대, 1만평의 소유지 중에서 2천평을 받을 채권에 있어서는 당사자가 목적물의 개성을 중요시하는 것이 보통이므로 선택채권으로 해석한다)이다. 선택채권으로 해석될 경우와 종류채권과의 차이를 보면 첫째, 제380조가 적용(선택권은 채무자)된다. 둘째, 목적물이 특정되지 않더라도 제한된 범위내의 물건들이 전부 소실되면 불능의 문제가 발생된다. 셋째, 한정된 범위내의 것이면 중등품질(제375조 제1항)의 기준은 문제되지 않는다.

2) 목적물의 품질

① 법률행위의 성질에 의하는 것

소비임치, 소비대차 등에서는 수치인과 차주가 반환해야 할 물건의 품질은 처음에 받았던 물건과 동일한 품질이어야 한다.

② 당사자의 의사에 의하는 것

종류채권을 발생케 하는 계약으로 합의한 경우 또는 계약성립 후에 합의하는 경우, 당사자의 의사가 명확하지 아니한 경우 거래의 관습에 의하여 보충한다(제106조).

③ 법률행위의 성질에 의하거나 또는 당사자의 의사에 의하여 품질을 정할 수 없는 때는 중등품질이어야 한다.[27]

중등품질의 결정여부는 거래상의 일반개념을 기준으로 결정한다.

3) 종류채권의 특정

특정이라 함은 현실적으로 종류채무의 이행을 위해서 그 종류에 속하는 물건 중에서 구체적으로 일정한 물건을 선정하여 급부목적물로 확정하는 것을 의미한다.

① 특정의 방법

첫째, 계약에 의한 특정(지정권자에 의한 특정)

당사자의 약정에 의해 당사자의 일방 또는 제3자가 지정권을 행사하여 구체적으로 목적물을 선정할 때 특정된다. 「채권자의 동의를 얻어 이행할 물건을 지정」하는 채무자의 행위에 의한 특정(제375조 제2항)도 여기에 속한다. 만약, 지정권자가 지정권을 행사하지 않는 경우에는 채무자의 행위에 의해 특정된다.

둘째, 채무자가 이행에 필요한 행위를 완료함으로써 행하는 특정(다수설)

당사자의 약정이 없는 경우, 채무자가 이행에 필요한 행위를 완료함으로써 목적물이 특정된다(제375조 제2항). 이것은 이행행위의 착수를 의미하며 또한 채무자가 채무내용에 따른 변제의 제공(제460조)을 하는 것이며 동시에 종류채무를 특정물채무로 변경시키는 것이다.

② 이행장소에 따른 특정의 시기와 방법

a) 지참채무

채무자가 목적물을 채권자의 주소에 가지고 가서 이행하여야 하는 채무이므로 목적물이 채권자의 주소에 도달하여(채무내용에 좋은 현실의 제공) 채권자가 언제라도 수령할 수 있는 상태에 있을 때 특정이 발생한다. 예컨대, 채권자의 주소에

---

27) 중등이상의 품질을 급부하는 경우, 채무이행의 문제는 당해 거래의 목적에 의하여 결정되기 때문에 채무내용에 따른 이행이 되지 않을 수도 있다. 예컨대, 급부물건의 품질에 따라 채권자는 대가를 지불하고, 상등품은 잘 팔리지 않는 경우라면 채권자에게 불리하기 때문이다.

도달전 목적물이 멸실한 경우, 그 멸실이 불가항력에 의한 경우라도 채무자는 급부의무를 부담한다. 따라서 특정은 급부위험의 이전시기의 판단기준이다. 다만 채권자가 미리 수령거절시는 구두제공만으로 특정할 수 있다(추심채무와 같다).

b) 추심채무

채권자가 채무자의 주소에 와서 목적물을 추심하여 이행을 받아야 하는 채무이므로 채무자의 주소가 이행의 장소이다. 따라서 채무자는 급부목적물을 분리하고 채권자가 추심해 오면 수령할 수 있음을 채권자에게 통지하여 수령을 최고한 때 특정이 생긴다. 만약 채권자의 주소불명 시는 공시송달에 의하고(제113조), 채무자의 귀책사유 없이 최고할 수 없는 때는 목적물을 분리하는 등 이행의 준비를 한 때 특정이 생긴다.

c) 송부채무

채권자 또는 채무자의 주소 이외의 제3지에 목적물을 송부하는 채무이다. 만약 제3지가 본래의 이행장소인 경우는 지참채무와 같이 채무자는 그 장소에서 현실의 이행을 제공한 때 목적물이 특정된다. 그러나 채권자의 요청에 의하여 채무자의 호의로(당사자의 약정이나 제467조 제2항에 따른 의무 없이) 채권자의 주소나 영업소 또는 제3지에 발송하면 채무자의 모든 의무를 면제하기로 한 경우에는 채무자가 제3지로 목적물을 발송한 때 특정이 있게 된다.

4) 특정의 효과

종류채권은 특정에 의하여 특정물채권으로 전환되지만, 채권관계의 동일성은 상실되지 않는다.

① 채무자는 특정된 물건을 인도할 때까지 선관의무를 진다. 따라서 특정후 채무자의 귀책사유로 목적물이 멸실되면 채무자는 손해배상책임을 부담한다. 그리고 특정후 채무자의 귀책사유 없이 목적물이 멸실되면 채무자는 급부의무를 면한다(제537조). 그러나 특정전 그 종류물이 거래계에 존재하는 한, 다시 급부해야 한다.[28)]

② 특정된 다음에는 그 특정물을 인도해야 원칙이나, 특정은 이행하기 위한 수단이므로(개성에 중점을 두지 않음으로), 동종동량의 다른 물건을 인도하여도 채권자에게 불이익하지 않는 한, 채무불이행이 되지 않는다.

---

28) 다만 한정종류채권은 한정된 종류물이 멸실하면 급부의무를 면한다.

③ 하자 없는 종류물이 있는 한, 하자있는 물건의 제공은 이행의 효과가 없다.
④ 특정되었다하여 물권변동이 일어나지 않는다(형식주의; 제186조, 제188조).

(3) 금전채권

1) 의 의

금전채권이란 금전의 인도를 목적으로 하는 채권을 의미한다. 보통 화폐라고 하는 가치의 일정액의 금전을 인도하는 채권, 즉 금전채권을 말하며, 금전채권은 종류채권과는 달리 가치채권라고 한다. 금전은 재화와 노동에 대한 대가로서의 가치척도이며 법률상의 지급수단(제394조 참조)이므로 현대 경제생활에 있어서 가장 중요한 역할을 한다. 특히 채무불이행이나 불법행위로 인한 손해배상은 원칙적으로 금전으로 해야 한다(제394조, 제764조).

민법은 3개의 조문(제376조 이하)을 두어 금전채권의 특질에 관한 기본적인 것만을 규정하고 있다.

2) 금전채권의 종류

① 금액채권

a) 의 의

일정액의 금전의 인도를 목적으로 하는 채권으로 고유한 의미의 금전채권을 의미한다. 이 경우 금전은 가치측정의 기준물, 재화교환의 매개물로서 다루어진다. 따라서 금전이 강제통용력을 가지는 한(통화인 한), 금전의 종류 및 위험은 문제되지 않는다. 그 결과 채무자는 1종 또는 수종의 통화로 변제할 수 있다. 한편, 금전채권에 있어서는 이행불능이 생길 수 없고(제397조), 금전채권은 가분채권의 전형적인 것이므로 다수당사자가 있을 때는 원칙적으로 분할채권관계(제408조)가 성립한다.

b) 금전채권의 특칙

첫째, 금전채권의 불이행(이행지체)이 있을 때, 일반채무불이행과 달리 채권자에 의한 손해의 증명 없이 손해는 당연히 있다고 본다(제397조 제2항 전단).

둘째, 채무불이행시에는 언제나 채무자의 귀책사유가 인정된다(제397조 제2항 후단). 따라서 채무자는 이행지체로 인한 손해배상책임을 부담하고 과실 없음을 항변하지 못한다.

셋째, 그 손해배상액은 실제의 손해의 다소를 묻지 않고 법정이률(민사는 연 5푼: 민법 제379조; 상사는 연 6푼: 상법 제54조)에 따른다(제397조 제1항 본문). 다만 특약이 있거나(제397조 제1항 단서), 법률규정(제685조, 제705조, 제398조 등)이 있으면 이에 의한다.

넷째, 천재지변, 경제공항, 통화개혁 등의 경우에 있어서는 지급유예(Moratorium)의 조치를 취하는 경우가 있다.

다섯째, 금전가치의 변동은 예상되므로 원칙적으로 액면의 명목가액으로 변제하면 된다. 예컨대, 신의칙에 기한 사정변경원칙에 따라서 금전채권의 증액평가 또는 해제는 인정되지 않는다.[29]

② 금종채권

a) 상대적 금종채권

일정한 종류의 금전을 가지고 일정금액을 급부하는 채권이다(예: 1만원권으로 1천만원을 지급해야 할 경우). 법률개정 등으로 그 특종의 통화인 1만원권이 변제기에 강제통용력을 잃은 때에는 다른 강제통용력이 있는 통화로 변제할 수 있다(제376조가 적용된다).

b) 절대적 금종채권

당사자가 절대적으로 일정한 종류의 금전으로써 일정수량을 급부할 것을 목적으로 하는 채권을 의미한다. 예컨대, 수집목적으로 1970년 발행의 1만원권 10매의 매매계약에 있어서의 인도채권은 순수한 종류채권이므로 그 특종의 화폐가 강제통용력을 잃더라도 존재하는 한, 그것을 급부하면 이행이 된다(제376조가 적용되지 않는다).

c) 특정금전채권

진열이나 장식을 위하여 특정의 금화 또는 화폐의 임차·매매 등을 목적으로 하는 계약이나 봉금의 운송·임치계약으로부터 발생하는 인도채권으로 순수한 특정물채권이다. 금전채권의 특색은 전혀 없다 단 고가품에 관한 특칙(상법 제124조, 제136조, 제153조 등)이 적용될 수 있다.

---

29) 대판 1963.9.12, 63다452.

③ 외국금전채권(외화채권)

외국의 금전의 급부를 목적으로 하는 채권이다. 개념상 외국금액채권, 외국금종채권(상대적·절대적), 특정외국금전채권 등이 있으나 문제가 되는 것은 외국금액채권과 상대적 외국금종채권이다. 외국금액채권의 경우에는 특약이 없는 한, 채무자는 그의 선택에 따라서 그 나라의 각 종류의 통화로 변제가 가능하다(제377조 제1항). 상대적 외국금종채권의 경우에는 특종통화로 지급해야 한다. 단 그 통화가 변제기에 강제통용력을 잃은 때는 그 나라의 다른 통화로 변제해야 한다(제377조 제2항). 위 경우 채무자는 외국의 통화로 변제하는 것에 갈음하여 현실적으로 「지급할 때」(이행기가 아님)에 있어서의 이행지의 환금시가에 의하여 우리나라의 통화로 변제할 수 있다(제378조).

(4) 이자채권(이자의 채권을 목적으로 하는 채권)

1) 이자의 의의

이자는 유동자본으로서의 원본(금전 또는 소비물)으로부터 발생되는 수익으로서 원본액과 사용기간에 비례하여 일정한 이율에 의하여 지급되는 금전 또는 기타의 대체물이다. 이자발생의 보편적 원인은 금전소비대차(제598조 이하) 및 소비임치(제702조) 등이다.

이자채권은 원본채권의 존재를 전제로 한다. 따라서 원본채권이 무효·취소된 경우, 이자는 생기지 않으며, 원본채권이 존재하지 않는 종신정기금(제725조) 또는 건설이자(상법 제463조)는 이자가 아니다. 또한 이자는 유동자본의 사용대가이므로 고정자본의 사용대가인 지료·차임은 이자가 아니다. 이자는 원본사용의 대가이며 법정과실의 일종이다(제101조 제2항). 따라서 원본의 소각금·월부의 할부금·주식의 배당금은 이자가 아니다.

이자는 원본액과 사용기간에 비례하여 일정한 이율에 의하여 산정되므로, 원본사용의 대가라도 이율에 의하지 않는 것은 사례·사례금이며 이자가 아니다. 한편, 지연이자 역시 금전채무를 불이행한 경우, 법정이율 내지 약정이율에 따라 지급되는 손해배상금으로서 고유한 의미의 이자에 해당되지 않는다. 그리고 이자는 금전, 기타의 대체물이며 보통 원본과 동일 종류의 물건이나 적당한 금전평가가 가능하면 동일 종류의 물건일 필요는 없다.

2) 이자채권의 발생과 이율

① 이자채권의 발생

a) 약정이자채권

소비대차, 소비임치 등에 따른 약정으로 보통 발생하나, 매매대금의 지급을 유예하고 이자를 붙일 것을 약정할 수 있다(제587조).

b) 법정이자채권

상인 사이의 금전소비대차에서 발생한다(상법 제55조).

② 이 율

원본액에 대한 이자의 비율로서 원본이용의 일정기간을 단위로 정한다. 예컨대, 백원에 대하여 몇 전의 비율로 정한다.

a) 약정이율

약정이율은 계약 또는 관습에 의함. 다만, 금전의 소비대차의 경우는 이자제한법에 의한 제한을 받는다. 또한 약정이율의 합의가 없을 때에는 법정이율에 의한다(제379조).

b) 법정이율

민사는 연 5푼(제379조)이고, 상사는 연 6푼(상법 제54조)이다. 공탁금은 연 2푼(공탁법 제5조 및 공탁금의 이자에 관한 규칙 제2조)이다.[30)]

3) 기본적 이자채권과 지분적 이자채권

기본적 이자채권은 원본에 대해 일정기에 일정율의 이자를 발생케 하는 것을 말한다(원본채권과 부종성). 예를 들어 100만원에 대한 대금채권이 있고 이자가 연

30) 과거 법정이율을 현실화한 특별법으로 「소송촉진에 관한 특례법 제3조 제1항의 법정이율에 관한 규정」은 그 이율을 연 2할5분으로 정하고 있다(1981.3.2. 대통령령 제10240호). 그러나 1997년 11월 말부터 시작된 금융위기와 외환사정의 악화로 고금리정책에 의한 저축장려의 요청과 당시의 긴축재정 및 국제통화기금(IMF)의 강력한 요구에 의해 이자제한법은 1998년 1월13일에, 이자제한법 제1조 1항의 최고이자율에 관한 규정은 1998년 2월 24일에 폐지되었기 때문에, 소송촉진에 관한 특례법 중의 이자의 규제에 관한 이자제한법과 관련된 규정은 모두 삭제되었다. 그러나 IMF위기를 극복한 현재 사채 이자율을 연 30%로 제한하는 이자제한법 시행령이 2007년 6월 30일부터 시행되었다.

2할 4푼이라고 하면, 100만원 대한 반환채권이 원본채권이고, 이의 존재를 전제로 하여 연 24만원의 이자를 발생케 하는 채권이 기본적 이자채권이다.

지분적 이자채권은 기본적 이자채권의 효과로서 매 일정기(매월말 또는 매년말)에 지급할 것을 내용으로 하는 지분권으로서의 채권을 의미한다(원본채권과 독립성). 예컨대, 위의 예에서 매월 이자를 지급하기로 했다면 매월 2만원의 발생을 내용으로 하는 채권이 지분적 이자채권이다. 변제기 도래에 의해 발생한 지분권으로서의 이자채권과 아직 변제기가 도래하지 않은 지분적 이자채권으로 나뉜다. 전자는 원본채권과 독립된 존재로서 별도로 양도·변제할 수 있고 별도의 시효로 인해 소멸된다.

한편, 변제기에 도달한 지분적 이자채권과는 달리 원본채권이 변제 등의 원인으로 소멸하면 기본적 이자채권과 함께 장래의 지분적 이자채권도 소멸한다(존속상의 종속성). 그러나 통설은 매기의 변제기가 지난 현재의 지분권만 인정한다.

4) 복 리

복리[31]는 이자의 이자 즉, 변제기에 도래한 이자를 원본에 산입하여 이를 원본의 일부로서 이자를 붙이는 것이다.[32] 따라서 복리는 채무자에게 무거운 부담을 주기 때문에 이를 금지·제한하는 입법례가 많으나(예: 독일 민법 제248조, 스위스 채무법 제314조 3항, 불란서 민법 제1154조 등), 우리 민법은 이에 대한 규정이 없다. 그러나 통설은 구이자제한법(1962년에 제정되어 1998년 1월 13일에 폐지됨)에 위반하지 않는 복리약정은 유효하다고 한다.

5) 이자의 제한과 이자제한법

① 이자제한의 필요성

생산신용의 경우 고율의 이자는 생산원칙에 반영되어 일반서민의 소비물가를 압박하기 때문이다. 그리고 소비신용의 경우 차주의 궁박한 정도가 이율을 규정하므로 계약자유를 제한하는 외적규제가 불가피하기 때문이다.[33] 그런데 1997년

---

31) 특약에 의한 약정복리란 채무자지체 후에 복리계약으로 변제기의 도래후 이자지급이 없는 경우 이를 원본에 산입하는 것과 채무자지체 전에 복리계약으로 이자지급지체를 조건으로 이자를 원본산입하는 것이 있다. 보통 후자를 매기의 이자를 당연히 원본에 산입하는 복리계약의 전형적인 것으로 보고 있다. 또한 법정복리는 법률에 의해 복리계산이 인정되는 것으로 예를 들면 상법 제76조에 의한 상호계산시 잔액채권의 법정이자를 말한다.

32) 독립이자와 구별된다. 독립이자는 원본산입을 하지 않으며, 독립원본으로 이자를 붙인다.

33) 이자제한에 대한 법제로써 과거 이식제한령(1911년 제령 13호)은 현실에 맞지 않아 폐지되었고,

11월 말부터 시작된 금융위기와 외환사정의 악화로 고금리정책에 의한 저축장려의 요청과 당시의 긴축재정 및 국제통화기금의 강력한 요구에 의해 이자제한법은 1998년 1월 13일에 이자제한법 제1조 제1항의 최고이자율에 관한 규정은 1998년 2월 24일에 폐지되었기 때문에, 소송촉진에 관한 특례법, 보험업법, 상호신용금고법, 전당포영업법, 하도급거래공정화에 관한 법률 중의 이자의 규제에 관한 이자제한법과 관련된 규정은 모두 삭제되었다. 따라서 이자제한법이 없는 상황에서는 민법 제103조 및 제104조(불공정한 법률행위=폭리행위)에 의하여 고이자부소비대차를 무효로 해야 할 것이다. 그러나 어느 정도의 고이율을 기준으로 할 것이냐가 문제되는데 이는 법원이 개별적인 판단을 내릴 수밖에 없을 것이다. 그리고 소비대차계약이 무효로 된 경우에도 계약 전부를 무효로 할 것이 아니라 초과이자 내지 초과부분에 대해서만 무효로 하는 것이 타당하다.

그러나 2007년 6월 30일부터 이자제한법과 동시행령이 다시 부활되어 과거처럼 시행령에 의한 최고이율을 탄력적으로 조정하고 있다. 즉, IMF위기를 극복한 현재 사채 이자율을 연 30%로 제한하는 이자제한법 시행령이 2007년 6월 30일부터 시행되었다.

② 구이자제한법의 적용범위(제1조 참조)

금전을 목적으로 하는 소비대차상의 이자에 관한 약정(계약)에 적용한다. 다만, 매매대금에 대한 이자(매매관계), 계금채무에 대한 이자(조합관계), 국유임야대부료채무의 이행지체로 인한 손해배상액의 예정(임대차관계), 금전대차관계가 아닌 공동사업의 손익계산, 대차원금 5천원 미만의 이자(구이자제한법 제1조 제2항), 전당포영업상의 대부금(이율: 전당포영업법시행령 제9조가 적용됨) 등에는 적용되지 않는다.

한편, 금전 이외의 대체물(쌀, 보리, 국채 등)을 목적으로 하는 대차관계의 적용여부에 대하여는 법문에 충실하게 해석하여 적용할 수 없다는 입장[34]과 금전이외의 대체물에 유추적용할 수 있다는 입장이 있다.[35] 생각건대, 입법상의 기본취

이자제한법(1962년 법 971호)은 제한이율 최고한도가 연 2할로써 당시 거래되는 이율에 비해 너무 낮아 개정되었다. 개정 이자제한법(1965년 동법 제1710호)은 최고이자율이 연 4할 이내이었다. 그리고 금융기관의 금리는 한국은행법(제64조 및 제65조)이 조정하고 있다. 그 내용을 보면 1972.8.2. 까지는 연 3할 6푼 5리이었고, 그 후부터는 연 2할 5푼으로 조정되었으나 1980.1.12. 부터는 연 4할로 또 다시 1983.12.16부터 IMF위기 후 이자제한법이 폐지되기까지는 연 2할 5푼이었다.

34) 곽윤직, 채권총론, 신정판, 박영사, 1994, 75면; 이은영, 채권총론, 개정판, 박영사, 1999, 79면; 판례 1977. 5. 24, 77다271 등 참조.

35) 김용한, 김용한, 채권법총론, 박영사, 1988, 70면; 김주수, 채권총론, 삼영사, 1988, 66면; 이태재, 채권총론, 진명문화사, 1987, 73면; 임정평, 채권총론, 법지사, 1989, 89면 등.

지(경제적 또는 사회적 약자의 생활보호)에 부합하는 한, 금전이외의 대체물에 대해 적용하는 것이 타당하다고 하겠다.[36)]

③ 제한이율

구이자제한법은 대차원금이 5천원(현행, 10만원)이상인 경우에는 연 4할(현행, 3할)을 초과하지 아니하는 범위 내에서 그때그때의 경제사정과 신용사정을 고려하여 대통령령으로 정하고 있다. 그 당시 대통령령으로 정해진 최고이율은 년 2할 5푼(이자제한법 제1조 제1항의 최고이자율에 관한 규정, 1983.12.16. 대통령령 제11280호) 이었다. 아울러 금전대차에 있어서 채권자가 받는 원금 이외의 금전은 할인금, 수수료 등 명칭여하에 불구하고 이자로 간주된다(간주이자: 동법 제3조).

④ 제한위반의 효과

구「이자제한법」 제2조의 무효라는 의미는 초과부분의 이자를 재판상 청구할 수 없음은 물론이며, 실체법상으로도 초과부분의 이자에 대한 약정은 무효라고 해석하고 있다. 그러나 채무자가 초과이자를 임의로 지급한 경우에 반환청구여부에 관하여 처음에 판례는 반환청구가 불가하다는 입장이었고, 학설은 대립되어 있다. 즉 이자제한법의 실효성을 위해(제746조 단서 적용) 또는 폭리행위로 보아(제746조 단서적용)[37)] 임의 지급한 초과이자의 반환청구를 긍정하는 긍정설과 경제적 약자의 신용획득의 길을 막지 않기 위해(제746조 본문 적용) 부정하는 부정설이 대립하고 있다.

또한 판례는 제한이율을 초과하여 지급된 이자에 대한 변제충당의 여부를 채무자의 의사여하에 따라 구「이자제한법」의 적용여부가 다르다고 한다. 즉, 채무자의 긍정적 의사의 초과이자지급은 유효하고(구 「이자제한법」이 적용되지 않음) 따라서 원금에 변제충당은 할 수 없다(대판 1966.10.25, 66다1058). 그러나 채무자의 적극적 의사 없는 초과이자지급은 무효(이자제한법이 적용됨)이므로, 원금에 변제충당을 할 수 있다고 한다(대판 1969.10.28, 65다2229). 이에 반하여 학설은 초과이자약정은 채무자 의사여부에 불구하고 무효이라고 한다. 즉, 변제충당의 적극적 의사여부에 불구하고 초과이자는 민법 제479조 제1항에 따라 원금충당이 가능하다고 한다.[38)]

---

36) 김형배, 전게서, 85면.

37) 김형배, 전게서, 89-90면.

38) 김형배, 상게서, 90면; 이은영, 전게서, 139면; 곽윤직, 전게서, 82면.

그러나 신「이자제한법」이 제정·공포되기 직전에[39] 대법원은 과거의 판례를 변경하여 '사회통념상 허용되는 한도를 초과하는 이율의 이자를 약정하여 지급받은 경우에는 차주는 그 이자의 반환을 청구할 수 있다'고 판시하였다.[40]

한편, 신「이자제한법」에 의하면 대차원금이 10만원 이상인 금전소비대차에 대해 적용하되, 연이율을 연 30%로 한정하고 이를 초과하는 부분의 이자 약정은 무효로 하고 있다(제2조 제1항, 제3항). 따라서 그 초과부분에 대해서는 재판상 이를 청구할 수 없으며, 타인에게 양도 또는 초과이자를 자동채권으로 하는 상계의 의사표시는 그 효력이 없다고 본다.[41] 그리고 이러한 제한초과이자에 대하여 준소비대차계약 또는 경개계약을 체결하더라도 그 초과부분에 대하여는 효력이 생기지 아니한다고 하겠다.[42] 또한 차주가 연 30%가 넘는 이자약정을 하고 이를 임의로 지급한 경우에는 초과 지급된 부분은 우선 원금에 충당하게 되고, 원본이 소멸한 때에는 그 반환을 청구할 수 있다(제2조 제4항).

그러므로 그동안 구「이자제한법」하에서 초과이자약정과 초과이자를 임의로 지급한 경우의 효력문제에 대한 논란이 있었으나, 이 문제는 위와 같이 신「이자제한법」을 제정함으로써 입법적으로 해결되있다.

⑤ 선이자

선이자란 원본을 차주에게 인도할 때 미리 공제하는 이자를 의미한다. 예컨대, 100만원을 연간 2할 4푼으로 6개월간 대차하는 경우에 이자 12만원을 미리 공제하고 88만원을 인도하면서 6개월 후에 100만원을 반환하는 경우이다. 또한 구「이자제한법」 제3조에 의하면 간주이자(예금, 수수료, 할인금 등)를 미리 공제하면 역시 선이자의 공제로 본다. 따라서 첫째, 실제로 수수되지 않은 부분에 대하여 소비대차계약이 성립할 수 있는가? 둘째, 수령하지 않고 사용하지 않은 금액에 대한 이자가 발생할 수 있는가? 셋째, 제한이율을 초과한 이자를 어떻게 다루어야 하는가? 등 선이자에 관한 해석상의 문제가 발생한다.

판례는 첫째, 둘째, 셋째 모두 무효이므로 약정원본의 반환 시에 공제하여야 한다고 한다(대판 1993.11.23, 93다23459). 이에 대하여 일본 민법상 소비대차의 요물성(일본 민법 제587조)과 달리 사적자치의 원칙과 우리 민법상 소비대차는 낙성계약이므로 약정원본이 이자계산의 기초가 된다는 이유에서 이자제한법의 제한

---

39) 2007.3.29에 공포되어 2007.6.30부터 시행됨.

40) 대판(전원) 2007.2.15, 2004다50425.

41) 대판 1963.11.21, 63다429.

42) 대판 1998.10.13, 98다17046.

이율 내의 이자를 차주가 미리 공제하여 대주에게 선급하는 계약은 이자제한법에 저촉되지 않는다는 이유를 들어 판례의 태도를 비판하는 견해가 있다.[43)]

(5) 선택채권

1) 의 의

선택채권이란 처음에는 수개의 서로 다른 급부가 선택적으로 채권의 목적이 되어 있으나 후에 선택에 의해 그 중의 하나가 급부의 목적이 되는 채권을 말한다. 선택에 의하여 하나의 급부로 특정될 때까지는 이행할 수 없으며 또한 강제집행도 할 수 없다. 선택되는 목적물이 수개라도 선택채권은 하나이며, 선택(특정)이 있기 전까지는 채무자는 제374조에 의한 보관의무를 부담하지 않는다. 따라서 누가 선택권을 가지는가에 대하여 민법은 자세한 규정을 두고 있다.

2) 발생원인

선택채권은 법률행위(예: 서로 다른 종류의 자동차들 중에서 1대를 증여, 매매, 임대차하는 경우 등)[44)] 또는 법류규정(예: 제135조, 제203조 제2항, 제443조 등)에 의하여 발생한다.

3) 선택채권의 특정(집중)

채무이행을 위해 수개의 급부 중에서 그 하나를 특정해서 단순채권으로 변경하는 것을 특정(또는 집중)이라고 한다.

① **선택에 의한 특정**(보통의 방법)

a) 선택권 및 선택권자

선택권(형성권)이란 선택(수개의 급부중 하나를 선정하는 의사표시)을 할 수 있는 법률상의 지위를 말하며 이러한 선택권을 가진 선택권자의 일방적 의사 표시에 의해 특정의 효과가 발생된다. 그리고 선택권자가 누구인가는 선택채권의 발생원인

---

43) 곽윤직, 전게서, 86면; 김상용, 채권총론, 개정판증보, 법문사, 2003, 90면.

44) 판례는 위임계약에 따른 보수로서 한 덩어리의 토지 중에서 일정평수를 양도받을 채권을 선택채권으로 본다(대판 1972.7.11, 70다877). 즉, 특정한 위치의 토지가 가지는 개성이 중요시되기 때문이다. 따라서 급부목적물이 같은 종류라도 그 개성과 특성이 다른 때에는 선택채권의 대상이 될 수 있다.

에 의하여 정하여 지는 것이 통례이다. 예컨대, 선택채권이 법률규정에 의해 발생하는 경우에는 선태권자는 법률규정에 의해 정해진다(제135조 제1항은 무권대리인의 상대방인 채권자를, 제203조 제2항은 점유물의 회복자인 채무자를 선택권자로 규정하고 있다). 그리고 선택채권이 법률행위에 의해 발생하는 경우는 법률행위에 의해서 보통은 당사자일방이나 제3자도 선택권자가 될 수 있다. 그러나 선택권자에 관해 특별한 법률규정이나 약정이 없으면 선택권은 채무자에게 주어진다(제380조).

b) 선택권의 행사

선택권자가 당사자 일방인 경우는 상대방에 대한 의사표시로 선택권을 행사한다(제382조 제1항). 그러나 선택권자가 제3자인 경우는 채권자와 채무자 쌍방에 대한 의사표시로 선택권을 행사한다(제383조 제1항). 그리고 선택의 의사표시의 효력은 도달주의(제111조 제1항)를 취하며 따라서 도달 후에는 상대방·당사자 쌍방의 동의가 없으면 철회하지 못한다(제382조 제2항·제383조 제2항). 다만 선택의 의사표시를 한 뒤라도 상대방의 방해행위 등으로 선택의 목적을 달성할 수 없으면 상대방의 동의 없이 철회하고 새로운 선택이 가능하다고 한다.[45] 또한 선택의 의사표시에 착오나 사기 또는 강박이 있으면 이의 취소가 가능하다(제109조, 제110조). 그리고 선택은 일방적 의사표시이므로 원칙적으로 조건과 기한을 붙일 수 없으며 선택권행사와 관련하여 선택권의 입증책임은 선택권자에게 있다.

c) 선택권의 이전

당사자 일방이 선택권을 가지는 경우 중 선택권의 행사기간이 있는 경우에 선택권자가 그 기간 내에 선택권을 행사하지 아니하는 때에는 상대방은 상당기간을 정하여 최고 하고, 그 기간 내에 선택하지 아니하면 상대방에게 선택권이 이전된다(제381조 제1항).

당사자 일방이 선택권을 가지는 경우 중 선택권의 행사기간이 없는 경우에는 채권기한도래 후 상대방은 상당기간을 정해 최고하고, 그 기간 내에 선택하지 아니하면 선택권은 상대방에게 이전된다(제381조 제2항).

한편, 제3자가 선택권을 가지는 경우 중 선택할 제3자가 선택할 수 없는 경우(선택불능인 경우)에는 선택권은 채무자에게 이전된다(제384조 제1항). 이 경우 변제기의 도래와 당사자의 최고는 요건이 아니다. 제3자가 선택할 수 없다는 사실이 요건이다. 다만 선택불능의 입증책임은 채무자가 부담한다. 그리고 제3자가 선택

---

45) 대판 1972.7.11, 70다877.

권을 가지는 경우 중 제3자가 선택하지 아니하는 경우(선택지체인 경우)에는 채권자나 채무자는 상당기간을 정해 그 선택을 최고하고, 제3자가 그 기간 내에 선택하지 아니하면 선택권은 채무자에게 이전된다(제384조 제2항).

d) 선택의 효과

선택에 의하여 선택채권관계는 단순채권관계로 변한다. 그리고 선택의 효력은 선택채권이 발생한 때에 소급한다(제386조 본문). 그러나 선택의 소급효로 인하여 제3자의 권리를 해하지 못한다(제386조 단서). 여기서 제386조 단서는 우리나라가 과거 구민법상의 의사주의(일본민법 또는 불란서 민법의 태도)가 아닌 형식주의(독일민법의 태도)를 취하고 있는 물권변동원리(제186조, 제188조)에 비추어 볼 때 불필요하다고 하겠다.[46]

② 급부불능으로 인한 특정

원시적 불능(제385조 제1항)인 경우 잔존하는 급부가 2개 이상이면 선택채권관계가 성립하지만, 잔존하는 급부가 1개이면 처음부터 단순채권관계로 변한다.

후발적 불능의 경우 중 선택권자가 채무자인 경우에는 채무자는 채권자의 귀책사유(과실)로 인한 급부를 선택하여 자신의 채무를 면하고, 쌍무계약 시에는 반대급부를 청구할 수 있다. 반면, 채무자의 귀책사유(과실)에 의하거나 불가항력으로 급부불능이 된 경우는 채권은 잔존하는 급부에 대해서만 성립한다(제385조 제1항 후단). 후발적 불능의 경우 중 선택권자가 채권자인 경우에는 채권자가 채무자의 귀책사유로 불능이 된 급부를 선택하여 채무자에게 채무불이행책임을 물을 수 있다(제385조 제2항).

그러나 채권자의 귀책사유나 불가항력으로 급부불능이 된 경우는 잔존하는 급부에 한정된다(제385조 제1항 후단). 여기서 급부불능에 의한 특정은 소급효가 없다.

(6) 임의채권

1) 의 의

임의채권이란 채권의 목적은 하나의 급부에 특정되어 있으나(본래급부), 채권자

---

46) 선택채권관계의 성립 후 선택이 있기까지 제3자가 동산은 인도, 부동산은 등기를 마쳤다면, 채권자의 권리가 소급한다고 하더라도 채권이므로 제3자가 취득한 물권에 우선하지 못한다. 또한 제3자가 채권을 취득한 경우에는 채권자의 권리가 소급한다고 하더라도 채권상호 간에는 효력상의 차이가 없기 때문이다. 그러므로 제386조 단서는 무의미한 규정이다(김형배, 전게서, 99면).

또는 채무자가 대용권·보충권(대용급부를 할 수 있는 권리)을 가지는 채권을 의미한다. 이 경우 본래의 급부에 갈음하는 다른 급부(대용급부)는 확정된 내용의 것이어야 한다.

예컨대, 증여자가 수증자에게 1필의 토지급부채무를 지면서 그의 시가의 금전을 지급할 수 있는 대용권을 가지는 경우이다.

2) 본래급부와 대용급부

본래급부가 원시적 불능이면 대용급부가 가능하더라도 이것은 이차적·보충적 급부이므로 채권은 불성립한다. 그리고 본래급부가 채무자의 귀책사유 없는 이행불능이면 대용급부가 가능하더라도 채무는 소멸한다.

그러나 본래급부가 가능한 한, 채권자가 대용급부청구의 의사표시를 하면 본래급부는 대용급부로 변경된다. 그 시점부터는 본래급부가 채무자의 귀책사유 없는 이행불능이 되더라도 채무자는 대용급부의무를 진다.

3) 임의채무의 경우

채무자가 대용급부를 할 의사표시를 하더라도 특정이 생기지 않는다. 대용급부는 현실적으로 행하여야 한다. 채무자가 대용급부를 완성하기 전에, 대용급부가 이행불능이 되었다면 채무자는 본래급부를 부담한다.

[문제 2]

甲은 척추질병으로 인하여 乙병원에 입원하였고, 그로 인해 의사 乙로부터 척추전후유압술 및 장골이식술을 받은 후에 하반신마비의 휴유증이 발생하였다. 따라서 수술 후 甲은 후유증 증세의 회복 내지 악화 예방을 위하여 乙의 진료와 치료를 받았으나, 甲은 질병이 완치되지 않음과 설명의무위반을 이유로 乙의 치료비 청구를 거절하였다.

(질문)

첫째, 이 경우 甲은 질병이 완치되지 않음을 이유로 乙의 치료비 청구를 거절할 수 있는가?

둘째, 만약 의사의 설명의무 위반이 인정된다면, 甲은 乙의 치료비 청구를 거절할 수 있는가?

(참조판례) 대판 1993.7.27, 92다15031; 대판 2001.11.9. 2001다52568 등

[문제 2] 해설:

Ⅰ. 진료채무의 종류(결과채무인지 수단채무인지 여부)

1. 문제의 소재

甲이 '질병이 완치되지 않았음'을 이유로 乙의 치료비청구를 거절할 수 있는지 판단하기 위해서는 의사의 진료채무가 결과채무인지 수단채무인지 검토할 필요가 있다. 의사의 진료채무가 결과채무에 해당한다면 甲의 치료비 청구 거절은 진료채무의 내용에 따른 이행을 하지 아니한 때에 해당되어 타당한 주장이 될 것이기 때문이다.

이하 결과채무와 수단채무의 개념에 대해 알아보고, 의사의 진료채무의 성격에 대해 판례는 어떠한 입장을 취하고 있는지 살펴봄으로써 甲의 치료비 청구에 대한 거절이 타당한지 판단해보기로 한다.

2. 급부의 종류[47)]

(1) 작위급부와 부작위급부

급부의 내용이 적극적 행위(작위)인가, 소극적 행위(부작위)인가에 따른 구별이다. 작위급부에는 '주는 급부'와 '하는 급부'가 있다. 작위급부와 부작위급부를 구별하는 실익은 작위급부와 부작위급부의 종류 및 성질의 차이에 따라 강제이행의 방법이 달라지는데 있다. 특히 부작위급부에 대해서는 채무자의 비용으로 그 위반의 결과를 제거하고 장래에 대한 적당한 처분을 법원에 청구할 수 있다.

(2) 주는 급부와 하는 급부

작위급부의 내용에 따른 구분으로 물건의 인도를 목적으로 하는 급부를 '주된 급부'라 하고, 노무제공 또는 일의 완성을 목적으로 하는 급부를 '하는 급부'라고 한다. 주는 급부가 주로 직접강제에 의해 강제이행 되는 반면에, 하는 급부는 대체집행 또는 간접강제에 의해 강제이행 된다. 특히 하는 급부의 경우에는 대인적 신뢰관계가 긴밀하여 신의성실의 원칙이 중요한 기능을 하며, 그 이행행위의 판단기준으로서 일의 완성 여부를 설정하느냐에 따라 결과채무와 수단채무로 나뉜다.

3. 의사의 진료채무가 결과채무인지 수단채무인지 여부

(1) 결과채무와 수단채무의 개념[48)]

결과채무는 도급계약에서와 같이 어떤 물건을 제작 또는 수선하는 등의 일정한 일의 완성이라는 결과 자체를 목적으로 하는 채무로서 주는 채무의 경우도 결과채무로 분류할 수 있다. 반면에 수단채무는 고용계약이나 위임계약에서와 같이 어떤 결과의 달성 자체가 아니라 그러한 결과를 얻기 위하여 최선의 노력을 할 것을 내용으로 하는 채무이다.

---

47) 김형배, 민법학강의(제9판), 신조사, 2010, 866면.

48) 김형배, 전게서, 866면.

(2) 판 례[49]

대법원은 의사의 진료채무가 수단채무인지 결과채무인지가 문제된 사건에서 "의사가 환자에게 부담하는 진료채무는 질병의 치료와 같은 결과를 반드시 달성해야 할 결과채무가 아니라 환자의 치유를 위하여 선량한 관리자의 주의의무를 가지고 현재의 의학 수준에 비추어 필요하고 적절한 진료조치를 다해야 할 채무 즉, 수단채무라고 보아야 할 것"이라고 하여 의사의 진료채무가 수단채무라는 입장이다.

(3) 검 토

의사의 진료행위는 완전성이 보장되기보다는 위험을 내포한 시도적 성격을 갖는 경우가 많다는 점을 고려하면, 의사의 진료채무는 결과채무와 구별되는 수단채무에 속하는 것으로 보아야 한다.

4. 첫째 질문의 해결

의사의 진료채무는 수단채무에 해당하므로 단순히 '질병이 완치되지 않음'을 이유로 치료비 청구를 거절하는 것은 수단채무가 어떤 결과의 달성 자체가 아니라 그러한 결과를 얻기 위하여 최선의 노력을 할 것을 내용으로 하는 채무라는 점을 고려하였을 때 부당한 주장이다. 따라서 이것만을 이유로 하여 치료비 청구를 거절할 수 없다.

Ⅱ. 진료채무의 내용(설명의무위반이 제390조상의 채무불이행 해당여부)

1. 문제의 소재

甲이 '설명의무 위반이 인정되었음'을 이유로 乙의 치료비청구를 거절할 수 있는지 판단하기 위해서는 진료채무의 내용 중 주된 급부에 의사의 설명의무가 포함되는지를 검토해야한다. 의사의 설명의무가 진료채무의 내용 중 주된 급부에 포함되는 것으로 본다면 甲의 치료비 청구 거절은 乙이 진료채무의 내용에 따른 이행을 하지 아니한 때에 해당되어 타당한 주장이 될 것이기 때문이다.

2. 채무의 내용[50]

(1) 주된 급부의무

1) 주된 급부의무란 채권관계에 있어서 채권자의 주된 채권에 대응하는 급부의무를 말한다. 주된 급부의무의 내용은 계약에 의하여 정해지며 그 계약의 중심을 이루는 채무이다. 특히 쌍무계약에 있어서 주된 급부의무는 상대방의 주된 급부와 대가적 견련관계에 선다.

2) 주된 급부의무의 이행이 지체된 경우에는 지연배상이 문제된다. 특히 불이행이 있는 경우에는 계약 해제도 가능하다. 또한 주된 급부의무의 위반에 대하여 채무자의 귀책사유가 있는 때에는 손해배상책임이 발생한다(제390조).

---

49) 대판 1993.7.27, 92다15031.

50) 김형배, 전게서, 856-858면.

(2) 부수적 의무

1) 부수적 의무는 주된 급부의무의 내용을 제대로 실현하기 위해 이에 수반되는 준비·지원·주의와 배려를 해야 하는 채무자의 의무이다. 부수적 의무는 당사자 사이의 계약에 의하여 발생하는 경우가 적지 않으며, 법률의 규정에 의해서도 발생한다. 그러나 부수적 주의의무는 개개의 채권관계의 성질과 그 계약이 이행되는 제반 사정에 따라 신의칙(제2조)에 의하여 발생되는 경우가 보통이다.

2) 부수적 의무위반시 발생되는 법률효과는 그 불이행의 유형에 따라 달라질 수 있다. 특히 부수적 의무위반으로 인한 채무불이행은 일종의 불완전이행이 되므로 손해배상청구권이 문제된다. 대개의 경우 부수적 의무의 이행은 그것 자체로서 고유한 목적을 지니고 있지 않으므로, 부수적 의무만의 이행을 소구할 수 없는 것이 원칙이다. 또한 부수적 의무의 불이행만을 이유로 계약을 해제할 수는 없다. 그러나 부수적 의무의 계속적인 위반으로 계약관계의 유지를 더 이상 기대할 수 없는 때에는 채권자는 계약을 해제할 수 없다고 보아야 한다.

3. 진료계약의 내용 및 이행의 불완전성

(1) 진료계약의 내용[51)]

진료계약 내지 의료계약은 의사가 환자를 진료·치료하고 환자는 이에 대한 보수를 지급하기로 약정하는 쌍무·유상계약이다. 의사의 진료의무는 환자의 질병을 완전히 치유하는 것까지에는 이르지 않고, 환자의 질병에 대하여 선관주의의무를 가지고 진료 당시의 의학지식과 의학기술을 기초로 가능한 치료를 다하는 것을 그 내용으로 한다(수단채무).

(2) 진료채무 이행의 불완전성[52)]

의사가 환자의 병상에 따라 자기의 판단과 재량 하에 적정하다고 인정되는 의학적 조치를 취함으로써 의료채무는 완전하게 이행되었다고 해야 한다. 즉 의사는 합의된 결과에 도달하기 위하여 가능한 모든 방법을 활용할 채무를 부담하는데 그치기 때문에, 그가 활용할 수단과 방법에 관한 주의의무위반에 대해서만 과실이 인정된다.

(3) 의사의 진료채무에 설명의무가 포함되는지 여부

위에서 살펴 본 일반적인 채무의 내용과 진료채무의 내용을 종합적으로 고려하여 판단할 때, 의사의 설명의무는 일률적으로 진료채무의 주된 급부 또는 부수적 의무 어느 하나에 포함 한다고 보기 힘들다. 왜냐하면 설명의무의 내용에 따라 그 불이행이 선관주의의무위반으로 볼 수 있는 경우부터 부수적 의무위반으로 볼 수 있는 경우까지 다양하기 때문이다.

5. 둘째 질문의 해결

의사의 설명의무위반은 그 내용에 따라 선관주의의무위반으로 볼 수 있는 경우부

51) 김형배, 민법연습(초판), 신조사, 2007, 888면.

52) 김형배, 전게서, 889면.

터 부수적 의무위반으로 볼 수 있는 경우까지 다양하다는 점을 고려하면, 甲이 '설명의무위반이 인정'되었음을 이유로 치료비 청구를 거절하는 경우 설명의무위반이 주된 급부에 상응하는 것으로 인정된다면 타당한 주장될 것이다. 하지만 부수적 의무에 지나지 않는다면 손해배상청구(제390조)를 하는 것은 별론으로 하고, 치료비 청구에 대한 거절은 부당하다.

Ⅲ. 설명의무위반이 불법행위(제750조, 제751조)에 해당하는지 여부

1. 문제의 소재

의사의 설명의무위반, 즉 의료과오를 불법행위책임(제750조)으로 구성할 것인가, 채무불이행책임(제390조)으로 구성할 것인가가 문제된다. 판례는 의료과오사건을 주로 불법행위법에 의하여 처리하는 경향을 보이는 바, 이하 설명의무위반의 경우에 대한 판례의 태도를 검토해 보기로 한다.

2. 의사의 설명의무위반의 법적 성격과 그 효과

(1) 설명의무의 의의 및 논의의 배경

1) 수술에 대한 환자의 승낙이 유효한 것으로 되기 위해서는, 의사는 환자에게 행해질 의료행위에 대하여 충분하고 완전한 설명을 하여야 한다. 이러한 설명이 불안선하거나, 설명이 전혀 이루어지지 않은 경우에는 의사의 시술행위는 위법하다.

2) 설명의무를 의사에게 부과하는 이유는 자기 신체에의 침습(侵襲)에 관한 환자의 자기결정권을 보장하기 위함이다. 즉 의사는 환자 또는 가족이 의료행위의 필요성이나 위험을 충분히 고려하여 그 의료행위를 받을 것인가의 여부를 선택할 수 있도록 할 의무가 있다. 설명의무 위반을 어떻게 이해할 것인가에 따라 그 위반에 따른 효과도 달리 파악될 수 있다.

(2) 학 설

1) 신체침해설[53)]

이 설은 설명의무위반으로 환자의 자기결정권을 침해하면, 의사의 의료행위가 의료기술적 정당성과 자기적응성을 갖추었다 하더라도 그로 인하여 발생된 생명·신체상의 손해에 대하여 의사의 손해배상책임이 인정된다. 이 견해는 의료행위에 의한 환자의 신체에 대한 침습의 적법성요건으로서 의료기술적 정당성과 의학적 적응성 이외에 환자의 동의를 요구한다. 우리나라와 독일의 다수설 및 판례의 태도이다.

그러나 의사의 설명의무해태에 대한 환자의 증명범위와 관련해서 판례는 환자의 손해배상청구권을 제한하고 있다. 즉, 의사의 설명의무의 해태 또는 불충분한 설명으로 인해서 환자가 자기결정에 의한 진료행위의 선택의 기회를 상실했다는 사실만을 증명했을 뿐이고, 설명을 받았더라면 중대한 나쁜 결과가 발생하지 않았을 것이라는 인과관계를 증명하지 못한 경우에는 신체침해에 대한 정신적 고통에 대하여 위자료

53) 정광수, "의사의 설명의무위반과 책임범위에 관한 연구", 「강원법학 제11권」, 강원대학교 비교법학연구소, 1999, 192면.

만을 청구할 수 있다고 한다. 다른 한편 의사의 설명의무위반이 일반적 주의의무위반과 동일시 될 정도의 것으로서 설명의무위반과 나쁜 결과 사이에 상당적 인과관계가 증명된 경우에는 신체침해에 의한 재산적 손해(적극적 및 소극적 손해)의 배상까지 청구할 수 있다고 한다.[54]

2) 자유권침해설[55]

이 설은 환자의 자기결정권의 침해는 환자의 신체에 대한 침해가 아니라 일반적 인격권의 침해에 불과하므로 위자료청구권만이 인정될 뿐이라고 한다. 이 견해는 의료행위에 의한 침습이 의료기술적 정당성과 의학적 적응성을 갖추고 있으면 그 행위는 적법하며, 환자의 동의는 별도의 적법성요건으로서 요구되지 않는다고 한다. 우리나라 및 독일의 소수설의 태도이다. 이 견해는 의학의 과학적 규준에 따라 행하여진 의료행위는 그것 자체로서 치료행위이고 신체침해가 아니라고 한다.

3) 신체 및 자유권침해설[56]

의료라고 하는 고도의 전문성을 지닌 경우 전문가로서의 의사의 판단은 충분히 존중되어야 하나, 그것과 환자의 자기결정의 존중요청과는 결코 대립관계에 있는 것은 아니다. 의사와 환자 모두 환자의 쾌유를 지향한다는 점에 있어서 목표를 공통으로 하고 있다. 그러나 그 목표를 도달하는 과정에 있어서 환자는 스스로 건강과 생명에 대해서는 물론 때로는 삶의 방식 자체에 대하여 중대한 영향을 받는다. 이와 같은 의미에서 의료에 관한 환자의 동의는 단순히 의사에 의한 신체침습의 위법성을 조각한다는 의미를 넘어서 인격적 이익에 관한 판단으로서의 측면을 지닌다.

환자의 승낙은 그의 인격적 이익까지 포함된 시각에서 당해 진료침습행위에 의한 위험을 받아들일 것인가의 여부를 종합적으로 판단하는 것이다. 그리고 의료는 이미 은혜적인 것이거나 온정적인 것이 되어서는 안 되지만, 의료 그 자체의 책임은 의사에게 있는 것이며, 환자가 그것을 분담하는 것은 아니다. 고지된 동의(informed consent)는 환자의 자기결정권의 확보를 목적으로 하나 그것은 의사의 책임을 떠나서는 있을 수 없다.

따라서 위와 같은 의료의 특질상 의사의 설명의무위반으로 환자의 자기결정권을 침해한 경우에는 환자의 신체뿐만 아니라 환자의 인격권 모두를 침해한 것이라고 해야 한다. 다만 설명의무의 해태에 따른 손해배상책임의 범위에 관해서는 설명의무의 종류(승낙의 유효요건으로서의 설명의무·결과회피의무로서의 설명의무·보고의무)에 따라서 유형적·구체적으로 달리한다고 해야 한다. 예컨대, 의사의 승낙의 유효요건으로서의 설명의무와 결과회피의무로서의 설명의무가 환자의 자기결정권을 침해한 경우에는 발생된 모든 손해(재산상 손해 및 위자료)의 개개에 관하여 1차 손해(법익침해)와 1차 손해를 기점으로 연결되는 위험성관련 있는 후속손해에 해당하는 한, 의사는 이에 대한 손해배상책임을 부담하여야 한다. 다만 의사의 보고의무에 해당하는 단순한 설명의무가 환자의 자기결정권을 침해한 경우에는 보통 단순한 불안감에 대한 것으로서 정신적 손해만을 발생시킨다고 해석하므로, 의사는 정신적 손해(1차 손해)로

54) 대판 1994.4.15, 93다60953; 대판 1995.1.20, 94다3421; 대판 1996.4.12, 95다56095 등 참고.

55) 정광수, 전게논문, 193면.

56) 정광수, 전게논문, 193-194면.

서 위자료의 손해배상책임을 부담한다고 하겠다.

(3) 판 례[57)]

대법원은 설명의무위반과 그에 따른 손해배상범위가 문제된 사건에서 "의사가 설명의무를 위반한 채 수술하여 환자에게 손해가 발생한 경우 환자측에서 승낙권 침해에 대한 위자료만을 청구하는 경우에는 의사의 설명결여로 선택의 기회를 상실하였다는 사실만 증명하면 충분하다."고 한다. 그러나 "설명의무위반에 따른 모든 손해를 청구하는 경우에는 설명의무위반과 손해 사이에 상당인과관계가 존재하여야 하며, 그때의 설명의무위반은 환자의 생명, 신체에 대한 구체적 치료과정에서 요구되는 의사의 주의의무위반과 동일시할 정도의 것이어야 한다."고 하였다.

(4) 검 토

의사의 단순한 설명의무가 환자의 자기결정권을 침해한 경우에는 정신적 손해만을 발생시킨다고 해석하는 것이 의사와 환자의 형평의 원칙상 타당하다고 생각된다. 따라서 이 경우 의사는 정신적 손해로서 위자료의 손해배상책임(제751조)만을 부담한다고 본다. 하지만 의사의 설명의무위반으로 환자가 자기결정권을 침해당한 경우에는 환자의 신체뿐만 아니라 환자의 인격권 모두를 침해한 것으로 보아 발생된 모든 손해에 관하여 손해배상책임(제750조, 제751조)을 부담하여야 하는 것으로 이해하는 신체 및 자유권침해설이 타당하다.

4. 둘째 질문의 해결

신체 및 자유권침해설에 따르면 의사가 단순한 설명의무를 다하지 않고 환자의 승낙 없이 시술을 하는 것은 환자의 승낙권을 침해하는 위법한 행위가 될 수 있다. 따라서 설명의무위반 자체만으로도 제751조에 의한 인격권 침해를 인정하는 판례의 태도는 환자의 입증책임을 덜어준다는 점에서 타당하다고 생각한다. 또한 의사의 설명의무위반으로 환자가 자기결정권을 침해당한 경우에는 불법행위(제750조)에 기한 손해배상청구권 역시 발생하는 것으로 보아야 한다.

Ⅳ. 결 론

(1) 첫째 질문

의사의 진료채무는 수단채무에 해당하므로 단순히 '질병이 완치되지 않음'을 이유로 치료비 청구를 거절하는 것은 수단채무가 어떤 결과의 달성 자체가 아니라 그러한 결과를 얻기 위하여 최선의 노력을 할 것을 내용으로 하는 채무라는 점을 고려하였을 때 부당한 주장이다. 따라서 甲은 질병이 완치되지 않음을 이유로 乙의 치료비 청구를 거절할 수 없다.

(2) 둘째 질문

의사가 환자의 치유를 위하여 선량한 관리자의 주의의무를 가지고 현재의 의학수

57) 대판 2002.1.11, 2001다27449; 대판 2004.10.28, 2002다45185.

준에 비추어 필요하고 적절한 진료조치를 다한 이상 이는 진료채무의 본지에 따른 것으로 수술 결과 환자의 질병이 치료되지 아니하고 후유증이 남게 되었다 하더라도 수술에 따른 치료비를 청구할 수 있다 할 것이고, 그 후유증이 의사의 치료상의 과실로 인한 것이라고 볼 수 없는 이상 의사에게 그로 인한 손해전보의 책임이 있다고 볼 수 없으므로 후유증이 나타난 이후에 증세의 회복 내지 악화 예방을 위하여 이루어진 진료에 관한 비용도 청구할 수 있다. 따라서 의사의 설명의무 위반을 인정하더라도 치료비 청구와 관련하여서는 의사가 진료채무의 본지에 따른 선량한 관리자로서의 주의의무를 다했다고 판단하더라도 서로 모순되는 사실을 인정한 것이라고 볼 수 없다. 즉, 의사의 설명의무 위반이 인정되더라도, 乙의 '설명의무위반이 인정'되었음을 이유로 甲이 乙에게 손해배상청구(제390조)를 하는 것은 별론으로 하고, 甲이 乙의 치료비 청구를 거절 할 수 없다.

[문제 2] 관련 판례: [관판 2]

◎ **대판 2001.11.9, 2001다52568【용역비】**

【판시사항】

[1] 의사의 치료비 채권의 소멸시효 기산점(=개개 진료행위의 종료시)
[2] 환자가 수술 후 후유증으로 장기간 입원 치료를 받으면서 병원을 상대로 의료과오를 원인으로 한 손해배상청구 소송을 제기하였던 사정만으로 치료비 채권의 소멸시효가 퇴원시나 위 소송이 종결된 날로부터 진행한다고 볼 수는 없다고 한 사례
[3] 소멸시효의 진행이 개시되기 전에 소멸시효의 중단사유로서의 승인을 할 수 있는지 여부(소극)
[4] 진료계약을 체결하면서 "입원료 기타 제요금이 체납될 시는 병원의 법적 조치에 대하여 아무런 이의를 하지 않겠다."고 약정하였다 하더라도, 소멸시효의 중단사유로서의 승인에 해당하지 않는다고 한 사례
[5] 의사의 진료 결과 질병이 치료되어야만 치료비를 청구할 수 있는지 여부(소극)
[6] 수술 결과 환자의 질병이 치료되지 아니하고 후유증이 남게 되었다 하더라도 의사는 수술에 따른 치료비와, 후유증이 나타난 이후에 증세의 회복 내지 악화 예방을 위하여 이루어진 진료에 관한 비용을 청구할 수 있다고 한 사례
[7] 의사의 설명의무 위반을 인정하면서도 동시에 치료비 청구를 인정한 것이 이유모순에 해당하는지 여부(소극)

【판결요지】

[1] 민법 제163조 제2호 소정의 '의사의 치료에 관한 채권'에 있어서는, 특약이 없는 한 그 개개의 진료가 종료될 때마다 각각의 당해 진료에 필요한 비용의 이행기가 도래하여 그에 대한 소멸시효가 진행된다고 해석함이 상당하고, 장기간 입원 치료를 받는 경우라 하더라도 다른 특약이 없는 한 입원

치료 중에 환자에 대하여 치료비를 청구함에 아무런 장애가 없으므로 퇴원 시부터 소멸시효가 진행된다고 볼 수는 없다.

[2] 환자가 수술 후 후유증으로 장기간 입원 치료를 받으면서 병원을 상대로 의료과오를 원인으로 한 손해배상청구 소송을 제기하였다 하더라도, 그러한 사정만으로는 환자를 상대로 치료비를 청구하는 데 법률상으로 아무런 장애가 되지 아니하므로 치료비 채권의 소멸시효가 퇴원시부터 진행한다거나 위 손해배상청구 소송이 종결된 날로부터 진행한다고 볼 수는 없다고 한 사례.

[3] 소멸시효의 중단사유로서의 승인은 시효이익을 받을 당사자인 채무자가 그 권리의 존재를 인식하고 있다는 뜻을 표시함으로써 성립하는 것이므로 이는 소멸시효의 진행이 개시된 이후에만 가능하고 그 이전에 승인을 하더라도 시효가 중단되지는 않는다고 할 것이고, 또한 현존하지 아니하는 장래의 채권을 미리 승인하는 것은 채무자가 그 권리의 존재를 인식하고서 한 것이라고 볼 수 없어 허용되지 않는다고 할 것이다.

[4] 진료계약을 체결하면서 "입원료 기타 제요금이 체납될 시는 병원의 법적 조치에 대하여 아무런 이의를 하지 않겠다."고 약정하였다 하더라도, 이로써 그 당시 아직 발생하지도 않은 치료비 채무의 존재를 미리 승인하였다고 볼 수는 없다고 한 사례.

[5] 의사가 환자에게 부담하는 진료채무는 질병의 치료와 같은 결과를 반드시 달성해야 할 결과채무가 아니라 환자의 치유를 위하여 선량한 관리자의 주의의무를 가지고 현재의 의학수준에 비추어 필요하고 적절한 진료조치를 다해야 할 채무 즉, 수단채무라고 보아야 할 것이므로, 위와 같은 주의의무를 다하였는데도 그 진료 결과 질병이 치료되지 아니하였다 하더라도 치료비는 청구할 수 있다.

[6] 의사가 환자의 치유를 위하여 선량한 관리자의 주의의무를 가지고 현재의 의학수준에 비추어 필요하고 적절한 진료조치를 다한 이상 이는 진료채무의 본지에 따른 것으로 수술 결과 환자의 질병이 치료되지 아니하고 후유증이 남게 되었다 하더라도 수술에 따른 치료비를 청구할 수 있다 할 것이고, 그 후유증이 의사의 치료상의 과실로 인한 것이라고 볼 수 없는 이상 의사에게 그로 인한 손해전보의 책임이 있다고 볼 수 없으므로 후유증이 나타난 이후에 증세의 회복 내지 악화 예방을 위하여 이루어진 진료에 관한 비용도 청구할 수 있다고 한 사례.

[7] 의사의 설명의무 위반을 인정하면서도 치료비 청구와 관련하여서는 의사가 진료채무의 본지에 따른 선량한 관리자로서의 주의의무를 다했다고 판단하였다 하더라도 서로 모순되는 사실을 인정한 것이라고 볼 수 없다.

[문제 2] 참고 논문: [참논 2]

*** 의사의 설명의무위반과 책임범위에 관한 연구 ***

Ⅰ. 문제제기

환자가 의사로부터 검사, 진찰 또는 치료를 받기 위하여 의사 또는 의료기관의 개설자(이하에서는 이를 총칭하여 의사라고 한다)와 체결하는

계약을 의료계약이라고 한다.[58] 따라서 의료계약상 의사는 진료처치의무(Behandlungspflicht), 의료기록작성의무(Dokumentationspflicht), 환자에게 정보를 제공할 의무(Pflicht zur Einsichtnahme in die Krankenunterlagen), 비밀유지의무(Schweigepflicht) 등을 부담한다. 이 가운데 중요한 채무는 진료의무이다. 진료의무와 관련하여 의사는 해당 병상에 대한 올바른 인식과 치료를 위하여 의학적 수준에 적절한 치료와 처치를 해야 할 주의의무를 부담한다. 그 이외에도 의사의 배려의무(Fürsorgepflicht)에 기초한 설명의무(Aufklärungspflicht)가 요구된다.[59] 이와 같은 의사의 설명의무는 환자의 진단 또는 치료를 위하여 환자의 신체에 대한 수술 등의 침습조치(Eingriff)가 예정되어 있는 경우에 중요하다.[60]

그런데 의료의 경우에 있어서 환자가 자기결정권(Selbstbestimmungsrecht)을 갖는 것은「환자의 동의가 없는 수술 등의 의료행위(의적 침습)를 하는 것은 위법이다」라는 법규범 하에서 오래 전부터 인정되고 있다. 그리고 이 환자의 자기결정권은 의사의 의적 침습에 대한 환자의 동의를 얻음에 있어서 그 의사결정에 관한 중요한 정보를 설명해야 할 법적 의무를 의사에게 부과하는 이른바 고지된 동의(informed consent)의 법리[61]가 인정되는 것을 전제한다.[62] 즉, 의사의 충분한 설명후 환자의 자기결정에 의

---

* 정광수, "의사의 설명의무위반과 책임범위에 관한 연구",「강원법학 제11권」, 강원대학교 비교법학연구소, 1999, 192면 이하.

58) 우리나라에서 의료계약은 위임과 유사한 계약이라고 하는 것이 통설이다. 그러나 수임인은 스스로 사무처리를 하여야 하나(제682조 1항) 진료행위에 있어서는 대진이 인정되거나, 수임인의 보고의무에 관한 규정(제683조)을 의료계약에 그대로 적용하는 것은 진료목적상 바람직하지 않으며, 또한 해지자유에 관한 규정(제689조)과 파산에 의한 위임관계의 종료에 관한 규정(제690조)을 의료계약에 그대로 적용하는 것은 적절하지 않다(김형배, 민법학강의, 신조사, 1999, 1134면). 따라서 환자가 병원에 입원하여 진료 및 수술 등을 받는 경우에는 위임·도급·임대차·매매가 혼합된 비전형계약으로 보는 것이 타당하다(Brox, Besonderes Schrecht, 17.Aufl., 1991, Rn. 288 c; Medicus, Schrecht Ⅱ, BT, 7. Aufl., Rn. 352). 다만 혈액검사, 치과보철 혹은 성형수술과 같이 일정한 결과의 성취를 목적으로 하는 의료행위는 도급으로 볼 수 있다(Laufs, Arztrecht, 5. Aufl., 1993, Rn. 101; Brox. Besonderes SchR, Rn.288 a; 곽윤직, 채권각론, 박영사, 1997, 496면; 정광수, 수급인의 하자담보책임에 관한 연구, 고려대 박사학위논문, 1995, 98면 이하).

59) Brox, Besonderes SchR, Rn.288 g.

60) 김형배, 채권각론[계약법], 박영사, 1997, 832면; Laufs, Arztrecht, Rn. 163.

61) 수술결정을 함에 있어서 필요한 사실관계(즉, 위험의 정도, 대안 등)의 충분한 고지에 기초를 두고, 수술을 함에 대한 동의나 승낙, 의사와 환자의 보험자 사이에 수술에 관하여 이루어지는 경우가 많다(이상도, 영미법사전, 청림출판, 1988, 286-287면 참조); 일본에서는「충분한 설명을 받은 뒤의 동의」또는「단순히 설명과 동의」등 다양하게 불리워지고 있으나, 그것이 의사의 의료행위를 행함에 있어서 환자가 당해 의료행위에 대하여 이성적인 결정을 할 수 있도록 충분한 정보를

한 동의가 있는 때에 한하여 의사의 침습행위는 적법성을 갖는다. 반면에 환자의 승낙을 받지 않았거나 승낙을 받았으나 환자의 자기결정을 침해한 경우에 의사의 침습행위는 위법한 신체침해가 된다. 그러므로 이처럼 환자신체에 어떠한 침해가 있다는 것을 보통으로 하는 의료의 특질상, 침습행위 자체의 적법성의 문제는 의사의 설명의무와 환자의 동의와 관련하여 논의될 수 있다고 하겠다.[63)]

또한 오늘날 생명과 건강을 인권의 중요한 내용으로 생각하고 있기 때문에, 치료를 실시하는 의사와 그것을 받는 환자의 관계를 은혜적·온정적으로 구성할 것이 아니라, 환자를 의료에 있어 하나의 주체로 인정하여 의료과정에 의사와 공동으로 참가하는 것으로 생각하고 있다. 그러나 이러한 사고의 틀 속에서도 환자와 의사의 상관관계를 어떻게 포착할 것인가에 대해서는 논의가 있을 수 있다.[64)]

한편, 의사와 환자를 둘러싼 법률문제를 논의하는 경우에 의사의 측에서도 불확실한 정보를 기초로 사전에 판단하고 행동하는 것이 의료의 특질인데, 법은 사후적인 판단만으로 의사의 책임을 논한다는 불만이 나올 수 있다.[65)] 즉, 사전판단의 방책을 준비하여 두지 않는 한, 의사에게 과중한 부담을 주거나 또는 의사로 하여금 환자에 대한 충분한 배려를 떨어뜨리는 결과를 가져올 수 있다고 한다. 이러한 상황을 단적으로 보여주는 것이 암고지를 둘러싼 법의 대응이라고 한다.[66)]

이와 같은 의사의 설명의무와 환자의 승락과 관련된 의료사고의 경우에 있어서 피해자(환자)구제를 위한 법률제도로서 보통 민법에 의한 채무불이행책임 또는 불법행위책임이 발생한다.[67)] 이 경우에 특히 의사의 설명의무위반으로 환자의 자기결정권을 침해한 경우에 그 효과로서 손해배상책임의 범위가 문제될 수 있다. 즉, 의사의 설명의무의 위반으로 환자의 자기결정권을 침해하는 경우에 환자의 생명·신체를 침해한 것인가 아니면 환자의 일반적 인격권만을 침해한 것인가의 문제와 관련하여 의사는 설명의무의 위반으로 인한 모든 손해를 부담하는가 아니면 위자료만을 부담하는가의 문제가 제기될 수 있다.

본 논문에서 필자는 의사의 설명의무와 환자의 승낙을 둘러싼 법률문제들에 관한

제공한 뒤에 미리 그 동의를 얻어야 한다고 하는 원칙을 가리키는 것이라는 데 대해서는 이론이 없다고 한다: 岩志和一郎, 「醫療における患者の自己決定と醫師の責任－インフォームド·コンセント理論の基本的視座－」(韓日法學會, 第17回 國際學術大會 資料集, 1999), 79面.

62) 吉田邦彦, 「近時のインフォームド·コンセント論への一疑問(一)」, 民商法雜誌110卷2, 255面은 日本醫師會生命倫理懇談會, 「『說明と同意』についての報告」, ジュリスト950, 149面 以下.

63) 野田寬, 「医療事故」『不法行爲法』, 日本評論社, 216面, 218面 以下.

64) 岩志和一郎, 前揭資料集, 79面.

65) 三藤邦彦ほか, 「醫療事故の防止ないし紛爭處理と医學·法學の役割」, 医事法學業書 第1卷, 283面 以下(高崎健報告). および總合討論, 「医師と法律家のコミュニケーションの必要性と可能性」, 医事法律業書 第1卷 336面 以下.

66) 新美育文, 「癌の告知をめぐる医師の責任とその限界」『民法における「責任」の橫斷的考察』(伊藤進教授還曆記念論文集, 第一法規社, 1997), 439面 以下.

67) 우리 나라에서는 의료과오소송에서 불법행위법을 근거로 민사책임을 묻는 것이 일반적 현상이라고 한다(김형배, 앞의 책, 828면). 한편, 일본의 경우 최근의 학설·판례는 불법행위법이나 채무불이행법의 어느 것에 근거하더라도 실제로 그다지 차이가 나지 않는다고 한다(野田寬, 前揭書, 216面).

일본과 독일의 학설·판례의 태도를 개관해 보고, 나아가서 그곳에서 의사와 법률가의 서로 다른 입장이 어떻게 투영되고 있는가를 파악함으로써 우리나라에서 이와 관련되어 나타나는 법률문제를 해결하기 위한 합당한 해결책을 모색하여 보고자 한다.

Ⅱ. 의사의 설명의무

1. 일본의 학설과 판례의 태도

의사의 설명의무는 학설·판례에 의해 여러 가지로 분류되고 있지만,[68] 다음과 같이 세 가지의 유형으로 분류되고 있다.

(1) 승낙의 유효요건으로서의 설명의무

수술 기타의 의료행위를 행함에 있어서는 사전에 당해 의료행위(의적 침습)의 이해득실을 환자 또는 그의 대리인에게 설명하여 그의 동의를 얻지 않으면 안 된다고 하는 생각 즉, 고지된 동의의 법리를 일본의 판례·학설도 인정하는 바이다.[69] 이것은 환자의 자기결정권의 온전한 존중과 이것을 위해서 환자와의 사이에 신뢰관계를 맺고 있는 의사의 설명의무를 전제로 하는 것이다. 또한 부언 한다면 환자의 자기결정권을 존중하는 것은 결코 의사의 전문가로서의 판단·결정을 부정하는 것을 의미하는 것은 아니다. 의료에 있어서 환자의 자기결정권의 존중을 강조하는 것은－의료는 질병극복 내지는 건강의 유지·증진으로 향한 의사와 환자의 협동작업이므로－, 의사의 일방적인 의사결정을 받아들여야만 하는 종속적인 입장에 처해져 왔던 환자가 아니라 협동작업자로서의 지위를 되찾는 것을 의미하는 것이다. 즉, 의료상의 의사결정을 하는데 있어서 의사와 환자의 공동의 의사결정이 원칙인 것 그리고 공동의 의사결정에 이르지 않는 경우에는 처음부터 환자에게 최종적인 결정권이 있다는 것을 인정하는 것이다.[70]

공동의 의사결정을 목표로 하는 고지된 동의의 법리 하에서는 이념적으로는 의사결정에 즈음하여 의사가 고려하는 정보를 환자도 공유하는 것이 바람직하다. 즉, ① 환자의 현재상태, ② 행하려는 치료행위로부터 발생되는 이해득실 및 그 확률, ③ 제안된 치료행위의 대체성의 존부 및 그에 의하여 얻을 수 있는 이해득실 및 그 확률, ④ 어느 쪽의 치료행위도 받지 않았을 경우의 예후 등의 항목에 속한 정보가 그것이다.

그러나 의학 전문가인 의사와 보통 비전문가인 환자가 완전히 동일한 정보를 공

---

11) 金川琢雄,「醫療における說明と承諾の問題狀況－醫師の說明義務を中心とし」, 法律時報 55卷4, 71面 以下; 岡山地判昭 57·10·4, 判時 1080, 121面.

69) 吉田, 前揭 註4)의 論文, 255面.

70) 이점은 고지된 동의의 법리가 처음에 인정된 미국에서도 지적 받고 있는 점이다(President's Commission for the Study of Ethical Problems in Medicine and Biomedical and Behavioral Research, Summing Up: The Ethical and Legal Problems in Medicine and Biomedical and Behavioral Research, 1983, pp. 17-22); 또한 吉田那彦,「近時のインフォームド·コンセント論への一疑問(二)」, 民商法雜誌110卷3 , 409面 이하는 재판규범으로서 형성되어 왔던 告知된 同意의 법리는 의사와 환자와의 관계를 대립구조에 있는 것으로 보고 그 불편함을 지적하고 있다. 그러나 이 지적은 일면을 중심으로 한 것으로써 고지된 동의의 법리가 재판규범으로서만 전개되어 왔던 것만은 아니고, 반드시 정확한 지적이라고는 생각하지 않는다.

유하지 않으면 안 된다고 하는 것은 비현실적이다. 왜냐하면 의사가 가지는 정보의 전부를 환자에게 전한다는 것은 시간적으로 무리하기 때문이다.[71] 또한 전문적 지식을 가진 자에게 처음 이해 가능한 정보가 있는 것도 부정할 수 없기 때문이다. 그리고 전문가로서 치료계획을 세우는 의사와 그의 치료계획을 받아들일 것인가의 여부를 판단하는 환자에 있어서는 필요로 하는 정보의 종류·정도가 다른 것도 부정할 수 없다.

위의 ① 내지 ④에 속하는 정보들은 환자가 당해 치료행위를 받아들일 것인가를 의사결정을 하는데 중요한 의미를 갖는 것들이다. 아래에서는 이와 같은 정보들에 관한 의사의 설명의무에 관하여 상술하기로 한다.

①에 속하는 정보로서 병명은 간결하지만, 이것은 환자의 현재 상태에 관한 의사의 인식을 특히 정확하게 나타내는 것이다. 나아가서는 모든 처방의 기초로 되는 것이다. 따라서 의사와 환자에게 공유되어야 할 기본적인 정보라고 해야 할 것이다. 그런데 병명은 병리해부 등을 하여야 비로서 판정되는 것이므로, 그와 같은 확정적인 진단이 있기 전의 병명은 임시의 것이어서 이에 관한 것은 설명의 내용으로서 적당치 않다는 견해도 있다.[72] 그러나 그와 같은 견해는 설명의무에 관한 논의를 혼란시키고 있는 것으로 타당하지 않다. 설명되어져 야만 하는 병명은 병리학상 최종적으로 확정되어진 것을 말하는 것이 아니고, 의사의 치료계획 내지 진료방침을 세움에 있어서 기초로 하였던 진단병명이다. 따라서 의사가 병명에 관해시 판난하는 일이 없이 치료계획을 세웠나년 그 취지를 설명해야 한다. 요컨대, 행하려는 진료에 관한 판단근거를 환자에게 설명하는 것이다. 다만 위에서 서술한 바와 같은 이유로 의사는 ① 내지 ④에 속한 모든 정보를 환자에게 설명할 필요는 없다.

그렇다면 ① 내지 ④에 속한 정보의 어디까지를 설명하는 것이 의사의 의무로 지워져야 할 것인가? 이 문제에 대한 일본의 판례·학설은 여러 가지 견해로 나누어진다.

1) 합리적 의사설

판례는 합리적 내지 평균적인 의사라면 설명할 수 있는 내용·방법에 따른 설명이 의사에 의해서 행해져야만 한다고 하고 있다(합리적 의사설).[73] 즉, 합리적 의사설은 경우에 따라서는 설명한 것 자체가 환자에게 불이익을 가져오는 경우가 있기 때문에, 어떤 정보를 설명해야만 하는가 그리고 설명하여야만 한다면 언제, 어디에서, 어

---

71) 설명의 범위를 결정하는데 영향을 주는 모든 요인에 관해서는 新美育文, 「醫師と患者の關係」(加藤(一)=森島編, 『醫療と人權』), 111面; 吉田, 前掲 註11) 論文, 422面 이하는 시간적 비용의 삭감이라는 관점을 도입한 고지된 동의에 관한 토론구축의 필요성을 설명하지만, 고지된 동의의 법리는 설명의무의 판단기준의 정립에 있어서 본래적으로 시간적 비용을 배려하고 있다고 해야 한다.

72) 위험성에 관한 불확정 요소의 기초로 된 병상파악의 정도에 관해서 설명할 필요성은 없다고 한 최소화56(1981)·6·19판시 1011, 54면은 이러한 의사의 의견에 따른 것이다라고 말할 수 있겠다.

73) 前掲最判昭和56·6·19는 「의사가 선량한 관리자로서 그의 구체적 사정하에서 상당하다고 인정한 범위」를 설명해야 한다고 한 원심판결을 지지하고 있어, 합리적 의사설을 받아들이고 있다고 봐도 좋다. 또한 吉田, 前掲註6)論文, 401面은 판례실무는 일반적 기준정립에 관해서는 문제의식이 희박하다고 평한다. 판례문헌에서 일반적 기준에 관하여 언급되는 것이 적은 것은 吉田論文이 지적한 바와 같이 설명의무에 관한 입증을 둘러싼 소송지휘 등은 일반적 기준을 전제로 이루어져야 한다고 하고, 吉田論文일 것이라는 이해가 적절한가는 의문이 있는 바이다.

떤 방법으로 설명하는가에 관하여 전문가로서의 의사의 판단이 필요한 것을 주요한 논거로 하고 있다. 의사의 과실의 판단에 있어서 일반적으로 사용되는 기준과 같은 입장을 취하고 있는 것을 합리적 의사설의 지지근거로 들고 있다.

그러나 합리적 의사설에 대해서는 다음과 같은 의문이 제기된다. 설명하여야 하는가를 의사의 판단에 모두 맡기는 것은 환자의 자기결정권의 존중이라는 고지된 동의의 법리목적에 맞지 않는다는 비판이 있다. 환자가 자기결정을 하는데 즈음하여 무엇이 필요한 정보인가 아닌가는 환자에 의해서 확정될 수 있는 것임에도 의사가 일방적으로 확정한다고 하는 것은 모순이라고 할 수 있기 때문이다.[74] 이 비판은 합리적 의사설의 단점을 말한 것이라고 할 수 있다.

2) 합리적 환자설 및 구체적 환자설

이러한 비판을 전제로 전개된 견해로는 합리적인 환자를 기준으로 또는 구체적인 환자를 기준으로 의사의 설명의무의 범위를 확정하려고 하는 견해들이다. 전자는 합리적인 환자가 중요시하는 정보가 설명의 내용으로 되어야만 하고, 설명하는 것이 환자에게 중대한 불이익을 가져온다고 판단할 수 있거나 설명을 할 시간적 여유가 없는 등의 사정이 있는 경우에만 그러한 설명의무위반의 책임은 거론되지 않는다는 것이다.[75] 후자는 전자가 말한 합리적인 환자 대신에 당해 구체적인 환자가 중시하는 정보를 설명의 내용으로 하여야 한다는 것이다.[76] 그리고 설명의 생략이 허용되는 것을 인정하는 점은 전자와 같다.

다만 합리적 환자설 및 구체적 환자설의 양설은 의사의 판단 내지 재량에 의하여 설명의 여부와 설명하려고 하는 경우에 언제, 어디서, 어떤 방법으로 설명해야 하는가를 결정하는 것 자체를 부정하지는 않는다. 그러나 환자에게 중요한 정보를 설명하지 않았던 것의 정당성 즉, 재량의 근거를 증명할 것을 의사측에 요구한 점에서 합리적 의사설과 다른 것이다.

설명에 의하여 환자에게 발생하는 불이익의 방지 또는 설명하는 것이 의사의 부당한 부담이 되지 않아야 한다는(회피가 필요한) 것은 의심이 없는 점이지만, 환자의 자기결정권의 존중이라는 이념과의 조화 내지는 형량으로부터 적절한 설명이 이루어진 것인지 아닌지에 관한 모든 입증을 환자에게 부담시키는 합리적 의사설 보다도 환자에게 중요한 정보인가 아닌가를 환자에게 입증시키지만, 그것을 설명하지 않았던 것의 합리성의 증명은 의사에게 요구하는 합리적 환자설 또는 구체적 환자설이 더 타당하다고 하겠다. 이와 같은 점은 재량권 내지 판단권이 주어진 자에게는 설명책임이 부과된다고 하는 일반적인 이해와도 맞는다고 생각한다.

합리적 환자설과 구체적 환자설은 원칙으로서 환자가 중시한 정보가 설명되어야 한다고 한 점에서 공통의 인식을 가지고 있다. 양자의 분기점은 환자가 중시한 정보를 설명한다고 한 경우에 의사의 부담을 어떻게 배려하는가에 있다. 구체적 환자설

74) 新美, 前揭 註13) 論文, 114面.

75) 細川淸, 「醫師の開示義務－アメリカ法の場合(下)」, 判時818, 11面; 星野雅紀, 「醫師の說明義務と患者の承諾」(山口=林編 『現代民事裁判課題9』), 129面.

76) 金川琢雄, 「醫療における說明と承諾の問題狀況－醫師の說明義務を中心として」, 事法學叢書 第3卷, 228面 等.

은 당해 구체적 환자에 의해서만 그 환자의 자기결정에 있어 중요한 정보인지 아닌지를 결정한다. 자기결정권의 존중이라는 이념에 문자 그대로 충실한 입장에서 설명의 내용이 결정되어야 한다고 한다. 그러나 이것에 따르면 의사에게 환자의 내심을 탐구하는 것을 요구하는 것이 되어 사실상의 불가능을 강요하는 것에 지나지 않는다. 이것을 회피하기 위해 먼저 합리적 환자설은 차선책으로 합리적 환자라는 객관적 기준에 의한 중요한 정보의 판정을 제안하는 것이다.

합리적 환자설과 구체적 환자설과의 갈등을 해결하기 위해 그리고 양설에 있어서는 무엇이 설명되었는가라는 문제만이 초점으로 되고, 언제 어떻게 설명해야 하였는가가 등한시되어 있는 것에 불만이 있는 것으로부터 최근 이중기준설(복합기준설)이 주장되었다.77)

3) 이중기준설(복합기준설)

이 견해는 적절한 설명이 이루어진지 아닌지는 의사와 환자 사이의 커뮤니케이션(communication)이라고 하는 상호적이면서 동적인 시점에서 파악하여야 한다고 한다. 즉, 환자의 자기결정권의 존중으로부터 기본적으로 구체적 환자설과 같이 구체적인 환자가 중시한 정보가 설명의 내용으로 되는 것이 당연하다고 한다. 그러나 의사에게 그 정보에 관한 설명의무를 부과하기 위해서는 그러한 환자의 의향이 의사에 의하여 인식가능한 것이 필요하고, 의사가 그것을 인식가능한지 아닌지는, 당해 의사와 환자와의 관계가 어떤 것이었나를 참작하여 판정되어야 한다고 한다. 그리고 거기에는 의사와 환자와의 관계에 있어서 환자의 의향을 인식하기 위한 충분한 시간적 여유가 있었는가는 의사와 환자 사이에 충분한 커뮤니케이션을 도모했는가 안 했는가 등이 중요한 판단요소로 된다고 한다.

또한 이중기준설 내지 복합기준설에 있어서도 의사에 의한 설명의 유보 내지 생략이 적절한 경우가 있다는 것은 인정된다. 그리고 그 경우에는 합리적 환자설 또는 구체적 환자설과 마찬가지로 환자가 중시한 정보를 설명하지 않았던 것의 정당성의 증명을 의사측에서 찾는다.

그런데 어느 설에 의하더라도 의사에 의한 설명의 생략이 허용되는 것은, 어디까지나 환자 본인에 대한 설명에 관하여이다. 환자 본인에 대한 설명의 생략이 허용되었다고 하여 곧, 의사 독자적인 판단에 의한 의료상의 의사결정이 긍정되는 것은 아니다. 즉, 의사가 아무리 선의이더라도 아무런 유보도 없이 환자의 가치판단을 실현할 수 없다. 더구나 이것은 의사에게는 생명의 질(quality of life)을 묻지 않고 생명유지를 최우선하거나 자연사보다는 가능한 한 의료소지를 강구해야만 하는 전문가인 의사로서의 고유한 가치서열(우선순위)을 자칫하면 무시한 것으로 보여진다. 그와 같은 가치서열은 경우에 따라서는 환자 본인의 가치와 상반된 것도 있을 수 있다. 따라서 이러한 점을 감안한다면 환자본인에게의 설명이 기대되지만, 본인이 자기결정을 할 수 없는 상황에 처한 경우에는 환자본인에게 최선의 이익이 되는 의사결정절차가 취해져야만 한다.78)

---

77) 新美育文, 「醫師の說明義務と患者の同意」, 民法の爭點, 343面; 廣瀨美佳, 「患者の承諾と醫師の說明」 早大大學院法硏論集59, 152面; 浦川道太郎, 「說明義務と醫師の裁量」, 年報 事法學8, 82面.

78) 이 문제의 전반적인 논의에 관해서는 新美, 前揭 註13) 論文, 142面 이하 참고.

일본에서도 이러한 절차에 관해서 별도의 법제도(대낙제도)는 준비되지 않았지만, 지금까지의 판례에 있어서는 환자의 근친자가 본인을 대신하여 의사결정을 하거나 또는 본인의 의사를 추측하는 방법, 의사와의 공동으로 의사결정을 하는 방법이 인정되고 있다. 그러나 이러한 판례에 보여지는 법원의 노력은 환자에게 최선의 이익이 보장될 수 있는 것이 되어야만 한다.

이와 같은 설명의무의 기준에 관하여 ① 합리적 의사설(합리적인 의사라면 설명하는 것이 필요한 정보를 설명하여야만 한다는 설), ② 합리적 환자설(합리적 환자가 중요시하는 정보를 설명), ③ 구체적 환자설(구체적 환자가 중요시하는 정보가 있는 것을 의사가 예견가능한 경우에 설명), ④ 이중기준설(보통 합리적 환자가 중요시하는 정보를 기준으로 하지만, 구체적 환자가 중요시하는 정보가 있는 것을 의사가 예견가능한 경우에는 그 정보도 설명) 등이 있지만,[79]의사의 설명의무의 특질상 그 기준은 의료기술상의 과오의 경우에 통상 적용되는 합리적 의사의 기준으로부터 환자를 기준으로 하는 설로 이전되고 있다. 따라서 의사의 설명이 존재하지 않는 경우는 물론 불충분한 경우에도 그 정도에 따라 환자의 승낙은 무효가 된다. 여기서 특히 형법학설상 환자의 승낙이 없는 의료행위는 환자의 의사결정의 자유라고 하는 보호법익을 침해하는 것에 지나지 않는가, 그렇지 않으면 환자의 생명, 신체라는 보호법익을 침해하는 것인가라는 논쟁이 있지만, 민사상으로는 어떤 입장을 취해도 소위 인격권의 침해로서 불법행위책임이 성립된다. 이 경우의 손해는 정신적 손해(위자료)에 한정되는가, 그것과 함께 재산적 손해에도 미치는가에 대하여도 논의되고 있지만,[80] 필자는 개개의 경우에 1차손해(법익침해)와 1차손해를 기점으로 연결되는 위험성관련 있는 후속손해의 문제로서 판단되는 것이 좋다고 생각한다.

이와 같이 근래의 일본의 학설·판례는 전술한 승낙의 전제 내지 유효요건으로서 환자에 대한 의사의 설명을 요구하고 있는 것이다. 그 근거는 의학에 비전문가인 환자가 치료를 받고자하는 의료행위에 대하여 충분한 정보를 얻은 다음에 승낙(자기결정)을 하여야만 한다(이른바 고지된 동의=Informed Consent)고 말할 수 있지만, 환자가 의료사고소송에 있어서 그것을 주장하는 실제상의 주된 이유는 입증책임의 경감에 있다고 한다.[81]

(2) 결과회피의무로서의 설명의무

의학적인 침습 기타 의료행위가 행해지지 않은 경우에도 의사에 의한 설명이 불필요해지는 것은 아니다. 즉, 설명의무 가운데 「요양지도 내지 보건지도 등의 지도의무」,[82) 「전의권고의무」[83] 등이 여기에 속한다. 이 의무위반은 판례에서도 비교적 일

---

79) 新美育文, 「開頭手術に際し醫師がなすべき說明義務の程度」, 民商86卷2, 168面 參照.

80) 野田, 前揭書, 219面.

81) 奧田昌道, 「西ドイツにおける醫療事故紛爭の現狀と改革論議」, 磯村還曆記念論文集(下), 178面; 山下登, 「醫師の說明義務をめぐる最近の論議の展開(1)－ドイツの判例·學說を中心として」, 六甲台論集 30卷1, 105面; 田上富信, 「開頭手術を行う醫師といわゆる說明義務の範圍」, 判時 1037 171面 等參照.

82) 日本醫師法 第23條, 保險醫療機關 및 保險醫療養擔當規則 第11條·13-15條 等 參照.

83) 醫師法規則 第16條 參照.

찍부터 문제가 되고 있다.[84] 이 설명의무에 관해서는 통상의 의료사고의 경우와 마찬가지로 주로 의료수준이 기준으로 된다. 일본 판례 最判昭 57·3·30[85]도 「주의의무의 기준으로 될 수 있는 것은 진료당시 소위 임상의학의 실험결과에 의한 의료수준이기 때문에, 앞서 기술한 사실관계하에서 논한 바의 설명지도의무 및 전의지시의무가 없는 경우에는 피상고인의 불법행위책임 및 채무불이행책임은 인정되지 않는 것으로 했던 원심의 판단은 정당하다」고 판시하고 있다.

일본 의사법 제23조는 의사에 대하여 단지 치료를 처방하는데 그치지 않고, 생활지도 등을 통하여 환자의 건강 내지 보건의 향상에 공헌해야 할 것을 명한다. 일본의사법이 기본적으로 행정법인 것은 의심이 없는 점이지만, 일본의사법상 의사의 요양지도 내지 보건지도의무는 의료의 전문가이고 의사업의 독점이 허용되고 있는 의사의 환자에 대한 계약법상의 의무 또는 일반적 주의의무로서 사법상의 의무라고 한다.

사법상의 의무로서 부여되는 요양지도의무로는 환자가 요양생활을 하는데 있어서 유의해야 할 사항을 지적하고, 건강의 유지·증진을 도모를 위한 지도이다. 이와 같은 요양지도는 환자의 자기관리 내지 보건관리를 전제로 한다. 그리고 환자가 요양지도에 따르지 않았던 결과에 대해서는 환자자신이 부담하는 것으로 된다. 말하자면 자기책임에 따른 것이다. 여기서 의사와 환자의 협력에 의한 건강의 유지·증진이 의료의 이념이라는 것과 환자의 자발성이 발휘되는 것이야말로 만전의 의료를 가능케 할 수 있다는 것, 자기책임을 부담시키기 위해서는 지시·지도가 이루어지는 이유 즉, 지시·지도를 준수하는 것과의 이해득실 및 준수하지 않은 것과의 이해득실이 충분히 이해되어야만 한다는 사실을 근거로 하여 요양지도의 경우에서도 고지된 동의의 이론의 전개가 요구된다. 즉, 의적 침습을 실시한 경우가 아니라도, 적절한 진료 내지 요양원리를 하기 위해서는 중요한 정보가 환자에게 설명되어지지 않으면 안 된다. 그러나 구체적인 상황에 있어서 어떤 설명이 이루어져야 할 것인가에 대해서는 위 (1)에서 서술한 고지된 동의의 이론에 관련하여 말할 수 있다.

이와 같은 설명의무를 위반한 경우의 법적 효과는 보통 의료과오 즉, 기술상의 과오의 경우와 마찬가지로서 일반적으로 재산적 손해 및 정신적 손해배상이라고 하겠다.

(3) 보고의무

이 의무는 전술한 두 가지 의무에 포함되지 않는다. 단순한 설명의무이다. 그 법적 근거로서 일본민법 제645조의 수임자의 보고의무를 들고 있지만, 의료계약 일반의 의무내용도 고려된다. 이 의무를 위반한 경우에는 보통 단순한 불안감에 대한 것으로서 정신적 손해만을 발생시키는 것으로 보고 있다.[86]

많은 판례 및 통설에 의하면 진료계약은 준위임이라 한다. 따라서 수임자인 의사

---

84) 예컨대, 札幌地判昭27·11·25下, 民集 3卷11, 1646面 參照.

40) 未熟兒網膜症事件에 관한 판례로서 「예컨대, 사람의 생명 및 건강을 관리하여야 할 업무에 종사하는 자는 그 업무의 성질에 비추어 위험방지를 위해 실험상 필요로 하는 최선의 주의의무를 요구하지만(最高裁昭和31年(オ)第1065 同36年2月16日第一小法廷判決·民集15卷2 244面 以下 參照; 이는 유명한 수혈매독사건판결이다), 위의 주의의무의 기준으로 될 수 있는 것은 진료당시의 소위 임상의학의 실험결과에 의한 의료수준이다」고 판시하고 있다(判時 1039, 66面 參照).

86) 野田, 前揭書, 220面.

내지 의료기관은 사무처리의 상황 또는 전말을 위임자인 환자 또는 그 대리인에게 보고해야 할 의무를 부담한다(일본 민법 제645조). 이 보고의무는 사무처리에 관해서 넓은 재량권이 부여된 수임자가 위임자의 신뢰에 따른 사무처리를 행했는가 아닌가를 설명하도록 부여된 것이라 하겠다. 이와 같은 설명책임은 명문화된 것으로 파악된다.

수임자의 보고의무가 본래의 취지에 따라서 이행되었다고 하기 위해서는 어떤 상황의 인식 하에서 어떤 판단으로 어떤 일이 행하여 졌는가 또는 행했는가를 보고하지 않으면 안 된다. 이것을 의료의 경우에 적용한다면, 어떤 진료에 어떤 치료방침을 세워 어떤 치료행위를 실시하려고 했는가 또는 실시했는가를 보고해야만 한다. 여기에는 역시 병명설명이 중요한 내용으로 될 것이다. 덧붙여서 일본 민법 제645조에 있어서는 상황보고는 위임자의 청구가 있는 경우에 하면 좋다고 하고 있지만, 최근의 유력설은 필요한 경우에는 청구가 없더라도 사전에 보고해야 할 의무가 있다고 한다.[87] 위임자(환자)에 의한 지시의 기회 또한 적시의 조치를 취할 기회를 확보해야 하는 것이 그 이유로 된다. 여기에 있어서 고지된 동의의 이론과의 공통성이 보여진다. 여기서는 고지된 동의의 이론에 있어서 의사의 설명의무의 법적 근거를 일본 민법 제645조에서 찾는 견해는, 이점에서 수긍이 간다고 한다.[88]

2. 독일의 학설과 판례의 태도

독일의 경우 환자에 대한 의사의 설명은 치료방법에 관한 설명과 환자의 유효한 승낙을 받기 위한 전제로서의 설명으로 구별할 수 있다.[89]

(1) 치료요법의 설명

이것은 의료시술의 준비와 지지에 기여한다. 의사는 사용할 약제에 관해 설명해주고 효과적인 치료목적을 위해 환자와 대화를 통해 보다 좋은 생활습관을 일깨워 준다. 따라서 이러한 의사의 설명은 의료행위의 한 부분이다. 이것은 일본의 경우에 있어서 의사의 설명의무의 분류 중 결과회피의무로서의 설명의무에 해당한다고 하겠다.

(2) 환자의 유효한 승낙의 전제로서의 설명

의료침습행위가 행해지기 위해서는 환자는 자신에게 행해지는 의료행위의 의미와 그 범위를 적확하게 평가할 수 있어야 한다. 의사는 환자로 하여금 적절한 평가를 할 수 있도록 의학적인 지식을 설명해 주어야 한다.[90] 의사는 환자의 병적 상태와 치료행위의 위험에 관해서 진실하게 알려주어야 하면서도 환자가 자신의 건강을 해로운 강도 높은 심리적 충격 없이 자기결정을 할 수 있도록 설명하여야 한다.[91] 이

---

87) 明石三郎, 新版註釋民法(16), 238面 參照.

88) 新美, 前揭 註8) 論文, 447面 參照.

89) 상세한 내용에 관해서는 오상원, 환자의 승낙과 의사의 설명의무－독일의 학설과 판례를 중심으로－(안암법학 제9호, 세창출판사, 1999), 152면 이하 참고.

90) Lenckner, Arzt und Strafrecht, in; Praxis der Rechtsmedizin von Forster, 1986, S. 596.

91) 1959년까지의 독일 연방대법원의 판례입장은 총체적으로 의사에게 가능한 한 넓은 범위의 설명의무를 엄격하고 확고하게 요구했다(Vgl. 1. Elektroschockurteil BGH, NJW 56, 1106; 2. Elektroschockurteil BGH, NJW 59, 811). 그러나 이러한 판례의 입장은 지나친 설명이 오히려 환자

러한 이유로 여기서는 의사의 설명의무의 범위가 문제된다.

1) 의사의 설명의무의 범위

오늘날 합병증(Komplikationsdichte)의 빈도와 관련해서 중요한 의미를 가지는 점들에 대하여 의사는 설명의무가 있다고 하겠다. 즉, 의사는 어떠한 경우라도 의료행위와 연관된 필연적인 결과 예컨대, 다리의 절단, 수태능력의 상실 등에 대해 설명할 의무가 있다. 그리고 환자가 쉽게 고려할 수 있는 통상적인 합병증까지 설명할 필요는 없으나,[92] 의료행위를 행하지 않을 경우 환자에게 발생되는 병적 진행과정의 결과와 의료조치 후에 나타날 수 있는 위험성과의 비교를 설명해주어야 한다.[93]

合併症의 빈도와 함께 중요한 의사의 설명은 의료행위의 긴급성 정도이다. 즉, 환자의 시각에서 당해 의료행위가 긴급하지 않을수록 의사의 설명의무는 더 넓은 범위까지 미친다.[94] 따라서 그 긴급성의 정도에 따라서 그에 상응하는 의사의 설명범위를 독일의 판례와 이론은 일치하고 있다.[95] 예컨대, ① 속히 의료행위를 하지 않으면 환자의 생명이 위독한 경우에는 환자가 치료를 위해 병원을 방문할 때 또는 환자가 의료행위의 의도에 반대하지 않을 때에 이미 승낙한 것으로 본다. ② 아주 심한 건강장애를 제거하기 위해 치료행위가 요구되는 경우에는 설명의무의 범위가 아주 좁을 수 있다. 왜냐하면 보통의 환자라면 절대적인 적응증의 위험을 감수할 것이기 때문이다. ③ 적응증으로 보아 의료행위는 요구되지만, 그 의료행위가 필연적인 방법이 아닐 때는 보다 넓은 범위의 설명의무가 요구된다. ④ 신단행위의 경우에는 더 한층 엄격한 설명의무가 요구된다. 다만 이 때에도 특히 수술행위가 절대적으로 필요한 경우에는 아주 상세한 설명이 배제될 수 있다.[96] ⑤ 정형수술의 경우에는 환자가 수술의 찬반을 신중히 할 수 있도록 하기 위하여 의사의 충분하고 상세한 설명의무가 요구된다. 따라서 이 경우에는 아주 드문 위험까지도 의사는 설명하여야 한다.

위험의 크기는 의료행위의 결과의 범위를 정하는 데 있어서 중요한 요소이다. 즉, 수술의 경우 환자의 직업상 중요한 신체적 부분을 잠정적 또는 지속적으로 손상케 하는 경우, 수술로 인해 겪게 될 신체적 장애상황을 환자에게 고지해 주어야 한다. 예컨대, 환자(음악인)의 손을 수술할 때에는 손가락이나 손 전체의 기능장애가 도래할 수 있다는 위험을 의사는 설명해 주어야 한다. 따라서 수술의 위험과 관련하여 환자에게 제공되는 정보는 일반적인 위험뿐만 아니라 환자의 개인적인 특수성과 관련된 특수한 위험, 정상적인 상황과 상이한 특수한 위험도 설명해 주어야 한다.[97]

에게 건강상의 손실을 초래할 수 있다는 사실을 들어서 의사 측으로부터 큰 반발을 불러 일으켰다. 그리고 그 후 1966년 및 1978년의 법률가집회는 의사의 설명의무의 범위를 성문화하는 것은 바람직하지 않다는 입장을 제시했다(오상원, 앞의 논문, 155면).

92) Vgl, BGHZ 29, 176 ff.(181).

93) Vgl, BBH NJW 63, 393(394).

94) 치료행위의 긴급성을 이유로 설명의무의 범위를 축소시키는 것은 환자의 자기결정권의 입장에서 볼 때 허용될 수 없다고 보는 소수의 견해도 있다: NJW 79, 1930[1932 unter 5) c)].

95) 오상원, 앞의 논문, 158-159면.

96) Vgl, in: Festschrift für Bockelmann, 1978, S. 526.

97) 오상원, 앞의 논문, 160면.

환자의 행동도 어떤 범위 내에서는 의사의 설명의무의 범위를 결정할 수 있다. 사실 의사는 환자의 요구가 없어도 독자적으로 고도의 위험성을 가진 후유증에 대한 설명을 포함하여 일반적인 설명을 해야할 의무가 있다. 또한 환자도 담당의사에게 분명한 질문을 통해 일반적 설명의무를 넘는 진실에 합당한 대답을 요구할 수 있고 심지어는 경우에 따라서 계속해서 질문할 의무와 부담이 주어지기까지 한다. 이와 관련하여 BGH는 수술행위가 실패로 끝난 경우에 아주 드물기는 하지만 환자의 행동을 중대한 공동과오로 인정하고 있다.[98]그러나 이에 대해서는 동의하기가 곤란하다. 왜냐하면 여기서 의미하는 환자의 행동은 의료행위에 관해 비전문가인 환자로서 의사가 설명하지 않은 부분에 대해 자신의 궁금한 사항을 질문할 수 있는 권리이지 의무가 아니기 때문이다.[99]

2) 설명의 대상

① 의료시술행위에 관한 설명

의사의 설명의 대상은 치료의 방법 특히 시술의 종류 및 그 미치는 범위이다. 즉, 의사는 환자에게 주사투입 이나 부위제거 또는 X-Ray촬영 등을 통한 단순한 진단침해 및 치료침해에 관한 설명뿐만 아니라 의학상 논쟁 있는 외과수술이나 약물치료요법, 공인되지 않은 진단침해 및 마취요법 등을 사용할 때에도 이에 대한 설명을 해야한다. 따라서 환자와 의사와의 계약범위 내에서 의사가 검사위임을 수행하는 모든 의료침해행위는 환자의 승낙을 받아야 한다. 그러므로 의사의 재량으로 행하는 검사와 이를 위한 혈액채취 등의 경우도 위급한 경우를 제외하고는 환자의 계약범위에 속하는 것이어야 한다.

② 의료침습행위의 결과에 관한 설명

의사는 환자의 의료침습행위로부터 발생할 수 있는 예상되는 결과에 대해 설명하여야 한다. 즉, 환자의 수술후의 신체상태나 나타날 수 있는 후유증 및 통계적인 사망률 등에 관해 설명하여야 한다.

③ 진단에 대한 설명

의사는 진단의 결과를 환자에게 설명해야 한다. 다만 환자의 병적 증상이 매우 비관적인 경우(예: 암), 이에 대한 의사의 고지의무는 고지해야만 필연적인 치료과정에 대한 환자의 승낙을 얻을 수 있는 경우에만 성립한다는 독일의 판례가 있다.[100] 그러나 이러한 판례의 입장은 의사는 환자의 치료를 위해 필요한 범위 내에서 최선을 다해야 하므로, 환자본인이 자기결정을 할 수 없는 상황이 있을 수 있으며 그 경우에는 환자본인에게 최선의 이익이 되는 의사결정절차가 취해질 수 있도록 환자가 아닌 환자의 근친자 또는 본인의 의사를 추측하여 또는 의사와 공동으로 의사결정을 할 수 있도록 해야 한다는 사실을 간과하였다고 생각한다. 따라서 의사는 진단의 결과에 대한 정보고지가 환자에게 불이익이 발생하지 않는 범위 내에서 행하여져야 한다.

---

98) Vgl, BGH NJW 76, 363.

99) Tempel, Inhalt, Grenzen und Durchführung der ärztlichen Aufklärungspflicht unter Zugrundelegung höchstrichterlicher Rechtsprechung, NJW 1980, S. 526; 吳相源, 앞의 논문, 162면.

100) BGHZ 29, 176=NJW 59, 814.

3) 설명의 결여가 인정되는 경우

환자가 무의식상태나 생명이 위급한 상태여서 지체해서는 환자의 생명·신체에 심각한 손상이 이어질 경우에는 의사의 설명의무는 그 이행이 불가능하고 또한 결여되어도 좋다.[101] 또한 환자가 이미 설명을 들었을 경우에는 새로운 설명이 불필요하다고 하겠다. 그리고 환자의 자기결정권행사로 의사는 설명을 생략할 수 있다.

4) 설명의 방법

환자에게 직접 설명해야 하는 의무자는 의사이며 그 상대방은 환자이다. 환자가 미성년자인 경우 미성년자에 대한 직접적인 설명의무는 의료행위의 근본적인 의미를 이해하면 족하다. 그리고 의료행위의 한 부분으로서의 설명은 직접적인 대화를 통해서 이루어진다. 또한 의사는 환자가 생각하고 가족들과 상의할 필요가 있는 경우에는 시간적 간격을 고려해서 적절한 때에 설명을 해야 한다.[102]

설명은 환자의 책임있는 결단을 위해 의도되고 있는 의료침해의 본질, 의미와 그 미치는 범위에 관하여 구체적으로 가르쳐 주어야 한다. 다만 설명은 환자의 연령, 교육정도 및 건강상태에 상응하여 설명방식은 쉽게 알려주어야 한다.[103] 특히 수술위험에 대한 설명을 함에 있어서 규격화된 서면에 의해 그 위험도의 근사치를 확정·설명한다거나, 특정의 병상을 가지고 있는 환자의 특성을 감안함이 없이 동일한 설명을 한다거나 하여서는 안 된다.[104] 다만 이러한 구두설명에 관한 증거를 확보하기 위해서 의사의 설명직후 기록한 환자의 기록문서는 유효한 설명의무의 이행과 관련하여 중요한 증거자료가 될 수 있다.

(3) 설명의무의 위반과 그 법적 효과

의사가 설명의무를 위반하였을 경우에는 담당의사 뿐만 아니라 주임의사와 병원소유자도 손해배상책임을 지게 된다. 담당의사는 허용되지 않은 의료침습으로부터 발생한 전체적인 재산손해(치료비용과 수입손실)와 합당한 위자료를 배상하여야 한다.[105] 다만 합병증을 수반하지 않은 독단적인 치료행위의 경우에는 위자료만을 배상한다.[106] 그러나 의사가 규칙에 합당한 설명을 했을 경우에 환자도 승낙했을 것임을 유효하게 증명할 수 있다면, 환자는 의사에게 손해배상을 청구할 수 없다.[107] 또한 환자의 현존하는 손해가 환자의 승낙거부로 수술(예: 암수술)을 행하지 않음으로 인하여 발생한 것임을 의사가 증명하는 경우에도 마찬가지이다.[108]

---

101) BGH는 의학적 근거에 의한 설명의무의 생략은 설명이 환자의 생명이나 건강을 심각하게 위협하게 될 경우에만 인정하는 엄격한 입장을 취하고 있다(BGHZ 29, 46(56)=NJW 59, 811).

102) 필요한 시간을 위한 확고한 기준은 없으나 수술 바로 직전이나 수술 전날 저녁에 환자의 승낙을 얻기 위한 의사의 설명은 불가능하다고 하는 것이 대체적 시각이라고 한다(오상원, 앞의 논문, 168면).

103) BGH NJW 80, 633.

104) 독일의 판례와 학설도 같은 견해이다: BGH VersR 71, S.929f.; Giessen, Jura 81, 10ff(17).

105) BGH NJW 59, 2299.

106) BGH VersR 67, 495.

107) BGHZ 29, 176=NJW 59, 814.

108) 오상원, 앞의 논문, 172면.

Ⅲ. 환자의 승낙

의사가 환자의 승낙을 얻지 않고 환자의 신체를 침습하는 경우에는 위급환자에 대한 사무관리가 인정되는 경우를 제외하고 원칙적으로 위법한 신체 또는 건강침해가 된다는 것은 불법행위나 계약법 모두 마찬가지이다.[109]

따라서 의사는 환자에게 예정된 의료조치와 그 가능한 결과에 대하여 설명을 하고 그 침습조치에 대한 환자의 동의를 얻은 후에 침습행위를 할 수 있다. 이 때 의사는 침습행위의 필요성·긴박성·종류·효과에 대한 전망·위험성 등에 관해서 설명을 해야 한다.

환자의 승낙이 유효하기 위해서는 우선 환자의 승낙능력이 요구된다. 여기서 의미하는 승낙능력이라 함은 민법상법률행위능력이 아니라 계획된 의료침습행위에 관한 충분한 인식 및 판단능력을 소유하는 것으로 족하다. 즉, 환자는 의사의 설명에 의해 당해 의료침습행위에 대한 찬반의 의미를 인식하고 있어야만 한다. 이와 같은 승낙능력을 가진 환자는 담당의사에게 직접 승낙의 의사표시를 행할 수 있다. 다만, 수술의 복잡성으로 인해 수술시 여러 의사들(예: 마취의사, 외과의사 등)이 업무분담을 통해 공동으로 참가한 경우라든가 또는 환자가 대학병원이나 종합병원에서 계획된 의료침습행위에 대해 승낙을 할 경우에는 그 효력은 환자의 치료를 담당하는 전 의료팀에게 미친다고 보아야 한다.

한편, 환자는 항상 의료기술에 합당한 의료침습행위에 대해서만 승낙할 수 있다고 보아야 한다. 그리고 환자의 동의는 법률행위적 의사표시일 필요는 없으며 사실적 승낙으로 충분하다. 다만 위독한 상황에 있는 환자를 구하기 위하여 환자에 대한 사전 설명이 사실상 불가능하거나, 급박한 사정에 비추어 사전에 설명을 했었다면 환자 측에서 동의했을 것으로 추정되는 경우에는 예외가 인정된다고 하겠다.[110] 또한 미성년자인 환자도 의사의 침습행위와 환자의 승낙범위에 관하여 인식할 수 있는 의사능력이 있으면 유효한 승낙을 할 수 있고 그 이외의 경우에는 친권자나 후견인이 승낙행위를 할 수 있다고 해석된다.[111] 그러나 법정대리인이 승낙능력이 없는 미성년자의 필요불가결한 의료침습행위와 관련하여 승낙권을 남용하여 승낙을 거부할 경우에는 의사는 우리 민법 제924조에 의하여 가정법원에 친권상실의 소를 제기할 수 있고, 이 대에 법정대리인의 승낙거부의 의사표시는 가정법원의 상응하는 심판에 의해 대치된다.

그밖에 승낙이 유효하기 위한 전제는 승낙의 고지이다. 따라서 승낙은 명시적이거나 추단적인 행동을 통하여 외부에 표명되어야 한다. 또한 승낙의사에는 착오, 사기, 강박에 의한 흠결이 없어야 한다.[112]

---

109) Vgl, Schellhammer, Zivilrecht nach Anspruchsgrundlagen, 2. Aufl., 1996, Rn. 397.

110) 서울민지법판 1993.12.22, 92가합46696 참고.

111) Schellhammer, a.a.O., Rn. 399.

112) 오상원, 앞의 논문, 148-151면.

Ⅳ. 의사의 설명의무위반에 따른 손해배상책임의 범위

의사는 적극적인 주의의무위반의 행위뿐만 아니라, 마땅히 해야 할 검사 또는 치료를 행하지 않은 경우와 같은 부작위에 대해서도 책임을 부담해야 한다. 특히 설명의무의 위반에 따른 손해배상책임이 문제된다. 이와 같은 경우에 설명의무의 위반에 따른 손해배상책임의 범위에 관해서는 이로 인한 모든 책임을 부담해야 하는가 아니면 위자료만을 부담하는가의 여부가 문제된다.

의사의 설명의무위반으로 인해 환자의 자기결정권이 침해된 경우에 그 효과에 관하여 학설은 신체침해설[113]과 자유권침해설[114]로 나누어져 있다.

1. 신체침해설

이 설은 설명의무위반으로 환자의 자기결정권을 침해하면, 의사의 의료행위가 의료기술적 정당성과 의학적 적응성을 갖추었다 하더라도 그로 인하여 발생된 생명·신체상의 손해에 대하여 의사의 손해배상책임이 인정된다. 이 견해는 의료행위에 의한 환자의 신체에 대한 침습의 적법성요건으로서 의료기술적 정당성과 의학적 적응성 이외에 환자의 동의를 요구한다. 우리나라와 독일의 다수설 및 판례의 태도이다.

그러나 의사의 설명의무해태에 대한 환자의 증명범위와 관련해서 판례는 환자의 손해배상청구권을 제한하고 있다. 즉, 의사의 설명의무의 해태 또는 불충분한 설명으로 인해서 환자가 자기결정에 의한 진료행위의 선택의 기회를 상실했다는 사실만을 증명했을 뿐이고, 설명을 받았더라면 중대한 나쁜 결과가 발생하지 않았을 것이라는 인과관계를 증명하지 못한 경우에는 신체침해에 대한 정신적 고통에 대하여 위자료만을 청구할 수 있다고 한다. 다른 한편 의사의 설명의무위반이 일반적 주의의무위반과 동일시 될 정도의 것으로서 설명의무위반과 나쁜 결과 사이에 상당적 인과관계가 증명된 경우에는 신체침해에 의한 재산적 손해(적극적 및 소극적 손해)의 배상까지 청구할 수 있다고 한다.[115]

2. 자유권침해설

이 설은 환자의 자기결정권의 침해는 환자의 신체에 대한 침해가 아니라 일반적 인격권의 침해에 불과하므로 위자료청구권만이 인정될 뿐이라고 한다. 이 견해는 의료행위에 의한 침습이 의료기술적 정당성과 의학적 적응성을 갖추고 있으면 그 행위는 적법하며, 환자의 동의는 별도의 적법성요건으로서 요구되지 않는다고 한다. 우리나라 및 독일의 소수설의 태도이다. 이 견해는 의학의 과학적 규준에 따라 행하여진

113) 김민중, '의사책임 및 의사법의 발전에 관한 최근의 동향', 「민사법학」, 제9·10호, 1993, 339면; MünchKomm/Mertens, §823 Rn. 370; Giesen, Wandlungen des Arztrechts, 1983, S.47ff.; 大判 1993.7. 23, 92도2345; BGHZ 29, 46; 29, 176.

114) 김천수, '의사의 설명의무', 「민사법학」, 제7호, 1988, 278면; 안법영, '의료사고의 불법행위책임', 「법학논집(고려대법학연구소)」, 제33집, 1997, 323면; Laufs, Arztrecht, Rn. 174ff.

115) 대판 1994.4.15, 93다60953; 대판 1994.4.15, 02다25885; 대판 1995.1.20, 94다 3421; 대판 1996.4. 12, 95다56095 등 참고.

의료행위는 그것 자체로서 치료행위이고 신체침해가 아니라고 한다.

3. 사 견

의료라고 하는 고도의 전문성을 지닌 경우 전문가로서의 의사의 판단은 충분히 존중되어야 하나, 그것과 환자의 자기결정의 존중요청과는 결코 대립관계에 있는 것은 아니다. 의사와 환자 모두 환자의 쾌유를 지향한다는 점에 있어서 목표를 공통으로 하고 있다. 그러나 그 목표를 도달하는 과정에서 있어서 환자는 스스로의 건강과 생명에 대해서는 물론 때로는 삶의 방식 자체에 대하여 중대한 영향을 받는다. 이와 같은 의미에서 의료에 관한 환자의 동의는 단순히 의사에 의한 신체침습의 위법성을 조각한다는 의미를 넘어서 인격적 이익에 관한 판단으로서의 측면을 지닌다. 따라서 환자의 승낙은 그의 인격적 이익까지 포함된 시각에서 당해 의료침습행위에 의한 위험을 받아들일 것인가의 여부를 종합적으로 판단하는 것이다. 그리고 의료는 이미 은혜적인 것이거나 온정적인 것이 되어서는 안 되지만, 의료 그 자체의 책임은 의사에게 있는 것이며, 환자가 그것을 분담하는 것은 아니다. 고지된 동의(infomed consent)는 환자의 자기결정권의 확보를 목적으로 하나 그것은 의사의 책임을 떠나서는 있을 수 없다.[116]

따라서 위와 같은 의료의 특질상 의사의 설명의무위반으로 환자의 자기결정권을 침해한 경우에는 환자의 신체뿐만 아니라 환자의 인격권 모두를 침해한 것이라고 해야 한다(필자주: 이런 의미에서 신체 및 자유권침해설). 다만 설명의무의 해태에 따른 손해배상책임의 범위에 관해서는 설명의무의 종류(승낙의 유효요건으로서의 설명의무·결과회피의무로서의 설명의무·보고의무)에 따라서 유형적·구체적으로 달리한다고 해야 한다. 예컨대, 의사의 승낙의 유효요건으로서의 설명의무와 결과회피의무로서의 설명의무가 환자의 자기결정권을 침해한 경우에는 발생된 모든 손해(재산상 손해 및 위자료)의 개개에 관하여 1차손해(법익침해)와 1차손해를 기점으로 연결되는 위험성관련 있는 후속손해에 해당하는 한, 의사는 이에 대한 손해배상책임을 부담하여야 한다. 다만 의사의 보고의무에 해당하는 단순한 설명의무가 환자의 자기결정권을 침해한 경우에는 보통 단순한 불안감에 대한 것으로서 정신적 손해만을 발생시킨다고 해석하므로(앞의 Ⅱ 1 (3) 참조), 의사는 정신적 손해(1차손해)로서 위자료의 손해배상책임을 부담한다고 하겠다.

V. 맺음말

이상으로 의료에 있어서 환자는 자기의 신체에 대한 침습을 포함한 치료를 받을 것인가의 여부를 결정하는 권리를 가진다. 다시 말해서 의적 침습을 포함한 환자의 자기결정권의 인정은 고지된 동의(infomed consent)이론의 핵심적 요소이다. 그러나 다른 한편에 있어서 의료의 목적은 환자의 생명구제와 건강회복이다. 그 목적을 달성하기 위해서는 환자의 자기결정과 더불어 의사의 책임 또한 중요한 요소가 된다. 의사의 직책은 환자의 진찰과 진단 및 치료방법을 결정하는 일련의 과정 속에서 환자의 건강과 치료를 위해 최선을 다하는 것이다. 의사는 이 의료과정 속에서 의학적

---

116) 岩志和一郎, 前揭資料集, 82-83面.

전문지식에 기초하여 재량을 가지고 판단하지만, 이 판단은 항상 의사 자신의 책임 하에서 행하여져야 한다.[117]

따라서 의료라고 하는 고도의 전문성을 지니고 있는 경우, 전문가로서의 의사는 환자를 진찰하고 진단한 후 자신의 판단 및 정보들(환자의 병명과 증상, 치료방법의 내용 및 그 필요성, 그 치료방법의 채용에 따르는 위험이나 부작용, 채용하지 않을 경우의 예후, 대체 가능한 치료법 등)을 환자가 자기결정을 할 수 있도록 환자에게 미리 설명해주어야만 한다. 이와 같은 의사의 설명을 통하여 환자가 당해 의료행위에 대하여 이성적인 결정(의사의 설명을 통해 환자가 자기에게 가해지는 의적 침습을 이해하고 그것의 수용여부를 결정)을 할 수 있도록 충분한 정보가 제공되고, 환자는 의사의 충분한 설명을 받은 뒤에 의사가 당해 의료행위를 하도록 동의함으로써 의사와 환자의 공통의 목표인 환자의 쾌유가 지향될 수 있는 것이다. 이와 같은 이유에서 환자는 의료에 있어서 하나의 주체로서 의사와 공동으로 의료과정에 참가하는 한 당사자이지 결코 대립관계에 있는 당사자가 아니다. 즉, 전문가로서 의사의 판단과 환자의 자기결정의 존중요청과는 결코 대립관계에 있는 것은 아니다. 이러한 점에서 볼 때 같은 정도의 대체적인 치료법이 존재하는 경우라도 의사는 그 선택을 재량으로 하고 결과만을 일방적으로 환자에게 강요하는 것은 옳지 않다고 본다. 또한 다른 치료법은 있지만 그것이 의료수준에까지 이르지 않은 경우라도 그 치료법을 당해 의사가 알고 있는 한 그것에 대해서 환자에게 설명할 필요는 있다고 생각한다.[118]

한편, 의료계약상 의사의 채무는 수단채무이기 때문에 의사는 진료수행과정에서 그의 판단과 시술에 귀책사유가 없음을 증명하여야 할 것이다. 그리고 수술 기타 검사의 결과나 위험성에 관한 의사의 설명의무에 대하여는 환자가 의사의 설명의무위반을 입증해야 할 것이 아니라 의사가 설명의무의 위반을 입증해야 한다.[119] 의사의 설명의무의 종류로서는 승낙의 유효요건으로서의 설명의무와 결과회피의무로서의 설명의무 그리고 이와 같은 두 가지 의사의 설명의무에 속하지 않는 단순한 의사의 설명의무인 보고의무를 들 수 있다.

그런데 만약 의사의 설명의무위반으로 환자의 자기결정권을 침해한 경우에는 의사는 환자에게 채무불이행책임 또는 불법행위책임을 부담해야 한다. 그리고 이 경우에 의사는 의료의 특질상 환자의 신체뿐만 아니라 환자의 인격권 모두를 침해한 것이라고 해야 한다. 다만 의사의 설명의무의 해태에 따른 손해배상책임의 범위에 관해서는 설명의무의 종류에 따라서 유형적·구체적으로 달리해야 한다. 예컨대, 의사의 승낙의 유효요건으로서의 설명의무와 결과회피의무로서의 설명의무가 환자의 자기결정권을 침해한 경우에는 발생된 모든 손해(재산상 손해 및 위자료)의 개개에 관

117) 예컨대, 환자가 희망할 경우라도, 의사는 불합리한 의학적 대응을 안이하게 채용해야 하는 것은 아니며, 또한 그 희망을 받아들임으로써 발생하는 나쁜 결과의 책임을 환자의 자기결정의 결과라고 하여 환자에게 일방적으로 전화하는 것도 허용되어서는 안 된다. 이와 같이 환자의 자기결정권의 존중은, 항상 의사책임과의 상관관계에서 파악되어야 한다고 한다(岩志和一郎, 前揭資料集, 80-81面).

118) 자세한 내용은 岩志和一郎, 前揭資料集, 81-82面 參照.

119) 박일환, 민법주해[16], 박영사, 1992, 268면; Schellhammer, Zivilrecht, Rn. 391; BGH NJW 80, 633; 82, 1399; 90, 2928; 93, 2378.

하여 1차손해(법익침해)와 1차손해를 기점으로 연결되는 위험성관련 있는 후속손해에 해당하는 한, 의사는 이에 대한 손해배상책임을 부담하여야 한다. 다만 의사의 보고의무에 해당하는 단순한 설명의무가 환자의 자기결정권을 침해한 경우에는 보통 단순한 불안감에 대한 것으로서 정신적 손해만을 발생시킨다고 해석되므로 의사는 정신적 손해(1차손해)로서 위자료만의 손해배상책임을 부담한다고 하겠다.

[문제 3]

목장을 경영하는 甲은 乙로부터 乙목장에 있던 젖소 10마리 전부를 사기로 하면서 한 달 후 잔금지급과 동시에 젖소들을 인도받기로 하였다. 계약 당시 甲 은 乙목장에 있는 젖소가 튼튼해 보이니 반드시 乙목장의 젖소로만 인도해 줄 것을 요청하였고, 乙 역시 이에 대하여 흔쾌히 승낙하였다.

(질문)

첫째, 乙은 젖소 10마리를 어디에서 인도하여야 하는가?

둘째, 이행기가 지났음에도 아직 인도하지 않은 경우에 위 젖소로부터 생산된 우유의 소유권은?

셋째, 이행기에 이르러 乙의 젖소들이 구제역에 감염되자 甲은 위 젖소의 수령을 거절하였다. 甲의 거절행위는 정당한가?

넷째, 잔금을 준비하지 못한 甲이 젖소를 수령하지 못하자, 다시 자신의 목장으로 돌아가던 乙이 피할 수 없는 재해로 젖소10마리 모두를 잃어 버렸다. 甲에 대한 乙의 잔금지급청구는 인용되는가?

(참조판례) 대판 1994. 4. 14, 94다38182; 대판 2001. 1. 19. 2000다57351 등

[문제 3] 해설:

Ⅰ. 乙은 젖소 10마리를 어디에서 인도하여야 하는가?

1. 문제제기

문제에서 甲과 乙은 젖소 10마리를 목적으로 하는 매매계약을 체결한다. 이 매매계약의 법적 성질에 따라서 인도장소 및 적용되는 법리가 결정된다. 따라서 구체적으로 이 계약의 인도장소가 어디인지 알아보기 위해서는 사안에서의 계약의 법적 성질이 특정물채권과 불특정물채권 중 어디에 속하는지 여부 등이 문제가 된다. 일반적으로 인도해야 할 목적물(이하 인도목적물이라고 함)이 종류와 수량에 의하여 정하는 채권은 종류채권이고, 인도목적물이 개성적 표지(標識)에 의하여 구체적으로 확정된 것이면 특정물 채권이다. 사례의 경우 인도목적물이 甲은 乙목장에 있는 젖소가 튼튼해 보이니 반드시 '乙목장의 젖소 10마리 모두'를 인도해 줄 것을 요청하였고, 乙역시 이를 승낙하였기에 이 매매계약의 법적 성질은 특정물의 인도를 목적으로 하는 특정물채권이라고 볼 수 있다.

2. 특정물매매계약에서의 변제장소

특정물의 인도를 목적으로 하는 특정물채권의 경우, 채무자(乙)는 그 물건을 인도하기 까지 선량한 관리자의 주의로 보존하여야 한다(제374조).[120] 그리고 이 경우 채무의 성질 또는 당사자의 의사표시로 변제장소를 정하지 아니하였다면 특정물의 인도는 채권성립 당시 그 물건이 있던 장소에서 하여야 한다(467조).

3. 소 결

사안에서 甲과 乙의 매매계약시 甲과 乙은 의사표시로 변제장소를 정하였는지 여부는 알 수 없고 채권성립 당시 젖소가 있던 장소는 乙의 목장이었음을 알 수 있다. 그렇다면 변제장소는 乙의 목장이고, 乙은 자신의 목장에서 그 목장의 젖소 10마리 모두를 甲에게 인도해야 한다.

Ⅱ. 이행기가 지났음에도 아직 인도하지 않은 경에 위 젖소로부터 생산된 우유의 소유권은?

1. 문제제기

사례에서는 다른 조건들은 첫째 문제와 동일하다고 볼 수 있고 단지 이행기가 지났다는 조건이 추가된 것으로 볼 수 있다. 이 경우에 원물에 의한 과실 중 사안에서의 과실의 종류와 그 과실의 수취권이 채권자 甲과 채무자 乙 중 누구에게 속하는 것인지가 문제된다.

2. 이행기 이후의 과실수취권의 귀속주체

(1) 과 실

물건으로부터 생기는 경제적 이익(수익)을 과실이라 한다. 민법은 과실을 천연과실과 법정과실로 구별하고, 과실의 수취권자에 관하여 원칙규정을 두고 있다(제101조, 제102조). 사례의 경우는 천연과실(젖소로부터 생산된 우유)의 경우이다.

천연과실이란 물건의 용법에 의하여 수취되는 산출물이다(제101조1항). 산출물에는 자연적, 유기적으로 생산되는 물건(과수열매, 우유, 말의 새끼 등)뿐만 아니라, 인공적, 무기적으로 수취되는 물건(석재, 토사 등)도 포함된다.

천연과실은 그 원물로부터 '분리하는 때'에 이를 수취할 권리자에세 속한다(제102조 1항). 과실의 수취권자는 원칙적으로 원물의 소유자(제211조)이지만, 예외적으로 선의의 점유자(제201조), 지상권자(제279조), 전세권자(제303조), 유치권자(제323조), 질권자(제343조), 저당권자(제359조), 매도인(제587조), 사용차주(제609조), 임차인(제618조), 친권자(제923조), 수유자(제1079조)에게도 수취권이 인정된다. 다만 유치권자, 질권자, 저당부동산을 압류한 저당권자는 과실을 취득해 우선변제에 충당할 권리를 가질 뿐이라는 점에서 엄밀한 의미의 수취권자는 아니라고 할 것이다.

120) 이 규정은 임의규정 내지 보충규정이므로 일차적으로 당해계약 또는 법률관계의 성질에 의하여 정해진다.

미분리의 천연과실은 독립한 물건은 아니지만, 명인방법을 갖춘 때에는 독립성이 인정되어 소유권의 객체가 된다.

한편, 법정과실은 물건의 사용대가로 받는 금전 기타의 물건을 말한다(제101조 제2항). 여기서 사용대가란 원칙적으로 정당한 권원(법률행위 또는 법규)에 기한 사용대가를 의미한다(예: 임대차에서 생기는 사용료). 법률상 원인없이 물건을 사용하여 얻은 이익(사용이익)은 법정과실이 아니지만 법정과실에 준해서 제102조와 제201조가 유추적용된다(대판 1996.1.26, 95다44290). 법정과실은 물건의 사용대가이므로 권리의 과실(주식배당금, 특허사용료)과 노동의 대가인 임금 등은 법정과실이 아니다. 법정과실은 거두어들일 수 있는 권리의 존속기간 日數의 비율로 취득한다(제102조 제2항). 예를 들면 매매로 임차목적물인 가옥의 소유권이 이전된 경우 임차기간 동안의 임차료는 소유권이전(등기) 시점을 기준으로 각 기간의 일수에 비례하여 매도인과 매수인 사이에서 분배된다. 민법 제102조 2항은 임의규정이므로 당사자들 사이에 별도의 약정이 있으면 그에 따른다.

(2) 과실수취권 취득 요건

인도전까지의 천연과실의 수취권자는 이행기이전이면 채무자이고, 이행기이후이면 채권자이다(통설). 다만 제587조는 이행기 이후라도 매수인이 목적물의 대금을 지급하지 않았음을 전제로 하여 인도전에 목적물로부터 생긴 과실은 매도인(채무자)에게 과실수취권이 있다고 한다.

(3) 사안의 경우

문제에서 이행기는 지났고, 젖소는 아직 인도하지 않았으므로 통설에 따라서 젖소로부터 생산된 우유의 소유권은 채권자 甲에게 있다고 볼 수 있다. 다만, 甲이 목적물의 대금을 지급하지 않았을 경우에 젖소로부터 생긴 과실인 우유는 매도인(채무자)인 乙에게 과실수취권이 있다고 보아야 할 것이다.

3. 소 결

사안에서 젖소에 의해 생산되는 우유는 물건의 용법에 의하여 수취되는 천연과실(제101조 제1항)로서 통설에 의하면 이행기 이후 과실의 수취권자는 채권자이지만, 제587조에서 규정하듯이 이행기 이후라도 매수인이 목적물의 대금을 지급하지 않은 경우에는 인도전에 목적물로부터 생긴 과실의 수취권은 매도인인 채무자에게 있다고 볼 수 있을 것이다.

Ⅲ. 이행기에 이르러 乙의 젖소들이 구제역에 감염되자, 甲은 위 젖소의 수령을 거절하였다. 甲의 거절행위는 정당한가?

1. 문제제기

특정물매매의 목적물이 되는 젖소들이 구제역에 걸렸을 경우, 채권자 甲이 이의 수령을 거절할 수 있는지가 문제된다. 즉, 사례의 경우 인도목적물의 이행기까지 이에 대한 채무자 乙의 선관주의의무의 이행여부에 따라서 채권자 甲에게 젖소의 수령을 거절할 권리가 있는지 여부를 살펴보고 한편, 채무자의 선관주의의무 이행여부와는 상관없이 계약 당시 목적물과 현재의 목적물 간의 변화, 변질이 심각하여 채권자 甲의 애초 계약 목적의 달성이 어려울 경우 정당하게 목적물의 수령을 거절할 수 있는지(목적물의 법적 동일성 여부)를 검토해 보아야 할 것이다.

2. 인도목적물에 대한 乙의 선관주의의무의 이행여부

(1) 선량한 관리자의 주의(선관주의)의 의의

선관주의라 함은 채무자의 직업, 사회적 지위 등에 비추어 거래상 그 경우에 일반적으로 요구되는 정도의 주의를 말한다. 다시 말하면 구체적 채무자를 기준으로 하여 그의 능력에 따른 주의를 말하는 것이 아니라, 평균적, 추상적 채무자가 마땅히 기울여야 할 일반적, 객관적 주의를 가리킨다.

(2) 선관주의 의무에 따른 효과

채무자가 선관주의 의무에 위반하여 목적물을 멸실 또는 훼손한 경우에는 이로 인하여 발생된 손해를 배상할 의무를 부담한다. 이에 반하여 채무자가 선관주의의무를 다한 경우에는, 목적물이 멸실되거나 훼손되었다 하더라도, 채무자는 그로 인한 책임을 지지 않는다. 즉 목적물이 멸실된 경우에는 인도의무를 면하고, 훼손된 경우에는 훼손된 상태대로 인도하면 족하다(=특정물 도그마, 제462조). 어느 경우에나 손해배상의무를 부담하지 않는다. 선관주의의무를 다했다는 입증책임은 당연히 채무자가 부담한다.

(3) 사안의 경우

젖소들의 구제역의 감염 등이 乙이 준수해야 할 "선량한 관리자의 주의의무(이하 선관의무라고 한다)"를 위반하였기 때문이라면, 甲은 젖소들의 수령을 거절할 수 있을 뿐만 아니라 위 매매계약을 해제하고 손해배상을 청구할 수도 있다. 반면 乙의 선관의무를 위반하지 않았는데도 젖소들의 구제역에 감염된 경우에는 乙은 특정물을 이행기에 현상 그대로 인도하면 되고(제462조: 특정물 도그마), 甲은 그 수령을 거절할 수 없다. 다만 乙은 甲에게 하자담보책임(제580조)을 부담할 뿐이다.

3. 목적물의 법적 동일성 여부

(1) 목적물의 현상인도

특정물인도의무를 부담하는 채무자는 '이행기의 현상대로' 그 물건을 인도하면 된다(현상인도의 원칙: 제462조). 즉, 채무자는 선관주의의무를 다하여 목적물을 보존한 후에 그 물건을 인도할 때의 현상 그대로 인도하면 되고, 그것으로 충분하다. 따라서 목적물인도시까지의 선관주의의무(제374조)와 관련하여 채권성립 당시의 현상과 인도할 때의 현상 사이에 채무자의 과실 없이 변화가 발생한 경우, 채무자는 이행기의 현상대로 인도하면 변제의 효력을 갖는다. 제462조는 특정물의 범위를 확장함으로써 특정물에 의한 변제의 범위를 넓히는 규정인 셈이다. 그러나 그 변화 또는 변질이 특정물의 법적 동일성을 유지할 수 없을 정도로 큰 경우에는 제462조는 적용되지 않는다고 제한적으로 해석해야 할 것이다(법적 동일성설: 김형배, 민법학강의 686면 이하).

목적물의 동일성이 없는 한 채권자는 정당하게 그 수령을 거절할 수 있으며, 채무자의 이행은 현실적으로 불가능하게 될 것이다(인도할 목적물이 특정물이므로 다른 물건으로 대체가 불가능하기 때문이다).

(2) 사안의 경우

구제역 걸린 젖소는 통상 구제역 감염 후 젖소의 인도로는 甲의 애초 계약의 목적을 달성할 수 없다. 또한, 매매계약의 甲과 乙의 매매계약 체결 당시의 젖소와 법적으로 동일하다고 보기도 힘들다.

4. 소 결

다수설에 의하면 젖소의 구제역 감염이 乙이 준수하여야 할"선량한 관리자의 주의의무"에 위반에 기인한 경우가 아니라면, 乙은 자신의 목장에 있는 젖소들(특정물)을 이행기에 현상대로 인도하면 되고(특정물 도그마), 甲은 그 수령을 거부할 수 없다. 다만 乙은 하자담보책임(제580조)을 부담할 뿐이다. 그러나 젖소의 구제역 감염이 乙이 준수하여야 할"선량한 관리자의 주의의무"에 위반에 기인한 경우라면, 甲은 젖소의 수령을 거절할 수 있을 뿐만 아니라 위 매매계약을 해제하고 손해배상을 청구할 수 있다.

그러나 법적 동일성설에 따르면 甲은 乙의 선관주의의무 위반 여부는 계약목적을 달성할 수 없는 것에 대한 손해배상책임여부와 관계될 뿐이다. 따라서 甲은 乙의 선관주의의무 위반 여부와는 상관없이 이미 동일성을 상실한 감염된 젖소의 수령을 거절할 수 있다. 그럼에도 불구하고 만약 甲은 乙의 젖소를 수령을 했다고 한다면, 甲은 乙에게 하자담보책임을 물을 수 있다.

Ⅳ. 잔금을 준비하지 못한 甲이 젖소를 수령하지 못하자, 다시 자신의 목장으로 돌아가던 乙이 피할 수 없는 재해로 젖소 10마리 모두를 잃어 버렸다. 甲에 대한 乙의 잔금지급청구는 인용되는가?

1. 문제제기

사례의 경우 잔금지급일이 도래하여 이행기 이후의 상황임을 알 수 있고, 이행장소에 있어서도 첫째 질문에서처럼 계약 당시 목적물이 있던 장소가 아닌 특약에 의해 장소를 정하였음을 알 수 있다.

문제에서 甲에 대한 乙의 잔금지급청구가 가능한지를 알아보기 위해서는 젖소 10마리를 상실한 것에 대한 책임을 누가 지는 가를 검토해보는 것이 중요하다.

쌍무계약에 있어 채권자지체중에 당사자 쌍방의 귀책사유 없이 급부가 불능이 된 때에는 채무자가 급부의무를 면하고, 반대급부청구권은 상실하지 않는다(제538조 제1항). 채권자가 제때에 수령하였더라면 채무자는 이행을 완료할 수 있었을 것이므로, 그 시점 이후의 멸실에 따른 위험은 채권자에게 이전되어야 하기 때문이다.[121]

121) 이와 관련된 판례(대판 1958.5.8, 4290민상372 참조)에 따르면 채권자는 채무자의 채무이행의 제공을 수령하여야 할 의무가 있고 만약 채권자가 위 의무에 위배하여 그 수령을 지체한 경우에는 그 이후에 있어서의 불가항력에 의한 이행불능에 대하여도 채권자에게 책임이 있다고 해석함이

2. 사안의 경우

사안에서 甲과 乙은 쌍무계약에 의해서 각자 상대방에 대한 의무를 지고 있다. 그러므로 채무의 이행을 위해서는 채무자뿐 아니라 채권자도 협력, 즉 목적물을 인도하였을 때 잔금지급의 의무를 이행할 필요가 있다. 또한 문제의 상황을 채무자 乙이 목적물을 채권자 甲과 약정한 장소로 인도하고 자신의 목장으로 돌아가던 길이었다고 가정하였을 때, 계약의 내용에 좇아 채무를 이행한 것이라고 볼 수 있다. 그리고 문제 상에서 '잔금을 준비하지 못한 甲이 젖소를 수령하지 못하자,'라고 언급하여 수령지체의 원인이 甲의 책임이라고 추정할 수 있다. 이러한 점을 검토하였을 때 사안에서는 甲의 채권자지체가 되어 그에 따른 효과의 적용을 받게 된다.

3. 소 결

쌍무계약에 있어 채권자지체중에 당사자 쌍방의 귀책사유 없이 급부가 불능이 된 때에는 채무자가 급부의무를 면하고, 반대급부청구권은 상실하지 않기 때문에 채무자 乙은 재해로 잃어버린 젖소 10마리의 인도의무를 면하고, 甲에 대한 잔금지급청구권은 상실하지 않는다. 즉, 甲은 젖소를 수령하지 못한 데에 대한 정당한 이유가 없는 한, 채권자지체책임을 면할 수 없고, 따라서 급부위험뿐만 아니라 반대급부위험도 부담해야 하므로(제538조 제1항) 乙의 잔금지급청구는 인용되어야 한다.

V. 결 론

乙이 부담하는 채무는 목적물이 구체적으로 특정되어 있으므로, 특정물의 인도를 목적으로 하는 특정물채권이다.

첫째, 다른 약정이 없다면, 乙은 채권성립 당시 젖소가 있던 자신의 목장에서 인도하면 된다(제467조 제1항).

둘째, 원칙적으로 이행기 이후의 과실은 원물과 함께 채권자 甲에게 귀속되어야 하나(제102조 제1항), 매수인 甲의 잔금지급이 지체되고 있는 경우라면 수취된 과실(우유)은 매도인 乙에게 귀속된다(제587조).

셋째, 다수설에 의하면 젖소의 구제역 감염이 乙이 준수하여야 할"선량한 관리자의 주의의무"에 위반에 기인한 경우가 아니라면, 乙은 자신의 목장에 있는 젖소들(특정물)을 이행기에 현상대로 인도하면 되고(특정물 도그마), 甲은 그 수령을 거부할 수 없다고 한다. 다만 乙은 하자담보책임(제580조)을 부담할 뿐이다. 그러나 젖소의 구제역 감염이 乙이 준수하여야 할 "선량한 관리자의 주의의무"에 위반에 기인한 경우라면, 甲은 젖소의 수령을 거절할 수 있을 뿐만 아니라 위 매매계약을 해제하고 손해배상을 청구할 수 있다. 그러나 법적 동일설에 따르면 甲은 乙의 선관주의의무 위반 여부는 계약목적을 달성할 수 없는 것에 대한 손해배상책임여부와 관계될 뿐이다. 따라서 甲은 乙의 선관주의의무 위반 여부와는 상관없이 이미 동일성을 상실한 감염된 젖소의 수령을 거절할 수 있다. 그럼에도 불구하고 만약 甲은 乙의 젖소를

신의성실의 원칙상 타당하다고 한다.

수령을 했다고 한다면, 甲은 乙에게 하자담보책임을 물을 수 있다.

넷째, 甲이 젖소를 수령하지 못한 데에 대한 정당한 이유가 없는 한, 甲은 수령지체책임을 면할 수 없다. 따라서 甲은 급부위험뿐만 아니라 반대급부위험도 부담해야 하므로(제538조 제1항 후단). 乙의 잔금지급청구는 인용되어야 한다.

[문제 3] 관련판례: [관판 3]

◎ **대판 2001.1.19, 2000다57351【구상금】**

【판시사항】

임차건물이 원인불명의 화재로 소실되어 임차물 반환채무가 이행불능이 된 경우, 그 귀책사유에 관한 입증책임의 소재(=임차인)

【판결요지】

임차인의 임차물 반환채무가 이행불능이 된 경우 임차인이 그 이행불능으로 인한 손해배상책임을 면하려면 그 이행불능이 임차인의 귀책사유로 말미암은 것이 아님을 입증할 책임이 있으며, 임차건물이 화재로 소훼된 경우에 있어서 그 화재의 발생원인이 불명인 때에도 임차인이 그 책임을 면하려면 그 임차건물의 보존에 관하여 선량한 관리자의 주의의무를 다하였음을 입증하여야 한다.

[문제 4]

甲은 원양어업회사를 운영하는 자로서 보험회사 乙과 원양어선에 관해 미화로 보험가액 및 보험금액, 보험료를 정하여 보험계약을 체결하였다. 그런데 보험기간 중 甲의 원양어선이 보험사고를 당하여 甲은 보험회사 乙에게 보험금의 지급을 청구하였다. 이 경우에 甲이 보험회사 乙에 대하여 보험계약상 미화인 달러로 지정되어 있는 보험금을 이행기, 즉 지급하여야 할 때를 기준으로 환산하여 내국통화인 원화로 청구하는 것은 타당한가?

(질문)

첫째, 외화채권의 환산시기?

둘째, 외화채권에 있어서 채권자의 대용권의 인정여부?

(참조판례) 대판(전) 1991. 3. 12, 90다2147 등.

[문제 4] 해설:

Ⅰ. 사례의 쟁점

외화채권의 경우 채권자의 대용권에 관한 규정이 존재하지 않기 때문에 채권자인 甲이 임의채권인 보험금청구에 있어서 대용권을 행사하여 미화인 달러로 지정되어 있는 보험금을 원화로 청구할 수 있는지가 문제가 된다. 또한 외화채권의 환산시기는 환율의 변동에 따라 손해와 이익이 발생할 수 있기 때문에 중요하여 그 시기를 언제로 확정할 것인가가 문제가 된다.

Ⅱ. 외화채권

1. 외화채권의 의의

외화채권은 외국의 금전의 급부를 목적으로 하는 채권으로 외국금전채권이라고도 한다. 외화채권에는 외국금액채권, 절대적 외국금종채권, 상대적 외국금종채권, 특정 외국금전채권 등이 있다.

2. 외화채권의 종류

(1) 외국금액채권

외국금액채권은 일반적인 외화채권으로 일정한 금액의 채무를 외화로 변제하는 것을 말한다. 특약이 없는 한 채무자는 자신의 선택에 따라 그 나라의 각종통화를 가지고 변제할 수 있다(제377조 제1항).

(2) 절대적 외국금종채권

절대적 외국금종채권은 당사자가 절대적으로 일정 종류의 금전을 급부할 것을 목적으로 하는 채권이다.

(3) 상대적 외국금종채권

상대적 외국금종채권은 일정한 종류의 금전을 가지고 일정 금액을 급부하는 채권을 의미한다. 당사자 사이의 특약에 의해 특종 통화로 지급하기로 한 경우 그 통화로 변제하여야 한다. 그러나 그 통화가 변제기에 강제통용력을 잃은 때에는 그 나라의 다른 통화로 변제하여야 한다(제377조 제2항).

(4) 특정외국금전채권

특정외국금전채권은 진열이나 장식을 위해 특정한 금전을 지급할 것을 목적으로 하는 채권이다.

Ⅲ. 외화채권에서 채권자의 대용권 인정 여부

제378조에서 채권액이 다른 나라 통화로 지정된 때에는 채무자는 지급할 때에 있어서의 이행지의 환금시가에 의하여 우리나라 통화로 변제할 수 있다고 하여 외화채권에서 채무자의 대용권을 인정하고 있다. 채무자의 대용권을 인정하는 주된 이유는 채무자가 이행지에서 외국통화를 취득하는 어려움을 해소하기 위해서이다. 채무자의 대용권행사는 의사표시만으로는 안되고 실제로 대용급부를 하여야만 하는 것으로 해석된다. 그러나, 특약을 통해 단순한 지정이 아닌 그 외국통화만으로 지급하기로 정한 경우에는 본조가 적용되지 않는다. 반면 채권자의 경우 대용권을 행사하는 것이 가능한지 여부에 관해 민법에는 별도의 규정이 없다. 그러나 어음법(제44조 제1항,

제77조 제1항), 수표법(제36조 제1항)에서는 어음, 수표금 이행지체시 채권자에게도 대용급부청구권을 인정하는 조문이 있고 또 통설 및 판례도 공평의 관념상 그리고 화폐거래가 자유롭게 유통되는 성질상 채권자에게도 대용급부청구권을 인정하는 것이 타당하다고 보고 있다. 이 경우 채권자의 대용급부 청구권 행사시 채무자는 더 이상 외화에 의한 지급을 주장할 수 없는 것으로 해석된다.

Ⅳ. 외화채권의 환산시기

제376조와 제377조 제2항에서는 변제기라는 용어를 사용한 반면 제378조는 특별히 '지급할 때에 있어서'라는 용어를 사용하고 있다. 이는 외화채권의 환산시기에 있어서 문언의 해석을 다르게 해야 할 필요가 있음을 의미하고 즉, 지급해야할 때는 이행기가 아니라 현실에서 이행할 때로 해석하는 것이 통설이며 이것이 타당하다고 본다. 또한 판례에 있어서도 이러한 의견을 취하고 있다. 이전의 판례에서는 당사자 사이의 특별한 약정이 없는 것이라면 채무자는 변제하기로 하였던 시기 즉, 이행기의 환율에 의하여 환산한 한화로 변제하면 족하다고 보았다.[122] 하지만 그 후 위 판례를 폐기하면서 제378조의 문언에 충실하게 '채무자가 현실로 이행할 때'로 보았다.[123] 그래서 우리 나라 통화로써 외화채권에 변제충당할 때도 현실로 변제충당할 당시의 외환시세에 의해 환산하여야 하는 것으로 보았으며, 그 이후의 관련 판례들에서 위의 판례에 따라서 사실심변론종결 당시의 외국환시세를 우리 나라 통화로 환산하는 기준시로 판단하는 것으로 계속해서 따르고 있다.[124] 조문의 해석과 통설, 판례를 종합적으로 파악하여 판단해 볼 때, 외화채권의 환산시기는 현실로 이행하는 때이다. 채권자가 외화채권의 대용권을 행사하여 우리나라 통화로 환산하여 재판을 청구하는 경우에는 법원이 채무자에게 그 이행을 명함에 있어서 채무자가 현실로 이행할 때에 가장 가까운 사실심변론종결 당시의 외국환 시세를 우리 나라 통화로 환산하는 기준시로 삼아야 한다.

Ⅴ. 결 론

첫째, 외화채권(=외국금액채권 즉, 외국의 금전의 급부를 목적으로 하는 채권)의 환산시기는 특약이 없는 한, 채무자는 그의 선택에 따라서 그 나라의 각 종류의 통화로 변제가 가능하다(제377조 제1항). 단 그 통화가 변제기(이행기)에 강제통용력을 잃은 때에는 그 나라의 다른 통화로 변제하여야 한다(제377조 제2항). 위 경우 채무자는 외국의 통화로 변제하는 것에 갈음하여 현실로 지급할 때(이행기가 아님)에 있어서의 이행지의 환금시가에 의하여 우리 나라의 통화로 변제할 수 있다(제378조).

둘째, 외화채권에 있어서 채무자의 대용권(보충권)의 인정여부에 관하여 제378조는 다음과 같이 규정하고 있다. 즉, 채권액이 다른 나라 통화로 지정된 때에는 채무자는 지급할 때에 있어서의 이행지의 통하시가에 의하여 우리 나라의 통화로 변제할

122) 대판 1978.5.23, 73다1347; 대판 1987.6.23, 86다카2107.

123) 대판[전원합의체] 1991.3.21, 90다2147.

124) 대판 2000.6.9, 99다56512; 대판 2008.7.10, 2008다9891.

수 있는 채무자의 대용급부권(채권자 또는 채무자가 채권의 목적이 하나의 급부에 특정되어 있는 채권에 대하여 다른 급부로서 본래의 급부에 갈음할 수 있는 대용급부를 청구할 수 있다는 권리)을 인정하고 있다. 그러나 채권자의 대용권에 관한 규정은 없지만, 통설과 판례[125]는 채권자의 대용권을 인정하고 있다. 위 판례에 따르면 甲은 乙에게 이행할 때에 가장 가까운 사실심변론종결시(다수의견. 그러나 소수의견은 청구할 때라고 함)를 이행지의 환금시가를 기준으로 내국통화인 원화로 보험금을 청구할 수 있다고 하겠다.

앞의 논의를 모두 종합해 볼 때 본 사례의 경우 채권자 甲은 보험회사 乙에 대하여 미화가 아닌 원화로서 보험금의 지급을 청구할 수 있고 이때 채권자 甲이 임의채권의 대용권을 행사함으로써 급부목적은 외화채권에서 대용급부인 원화채권이 된다. 그리고 앞서 살펴본 바와 같이 미화에서 원화로 환산하는 환산시기는 이행기가 아니라 지급할 때이다.

[문제 4] 관련 판례: [관판 4]

◎ **대판(전) 1991.3.12, 90다2147【보험금】**

【판시사항】

채권액이 외국통화로 지정된 금전채권인 외화채권을 채권자가 우리나라 통화로 환산하여 청구하는 경우의 환산기준시기

【판결요지】

(다수의견)

채권액이 외국통화로 지정된 금전채권인 외화채권을 채무자가 우리나라 통화로 변제함에 있어서는 민법 제378조가 그 환산시기에 관하여 외화채권에 관한 같은 법 제376조, 제377조 제2항의 "변제기"라는 표현과는 다르게 "지급할 때"라고 규정한 취지에서 새겨 볼 때 그 환산시기는 이행기가 아니라 현실로 이행하는 때 즉 현실이행시의 외국환시세에 의하여 환산한 우리나라 통화로 변제하여야 한다고 풀이함이 상당하므로 채권자가 위와 같은 외화채권을 대용급부의 권리를 행사하여 우리나라 통화로 환산하여 청구하는 경우에도 법원이 채무자에게 그 이행을 명함에 있어서는 채무자가 현실로 이행할 때에 가장 가까운 사실심 변론종결 당시의 외국환 시세를 우리나라 통화로 환산하는 기준시로 삼아야 한다.

(소수의견)

우리 민법은 제378조에서 외국통화의 채무자에게 우리나라 통화로 변제할 수 있는 이른바 대용권을 인정하면서도 채권자에게는 그에 관한 아무런 규정을 두고 있지 아니하므로 채무자에게만 임의채권으로서의 대용권을 인정하고 있는 우리나라 민법체계에서는 채권자는 특별한 사정이 없는 한 본래의 급부목적인 외국통화의 지급만을 청구할 수밖에 없으며, 가사 이 사건에서와 같이 원심에서 원고가 청

125) 대판 1991.3.12, 90다2147.

구한 대로 우리나라 화폐의 지급을 명하는 판결이 선고되고 이에 대한 피고의 상고가 없어 우리나라 통화에 의한 청구를 용인할 수 밖에 없다 하더라도 민법 제378조가 정한 그 환산시기는 재판상의 청구와 재판외의 청구를 가릴 것 없이 현실 지급시로 보아야 하되 이는 같은 법조에 의하여 채무자가 대용권을 행사하는 경우에 그렇다는 것에 그치므로 이 사건에 있어서와 같이 원고가 그 급부의 목적인 외국통화의 지급을 구하지 아니하고 우리나라 통화에 의한 지급을 구하는 경우에는 민법 제378조에 의할 것이 아니라 "청구할 때"를 환산시기로 잡는 것이 옳다.

제 3 절 채권양도 및 채무인수

1. 채권양도

(1) 채권양도의 의의

채권양도라 함은 종래의 채권자(채권의 양도인)가 채무자에 대하여 가지고 있는 그의 채권을 신채권자(채권의 양수인)에게 이전하는 구채권자와 신채권자간의 계약이다. 즉 법률행위에 의한 채권의 이전이다. 이점에서 법률의 규정에 의한 채권의 이전(제426조 제1항; 제444조 제3항; 제445조 제1항; 제480조 등)과 구별된다.

채권양도는 물권행위와 마찬 가지로 처분행위이다. 채권양도에 의하여 현존하는 권리가 직접 이전되기 때문이다. 따라서 채권양도는 단순히 새로운 의무를 발생시키는 데 그치는 의무부담행위(채권행위)가 아니다. 물론 의무부담행위가 채권양도의 기초로 되어 있는 경우가 통상적이며, 채권양도는 의무부담행위와 동시에 행하여지는 경우가 많다. 그 결과 채권양도의 경우에 있어서도 물권행위의 경우에 있어서와 같이 유인성 또는 무인성이 문제된다. 즉, 원인행위(예: 채권의 매매계약)가 존재하지 않거나 또는 무효인 경우에 이에 따라서 행하여진 채권양도계약이 유효인가 또는 무효인가가 문제되고 있다. 통설은 증권적 채권양도는 무인행위로 보고 있는 데 비하여 지명채권양도는 그것이 의무부담행위와 동시에 행하여진 경우에는 유인행위로 보고, 분리되어 행하여진 경우에는 무인행위로 보고 있다. 독일의 통설·판례는 모든 처분행위를 무인행위로 보고 있기 때문에, 채권양도 역시 무인행위로 보고 있다.[126]

채권양도의 모습은 주로 채무자가 채권을 담보하기 위하여 자기의 제3채무자에 대한 채권을 채권자에게 양도하는 담보를 위한 채권양도와 채권을 타인을 시켜 추심하기 위하여 채권 자체를 그 타인에게 양도하는 추심을 위한 채권양도 등을 들 수 있다.[127]

(2) 지명채권의 양도

1) 지명채권의 양도성(제449조 제1항 본문)

지명채권은 증권적 채권이 아닌 일반채권을 말한다. 채권자가 특정인으로 지명되어 있다고 하여 채권자가 교체되는 것이 예정되어 있는 증권적 채권과 구별된다. 채권은 원칙적으로 양도성이 있다. 그러나 지명채권도 다음과 같이 양도를 예상하고 있지 않은 경우에는 예외적으로 양도성이 없다. 즉 첫째, 채권의 성질이 양도를 허용하지 않는 경우(제449조 제1항 단서)이다. 예컨대, 특정 개인을 교수케 할 채권, 위임인의 채권, 사용차주의 채권, 임차인의 채권 등이 있다. 둘째, 당사자 즉, 채권자와 채무자가 양도금지 특약을 한 경우(제449조 제1항 본문)이다. 그러나 양도금지의 특약은 선의의 제3자에게 대항할 수 없다(제449조 제2항 단서). 셋째, 법률이 양도를 금지하고 있는 경우(부양청구권: 제979, 연금청구권: 공무원연금법 제12조, 군인연금법 제7조, 재해보상청구권: 근로기준법 제86조)이다. 이와 같은 세 가지 경우들은 양도성이 없다.

2) 지명채권양도의 요건

첫째, 양도계약이 존재하여야 한다. 둘째, 양도의 방식은 제한이 없다(불요식 계약). 셋째, 채권이 존재하여야 한다. 따라서 동산소유권양도의 경우(제249조)와 달라서 비권리자로부터 채권의 선의취득은 인정되지 않는다. 넷째, 지명채권의 양도성이 제한되는 경우가 아니어야 한다. 보통 양도를 예상하고 있지 않은 지명채권도 일반적으로 양도성이 있다(제449조 제1항 본문). 다섯째, 지명채권의 특정가능성이 있어야 한다. 양도되는 채권은 특정되어 있거나 또는 적어도 특정가능한 것이어야 한다. 법률관계의 확실성을 확보하기 위해서이다. 따라서 늦어도 채권양도계약의 체결시에 채권의 내용, 채권액, 채무자가 특정되어 있어야 한다. 이러한 제한 하에서 장래의 채권의 양도도 가능하다. 또한 채권의 포괄적 양도는 채권의 특정가능성의 요건에 반하지 않는다. 따라서 특정한 영업으로부터 나오는 모든

126) 이호정, 전게서, 233면.

127) 김형배강의, 전게서, 1082-1083면.

장래의 채권을 미리 양도하는 것도 가능하다.[128)]

3) 지명채권양도의 효과

① 채권은 동일성을 유지하면서 신채권자(양수인)에게 이전한다.

② 채권에 부수(부종)하는 권리들도 당사자 사이에 다른 특별한 약정이 없는 한, 당연히 양수인에게 이전한다(예: 이자채권, 위약금채권, 보증채권 등 종된 권리). 이 경우는 종된 권리의 부종성에 의한 당연한 이전이므로, 별개의 양도행위를 필요로 하지 않는다.

그러나 담보권과 변제기가 도래한 이자채권은 당연히 수반하지 않는다. 즉, 질권과 유치권은 '점유를 본질적 성립요건으로 하므로' 목적물의 점유를 양수인에게 이전하여야 한다. 또한 저당권은 '그 담보한 채권과 분리하여 타인에게 양도하지 못하므로(제361조)', 저당권부 채권의 양도에는 채권양도의 규정과 부동산물권변동의 규정이 모두 적용되게 된다. 따라서 등기를 하여야만 한다(제196조).[129)] 그리고 이미 변제기가 도래한 이자채권은 독립성을 가지고 있으므로 특별한 의사표시가 없는 한, 당연히 수반하지 않는다.

③ 채무자가 구채권자에게 가지고 있던 모든 항변권이나 이의권도 신채권자에 대하여 존속한다. 단, 채무자가 이의를 보류하지 아니하고 채권양도를 승낙한 때는 그러하지 아니하다(제451조 제1항 본문).

④ 채권증서의 이전을 양수인은 요구할 수 있다.

4) 지명채권양도의 대항요건

① 채무자에 대한 통지 또는 채무자의 승낙이 있는 경우에만 채무자 또는 제3자에게 대항할 수 있다.

통지는 채권자(양도인)가 채무자에게 하는 관념의 통지(채권양도가 있었다는 사실을 알리는 행위)이다. 채무자에게 대항하기 위한 통지는 특별한 방식을 갖출 필요는 없으나, 제3자에게 대항하기 위해서는 이 통지는 확정일자 있는 증서로 하여야 한다. 그리고 채권의 이중양도가 행해지고 각 양도에 대해 모두 확정일자 있는 증서의 통지가 행해진 경우에는 각 채권양도 사이의 우열의 기준을 획일적으로 처리하기 위하여 두 양수인 중 확정일자의 선후에 의하여 채권취득이 결정된

---

128) 이호정, 전게서, 235면.

129) 이때에 물권적 합의는 채권양도의 의사표시의 합체되어서 하나의 행위로 행하여지는 것이 보통일 것이라고 한다(곽윤직, 채권총론, 박영사, 2004, 208면).

다(다수설). 그러나 판례[130]와 일부 학설[131]은 채무자에 대한 도달시기에 따라 확정일자부 증서의 우선순위를 결정하고 있다.

승낙(양도행위에 대한 사전 동의 또는 사후승낙)은 관념의 통지(채권양도의 사실을 인식하고 있음을 알리는 행위)로서 채무자가 구채권자(양도인) 또는 신채권자(양수인)에게 한다. 제3자에 대한 관계에 있어서 승낙은 통지의 경우와 같이 확정일자 있는 증서로 하여야 한다(제450조 제1항).

② 통지만이 있었던 경우 채무자는 통지전에 양도인에게 대하여 가지고 있었던 모든 사유를 양수인에게 주장할 수 있다(제451조 제2항). 따라서 이 경우 양도가 없거나 무효인 경우에도 선의의 채무자는 양수인에게 대항할 수 있는 사유로 양도인에게 대항할 수 있다(제452조 제1항). 이른바 양도통지에 의한 금반언이다.

한편, 승낙의 경우에 채무자가 이의를 보류하지 않고(즉, 항변의 주장을 보류하지 않고) 승낙을 한 경우 양도인에게 주장할 수 있는 사유가 있더라도 그 사유를 양수인에게 대항할 수 없다(제451조 제1항 본문). 그러나 채무자가 채무소멸을 위해 양도인에게 급여한 것이 있으면 이를 회수할 수 있고 양도인에게 부담한 채무(경개의 경우)가 있으면 그 채무의 불성립을 주장할 수 있다(제451조 제1항 단서).

(3) 증권적 채권의 양도

증권적 채권이라 함은 증권으로 화체되어 그 채권의 성립·존속·양도·행사 등이 원칙적으로 증권에 의하여 행하여져야 하는 채권을 말한다. 채권의 양도성을 증대시키고 채권거래의 안전을 꾀하기 위하여 고안된 것으로 채권자를 결정하는 방법에 기명채권, 지시채권, 무기명채권, 지명소지인출급채권의 4종으로 나눈다. 이 가운데 민법에 규정이 없는 기명채권의 양도도 당사자간의 양도계약과 양도인으로부터 양수인에로의 증권의 인도에 의하여 행하여진다고 해석된다.

1) 지시채권의 양도

① 개 념

특정인 또는 그가 지시(배서)하는 자에게 변제하여야 하는 증권적 채권을 말한다. 어음(어음법 제11조, 제77조), 수표(수표법 제14조), 화물상환증(상법 제130조), 창고증권(상법 제157조), 선하증권(상법 제820조) 등은 법률상 당연한 지시채권이다.

130) 대판[전원합의체] 1994.4.26, 93다24223.

131) 김상용, 채권총론(개정증보판), 법문사, 2004, 404면; 이은영, 민법Ⅱ, 박영사, 1998, 220면.

그러나 민법상 지시채권의 예가 없는데도 불구하고 민법에 지시채권의 양도에 관한 상세한 규정을 두고 있다.

② 지시채권의 양도방법

a) 양도방법

그 증서에 배서(양도인과 양수인의 이름을 기명하고 그들 사이에 양도가 행하여졌음을 기재하는 것)하여 양수인에게 교부하는 방식으로 행하여진다(제508조). 즉, 지시채권양도의 합의와 그 증권의 배서·교부가 양도의 성립요건 내지는 효력발생요건이다.

b) 배서의 방식과 종류

배서는 증권의 이면 또는 보충지에 기재하는 데 반드시 배서인(양도인)의 서명 또는 기명날인이 요구된다. 배서의 종류에는 정식배서(피배서인 즉 양수인의 이름을 기재하는 배서), 약식배서(양도인의 이름만을 기명하는 배서), 소지인출급배서 등이 있다.

민법상 배서의 효력은 이전적 효력과 자격수여적 효력은 인정되나 어음·수표에서와 같은 담보적 효력은 인정되지 않는다.

c) 양수인의 보호(거래안전의 보호)

첫째, 인적항변(상대적 항변 또는 주관적 항변)의 제한

원인관계의 불법, 원인관계의 무효와 취소 또는 부존재 등을 이유로 하는 항변이다. 지시채권의 채무자는 소지인의 전자에 대한 인적 관계의 항변으로 소지인에게 대항할 수 없다(제515조 본문).

둘째, 물적항변(절대적 항변 또는 객관적 항변)은 증서에 기재된 사항에 기한 항변으로 누구에게든 제기할 수 있다.

예컨대, 방식의 흠결, 증서면에 기재된 지급·상계·면제·만기의 미도래 등에 기한 항변은 청구자가 누구이든 불문하고 언제나 제기할 수 있다.

셋째, 선의취득

소지인이 증서를 취득할 때, 양도인이 무권리자임을 몰랐고(선의) 몰랐던 데 대하여 중과실이 없었을 때에는 그는 적법한 소지인이 되며 누구도 그에 대하여 증서의 반환을 청구하지 못한다. 즉, 그는 지시채권을 선의취득 한다(제514조).

d) 채무자보호

채무자는 배서의 연속여부를 조사할 의무가 있다. 그러나 배서인의 서명 또는

날인의 진위나 소지인의 진위에 대해서는 조사할 권리는 있지만 의무는 없다. 다만 채무자가 변제할 때, 소지인이 권리자 아님을 알았거나 또는 중대한 과실로 알지 못한 때에는 그 변제는 무효로 된다(제518조).

③ 지시채권의 변제

a) 변제장소

증서에 변제장소가 정해져 있지 아니한 때에는 채무자의 현영업소, 이것이 없을 때에는 채무자의 현주소가 변제장소로 된다(제516조).

b) 증서의 제시와 이행지체

증서에 기재된 변제기한이 도래하였다고 하더라도 당연히 채무자지체가 성립하는 것은 아니다. 소지인이 변제기 도래 후 증서를 채무자에게 제시하고 이행을 청구한 때로부터 채무자는 지체책임을 지게 된다(제517조).

2) 무기명채권의 양도

무기명채권이라 함은 증서면에 권리자의 이름이 표시되어 있지 않고 증서의 소지인에게 변제하여야 하는 증권적 채권을 말한다. 예컨대 무기명주식, 무기명수표 등의 상법 및 어음·수표법상의 유가증권, 기타 상품권, 기차표, 극장의 입장권 등이다. 무기명채권의 양도는 양도인이 그 증서를 양수인에게 교부함으로써 이루어진다(제523조). 그 밖에는 지시채권에 관한 규정(제514조-제522조)이 준용된다(제524조).

3) 지명소지인출급채권의 양도

이는 증서에 기재된 특정인 또는 증서의 소지인에게 변제하여야 하는 증권적 채권이다. 법적으로 무기명채권과 동일하게 취급된다(제525조).

4) 면책증서

이는 철도의 수화물상환증·휴대품예치증·음식점의 신발표 등과 같이 채무자가 그 소지인에게 변제하기만 하면, 그 소지인이 무권리자이더라도 채무자에게 악의 또는 중과실이 없는 한 면책되는 증서를 말한다. 이를 자격증권이라고도 한다. 이에 대해서는 지시채권에 관한 규정(제517조 내지 제520조)을 준용하고 있다(제526조).

[문제 5]

甲은 乙에 대한 1,000만원의 채권을 丙에게 양도했으나 그 중 300만원에 대해서는 乙을 위하여 양도 전에 채무를 면제하였다. 그 후 甲이 乙에 대하여 구체적 액수를 명시하지 않고 단순히 자신의 乙에 대한 채권을 丙에게 양도하였다는 사실을 통지한 경우와 乙이 이의를 보류하지 않고 丙에게 승낙한 경우 각각의 乙의 지위를 설명하시오.

(질문)

첫째, 위 사례에서 甲이 乙에 대하여 단순히 양도의 통지를 한 경우, 甲으로부터 1,000만원의 채권을 양수받은 것으로 알고 있는 丙은 乙에게 1,000만원 전액의 지급을 청구할 수 있는가?

둘째, 위 사례에서 乙이 이의를 보류하지 않고 丙에게 승낙한 경우, 甲으로부터 1,000만원의 채권을 양수받은 것으로 알고 있는 丙은 乙에게 1,000만원 전액의 지급을 청구할 수 있는가?

(참조판례) 대판 1984.9.11, 83다카2288; 대판 1994.4.29, 93다35551.

[문제 5] 해설:

Ⅰ. 사례의 쟁점

사안에서 채무자 을의 지위와 양수인 병의 청구에 대해 검토해야할 논점을 다음과 같다.

첫째, 채권양도의 개념과 성질에 대한 검토가 필요하다.

둘째, 채권자가 양도한 채권이 유효하게 양도 되었는지 확인하기 위해서 지명채권양도의 요건 및 효과에 대한 검토를 해주어야 한다.

셋째, 사안에서는 채무자에게 단순 통지한 경우와, 채무자가 이의를 보류하지 않고 승낙한 경우를 나누어서 보고 있으므로, 각각의 경우 지명채권양도의 대항요건 의미에 대해서 살펴보아야 한다.

넷째, 양도인이 채무자에게 양수한 채권을 행사할 수 있는지 확인하기 위해서 채무자에 대한 대항 요건을 검토해야 한다.

다섯째, 지명채권과 비교되는 증권적 채권의 양도에 대해서 추가적으로 검토하고자 한다.

Ⅱ. 채권양도의 개념과 성질

1. 채권양도의 개념

채권양도란 채권의 동일성을 유지하면서 채권을 법률행위에 의하여 이전하는 것을 말한다. 채권양도는 그 채권에 확보되어 있는 재산적 가치에 대한 처분을 의미하며, 다른 한편으로는 그 채권을 매개로 하여 연결되어 있는 당사자 간의 변경을 의미한다.[132)]

132) 김형배, 민법학강의, 1040면.

채권양도와 채무인수는 채권·채무의 동일성이 유지되는 반면에 경개는 동일성을 상실한다는 데 차이가 있다. 판례[133]는 "기존채권이 제3자에게 이전된 경우 이를 채권의 양도로 볼 것인가 또는 경개로 볼 것인가는 일차적으로 당사자의 의사에 의하여 결정되고, 만약 당사자의 의사가 명백하지 아니할 때에는 특별한 사정이 없는 한 동일성을 상실함으로써 채권자가 담보를 잃고 채무자가 항변권을 잃게 되는 것과 같이 스스로 불이익을 초래하는 의사를 표시하였다고는 볼 수 없으므로, 일반적으로 채권의 양도로 볼 것이다."라고 판시하였다.

채권양도를 다른 채무의 담보조로 하여 이루어진 경우를 채권의 양도담보라 한다. 이때 다른 채무가 변제로 소멸되었다 하더라도, 이는 채권 양도인과 양수인 간의 문제일 뿐이고, 양도채권의 채무자는 채권양도·양수인 간의 채무 소멸 여하에 관계없이 양도된 채무를 양수인에게 변제하여야 하는 것이므로, 설령 그 피담보채무가 변제로 소멸되었다고 하더라도 양도채권의 채무자로서는 이를 이유로 채권양수인의 양수금 청구를 거절 할 수 없다.[134]

2. 채권양도의 법적 성질

(1) 처분행위

채권양도는 물권행위와 마찬 가지로 처분행위이다. 채권양도에 의하여 현존하는 권리가 직접 이전되기 때문이다. 따라서 채권양도는 단순히 새로운 의무를 발생시키는데 그치는 의무부담행위가 아니다.[135]

(2) 요식성 문제

지명채권양도는 낙성·불요식 계약이다. 통지 및 승낙은 대항요건일 뿐이다. 증권적채권의 양도는 증서의 배서·교부 또는 교부를 양도합의의 방식이라고 이해하면서 이를 요식계약으로 보는 견해와 불요식 계약으로 보는 견해가 대립하고 있다. 양 견해의 대립이 효력상 근본적인 차이을 가져오는 것은 아니지만, 증권적 채권양도의 실태나, 증권적 채권양도의 본질을 보면 요식계약이라는 견해가 타당하다.[136]

(3) 무인성 문제

원인행위가 존재하지 않거나, 또는 무효인 경우에 이에 따라서 행하여진 채권양도계약이 유효인가 또는 무효인가가 문제되고 있다. 통설은 증권적채권양도는 무인행우로 보고 있는데 비하여, 지명채권양도는 그것이 의무부담행위와 동시에 행히어진 경우에는 유인행위로 보고, 분리되어 행하여진 경우에는 무인행위로 보고 있다. 독일의 통설과 판례는 모든 처분행위를 무인행위로 보고 있기 때문에, 채권양도 역시 무인행위로 보고 있다.[137]

133) 대판 1996.7.9, 96다16612.
134) 대판 1999.11.26, 99다23093.
135) 정광수, 전게서, 150면.
136) 김형배, 전게서, 1042면.
137) 정광수, 상게서, 150면.

(4) 동일성의 유지

종전 채권과의 동일성이 인정되므로 채권에 부종되어 있는 기본적 이자채권, 위약금채권, 보증채권 등의 권리도 별도의 양도행위 없이 이전된다. 종전 채무의 항변권도 상실되지 않는 채 양수인에 대해서도 존속한다.

Ⅲ. 지명채권의 양도요건 및 효과

1. 민법 제449조(채권의 양도성)

① 채권은 양도할 수 있다. 그러나 채권의 성질이 양도를 허용하지 아니하는 때에는 그러하지 아니하다.

② 채권은 당사자가 반대의 의사를 표시한 경우에는 양도하지 못한다. 그러나 그 의사표시로써 선의의 제3자에게 대항하지 못한다.

2. 원 칙

지명채권도 원칙적으로 양도성이 인정되고, 다만 성질상, 법률상. 의사표시에 의한 제한이 있다. 일반적으로 채권에 대한 가압류가 있더라도 이는 가압류채무자가 제3채무자로부터 현실로 급부를 추심하는 것만을 금지하는 것이므로 가압류채무자는 제3채무자를 상대로 그 이행을 구하는 소송을 제기할 수 있다. 또한 가압류된 채권도 이를 양도하는 데 아무런 제한이 없으나, 다만 가압류된 채권을 양수받은 양수인은 그러한 가압류에 의하여 권리가 제한된 상태의 채권을 양수받는 것이 된다.[138)]

3. 지명채권 양도의 요건

지명채권의 양도요건은 먼저 계약이 존재하고, 채권이 존재하며, 지명채권의 특정가능성이 있고, 마지막으로 양도성이 제한되지 아니하는 것이어야 한다.[139)] 위의 요건중에서 특히 중요한 것이 양도성의 제한 부분이다. 따라서 양도서의 제한 중심으로 양도의 요건을 검토해 보아야 한다.

(1) 채권의 성질에 의한 제한(제449조 제1항 단서)

1) 채권의 성질이 양도를 허용하지 않는 경우

채권자가 변경되면 급부의 내용이 달라지는 경우(특정개인을 교습해 줄 것을 요구하는 채권, 특정인 초상을 그리게 하는 채권), 채권자가 변경되면 권리의 행사가 크게 달라지는 채권(임차권: 제629조 제2항, 사용차주의 채권: 제610조 제2항). 사용차주의 채권, 임차권, 사용자의 채권, 위임인의 채권 등은 채무자의 승낙이 있으면 양도성이 인정된다.

2) 장래채권의 양도

매매계약체결 후 그 매매계약을 해제할 경우 발생하는 매수인의 대금반환채권은 해제시에 발생·성립하는 채권이므로 현재의 채권이 아닌 장래의 채권이라 할 수 있

---

138) 대판 2000.4.11, 99다23888.

139) 정광수, 전게서, 151면.

고, 또는 퇴직금 채권 등도 장래채권이라 할 수 있다. 이러한 장래채권의 양도요건이 무엇인지 문제된다.

3) 판 례

채권양도에 있어 사회통념상 양도목적 채권을 다른 채권과 구별하여 그 동일성을 인식할 수 있을 정도이면 그 채권은 특정된 것으로 보아야 할 것이고, 채권양도 당시 양도목적 채권의 채권액이 확정되어 있지 아니하였다고 하더라도 채무의 이행기까지 이를 확정할 수 있는 기준이 설정되어 있다면 그 채권의 양도는 유효한 것으로 보아야 한다.[140)]

(2) 법률의 규정에 의한 제한

1) 법률상 양도금지채권

부양청구권(민법 제979조), 근로기준법상 재해보상청구권(근기법 제86조), 각종 연금법상의 연금청구권 등이다.

2) 법률상 양도금지채권은 모두 압류가 불가능하지만, 압류금지채권이라 해서 반드시 양도할 수 없는 것은 아니다. 가령, 민사집행법 제246조에서 급여채권의 2분의 1에 해당하는 금액은 압류금지채권으로 되어 있지만, 이를 양도할 수 있다.[141)]

(3) 의사표시에 의한 제한(양도금지특약)

1) 당사자의 합의로 채권의 양도성을 배제할 수 있다. 즉, 당사자의 양도금지의 의사표시로써 채권은 양도성을 상실하며, 양도금지의 특약에 위반해서 채권을 제3자에게 양도한 경우에 악의 또는 중과실의 채권양수인에 대하여는 채권 이전의 효과가 생기지 아니한다.[142)]

2) 이와 같은 양도금지특약은 선의의 제3자에게 대항할 수 없다. 판례는 이때 중과실이 있는 자는 선의자에 포함 될 수 없다는 태도이다.[143)] 이때 제3자의 악의 내지 중과실은 채권양도금지의 특약으로 양수인에게 대항하려는 자가 이를 주장·입증하여야 한다.[144)] 양도금지특약의 존재를 알고 채권을 양수한 자로부터 다시 선의로 그 채권을 양수한 자도 선의의 제3자가 된다.

3) 당사자 사이에 양도금지의 특약이 있는 채권이라도 압류 및 전부명령에 따라 이전될 수 있고, 양도금지의 특약이 있는 사실에 관하여 압류채권자가 선의인가 악의인가는 전부명령의 효력에 영향이 없다.

4) 양도금지특약부 채권에 대한 전부명령이 유효한 이상, 그 전부채권자로부터 다시 그 채권을 양수한 자가 그 특약의 존재를 알았거나 중대한 과실로 알지 못하였다고 하더라도 채무자는 위 특약을 근거로 삼아 채권양도의 무효를 주장할 수 없다.[145)]

140) 대판 1997.7.25, 95다21624.

141) 대판 1990.2.13, 88다카8132.

142) 대판 2000.4.7, 99다52817.

143) 대판 1999.2.12, 99다67482.

144) 대판 2003.1.24, 2000다5336.

145) 대판 2003.12.11, 2001다3771.

4. 효 과

채권은 동일성을 유지하면서 신채권자에게 이전한다. 채권에 부수하는 권리들도 이전한다. 이 경우 법률규정에 의한 이전이다. 또한 채권증서의 이전을 양수인은 요구할 수 있다. 채무자가 구채권자에게 가지고 있던 모든 항변권이나, 이의권도 신채권자에 대하여 존속한다. 단 채무자가 이의를 보류하지 아니하고 채권의 양도를 승낙한 때에는 그러하지 아니하다(제451조 제1항 본문).[146]

5. 사안의 검토

사안에서 양도된 채권에 법률상, 성질상, 계약상의 제한이 있는 것을 보이지 않는다. 따라서 甲이 丙에게 채권을 양도하는데 큰 무리가 없어 보인다. 그밖에 양도계약의 존재여부나, 채권의 특정성 여부 등은 충족하는 것으로 보이므로, 채권이 甲에게서 丙에게 양도 되었다.

Ⅳ. 지명채권양도의 대항요건의 의미

1. 대항요건의 필요성

지명채권양도는 당사자의 합의만으로 성립하는 낙성계약이다. 따라서 양도계약에 관여하지 않는 채무자나 제3자는 채권양도의 사실을 알지 못함에 따라 불측의 손해를 입을 염려가 있다. 이에 민법은 채무자 또는 기타 제3자를 보호하기 위하여 양도인의 채무자에 대한 통지 또는 승낙이라는 대항요건을 요구한다. 그리고 채무자에 대한 대항요건과 기타 제3자에 대한 대항요건은 그 취지가 다르다.[147]

2. 해석론

(1) 제450조 제1항의 대항요건의 의미

1) 채무자

이중변제의 위험으로부터 채무자보호, 이는 채무자의 이익만을 보호하는 의미이므로, 채무자가 이 이익을 포기하여 채권자와의 특약으로 이를 배제할 수 있다.[148]

2) 제3자

동일한 채권을 이중으로 양수하거나 압류한자 사이의 우열을 결정하는 표준이 된다. 이는 제3자에 영향을 미치기 때문에 강행규정으로 본다.

(2) 450조 제2항의 대항요건의 의미

제1항의 제3자에 대한 대항요건은 채무자에 대한 대항요건과 동일하게 통지·승낙인데, 이로서 제3자의 지위가 불안할 수 있어. 제450조 제2항은 또 하나의 부수적인 추가요건인 확장일자 있는 증서를 요구하고 있다.

---

146) 정광수, 채권법요론, 152면.

147) 김형배, 채권총론, 582면.

148) 대판 1987.3.24, 86다카908.

3. 실 익

제3자들 사이의 우열에 있어서는 제1항의 채무자의 인식여하, 인식의 선후가 중요하다. 따라서 제2항의 추가 요건으로서 확정일자부 증서에 의한 통지 또는 승낙에서 확정일자 선후 자체가 중요다기 보다는 확정일자부 증서로 통지·승낙을 했고, 이를 채무자가 인식했다는 사실이 더 큰 의미가 있다.

Ⅴ. 채무자에 대한 대항요건

1. 민법 제450조(지명채권양도의 대항요건)

① 지명채권의 양도는 양도인이 채무자에게 통지하거나 채무자가 승낙하지 아니하면 채무자 기타 제삼자에게 대항하지 못한다.

② 전항의 통지나 승낙은 확정일자 있는 증서에 의하지 아니하면 채무자이외의 제삼자에게 대항하지 못한다.

2. 채무자에 대한 통지

(1) 통지의 주체와 상대방

1) 반드시 양도인이 채무자에게 통지하여야 한다.

양수인에 의한 통지는 통지로서 효력이 없다. 양수인이 채권자대위권을 행사하여 통지할 수는 없다. 양도인이 자발적으로 양도통지를 하지 않으면, 양수인은 제389조 제2항에 따라 이를 강제할 수 있다.

2) 양수인이 양도인으로부터 수권을 받아 통지를 대리하는 것은 무방하다. 한편 대리인인 양수인이 통지를 했으나, 현명을 하지 않은 경우에는 그 통지를 효력이 없음이 원칙이나 채무자가 양수인의 대리인으로서 통지한 것임을 알거나 알 수 있었으면, 제115조 단서 규정에 의하여 그 통지를 유효하다.[149] 양수인이 사자로서 양도사실을 통지할 수도 있다.[150]

3) 채무자가 수인인 경우에 채무자 전원에 대하여 통지하여야 하는지 여부는 그들의 관계에 의하여 결정된다. 채무자가 연대차무자라면 그들 전원에게 통지하여야 한다. 보증채무자라면 주채무자에 대한 통지로 족하다.

4) 판례는 "지명채권의 양도계약이 해제된 경우에 해제사실의 통지는 양수인이 해야 한다"고 한다.[151] 이 판례는 양도계약이 해제된 경우에 채권이 양도인에게 당연히 복귀되는 것이 아니라 양수인이 양도인에게 재양도하고 이 사실을 양수인이 통지하지 않는 한 여전히 양수인의 채권자로 다루어진다는 의미를 갖는다.

5) 관련 판례

민법 제450조 제1항의 규정이 채권자가 채권양도의 통지를 하였으나 채무자가 변동된 주소의 신고의무를 게을리 하는 등의 귀책사유로 인하여 위 통지를 수령하지

149) 대판 2004.2.13, 2003다43490.

150) 대판 1997.6.27, 95다40977.

151) 대판 1993.8.27, 93다17379.

못할 경우 위 통지가 채무자에게 도달 것으로 간주하기로 하는 합의의 효력까지 부정하게 하는 것은 아니라 할 것이다.[152)]

(2) 통지의 법적성질

채권을 양도하였다는 사실을 양도인이 채무자에게 통지하여야 한다. 통지의 성질은 관념의 통지이어서, 의사표시에 관한 규정들이 유추 적용된다. 따라서 이 통지를 양도인이 직접 할 수도 있고, 사자 또는 채권자의 대리인에 의해서도 행하여질 수 있다.[153)]

(3) 양도통지의 철회 및 통지시기

1) 양도통지를 일반적으로 철회할 수 있는지에 대하여 학설은 제452조 제2항을 근거로 양도인은 양수인의 동의를 얻어 철회할 수 있다는 견해, 양도가 유효한 경우에 제425조 제2항은 적용되지 않고 따라서 철회가 부정된다는 견해가 있다. 판례는 양수인의 동의가 있으면 철회가 가능하다는 입장이다.[154)]

2) 예외적으로 양도통지를 하였으나 아직 양수인에게 채권을 양도하지 않은 경우와 양도를 하였으나 양도가 무효인 경우, 양도인은 양수인의 동의를 얻어 통지를 철회할 수 있다. 사전통지는 불가능 하다, 반면에 사전승낙은 가능하다.[155)]

3. 채무자에 대한 승낙 (제450조 제1항)

(1) 주체와 상대방

채무자가 양도인 또는 양수인에게 할 수 있다. 채무자가 양수인을 특정하지 않고 승낙하더라도 유효하다.

(2) 법적성질 및 승낙시기

채권양도에 대한 승낙은 채무자가 양도인 또는 양수인에게 한다. 여기서의 승낙은 채권양도의 사실을 알고 있음을 알리는 관념의 통지로, 계약의 성립을 위한 승낙에서와 달리 채무자가 채권양도를 알았거나 기꺼해야 양해한다는 의미를 가질 뿐임에 주의해야 한다. 그리고 통지에서와 달리 이의를 유보할 수 있을 뿐만 아니라 조건을 붙여서 할 수도 있다. 한편 양도통지에서와 달리 양도될 채권이 특정될 수 있다면 사전승낙도 가능하다고 할 것이다.[156)]

4. 입증책임

채무자에 대한 통지나 승낙이 있었음은 양수인 입증해야 한다.[157)]

5. 통지 또는 승낙이 없는 동안의 효력

양수인은 채무자에 대하여 채권양도의 효력을 주장하지 못한다. 즉 채무자는 양수

152) 대판 2008.1.10, 2006다41204.

153) 지원림, 민법강의, 1242면.

154) 대판 1993.7.13, 92다4178.

155) 대판 2000.4.11, 2000다2627.

156) 지원림, 전게서, 1243면.

157) 대판 1990.11.27, 90다카27562.

인에게 변제할 의무가 없으며, 양수인의 이행청구를 거절할 수 있다. 따라서 채무자가 양도인에게 변제해도 유효한 변제임을 양수인에게 주장할 수 있다. 양도인이 행한 상계·면제도 유효하다. 이때 채무자가 악의라 하더라도 동일하다. 이는 대항요건의 기준을 획일적으로 정하기 위함이다. 단 채무자가 양도를 인정하여 양수인에게 변제한다면 이것 역시 유효한 변제이다. 양수인과 양도인 사이의 양도합의에 의해 채권은 양수인에게 이전되어 귀속되기 때문이다.

6. 통지의 효력-대항력 취득

(1) 기본적 효력

첫째, 양도인이 채권양도의 통지를 한 때에는, 채무자는 그 통지를 받은 때까지 양도인에 대하여 생긴 사유로써 양수인에게 대항할 수 있다(제451조 제2항). 즉, 채무부존재, 채무소멸, 기타 양도인에 대한 항병권 등을 양수인에게 행사할 수 있다.

둘째, 채권이 양도된 경우에도 채무자는 채권발생의 원인이 된 계약에 해제사유나 취소사유가 있으면, 채권양도인에 대하여 해제 또는 취소의 의사표시를 할 수 있다. 이는 해제사유로서 채무불이행이 양도통지 후에 발생하더라도 문제되지 않으며, 통지시까지 취소권이 행사되지 않았다 하더라도 문제되지 않는다.

셋째, 유효한 채권양도와 통지 등이 있으면 채무자는 양수인에게 변제하여야 하며, 이후 양도인과 채무자 사이에 행하여진 면책행위 등은 무효가 된다.[158)]

(2) 채권의 가장양도 등의 경우

1) 양도통지와 금반언

양도인이 실제로는 채권을 양도하지 않았거나, 또는 양도가 무효인 경우에도 양도인이 채권양도의 통지를 한 때에는 선의 채무자는 양수인에게 대항할 수 있는 사유로 양도인에게 대항할 수 있다(제425조 제1항).

2) 양수인의 동의가 없으면 양도인은 채권양도의 통지를 철회하지 못한다.

양수인이 동의를 해주지 않으면 양도인은 양수인에 대항하여 양도된 채권을 부당이득으로 반환청구 할 수 있고, 이때 양수인은 채권을 양도하면서 그 사실을 채무자에게 통지하여야 한다.

(3) 상계와 관련된 채권양도의 효력

① 채무자가 양도인에게 상계할 수 있는 반대채권이 있었고, 아직 상계권을 행사하지 않았는데 채권이 양도된 경우 양수인에게 상계권을 행사할 수 있는지 여부가 문제된다. 이와 달리 양도 전에 이미 상계권을 행사하였다면 이는 상계항변의 문제가 아니라 채권이 소멸되었다는 항변이다. 또한 채무자의 반대채권의 성립시기와 반대채권의 변제기 도래시기에 따라 경우를 나누어 판단한다.

② 채무자의 반대채권이 통지 후 성립한 경우는 견해 대립 없이 채무자는 양수인에게 상계할 수 없다.[159)]

---

158) 대판 1989.4.25, 88다카4253, 4260.

159) 대판 1984.9.11, 83다카2288.

③ 통지 당시에 상계적상에 있었던 경우는 당연히 양수인에게 상계할 수 있다.

④ 통지 당시 채무자의 반대채권이 성립은 하고 있었으나 아직 이행기가 도래하지 않았던 경우에는 학설이 갈린다. 다수설은 이행기 도래의 선·후를 불문하고 그 후 상계적상이 생기면 양수인에게 상계할 수 있다는 태도이다. 판례는 승낙 당시 이미 상계를 할 수 있는 원인이 있었던 경우에는 아직 상계적상에 있지 아니하였다 하더라도, 그 후에 상계적상이 생기면 채무자는 양수인에게 대하여 상계로 대항할 수 있다.[160] 반면에 소수설은 반대채권의 이행기가 수동채권의 이행기보다 먼저 도래할 경우이거나 적어도 동시에 도래할 경우인 때에는 양수인에게 상계 할 수 있다는 태도이다. 그리고 상계의 제한 사유 중 압류한 채권의 경우에는 위의 소수설과 같이 해석하는 것이 통설과 판례의 태도이다.

7. 승낙의 효력

(1) 이의를 유보한 승낙

통지의 효력과 동일하다. 즉 채무자는 유보한 이의로써 양수인에게 대항할 수 있다.

(2) 이의를 유보하지 않은 승낙

① 제451조 제1항 본문의 "이의를 보류하지 아니하지 않고 승낙을 한 경우에는 양도인에게 대항할 수 있는 사유로써 양수인에게 대항하지 못한다"는 것은 채무자의 이러한 승낙이 있으면 양수인은 그 채권에 아무런 항변이 없는 것으로 신뢰할 것이기 때문에 채무자의 승낙이라는 사실에 공신력을 주어 양수인의 신뢰를 보호하고 채권양도와 같은 거래의 안전을 꾀하기 위한 규정이라 할 것이다.[161]

② 제451조 제1항 본문은 양수인의 신뢰보호를 위한 규정이므로 양수인이 악의인 경우에는 보호할 필요가 없다. 다만 보호되는 양수인이 되기 위해서는 무중과실까지 요구되는지 문제된다. 이에 대해 선의이면 족하다는 견해, 선의무과실이어야 한다는 견해가 있으나 판례는 선의 무중과실을 요구한다.[162] 중과실의 경우 까지 보호하는 것은 신의칙상에 반하므로, 이는 타당하다고 생각된다.

③ 채권이 부존재이거나 무효이거나, 이미 변제, 경개, 화해, 상계 등에 의하여 채권이 소멸되었다 하더라도 이의를 유보하지 아니하고 승낙한 채무자는 선의 무중과실의 양수인에게 변제하여야 한다.

④ 동시이행의 항변권, 한정승인 등의 항변도 이의를 유보하지 않고 승낙을 한 경우에는 양수인에게 이를 가지고 대항할 수 없다.

⑤ 채무자가 채무를 소멸하게 하기 위하여 양도인에게 급여한 것이 있으면 이를 회수할 수 있고, 양도인에게 대하여 부담한 채무가 있으면 그 성립되지 아니함을 주장할 수 있다.

⑥ 이의를 유보하지 않은 승낙의 효력은 채권의 하자를 치유하는 효력만이 있는 것이지 채권의 귀속관계에는 영향을 줄 수 없는바, 채권이 이중양도된 경우 양수인 사이

---

160) 대판 1999.8.20, 99다18039.

161) 대판 2002.3.29, 2000다13887.

162) 대판 1999.8.20, 99다18039.

의 우열은 확정일자부 통지의 유무를 가지고 판단하는 것이지, 채무자가 이의를 유보하지 않은 승낙을 하였다고 하여 이러한 우열에 어떠한 영향을 주는 것은 아니다.[163)]

8. 사안의 검토

사안에서 甲이 乙에게 단순히 양도의 통지를 한 경우에는 양수인 丙의 청구에 대해서 채무자는 통지이전에 생긴 면제의 사유를 들어 대항 할 수 있고, 따라서, 丙은 700만원만을 청구 가능하다고 할 것이다. 이의를 보류하지 않고 승낙을 한 경우에는 양도인에게 대항할 수 있는 사유를 양수인에게 대항하지 못하므로, 양수인 丙은 1000만원 전액을 청구 할 수 있을 것이다.

Ⅵ. 증권적 채권의 양도

1. 개 관

증권적 채권이란 그 채권의 성립, 양도 행사 등이 그 채권의 존재를 표창하는 증권과 함께 운명을 같이 하는 채권으로서 현행 민법은 지시채권, 무기명채권, 지명소지인출급채권을 규정하고 있다. 유통성의 확보와 유통과정에서의 안정성 확보가 핵심이다.

2. 지시채권의 양도

(1) 개 념

특정인 또는 그가 지시하는 자에게 변제하여야 하는 증권적 채권을 말한다. 어음, 수표, 화물상환증, 창고증권, 선하증권 등은 법률상 당연한 지시채권이다. 그러나 민법상 지시채권의 예가 없는데도 불구하고 민법에 지시채권의 양도에 관한 상세한 규정을 두고 있다.

(2) 지시채권의의 양도방법

그 증서에 배서하여 양수인에게 교부하는 방식으로 행하여진다. 즉 지시채권양도의 합의와 그 증권의 배서 교부가 양도의 성립요건 내지는 효력발생 요건이다.

3. 무기명채권의 양도

무기명채권이라 함은 증서면에 권리자의 이름이 표시되어 있지 않고, 증시의 소지인에게 변제하여야 하는 증권적 채권을 말한다. 예컨대 무기명주식, 무기명수표 등의 상법 및 어음·수표법상의 유가증권, 기타 상품권, 기차표, 극장의 입장권 등이다. 무기명채권의 양도는 그 증서를 양수인에게 교부함으로써 이루어진다. 그밖에는 지시채권에 관한 규정(제514조 내지 제522조)이 준용된다.

4. 지명소지인출급채권의 양도

이는 증서에 기재된 특정인 또는 증서의 소지인에게 변제하여야 하는 증권적 채권이다. 법적으로 무기명채권과 동일하게 취급한다(제525조).

---

163) 대판 1994.4.29, 93다35551.

5. 면책증서

이는 철도의 수화물상환증, 휴대품예치증, 음식점의 신발표 등과 같이 채무자가 그 소지인에게 변제하기만 하면, 그 소지인이 무권리자이더라도 채무자에게 악의 또는 중과실이 없는 한 면책되는 증서를 말한다. 이를 자격증권이라고도 한다. 이에 대해서는 지시채권에 관한 규정(제517조 내지 제520조)을 준용하고 있다.[164)]

Ⅶ. 결 론

사안에서 양도된 채권에 법률상, 성질상, 계약상의 제한이 있는 것을 보이지 않는다. 따라서 甲이 丙에게 채권을 양도하는데 큰 무리가 없어 보인다. 그밖에 양도계약의 존재여부나, 채권의 특정성 여부 등은 충족하는 것으로 보이므로, 채권이 甲에게서 丙에게 양도 되었다.

甲이 乙에게 단순히 양도의 통지를 한 경우 제451조 제2항에 의하여 양도인이 양도통지만을 받은 때에는 채무자는 그 통지를 받은 때까지 양도인에 대하여 생긴 사유로써 양수인에게 대항할 수 있다. 사안에서 통지 전에 甲이 乙에게 300만원을 면제한 경우 이므로 丙은 乙에게 700만원을 청구 할 수 있다고 하겠다.

乙이 이의를 보류하지 않고 승낙한 경우 제451조 제1항에 의하여 채무자는 양도인에게 대항할 수 있는 사유로 양수인에게 대항하지 못하므로, 丙은 乙에게 1,000만원 전액을 청구 할 수 있다.

[문제 5] 관련 판례: [관판 5]

◎ **대법 1994.4.29, 93다35551【양수금】**

【판시사항】

채권의 귀속(채권이 이미 타인에게 양도되었다는 사실)이 민법 제451조 제1항 전단의 "양도인에게 대항할 수 있는 사유"에 해당하는지 여부

【판결요지】

민법은 채권의 귀속에 관한 우열을 오로지 확정일자 있는 증서에 의한 통지 또는 승낙의 유무와 그 선후로써만 결정하도록 규정하고 있는데다가, 채무자의 "이의를 보류하지 아니한 승낙"은 민법 제451조 제1항 전단의 규정 자체로 보더라도 그의 양도인에 대한 항변을 상실시키는 효과밖에 없고, 채권에 관하여 권리를 주장하는 자가 여럿인 경우 그들 사이의 우열은 채무자에게도 효력이 미치므로, 위 규정의 "양도인에게 대항할 수 있는 사유"란 채권의 성립, 존속, 행사를 저지·배척하는 사유를 가리킬 뿐이고, 채권의 귀속(채권이 이미 타인에게 양도되었다는 사실)은 이에 포함되지 아니한다.

164) 정광수, 채권법요론, 155면.

[문제 6]

甲은 乙에게 8,000만원의 채권을 가지고 있다. 甲의 채권자 丙은 2003년 1월 3일 甲의 乙에 대한 채권 전액에 대하여 압류 및 전부명령을 신청하여 2003년 1월 20일 압류 및 전부명령의 결정이 나고 그 결정서가 같은 해 1월 24일 乙에게 도달 되었다. 한편 甲은 丁에게 2003년 1월 18일 乙에 대한 자신의 채권을 7,900만원에 매도하고 그 계약서를 같은 날 공증을 받은 후, 채권양도 사실을 같은 해 1월 19일 내용증명의 우편으로 발송하였으나 그 우편물은 같은 해 1월 24일 乙에게 도달하였다. 甲, 乙, 丙, 丁 사이의 법률관계를 설명하시오.

(질문)

첫째, 위 사례에서와 같이 확정일자 있는 통지가 같은 날 도달하였다면, 丙, 丁은 각자 乙에게 8,000만원 전액의 지급을 청구하여 전액을 지급받을 수 있는가?

둘째, 위 사례에서 丙 또는 丁이 채권 전부를 乙로부터 변제받지 못했다면 甲에게 어떤 법적 책임을 추궁할 수 있는가?

셋째, 위 사례에서 乙은 어떻게 자신의 채무를 면할 수 있는가?

(참조판례) 대판(전) 1994.4.26, 93다24223; 대판 2004.9.3, 2003다22561.

[문제 6] : 해설

I. 사례의 쟁점

채권양도란 채권의 동일성을 유지하면서 법률행위에 의하여 채권을 이전하는 것을 말한다. 채권양도는 그 채권에 확보되어 있는 재산적 가치에 대한 처분을 의미하며, 다른 한편으로는 그 채권을 매개로 하여 연결되어 있는 당사자의 변경을 의미한다. 그런데 채권양도는 물권양도와 달리 대항요건주의를 취하고 있기 때문에 경우에 따라 채권의 이중양도 문제가 발생한다.

사례의 경우 甲이 乙에게 가지는 채권이 丙에게 양도되었음에도 불구하고 동일 채권에 대한 丙의 압류 및 전부명령 신청이 법원에 의해 받아들여져 채권의 이중양도가 발생한다. 이와 관련하여 민지 1) 甲, 乙, 丙사이의 법률관계와 甲, 乙, 丁 사이의 법률관계, 그리고 丙과 丁 사이의 법률관계를 알아봄으로써 이중양도된 채권의 실질적 채권자가 누구인지를 살펴볼 필요가 있다. 이후에 2) 첫 번째 문제인 丙과 丁이 각자 乙에게 채권 전액의 지급을 청구하여 전액을 지급받을 수 있는지를 확인하고 3) 두 번째 문제인 丙 또는 丁이 채권 전부를 乙로부터 변제받지 못했을 경우 甲에게 물을 수 있는 책임을 살펴보고, 3) 마지막으로 乙이 어떻게 자신의 채무를 면할 수 있는지를 보아야 한다.

II. 지명채권의 채권양도

1. 요 건

지명채권은 낙성·불요식계약에 의해 성립하지만 그 권리를 표상하는 유체물이 없어서 이를 양도하더라도 채무자가 그 양도 여부를 알 수 없으므로, 채무자에게 통지하거나 채무자가 이를 승낙하여야 비로소 채무자 기타 제3자에게 대항할 수 있도록 한다(제450조 제1항; 대항요건주의). 한편 채권자가 이를 2중 또는 3중으로 양도하더라도 어떤 양도가 진실한 양도인지를 식별하기 곤란하기 때문에, 확정일자 있는 통지나 승낙이 없는 한 채무자 이외의 제3자에게 대항할 수 없도록 한다(제450조 제2항). 동조 제1항에서 규정하는 채무자에 대한 '대항'은 채권양도에 의해 채권자가 변경되었음을 채무자에게 주장할 수 있다는 의미이고, 동조 제2항에서 규정한 채무자 이외의 제3자에 대한 '대항'은 동일한 채권에 대해 양수인과 제3자 사이에 우열을 가리기 위한 것이다. 특히 채무자 이외의 제3자에 대한 '대항'은, 채무자에 대한 통지나 채무자의 승낙이 확정일자부 증서로 행해져야 한다고 규정한 제2항에 의하여 양수인과 제3자 사이의 우열관계를 궁극적으로 확정하는 기능을 수행한다.

2. 채권양도의 대항요건의 기능

종래의 통설에 따르면 민법 제450조 제1항은 임의규정이고, 제2항은 제3자에 대한 것이므로 사회질서와 관련이 있고 따라서 강행규정이다. 그러므로 채무자는 당사자간의 특약으로 그의 이익을 포기할 수 있으나, 제3자에 대한 대항요건은 특약으로 이를 배제할 수 없다.

이에 따르면 첫째, 채권양도 후 단순통지 또는 단순승낙이 있으면 채권양도로써 채무자에게 대항할 수 있다. 그런데 제2채권양도 후 확정일자 있는 통지가 있더라도 그 통지가 채무자에게 도달하기 전에 채무자가 제1양수인에게 변제하면 제2양도는 그 효력이 없다고 한다. 반면 제2의 채권양도 후 확정일자 있는 통지가 있고, 그 통지의 도달일까지 제1양수인에게 채무를 이행하지 않았다면, 제2의 채권양도에 대해 채무자 또는 제1양수인은 대항할 수 없다고 한다. 둘째, 통설은 민법 제450조 제1항을 임의규정이라고 보기 때문에 채무자와 채권자 사이에 채권양도의 통지 또는 승낙이 없이도 채무자에게 대항할 수 있도록 합의하였다면 그것은 유효하다고 본다.

3. 채무자에 대한 대항요건

(1) 통지의 내용

채권양도의 통지란 채권양도가 있었다는 사실을 알리는 행위로서 관념의 통지에 해당하고, 이는 채무자보호를 위하여 양도인에 의해 이루어져야 한다. 물론 이 '통지'역시 양도의 사실을 알리는 행위로서 준법률행위에 해당하기 때문에 채권자가 직접 할 수도, 채권자의 대리인에 의하여도 이루어질 수 있다. 따라서 채권양수인도 그 대리인이 될 수 있고, 다만 양수인이 대리인으로서 '통지'를 함에는 본인을 현명하여야 하지만(제114조), 본인을 현명하지 않더라도 대리인으로서 한 것임을 알았거나 알 수 있었다면 본인에 대해서도 그 효력이 있다(제115조 단서).

준법률행위로서의 채권양도통지의 도달은 의사표시와 마찬가지로 사회관념상 채무자가 통지의 내용을 알 수 있는 객관적 상태에 놓여 졌을 때를 의미하고 그 통지를 채무자가 현실적으로 수령하였거나 그 통지의 내용을 알았을 것까지 필요로 하지는 않는다.

(2) 통지가 없는 동안의 효력

채권양도가 행해졌으나 통지나 승낙이 없는 동안에는 양수인은 채무자에 대하여 채권양도의 효력을 주장할 수 없다. 채무자가 양도의 사실을 알고 있는 경우에도 마찬가지인데, 이는 대항요건의 기준을 획일적으로 정하기 위한 것이다. 따라서 채무자는 양수인에 대하여 변제할 의무를 부담하지 않는다. 그러나 채무자가 양도를 인정하여 양수인에게 변제한다면 이는 유효한 변제가 된다. 양도인과 양수인 사이의 관계에서는 채권양도계약으로 인해 채권이 양수인에게 귀속되기 때문이다.

(3) 통지의 효력과 채무자의 항변

통지가 있는 경우 양수인은 채무자에 대하여 양수한 채권의 변제를 청구할 수 있음은 당연하다. 통지 이후 양도인과 채무자 사이에 행해진 변제·면제 등의 면책행위는 무효이다. 또한 채무자가 일단 채권양도의 통지를 받고 그 양수인에게 변제할 것을 승낙하였다면, 그 후에 채권이 이중으로 양도되어 채무자가 다시 위 채권의 양도통지를 받고 그 이중양수인에게 변제를 하였다고 하더라도, 채무자는 먼저 이루어진 채권양도의 양수인에 대하여 여전히 그 채무를 변제할 의무를 진다.

4. 채무자 이외의 제3자에 대한 대항요건

채무자 이외의 제3자에 대한 대항요건의 문제는 이중양도 또는 이에 준하는 관계가 발생할 경우에 어느 권리변동을 우선시킬 것인가, 그리고 그 결정기준은 무엇인가 하는 것이다. 먼저 공시방법과 관련해서는 권리의 존재를 외부에 표상할 수 있는 방법이 없기 때문에 제3자에 대한 대항요건도 채무자에 대한 대항요건과 마찬가지로 채무자에 대한 통지·승낙을 공시방법으로 하고 있다.

(1) 확정일자 있는 증서에 의한 통지

공시의 시기확정과 관련하여서는 이를 명확히 하는 방법으로 통지 또는 승낙을 '확정일자 있는 증서'로 할 것을 규정하고 있다. 이때의 확정일자란 특정일자를 말하는 것이 아니라, 당사자가 후에 변경하지 못하는 확정된 일자로서 법률상 인정되는 일자를 말한다.

확정일자 있는 증서에 의한 통지 또는 승낙을 필요로 하는 채무자 이외의 제3자란 그 채권에 대해서 법률상의 이익을 가지고 있는 자 또는 그 채권에 대해 양수인의 지위와 병립할 수 없는 법률상의 지위를 취득한 자를 의미한다. 또한 제450조 제2항의 채무자 이외의 제3자에 대한 대항요건은 양도한 채권이 존속하는 것을 전제로 한다.

(2) 채권양도의 대항관계

1) 채권양도만이 있는 경우

채무자에 대한 통지나 채무자의 승낙을 갖추지 않는 한 채무자에게 대항할 수 없다. 이중양도의 경우에는 양수인 상호간에도 대항할 수 없다.

2) 채권양도와 함께 채무자에 대한 통지만이 행해진 경우

1인의 양수인에게만 양도한 경우에, 통지의 요건을 갖추고 있다면 채무자에게 양도사실을 주장할 수 있다. 이중양도를 하였으나 1인의 양수인에 관해서만 통지를 한

경우에도 그 양수인은 채무자에게 대항할 수 있다. 그러나 이중양도를 행하고 각 양도에 대해 모두 통지를 행한 경우에는 각 양수인은 상호간에 대항할 수 없는 결과, 채무자에 대해서도 대항할 수 없다. 다만, 채무자는 임의로 1인의 양수인을 선택하여 유효한 변제를 할 수 있다.

3) 채권양도와 확정일자 있는 증서에 의해 통지가 행해진 경우

먼저 이중양도가 행해지고 채무자에 대하여 1인에 관해서는 확정일자부 증서에 의한 통지를, 그리고 다른 1인에 관해서는 단순한 통지만을 행한 경우에는 확정일자부 증서에 의해 통지된 양수인만이 진정한 권리자가 된다. 이는 확정일자부 증서에 의한 통지가 단순한 통지보다 채무자에게 늦게 도달하여도 동일하게 적용된다. 그러나 이중양도가 행해지고 각 양도에 대해 모두 확정일자 있는 증서에 의한 통지가 행해진 경우에는, 다수설에 의하면 각 채권양도 사이의 우열의 기준을 획일적으로 처리하기 위하여 확정일자 있는 증서에 의한 통지 가운데 확정일자가 우선하는 통지에 우선적 효력을 부여하고 있다(확정일부설). 다만 판례와 일부 학설은 채무자에 대한 도달시기에 따라 확정일자부 증서의 우선순위를 결정하고 있다(도달시설).

확정일자 있는 통지나 승낙을 제3자에 대한 대항요건으로 하는 취지 즉, 이해관계자가 악의로 통지나 승낙의 시기를 소급시킬 수 없도록 하려는 취지에 비추어 본다면, 확정일자 있는 증서는 양도의 시점을 객관적으로 확정할 수 있을 뿐만 아니라, 우열기준을 획일적으로 처리할 수 있기 때문에 확정일자 자체의 선후를 기준으로 하는 것(확정일부설)이 타당할 것이다. 또한 무엇보다도 도달시설은 확정일자부 증서 자체가 가지고 있는 법적 의의(증거력으로서의 가치)를 무시한다는 점에서 중대한 결함을 가지고 있다.[165]

Ⅲ. 채권매매와 매도인의 담보책임

1. 서 설

매매가 성립하면, 매도인은 매수인에 대하여 매매의 목적이 된 권리를 이전하여야 하고, 매수인은 매도인에게 그 대금을 지급하여야 한다. 즉 매수인의 '대금지급'과 매도인의 '권리이전'은 재산의 출연에서 상호의존관계에 있는 것으로서, 유상계약의 전형에 속하는 것이다. 따라서 매도인이 이전한 권리에 흠이 있거나 또는 권리의 객체인 물건에 흠이 있는 때에는, 매수인이 지급한 대금과의 대가성의 균형은 깨진 것이 되므로, 그러한 흠에 대해 매도인에게 일정한 책임을 지우는 것은 유상계약의 성질상 당연히 요청되는 것이다. 민법은 이를 민법 제570조 내지 제584조에 걸쳐 자세한 규정을 두고 있다.

2. 담보책임의 성질

매도인의 담보책임의 성질에 관해서는 학설은 대체로 두 가지로 나뉜다. 하나는 종래의 통설적 견해에 속하는 것으로서, 매도인의 과실을 묻지 않고 매매의 유상계약으로서의 특질 즉, 급부와 반대급부간의 '대가성의 유지'를 실현하기 위한 정책적

165) 김형배·김규완·김명숙, 민법학강의(제13판), 신조사, 2014, 1075면.

고려에서 민법이 정한 것으로 파악하는 "법정책임설"이다. 나머지는 근래 유력하게 주장되는 견해로서, 매도인은 권리를 완전하게 이전할 의무와 흠 없는 물건을 인도하여야 할 계약상의 의무를 부담한다는 전제하에, 민법이 정하는 매도인의 담보책임은 바로 이러한 계약상의 의무를 위반한 것에 기초하는 것이지만, 매도인의 과실을 요건으로 하지 않는 점에서 채무불이행책임과는 구별되는, 넓은 의미의 채무불이행에 속하는 것으로 파악하는 "채무불이행설"이 그것이다.

3. 채권의 매도인의 담보책임

(1) 채권의 하자와 담보책임

채권을 매매의 목적으로 한 경우에 매수인이 채권을 행사하여 만족을 얻지 못하는 것이 '채권의 하자'이다. 이 경우 채권도 권리인 점에서 제570조 이하의 규정이 적용된다. 즉, (ㄱ) 채권의 전부 또는 일부가 타인에게 속하는 경우에는 제570조 내지 제573조가 적용된다. (ㄴ) 채권의 일부가 무효·변제 등의 이유로 존재하지 않게 된 때에는 제574조가 적용된다. 그러나 채권이 전혀 존재하지 않는 경우 그 채권의 매매는 원시적 불능으로서 무효이고, 담보책임은 발생하지 않는다. (ㄷ) 채권이 질권의 목적인 때에는 제576조가 적용된다. (ㄹ) 경매의 경우에는 제578조가 적용된다. (ㅁ) 채권에 수반한다고 한 담보권이나 보증이 존재하지 않는 경우에는 제575조가 적용된다.

(2) 채무자의 자력에 관한 담보책임

1) 특약의 존재

담보책임의 일반원칙으로는, 채권의 매도인은 채권의 존재와 채권액에 대해서는 책임을 져야 하지만, 채무자의 변제자력에 대해서까지 책임을 지는 것은 아니다. 그런데 채권을 매매하면서 매도인이 채무자의 자력을 담보하는 특약을 맺는 수가 있다. 이 경우에는 그 특약에 기해 매도인이 채무자의 무자력에 대해 담보책임을 지는데, 여기서 '어느 때'의 채무자의 자력을 담보하는지가 문제되고, 제579조는 이에 관해 추정규정을 두고 있다.

2) 추정규정

(ㄱ) 변제기에 도달한 채권의 매도인이 채무자의 자력을 담보한 때에는 '매매계약 당시'의 자력을 담보한 것으로 추정한다(민법 제579조 제1항). 따라서 매매계약 당일에 매수인이 채무자로부터 변제를 받지 못하는 무자력인 EO에 한해 매도인은 그 책임을 부담하지만, 그 후에 채무자가 무자력이 되어 매수인이 변제를 받지 못하더라도 매도인은 책임을 지지 않는다.

(ㄴ) 변제기에 도달하지 아니한 채권의 매도인이 채무자의 자력을 담보한 때에는 '변제기'의 자력을 담보한 것으로 추정한다(제579조 제2항). 따라서 변제기 이후에는 채무자가 무자력이 되더라도 매도인은 그 책임을 부담하지 않는다.

(ㄷ) 변제기가 이미 도래한 채권의 매도인이 채무자의 장래의 자력을 담보하거나, 또는 변제기의 약정 없는 채권에 관하여 채무자의 장래의 자력을 담보하는 경우에 관해서는 민법은 정하고 있지 않으나, 이때에는 실제로 변제될 때까지 매도인이 채무자의 자력을 담보한다는 것이 통설이다.

3) 효 과

매도인은 매수인이 채무자의 무자력으로 인해 변제받지 못한 부분에 대해 손해배상책임을 진다.

Ⅳ. 채권의 압류 및 전부명령

채권압류명령이 제3채무자에게 송달되면 제3채무자는 채무자에게 채무를 이행해서는 안된다(민사집행법 제227조 제1항). 그렇다고 해서 채무자의 제3채무자에 대한 채권이 집행채권자에게 이전하는 것은 아니다. 집행채권자의 신청으로 전부명령이 있고, 그것이 제3채무자에게 송달되면, 전부명령의 확정이 있을 때 그 송달의 시점에 제3채무자에 대한 채무자의 채권이 집행채권자에게 이전되고 그것으로 채무자의 집행채권자에 대한 채무가 변제되는 효과가 발생한다(민사집행법 제229조, 제231조). 그런데 압류명령에 기재된 일자는 사인이 이를 함부로 조작변경 할 수 없으므로 민법상의 확정일자와 다를 바 없고, 제450조 제2항의 '확정일자 있는 통지'와 압류명령의 송달은 채권양도의 대항요건이라는 점에서는 동일한 의미가 있다.

Ⅴ. 甲, 乙, 丙, 丁 간의 법률관계

위 네 사람의 법률관계는 1) 丙이 신청한 생기는 압류 및 전부명령과 관련한 甲·乙·丙 사이의 관계, 2) 甲이 丁에게 채권을 양도함으로써 발생하는 甲·乙·丁 사이의 관계, 3) 채권의 이중양도로 인해 발생하는 丙·丁 사이의 관계로 나눌 수 있다.

1. 甲, 乙, 丙 사이의 법률관계

문제에 의하면 甲의 乙에 대한 채권은 甲의 채권자 丙의 신청에 의해 2003.1.20. 압류 및 전부명령이 내려졌다. 전부명령은 확정되어야 효력이 생기고, 효력이 발생한 전부명령은 제3채무자(乙)에게 송달된 때에 채무자(甲)가 채무를 변제한 것으로 간주된다(민사집행법 제227조). 이에 따라 甲의 채권은 2003년 1월 20일 효력이 생기고, 乙에게 송달된 2003.1.24일에 丙에게 귀속된 것으로 보아야 한다. 확정된 전부명령이 乙에게 송달되기 이전까지는 채권은 甲에게 있다고 할 수 있다.

2. 甲, 乙, 丁 사이의 법률관계

문제에 의하면 甲이 丁에게 2003.1.18. 乙에 대한 채권을 양도했고 당일에 공증을 받았기 때문에 甲과 丁 사이에 채권양도계약이 체결되었다고 할 수 있다. 다만 이는 대내적 효력에 불과하기 때문에 甲과 丁 사이에서는 채권자가 丁임을 알 수 있으나, 대외적으로는 확정일자를 받기 전까지는 甲에게 채권이 있으며 2003.1.24. 乙에게 채권양도의 통지가 도착함으로써 채권은 대외적으로도 丁에게 귀속됨으로써 제3자에게도 대항력을 갖게 된다.

3. 丙, 丁 사이의 법률관계

丙, 丁 간의 법률관계는 확정일부설과 도달시설 둘 중 어느 학설을 따르냐에 따라 다른 결과를 보인다. 먼저 확정일부설에 의하면 확정일자부증서의 구비는 제3자에게 대항하기 위한 결정적 요건이라고 이해한다. 통지 및 승낙에 대하여 확정일자부증서를 요구한 법률규정의 취지에 합치하며 또한 확정일자부증서의 증거력을 인정해야하기 때문이다. 따라서 2003.1.18.에 공증을 받은 丁의 채권이 2003.1.20. 압류 및 전부결정이 난 丙의 채권에 우선한다.

반면 도달시설에 따르면 乙에게 확정일자 있는 통지가 도달한 시점에 따라 그 선후가 결정된다. 따라서 채권양도사실을 담은 문서의 확정일자와 압류 및 전부명령의 정본상의 일자의 선후가 아니라 그 증서의 도달일을 기준으로 하여 우열을 결정하여야 한다. 한편 판례는 채권양도통지와 채권 압류 및 전부명령의 결정 정본이 같은 날 도달되었는데 그 선후관계에 대하여 달리 입증이 없으면 동시에 도달된 것으로 추정된다.[166] 따라서 문제에서 확정일자는 채권양수인인 丁이 앞서지만 압류 및 전부명령과 양도통지가 모두 같은 날 도달하였으므로 그 도달일자만으로는 누가 우선하는가는 알 수 없을 것이고, 그 선후에 관한 다른 입증이 없다면 동시에 도달한 것으로 추정된다고 할 것이다.

Ⅵ. 문제의 해결

1. 확정일사 있는 통지가 같은 날 도달했을 경우 丙, 丁이 각자 乙에게 8,000만원 전액의 지급을 청구하여 전액을 지급받을 수 있는지 여부

확정일자설에 의하면 丁의 채권만이 대항력을 갖기 때문에 丁만이 乙에게 8,000만원 전액에 대한 지급을 청구하여 전액을 지급받을 수 있다. 그러나 도달시설에 의하면 丙과 丁 모두 완전한 대항력을 갖추었다고 할 것이므로, 그 전액에 대하여 채권양수금, 압류전부금 또는 추심금의 이행청구를 하고 적법하게 이를 변제받을 수 있고, 乙로서는 이들 중 누구에게라도 그 채무 전액을 변제하면 다른 채권자에 대한 관계에서도 유효하게 면책된다고 한다.[167] 반면에 채권이 분할되어 각 양수인에게 귀속한다는 견해도 있다.

전액청구설 중에서도 부진정연대채권설을 취한다면 구상관계가 인정되기 어려워 분배청구권을 부정하는 견해도 있지만, 정책적으로 부당이득반환청구권을 의제하여 분배청구권을 인정함이 타당하다. 분배비율은 평균비율설도 있으나 판례와 같이 양수채권액 안분설을 취함이 타당하다. 즉 판례는 "확정일자 있는 통지가 동시에 도달한 경우에 양수채권액과 가압류 또는 압류된 채권액의 합계액이 제3채무자에 대한 채권액을 초과할 때에는, 그들 상호간에는 법률상의 지위가 대등하므로 '공평의 원칙'상 각 채권액에 안분하여 이를 내부적으로 다시 정산할 의무가 있다"[168]고 한다.

2. 문제에서 丙 또는 丁이 채권 전부를 乙로부터 변제받지 못했을 경우에 甲에게 물을 수 있는 책임

확정일자설에 의하면 丁은 자신의 채권 전액에 대하여 지급받을 수 있기 때문에 甲에게 물을 수 있는 책임이 없다. 그러나 丙의 경우 그의 채권을 乙에게서 변제받

166) 대판(전) 1994.4.26. 93다24223.

167) 대판(전) 1994.4.26, 93다24223.

168) 대판(전) 1994.4.26, 93다24223.

을 수 없어 乙에 대하여는 불능상태에 빠지고, 丙의 채권은 다시 甲의 다른 책임재산에 대하여 행사하여야 한다.

도달시설에 의하면 채권 전부를 양수하지 못한 丙 또는 丁은 甲에게 매매계약상의 채무불이행책임을 추궁하거나, 담보책임을 추궁할 수 있다(민법 579조). 한편 甲의 귀책사유 없는 경우 일부의 이행불능이 있음에도 불구하고 전액에 대해 반대급부를 이행하였으므로, 그 부분을 부당이득으로 반환청구할 수도 있다. 또한 채권 전부를 변제받지 못한 丁 또는 丙은 나머지 채권 4,000만원을 甲에게 청구할 수 있다.

3. 문제에서 乙의 채무를 면할 수 있는 방법

이에 대해 학설은 ① 각 양수인이 전액을 청구할 수 있다고 보는 부진정연대채권설, ② 어느 양수인도 우선적 지위를 차지하지 못하였으므로 양수채권의 지급을 청구할 수 없다는 청구불가설, ③ 채권자 평등의 원칙에 따라 균등하게 분할변제하는 것이 타당하다는 분할채권설로 나뉜다. 이 중 청구불가설은 채무자가 누구에게도 채무이행을 하지 않는다는 점에서 문제가 있고, 분할채권설에 대해서는 분할의 근거가 불명확하다는 비판이 있다. 따라서 전액청구를 긍정함이 타당한데, 동순위 양수인 상호 간에 주관적 공동관계가 존재하지 않으므로 부진정연대채권설이 타당하다고 볼 수 있다. 판례는 종래엔 청구불가설의 입장이었으나 "제1·2 양수인 모두 채무자에 대해 완전한 대항력을 갖추었으므로 양수인 각자는 채무자에게 그 채권 전액에 대해 이행청구를 하고 그 변제를 받을 수 있다"고 판시하여 전액청구를 긍정하였다.

乙로서는 이들 중 누구에게라도 그 채무 전액을 변제하면 다른 채권자에 대한 관계에서도 유효하게 면책된다.[169] 한편 채권자의 상대적 불확지를 이유로 이를 공탁하는 것도 가능하다[170]. 왜냐하면 채권양수인 또는 압류 및 전부명령을 받은 채권자가 각각 소송을 제기할 경우, 어느 한 판결의 기판력이 다른 판결에는 미치지 않기 때문에, 어느 한 판결에서 동시도달을 인정받았다 하더라도 다른 소송에서는 패소할 수도 있기 때문이다.

[문제 6] 관련 판례: [관판 6]

◎ **대판(전) 1994.4.26, 93다24223【양수금】**

【판시사항】

가. 채권양수인과 동일 채권에 대하여 가압류명령을 집행한 자 사이의 우열결정기준

나. 채권양도 통지와 가압류결정 정본이 채무자에게 동시에 도달된 경우 채권양수인 또는 가압류채권자의 이행청구 가부 및 양자 사이의 정산의무 유무

다. 채권양도 통지와 가압류결정 정본을 동시에 송달받은 채무자의 변제공탁 가부

169) 대판(전) 1994.4.26 93다24223.

170) 대판(전) 1994.4.26 93다24223; 대판 2004.9.3. 2003다22561.

라. 채권양도 통지와 가압류결정 정본이 같은 날 도달된 경우 동시 도달 추정 여부

【판결요지】

가. 채권이 이중으로 양도된 경우의 양수인 상호간의 우열은 통지 또는 승낙에 붙여진 확정일자의 선후에 의하여 결정할 것이 아니라, 채권양도에 대한 채무자의 인식, 즉 확정일자 있는 양도통지가 채무자에게 도달한 일시 또는 확정일자 있는 승낙의 일시의 선후에 의하여 결정하여야 할 것이고, 이러한 법리는 채권양수인과 동일 채권에 대하여 가압류명령을 집행한 자 사이의 우열을 결정하는 경우에 있어서도 마찬가지이므로, 확정일자 있는 채권양도 통지와 가압류결정 정본의 제3채무자(채권양도의 경우는 채무자)에 대한 도달의 선후에 의하여 그 우열을 결정하여야 한다.

나. 채권양도 통지, 가압류 또는 압류명령 등이 제3채무자에 동시에 송달되어 그들 상호간에 우열이 없는 경우에도 그 채권양수인, 가압류 또는 압류채권자는 모두 제3채무자에 대하여 완전한 대항력을 갖추었다고 할 것이므로, 그 전액에 대하여 채권양수금, 압류전부금 또는 추심금의 이행청구를 하고 적법하게 이를 변제받을 수 있고, 제3채무자로서는 이들 중 누구에게라도 그 채무 전액을 변제하면 다른 채권자에 대한 관계에서도 유효하게 면책되는 것이며, 만약 양수채권액과 가압류 또는 압류된 채권액의 합계액이 제3채무자에 대한 채권액을 초과할 때에는 그들 상호간에는 법률상의 지위가 대등하므로 공평의 원칙상 각 채권액에 안분하여 이를 내부적으로 다시 정산할 의무가 있다.

다. 채권양도의 통지와 가압류 또는 압류명령이 제3채무자에게 동시에 송달되었다고 인정되어 채무자가 채권양수인 및 추심명령이나 전부명령을 얻은 가압류 또는 압류채권자 중 한 사람이 제기한 급부소송에서 전액 패소한 이후에도 다른 채권자가 그 송달의 선후에 관하여 다시 문제를 제기하는 경우 기판력의 이론상 제3채무자는 이중지급의 위험이 있을 수 있으므로, 동시에 송달된 경우에도 제3채무자는 송달의 선후가 불명한 경우에 준하여 채권자를 알 수 없다는 이유로 변제공탁을 함으로써 법률관계의 불안으로부터 벗어날 수 있다.

라. 채권양도 통지와 채권가압류결정 정본이 같은 날 도달되었는데 그 선후관계에 대하여 달리 입증이 없으면 동시에 도달된 것으로 추정한다.

[문제 6] 참고 논문: [참논 6]

*** 장래채권양도에 관한 고찰 ***

– 일본에서의 논의를 중심으로 –

* 정광수, 장래채권양도에 관한 고찰, 민사법의 현대적 과제와 전망(남강 서광민교수 정년기념논문집), 2007, 324면 이하.

Ⅰ. 머리말

최근 부동산거래시장의 투명화, 투기수요억제와 시장안정화, 개발이익환수 및 토지공공성강화로 설정된 정부의 종합적 부동산대책인 8.31(2005년 8월 31일)조치 발표 이후에도 불구하고 오히려 서울 및 수도권 일각에서 치솟는 부동산가격의 상승이 계속되었다. 그 후 이와 같은 부동산가격의 급상승이 다른 물가상승에도 영향을 주어 국가경제에 미치는 악영향과 부동산이 투기의 대상이 되는 것을 방지하기 위한 즉, 부동산가격의 하락을 유도하기 위한 정부의 여러 가지 후속 부동산대책들이 2006년 말과 2007년 초에 걸쳐 계속해서 발표되었다. 예컨대, 수도권에 아파트나 주택의 공급량을 대폭 늘리려는 정책을 내놓고 있으며 그동안 어렵게 제한을 받던 아파트재개발정책을 다시 완화시켜 추진하는 정책을 펴고 있다. 또한 더 나아가 은행대출을 통해 부동산을 구입하는 것을 차단하기 위해 은행의 신규대출을 제한하거나 부동산을 담보로 한 대출금리를 인상하고 또한 이미 기존 대출이 있는 경우에는 1년 동안의 유예기간 내에 대출금을 상환하도록 하여서 다수의 아파트나 주택소유를 방지하도록 즉, 대출상환을 위해 기존 소유부동산을 매각하도록 유도하고 있다.[171]

이에 반하여 일본에서는 1990년대 부동산 거품이 빠지면서 부동산 자산가치의 계속적 하락이라는 경제사정을 배경으로 부동산담보에 대한 과도한 의존으로부터 벗어나 새로운 자금조달·융자방법을 확립할 필요성이 폭넓게 인식되고 있다. 그 가운데 한 가지 방법으로서 채권양도제도의 담보기능 및 자본조달 기능이 특히 주목을 받고 있다.[172]

그러나 이러한 채권양도제도의 새로운 전개를 위해서 일본에서는 몇 가지 해결하여야 할 문제가 있다. 특히 다수 또는 전부의 채권(집합채권)의 일괄양도시의 대항요건의 구비방법과 장래채권양도의 유효성이 가장 큰 문제이다.[173] 이와 같은 일본의 현상은 유사한 경제구조를 가진 우리나라에도 머지않아 그 영향을 미칠 수 있다고 보아 그 시사하는 바가 크다고 하겠다.

---

171) 최근 언론매체의 보도에 따르면 공급확대, 분양가인하, 주택담보대출규제 등을 골자로 한 정부의 2006년 11월 15일 부동산대책과 2007년 1월 11일 부동산대책 등의 발표를 전후해 민간택지아파트의 분양가상한제의 확대도입과 대출건수제한 등의 규제여파로 주택시장이 크게 위축되면서 서울 강남권과 분당, 과천 등 인기지역의 아파트 거래건수가 최근 들어 급감한 것으로 나타났다. 특히 2006년 전국적으로 집값 상승이 가장 많이 올랐던 과천시의 경우 2007년 1월은 지난해 1월에 비해 20배나 거래량이 줄었고 2007년 들어 재건축을 중심으로 집값이 하락세를 보이고 급매물도 나오고 있지만, 살 사람이 없을 뿐더러 향후 집값 전망이 불투명해 당분간 거래 침체가 계속될 것 같다고 한다([연합뉴스] 2007.01.25 보도자료 참조); 부동산정보제공업체 부동산뱅크는 2007년 2월 첫째 주 강남지역 빅3 지역으로 꼽히는 강남구와 서초구, 송파구의 집값은 재건축과 일반 아파트의 가격이 평균 0.11% 하락하는 등 일제히 떨어졌다고 한다. 또한 이와 같은 하락세는 서울과 수도권으로 번지면서 전국 집값도 일제히 약세를 보이고 있다고 한다(KBS 2007.2.2. 정오뉴스 박중석 기자보도); '종부세 부과 기준일(2007년 6월 1일)을 앞두고 집값 상승을 주도해온 서울 강남 서초 송파 목동 등 '버블세븐' 아파트가 최근 1억원 이상 폭락하는 등 하락세가 본격화하고 있다.' 이러한 하락세는 강도 높은 대출규제와 부동산 세부담 증가로 매수세가 붙지 않아 당분간 하락세는 지속될 전망이라고 한다(한국일보, 2007년 4월 17일자, 5면 참조).

172) 野田和裕, 「第四章債權讓渡制度の新たな展開」『現代民事法改革の動向Ⅱ』成文堂, 2005, 71頁 參照.

173) 上揭論文, 76頁.

본 논문에서는 채권양도에 관한 일반적인 전체 내용을 개관하고 특히 일본에서 최근 입법된 채권양도에 관한 특별법과 판례 및 학설의 동향을 소개하면서, 노다 가쥬히로(野田和裕) 교수가 검토한 장래채권양도 등에 관한 중요 과제에 관한 문제해결방안을 고찰하기로 한다.

Ⅱ. 현대사회에 있어서 채권양도

1. 채권양도의 경제적 목적

채권양도는 채권의 동일성을 유지하면서 채권(Forderung)을 법률행위(계약 또는 유언)에 의하여 이전하는 것을 말한다.[174] 그런데 이와 같은 채권양도는 한편으로는 그 채권 내에 확보되어 있는 재산적 가치에 대한 처분이며, 다른 한편으로는 그 채권을 매개로 연결되어 있는 당사자의 변경 즉, 양도인에서 양수인으로의 변경을 의미한다. 근대의 자본주의체제하에서는 자금의 확보가 기업운영에 절대적으로 요청되기 때문에 재산가치 있는 채권을 양도할 수 있는 제도적 가능성이 보장되지 않으면 안 된다. 그러나 다른 한편 채권의 양도 내지 원활한 유통은 채권양수인의 지위를 안전하게 보장할 것을 요구한다. 따라서 재산적 가치 있는 채권의 양도는 결국 채권양도를 가능하게 하는 제도와 더불어 채권양수인의 지위를 안전하게 보장하는 제도와 밀접한 관련을 맺고 있다.

이와 같이 채권의 재산성과 양도성이 제도적으로 인정되면서 채권은 재산권거래의 객체로서의 자리를 확보하게 되었는데, 오늘날에 와서 채권은 자금조달을 위한 담보객체로서 활용되고 있다. 채권이 다른 채권의 담보로 제공되는 방법에는 채권에 질권을 설정하는 것(채권질권)과 담보목적을 위하여 채권을 양도하는 것(양도담보)을 들 수 있다. 채권을 담보로 제공하는 경우에 선진국에 있어서는 채권의 양도담보제도가 널리 활용되고 있으며, 더욱이 이 때 담보목적으로 제공되는 채권은 현재의 채권에 한정되지 아니하고 장래의 채권에 대해서도 인정되고 있다. 예컨대, 양도의 목적과 관련된 채권양도, 추심을 위한 채권양도, 특히 오스트리아와 독일에서 많이 활용되고 있는 채권의 양도담보, 연장된 소유권유보[175], 일괄양도[176] 그리고 미국에서

---

174) 김형배, 채권총론, 박영사, 1998, 556면; 김상용, 채권총론, 법문사, 2003, 381면; 이은영, 채권총론, 박영사, 1999, 599면 참고. 그러나 채권양도라고 함은 보통 계약에 의한 채권의 이전을 의미한다는 견해도 있다(서민, 「채권양도에 관한 연구」(서울대학교대학원 법학박사학위논문, 1985. 1), 46면; 곽윤직, 채권총론, 박영사, 2004, 205면.

175) 연장된 소유권유보는 상품공급자를 위한 장래채권의 양도담보의 특수한 형태이다. 즉 매도인이 공급한 물건의 대금채권을 담보하기 위하여 매수인이 장래 취득하게 될 매매대금채권, 가공에 의하여 새로 생긴 물건의 소유권을 미리 양도한다. 따라서 매수인은 장래채권의 매도인으로서 원칙적으로 양도된 채권의 처분권과 추심권을 상실한다. 그러나 이와 같은 사실이 고객에게 알려지면 매수인의 경제적 신용이 떨어져서 영업활동에 영향을 미칠 우려가 있으므로, 매도인과 매수인 사이에 이를 공개하지 않기로 특약과 함께 보통 양도담보계약을 한다. 그 결과 소유권유보부매도인이 매수인에게 채권추심의 권한을 유보함으로써 매수인이 채권자와 같은 지위를 보유하게 된다(서민, 전게논문, 141면 이하; Nörr-Scheyhing, Sukzession, 1983, S.130ff. 참고).

176) 채권의 일괄양도(포괄적 양도)는 금전채권을 담보하기 위하여 수신자인 채무자가 일정한 사업분야에서 발생되는 다수 또는 전부의 채권을 여신자인 채권자에게 총괄적으로 양도하는 장래채

특히 발달하여 오늘날 전세계적으로 확산되고 있는 factoring 제도[177] 등을 들 수 있다. 그런데 이와 같은 채권의 담보화는 주로 증권적 채권과 같은 특수한 채권의 발달을 통하여 그 목적이 달성되고 있다.[178]

그러나 일본에서는 무엇보다도 자금조달이 어려운 채권자가 자기 재산의 일부를 감소시키는 방법으로(변제기가 도래하기 전에 액면 가액보다 적은 가액으로) 채권을 제3자에게 양도하여 당면한 운전자금을 확보하려는 사태(위기적 상황형)도 비교적 많다. 이에 반하여 오늘날 일본에서는 건전한 기업이 채권양도를 통하여 자금 조달하는 것을 가리켜 자금조달수단으로서의 채권양도라고 한다(정상업무형). 즉, 다수채무자에 대한 우량채권을 일괄하여 양도하는 방식이 주목을 받고 있다. 또한 여기서 한걸음 더 나아가 일괄양도된 우량채권을 증권화 함으로써 여유자본에 의한 투자대상으로 유도하기도 한다. 그 결과 채권이 투자 기타 거래 대상으로 되어 채권양도가 자산과 자금의 유동화를 촉진하는 작용을 담당하고 있다. 이것은 1990년대 이래 미국 법제도

권양도담보의 특수한 형태이다(이를 '집합채권의 양도담보'로 보는 견해로는 김선석, '지명채권양도의 증명책임', 「사법논집」 23, 269면 이하 참고). 이는 주로 은행 등 금융기관의 융자채권을 담보하기 위하여 행하여지지만 근년에 와서는 상품공급자의 대금채권을 담보하기 위하여 활용되고 있다고 한다(Münchener Kommentar Bürgerliches Gesetzbuch Bd.2, Schuldrecht, Allgemeiner Teil, 3.Aufl.,1994/Roth, Rn.124 zu §398). 그러나 포괄적 양도(Globalzession)에 관하여 독일에서는 채무자의 경제적 자유를 제한하는 반사회질서의 법률행위로서(§138 I, BGB) 무효로 다루고 있다(Hans Brox, Allgemeines Schuldrecht, 21., Aufl., 1993, Rn.391; Karl Larenz, Lehrbuch des Schuldrecht Band I, Allgemeiner Teil, 14. Aufl., 1987, S.596). 우리나라에서도 이에 대해 독일과 마찬가지로 무효로 보는 견해(김상용, 전게서, 387면)와 채권자(양도인)의 경제적 활동의 제한정도, 양수인에 대한 비난가능성의 유무 및 초과담보취득에 대한 정당한 이익의 유무를 검토하여 포괄적 양도의 유효여부를 결정해야 한다는 견해(서민, 전게논문, 146면)가 있다.

177) factoring은 기업(채권자)이 영업활동에 의하여 고객(채무자)에게 취득한 채권을 그 변제기 전에 팩터링회사(금융업자)에게 양도하여 자금을 조달하는 일종의 외상매출채권금융제도이다. 즉, factoring계약에 의하여 특정의 채권자(kleint)가 자기의 영업으로부터 발생할 장래의 모든 채권을 구체적으로 채권이 발생할 때마다 개별적 채권을 양도할 것을 미리 factoring회사(factor)에게 합의한다. factoring 제도의 의의와 기능 등에 관한 자세한 내용은 김상용, 전게서, 412면 이하; 이은영, 채권각론, 박영사, 1999, 384면 이하; Martinek, Moderne Vertragstypen, Bd. I, S.223ff.; 우리나라에서 행하여지고 있는 부진정팩터링에 관한 자세한 내용은 강길원, 팩터링금융제도연구, 1983, 160면; 정동윤, 상법총칙·상행위법, 1996, 법문사, 701면 참고.

178) 경제적 목적에 따른 채권양도의 분류는 크게 다음과 같다. ① 채권회수수단으로서의 채권양도이다. A는 현재 수중에 현금이 없어서 B로부터 빌린 돈을 돌려줄 수 없지만, A는 S에 대하여 채권을 가지고 있어서 이 채권을 B에게 대물변제로서 양도한다. 이와 같이 채권양도를 변제수단으로서 이용함으로써 B는 채권회수를 할 수 있고, 실무에서도 폭넓게 행하여진다. ② 환가를 위한 채권양도이다. A는 S에 대한 채권을 B에게 매각함으로써 변제기 이전에 금전을 손에 넣을 수 있다. 이것을 통해 투여된 자본을 회수하고 또는 입수한 금전을 새로운 투자에 이용할 수 있다. 이와 같은 형태의 채권양도는 경제활동의 촉진과 시장활성화를 가져오는 작용을 한다. ③ 담보를 위한 채권양도이다. 자금이 필요한 A는 S에 대한 채권을 바로 환가하는 것을 바라지 않고, 이 채권을 담보로 하여 융자를 받기 위하여 B에게 채권을 양도한다. 일반적으로 양도담보의 형태를 취하는 경우가 많다. A가 기한까지 빌린 돈(차금)을 반환하지 않는 경우, S에 대한 채권행사권한을 B에게 이전한다는 약정을 통해 융자를 받는 방법이다. ④ 자금조달수단으로서의 채권양도이다. 이전에 채권양도가 행하여지는 경우는 주로 위의 ①②③과 같은 세 가지 경우이다(野田和裕, 前掲論文, 72-73頁).

의 영향을 강하게 받아 급속하게 높아진 일본에서의 「채권의 유동화」 방안이다.[179)]

아래에서는 일본에서의 「채권의 유동화」의 배경 및 방안에 대하여 알아보기로 한다.

2. 일본에서의 「채권의 유동화」의 배경 및 방안

이와 같은 「채권의 유동화」의 배경은 기업 또는 금융기관의 자금조달방법의 다양화라는 현상에서 비롯되었다.[180)] 종래 기업의 자금조달방법은 주식 또는 사채의 발행에 의한 자금조달 이외에는 부동산 등을 담보로 하여 금융기관으로부터 돈을 빌리는 것이 가장 일반적인 방법이었다. 그러나 이러한 방법에는 다음과 같은 문제점이 나타났다.[181)]

첫째, 부동산 자산가치의 계속적 하락이라는 경제정세에 직면하여 저당권 등의 부동산담보로의 과도한 의존으로부터 탈피하고 새로운 자금조달·융자방법을 확립할 필요성이 증대하게 되었다.

둘째, 기업에 따라서는 담보에 적합한 부동산을 충분히 소유하고 있지 않으나, 매일매일 영업을 통해 취득하는 소액의 금전채권을 대량 가지고 있는 기업이 있다. 예컨대 크레디트(credit)회사는 다수의 소액 론(loan)채권을 보유하고 있다. 하나하나가 소비자에 대한 소액채권이지만, 대량의 소액채권을 모으면, 상당한 금액이 된다. 이것을 담보로써 활용하여 자금조달을 바라는 요구가 있다.

셋째, 사채 등의 발행에 의한 자금조달과 금융기관으로부터의 융자는 어느 경우에 있어서나 해당기업의 신용에 따라서 행하여진다. 따라서 해당기업의 신용이 없어서 자금조달이 곤란한 경우, 이것을 극복할 수 있는 방법이 요청되었다.

이상의 문제점에 대응하는 자금조달방법을 일본에서는 채권유동화방안이라고 한다.[182)] 그 리고 그 대표적 구도는 다음과 같은 것이다.

자금조달을 꾀하는 신용판매(credit)회사 A(양도인)는 고객 S(채무자)에 대한 론(loan)채권을 일괄하여 특정목적회사 B(양수인)에게 양도하고 현재 필요한 자금을 획득한다. 그리고 이와 같은 대량의 소액 론(loan)채권을 양수한 특별목적회사 B는 그것을 원본으로 하는 증권을 발행하여 투자가에게 판매한다. 한편 특정목적회사 B는 채권의 구체적 회수를 양도인인 회사 A에게 위탁하여, 각 채무자 S는 원래대로 원 채권자 A(양도인)에게 지불하도록 한다. 그 결과 A는 회수한 금전을 B에게 인도하고, B는 그것을 원본으로 투자가에게 이익을 상환하는 형태로 지불한다. 이와 같은 구조에 의하면 그대로는 상품으로서 유통하기 어려운 자산(소액채권)에 관해서도 그것을 담보로 시장으로부터 자금조달이 가능하다고 하는 장점이 있다. 또한 채권의 양도인인 기업의 신용이 비록 좋지 않아도 채무자측이 우량하다면 그 채권은 신뢰할 수 있기 때문에, 유리한 조

179) 野田和裕, 上掲論文, 73頁.

180) 상세한 내용은 『企業法制研究會(擔保制度研究會)報告書－「不動産擔保」から「事業の收益性に着目した資金調達」へ－(平成一五年一月』經濟産業省HP(http://www.meti.go.jp/report/downloadfiles/g30128bj.pdf) 參照.

181) 野田和裕, 前掲論文, 74頁.

182) 상세한 것은 大垣尙司 『ストラクチャード·ファイナンス入門』(日本經濟新聞社, 一九九七年) 등 參照.

건으로 양도하는 것이 가능하게 된다. 기업이 자신의 신용으로 자금조달을 하는 것이 아니라, 자산으로써의 채권의 신용으로 자금을 얻는 것이기 때문이다.[183]

3. 일본에 있어서의 집합채권양도담보

일본에서는 위에서 살펴 본 담보를 위한 채권양도(채권양도담보)도 오늘날 새로운 융자수단(채권담보융자)으로서 보다 고도로 발전한 형태로 활용되고 있다. 그중 하나는 장래채권의 양도담보이다. 채권양도담보의 목적(대상)으로 된 채권을 「이미 존재하는 채권(현재채권)」에만 한하지 않고 「장래 발생할 수 있는 채권(장래채권)」에 까지 확대하는 것이다. 그중 한 가지가 집합채권양도담보이다. 즉 일정한 범위로부터 발생하는 채권군(현재채권 및 장래채권)을 일괄하여 담보목적으로 양도하는 것이다. 그것들은 모두 일본의 거래실무에서 널리 행하여지고 있다. 이러한 구조를 활용한다면, 담보할 부동산을 충분히 가지지 못한 리스(lease)회사·크레디트(credit)회사가 대량의 소액채권을 담보로 하여 융자를 받을 수 있고, 재고상품의 매각으로 인한 외상매출채권을 담보하는 것도 가능하기 때문이다.[184]

4. 우리나라에 있어서 장래채권양도담보

일반적으로 채권은 양도성이 인정된다(민법 제449조 제1항 본문). 채권양도에 있어서의 채권은, 채권자와 채무자 사이의 대내적 관계에서의 채권의 효력을 그 대상으로 하는 것이 아니고, 채무자 아닌 제3자와의 법적 거래라는 대외적 관계에서의 채권의 객관적 가치를 그 대상으로 하고 있다.[185] 따라서 거래의 대상이 되는 채권은 소유권이나 기타의 물건의 경우와 마찬가지로 권리자(채권자)에 의하여 처분(양도)·교환·현금화될 수 있을 뿐만 아니라, 담보로 제공될 수 있다.[186]

그리고 장래에 발생할 개별적 채권도 양도할 수 있다.[187] 이 때 채권양도의 효력은 장래의 채권이 발생하였을 때에 발생하게 된다.[188] 우리 나라 판례도 '장래에 발생할 채권이 현재 그 발생기초가 되는 법률관계가 존재하고 있으며, 채무의 이행기까지 그 내용을 확정할 수 있는 기준이 설정되어 있다면 그 양도성이 인정 된다'고 판시하는 등 장래에 발생할 채권의 양도성을 인정하고 있다.[189] 또한 우리 나라에 있어서는 건설업자가 차금채무를 담보하기 위하여 아직 건설도급계약만 체결해 놓은 상태에서 공사완공에 의하여 장래 취득하게 될 공사대금청구권을 사전양도 하는 경우가 있다.[190] 이것을 바로 일괄양도라고는 볼 수 없으나 담보목적을 위한 장래채권의 사전양도라는 점 특히 미확정채권의 양도라는 점에서는 새로운 모습으로 평가된

183) 野田和裕, 前掲論文, 75頁.

184) 上掲論文, 75-76頁.

185) Karl Larenz, a.a.O., S.569f.

186) 김형배, 채권총론, 559면.

187) Karl Larenz, a.a.O., S.576; Dieter Medicus, Schuldrecht Ⅰ: Allgemeiner Teil, 6. Aufl., 1992, S.326.

188) 김상용, 전게서, 387면.

189) 대판 1991.6.25, 88다카6358; 대판 1996.7.30, 95다7932; 대판 1997.7.25, 95다21624 등 참고.

190) 대판 1977.10.31, 77다1179; 대판 1984.9.11, 83다카2288 참고.

다고 하겠다.[191]

Ⅲ. 채권양도시 일본민법상의 대항요건제도

1. 일본 민법 제467조의 구조와 기능

채권양도는 양도인과 양수인 간의 계약만으로 될 수 있다. 다만 일본민법 제467조 1항에서 지명채권의 양도는 양도인이 채권양도의 사실을 채무자에게 통지하든가 채무자가 그것을 승낙하지 않으면, 채무자에게 대항할 수 없다고 한다(채무자대항요건). 그리고 제2항에서 채권양도는 동조 1항의 통지 또는 승낙을 확정일자 있는 증서로써 하지 않으면 채권의 2중 양수인 기타 제3자에 대항할 수 없다고 한다(제3자대항요건). 이와 같은 채권양도의 대항요건의 구조는 통지에 의하여 채무자가 채권양도의 인식을 얻는다는 것을 근간으로 하여 채권양도를 받으려는 자는 채무자에게 채권의 존부, 우선하는 권리자의 유무 등을 물어 회답을 얻는다는 방식으로 채무자를 「인포메이션 센터」로 하여(부동산등기부 등에 비교할 때 불완전하지만) 일응 공시의 기능을 분담한다고 한다.

2. 대항요건제도의 간소화 필요성

이미 살펴 본바와 같이 채권유동화에 의해서 다수의 채권을 특정목적회사 등에 양도하는 경우 또한 채권담보융자에 있어서 다수의 채권으로 양도담보를 설정하는 경우(집합채권양도담보) 등 다수의 채권을 수단으로 하는 자금조달·융자방법을 위해서는 일본 민법 제467조의 규정이 큰 장애로 된다. 다시 말해서 다수 채권의 일괄양도형태를 취하는 이와 같은 자금조달·융자방법에 있어서는 방대한 수의 채무자(소비자 등) 전부에게 통지를 하여야만 한다는 것은 시간과 비용 모두에 있어서 과대한 부담이 되기 때문이다.

더욱 더 실무에서는 담보를 위한 채권양도 등의 사실을 채무자에게 통지하는 경우 이전 「양도인의 경영상태가 궁박했던 위기적 상황에서의 채권양도」(위기적 상황형)라고 하는 마이너스·이미지로부터 양도인에 대한 신용불안을 일으킬 수밖에 없다는 염려도 표명되고 있다. 그래서 채무자대항요건을 일단 분리하여 채무자에 대한 채권양도의 통지 없이 제3자 대항요건을 구비할 수 있는 제도를 창설하려는 요구가 높아지고 있었다.

그 결과 채무자가 다수인 경우에도 간단히 제3자 대항요건을 구비하는 것을 가능하게 하는 입법적 준비가 요구되어서 아래와 같은 특별법을 만들게 되었다.

Ⅳ. 일본 민사특별법에서의 대항요건제도

1. 특정채권법

1992년에 제정된 특정채권법[192]은 바로 이 문제를 해결하기 위하여 제정된 법률

---

191) 김형배, 전게서, 571면.

192) 「특정채권 등에 관한 사업의 규제에 관한 법률」 平成 4年 法律77号를 의미한다.

이다. 동 법에 의하면 다수의 고객(채무자)에 대한 리스료채권·신용채권 등을 양수인에게 양도하는 때에 양도인이 그 취지를 일간신문에 공고하는 것은 일본 민법 제467조의 확정일자를 받은 증서에 의한 통지가 있는 것으로 본다(동법 제7조 제2항).

다만 특정채권법은 채권유동화의 대상이 되는 채권의 종류를 「특정채권」(리스료채권·신용채권 등)에 한정하고 있어, 이 법률에 의한 간단하고 손쉬운 대항요건제도를 사용하여 자금조달을 도모하려는 업종이 제한되어 있다는 데에 한계가 있다.

2. 채권양도특례법

1998년에 제정된 채권양도특례법[193]은 일반적으로 법인이 금전채권을 양도하는 경우의 대항요건제도의 특례를 규정하였다(동법 제1조). 채권양도인과 양수인 사이에 채권양도등기를 한다면「채무자 이외 제3자에 대하여는 민법 제467조의 규정에 의한 확정일자를 받은 증서에 의한 통지가 있는 것으로 본다」고 하는 것이다(동법 제2조 제1항, 개정법[194] 제4조 제1항). 채권양도등기서류에 채권양도등기를 하는 것에 의하여 제3자 대항요건이 구비되는 제도가 창설되었다고 이해하고 있다. 이 법에 의하면 채무자를 달리하는 다수의 채권을 양도하는 경우에도 1회의 등기신청으로 모든 양도에 대한 제3자 대항요건을 구비하는 것이 가능하게 된다. 또한 실무의 요청에 따라서 제3자에 대하여서는 채권양도의 사실을 채무자에게 알리지 않고도 등기와 같이 공시기능을 가진 대항요건에 의하여 유효하게 양도할 수 있다.

한편 채무자에 대한 대항요건(권리행사요건)은 채무자의 이중변제를 방지하기 위하여 양도인 또는 양수인이 「등기사항증명서」(동법 제8조 제2항, 개정법 제11조 제2항)를 교부받아 등기된 사실을 채무자에게 통지하거나 또는 채무자가 승낙하지 않으면 양수인은 채권양도의 사실을 채무자에게 주장할 수 없다(동법 제2조 제2항). 또한 양도인 또는 양수인이 등기사항증명서를 교부받아 채무자에게 통지한 때에는 채무자는 그 때까지 주장할 수 있었던 항변을 양수인에게 대항할 수 있다(동법 제2조 제3항, 개정법 제4조 제3항). 그리고 이와 같은 채권양도특례법은 다음과 같은 특징을 가지고 있다.

첫째, 적용범위에 관해서는 대상이 된 채권을 「법인의 금전채권」(동법 제1조, 제2조 제1항, 개정법 제4조 제1항)으로 하는 것 이외에 특히 업종을 한정하고 있지 않고 포괄적인 입법으로 되어 있다. 따라서 채권유동화의 경우나 집합채권양도담보의 경우 이외에 단일 채권양도나 자금조달이 어려웠던 채권자가 행한 종래 형태의 담보를 위한 채권양도 등도 이용가능하다. 또한 특정채권법의 대상이 되는 리스료채권·신용채권도 채권특례법의 방식에 의한 양도를 할 수 있다.

둘째, 일본 민법에 의한 채무자 대항요건(권리행사요건)과 제3자 대항요건을 각각 분리하여 취급하고 있다. 즉, 제3자 대항요건에 관해서는 통지·승낙에 의한 채무자를 「인포메이션 센터」로 한다고 하는 민법의 기본구조를 수정하여 공적 기관에의 등록(채권양도등기)에 의한(채무자에게 통지하지 않고도) 제3자 대항요건만을 간단하고

---

193) 「채권양도의 대항요건에 관한 민법의 특례 등에 관한 법률」 平成 10年 法律104号를 의미한다.

194) 채권양도특례법의 2004년 개정법 즉, 「동산 및 채권양도의 대항요건에 관한 민법의 특례 등에 관한 법률」 법을 의미함.

쉽게 구비할 수 있는 제도를 창설하고 있다. 이것에 대하여 채무자 대항요건(권리행사요건)에 관해서는 통지·승낙에 의한 채무자의 인식을 기초로 했던 민법의 제도를 유지하는 선에서 약간의 조정규정을 시행하고 있다.

셋째, 채무자의 사생활(privacy)보호의 관점으로부터 채권양도등기서류에 등기된 사항에 관한 「등기사항증명서」(양도되는 채권에 관한 등기사항의 전부를 기재한 증명서)의 교부를 청구할 수 있는 자의 범위를 한정하고 있다(동법 제8조 제2항). 즉, 등기사항증명서의 교부를 청구할 수 있는 사람은 양도인, 양수인, 채무자 이외 양도채권의 압류채권자, 파산관재인 등의 「이해관계자」이므로 채권을 양수받으려고 하는 자는 제외된다.

3. 동산채권양도특례법

채권양도특례법은 2004년에 개정되어[195], 신설된 동산양도등기제도를 포함하고 있기 때문에 법률명을「동산 및 채권양도의 대항요건에 관한 민법의 특례 등에 관한 법률」(이하 「동산채권양도특례법」이라 함)로 개칭하고 2005년 10월경에 시행되었다.[196]

동산채권양도특례법은 다음의 2가지 점을 주된 입법목적으로 하고 있다. 첫째, 동산양도에 관한 등기제도를 창설하고 있다는 것. 둘째, 제3채무자 불특정의 장래채권양도에 관해서도 대항요건을 구비할 수 있는 채권양도등기제도를 마련한 점이다. 아래에서는 이것들에 관하여 상술한다.

(1) 동산양도등기제도의 창설

개정법의 최대 특징은 종래 채권양도등기제도와 같은 방식으로 동산양도등기제도를 새롭게 창설하고 있다는 것이다. 따라서 이 법은 기업의 금융실무에 있어서 부동산담보나 개인보증에 과도하게 의존했던 자금조달방법에서 벗어나서 그 때까지 충분하게 활용되고 있지 않았던 동산을 활용한 자금조달방법의 확대 이용을 목표로 한다.

기업(채무자)으로서는 생산수단이 되는 기계설비나 재고상품 등의 동산에 민법상의 질권을 설정하는 경우 그 점유를 담보권자(채권자)에게 이전하지 않으면 안 되어(일본 민법 제345조 참조) 조업의 계속은 곤란하다. 그래서 이와 같은 동산을 이용한 자금조달의 방법으로써 동산의 양도담보가 이용되어 왔다. 동산양도담보는 채권담보목적을 위해 동산소유권을 담보권자에게 이전하지만, 담보권자가 그 동산을 실제로 점유하지 않는 것이다. 따라서 담보권자가 동산의 점유를 기업의 지배하에 둔 상태에서 동산양도담보의 대항요건을 구비하는 방법은 특별 등기제도가 정비되어 있지 않은 일본의 현행 법제 하에서는 점유개정(일본 민법 제183조)밖에 없다. 그러나 점유개정은 당사자 간의 의사표시만으로 행하여지기 때문에 외형적으로는 그 존부의 판단이 곤란하다. 그 결과 나중에 동산을 취득하는 자가 점유개정의 유무 및 선후를 둘러싼 분쟁이 발생할 우려로 인한 담보권자의 법적 지위가 불안정하므로 동산담보

---

195) 「債權讓渡の對抗要件に關する民法の特例等に關する法律の一部を改正する法律」 平成16年 法律第148号를 의미한다.

196) 植垣勝裕ほか, 「債權讓渡の對抗要件に關する民法の特例等に關する法律の一部」を改正する法律の概要(上·中·下)」 金融法務事情1731号54頁(2005年) 參照.

가치가 충분하게 평가되지 않는다고 하는 문제가 있다.

그래서 개정법은 양도담보거래의 안정성 및 실효성을 향상시키고 기업 자금조달의 원활화를 도모할 목적으로 등기대상을 법인이 하는 동산양도에 한정하여(개정법 제3조 제1항) 동산양도등기제도를 창설했다. 그래서 일본 민법 제176조의 특례로써 동산양도 시에 등기를 한 때에는 당해 동산에 관해서는 일본 민법 제178조에 의한 인도가 있는 것으로 보아(개정법 제3조 제1항), 외견상 명확한 공시방법인 등기에 의한 대항요건의 구비를 가능케 하였다.

(2) 채권양도등기제도의 활용

1) 「채무자불특정의 장래채권」의 양도에 관한 등기

개정법은 채권양도등기제도를 이용하여 채무자가 특정되어 있지 않은 장래채권의 양도에 관해서도 채권양도등기에 의하여 제3자 대항요건을 구비하는 것이 가능하도록 규정하고 있다. 채무자불특정의 장래채권에 관해서는 양도계약 시에는 채무자가 존재하고 있지 않기 때문에 채무자에 대한 통지에 의한 일본민법상의 대항요건을 구비할 수 없다. 채권양도특례법에도 등기를 하기 위해서는 양도채권의 채무자를 기재를 하여야 하므로(동법 제5조 제1항 제6호, 채권양도등기규칙 제6조 제1항 제2호), 채무자불특정의 장래채권양도에 관해서는 제3자 대항요건을 구비할 수 없다.

그러나 기업의 금융실무에 있어서는 이미 채무자가 특정되어 있는 채권뿐만 아니라 장래에 행하여질 거래에 의하여 발생하는 채권 즉, 채권자가 특정되어 있지 않은 장래채권[197]에 관하여도 이를 담보로 하여 자금조달을 하려는 요구가 늘어나고 있다. 이러한 때에 최근 일본의 최고재판소는 장래채권양도의 유효성을 광범위하게 인정하는 판결을 내리고 있다. 즉, 최고재판소 판결[198]은 의사가 진료보수지불기금에 대하여 취득하는 장래 진료보수채권을 5년 동안에 걸쳐 양도하고 있던 사안에서「채권발생가능성」을 요건으로 하지 않고, 기간의 시기와 종기를 명확히 하고 있는 채권이 특정되어 있는 한, 유효하게 양도될 수 있다고 했다(다만 양도인의 영업활동 등에 부당한 제한이 있거나 또는 다른 채권자에게 부당한 불이익을 주는 등 특별한 사정이 있는 경우에는 공서양속위반으로 그 양도가 무효가 된다고 했다). 또한 장래채권양도예약에 있어서 양도목적채권의 특정성에 관하여 최고재판소 판결[199]은「채권양도의 예약에 있어서는 예약완결 시에 양도목적으로 하는 채권이 양도인의 다른 채권과 식별이 가능할 수 있을 정도로 특정되어 있으면 족하다」고 판시 했다. 이러한 판결은 채무자가 특정되어 있는 장래채권의 양도에 관한 판단이었지만, 채무자불특정의 장래채권에 관해서도 채권발생원인을 특정하여 채권이 발생하는 기간의 시기와 종기를 명확히 하는 등의 방법으로 장래 양도인의 채권이 발생할 때에 양도목적으로 하는 채권이 양도인의 다른 채권과 식별이 가능한 정도로 특정되어 있는 한, 채무자

---

197) 예컨대, 이와 같은 채무자불특정의 장래채권으로서는 신용업자의 장래신용채권, 인터넷통신사업자의 장래 고객(회원)에 대한 장래채권, 상품판매업자의 재고상품에 관련된 장래 매매대금채권, 부동산임대사업자의 장래 임대료채권 등이 그 전형적인 예로 상정되고 있다.

198) 最判平成11年1月29日民集53巻1号15頁.

199) 最判平成12年4月21日民集54巻4号1562頁.

가 특정되어 있지 않다고 하는 사실만으로 그 유효성을 부정하는 것은 잘못이라고 해석하고 있다.

그래서 채무자가 불특정이라도 다른 기준에 의하여 양도대상인 장래채권을 특정하려는 인식이 크게 공유되는 경우에는[200] 이론상 채무자불특정의 장래채권도 유효하게 양도가능하다고 한다. 그리고 실무상으로 채권양도가 가능하더라도 대항요건을 구비하는 방법이 법제도상 존재하지 않은 문제를 해결하기 위하여 채권양도등기제도를 본받아 개정법은 채무자불특정의 장래채권양도에 관한 대항요건구비방법을 정비하였다. 개정법 제8조 제2항 제4호는 일본 법무성의 법령에 자세한 사항을 위임하고 있다.

현재 채무자불특정의 장래채권을 특정하기 위하여 필요한 등기사항은 양도인의 상호 및 본점 등의 소재지, 채권의 발생원인 및 발생연월일(발생기간의 시기·종기) 등을 필요적 기재사항으로 정하고 있으나,[201] 장래채권양도의 경우에는 채무자를 필요적 등기사항으로 정하고 있지 않다.

2) 장래채권을 포함하는 경우에 있어서 채권총액의 기재여부

개정법은 이미 발생한 채권만을 양수하는 경우에 한정하여 채권총액을 등기사항으로 하는 것으로 하고, 양도대상에 장래채권이 포함되어 있는 경우에는 채권총액을 등기사항으로 하고 있지 않다(개정법 제8조 제2항 제3호 참조). 즉, 채권양도특례법 하에서는 양도행위의 특정이나 양도채권의 합세액에 관한 정보제공에 유용하기 때문에, 채권총액이 등기사항으로 되었다(동법 제5조 제5호). 그러나 장래채권에 관해서는 채권총액도 결국 견적액에 불과하고 실제로 발생한 채권총액 사이에 필연적으로 차이가 생기기 마련이므로, 그와 같은 부정확한 정보를 등기하는 것에 따른 혼란이나 오해를 피하려 했던 것이다.[202]

그러나 이 점에는 약간 의문을 가지지 않을 수 없다. 개정법에 의하여 촉진하게 된 장래채권의 포괄적 양도에 있어서는 자산가치·담보가치의 유효활용을 꾀하려고 하는 관점이 매우 중요하다고 생각하므로, 잉여담보가치를 신속하고 동시에 간명하게 산정할 수 있는 지표 중의 하나로써 채권총액 또는 견적액의 기제는 대단히 유용하다고 생각하기 때문이다. 따라서 장래채권을 포함한 경우에는 채권총액의 기제가 불필요하다기 보다는 오히려 견적액을 등기사항으로 함으로써 실제상의 혼란이나 오해를 방지하기 위한 등기제도상·운용상의 연구가 행하여 져야 한다고 생각한다.

3) 등기의 존속기간

채무자불특정의 장래채권을 양도하는 경우에는 채권양도등기의 존속기간은 원칙적으로 10년 이내이다(개정법 제8조 제3항 제2호). 실무상 상정되는 거래기간이 통상 10년 이내이라는 것, 등기제도의 과대한 부담회피 등을 이유로 들고 있다. 또한 이와 같은 존속기간의 제한으로, 양도인의 영업활동 등을 부당히 제한하는 방식의 포괄적인 양도가 억제된다고 하는 부차적 효과도 기대된다고 한다.[203]

---

200) 道垣内弘人ほか, 「<座談會>資金調達手法の多様化と新しい擔保制度」 ジュリスト1238号2頁-37頁 (2003年).

201) 植垣勝裕ほか, 前揭論文, 52頁.

202) 上前論文, 52頁.

4) 등기사항개요파일(file)의 창설

채권양도특례법에 의한 채권양도등기가 된 경우에는 양도인의 법인등기부에 채권양도의 개괄적 내용이 기록되지만(동법 제9조), 이 제도로써 법인등기부등본의 교부를 받았던 자 모두에게 채권양도에 관한 정보가 공개되기 때문에, 양도인에 관한 쓸데없는 신용불안을 초래할 염려가 있는 등의 폐단이 지적되고 있다.

그래서 개정법은 법인등기부에 채권양도의 개요를 기록하는 제도를 폐지하고, 새로운 채권양도등기사항개요화일(file)을 법무국 등에 비치하여(개정법 제12조 제1항), 그것에 등기사항의 개요를 기록하여 공개하는 제도를 창설했다(개정법 제13조). 또한 이 점은 동산양도등기제도에 관해서도 마찬 가지이다.

5) 등기사항증명서 교부청구권자의 추가

개정법은 등기사항증명서 교부청구권자에 양도인의 사용인을 추가하였다(제11조 제2항 제4호). 그 이유는 양도인인 기업이 어떤 자산을 양도 또는 담보로 제공하는 경우, 기업의 종업원 등에게는 중대한 관심사이기 때문에 기업의 종업원 등도 교부청구권자에 포함시켰다고 생각한다.

V. 일본 동산채권양도특례법의 의의와 과제

동산채권양도특례법의 입법으로 이때까지 충분히 활용되지 않았던 재고상품이나 외상판매채권 등의 사업자산 및 장래수입을 담보로 하여 자금조달 하는 방법이 사업자에 의하여 현격하게 이용되게 되었다. 또한 새롭게 창설된 제도가 토지·건물 등의 부동산을 소유하지 않은 신규 사업자를 위하여도 이용된다면, 사업의 부흥 및 촉진효과도 기대된다. 이와 같은 이유로 동산채권양도특례법의 입법에 관해서는 거래실무 쪽에서도 높은 평가가 나타나고 있다.

그러나 무엇보다도 채무자불특정의 장래채권의 포괄적 양도에 관한 대항요건을 구비하는 것이 가능하다는 것으로 다른 법제도의 경합 등과 관련하여 아래와 같은 검토과제를 제기하기로 한다.[204]

1. 장래 차임채권양도와 저당권에 기한 물상대위와의 우열

건물완성 전에 장래 (임차인불특정의) 차임채권전부가 상당기간 양도되는 내용의 등기가 구비된 경우, 건물완성 후에 설정된 저당권에 근거하여 차임채권에 물상대위가 된 경우, 채권양수인과 저당권자의 우열은 일본 판례[205]에 의하면 등기의 선후가 그 판정기준으로 되어, 저당권자는 후순위로 된다. 그러나 이 점에 대하여는 물상대위의 효력을 확대하여 인정하는 판례의 경향에 역행하는 것으로 저항감이 있을 뿐만 아니라, 처음부터 차임수익이 없는 임대용건물은 교환가치가 특히 저가이므로 매도되지 않기 때문에, 정책적으로 부동산차임채권에 관해서는 별도의 연구가 필요하다

---

203) 植垣勝裕ほか, 前掲論文, 53頁.

204) 자세한 내용은 鎌田薫ほか, 「<座談會>動産·債権譲渡擔保における公示制度の整備」 ジュリスト 1283号31頁(2005年)以下參照.

205) 最判平成10年1月30日民集52巻1号1頁.

고 생각한다.

2. 장래 차임채권양도와 차임부동산의 양도(임대인의 변경)와의 관계

건물의 임대인 A가 장래 발생하는 (임차인불특정의) 차임채권을 양수인 B에게 양도하여 등기한 후, 그 건물을 제3자(신소유자=신임대인) D에게 매각한 경우에, 매각 후에 발생하는 차임채권이 양수인 B에게 귀속하는가 하는 의문이 제기된다. 이 점에 관하여 임대인의 채권자 B에 의한 차임채권의 압류 후에 건물이 양도되어 임대인의 지위가 제3자 D에게 이전된 경우에는 제3자 D는 건물을 양수받은 후에 발생하는 차임채권의 취득을 가지고 압류채권자 B에게 대항할 수 없다는 일본판례[206]가 있다.

위 판례의 태도는 차임채권을 압류한 경우에 한하지 않고, 차임채권양도의 경우에도 타당하다고 하고 있다. 즉, 건물의 신소유자(신임대인) D는 자신이 신규로 취득한 차임채권의 취득을 가지고 위 장래차임채권의 양수인 B에게 대항할 수 없다는 것이다.

그러나 건물의 매도 전부터 존재하는 임차인에 대한 차임채권에 관한 장래채권의 양수인 B가 신소유자 D가 신규로 개척한 임차인(tenant)에 대한 차임채권까지도 양수인 B가 취득한다는 것은 지나치다고 생각한다. 이 점에 대해서는 여전히 향후 과제로써 검토할 필요가 있다고 하겠다.

3. 장래채권양도와 상계와의 우열

채무자불특정의 장래채권이 양도되고, 등기도 된 경우에 있어서 당해 채권의 채무자는 등기 후에 발생한 양도인에 대한 채권을 자동채권으로 하여 (양수인에게) 상계하는 것이 가능한가 하는 의문이 제기된다. 이 점은 동산채권양도특례법에 있어서는 제3자 대항요건과 채무자 대항요건이 분리되어 있어서, 채무자는 등기사항증명서를 교부했다는「통지를 받은 때까지 양도인에게 대하여 발생되었던 사유」를 양수인에게 대항할 수 있다(개정법 제4조 제3항). 상계도 대항할 수 있는 사유이라고 생각하여서, 채무자는 채권양도등기 후 등기사항증명서를 교부했다는 통지를 받을 때까지 취득했던 양도인에 대한 채권을 자동채권으로써 상계하는 것이 가능한 것으로 된다.

이에 대하여 상계의 담보로써의 기능을 중시하여 장래채권의 포괄적 양도(담보)가 대항요건의 구비를 하지 않은 때에는 채무자는 채권양도등기 후에 취득한 양도인에 대한 채권을 자동채권으로 하여 (양수인에게) 상계할 수 없다고 해석하는 분도 있다.

그러나 이와 같은 생각은 반대채권을 취득할 가능성이 있는 채무자가 보유할 상계의 기대를 광범하고 부당하게 침탈하는 결과가 되어 오히려 문제가 크다고 생각한다.[207]

4. 장래채권의 포괄적 양도와 공서양속의 위반성(과잉담보의 문제)

현재 및 장래의 채권을 일괄하여 담보목적으로 양도하는 집합채권양도담보는 담보권자(양수인)가 채무자(양도인)의 재산을 포괄적 담보로써 취득하는 형식의 담보이기 때문에, 채무자나 다른 채권자의 이익침해문제가 논의될 수 있다. 이 점에 대해

206) 압류의 효력은 제3자 D에 의해 승계된 임대차계약에 기한 차임채권에 미친다(最判平成10年3月24日民集52卷2号399頁).

207) 野田和裕,「第四章債權讓渡制度の新たな展開」『現代民事法改革の動向Ⅱ』成文堂, 2005, 89-90頁.

판례[208]는 장래 장기간에 양도된 채권의 포괄적 양도의 유효성은 특정성을 충족하고 있는 한 승인되지만, 그 때에 「양도인의 영업활동 등에 대하여 사회통념상 상당한 범위를 현저히 일탈하는 제한을 가하거나 또는 다른 채권자에게 부당한 불이익을 준다는 등의 특단의 사정」이 있는 때에는 공서양속위반으로써 효력이 부정된다고 한다. 채권양도등기가 구비된 (제3채무자불특정의) 장래채권의 포괄적 양도에 관해서도 마찬 가지로 공서양속위반성에 관한 심사를 하여야 함에는 변함이 없다.

예컨대, 채무자(양도인)의 자산 대부분을 차지하는 외상판매채권을 담보로써 담보권자(양수인)에게 포괄적으로 양도하였지만, 융자액이 그 자산가치와 전혀 균형을 이루지 않고 담보가치(현실 가능한 환가가치)가 피담보채권(환가비용 등도 포함하여)을 상회하는 경우에는 과잉담보의 문제가 발생한다.

우선 담보계약의 체결 시부터 이와 같은 불균형이 명백하게 드러나 있는 경우(원시적 과잉담보)에는 공서양속위반으로 무효로 처리함으로써 새로운 장래채권양도제도의 남용을 방지할 필요가 있다. 다만 담보가치와 피담보채권 간의 불균형은 계약체결 후 거래관계를 계속하는 과정에서 발생하는 경우도 생각할 수 있다(후발적 과잉담보). 예컨대, 양도된 장래채권이 예측한 것보다도 실제로 많이 발생한 경우(담보가치의 증대)나 채무자가 예측한 것보다도 신속하게 융자채무를 변제한 경우(피담보채권의 감소) 등이다. 이와 같은 경우에 채무자가 잉여담보가치의 유효한 이용을 도모하기 위하여 다른 채권자로부터 자금조달을 받는 것이 가능하기 위해서는 해석론적·입법론적 연구가 특히 중요하다고 생각한다. 예컨대, 해석론상 채무자에게 신의칙상 담보권말소등기청구권을 인정하는 방법 또는 입법론으로써 채권양도등기제도에 있어서 후순위담보권의 설정이 가능하도록 채권최고액을 등기사항으로 도입하는 방법 등을 검토할 수 있다. 어느 쪽으로든 앞으로 제도가 운용되는 가운데 명백하게 드러난 과제를 해결하기 위한 법개정이 예상되므로, 다시 한 번 이에 관한 논의를 깊이 하는 것이 중요하다고 생각한다.

Ⅵ. 맺음말

이미 앞에서 언급하였듯이 일본에서는 1990년대에 들어서면서 부동산 자산가치의 계속적 하락이라는 경제사정을 배경으로 부동산담보에 대한 과도한 의존으로부터 벗어나 새로운 자금조달 및 융자방법을 확립할 필요성이 폭넓게 인식되었다. 그 결과 특히 채권양도제도의 담보기능과 자본조달기능이 주목을 받고 있음을 살펴보았다.

반면에 우리 나라의 경우 최근까지 하락할 줄 모르고 치솟는 부동산가격의 안정을 위해 마련된 2005년 정부의 종합적 부동산대책인 8.31조치의 내용들을 종합해 보면 크게 세금강화와 주택공급의 확대라는 양축으로 구분된다. 그밖에도 기반시설부담금제도의 도입, 담보대출의 제한과 분양권의 전매금지, 부동산투기 조사전담기구의 설치 등을 포함하고 있다. 또한 그 후 정부의 11.15(2006년) 부동산대책과 1.11(2007년) 부동산대책 등 연이은 후속조치들이 발표됨에 따라서 최근 정부의 공식 아파트 가격동향 조사기관인 국민은행의 조사결과를 보면, 2007년 1월 하순 전국의 아파트

208) 前揭判例, 最判平成11年1月29日 參照.

매매가의 상승률이 둔화되고 있는 것으로 나타났으며 특히, 서울과 수도권을 중심으로 집값의 하향 안정세가 갈수록 뚜렷해지고 있다.[209)]

따라서 향후 우리 나라에서도 일본과 같은 부동산 자산가치의 하락현상이 예견될 수 있다면, 채권양도제도의 담보기능 및 자본조달기능이 우리나라에서도 주목을 받을 것이라고 생각된다. 특히 일본에서는 채권양도특례법과 동산채권양도특례법 등의 입법으로 이때까지 충분히 활용되지 않았던 재고상품이나 외상판매채권 등의 사업자산 및 장래수입을 담보로 하여 자금조달을 할 수 있게 되었고 또한 토지·건물 등의 부동산을 소유하지 않은 신규 사업자의 사업부흥 및 촉진효과도 기대할 수 있게 되었다. 그러므로 우리 나라도 하루빨리 현재 일본에서 운용되고 있는 장래채권양도제도에 관한 입법례들을 검토하여 우리나라의 실정에 맞는 해석론 또는 입법론의 주장이 필요하다고 생각한다.

이와 같은 관점에서 일본에서 최근 입법된 채권양도에 관한 특별법과 판례 및 학설 등의 동향을 살펴보면서 장래채권양도에 관한 문제점과 그 해결방안에 관한 노다가쥬히로(野田和裕)교수의 검토의견은 우리나라에서도 그 시사하는 바가 매우 크다고 하겠다. 따라서 일본과 마찬 가지로 우리나라에서도 이러한 채무자불특정의 장래채권의 포괄적 양도에 관한 대항요건의 구비는 제도적으로 가능할 수 있다 하더라도, 다른 법제도와의 경합과 관련하여 장래 차임채권양도와 저당권에 기한 물상대위와의 우열문제, 장래 차임채권양도와 차임부동산의 양도와의 관계, 장래채권양도와 상계와의 우열문제, 장래채권의 포괄적 양도와 과잉담보의 문제 등에 관한 문제들에 관한 충분한 검토가 향후 과제로 남는다.

2. 채무인수

(1) 개 념

채무인수의 종류에는 면책적 채무인수와 중첩적 채무인수 또는 채무가입이 있다. 협의로 채무인수라 할 때는 면책적 채무인수를 가리키며 민법은 이에 대해서

---

209) 매매 수급동향을 보면 집을 팔려는 매도세 우위가 전국 평균 53.9% 인데 반해 매수세 우위는 3.6%에 불과한 것으로 나타났다. 민간 부동산정보업체인 부동산114 조사결과를 보면 서울의 평균 매매가 변동률은 전주 대비 0.05%를 기록했고 서울을 포함한 수도권에서는 과천이 0.35% 하락해 가장 많이 집값이 떨어진 것으로 나타났다. 또한 서울 강남 3구는 물론 강동구 0.13%, 용산구 0.15% 떨어지는 등 그동안 집값이 강세를 보인 지역을 중심으로 하락세가 두드러졌습니다. 수도권에서는 광명시와 성남시가 각각 0.11%, 0.06%씩 시세가 하락하는 양상을 보였다. 한국부동산정보협회도 2007년 1월 3째주 전국 매매가는 0.12% 상승하는데 그쳤고 수도권에서는 과천과 의왕, 산본 등이 하락했으며 서울에서는 강남구와 강동구, 양천구가 집값이 떨어졌다고 밝혔다. 이밖에 닥터아파트는 서울의 재건축아파트 값이 2007년 1월 3째주 0.1% 하락에 이어 2007년 1월 4째주에는 이보다 두 배 이상 높은 0.21%나 하락했다고 밝혔고, 부동산뱅크는 조사결과 서울의 재건축 단지들이 0.11% 하락해 2006년 8월 이후 5달만에 마이너스 변동률로 돌아섰다고 발표했다(KBS뉴스 홈페이지: http://news.kbs.co.kr/ [경제] 이준희 기자 입력시간: 2007.01.26 참조).

만 규정을 두고 있다(제453조-제459조).

1) 면책적 채무인수

계약에 의하여 신채무자가 구채무자 대신에 들어서는 것을 의미한다. 구채무자는 채무를 면한다. 이러한 채무인수는 법률행위에 의한 채무자교체로서 법률행위에 의한 채권자교체 즉, 채권양도의 반대물이다.

2) 중첩적 채무인수

구채무자가 채무로부터 해방됨이 없이 신채무자가 구채무자와 나란히 연대채무자로서 등장하게 되는 경우를 말한다. 이는 채무를 담보하는 작용을 한다.

이와 같은 채무인수의 이용은 영업을 양도하거나 저당잡힌 부동산을 매도할 때에 많다. 즉, 매수인은 영업상의 채무 또는 저당채무를 인수하면서 인수한 채무액을 공제한 대금으로 영업이나 부동산을 매입할 수 있다.

(2) 구 별

1) 이행인수

이 경우는 제3자(인수인)가 채무자의 채권자에 대한 채무를 이행하여야 할 의무를 채권자에 대해서가 아니라 채무자에 대하여 부담한다. 이행인수에 있어서는 채무자가 인수인에 대하여 자기의 채무를 이행하여 채무를 면하게 하여 달라고 하는 청구권을 가진다. 그러나 채권자는 인수인에게 대해서는 이행을 청구할 수 없고 여전히 채무자에 대해서만 이행을 청구할 수 있을 뿐이다. 예컨대, A가 채무자, B가 채권자, C가 이행인수인인 경우에는, C는 A의 B에 대한 채무를 이행하여야 할 의무를 A에 대해서만 부담한다. 따라서 A는 B에 대한 채무이행을 C에게 요구할 수 있으나, B는 C에게 채무이행을 청구할 수 없다.

2) 담보계약

이것은 제3자가 채무의 존재와는 관계없이 일정한 결과에 대하여 책임을 지거나 또는 아직 발생하지 아니한 장래의 손해의 배상을 인수하는 계약을 말한다(예: 신원인수).

3) 계약인수

계약인수는 계약자유의 원칙에 기하여 인정되거나 법률의 규정에 의하여 일어날 수 있다. 즉, 계약 또는 법률의 규정에 의하여 계약관계의 당사자 일방이 계약관계로부터 탈퇴하고 그 대신 제3자가 계약관계의 당사자로 들어서게 되는 것을 말한다. 예컨대, 임차권의 양도는 계약인수에 해당한다. 계약인수인은 탈퇴하는 계약당사자가 가지고 있었던 계약관계로부터 나오는 모든 권리와 의무를 인수한다. 이에 반하여 면책적 채무인수의 경우에 있어서는 신채무자는 어떤 계약당사자의 특정한 채무만을 인수할 뿐이고 그 대신 계약관계의 당사자로 되지는 않는다.

(3) 면책적 채무인수의 요건

면책적 채무인수의 경우에는 신채무자와 채권자를 특히 보호할 필요가 있다. 즉, 구채무자는 채무로부터 해방되면서 신채무자가 채무를 부담하게 됨으로, 그 결과 신채무자의 변제자력이 구채무자의 그것보다 못할 수 있기 때문에, 채무인수에는 채권자의 승낙이 필요하다. 민법은 면책적 채무인수에 관해서만 규정을 두고 있다. 그러나 면책적 채무인수는 당사자들의 이익상황을 고려하여 다음과 같은 세 가지 방법으로 행하여질 수 있다.

1) 채권자·구채무자·신채무자(인수인)의 3자계약

민법에 규정은 없지만, 채무인수는 채권자·구채무자·신채무자(인수인)의 3자계약에 의하여 행하여질 수 있다.

2) 채권자와 신채무자(인수인) 간의 계약

신채무자는 채권자와의 계약으로 구채무자의 채무를 인수할 수 있다(제453조 제1항). 그러나 채무의 성질이 채무인수를 허용하지 않는 경우에는 채무인수는 인정되지 않는다(제453조 제1항 단서). 또한 이해관계 없는 제3자는 채무자의 의사에 반해서 채무인수를 할 수 없다(제453조 제2항). 그러나 중첩적 채무인수는 채무자의 의사에 반하여도 유효하다.[210)]

---

210) 대판 1988.11.22, 87다카1836.

3) 구채무자와 신채무자(인수인)간의 계약

구채무자와 신채무자간의 계약에 의해서도 채무인수가 행하여 질 수 있다. 그러나 이 경우에는 채권자의 승낙이 있어야 채무인수는 효력이 발생한다(제454조 제1항). 이 경우 채권자의 승낙은 채무인수의 효력발생요건이다. 채권자의 승낙 또는 거절의 상대방은 채무자 또는 인수인(신채무자)이다(제454조 제2항). 한편, 채무자와 인수인은 상당한 기간을 정하여 채권자에게 승낙여부의 확답을 최고할 수 있으며(제455조 제1항), 채권자가 그 기간 내에 확답을 발송하지 아니한 때에는 승낙을 거절한 것으로 본다(제455조 제2항). 그리고 채무자와 인수인은 채권자의 승낙이 있을 때까지는 합의에 의하여 채무인수를 철회하거나 변경할 수 있다(제456조). 채무인수에 대한 채권자의 승낙의 효력은 다른 의사표시가 없는 한, 채무인수시에 소급하여 발생한다(제457조 본문). 그러나 제3자의 권리를 해하지 못한다(제457조 단서).

(4) 면책적 채무인수의 효과

① 인수인이 종래의 채무자에 갈음하여 채무자로 된다(채무자의 변경).

② 신채무자는 인수계약의 효력을 다툴 수 있다. 즉, 취소사유가 있으면 인수계약을 취소할 수 있고, 무효원인이 있을 때에는 인수계약의 무효를 주장할 수 있다. 인수계약이 취소되거나 무효인 경우에는 채무자의 변경은 일어나지 않는다.

③ 채무자의 변경에 의하여 채권자의 채권에는 아무런 변화도 일어나지 않는다. 그러므로 신채무자는 채권자에 대하여 채권자와 구채무자간의 법률관계로부터 나오는 모든 항변 사유로써 대항할 수 있다(제458조). 예컨대, 채권자가 구채무자에 대해 지급기일을 연기해 주었던 경우 신채무자는 이를 채권자에게 주장할 수 있다.

④ 신채무자는 신채무자와 구채무자간의 법률관계로부터 나오는 항변사유로써 채권자에게 대항하지 못한다. 예컨대, 신채무자는 구채무자에 대하여 가지고 있는 자기의 채권으로 채권자의 채권과 상계할 수 없다.

⑤ 신채무자는 신채무자와 채권자간의 법률관계로부터 나오는 사유를 채권자에게 주장할 수는 있다. 예컨대, 신채무자는 채권자에 대한 그의 반대채권으로써 채권자의 자기에 대한 채권과 상계할 수 있다.

⑥ 부수적 권리

통설은 구채무자가 설정한 담보권(질권·저당권)은 채권자와 신채무자간의 계약에 의한 채무인수인 경우에는 소멸하고, 구채무자와 신채무자간의 계약 또는 채권자·구채무자·신채무자의 3자 계약에 의한 채무인수의 경우에는 소멸하지 않는다고 한다. 그러나 구채무자의 채무를 담보하기 위하여 제3자가 담보를 제공하였거나 보증을 섰던 경우에는 담보제공자(물상보증인)나 보증인의 법적 지위는 채무인수에 의하여 악화될 위험이 있다. 왜냐하면 신채무자의 변제자력이 구채무자의 그것보다 열악한 경우가 있을 수 있기 때문이다. 그래서 민법은 물상보증인이나 보증인의 이익을 고려하여 물상보증인이 제공한 담보권(질권, 저당권)이나 보증은 채무인수에 의하여 소멸한다고 규정하고 있다(제459조 본문). 그러나 물상보증인이나 보증인이 채무인수에 동의한 경우에는 소멸하지 않는다(제459조 단서). 왜냐하면 이 경우에는 그들은 신채무자를 위해서도 담보를 제공하거나 보증을 하려는 용의가 있다고 할 수 있기 때문이다.[211)]

[문제 7]

甲은 乙소유의 토지를 매입하기로 하면서, 乙이 丙에게 부담하고 있는 채무를 매매대금의 일부로서 인수하기로 하였다(그 채무는 매매대상인 토지에 저당권으로 담보되어 있다). 그러나 乙은 변제기가 되었음에도 丙에게 피담보채무를 이행하지 않고 있다. 丙은 누구에 대하여 그 이행을 청구할 수 있는가?

(질문)

첫째, 위 사례에서 甲과 乙 사이에 체결된 채무인수계약의 성질은?

둘째, 위 사례에서 丙은 甲 또는 乙 가운데 누구에게 피담보채무의 이행을 청구할 수 있는가?

(참조판례) 대판 1990.1.25, 88다카29467; 대판 1995.8.11, 94다58599.

[문제 7] 해설:

Ⅰ. 사례의 쟁점

위 사안에서 丙의 이행청구의 상대방을 확정하기 위해서는 우선 甲과 乙 사이에 체결된 채무인수계약의 성질이 무엇인가 하는 점이 검토되어야 한다. 만일 甲과 乙 사이에 체결된 계약이 채무인수계약이라면 丙의 이행청구의 상대방은 甲이 되고, 이행인수계약이라면 乙이 될 것이다.

따라서 이하에서는 甲과 乙 사이에 체결된 계약의 성질을 검토하고, 이에 따른 丙

---

211) 이호정, 전게서, 247면.

의 이행청구의 상대방은 누가 될 것인지를 결정하도록 한다.

Ⅱ. 甲과 乙 사이에 체결된 계약의 성질(첫째 질문에 관하여)

1. 채무인수와 이행인수의 의의

(1) 채무인수의 개념과 종류

채무인수란 채무의 동일성을 유지하면서 채무를 인수인에게 이전시키는 계약으로, 채무의 동일성이 유지된다는 점에서 채무자가 변경되는 경개와 다르다.[212] 채무인수의 종류에는 면책적 채무인수와 중첩적 채무인수 또는 채무가입이 있다. 협의로 채무인수라 할 때는 면책적 채무인수를 가리키며 민법은 이에 대해서만 규정을 두고 있다(제453조-제459조).

1) 면책적 채무인수

계약에 의하여 신채무자가 구채무자 대신에 들어서는 것을 의미한다. 구채무자는 채무를 면한다. 이러한 채무인수는 법률행위에 의한 채무자교체로서 법률행위에 의한 채권자교체 즉, 채권양도의 반대물이다.

2) 중첩적 채무인수

구채무자가 채무로부터 해방됨이 없이 신채무자가 구채무자와 나란히 연대채무자로서 등장하게 되는 경우를 말한다. 이는 채무를 담보하는 작용을 한다. 채무자·인수인간의 계약은 제3자를 위한 계약으로서 유효한데 채권자의 수익의 의사표시를 필요로 한다(제539조 제2항).

이와 같은 채무인수의 이용은 영업을 양도하거나 저당잡힌 부동산을 매도할 때에 많다. 즉, 매수인은 영업상의 채무 또는 저당채무를 인수하면서 인수한 채무액을 공제한 대금으로 영업이나 부동산을 매입할 수 있다.

(2) 이행인수의 개념

이행인수란 채무자·인수인 간의 계약으로써 인수인이 채무자의 채무를 이행하기로 약정하는 것을 말한다. 인수인은 채권자에게 제3자로서 변제하는 데 지나지 않으며 채권자는 인수인에 대하여 채무의 이행을 청구할 수 있는 권리를 가지지 않는다. 명문규정은 없으나 구상금에 관한 판례,[213] 소유권이전등기에 관한 판례,[214] 인수채무금에 관한 판례[215] 등을 예로 들 수 있다.

(3) 채무인수와 이행인수 등과의 구별

1) 이행인수

이 경우는 제3자(인수인)가 채무자의 채권자에 대한 채무를 이행하여야 할 의무를 채권자에 대해서가 아니라 채무자에 대하여 부담한다. 이행인수에 있어서는 채무자

212) 김형배·김규완·김명숙, 민법학강의 제10판, 1099면.

213) 대판 1990.1.25, 88다카29467.

214) 대판 1995.8.11, 94다58599.

215) 대판 2009.6.11, 2008다75072.

가 인수인에 대하여 자기의 채무를 이행하여 채무를 면하게 하여 달라고 하는 청구권을 가진다. 그러나 채권자는 인수인에게 대해서는 이행을 청구할 수 없고 여전히 채무자에 대해서만 이행을 청구할 수 있을 뿐이다. 예컨대, A가 채무자, B가 채권자, C가 이행인수인인 경우에는, C는 A의 B에 대한 채무를 이행하여야 할 의무를 A에 대해서만 부담한다. 따라서 A는 B에 대한 채무이행을 C에게 요구할 수 있으나, B는 C에게 채무이행을 청구할 수 없다.

2) 담보계약

이것은 제3자가 채무의 존재와는 관계없이 일정한 결과에 대하여 책임을 지거나 또는 아직 발생하지 아니한 장래의 손해의 배상을 인수하는 계약을 말한다(예: 신원인수).

3) 계약인수

계약인수는 계약자유의 원칙에 기하여 인정되거나 법률의 규정에 의하여 일어날 수 있다. 즉, 계약 또는 법률의 규정에 의하여 계약관계의 당사자 일방이 계약관계로부터 탈퇴하고 그 대신 제3자가 계약관계의 당사자로 들어서게 되는 것을 말한다. 예컨대, 임차권의 양도는 계약인수에 해당한다. 계약인수인은 탈퇴하는 계약당사자가 가지고 있었던 계약관계로부터 나오는 모든 권리와 의무를 인수한다. 이에 반하여 면책적 채무인수의 경우에 있어서는 신채무자는 어떤 계약당사자의 특정한 채무만을 인수할 뿐이고 그 대신 계약관계의 당사자로 되지는 않는다.

2. 채무인수인지 이행인수인지 여부의 판단

판례는 채무의 인수에 있어서 면책적 채무인수인지 중첩적 채무인수인지 분명하지 아니한 때에는 이를 중첩적으로 인수한 것으로 본다.[216] 중첩적 채무인수는 전채무자의 동의 그리고 채무인수의 효력이 생기기 위하여 채권자의 승낙을 요하는 것은 면책적 채무인수의 경우에 한한다.[217] 또한 부동산의 매수인이 매매목적물에 관한 근저당권의 피담보채무, 가압류채무, 임대차보증금 반환채무를 인수하는 한편 그 채무액을 매매대금에서 공제하기로 약정한 경우, 다른 특별한 사정이 없는 이상 이를 매도인을 면책시키는 채무인수가 아니라 이행인수로 보고 있다.[218]

3. 사안의 검토

면책적 채무인수로 보기 위하여는 이에 대한 채권자의 승낙이 있어야 하고(제454조 제1항) 중첩적 채무인수는 채권자의 수익의 의사표시를 요하는데(제539조 제2항), 위 사안에서는 채권자인 丙의 승낙이 따로 없었고, 수익의 의사표시 역시 없었으므로 甲과 乙 사이에 체결된 계약은 면책적 채무인수로도, 중첩적 채무인수로도 볼 근거가 없다.

저당부동산에 관한 매매계약을 체결하는 당사자 사이에 매매대금에서 피담보채무를 공제한 잔액만을 현실로 수수한 경우에 특별한 사정이 없는 한 매매당사자 사이

216) 대판 2002.9.24, 2002다36228; 대판 1998.11.24, 98다33765.

217) 대판 1998.11.24, 98다33765.

218) 대판 2002.5.10, 2000다18578; 대판 2004.7.9, 2004다13083.

에서는 매수인이 피담보채무에 해당하는 매매대금부분을 채권자에게 직접 지급하기로 하여 그 매매목적 부동산에 관한 저당권의 말소를 보다 확실하게 보장하겠다는 취지로 그런 약정을 한 것이라고 본다. 즉, 법률행위의 해석상 특별한 사정이 없으면 면책적 또는 중첩적 채무인수가 아니라 이행인수라 할 것이며, 甲과 乙 사이에는 이행인수가 있다고 본다.

Ⅲ. 병의 피담보채무 이행청구의 상대방(둘째 질문에 관하여)

1. 이행인수의 경우 채권자의 피담보채무 이행청구의 상대방

판례에 의하면 이행인수는 인수인이 채무자에 대하여 그 채무를 이행할 것을 약정하는 채무자와 인수인 간의 계약으로서, 인수인은 채무자와의 사이에 채권자에게 채무를 이행할 의무를 부담하는 데 그치고 직접 채권자에 대하여 채무를 부담하는 것이 아니다. 따라서 채권자는 직접 인수인에게 채무를 이행할 것을 청구할 수 없으나, 채무자는 인수인이 그 채무를 이행하지 아니하는 경우 인수인에 대하여 채권자에게 이행할 것을 청구할 수 있고, 그에 관한 승소의 판결을 받은 때에는 금전채권의 집행에 관한 규정을 준용하여 강제집행을 할 수도 있다.[219] 결국 채권자의 피담보채무 이행청구의 상대방은 여전히 채무자 즉, 구채무자가 될 것이다.

2. 그 밖의 경우 피담보채무 이행청구의 상대방

(1) 면책적 채무인수의 경우

민법 제453조 제1항에 따르면 제3자는 채권자와의 계약으로 채무를 인수하여 채무자의 채무를 면하게 할 수 있다. 또 민법 제454조 제1항에 따르면 제3자가 채무자와의 계약으로 채무를 인수한 경우에는 채권자의 승낙에 의하여 그 효력이 생긴다. 즉, 채권자의 동의를 얻은 면책적 채무인수계약의 경우에는 인수인이 채무자를 갈음하여 채무를 이행해야 한다. 따라서 채권자는 구채무자가 아닌 신채무자에게 채무이행청구를 할 수 있다.

(2) 중첩적 채무인수의 경우

중첩적 채무인수는 종래의 채무자의 채무를 면책시키지 아니하고 인수인(제3자)이 채무자와 병존적으로 새로이 동일내용의 채무를 부담하는 계약을 말한다. 따라서 채권자는 기존의 채무자인 구채무자와 새로이 채무를 부담하는 신채무자 모두에게 채무이행청구를 할 수 있다.

3. 사안의 검토

첫째 질문에서 살펴보았듯이 甲과 乙 사이에 체결된 채무인수계약의 성질은 이행인수이다. 따라서 丙은 직접 甲에게 채무를 이행할 것을 청구할 수 없으나, 乙은 甲이 그 채무를 이행하지 아니하는 경우 甲에 대하여 병에게 이행할 것을 청구할 수 있다. 결국 丙의 피담보채무 이행청구의 상대방은 여전히 구채무자 즉, 乙이다. 만약

219) 대판 2009.6.11, 2008다75072.

乙이 丙에게 채무이행을 한다면 乙은 甲과의 토지매매계약을 해제할 수 있다. 이는 甲이 인수채무를 이행하지 아니함으로써 매매대금의 일부를 지급하지 아니한 것과 동일하다고 평가할 수 있기 때문이다.[220] 그리고 甲의 채무불이행으로 인한 손해배상 역시 청구할 수 있다.

Ⅳ. 결 론

위 사안에서 甲과 乙의 계약에 대하여 채권자인 丙의 승낙이 따로 없었고, 수익의 의사표시 역시 없었으므로 甲과 乙 사이에 체결된 계약은 면책적 채무인수로도, 중첩적 채무인수로도 볼 수 없다. 또한 甲과 乙 사이의 계약이 저당부동산에 관한 매매계약에서 피담보채무를 인수하는 것이므로 이는 이행인수라고 볼 것이다.

이행인수의 경우 채권자(丙)는 인수인(甲)이 아닌 채무자(乙)에게 채무이행을 청구할 수 있으므로, 이 사례에서 丙의 이행청구의 상대방은 乙이 된다.

[문제 7] 관련 판례: [관판 7]

◎ **대판 1995.8.11, 94다58599【소유권이전등기】**

【판시사항】

가. 부동산 매수인이 매매목적물에 관한 채무를 인수하고 그 채무액을 매매대금에서 공제하기로 약정한 경우, 그 채무인수의 법적 성질 및 효과

나. 매수인이 매매목적물과 관련하여 인수한 채무를 현실적으로 변제하지 않았다는 사정만으로, 매도인이 매매계약을 해제할 수 있는지 여부

다. '나'항의 경우, 매도인의 매매계약 해제의 효력을 부인한 사례

【판결요지】

가. 부동산의 매수인이 매매목적물에 관한 채무를 인수하는 한편 그 채무액을 매매대금에서 공제하기로 약정한 경우, 그 인수는 특별한 사정이 없는 한 매도인을 면책시키는 채무인수가 아니라 이행인수로 보아야 하고, 면책적 채무인수로 보기 위하여는 이에 대한 채권자의 승낙이 있어야 한다.

나. '가'항의 경우, 매수인은 매매계약시 인수한 채무를 현실적으로 변제할 의무를 부담하는 것은 아니고, 특별한 사정이 없는 한 매수인이 매매대금에서 그 채무액을 공제한 나머지를 지급함으로써 잔금지급의 의무를 다하였다 할 것이므로, 설사 매수인이 위 채무를 현실적으로 변제하지 아니하였다 하더라도 그와 같은 사정만으로는 매도인은 매매계약을 해제할 수 없고, 매수인이 인수채무를 이행하지 않음으로써 매매대금의 일부를 지급하지 않은 것과 동일하다고 평가할 수 있는 특별한 사유가 있을 때 계약해제권이 발생한다.

220) 대판 2007.9.21, 2006다69479·69486.

다. 부동산 매수인이 매도인의 임차보증금 반환채무를 인수한 사안에서, 매도인이 매수인에게 먼저 인수채무의 이행을 요구해 보지도 않은 채 자신의 출연이 아니라 매매목적물을 제3자에게 다시 임대하여 받은 돈으로 종전 임차인의 임차보증금을 반환하고 매수인에게 그 임차보증금 상당액의 반환을 요구하였으나 매수인이 이에 응하지 않자 매매계약을 해제한 경우, 매수인이 그 전세보증금 상당액을 지급하지 않은 사실만으로는 매수인이 매매대금 지급의무를 불이행하였다고 평가할 수 없을 뿐 아니라, 매도인이 자기의 의무에 관한이행의 제공 없이 한 매매계약 해제권의 행사는 그 효력이 없다고 한 사례

◎ **대판 2990.1.25, 88다카29467【구상금】**

【판시사항】

근저당권이 설정된 부동산의 매매당사자 사이에 그 피담보채무를 매수인이 인수하기로 약정한 경우 매도인의 면책 여부(소극)

【판결요지】

근저당권이 설정된 부동산에 관하여 그 매수인이 소유자 겸 채무자와의 계약으로 그 피담보채무를 인수하는 경우 그 채무인수에 관하여 채권자의 묵시의 승낙이 있는 것으로 보아야 할 경험칙이 있다고 할 수 없고, 또 그러한 거래의 관행이 있다고 인정할 증거도 없다면 채권자의 승낙이 없는 이상 채무자를 면책시키는 채무인수로 볼 수 없고 이행인수로 보아야 한다.

◎ **대판 2007.9.21, 2006다69479·69486【채무부존재확인·소유권이전등기절차이행】**

【판시사항】

부동산 매수인이 매매목적물에 관한 채무를 인수하고 그 채무액을 매매대금에서 공제하기로 약정한 경우, 그 인수의 법적 성질(=이행인수) 및 매수인이 인수 채무를 이행하지 아니하였을 때 계약해제권이 발생하기 위한 요건과 그 판단 기준

【판결요지】

부동산의 매수인이 매매목적물에 관한 채무를 인수하는 한편 그 채무액을 매매대금에서 공제하기로 약정한 경우, 그 인수는 특별한 사정이 없는 한 매도인을 면책시키는 채무인수가 아니라 이행인수로 보아야 하고, 매수인은 매매계약시 인수한 채무를 현실적으로 변제할 의무를 부담하는 것은 아니며, 특별한 사정이 없는 한 매수인이 매매대금에서 그 채무액을 공제한 나머지를 지급함

으로써 잔금지급의 의무를 다하였다 할 것이므로, 설사 매수인이 위 채무를 현실적으로 변제하지 아니하였다 하더라도 그와 같은 사정만으로는 매도인은 매매계약을 해제할 수 없는 것이지만, 매수인이 인수채무를 이행하지 아니함으로써 매매대금의 일부를 지급하지 아니한 것과 동일하다고 평가할 수 있는 특별한 사유가 있을 때에는 계약해제권이 발생한다. 그리고 위와 같은 '특별한 사정'이 있는지의 여부는, 매매계약의 당사자들이 그러한 내용의 매매계약에 이르게 된 경위, 매수인의 인수채무 불이행으로 인하여 매도인이 입게 되는 구체적인 불이익의 내용과 그 정도 등 제반 사정을 종합적으로 고려하여 '매매대금의 일부를 지급하지 아니한 것과 동일하다고 평가할 수 있는 경우'에 해당하는지 여부를 판단하여야 한다.

제 4 절 채권의 소멸

1. 총 설

(1) 채권의 소멸원인

당사자의 약정이나 법률규정에 의하여 발생된 채권을 소멸시키는 가장 일반적인 원인은 채무자의 채무이행(변제)이다. 즉, 채무자의 급부행위에 의하여 채권의 내용이 실현되면 채권은 그 목적이 달성되므로 소멸하게 된다. 이와 같이 채권의 본래적 소멸원인은 그 법적 성질로 볼 때 준법률행위인 변제(다수설)이지만, 민법(제3편 제1장 제6절 채권의 소멸)은 이외에도 법률행위로써 채권자의 단독행위인 면제와 채무자의 단독행위인 상계 그리고 계약인 대물변제(다수설), 공탁(다수설), 경계 등이 있고 나아가 사건인 혼동이 있다.

한편, 채권도 일종의 권리이므로 권리일반의 소멸원인에 의하여 소멸한다. 예컨대, 법률행위의 취소, 해제, 해제조건의 성취, 기한의 도래, 소멸시효의 완성, 권리의 존속기한의 도래 등에 의해 당연히 소멸한다. 그 밖에 채권의 고유한 소멸원인으로는 채무자의 귀책사유 없는 급부불능(제537조)에 의하여 소멸된다.

위에서 열거한 채권의 소멸원인들을 목적도달과 관련된 채권의 소멸과 목적도달과 관계없는 채권의 소멸로 구분하여 보면 아래와 같다.

① 목적도달과 관련된 채권의 소멸

채무자의 급부행위에 의하여 계약목적에 부합하는 결과가 발생하면 채권은 정상적으로 소멸한다. 즉, 채무자에 의한 변제이다. 그밖에 제3자에 의한 변제, 대물변제, 강제집행, 담보권실현, 공탁 등에 의해서도 채권은 채무자의 변제에 의한 목적도달과 같은 만족을 얻고 소멸한다.

② 목적도달과 관계없는 채권의 소멸

상계, 경개, 면제, 혼동 등에 의해서 채권은 급부목적의 실현과 관계없이 소멸된다. 상계에 대해서는 목적도달에 의한 채권소멸원인으로 이해하는 견해[221)]도 있으나 채권자에게 실질적인 이익을 준다는 것과 급부내용자체를 실현한다는 것은 구별되므로 이를 반대한다.[222)]

(2) 채권소멸의 효과

① 채권이 소멸되더라도 채권관계(여러 개의 채권, 채무와 부수적 또는 종된 의무를 포함하는 법률관계)가 반드시 소멸되는 것은 아니다. 예컨대, 매매계약상 매수인이 목적물을 인도받아 매도인에 대한 채권이 소멸되었다고 하더라도 매수인이 대금지급을 하고 있지 않는 한 매매관계는 소멸되지 않는다.

② 채권이 소멸하면 채권자는 채권증서를 반환해야 한다.

③ 일단 소멸된 채권은 당사자의 계약에 의하더라도 부활될 수 없다(보증인 또는 물상보증인의 보호).

2. 변 제

(1) 변제의 의의

변제란 채무자 또는 제3자의 급부행위에 의하여 채권이 만족을 얻어 채권의 소멸이라는 법률효과를 발생시키는 법률요건이다. 변제는 급부행위와 동일한 것이 아니라 급부행위를 그 구성요소로 한다. 급부가 당해 채무의 내용에 좇아 실현될 때에 비로소 변제로 된다.

---

221) 곽윤직, 전게서, 325면.

222) 김형배강의, 전게서, 1110면; 김상용, 전게서, 431면.

(2) 법적 성질

1) 견해의 대립

① 준법률행위설(다수설)

변제에는 변제의사(채무소멸을 의욕 하는 효과의사)와 행위능력을 요하지 않는다. 즉, 변제로 인하여 채권이 소멸하는 것은 변제의사에 의한 것이 아니라 채권이 변제로 내용이 실현되어 목적달성이 되었기 때문이다. 그리고 변제를 준법률행위라고 하는 이유는 첫째, 변제는 반드시 급부행위에 의하여 실현되어야 하므로 법률상의 행위이고 혼동과 같은 사건이 아니다. 둘째, 급부행위가 법률행위인 경우에는 법률행위에 관한 규정이 준용되어야 하기 때문이다.[223)]

② 사실행위설(소수설)

사실행위설에 의하면, "다수설인 준법률행위설은 법률효과가 낭사자의 의사와 관계없이 법률규정에 의해서 부여되는 사람의 행위라는 적극적 이유에서 비롯된 견해가 아닌 급부행위가 법률행위인 경우 법률행위에 대한 규정을 준용하기 위한 견해이다"라고 비판한다. 즉, 사실행위설은 변제는 채권의 소멸을 가져오는 법률요건으로 급부행위를 그 구성요건으로 한다. 다만 급부행위가 법률행위인 경우에는 법률행위에 관한 규정이 적용되나, 이것은 변제의 법적성질을 결정하는 요소는 아니라고 한다. 따라서 변제는 채무소멸을 의욕하는 효과의사로서의 변제의사를 요하지 않음은 다수설과 같으나 급부행위[224)]와 구별하여 법률에 의하여 채권소멸의 효과가 발생하는 법률요건인 사실행위로 본다.[225)]

2) 변제의사

채무가 변제로서의 효력을 발생하기 위해서는 변제자에게 채무를 변제한다는 의사 내지 인식(변제의사)이 있어야 한다. 즉, 채무의 소멸을 의욕하는 효과의사가 아니라, 채무의 이행으로서 급부를 하는 사실적 의사이다. 따라서 변제는 법률행위가 아니고 사실행위이기 때문에 무능력, 착오, 사기, 강박을 이유로 변제를 취

223) 곽윤직, 전게서, 329면.

224) 급부행위는 법률행위로서 의사표시 또는 행위능력을 필요로 하는 경우도 있고 건물의 철거와 같은 사실행위와 같이 의사표시와 행위능력을 요하지 않는 경우도 있으므로 급부행위의 모습은 다양하지만, 급부가 채무의 내용에 합치하면 채권은 만족되어 이행으로서의 효과가 발생한다.

225) 김형배강의, 전게서, 1111-1112면.

소할 수 없다. 다만 급부행위가 법률행위인 경우에는 그 급부행위를 취소함으로써 변제의 효과를 발생시키지 않게 할 수 있을 뿐이다. 또한 대리인에 의한 변제의 경우도 대리인은 단지 법률행위인 급부행위를 대리할 수 있을 뿐이다.[226)]

(3) 변제의 제공

1) 변제제공과 채권자지체제도

변제의 제공은 채무자가 채무이행을 위하여 채무내용에 좇는 자기가 행하여야 할 모든 행위 또는 준비를 다하고 채권자의 협력(수령 등 변제를 가능하게 하는 채권자측의 행태)이 있으면 변제가 실현될 수 있는 것이다. 채권자와 채무자 사이에서 급부장애 등의 불이익을 분배하기 위해 민법은 적극적으로 채권자에게 채권자지체제도(제400조 이하)와 소극적으로 채무자에게 채무불이행책임을 면하게 하는 변제제공에 관한 규정(제461조)을 두고 있다.

2) 변제제공의 방법

변제제공의 방법은 현실제공과 구두제공이 있다. 변제제공은 원칙적으로 현실제공으로 해야 한다(제460조 본문). 그러나 일정한 경우에는 변제준비를 완료하고 이를 채권자에게 통지하고 그 수령을 최고하는 구두제공이 인정된다(제460조 단서).

① 현실제공

a) 금전채무

채무자가 부담하는 채무전액을 이행기에 통화 내지 이와 동일시할 수 있는 지급수단(우편환, 신용 있는 은행이 발행한 수표 등)으로 제공해야 한다. 다만 이행기 이후일지라도 채권자의 해제권행사 이전에는 지연이자와 함께 원본을 제공하여 유효하게 변제할 수 있다. 지참채무의 경우 채무자는 금전을 지참하여(금전을 채권자의 면전에서 제시할 필요는 없다) 채권자의 주소에 가서 지급할 뜻을 알리면 현실제공이 된다.

b) 금전 이외의 물건을 목적으로 하는 채무

가) 특정물인도채무는 특정물을 이행기에 현상대로 인도하면 된다(제462조). 예컨대, 견본품에 의한 특정물매매는 특정물이 견본품과 다르더라도 채무내용에 좇

226) 김형배강의, 상게서, 1112면.

은 제공이 되며, 다만 매도인은 하자담보책임(제580조)를 부담하며 그 수령을 거절할 수 없다고 한다(다수설).[227] 이에 반하여 특정물이 채무자의 귀책사유로 견본품과 현저히 다른 경우 매수인은 그 수령을 거절할 수 있어야 하며, 계약해제권이나 손해배상청구권도 인정된다고 한다(제390조).[228]

나) 종류물인도채무

근소한 수량부족이 아닌 한 유효한 변제가 아니며, 품질이 전혀 다른 경우에는 수령거절가능하다(제375조 제1항).

다) 상품의 송부채무

매수인이 자유로이 처분할 수 있는 형식의 화물상환증을 송부하는 것이 현실제공이다.

라) 일정한 기일 또는 기간 중 일정한 장소에서 채권자가 수령해야 하는 채무(추심채무)의 경우 채무자는 기일 또는 기간 중에 일정한 장소에서 물건을 보관하여 언제라도 채권자에게 인도할 수 있도록 해 두어야 한다.

c) 채무자의 이행행위와 동시에 채권자가 협력해야 할 채무

가) 등기이전채무

등기는 등기권리자와 등기의무자가 공동신청(부등법 제28조)하여야 하므로, 채권자는 등기에 필요한 제반서류를 준비하여 등기소에 출두함으로써, 등기와 상환으로 대금을 지급해야 할 채무자는 대금과 기타 등기에 필요한 제반서류를 준비하여 등기소에 출두함으로써 현실제공이 된다. 판례[229]에 의하면 부동산매도인의 등기절차의무이행에는 반드시 등기서류를 상대방에게 현실로 제공할 것까지는 필요치 않지만, 언제든지 현실의 제공을 할 수 있을 정도로 이행장소에 등기절차에 필요한 일체의 서류준비를 완료하고 그 뜻을 통지하여 그 수령을 최고하여야 한다. 따라서 등기이전의 준비 또는 태세를 갖추고 있다는 사정만으로는 이행제공으로 볼 수 없다고 한다.

---

227) 곽윤직, 전게서, 347면; 그러나 특정물이 이미 동일성을 상실할 정도로 견본품과 현저히 다른 경우 매수인은 그 특정물의 수령을 거절할 수 있다고 생각한다.

228) 김형배 강의, 전게서, 1114면; 또한 이 경우에도 매도인의 선관주의의무의 위반은 계약목적을 달성할 수 없는 것에 대한 매도인의 손해배상책임과 관계될 뿐, 매도인의 선관주의의무의 위반여부에 불구하고 특정물이 이미 동일성을 상실할 정도로 견본품과 현저히 다른 경우 매수인은 그 특정물의 수령을 거절할 수 있다고 생각한다.

229) 대판 1992.11.10, 92다36373; 대판 2001.5.8, 2001다6053·6060·6077 등.

나) 동시이행채무

매도인의 현실제공이 계속되는 한 매수인은 동시이행의 항변권은 성립할 수 없다.

② 구두제공

변제준비의 완료를 통지하고 그 수령을 최고하면 된다(제460조 단서).

a) 채권자가 미리 변제받기를 거절한 경우

공평의 관념상 채무자의 구두제공만으로 변제제공이 되어 채권자는 수령지체에 빠지게 된다. 이 때 변제준비정도는 채권자가 그 뜻을 바꾸어 수령하겠다고 하면, 이에 응해서 급부를 완료할 수 있는 것이어야 한다.

b) 채무이행에 채권자의 행위를 필요로 하는 경우

채권자의 추심행위가 선행되어야만 이행할 수 있는 채무, 채권자가 공급하는 재료를 가공하는 채무 등은 채무자의 구두제공으로 채권자를 수령지체에 빠뜨릴 수 있다.

c) 구두제공조차 필요치 않은 경우

채권자의 수령거절의사가 명확하거나 완강하여 채무자의 구두제공이 무의미한 경우, 또한 지료, 차임, 월부금의 지급채무 등 분할적, 회귀적 급부의무에 있어서 급부의 1회분을 제공했음에도 채권자가 수령을 거절한 경우에는 채무자가 다음 회의 급부에 관해 구두제공을 하지 않더라도 채무불이행책임을 지지 않는다.

3) 변제제공의 효과

① 채무불이행의 책임을 면하게 된다(제461조). 따라서 채무불이행으로 인한 손해배상, 지체이자, 위약금지불, 계약해제, 담보권실행 등을 당하지 않는다.

② 약정이자 발생이 정지된다(통설: 제402조 참조). 그러나 변제기 이전의 변제는 변제기까지의 이자를 포함해서 변제한 때에 한해서 인정된다는 견해도 있다.[230]

③ 상대방은 동시이행의 항변권을 상실한다. 이 때 변제의 제공은 계속되어야 한다.[231]

---

230) 김상용, 전게서, 473면.

231) 대판 1993.8.24, 92다56490; 이견: 김상용, 전게서, 473면.

(4) 변제자

1) 채무자 및 변제권한이 주어진 자

① 채무자

파산선고나 유언집행에 의해 채무자의 처분권이 제한되지 않는 한, 채무자는 변제할 수 있는 권한이 있다. 물론 이행보조자를 사용하여 변제의 전부 또는 일부를 변제할 수 있다.

② 변제권한이 주어진 자

채무자의 의사 또는 법률의 규정에 의하여 변제권한이 주어진 대리인, 관리인(부재자의 재산관리인) 등은 채무자를 대신하여 변제할 수 있다. 따라서 이들이 이행과정에서 채권자에게 손해를 야기한 경우 채무자가 책임을 부담한다.

2) 제3자의 변제

① 원 칙

급부의 성질상 제3자에 의한 변제가 인정되는 한, 제3자는 변제, 대물변제, 공탁도 할 수 있다. 특히 채무의 변제에 대하여 법률상 이해관계 있는 제3자(연대채무자, 보증인, 물상보증인, 담보부동산의 제3취득자 등)는 채무자의 의사에 반해서도 변제할 수 있다.

이 경우 제3자는 대개 구상권을 취득하게 된다(제480조, 제481조; 변제자대위 인정).

② 제3자 변제의 제한(제469조)

a) 채무의 성질이 제3자의 변제를 허용하지 않는 경우 예컨대, 학자의 강연, 연주가의 연주 등 채무자의 인격과 개성이 채무이행과 불가분으로 결합된 경우이다. 다만 노무자, 수임인, 수치인의 급부는 법률상 제한되나 채권자의 동의가 있으면 제3자의 변제도 가능하다.

b) 제3자 변제금지특약이 있는 경우이다(이해관계 있는 제3자도 변제할 수 없다). 다만, 채권이 단독행위에 의해서 발생하는 경우들에 있어서 반대의사는 채권발생과 동시에 행해질 필요는 없고, 제3자의 변제가 있기 전에 표시되면 된다.

c) 이해관계 없는 제3자의 변제로서 채무자의 의사에 반하는 경우이다. 이 경

우에는 제반사정으로부터 채무자의 반대의사가 인정될 수 있으면 족하다. 따라서 채권자 또는 제3자에게 미리 반대의사를 표시할 필요는 없고 제3자가 이를 알고 있어야 하는 것도 아니다. 그러나 이해관계 없는 제3자는 채무자의 의사에 반해서 변제할 수 없으며, 이러한 변제는 무효이다. 그러나 제3자의 변제는 원칙적으로 채무자를 위한 것으로 반증이 없는 한 채무자의 의사에 반하지 않는다고 추정되므로, 이는 변제의 무효를 주장하는 자가 입증해야 한다.

③ 제3자 변제의 효과

첫째, 제3자 변제가 유효하면 채권은 소멸한다. 둘째, 변제에 의해 제3자가 채무자에 대한 구상권을 취득한다. 셋째, 채권자가 정당한 이유 없이 이를 수령하지 않으면 채권자지체에 빠진다.

(5) 변제수령자

유효하게 변제를 수령할 수 있는 자로서 이 자의 수령에 의해 채권은 소멸한다. 원칙적으로 채권자가 변제수령자이나 ① 채권자가 변제수령권을 상실한 경우(채권이 압류되거나 질권의 목적이 된 경우), ② 채권자 이외의 자가 변제수령권을 갖는 경우(채권자의 대리인, 채권자대위권을 행사하는 제3채권자)가 있는데, 이 경우 채권자이외의 자에 대한 변제는 유효하다. 다만 민법은 선의의 변제자 보호를 위해서 예외적으로 채권의 준점유자(제470조), 영수증소지자(제471조) 및 증권적 채권증서의 소지자(제518조, 제524조, 제525조)에 대한 변제를 유효한 것으로 규정하고 있다.

(6) 변제의 목적물

1) 특정물인도채무의 경우

① 통 설

특정물인도의 경우는 다른 목적물로 대체할 수 없기 때문에 제462조에 따라서 이행기까지 목적물의 상태가 채무자의 보관상의 과실(제374조 위반)없이 변질·훼손되었다 하더라도 현상대로 인도하면 되고, 다만 그 변질·훼손이 채무자의 귀책사유에 의한 것일 때에는 손해배상책임을 부담하면 된다고 한다.

② 법적 동일성설

특정물이 법적 동일성[232]을 상실할 정도로 변질 · 훼손된 경우에는 변제로서의 인도를 인정하지 않고 채권자는 수령을 거절할 수 있다.

2) 타인의 물건을 인도한 경우

채무자가 타인의 물건에 대한 처분권을 가지고 있지 않는 한 원칙적으로 변제로서 효력이 발생하지 않는다. 이 경우에도 채무자는 다시 유효한 변제를 하지 않으면 그 물건의 반환을 청구할 수 없다(제463조). 다만, 수령한 물건을 채권자가 선의로 소비 또는 양도한 경우에는 유효한 변제가 되어 채권은 소멸한다(제465조 제1항).

이러한 양규정은 채권자와 채무자 사이의 법률관계를 간결하게 처리하기 위한 것이므로, 물건의 소유자는 소유권에 가한 반환청구(제213조)와 부당이득의 반환청구 및 불법행위에 기한 손해배상청구를 할 수 있나. 또한 이에 응한 채권자는 변제자에 대해 구상권을 행사할 수 있다(제465조 제2항).

3) 양도무능력자가 인도한 경우

양도능력 없는 소유자가 예컨대, 미성년자 등의 무능력자가 자기 소유물을 채무의 변제로 인도한 경우에는 그 변제가 취소된 때에도 다시 유효한 변제를 하지 않으면 그 물건의 반환을 청구하지 못한다(제464조). 이 규정은 채무발생의 원인행위의 취소가 아닌 변제행위만의 취소가 된 경우에 적용된다.

따라서 원인행위 자체가 취소되면 비채변제(제742조)가 문제된다. 이 경우 채권자가 수령한 물건을 선의로 소비하거나 타인에게 양도한 때에는 그 변제는 효력이 있다(제465조 제1항).

(7) 변제의 장소와 시기

1) 변제의 장소

변제의 장소는 1차적으로 당사자의 의사표시 또는 채무의 성질에 의해 결정된다. 의사표시나 채무성질에 의해 정해지지 않은 경우에는 법률상의 특별규정(제

232) 김형배, 전게서, 687; 김용한, 전게서, 508면; 이은영, 전게서, 101면.

586조[233]; 제700조[234])이 있으면 이에 의한다. 그밖에는 제467조의 보충규정에 따른다. 예컨대, 특정물의 인도채무는 채권성립 시에 목적물이 있던 장소이고, 종류물인 경우에는 현실적으로 채무를 변제하는 때의 채권자(매수인)의 현주소이다. 그러나 영업에 관한 채무의 변제는 채권자의 현영업소에서 하여야 한다.

2) 변제의 시기

변제의 시기란 이행기 또는 변제기를 의미한다. 이는 당사자의 의사표시, 채무의 성질 또는 법률의 규정에 의해 정해진다(제585조, 제603조, 제613조, 제635조, 제660조, 제698조 등). 그리고 변제는 변제기에 행하는 것이 원칙이나 기한의 이익을 상실한 경우(제388조)에는 채권자는 변제기전에도 청구할 수 있고, 채무자는 기한의 이익을 포기하면서(제153조) 변제기전에 변제할 수 있다. 또한 변제기전에 변제하더라도 그 반환을 청구할 수 없다. 그러나 착오로 인하여 변제한 때에는 채권자는 이로 인하여 얻은 이득을 반환해야 한다(제743조).

(8) 변제비용과 증거

1) 변제비용

특약이 없는 한, 채무자가 부담한다(제473조 본문). 그러나 계약비용은 특약이 없는 한 당사자 쌍방이 균분하여 분담한다(제566조).

2) 변제의 증거

변제자는 변제를 받은 자에게 영수증을 청구할 수 있고(제474조), 채권의 성립을 증명하는 채권증서가 있는 경우에는 변제자가 전부를 변제한 경우에 그 반환을 청구할 수 있다(제475조).

변제와 영수증의 교부는 동시이행의 관계가 있으나, 채권증서의 반환은 변제와 동시이행의 관계에 있는 것은 아니라고 한다(통설).[235] 영수증의 작성 및 교부비용과 채권증서의 반환비용은 반환의무자인 채권자가 부담한다.

---

233) 매매목적물의 인도와 동시에 대금을 지급하는 경우에는 그 인도 장소이다.

234) 임치물은 그 보관한 장소이지만 수치인이 정당한 사유로 임치물을 전치한 경우에는 현존하는 장소이다.

235) 김형배, 전게서, 694-695면.

(9) 변제충당

당사자의 합의로 변제충당의 순서를 정하고, 이 계약이 없는 경우에는 당사자 일방의 지정(변제자나 변제수령자에 의한 충당)에 의하여(제476조), 그리고 당사자 일방의 지정도 없는 경우에는 법정충당(제477조)에 의하여 결정된다. 계약에 의한 충당은 제479조(비용, 이자, 원본에 대한 변제충당의 순서), 제476조(지정변제충당) 및 제477조·제478조(법정변제충당)에 우선한다.[236]

지정충당을 할 수 있으나 당사자가 변제충당을 하지 않으면 다음 순서로 법정충당을 한다(제477조·제478조). 첫째, 채무 중 이행기가 도래한 채무, 둘째, 채무 전부의 이행기가 도래하였거나 하지 않은 경우에는 채무자에게 변제이익이 많은 채무, 셋째, 채무자에게 변제이익이 같으면 이행기가 먼저 도래한 채무 또는 먼저 도래할 채무, 넷째, 이상의 기준에 의한 변제충당의 선후가 정해지지 않으면 각 채무는 그 채무액에 비례하여 충당한다.

(10) 변제에 의한 대위(변제자대위)

1) 의 의

변제에 의한 대위란 제3자 또는 채무자와 함께 채무를 부담하는 자(공동채무자) 등이 채무자를 위해 변제한 경우에, 채무자에 대해 구상할 수 있는 범위 안에서 채권자의 '채권 및 그 담보에 관한 권리'를 행사할 수 있는 제도이다.

이는 권리가 채권자로부터 대위자에게 법률상 당연히 이전하는 점에서 권리가 채무자에게 속한 상태에서 채권자가 그 행사권한만을 취득하는 채권자대위권제도(제404조)와 구별된다.

2) 요 건

① 채권의 존재와 변제 기타원인으로 채권자에게 만족을 주어야 한다.

② 법정대위변제(변제할 정당한 이익을 가지는 자가 변제하는 경우: 제481조)[237] 또는 임의대위변제(변제할 정당한 이익을 가지지는 않으나 채무자를 위하여 변제하는 자는 변제와 동시에 채권자의 승낙을 얻어 채권양도의 대항요건을 갖추는 경우: 제480조)가

---

236) 대판 1987.3.24, 84다카1324.

237) 대판 1971.10.22, 71다1888·1889.

있어야 한다.

③ 변제자가 채무자에 대해 구상권을 가져야 한다.

3) 효 과

변제대위자는 대위에 의해 채권자의 원채권 및 담보권과 함께 구상권을 보유한다. 이 경우 원채권 및 담보권은 구상권을 확보하기 위해 존재하는 부종적 성질을 가진다.

구상권이 소멸하면 이에 따라 원채권 및 담보권은 당연히 소멸하고 그 행사범위도 구상권이 존재하는 한도 내에서 인정된다.

[문제 8]

수출업을 경영하는 甲은 면직물 제조업체 乙로부터 수출용 면직물을 매입하기로 하는 매매계약을 체결하였다. 甲은 乙로부터 일정한 기일에 면직물을 인도받기로 하면서 그 대금은 물건인도 후 결제해 주기로 하는 한편 물품인도기일 이전에 취소불능의 내국신용장을 개설하여 乙에게 교부해 주기로 하였다. 그런데 甲과 매매계약을 체결한 지 불과 4, 5일 후 乙은 위 계약이 甲의 사기에 의한 것으로서 무효라고 무단히 주장하면서 물품인도채무를 이행하지 않겠다는 뜻과 함께 물품생산의 불가를 알리면서 신용장 개설도 필요 없다는 것을 甲에게 통지하였다. 그 후 乙은 납품기한이 지연될 수 없는 면직물의 제조에 착수하지 않음으로써 면직물인도의 약정기일이 경과하고 말았다. 이에 甲은 乙에 대하여 이행지체에 대한 손해배상책임 및 그 밖에 법적책임을 묻고자 한다.

(질문)

첫째, 위 사례에서 乙의 변제수령의 거절과 제460조 단서의 의미는 무엇인가?

둘째, 위 사례에서 乙의 명백한 이행거절과 관련하여 甲은 乙에 대하여 이행지체에 대한 손해배상책임과 그 밖에 어떤 법적책임을 물을 수 있는가?

(참조판례) 대판 1976.11.9, 76다2218; 대판 1997.11.28, 97다30257.

[문제 8] 해설:

Ⅰ. 乙의 변제수령 거절과 제460조 단서의 의미는 무엇인가?

1. 사례의 쟁점

甲과 乙은 수출용 면직물 매매계약을 체결하였다. 계약의 내용에 따르면 甲은 乙에게 물품인도기일 이전에 내국신용장[238]을 개설하여 교부해야 하는 선이행채무를 가진다. 그런데 계약 체결 후 4, 5일 후 乙은 甲의 사기에 의한 계약의 무효를 무단히 주장하면서 첫째, 물품인도채무를 이행하지 않겠다(이행거절 의사표시) 둘째, 물품생산의 불가 셋째, 신용장 개설도 필요 없다(변제수령 거절) 등의 의사를 甲에게 통지하였다. 이는 이행기 이전에 甲의 선이행채무에 대한 乙의 변제수령의 거절로 볼 수 있다.

그러므로 甲이 선이행채무를 이행하기 이전에 상대방인 乙이 그 변제수령을 거절하는 경우에, 甲은 자신의 선이행채무에 대한 채무불이행 책임을 피하기 위하여 어떠한 조치를 취해야 하는가가 쟁점이다. 따라서 甲의 선이행채무에 대한 변제제공의 방법에 대하야 살펴보아야 한다.

2. 채권자가 미리 변제수령을 거절한 경우의 채무자의 변제제공 방법

(1) 변제제공의 방법(원칙과 제460조 단서)

변제제공의 방법으로 현실제공(사실상의 제공)과 구두제공(언어상의 제공)의 두 가지가 인정되고 있다.[239]

1) 현실제공

① 의의

변제의 제공은 현실제공을 원칙으로 한다(제460조). 현실제공이란 채권자의 협력이 없이도 채무자가 급부의 주요부분을 이행할 수 있어서, 채권자의 단순한 수령만으로 변제가 완료될 수 있을 정도로 채무자가 변제를 위하여 행할 모든 행위를 완료하는 것을 말한다. 현실제공은 채무자로서 하여야 할 모든 행위를 완료하는 것이므로 채무자가 현실제공 외에 별도로 채권자에 대하여 변제수령 또는 협력을 최고하는 것은 불필요하다고 본다. 따라서 채무자가 급부를 위하여 채권자에게 갔으나 채권자가 부재중이었던 경우에도 현실제공이 인정되므로 채권자가 이러한 제공을 몰랐더라도 변제제공의 효과가 발생하게 된다. 다만 이행기가 확정되어 있지 않거나 또는 이행기 전에 이행을 하는 경우에는 채무자가 현실의 제공을 하면서 채권자에게 수령을 최고하여야 변제제공의 효과가 발생한다고 본다.

여기서 현실제공은 지참채무와 송부채무를 전제로 한 것으로 볼 수 있다.[240] 추심채무는 채무의 이행에 채권자의 행위가 필요한 경우에 해당하며 따라서 구두제공으로도 가능한 것으로 보기 때문이다(다수설). 다만 채무의 이행에 채권자의 행위가 필요한 경우를 수령 이외의 행위가 필요한 경우로 보고 추심채무의 경우 채무자는 변제의 준비를 하고 수령을 최고하는 것으로 채무자가 하여야 하는 행위의 전부이고 채권자가 단지 수령만 하면 되는 것으로 파악하여 추심채무의 경우도 구두제공이 아니라 현실의 제공으로 보아야 한다는 견해도 있다.

지참채무에서는 채무자는 직접 또는 이행보조자를 통하여 급부목적물을 채권자에

---

238) 내국신용장이란 수출업자가 수취한 수출신용장 등을 근거로 수출이행에 필요한 원자재 또는 완제품을 국내에서 원활히 조달하기 위하여 국내 공급업자(제조, 생산자)를 수혜자로 하여 개설된 국내 신용장을 말한다. 내국신용장(로컬 L/C)은 무역신용장과 똑같은 방식이지만 수출신용장을 확보한 수출업자가 수출을 목적으로 국내에서 자재를 구매할 때 은행이 대금지급을 보증해주는 것이다.

239) 정광수, 채권법요론, 다나출판, 2011. 168면.

240) 지원림, 민법강의, 홍문사, 2011. 950면.

게 가져가야 변제의 제공이 된다. 이제 비해 송부채무의 경우에는 발송만으로 특정이 되며 또한 발송으로 변제의 제공이 되는 것으로 보아야 하나(따라서 약정한 시점에 발송을 함으로써 이행지체책임을 면한다), 그 목적물이 목적지에 도달한 후에 비로소 채권자의 수령이 문제되어 채권자지체가 성립할 수 있다.

② 개별적인 문제

현실제공이 문제되는 것은 다음과 같다.

첫째, 일부제공 : 일부제공으로는 변제의 제공으로 인정될 수 없다.[241] 따라서 일부제공만으로는 채무자는 변제의 제공에 따른 효과를 받을 수 없으므로 이행지체 책임을 면하지 못하며 채권자가 수령을 거절하더라도 채권자지체가 성립하지 않는다.[242] 다만 이를 수령하면 그 범위 내에서 채무는 소멸하고, 이 경우 어느 채무가 소멸할 것인가는 변제충당의 문제로 된다.

그리고 금전채무의 경우 일부제공이라도 제공된 금액이 채무액과 비교하여 근소한 차이가 있음에 불과 한 때에는, 신의칙에 비추어 이를 현실제공으로 인정하여야 하는 경우가 있을 수 있고,[243] 채무의 일부공탁은 무효이나, 채권자가 공탁금을 채권의 일부에 충당한다는 유보의 의사표시를 하고 이를 수령한 때에는, 그 공탁금은 채권의 일부 변제에 충당된다는 것이 판례이다.[244]

둘째, 지연이자의 지급 : 지연이자가 발생한 때에는 지연이자까지 포함하여 제공하여야 한다.[245]

셋째, 금전채무에서 유가증권 등의 제공 : 금전채무의 변제는 강제통용력이 있는 통화로 지급하여야 함이 원칙이지만(제376조), 거래관념상 통화와 마찬가지로 다루어지는 지급수단을 제공한 경우에는 현실제공이 있다고 해석하여야 한다. 문제가 되는 것은 다음과 같다.

a. 우편환은 거래상 현금과 동일한 것으로 다루어지는 것이므로, 우편환의 송부는 금전채주의 현실제공으로 보는 것이 통설이다.

b. 수표의 경우 일반인이 발행하는 당좌수표는 부도의 위험이 있으므로 당사자 사이에 이를 채무변제에 갈음한다는 등의 특별한 의사표시가 없는 한 이를 유효한 변

241) 채무의 일부 변제제공은 채무의 본지에 따른 이행의 제공이라 할 수 없고 이행제공의 효력이 발생할 수 없는 것이어서 그 채무의 일부를 공탁했다 하더라도 변제의 효력이 발생할 수 없다(대판 1984.9.11, 84다카781); 특정된 토지의 매매에 있어서 매도인이 지분이전등기의 소요서류를 구비하여 매수인에게 제공하였다면, 이는 채무의 본지에 따른 이행의 제공을 한 것으로는 볼 수 없다(대판 1980.6.24, 80다425).

242) 김형배, 민법학강의, 신조사, 2009, 1102면.

243) 대판 1988.3.22, 86다카909.

244) 대판 1996.7.26, 96다14616.

245) 김형배, 전게서, 1102면; 채무자가 이행지체에 빠진 이상, 채무자의 이행제공이 이행지체를 종료시키려면 완전한 이행을 제공하여야 하므로, 채무자가 원본뿐 아니라 지연이자도 지급할 의무가 있는 때에는 원본과 지연이자를 합한 전액에 대하여 이행의 제공을 하여야 할 것이고, 그에 미치지 못하는 이행제공을 하면서 이를 원본에 대한 변제로 지정하였더라도, 그 지정은 민법 제479조 제1항에 반하여 채권자에 대하여 효력이 없으므로, 채권자는 그 수령을 거절할 수 있다(대판 2005.8.19, 2003다22042).

제의 제공으로 볼 수 없다는 것이 통설이고 판례이다.[246]

그러나 신용이 있는 은행이 발행하거나 배서한 수표 또는 지급보증한 수표(예컨대 은행이 수표의 발행인과 지급인을 겸하는 자기앞수표는 대표적인 보증수표이다)는 거래상 금전과 동일한 것으로 보아야 할 것이므로, 이러한 수표의 지급은 금전채무의 현실제공으로 보는 것이 통설·판례이다.[247]

c. 채무의 이행을 위하여 약속어음이 발행된 경우, 당사자 사이에 특별한 의사표시가 없는 한 기존채무의 이행을 확보하기 위하여 또는 그 지급방법으로 발행된 것으로 추정하여야 할 것이므로, 약속어음의 제공은 금전채무의 현실제공이 될 수 없다.[248] 교부된 약속어음에 관하여 강제집행 수락의 공정증서가 작성되거나 어음금지급판결이 확정된 경우에도 마찬가지로 기존채무의 이행으로 볼 수 없다고 본다.[249] 그리고 채권자가 그 어음이나 수표를 타인에게 양도하였더라도 원인채무가 바로 소멸하는 것은 아니고 그 채권자가 어음이나 수표상의 상환의무를 종국적으로 면하여야 비로소 채권자가 확정적인 이익을 얻게 되어 원인채무가 소멸한다.[250]

특히 약속어음금 채권을 집행채권으로 하여 채무자의 제3자에 대한 채권이 어음채권자에게 전부되어 어음금채권이 소멸한 경우, 그 시점에 약속어음금 채권에 의하여 담보되는 원인채권도 같은 액수만큼 소멸한다는 것이 판례이다.[251]

d. 채무자가 채권자에게 예금통장과 인장을 교부하여 채권자가 자유롭게 예금을 인출할 수 있도록 해 주는 것이 금전채무의 현실제공으로 해석할 수 있는가가 문제되나, 학설은 예금통장 그 자체를 지급수단이라고 할 수는 없으므로 당사자 사이에 특별한 의사표시가 없는 한 예금통장과 인장을 채권자에게 교부하는 것만으로는 유효한 변제의 제공이 될 수 없다고 보는 것이 통설이다. 다만 특약이나 거래관습 또

---

246) 김형배, 전게서, 1102면; 채무자가 채권자에게 수표를 교부한 경우에 있어서 이것으로써 기존채무의 변제에 갈음하기로 특약을 하였다면 기존채무는 소멸한다 할 것이나, 이러한 특약이 없는 경우에 있어서는 다만 수표를 채권자에게 교부한 것 만으로서는 채무의 변제에 갈음한 것으로는 볼 수 없고, 그것은 오직 기존채무의 변제를 확보 또는 변제의 방법으로 보아야 할 것이다(대판 1964.6.23, 63다1162).

247) 대판 1965.5.9, 4292민상784.

248) 대판 1996.11.8, 95다25060.

249) 대판 1990.3.27, 89다타14110.

250) 수표가 기존 원인채무의 지급확보를 위하여 또는 그 담보를 위하여 발행 또는 교부된 경우에, 채권자가 그 수표를 유상 또는 무상으로 타인에게 양도하였다고 하더라도 그에 의하여 바로 기존 원인채무가 소멸하는 것이 아니고, 수표를 양도한 채권자가 수표상의 상환의무를 종국적으로 면하게 될 때 비로소 기존 원인채무가 소멸한다고 보아야 한다(대판 2002.12.24, 2001다3917).

251) 민사집행법 제231조 본문은 "전부명령이 확정된 경우에는 전부명령이 제3채무자에게 송달된 때에 채무자가 채무를 변제한 것으로 본다"고 규정하고 있는 바, 이는 집행채권자가 전부명령에 의하여 피전부채권에 대하여 독점적인 권리를 취득하는 것에 상응하여 전부명령으로 집행채권이 변제되는 것과 동일한 효과가 발생한다는 취지를 정하고 있는 것으로 해석된다. 그러므로 채권자가 약속어음금 채권을 집행채권으로 하여 약속어음 채무자가 제3채무자에 대하여 가지는 채권의 압류 및 전부명령을 받아 확정되었다면 위 전부명령이 제3채무자에게 송달된 때에 소급하여 피전부채권이 채권자에게 이전하고, 이는 집행채무자가 채무의 이행에 갈음하여 현실적인 출연을 한 것과 법률상 동일하게 취급되어 집행채권인 약속어음금 채권은 변제된 것으로 보아 소멸한다(대판 2009.2.12, 2006다88234).

는 신의칙 등에 의해 금전채무의 현실제공으로 해석하여야 하는 경우도 있을 수는 있다고 본다.

넷째, 예금계좌에 현금입금 : 채권자 명의의 예금계좌에 현금 입금을 한 때에는 일반적으로 변제로 볼 수 있다. 그런데 제3자 명의의 계좌에 입금한 경우, 그 제3자가 변제제공을 받을 수 있는 지위에 있느냐의 여부 또는 채권자의 요청에 따른 것인가의 여부에 따라 변제의 효과 발생 여부가 정해진다.[252)]

다섯째, 화물상환증의 송부 : 격지자 사이의 상품을 송부해야 하는 경우 자유롭게 처분할 수 있는 형식의 화물상환증(상법 제128조 이하)을 매수인에게 송부하는 것은 물건인도채무의 현실제공으로 해석한다.

여섯째, 등기의무의 이행의 제공

a. 등기의무의 경우 등기에 필요한 서류를 제공하는 것이 변제의 제공이 되는데, 이때 현실제공을 하여야 하느냐 아니면 구두제공으로 할 수 있느냐에 대해서는 논의가 있다. 등기는 권리자와 의무자의 공동신청에 의하므로 등기의무의 이행은 채권자의 협력이 필요한 것으로 보고 구두제공으로도 가능하다는 견해가 있을 수 있으나, 등기서류와 위임장만 있으면 권리자가 등기신청을 할 수 있으므로 등기서류의 현실의 제공이 있어야 한다는 견해가 일반적이다.[253)]

그런데 판례는 양자 모두를 인정하는 듯하다. 그리하여 등기의무는 소유권이전등기에 필요한 서류 등을 현실적으로 제공하거나, 그렇지 않더라도 이행장소에 그 서류 등을 준비하여 두고 매수인에게 그 뜻을 통지하고 수령하여 갈 것을 최고하면 된다고 한다.[254)] 그러므로 등기이전에 필요한 서류를 준비하고 등기소나 약속장소에 나가면 현실제공이 된다고 본다.

b. 이 경우 소유권이전에 필요한 서류를 준비하여야 하는데, 매도인이 제공하여야 할 소유권이전등기신청에 필요한 일체의 서류라 함은 등기권리증, 위임장 및 부동산매도용 인감증명서 등 등기신청행위에 필요한 모든 구비서류를 말한다.[255)] 그리고 등기의무자의 주소 등의 표시가 변경된 때에는 주소변경등기에 필요한 서류도 제공

252) 채권자가 아닌 제3자 명의로 개설된 예금계좌에 채무자가 현금을 입금시켰다고 하더라도 예금명의자인 제3자가 당해 금전채권에 대한 변제의 제공을 받을 수 있는 지위에 있지 아니하는 한 그 입금이 채무내용에 좇은 현실의 제공이라고 볼 수 없을 것이지만, 채권자가 금융기관으로서 채무자에게 금전채무의 이행방법으로 제3자 명의로 개설된 예금계좌에 입금할 것을 요청하였고, 그 예금계좌가 채권자의 관리하에 있어 채권자가 즉시 인출할 수 있는 지위에 있는 경우에는, 채권자 명의로 개설된 예금계좌에 아무런 유보 없이 입금시킨 경우와 마찬가지로, 채무자가 입금한 금원이 그 예금계좌에 들어가 입금기재된 그에 따른 변제의 효력이 발생한다(대판 1998.7.24, 98다7698); 일정한 금원을 상대방의 이름으로 금융기관에 예금하는 채무는 단독으로 이행할 수 있는 것이어서 그 이행에 상대방의 현실적인 협력이 필요한 것이라고 볼 수 없으므로, 상대방이 그 주소지에 살고 있지 않고 여러 곳을 알아보아도 그 살고 있는 곳을 찾아낼 수 없었다 하여, 타인의 명의로 예금한 것은 채무의 본지에 따른 이행의 제공이라고 볼 수는 없다. 집행채권인 약속어음금 채원이 전부명령의 확정에 의하여 소멸한 경우, 그 시점에 약속어음금 채권에 의하여 담보되는 원인채권인 대여금채권도 같은 액수만큼 변제로 인하여 확정적으로 소멸한다(대판 1966.4.6, 66다311, 312).

253) 정광수, 전게서, 169면.

254) 대판 2001.5.8, 2001다6053, 6060, 6077.

255) 대판 1992.11.10, 92다36373.

하여야 한다.[256] 다만 매도인이 대금지급기일에 인감증명서, 등기권리증, 인감도장 등을 준비하였다면 위 인감증명서에 기재된 매도인 및 가등기명의자의 주소가 각자의 등기부상 주소와 일치하지 않더라도, 매수인이 매도인 및 가등기명의자의 주민등록표등본을 발급 받아 표시변경등기를 함께 신청하는 방법으로 쉽게 해결할 수 있으므로 신의칙에 비추어 볼 때 매도인은 일응 자기 채무의 이행제공을 하였다고 봄이 상당하다고 한 사례도 있다.[257] 다른 한편 토지거래계약 신고절차 등을 거쳐야 하는 토지의 매매계약에 있어 잔금지급기일에 유효기간이 7일 남은 인감증명을 제공한 것만으로는 유효한 반대급부의 이행을 제공한 것이 아니라고 본 사례가 있다.[258]

c. 매도인의 분할등기의무는 매매목적토지가 토지대장상에 분할등재된 것만으로는 현실제공이라고 볼 수 없다.[259]

d. 부동산매도인의 근저당권설정등기말소의무의 현실제공을 위해서는 그 근저당채무가 변제되었다는 것만으로는 부족하고, 근저당권설정등기의 말소에 필요한 서류까지도 준비함이 필요하다.[260]

e. 매도인이 매수인이 원하는 자에게 등기소요서류를 제공하기로 약정하였는데 매수인이 이를 지정하지 않은 경우 매도인은 매수인에게 등기를 해 줄 수 있는 서류를 제공하면 된다고 본다.[261]

f. 부동산매매에서 매도인이 소유권이전등기서류 일체를 매수인에게 교부하였다면 이미 등기의무의 이행이 완료된 것이므로, 그 후 매수인의 소유권이전등기청구권에 대해 가압류가 되더라도 가압류는 효력이 없다고 본다.[262]

일곱째, 변제의 제공과 통지의 필요 여부 : 금전채무는 영업에 관한 채무를 제외하고는 원칙적으로 지참채무이므로(제467조 제2항), 채무자는 금전을 지참하고 채권자의 주소에 가서 제공하면 되고 금전을 채권자의 면전에 제시할 필요는 없으며, 채권자가 부재중이어서 휴대한 금전을 제시하지 못한 경우에도 금전채무의 현실제공이 있은 것으로 인정된다. 또한 이행기에 이행장소에서 채권자를 기다렸으나 채권자가 나타나지 않은 경우에도, 현실제공이 있은 것으로 본다.[263]

---

256) 대판 1987.4.14, 86다카2605.

257) 대판 1992.7.24, 91다15614.

258) 대판 1991.2.22, 90다16498.

259) 대판 1980.6.24, 80다789.

260) 대판 1979.11. 3, 79다1562.

261) 매도인이 잔금지급시까지 등기서류 일체를 매수인이 원하는 자에게 제공하기로 약정하였다면, 매수인이 잔금지급기일까지 이를 지정하지 아니한 경우라도 매도인으로서는 매수인 명의로 소유권이전등기를 경료할 수 있도록 서류를 제공하거나, 이에 이르지 못하였더라도 이행장소에 인감을 소지하는 등 매수인이나 그가 지정하는 자에게 즉시 이전등기를 경료할 수 있을 정도로 이행제공을 하여야 한다(대판 1993.12.28, 93다777).

262) 부동산의 매매계약에 있어서 매도인이 목적 부동산의 소유권 이전에 필요한 서류들 일체를 매수인에게 교부하여 주었다면 특별한 사정이 없는 한 그로써 소유권이전의무의 이행은 완료되었다고 보아야 할 것이므로 제3채무자가 소유권이전등기서류를 모두 교부한 후 그에게 송달된 소유권이전등기청구권 가압류결정은 효력이 없고, 위 가압류결정 송달 후 제3채무자가 소유권이전등기 의사를 철회하고 이미 교부한 등기서류를 반환하는 등 소유권이전등기를 하지 못하도록 하는 조치를 취하지 아니하였다 하더라도 가압류결정에 위배된다고 할 수 없다(대판 1998.5.26, 98다8172).

그런데 동시이행관계의 경우 이행제공을 하면서 상대방에게 수령을 최고하여야 변제제공의 효과가 발생하여 상대방의 반대급부채무에 대해 이행지체에 빠뜨릴 수 있다.[264)]

따라서 위 사례에서 매매계약체결시점에서는 甲과 乙 사이의 체결된 매매계약에 따라 甲은 乙에 대하여 신용장을 개설하여 교부할 선이행채무를 부담하고 있다. 그러므로 갑의 변제의 제공은 원칙적으로 현실제공이 되어야 한다.

2) 구두제공

① 의의

구두제공이란 채권자가 미리 변제의 수령을 거절하거나 먼저 채권자의 협력이 필요하여 채권자의 협력 없이는 이행의 완료에 이를 수 없는 경우 채무자가 변제의 준비를 완료하고 이를 채권자에게 통지하여 그 수령을 최고하는 것을 말한다.[265)]

② 요건

채권자가 미리 변제받기를 거절한 경우나 채무의 이행에 채권자의 행위가 필요한 경우에 인정된다.

첫째, 채권자가 미리 변제받기를 거절한 경우 : 예컨대 채권자가 계약의 무효를 주장하거나 급부목적물에 하자가 있다고 하면서 수령하기를 미리 거절하면 채무자는 구두제공을 하면 된다. 채권자의 수령거절은 명시적인 경우 뿐만 아니라 묵시적으로 행하여질 수도 있다. 예컨대 채권자가 이유 없이 수령기일의 연기를 요구하거나, 자기가 부담하는 반대급부의 이행을 거절하는 것이 이에 해당한다.[266)]

---

263) 대판 1947.10.28, 4280민상99.

264) 김형배, 전게서, 1104면; 임차인이 임차목적물 명도의무와 임대인의 보증금 반환의무는 동시이행 관계에 있다 하겠으므로, 임대인의 동시이행의 항변권을 소멸시키고 임대보증금 반환 지체책임을 인정하기 위해서는 임차인이 임대인에게 임차목적물의 명도의 이행제공을 하여야만 한다 할 것이고, 임차인이 임차목적물에서 퇴거하면서 그 사실을 임대인에게 알리지 아니한 경우에는 임차목적물의 명도의 이행제공이 있었다고 볼 수는 없다(대판 2002.2.26, 2001다77697); 부동산매매계약에서 매도인의 소유권이전등기절차 이행채무와 매수인의 매매잔대금 지급채무가 동시이행관계에 있는 한 쌍방이 이행을 제공하지 않는 상태에서는 이행지체로 되는 일이 없을 것인 바, 매도인이 매수인을 이행지체로 되게 하기 위하여는 소유권이전등기에 필요한 서류 등을 현실적으로 제공하거나, 그렇지 않더라도 이행장소에 그 서류 등을 준비하여 두고 매수인에게 그 뜻을 통지하고 수령하여 갈 것을 최고하면 되는 것이어서, 특별한 사정이 없으면 이행장소로 정한 법무사 사무실에 그 서류 등을 계속 보관시키면서 언제든지 잔대금과 상환으로 그 서류들을 수령할 수 있음을 통지하고 신의칙상 요구되는 상당한 시간 간격을 두고 거듭 수령을 최고하면 이행의 제공을 다한 것이 되고 그러한 상태가 계속된 기간 동안은 매수인이 이행지체로 된다 할 것이다(대판 2001.5.8, 2001다6053, 6060, 6077).

265) 지원림, 전게서, 950면.

266) 대판 1956.2.9, 4288민상332; 매수인이 계약의 이행에 비협조적인 태도를 취하면서 잔대금의 지급을 미루는 등 소유권이전등기서류를 수령할 준비를 아니한 경우에도 매도인으로서도 그에 상응한 이행의 준비를 하면 족하다 할 것인바, 매도인이 법무사 사무소에 소유권이전등기에 필요한 대부분의 서류를 작성하여 주었고 미비된 일부서류들은 잔금지급시에 교부하기로 하였으며 이들 서류는 매도인이 언제라도 발급받아 교부할 수 있다면 매도인으로서는 비록 일부 미비된 서류가 있다 하더라도 소유권이전등기의무에 충분한 이행의 제공을 마쳤다고 보아야 할 것이고, 잔대금 지급기일에 이를 지급하지 않고 계약의 효력을 다투는 등 계약의 이행에 비협조적이고 매도인의

둘째, 채무의 이행에 채권자의 행위를 요하는 경우 : 추심채무가 이에 해당한다. 추심채무는 먼저 채권자의 추심(청구)행위가 필요하기 때문이다(다수설). 그리고 채권자가 공급하는 재료에 가공하여야 할 채무의 경우에도 이에 해당한다. 그 외에 채권자가 선택권을 가지는 선택채권의 이행도 채권자의 선택행위가 먼저 필요하다.

구두제공은 변제의 준비를 완료하여야 하므로 단순한 이행의 준비태세를 갖추고 있는 것만으로는 부족하다. 판례는 부동산 매도인의 등기의무에 대해 구두제공으로도 변제의 제공이 될 수 있다는 태도를 보인다.[267)]

따라서 乙(채권자)이 미리 그 변제 수령을 거절한 시점에서는 제460조 단서에 따라 변제준비의 완료를 통지하고 그 수령을 최고하는 구두제공만으로 충분하다. 문제는 乙이 표시한 변제수령 거절 의사의 번의할 가능성에 따라 甲의 변제제공의 방법이 달라진다는 것이다. 즉, 채무자는 채권자의 수령거절의 의사가 명백하게 확고한 경우까지도 구두제공을 해야 하는 것인지가 문제된다. 이는 제460조의 단서의 의미를 어떻게 이해하느냐에 따라 결정된다.

3) 구두제공도 필요 없는 경우

① 의의

채권자의 변제수령거절의 의사가 명백한 경우 구두제공도 요하지 않으며, 이때에는 채무자는 구두제공을 하지 않더라도 이행지체 책임을 지지 않는다.[268)]

또한 지료나 차임 또는 할부금과 같은 분할적·회귀적 급부에 있어서 채무자가 1회분의 변제제공을 하였으나 채권자가 수령을 거절함으로써 채권자지체가 성립한 경우에는 채권자가 그 채권자지체를 종료시키지 않는 한 채무자가 다음 회기분의 이행을 제공하지 않더라도 채무불이행책임은 발생하지 않는다고 본다.[269)]

② 수령거절과 채권자위험부담의 관계

소유권이전등기서류를 수령할 준비를 하지 않고 있던 매수인은 이 점을 이유로 잔대금지급을 거절할 수 없다(대판 2001.12.11, 2001다36511).

267) 부동산 매도인의 등기절차의무의 이행에는 상대방의 행위를 요하는 것이므로, 이의 제공이 있었다고 하려면 반드시 등기서류를 상대방에게 현실로 제공할 것까지는 요하지 않는다 할지라도 언제든지 현실의 제공을 할 수 있는 정도로 등기절차에 필요한 일체의 서류준비를 완료하고 그 뜻을 통지하여 그 수령을 최고하여야만 되는 것이고, 등기이전을 하여 줄 수 있는 준비 또는 태세를 갖추고 있었다는 사정만으로는 이행제공으로 볼 수 없다고 할 것이다(대판 1975.6.24, 74다1455).

268) 민법 제460조 단서는 (변제기)전에 수령을 거절한 채권자라도 그 후 번의하여 수령을 하는 경우도 있을 것이므로 그 경우에는 신의칙상 채무자는 변제준비의 완료를 통지하고 그 수령을 최고하는 소위 언어상의 변제제공방법(구두제공)을 하여야 할 의무 있음을 규정한 취지이고, 변제를 수령하지 않을 의사가 명백하여 (변제기)전의 수령거절의사를 번의할 가능성이 보이지 않는 경우에까지 구두의 변제 제공을 하여야 한다는 취지는 아니라 할 것이므로, 이러한 경우에는 채무자는 위의 소위 언어상의 변제제공을 하지 아니하더라도 채권자에 대한 채무불이행책임이 없다고 해석함이 상당하다(대판 1976.11.9, 76다2218); 매수인이 잔대금지급의무를 이행하고 소유권이전등기를 넘겨받을 의사가 없음을 미리 표시한 것으로 볼 수 있는 객관적인 명백한 사정이 있는 경우에 매도인은 자기의 채무의 이행을 제공하지 않더라도 매수인의 이행지체를 이유로 계약을 해제할 수 있으므로, 매수인이 이를 번복할 가능성이 있다고 볼 만한 다른 특별한 사정이 없는 한, 이러한 경우까지 매도인에게 매수인을 이행지체에 빠뜨리기 위하여 구두제공의 방법으로라도 자기의 반대채무를 이행제공 할 것을 요구할 것은 아니다(대판 1995.4.28. 94다16083).

269) 김형배, 전게서, 1105면.

첫째, 쟁점 : 채권자지체 중에 채무자의 귀책 없는 불능이 되면 채무자는 급부를 면하고 대가를 받을 수 있어서 채권자가 위험을 부담한다. 그런데 채권자가 미리 수령을 명백히 거부하는 경우에는 변제제공을 하지 않더라도 채무자는 이행지체책임을 면하는데, 이 경우에도 채권자지체에 빠뜨려 채권자에게 위험을 이전시키기 위해서는(즉 채권자가 대가위험을 부담하도록 하기 위해서는) 변제제공을 하여야 하느냐가 문제이다.

둘째, 판례 : 채권자가 수령을 거절한 경우에도 채권자지체에 빠뜨려 채권자가 대가위험을 부담하도록 하기 위해서는 변제제공이 필요하다고 본다.[270)]

(2) 판례의 태도 : 제460조 단서의 구두제공의 법리

판례에서의 제460조 단서의 법리를 살펴보면, 제460조 단서에서 채권자가 미리 변제받기를 거절하는 경우에도 채무자는 변제준비의 완료를 통지하고 그 수령을 최고하는 방법으로 소위 언어상의 변제 제공을 하는 것으로 족하다는 취지로 규정한 것은 전에 수령을 거절한 채권자라 할지라도 그 후에 번의하여 수령하는 경우도 있을 수 있는 것이므로 그러한 경우에는 신의칙상 위와 같은 언어상의 변제제공방법을 하여야 할 의무가 있음을 규정한 취지라 할 것이다.

반면에 채권자가 변제를 수령하지 않을 의사가 명백하여 전의 수령거절 의사를 번의할 가능성이 보이지 않은 경우에까지 구두의 변제제공을 하여야 한다는 취지는 아니라 할 것이다. 따라서 이러한 채무자는 제460조 단서 소정의 소위 언어상의 변제제공 조차도 아니 하더라도 채권자에게 채무불이행 책임이 없다고 해석함이 타당하다고 판시하였다.[271)]

채권자가의 수령거절의 의사가 명확하거나 완강하여 채무자에 대하여 구두제공이 무의미한 경우에는 채무자는 구두제공조차 할 필요가 없다.[272)]

3. 소 결

위 사례에서 乙의 수령거절에 대해 甲은 자신의 신용장개설의 선이행채무에 대해 변제준비의 완료를 통지하고 그 수령을 乙에 대하여 최고하는 것, 즉 구두의 제공조차도 하지 않고 있다. 따라서 乙의 수령거절의사의 번의가능성 여부에 따라 甲의 책임여부가 달라진다. 즉, 甲의 선이행채무를 구두 통지조차 하지 않은 것이 채무불이

---

270) 민법 제400조 소정의 채권자지체가 성립하기 위해서는 민법 제460조 소정의 채무자의 변제제공이 있어야 하고, 변제제공은 원칙적으로 현실제공으로 하여야 하며 다만 채권자가 미리 변제받기를 거절하거나 채무의 이행에 채권자의 행위를 요하는 경우에는 구두의 제공으로 하더라도 무방하고, 채권자가 변제를 받지 아니할 의사가 확고한 경우(이른바, 채권자의 영구적 불수령)에는 구두의 제공을 한다는 것조차 무의미하므로 그러한 경우에는 구두의 제공조차 필요 없다 할 것이지만, 그러한 구두의 제공조차 필요 없는 경우라고 하더라도, 이는 그로써 채무자가 채무불이행책임을 면한다는 것에 불과하고, 민법 제538조 제1항 제2문 소정의 '채권자의 수령지체 중에 당사자 쌍방의 책임 없는 사유로 이행할 수 없게 된 때'에 해당하기 위해서는 현실제공이나 구두제공이 필요하다. 다만, 그 제공의 정도는 그 시기와 구체적인 상황에 따라 신의성실의 원칙에 어긋나지 않게 합리적으로 정하여야 한다(대판 2004.3.12, 2001다79013).

271) 대판 1976.11.9. 76다2218.

272) 대판 1981.11.24. 81다633.

행책임으로 귀책 될 수 있다. 이러한 乙의 변제수령의사 번의가능성 여부는 사실관계를 통해서 판단되어야 한다. 이 사례의 사실관계에서 乙은 계약상의 채무이행을 아니할 의사를 구두로 표시하였을 뿐 아니라 납품기한이 지연될 수 없는 면직물의 제조에도 착수하지 않는 등 계약을 이행할 의사가 없음을 분명히 표시한 것으로 볼 수 있어 甲의 선이행채무에 대한 변제수령거절은 번의할 가능성이 없는 분명한 것이었다고 판단할 수 있다.

따라서 乙의 변제수령거절 의사가 명백한 경우, 제460조 단서에 따라 甲의 선이행채무는 구두제공조차 할 필요가 없다.

Ⅱ. 乙의 명백한 이행거절과 관련하여 甲은 乙에 대하여 이행지체에 대한 손해배상책임과 그 밖의 어떤 법적책임을 물을 수 있는가?

1. 사례의 쟁점

위 사례에서 乙은 번의가능성이 없는 변제수령거절의 의사를 표시하였기 때문에 甲은 자신의 선이행채무에 대해 최고 등의 구두제공을 하지 않더라도 선이행채무의 불이행책임을 면하게 된다. 그리고 乙은 자신의 물품인도채무에 대한 이행거절의사를 명백하게 표시하였고, 납품기한이 지연될 수 없는 면직물의 제조에 착수하지 않음으로써 면직물인도의 약정기일이 경과되었다. 따라서 甲의 변제제공에 따른 효과와 乙이 취한 이행거절의 법리와 법적 효과에 대해 살펴보고자 한다.

2. 변제제공의 효과

(1) 일반적 효과

1) 채무의 불소멸

변제의 제공이 있었던 것만으로 채권이 소멸하지 않는다. 채권자가 수령을 하여야 채권이 소멸한다.

2) 이행지체책임의 면책

변제의 제공이 있으면 이행지체책임을 면하게 한다(제461조). 따라서 변제의 제공을 한 채무자는 채무불이행으로 인한 손해배상·지연이자·위약금 등의 지급의무를 지지 않으며, 계약해제·담보권실행·강제집행 등의 불이익을 당하지 않는다.

3) 약정이자 발생의 정지[273)]

채권자지체 중에는 이자있는 채권이라도 채무자는 이자를 지급할 의무가 없다(제402조). 그런데 이는 채권자지체의 효과로 규정되어 있으나, 학설은 채권자지체의 성립여부를 불문하고 변제의 제공이 있으면 그 때부터 약정이자의 발생은 정지된다고 해석한다. 그런데 변제기가 되기 전에 변제의 제공이 된 때에 변제기까지의 이자는 지급하여야 하느냐에 대해서는 견해가 대립한다.

① 긍정설 : 채권자는 변제기까지의 약정이자를 기대하고 있으므로 그 기대이익을 침해해서는 안되며, 변제기까지의 약정이자는 이를 제공하여야 채무의 내용에 좇은 변제의 제공이 된다고 보아, 변제기전의 이행제공을 하는 때에는 변제기까지의 이자

---

273) 김형배, 전게서, 1106면.

를 지급하여야 한다고 한다(김상용 교수).

② 부정설 : 변제기전의 변제제공의 경우 변제기까지의 약정이자를 지급하게 하는 것은 결과적으로 변제의 제공 후에도 지연이자를 지급하게 하는 것으로 되기 때문에 약정이자의 발생이 정지된다고 본다(김형배 교수, 곽윤직 교수).

③ 채권자지체설 : 이자지급 여부는 변제의 제공의 효과의 문제가 아니고 채권자지체의 효과 문제로 논의가 되어야 한다고 보며, 한편 채무자는 기한의 이익을 포기하고 미리 변제할 수 있으므로 기한의 이익이 채무자에게 있는 때에는 이자를 지급할 필요가 없어 변제의 제공시부터 이자발생이 정지되지만, 기한의 이익이 채권자에게도 있는 때에는 변제기까지의 이자(이는 기한이익의 상실에 따른 손해배상이 될 것이다)를 지급하여야 한다고 본다(송덕수 교수).

4) 공탁사유의 발생

변제의 제공에 대해 채권자가 그 수령을 거절하거나 수령할 수 없는 경우에는 채무자는 채권자를 위하여 변제의 목적물을 공탁하여 그 채무를 면할 수 있다(제487조 이하). 공탁이 되면 채무자의 채무는 소멸한다.

(2) 변제의 제공과 동시이행의 항변권

1) 의 의

쌍무계약에 있어서 변제의 제공은 상대방의 동시이행의 항변권을 상실시키는 효력을 가진다. 즉 쌍무계약에 있어서 채무자는 상대방이 그 채무이행을 제공할 때까지 자기의 채무이행을 거절할 수 있는 동시이행의 항변권을 행사할 수 있으므로(제536조 제1항 본문), 채무자는 상대방이 이행제공을 할 때까지는 자기채무의 이행제공을 하지 않더라도 이행지체책임을 지지 않는다.

그리고 해제조건부 계약, 즉 채무의 불이행을 해제조건으로 한 계약의 경우에도 동시이행관계에 있는 때에는 변제제공을 하여야 해제조건의 성취가 인정될 수 있다.[274]

2) 변제의 제공에 의한 상대방의 이행지체 및 채권자지체와 동시이행의 항변권

① 이행지체와 동시이행항변권 : 쌍무계약에서 동시이행의 관계에 있는 경우 변제의 제공을 하지 않으면 상대방을 이행지체에 빠뜨릴 수 없으나, 반대로 일방채무자가 자기 채무의 이행의 제공을 하였음에도 불구하고 상대방이 반대급부의 제공을 하지 않는 경우에는 상대방에게 이행지체책임을 발생시키며, 또한 상대방을 채권자지체에 빠뜨릴 수 있다.

그런데 일방의 변제의 제공에 의해 상대방이 이행지체에 빠졌다면 상대방은 동시이행의 항변권을 더 이상 행사할 수 없느냐가 문제이다. 이는 상대방의 동시이행의 항변권을 저지하기 위해서는 일방의 변제의 제공이 계속되어야 하느냐 아니면 한 번의 제공으로도 상대방의 동시이행의 항변권을 소멸시킬 수 있느냐의 문제로 된다.

이이 대해서는 동시이행관계에서 일방이 이행의 제공을 하여 상대방을 이행지체

---

274) 부동산 매매계약에 잔대금 지급기일까지 잔대금을 지급하지 아니할 때에는 위 매매계약은 자동적으로 해제된다고 하는 약정이 있더라도, 매도인이 그 대금지급기일에 자기 채무의 이행제공을 하여 매수인으로 하여금 이행지체에 빠지게 하여야 비로소 자동적으로 매매계약이 해제되는 것이고, 매수인이 그 약정기한을 도과하였다고 하더라도 이행지체에 빠진 것이 아니라면 대금 미지급으로 계약이 자동해제되는 것은 아니다(대판 1992.7.24, 91다15614).

에 빠지게 하더라도 이행의 제공을 계속하여야 하며, 이행의 제공이 중단되면 그 이후부터는 상대방은 동시이행의 항변권에 의해 이행지체책임을 면하게 된다는 견해(계속적 제공설: 김형배, 곽윤직)가 다수설이나, 한 번 이행의 제공이 있으면 상대방은 동시이행의 항변권을 상실한다는 소수설(일시적 제공설: 김상용)이 있다.[275] 판례는 이에 대해 계속적 제공설에 따른다.[276]

② 채권자지체와 동시이행항변권 : 이와 같이 계속적 제공설에 따르게 되면, 일방의 현실의 제공에 의해 수령지체에 빠진 자도 그 일방의 이행의 제공이 계속되지 않는 한 상대방은 동시이행의 항변권을 행사할 수 있어서 이행의 제공이 중단된 이후부터는 이행지체에 따른 지연배상책임을 지지 않는다.[277]

(3) 변제의 제공과 채권자지체

1) 변제의 제공을 하면 채무자는 채무불이행책임을 면하며(이행지체책임의 면책), 이에는 채권자의 귀책사유가 필요 없다.

2) 변제의 제공을 하면 채권자가 채권자지체책임을 지는가에 대해서는 채권자지체의 본질을 어떻게 보느냐와 밀접한 관계가 있다. 채권자지체의 본질을 채권자의 채무불이행으로 보는 채무불이행설에서는 채권자에게 귀책사유가 있어야 채권자지체가 성립하나, 채권자지제의 본질을 법정책임으로 보는 법정책임설에 따르면 채권자에게 귀책사유가 없어도 채권자지체가 성립한다.

그리고 지참채무는 현실의 제공에 의해 변제의 제공을 하며 이에 대해 채권자가 수령하지 않으면 채권자지체가 성립하므로 변제의 제공이 이루어지는 시점과 채권자지체가 성립하는 시점은 거의 일치하나, 추심채무에서는 구두제공에 의해 변제의 제공이 되고 이를 채권자가 수령할 수 없거나 수령을 거절하면 채권자지체가 성립하지만, 추심기간이 정해져 있는 경우에는 채권자지체가 성립하기 위해서는 추심기간이 경과하여야 하므로, 추심기간이 있는 경우에 미리 구두제공을 하면 구두제공이 이루어지는 시점이 채권자지체가 성립하는 시점보다 앞서게 된다. 특히 송부채무에서는 발송으로 변제의 제공이 되나, 목적지에 도달하여 채권자가 수령할 수 있는 상태가

---

275) 김형배, 전게서, 1106면.

276) 쌍무계약의 당사자 일방이 먼저 한 번 현실의 제공을 하고, 상대방을 수령지체에 빠지게 하였다고 하더라도 그 이행의 제공이 계속되지 않는 경우는 과거에 이행의 제공이 있었다는 사실만으로 상대방이 가지는 동시이행의 항변권이 소멸하는 것은 아니므로, 일시적으로 당사자 일방의 의무의 이행 제공이 있었으나 곧 그 이행의 제공이 중지되어 더 이상 그 제공이 계속되지 아니하는 기간 동안에는 상대방의 의무가 이행지체 상태에 빠졌다고 할 수는 없다고 할 것이고, 따라서 그 이행의 제공이 중지된 이후에 상대방의 의무가 이행지체 되었음을 전제로 하는 손해배상청구도 할 수 없는 것이다(대판 1995.3.14, 94다26646).

277) 쌍무계약의 당사자 일방이 먼저 한번 현실의 제공을 하고 상대방을 수령지체에 빠지게 하였다 하더라도 그 이행의 제공이 계속되지 않는 경우는 과거에 이행의 제공이 있었다는 사실만으로 상대방이 가지는 동시이행의 항변권이 소멸하는 것은 아니므로, 일시적으로 당사자 일방의 의무의 이행제공이 있었으나 곧 그 이행의 제공이 중지되어 더 이상 그 제공이 계속되지 아니하는 기간 동안에는 상대방의 의무가 이행지체 상태에 빠졌다고 할 수는 없다고 할 것이고, 따라서 그 이행의 제공이 중지된 이후에 상대방의 의무가 이행지체 되었음을 전제로 하는 손해배상청구도 할 수 없다(대판 1999.7.9, 98다13754, 13761).

되어야 채권자지체가 성립하므로 변제의 제공이 이루어지는 시점과 채권자지체가 성립하는 시점이 불일치한다.

결과적으로 법정책임설은 지참채무의 경우 변제의 제공에 의해 채무자가 이행지체 책임을 면하는 동시에 채권자지체가 성립하나, 추심채무에서는 추심기간이 있는 때에는 양자가 일치하지 않을 수 있고, 송부채무의 경우에는 변제의 제공과 채권자지체가 불일치한다. 그러나 채무불이행설에서는 변제의 제공이 있더라도 채권자에게 귀책사유가 없는 한 채권자지체가 성립하지 않으므로 현실의 제공의 경우에도 변제의 제공과 채권자지체가 불일치할 수 있다.[278] 따라서 제461조에 따라 甲의 구두제공조차 할 필요 없는 변제제공으로 甲은 선이행채무에 대한 이행지체책임을 면하게 된다.

3. 이행거절

(1) 서 설

1) 의 의

채무자가 이행이 가능함에도 불구하고 이행의사가 없음을 채권자에게 종국적으로 표시하여 객관적으로 채무의 이행을 기대할 수 없는 경우를 말한다.[279]

2) 이행거절의 체계적 지위

이행거절을 독자적인 채무불이행의 유형으로 인정할 수 있을 것인가에 대해서는 견해가 대립니다.

독자적 유형으로서의 이행거절을 긍정하는 견해는 채무자가 미리 이행을 거절하면 이행기가 도래하기 전에도 계약해제를 인정하고 손해배상(전보배상)을 청구할 수 있는 등의 면에서 필요성이 인정되고 따라서 이를 채무불이행의 또 하나의 유형으로 인정할 수 있다고 한다(양창수).

그러나 이를 부정하는 견해는 예컨대 이행거절의 경우에는 이행의 최고 없이도 계약해제를 할 수 있고(제544조), 채권자가 변제받기를 거절하는 경우에는 구두제공으로도 변제제공의 효력이 인정되며(제460조) 확고한 수령거절의 의사가 있는 경우 구두제공도 필요없다고 해석함으로써 이를 해결하면 되므로, 이행거절은 신의칙에 의해 해결하거나(김형배), 선취된 이행지체 정도로 이해하더라도 무방할 것이라고 한다(지원림).

(2) 요 건[280]

1) 이행이 가능할 것

이행이 가능하지 않으면 이행불능이 될 뿐이다.

2) 주된 급부의 거절일 것

이행거절은 주로 계약의 해제 등과 관계되므로 주된 급부를 거절하는 경우에 문제된다. 따라서 주된 급부이거나 또는 적어도 계약의 목적달성에 지장이 있는 급부의 거절이 있어야 한다.

---

278) 김형배, 전게서, 1105면.

279) 김형배, 채권각론(계약법), 신조사, 2001. 261면.

280) 김동훈, 이행거절과 계약해제, 고시연구 제354호, 2003.09, 108면.

3) 진지하고 종국적인 급부의 거절일 것

① 의 의

거절의 내용으로 보아 더 이상 이행을 기대할 수 없을 정도의 진지하고 종국적인 급부의 거절이어야 한다.

② 사 례

ㄱ. 이행거절로 본 사례 : 채무자가 계약의 불성립이나 무효를 주장하는 경우,[281] 잔대금지급의무를 이행하지 않으면서 잔대금지급의무가 없다고 주장하는 경우,[282] 채무자가 계약의 존재를 부인하며 매매목적물을 제3자에게 처분(제한물권을 설정)하는 경우,[283] 매수인이 근거 없이 대금감액을 요구하는 경우[284] 등과 같이 채무를 부정하는 것은 채무의 이행거절로 된다. 그리고 매수인이 이행기일이 경과한 후에 계약에 없는 과다한 내용의 채무이행을 구하는 경우[285]도 이행거절에 해당한다.

채무자가 채권자의 계약위반을 강변하며 계약해제를 주장하는 경우,[286] 매매대금을 공제해 주지 않으면 계약해제를 하겠다는 주장을 하는 경우,[287] 매도인이 매수인에게 잔금지급청구소송을 제기하자 매수인이 근거 없이 매도인의 소유권이전등기의무의 이행지체로 계약이 해제되었다고 주장하면서 반소로써 이미 지급한 대금의 반환 및 손해배상청구를 하는 경우[288] 등과 같이 근거 없이 계약해제를 주장하는 것도 이행거절이 된다.

수령거절의 의사가 명백한 경우에는 자신의 반대급부의무의 이행거절도 된다.[289] 그리하여 채무자가 주소를 허위기재하여 상대방이 이행할 수 없도록 만드는 것도 이행거절로 볼 수 있다.[290]

ㄴ. 이행거절이 아니라고 본 사례 : 단순히 매매계약서에 매수인의 주소와 주민등록번호를 기재하지 않은 것만으로는 이행거절은 아니다.[291] 그리고 대금지급 연기요

281) 대판 1976.11.9, 76다2218.

282) 대판 1990.10.23, 90다카19906.

283) 대판 1980.3.25, 80다66.

284) 대판 1991.3.27, 90다8374.

285) 대판 1982.4.27, 81다968.

286) 대판 1990.3.9, 89다카29.

287) 대판 1980.8.12, 80다854.

288) 대판 1984.12.26, 84다카1763.

289) 대판 1993.1.25, 93다11821.

290) 매수인이 자기의 귀책사유로 인한 채무불이행의 경우 상대방의 계약해제권의 행사를 회피할 목적으로 매매계약체결시 자신의 주소를 허위기재하거나 실지 주소를 매도인에게 알리지 아니하고 소재를 밝히지 아니하여 매도인은 과실 없이 매수인의 소재를 알지 못함으로써 자시의 채무의 이행을 제공하여 상대방의 이행을 최고할 수 없게 된 채 이행기가 지나버린 경우에는 신의성실의 원칙상 특별한 사정이 없는 한 매수인에게 있어서는 이행의 의사가 없다고 봄이 상당하다 할 것이므로 매도인은 이행의 최고 없이 바로 계약을 해제할 수 있다(대판 1990.11.23, 90다카14611).

291) 매매계약서상의 매수인란에 주소와 주민등록번호 등이 기재되어 있지 않았다는 사유만으로 매수인이게 채무를 이행할 의사가 없는 것으로 단정할 수는 없고, 그러나 그와 같은 사유로 매수인에게 채무이행의 의사가 없었던 것으로 보려면 매수인이 매도인의 계약해제권의 행사를 회피할 목적으로 자신의 주소를 기재하지 아니하고 소재를 밝히지 아니하였거나, 매도인이 과실 없이 매

청도 이행거절은 아니다.[292)]

(3) 효 과

1) 강제이행이나 손해배상 청구

① 이행이 가능하므로 강제이행을 청구할 수도 있고(이행불능과의 차이점), 바로 전보배상을 청구할 수도 있다.

② 그리고 이행기 전이라도 손해배상도 청구할 수 있다.[293)]

③ 이행거절을 이유로 손해배상청구를 할 때 손해액의 산정은 이행거절 당시를 기준으로 급부목적물의 시가를 산정한다.[294)]

2) 계약해제

① 요 건

첫째, 이행거절의 경우 즉시 계약을 해제할 수 있다. 즉 이행지체에서 요구되는 이행의 최고 없이도 해제가 가능하다.

둘째, 그리고 쌍무계약에서 동시이행관계인 경우에 해제를 하기 위해 자신의 채무의 이행제공을 할 필요도 없다.[295)]

② 이행기 전의 해제 가능 여부

이행거절의 경우 이행기 전이라도 계약해제가 가능하며 손해배상청구도 가능하다.[296)] 따라서 이행거절이 아닌 한 단순히 채무불이행이 예상되는 것만으로는 이행기의 도래 전에는 계약해제를 할 수 없다. 계약해제권의 발생사유인 이행지체 함은

수인의 소재를 알지 못함으로써 자신의 채무의 이행을 제공하여 상대방의 이행을 최고할 수 없게 되는 등의 사정이 있어야 한다(대판 1991.11.26, 91다23103).

292) 매수인이 매도인과 사이의 매매계약에 의한 잔대금지급기일에 잔대금을 지급하지 못하여 그 지급의 연기를 수차 요청하였다는 것만으로는 그 채무를 이행하지 아니할 의사를 명백히 한 것으로는 볼 수 없다(대판 1990.11.13, 90다카23882).

293) 이행기 전이라도 이행의 최고 없이 채무자의 이행거절을 이유로 계약을 해제하거나 채무자를 상대로 손해배상을 청구할 수 있다(대판 2005.8.19, 2004다53173).

294) 대판 2007.9.20, 2005다63337; 이행지체에 의한 전보배상에 있어서의 손해액 산정은 본래의 의무이행을 최고하였던 상당한 기간이 경과한 당시의 시가를 표준으로 하고, 이행불능으로 인한 전보배상액은 이행불능 당시의 시가 상당액을 표준으로 해야 할 것인바, 채무자의 이행거절로 인한 채무불이행에서의 손해액 산정은 채무자가 이행거절의 의사를 명백히 표시하여 최고 없이 계약의 해제나 손해배상을 청구할 수 있는 경우에는 이행거절 당시의 급부목적물의 시가를 표준으로 해야 할 것이고, 한편 반환의무 이행거절의 목적물이 외화표시채권인 신주인권부사채인 경우에는 그에 관한 객관적 교환가치가 적정하게 반영된 정상적인 거래의 실례가 있는 때에는 그 거래가격을 시가로 보아 그 사채의 가액을 평가하여야 할 것이다(대판 2008.5.15, 2007다37721).

295) 쌍무계약인 부동산 매매계약에 있어 매수인이 이행기일을 도과한 후에 이르러 매도인에 대하여 계약상 의무 없는 과다한 채무의 이행을 요구하고 있는 경우에는 매도인으로서는 매수인이 이미 자신의 채무를 이행할 의사가 없음을 표시한 것으로 보고 자기 채무의 이행제공이나 최고 없이도 계약을 해제할 수 있다(대판 1992.9.14, 92다9463).

296) 계약상 채무자가 계약을 이행하지 아니할 의사를 명백히 표시한 경우에 채권자는 신의성실의 원칙상 이행기 전이라도 이행의 최고 없이 채무자의 이행거절을 이유로 계약을 해제하거나 채무자를 상대로 손해배상을 청구할 수 있고, 채무자가 계약을 이행하지 아니할 의사를 명백히 표시하였는지 여부는 계약 이행에 관한 당사자의 행동과 계약 전후의 구체적인 사정 등을 종합적으로 살펴서 판단하여야 한다(대판 2005.8.19, 2004다53173).

채무의 이행이 가능한 데도 채무자가 그 이행기를 도과한 것을 말하고 그 이행기도래 전에는 이행지체란 있을 수 없으므로, 채무이행의 방법으로 교부한 어음이 지급기일에 지급불능이 예상된다 하더라도 잔대금의 이행기일이 경과하지 않은 이상 기한의 이익을 보유하고 있다고 할 것이므로 바로 잔대금지급을 최고하고 계약을 해제할 수 없다.[297)]

(4) 이행거절의 철회

이행거절의 철회가 가능하다. 채무자가 이행거절을 철회하면 채무자의 채무불이행이 있더라도 채권자가 계약해제를 하는 데는 다시 일반원칙이 적용되어, 동시이행관계인 때에는 자신의 채무의 이행의 제공을 하고 상대방에게 상당기간을 정하여 이행의 최고를 한 후 그 상당기간이 경과하여야 계약을 해제할 수 있다.[298)]

4. 소 결

위 사례에서 乙은 甲에 대한 자신의 물품인도채무에 대한 명백하고 확고한 이행거절의 의사를 표시하였고, 또한 납품기한이 지연될 수 없는 면직물의 제조에 착수하지 않음으로써 면직물인도의 약정기일이 경과되었다. 따라서 甲은 乙에 대해 그 이행거절로 인해 발생한 이행지체의 책임을 추궁할 수 있을 것으로 보이며, 강제이행청구권, 계약해제권, 손해배상청구권의 행사가 가능하다. 손해배상청구를 할 때 손해액의 산정은 이행거절 당시를 기준으로 산정한다. 다만, 강제이행청구권의 경우에는 그 면직물이 납품기한이 지연될 수 없다(정기행위)는 설명으로 보아, 청구할 실익은 없어 보인다. 따라서 甲은 乙에 대하여 계약해제권과 손해배상청구권(이행에 갈음 : 전보배상)의 행사가 가능하며, 해제권 실행 전 어떠한 최고도 필요로 하지 않는다.

Ⅲ. 결 론

甲과 乙 사이에 체결된 매매계약에 따라 甲은 乙에 대하여 신용장을 개설·교부할 선이행의무를 부담하고 乙은 甲에 대하여 면직물을 인도할 의무를 부담한다. 그러나 乙이 자기채무의 이행을 거절함에 따라 甲에게는 손해배상청구권(제390조) 및 계약해제권(제544조)이 인정될 수 있다.

그런데 甲이 위의 권리들을 갖기 위해서는 乙의 채무불이행, 즉 이행지체가 전제되어야 한다. 乙을 이행지체에 빠뜨리기 위해서는 선이행의무를 부담하는 甲이 먼저 변제제공을 하여야 하고, 이는 현실제공이 원칙이다(제460조). 그러나 사례에서 나타난 乙의 이행거절행위는 현실의 제공은 물론 구두의 제공(제460조 단서)조차 필요하지 않은 경우라 할 것이다. 다시 말해서 乙은 계약상의 채무이행을 아니할 의사를 구두로 표시하였을 뿐만 아니라 납품기한이 지연될 수 없는 면직물의 직조에도 착수

297) 대판 1982.12.14, 82다카861.

298) 쌍방의 채무가 동시이행관계에 있는 쌍무계약에 있어서 당사자의 일방이 미리 그 채무를 이행하지 아니할 의사를 표시한 때에는 상대방은 이행의 최고를 하지 아니하고 바로 그 계약을 해제할 수 있으나, 그 이행거절의 의사표시가 적법히 철회된 경우 상대방으로서는 자기채무의 이행을 제공하고서 상당한 시간을 정하여 이행을 최고한 후가 아니면 채무불이행을 이유로 계약을 해제할 수 없다(대판 1989.3.14, 88다1516, 1523).

하지 않는 등 계약을 이행할 의사가 없음을 분명히 표시한 것으로 볼 수 있어 甲의 선이행채무의 수령거절 또한 번의할 가능성이 없는 분명한 것이었다.

따라서 甲은 자신의 선이행채무의 불이행에 대한 책임을 면하고(제461조), 乙은 이행지체책임을 지게 된다. 甲은 乙에 대하여 채무불이행을 이유로 손해배상책임을 물을 수 있을 뿐만 아니라, 乙이 이행거절의 의사표시를 명백히 하고 있음으로 계약을 해제할 수 있다.

[문제 8] 관련 판례: [관판 8]

◎ **대판 1976.11.9, 76다2218【손해배상】**

【판시사항】

민법 제460조 단서의 법리

【판결요지】

민법 제460조 단서는 전에 수령을 거절한 채권자라도 그 후 번의하여 수령을 하는 경우도 있을 것이므로 그 경우에는 신의칙상 채무자는 변제준비의 완료를 통지하고 그 수령을 최고하는 소위 언어상의 변제제공방법을 하여야 할 의무 있음을 규정한 취지이고 변제를 수령하지 않을 의사가 명백하여 전의 수령거절의사를 번의할 가능성이 보이지 않는 경우에까지 구두의 변제제공을 하여야 한다는 취지는 아니라 할 것이므로 이러한 경우에는 채무자는 위의 소위 언어상의 변제제공을 아니 하더라도 채권자에게 채무불이행의 책임이 없다고 해석함이 타당하다.

[문제 9]

丙과 같은 집에 기거하고 있던 甲은 丙의 예금증서와 그 인감을 훔친 후, 정기예금계좌를 개설하기 위한 것이라고 하면서, 예금증서, 인감도장이 찍힌 예금지급청구서를 은행 乙에 제시하여 그 지급을 청구하였다. 당시 甲이 제시한 예금지급청구서에는 본인의 명의가 잘 못 기재되어 있었는데, 이런 사실을 발견하지 못한 은행 乙의 담당직원은 인감만을 대조한 후 상이함이 없자 甲에게 예금을 인출해 주었고 이를 수령한 甲은 현금을 받은 후 정기예금계좌의 개설 없이 그대로 도주해 버렸다. 丙은 乙에 대하여 인출된 예금의 반환을 청구하고 있다.

(질문)

위 사례에서 丙은 乙에 대하여 인출된 예금의 반환청구는 타당한가?

(참조 판례) 대판 1975.5.27, 74다2083; 대판 1992.6.23, 91다14987.

[문제 9] 해설:

Ⅰ. 사례의 쟁점

먼저 丙의 예금증서와 인감을 훔쳐 정기예금계좌를 개설하기 위함이라고 하며 은행 乙에 변제를 요구한 甲은 본래 채권자가 아니다. 그렇다면 甲은 정당한 수령권한자인가, 또한 그에 해당한다면 어떠한 유형에 속하는 가를 밝히는 것이 민법상의 어떤 조문으로 해석할 지를 결정하는데 있어 핵심이 될 것이다. 그리고 은행 乙이 명의확인에 있어 주의를 다하지 못하였다는 점이 예문에 명시된 바, 이때의 과실이 유효한 변제인가 아닌가를 가르는 기준이 될 것인지가 문제된다.

또한 이와 같이 변제수령자와 채권자가 다른 상황에서 변제자인 乙은 본래 채권자인 丙에게 자신의 변제가 유효했음을 주장할 수 있는가가 문제된다. 따라서 사례문제에서 묻고 있는 대로 丙의 반환청구권이 유효한 지를 판단할 수 있을 것이다.

Ⅱ. 변제수령 효력의 유무

1. 채권자 이닌 수령권한자에 대한 변제의 유형

변제수령자는 유효하게 변제를 수령할 수 있는 자로서 변제수령자의 수령에 의해 채권은 소멸한다. 원칙적으로 채권자(및 그의 대리인 또는 수령보조자)가 변제수령자가 되나 채권자라도 수령권한이 없는 경우[299]가 있고 채권자 이외의 자에게 수령권한이 있는 경우도 있을 수 있다.

채권자 이외의 자가 수령권한을 가지는 경우는 채권자에 의하여 또는 법률 규정 및 법원의 선임에 의해 변제수령권한을 부여받은 자의 경우이다. 채권자에 의해 수령권한을 받은 경우는 채권자의 임의대리인, 부재자가 선임한 재산관리인, 채권의 추심을 위임받은 수임인이 이에 해당한다. 또한 법률 규정 및 법원의 선임에 의해 수령권한을 받은 경우는 무능력자의 법정대리인, 법원이 선임한 부재자의 재산관리인, 채권자대위권자 및 각주 299)에서 열거한 5가지 유형의 수령권한자들이 그에 해당한다. 따라서 이에 해당하지 않는 자에 대한 변제는 원칙적으로 변제로서의 효력을 가질 수가 없다. 그러나 민법에서는 거래의 안전을 도모하고 선의의 변제자(채무자)를 보호하기 위하여 일정한 요건을 갖춘 자(채권의 준점유자, 영수증소지자, 증권적 채권증서의 소지인)에게는 예외적인 수령권한(표현수령권)을 인정하고 있다.

---

299) 채권자임에도 변제수령권한이 없는 경우는 5가지의 경우로 나누어 볼 수 있다. 첫째, 채권이 압류 또는 가압류된 경우, 압류채권자는 추심명령 또는 전부명령을 얻어 채무자에게 변제를 청구할 수 있다(민사집행법 제227조, 제296조 제3항). 둘째, 채권이 질권의 목적이 된 경우, 변제수령의 권한은 질권자에게 속한다(민법 제352조~제354조). 셋째, 채권자가 파산선고를 받은 경우, 채권자의 변제수령권한은 파산관재인에게 속한다(채무자회생법 제384조). 넷째, 회생절차 개시신청 후 그 절차의 개시결정이 있기 전에 법원이 보전관리인을 선임한 경우 보전관리인이 수령권한을 가진다(채무자회생법 제85조, 제43조 제3항). 다섯째, 회생절차가 개시된 후 관리인이 선임된 경우 관리인이 수령권한을 가진다(채무자회생법 제56조 제1항) 등이다.

2. 표현수령권자의 유형별 변제의 유효 요건

(1) 채권의 준점유자에 대한 변제

채권의 준점유자란 채권을 사실상 행사하는 자이다(민법 제210조[300]). 채권을 사실상 행사한다는 것은 거래관념상 채권을 행사할 정당한 권한을 가진 것으로 믿을만한 외관을 가지는 것을 말한다. 채권의 준점유자의 예로는 예금증서 기타의 채권증서와 인장을 소지한 자, 표현대리인, 가압류로 인하여 채권의 추심 기타 처분행위에 제한을 받다가 가압류를 취소하는 가집행선고부 판결을 받아 다시 채권을 제한 없이 행사할 수 있을 듯한 외관을 가지게 된 채권자 등을 들 수 있다. 그리고 위조한 영수증을 제시하여 변제받은 자도 채권자라고 인정될 만한 외관을 갖춘 때에는 채권의 준점유자로 볼 수 있다(반면 위조된 수표의 소지자, 부동산 사업의 동업자, 금융실명제 이후 예금명의자도 아니고 예금통장도 소지하지 않은 예금행위자는 채권의 준점유자로 볼 수 없다).

또한 판례에 따르면 준점유자가 스스로를 채권자라고 하면서 채권을 행사하는 경우뿐만 아니라 채권자의 대리인이라고 하면서 채권을 행사하는 경우에도 채권의 준점유자에 해당한다고 한다. 그러나 이 경우 수령자가 채권자로서의 외관을 가지는 경우와 동일하게 생각할 수는 없으며, 대리인으로서의 외관을 가지는 경우에는 그 자에게 진정한 대리권이 있는지의 여부를 확인할 보다 강화된 주의의무가 있어야 한다고 할 것이다.

채권의 준점유자에 대한 변제가 유효하기 위한 요건으로는, 무엇보다 변제자가 선의·무과실이어야 한다(제470조[301]). 여기서 선의라는 것은 준점유자에게 변제수령권한이 없음을 알지 못하는 것만으로는 부족하며 적극적으로 수령권한이 있다고 믿었어야 한다. 그리고 무과실은 그렇게 믿은 데에 과실이 없는 것이다. 이 때 판례에 따르면 변제자의 선의·무과실은 변제의 유효를 주장하는 자가 입증하여야 한다[302]고 하나 제470조의 규정취지상 채권자가 변제자의 악의·과실을 증명해야 한다는 김형배 교수의 견해도 있다.

또한 학설과 판례에는 언급이 없지만 부가적인 요건으로 채권자의 귀책사유가 필요하다는 김형배 교수의 견해가 존재한다. 이는 채권의 준점유자에 대한 변제를 유효하다고 인정하는 이유가 거래안전의 보호 때문이지만, 이에 이익을 받는 변제자가 존재하기 위해서는 불이익을 받는 채권자의 귀책사유가 있다고 보는 것이 어느 정도의 상관관계를 가지기 때문이다. 이 때 채권자의 귀책사유는 진정한 권리자가 권리를 상실하더라도 어쩔 수 없는 사유로서 넓게 해석할 수 있으며, 채권의 준점유자라는 외관의 형성에 채권자의 행위가 기여했다고 볼 수 있는 상당한 사정이 있다면 족한 것이고 엄격한 의미의 고의·과실과 같은 책임요건이 필요한 것은 아니다.

---

300) 민법 210조(준점유) : 본장의 규정은 재산권을 사실상 행사하는 경우에 준용한다.

301) 민법 470조(채권의 준점유자에 대한 변제) : 채권의 준점유자에 대한 변제는 변제자가 선의이며 과실 없는 때에 한하여 효력이 있다.

302) 대판 1999.4.27, 98다61593.

(2) 영수증 소지자에 대한 변제

영수증은 변제의 수령을 증명하는 문서로 채권자로부터 수령권한을 부여받은 자라고 생각되는 것이 보통이므로, 영수증소지자가 무권한자인 경우에도 변제자가 선의·무과실로 변제한 때에는 유효한 변제로 본다(제471조 본문[303]). 그러나 변제자가 그 권한 없음을 알았거나 알 수 있었을 경우에는 그러하지 아니하다(제471조 단서). 이때에 변제자의 악의·과실에 대해서는 변제의 무효를 주장하는 자(즉, 채권자)가 입증 책임을 부담한다.

또한 영수증은 수령증을 작성할 권한 있는 자에 의해 작성된 것이어야 하나(통설), 이 때 수령증이 진정한 것이면 소지인이 이를 입수한 경로는 문제되지 않는다. 다만, 영수증의 진위여부에 대해서는 변제자가 증명책임을 부담한다고 한다.

(3) 증권적 채권증서의 소지인에 대한 변제

지시채권·무기명채권·지명소지인출급채권 등의 증권적 채권증서의 소지인에 대한 변제는 소지인이 진정한 권리자가 아니더라도 변제자가 악의가 아니며, 선의임에도 중과실이 없는 한 유효하다(제518조, 제524조, 제525조[304]) 이는 증권적 채권의 유통과 거래의 안전을 함께 도모하기 위한 규정들이다.

3. 권한 없는 자에 대한 변제가 유효한 경우

권한 없는 자에 대한 변제는 표현수령권자에 대한 변제를 제외하고, 원칙적으로 무효이다. 그러나 무효인 변제에 의해 채권자가 사실상 이익을 받은 경우에는 그 한도 내에서 변제가 유효하고 채권은 소멸된다. 채권자가 만족을 얻은 한도 내에서 불필요한 급부의 순환을 막기 위함이다. 채권자의 이익은 직접 변제수령은 물론 변제와 인과관계 있는 이익을 모두 포함한다. 이 때 변제자의 선의·악의는 묻지 않는다. 따라서 변제자가 수령자에게 수령권한이 없음을 안 경우 또는 채권자에게 직접 지급하기로 한 특약이 있는 경우, 채권자가 수령자의 지위를 포괄 승계하거나 권리양도를 받은 때에 제472조[305]를 적용할 수 있다.

Ⅲ. 유효한 선의변제의 효과

채권의 준점유자에 대한 선의변제가 유효할 때 그 효과에 대한 견해는 다음과 같

---

303) 민법 471조(영수증 소지자에 대한 변제) : 영수증을 소지한 자에 대한 변제는 그 소지자가 변제를 받을 권한이 없는 경우에도 효력이 있다. 그러나 변제자가 그 권한 없음을 알았거나 알 수 있었을 경우에는 그러하지 아니하다.

304) 민법 제518조(채무자의 조사권리의무) : 채무자는 배서의 연속여부를 조사할 의무가 있으며 배서인의 서명 또는 날인의 진위나 소지인의 진위를 조사할 권리는 있으나 의무는 없다. 그러나 채무자가 변제하는 때에 소지인이 권리자 아님을 알았거나 중대한 과실로 알지 못한 때에는 그 변제는 무효로 한다. 민법 524조(무기명채권) : 제514조 내지 제522조의 규정은 무기명채권에 준용한다. 민법 제525조(지명소지인출급채권) : 채권자를 지정하고 소지인에게도 변제할 것을 부기한 증서는 무기명채권과 같은 효력이 있다.

305) 민법 제472조(권한 없는 자에 대한 변제) : 전2조의 경우 외에 변제받을 권한 없는 자에 대한 변제는 채권자가 이익을 받은 한도에서 효력이 있다.

이 두 가지의 견해로 나뉜다. 이는 제470조의 해석론의 차이로서, 절대적 효력설을 따르는 경우 확정력에 의해 변제자를 더욱 보호를 강화할 수 있으며 법률관계가 명확해진다는 장점을 가지나 탄력적인 법률 적용을 기대하기 어려운 단점을 가진다.

상대적 효력설(김형배 교수의 견해)을 따를 경우 변제자가 항변권을 원용하지 않는 경우에 채무불이행 등의 불이익을 입을 수도 있으나 부당이득의 반환과 변제가 동시에 이루어질 수 있는 장점을 가지기도 한다.

Ⅳ. 결 론

예금자(채권자) 및 예금청구자(표현수령권자)에 대한 은행(변제자)의 예금지급(변제) 행위에 대한 판례들은 다음과 같은 태도를 보이고 있다. 공통적으로 직무수행상의 통상의 주의(선관주의) 의무를 다하지 못 한 경우, 예를 들어 주민등록증 소지를 확인하였더라도 실물과 등록사진의 진위를 확인하지 않았다던가 또는 폰뱅킹의 경우 과거의 이체기록까지 확인해야하는 정도의 주의를 기울이지 않았더라면, 암호와 인감이 일치하면 유효한 계약으로 본다는 면책의 특약이 있다하더라도 유효한 변제로서 대항할 수 없다는 것이 판례의 일관된 태도임을 알 수 있다.[306]

위 사례에서 丙은 乙에 대하여 인출된 예금의 반환청구는 타당한가? 乙과의 예금계약상 그 반환청구권 및 수령권은 원칙적으로 채권자 丙에게 있다. 그러나 乙이 甲에게 행한 예금지급행위가 제470조의 채권의 준점유자에 대한 유효한 변제라고 판단되면 乙은 丙에 대한 반환채무를 면할 수 있다. 甲은 예금지급 청구에 필요한 예금증서와 유효한 인감을 소지하였으므로 채권의 준점유자에 해당하며, 앞서 언급한 대로 유효한 변제로 인정받기 위해서는 乙의 예금지급이 선의·무과실임을 전제로 하여야 한다. 甲이 예금주의 명의를 잘못 기재한 것, 그리고 정기예금계좌를 개설하기 위함이라는 주장과 달리 예금이 지급되자마자 가지고 가버린 것을 볼 때 丙의 예금지급에 있어 乙의 과실이 있다고 할 수 있다. 따라서 은행 乙은 준점유자 甲에 대한 예금지급을 이유로 丙에게 대항할 수 없으며 丙의 반환청구에 응해야 한다. 다시 말해, 丙의 乙에 대한 예금 반환청구는 타당하다.

결론적으로 乙과의 예금계약상 그 반환청구권 및 그로 인한 수령권은 원칙적으로 채권자 丙에게만 주어져 있다. 그러나 乙이 甲에게 행한 예금지급행위가 제470조의 채권의 준점유자에 대한 변제로서 유효하다고 판단될 경우, 乙은 丙에 대하여 반환채무를 면할 수 있게 된다.

---

306) 은행은 예금청구자에게 예금수령의 권한이 있는지 없는지를 판별하는 방편의 하나로 예금청구서에 압날한 인영과 은행에 신고하여 예금통장에 찍힌 인감을 대조확인할 때에는 인감대조에 숙련된 은행원으로 하여금 그 직무수행상 필요로 하는 충분한 주의를 다하여 인감을 대조하도록 하여야 할 것이고, 그러한 주의의무를 다하지 못하여 예금수령의 권한이 없는 자에게 예금을 지급하였다면 은행으로서는 그 예금지급으로서 채권의 준점유자에 대한 변제로서의 면책을 주장할 수 없다(대판 2001.6.12, 2000다70989); 이와 반대로, 예금주의 대리인이라고 주장하는 자가 예금주의 통장과 인감을 소지하고 예금반환청구를 한 때에 은행이 예금청구서에 나타난 인감과 비밀번호를 신고한 것과 대조·확인하는 외에 주민등록증을 통하여 예금주와 청구인의 호주가 동일인이라는 점까지 확인하여 예금을 지급하였다면 이는 채권의 준점유자에 대한 변제로서 유효하다고 볼 수 있다(대판 2004.4.23, 2004다5389).

일단 甲은 예금지급을 청구하는데 필요한 예금증서와 유효한 인감을 소지하고 있으므로 채권의 준점유자로 볼 수 있다. 한편 乙은행이 채권의 준점유자 甲에게 행한 변제의 유효성을 병에게 주장하기 위해서는 甲에 대한 乙은행(담당계원)의 예금지급이 선의·무과실로 행해졌을 것이 필요하다. 그러나 甲은 예금지급청구시 예금주의 명의를 잘못 기재하였고, 정기예금의 신청을 위해 지급청구하였다고 하였음에도 예금이 인출되자 그냥 가버렸다는 사실에 비추어 丙의 예금을 지급함에 있어서 乙은행(담당계원)의 과실이 인정된다고 할 것이다.

따라서 乙은행은 甲에 대한 예금지급을 이유로 병에게 대항할 수 없으며 병의 반환청구에 응하여야 한다. 만약 乙은행과 丙 사이에 은행거래약관상 예금청구서상의 인감과 예금증서상의 인감이 동일하다고 인정되는 경우에 그 지급은 유효하다는 내용의 특약이 있었다 하더라도, 은행이 통상의 주의를 다하지 못한 것으로 인정되는 경우에 까지 이러한 특약이 은행의 면책을 인정하는 근거가 될 수는 없다.[307)]

[문제 9] 관련 판례: [관판 9]

◎ **대판 1992.6.23, 91다14987【정기예금】**

【판시사항】

가. 기명식 예금에 있어서 예금주의 판단기준

나. 예금계약 체결을 위임받은 자가 가지는 대리권에 당연히 그 예금을 담보로 하여 대부를 받거나 이를 처분할 수 있는 대리권이 포함되는지 여부(소극)

다. 은행인 갑이 병 등 명의로 정기예금계약을 체결한 을과 사이에 위 예금을 담보로 대출계약을 체결하면서 을이 근질권설정계약서 등 관련 계약서들에 병 등의 서명 및 무인까지 하도록 한 경우에 있어 을에게 병 등을 대리하여 근질권설정계약의 체결 등을 할 권한이 있다고 믿는 데에 과실이 있다 하여 권한을 넘은 표현대리가 성립할 수 없다고 한 사례

---

307) 대판 1992.6.23, 91다14987; 이른바 폰뱅킹에 의한 자금이체신청의 경우에는 은행의 창구직원이 직접 손으로 처리하는 경우와는 달리 그에 따른 자금이체가 기계에 의하여 순간적으로 이루어지지만, 그것이 채권의 준점유자에 대한 변제로서 은행에 요구되는 주의의무를 다하였는지의 여부를 판단함에 있어서는, 자금이체시의 사정만을 고려할 것이 아니라 그 이전에 행하여진 폰뱅킹의 등록을 비롯한 제반 사정을 총체적으로 고려하여야 하며, 한편 은행이 거래상대방의 본인 여부를 확인할 필요가 있는 경우에 담당직원으로 하여금 그 상대방이 거래명의인의 주민등록증을 소지하고 있는지의 여부를 확인하는 것만으로는 부족하고 그 직무수행상 필요로 하는 충분한 주의를 다하여 주민등록증의 진정여부 등을 확인함과 아울러 그에 부착된 사진과 실물을 대조하여야 할 것인바, 만일 실제로 거래행위를 한 상대방이 주민등록상의 본인과 다른 사람이었음이 사후에 밝혀졌다고 한다면, 특별한 사정이 없는 한, 은행으로서는 위와 같은 본인확인의무를 다하지 못한 과실이 있는 것으로 사실상 추정된다(대판 1998.11.10, 98다20059); 은행담당직원의 과실로 예금인출의 권한이 없는 사람에게 은행이 예금을 지급하였으면 그 지급은 예금주에게 효력이 없다. 또한 은행과 예금주 사이에『은행이 인감을 대조한 후 통장을 지참한 자에게 예금을 내어주면 그 효력이 있다는 면책특약』의 취지는 은행업무상 요구되는 통상의 주의를 하였더라면 정당한 예금청구인인가 아닌가를 식별할 수 있는 것을 고의 또는 과실로 이를 알지 못하고 권한 없는 자에게 지급했을 때까지 무조건 그 지급이 유효하다는 것은 아니라고 해석된다(대판 1975.5.27, 74다2083).

라. 정기예금거래약관 중 예금 지급시 예금청구서에 날인된 인감과 암부호를 이미 계출한 것과 대조하여 틀림없다고 인정하고 취급한 경우에는 어떤 경우에도 유효한 것으로 보기로 하는 특약이, 은행이 통상의 주의를 다하지 못한 것으로 인정된 경우에까지 은행의 면책을 인정하는 근거가 될 수 있는지 여부(소극)

【판결요지】

가. 금융기관에 대한 기명식 예금에 있어서는 금융기관이 누구를 예금주라고 믿었는가에 관계없이 예금을 실질적으로 지배하고 있는 자로서 자기의 출연에 의하여 자기의 예금으로 한다는 의사를 가지고 스스로 또는 사자, 대리인을 통하여 예금계약을 한 자를 예금주로 보아야 한다.

나. 예금계약의 체결을 위임받은 자가 가지는 대리권에 당연히 그 예금을 담보로 하여 대부를 받거나 기타 이를 처분할 수 있는 대리권이 포함되어 있는 것은 아니다.

다. 은행인 갑과 사이에 을이 병 등의 명의로 정기예금계약을 체결한 후 병 등 명의로 연대보증계약 및 위 정기예금에 관한 근질권설정계약을 체결하면서 바로 대출을 신청하자 갑이 을에게 구비서류를 작성케 하면서 연대보증계약서, 근질권설정계약서들 중 병 등의 서명날인 부분에 을이 서명하고 소지중이던 병 등의 인장을 날인한 후 병 등의 이름 뒤에 무인까지 하도록 그대로 두었고 나아가 제3자 담보제공상담표, 연대보증상담표 등에 갑측에서 병 등의 연대보증의사를 직접 확인하였다고 기재하고 이를 확인하는 취지의 담당자의 서명날인까지 첨가하는 등 하였다면 갑이 을에게 병 등을 대리하여 위 담보대출계약, 근질권설정계약의 체결이나 예금거래의 중도해약을 할 권한이 있다고 믿었다 하더라도 그와 같이 믿는 데에 과실이 있다고 할 것이어서 민법 제126조 소정의 권한을 넘은 표현대리가 성립할 수 없다고 한 사례.

라. 정기예금거래약관에 예금 지급시 예금청구서에 날인된 인감과 암부호를 이미 계출한 것과 대조하여 틀림없다고 인정하고 취급한 경우에는 어떤 경우에도 유효한 취급으로 보기로 하는 특약이 있다 하더라도 이러한 특약이 은행이 통상의 주의를 다하지 못한 것으로 인정된 경우에까지 은행의 면책을 인정하는 근거가 될 수는 없다.

3. 대물변제

(1) 의 의

채무자가 다른 내용의 급부(대물급부)를 본래급부에 갈음하는 것으로 제공하고

(청약), 채권자가 이를 승낙하면서 수령하는 경우에는 변제와 같은 효력이 생긴다(제466조). 따라서 기본적 성질은 변제와 같다. 본래의 채무를 소멸시킨다는 점에서 경개와 유사하지만, 신채무를 발생시키지 않는다는 점에서 경개와 다르다.

(2) 법적 성질

1) 계약설(통설)[308)]

대물변제의 효력이 채권자와 변제자 사이의 합의에 의해서 발생하지만 현실적인 대물급부가 행해지는 경우에만 변제로서 효력이 발생하는 요물계약[309)]이라고 한다. 또한 대물급부가 본래급부에 대한 대가로서의 의미를 가진다는 점에서 유상계약으로 본다. 이는 대물에 하자가 있는 경우 매도인의 담보책임을 부과시키기 위한 것이라고 한다.

2) 다수설에 대한 비판 및 변제설[310)]

당사자 사이의 대물급부의 합의는 대물에 의한 급부가 변제로서의 효력을 갖기 위한 하나의 요건일 뿐, 대물변제와 동일한 것은 아니다. 대물변제란 현실적 대물급부에 대해 당사자의 합의가 이루어질 때, 변제의 효과가 발생하는 데 지나지 않고, 이에 의하여 이행의 문제가 남지 않게 된다는 점에서 요물계약이라고 할 수 없다. 대물급부의 유상성 여부는 본 계약에 의해 정해진 거래의 채무가 상대방의 반대급부와의 관계에서 유상인가의 여부에 의해 결정되어야 한다. 그리고 대물변제에 의해 새로운 계약관계가 설정되는 것은 아니며, 단지 당사자의 합의에 의해 대물급부로써 본래 채무가 이행된 것으로 한다는 측면에서 계약의 외형을 가지고 있는 것에 불과하므로, 대물변제 자체는 유상계약이라고 할 수 없다. 따라서 대물로 급여된 목적물에 흠이 있는 경우에 언제나 담보책임을 부과하여야 한다는 다수설은 타당하지 않다.

---

308) 곽윤직, 전게서, 360면; 김용한, 전게서, 555면; 김주수, 전게서, 412면, 김증한, 전게서, 165면; 임정평, 전게서, 460면; 현승종, 전게서, 389면.

309) 요물계약(要物契約)은 낙성계약에 대비되는 개념으로, 현실적인 행위가 동시에 실현되는 경우에 채권, 채무가 발생하는 개념이다.

310) 김형배, 전게서, 718면.

(3) 대물변제의 요건

① 채권이 존재할 것. 만약 채권이 존재하지 않는 데도, 대물변제가 행해진 경우의 급부는 비채변제가 된다.

② 본래의 급부와 다른 급부를 현실적으로 하여야만 한다.

③ '본래의 채무이행에 갈음하여' 다른 급부가 행하여 져야 한다. 대물급부자의 의사가 「변제에 갈음하여」 대물급부를 한 것이 명백한 경우가 아니면, 「변제를 위하여」 대물급부한 것으로 추정한다.[311] 판례도 마찬가지이다.[312] 이 경우 채권자는 본래의 채권과 「변제를 위하여」 행하여진 급부에 대한 신채권도 취득하므로, 신구양채권 중 선택적으로 행사할 수 있다는 견해가 일반적이며,[313] 신채권을 먼저 행사하여야 한다는 견해[314]는 소수이다. 판례도 종래에는 선택적으로 행사할 수 있다고 했으나,[315] 지금은 신채권을 먼저 행사하고 그 다음에 구채권을 행사하여야 한다고 한다.[316]

④ 채권자의 승낙이 있을 것 등의 요건을 갖추어야 한다.

(4) 대물변제의 효력

대물변제는 변제와 같은 효력이 있다. 따라서 본래의 채권과 그 채권을 담보하는 담보권도 소멸한다. 대물변제로 급부된 목적물에 하자가 있는 경우, 제567조에 의해 매도인의 담보책임에 관한 규정이 준용된다고 한다(다수설).[317] 그러나 대물변제 목적물의 하자에 대해 매도인의 담보책임에 관한 규정을 적용하기 위해서는 본래 급부에 관한 원인행위가 유상계약인 경우라야 한다. 즉, 대물변제는 본래 채권관계의 테두리 내에서 행해지는 변제에 관한 합의에 지나지 않기 때문이다.[318]

---

311) 곽윤직, 510면; 김용한, 전게서, 564면; 김주수, 전게서, 415면; 김형배, 전게서, 730면; 이은영, 전게서, 489면.

312) 대판 1991.4.9, 91다2526 등 참조.

313) 곽윤직, 전게서, 512면; 김용한, 전게서, 565면; 김주수, 전게서, 416면; 김형배, 전게서, 731면.

314) 김현태, 신채권법총론, 일조각, 1982, 333면.

315) 대판 1972.3.28, 72다119.

316) 대판 1996.11.8, 95다25060.

317) 곽윤직, 전게서, 513면.

318) 김형배, 상게서, 732면.

(5) 대물변제의 예약

① 의 의

채무자가 본래 급부에 갈음하여 다른 급부를 할 것을 미리 약속하는 것이다. 즉, 본래 채무결제의 예비적 수단으로 활용되는 것이지만, 실제 거래에서는 대물에 의한 변제와는 관계없이 채권에 대한 변칙적 담보제도로서 이용되고 있다.

② 종 류

진정한 의미의 대물변제예약과 정지조건부 대물변제계약이 있다. 전자는 계약의 내용에 따라 당사자 일방 또는 쌍방이 특정물의 급부를 대물로 변제할 수 있는 권능을 보유하는 것이다. 후자는 변제기에 채무이행이 없는 경우 목적물의 소유권이 당연히 채권자에게 이전되는 대물변제예약의 유형으로 구법시대에 인정되었다. 그러나 물권변동에 있어 형식주의를 취하는 현행 민법상 이것이 인정될 수 없다. 다만 무효행위의 전환(제138조)에 따라 전자로 전환되어 해석될 수 있다.

③ 법적 성질

대물변제예약에 있어서 목적물의 소유권이전의 효과를 가져오는 대물변제의 성립과 관련하여 다수설[319]과 판례[320]에 의하면 대물변제예약은 채권자에게 예약완결권이 인정되는 일방예약으로 추정된다고 한다. 그러나 소수설[321]에 의하면 대물변제에 있어서는 기존채무를 소멸시키기 위한 당사자의 합의 이외에 대물급부의 실행이 있어야 한다는 점에서 대물변제의 예약은 예약권자(채권자)의 일방적 의사표시에 의해 대물변제를 성립시키는 일방예약이라 할 수 없다. 오히려 대물변제의 예약은 편무예약이다. 즉, 채권자가 대물변제예약을 기초로 대물변제를 원하는 의사표시(청약)를 하면 채무자는 대물변제를 해야 할 채무를 부담하며, 이에 대한 이행으로 채무자가 승낙의 의사표시와 함께 대물급부를 현실적으로 실행하면 대물변제가 성립하여 기존의 채무가 소멸한다고 본다.

④ 제607조·608조와의 관계

채무액을 초과하는 대물변제예약(채권담보)에 의해서 채권자가 그 목적물의 소

---

319) 이은영, 전게서, 738면.

320) 대판 1997.6.27, 97다12488.

321) 김형배, 전게서, 736면.

유권을 취득하는 것은 정당하지 않다. 따라서 대물변제예약의 실행으로 채권자는 채권액 이익의 이상은 채무자에게 반환해야 한다. 특히 일반적으로 대물변제예약이 소비대차계약을 기초로 한다는 점에서 대물반환의 예약에 해당하는 대물변제의 예약에는 제607조 및 제608조가 적용된다. 따라서 제607조를 위반한 대물변제의 예약은 제608조에 의하여 그 효력이 없다. 여기서 '그 효력이 없다'는 의미와 관련하여 학설 및 판례가 대립되어 있다. 일부무효설[322)]은 그 의미는 무효를 의미하나, 그 무효는 대물변제예약이 전면적으로 효력이 없다는 것은 아니다. 즉, 제607조에 위반한 대물변제예약은 초과부분을 채무자에게 반환해야 하는 청산(귀속청산: 채권자가 저당부동산의 소유권이전등기와 동시에 청산금을 지급하는) 또는 청산의 문제를 지닌 채 유효하게 성립한 담보계약이라고 한다. 이에 비하여 약한 의미의 양도담보설(판례)[323)]은 제607조에 위반하는 대물변제예약은 제608조에 따라 무효이고, 이에 의한 소유권취득 역시 무효가 되지만, 대물변제예약에 포함되어 있는 채권담보계약은 약한 의미의 담보로서 유효하다고 한다. 그 효력으로서 저당권자는 청산의무를 부담한다. 그리고 무효행위전환설[324)]은 현행법상 유저당의 특약은 유효하므로 저당권자는 저당목적물의 소유권은 취득하나 청산의무를 부담한다. 그 근거로서 저당권설정계약과 함께 체결된 대물변제의 예약은 제607조·제608조에 의하여 전부 무효이지만, 무효행위전환이론에 의하여 '약한 의미의 양도담보'로 전환되어(제138조 참조), 그 효력으로서 청산의무가 발생하기 때문이라고 한다. 따라서 저당권설정자가 가지는 청산청구권은 부당이득반환청구권이 아니라 양도담보계약내용상 발생하는 계약적 청구권이라고 한다. 끝으로 채권담보의사설(무효설)[325)]은 제608조의 법문상 무효로 해석되기 때문에 당사자는 물론 제3자에 대해서도 무효로서 관철되어야 한다. 그러나 대물변제예약속에 포함되어 있거나 또는 병존하는 것으로 해석되는 채권담보의 의사는 독립적으로 파악되고, 이미 행하여진 이전등기는 소유권이전등기로서의 효력은 없으나 담보로서의 효력은 보유한다. 즉, 대물변제의 예약은 무효이나, 그 속에 포함된 담보계약이 독립적으로 효력을 가지므로 채무자(저당권설정자)의 불이행시에 채권자가 등기이전을 청구하면 채무자는 담보계약을 기초로 한 청산청구권을 가지고 동시이행의 항변을 할 수 있다고 한다. 저자는 채권담보의사설(무효설)의 견해에 찬동한다.

---

322) 곽윤직, 물권법, 박영사, 1993, 725면; 곽윤직, 후암민법논총, 1991, 588면.

323) 대판 1967.3.28, 67다61; 대판 1982.7.13, 81다254.

324) 이영준, 물권법, 박영사, 1996, 978면.

325) 김형배, 전게서, 738-739면; 김정현, "민법 제607조·제608조의 출발점에 대한 근본적인 반성과 재구성", 온산 방순원선생고희기념「민사법의 제문제」, 1985, 132면 이하.

[문제 10]

乙은 甲으로부터 3,000만원을 차용하였으나 변제기에 변제하지 못하여 甲으로부터 최고를 받았다. 이에 乙은 2개월 후를 만기일로 하는 약속어음을 발행하고 어음이 부도나면 자기가 소유하고 있는 토지(시가 5,000만원 상당)의 소유권을 이전해 주기로 약속하였다. 그 후 乙의 약속어음이 부도가 났다(그 시점에서 乙의 차용원리금은 3,300만원에 달하였다).

(질문)

첫째, 위 사례에서 乙의 약속어음교부행위와 변제의 효과는?

둘째, 어음이 부도나지 않은 경우 기존채권의 행사와 어음채권의 행사 중 선택적 행사가 가능한가?

셋째, 위 사례에서 乙의 약속어음이 부도난 경우 甲과 乙 사이에 대물변제예약에 관한 올바른 이해는?

(참조판례) 대판 1982.7.13, 81다254; 대판 1995.10.13, 93다12213; 대판 1996.11.8, 95다25060.

[문제 10] 해설:

Ⅰ. 사례의 쟁점

乙은 소비대차 계약에 기한 차용금 반환채무를 부담하고 있으나 변제기에 변제를 하지 못하여 甲으로부터 최고를 받았고, 이에 변제의 수단으로 약속어음을 발행하였다. 이러한 어음발행행위가 당사자의 의사 해석과 관련하여 어떠한 법적 성질을 가지는지 우선 검토해야 한다.

이어서 甲은 乙이 발행지급한 약속어음의 부도를 조건으로 A토지소유권이전의 약정을 한 것이 대물변제의 예약인지 여부와 대물변제예약의 법적 성질 및 본래의 급부와 대물급부 사이의 불균형과 관련하여 민법(이하 법명 생략) 제607조 및 제608조의 해석론을 실펴보기로 한다.

Ⅱ. 甲의 어음발행행위의 법적 성질

1. 어음수수의 경우 당사자의 의사

기존 채무에 관하여 채무자가 약속어음을 발행한 경우 민법 학계의 다수설은 일반적으로 '지급에 갈음하여'와 '지급을 위하여'의 두 경우로 나누어 설명한다.[326] 한편 학설은 '지급에 갈음하여', '지급을 위하여', '기존 채무를 담보하기 위하여'의 세 가지로 분류한다.[327] 이하 두 경우로 분류하는 전자의 입장에 따라 서술하기로 한다.

326) 곽윤직, 채권총론, 510면; 김형배, 채권총론, 729면 이하 등.

327) 최준선, 「상법사례연습 제9판」, 142면 이하; 정찬형, 「상법강의(하)」, 150면 이하; 지원림, 「기존 채무와 관련하여 어음이나 수표가 교부된 경우의 법률관계」, 고시계, 2000.5.

이러한 구별의 실익은 당사자의 의사해석에 따라 기존 채무와 어음채무와의 관계가 달라진다는 점에 있다. 어음교부 행위가 '지급에 갈음하여' 이루어진 경우 기존 채무가 소멸하고 대물변제(제466조)가 성립하며(제500조의 경개로 해석하면 어음의 효력이 기존채무의 존부에 따라 결정되므로 어음행위의 무인성과는 모순되는 결과적으로도 상반되어 부당함) '지급을 위하여' 행해진 경우에는 어음의 결제가 이루어져야 기존 채무가 소멸하게 된다.

구체적인 사안에 있어서 어음교부행위가 위의 두 유형 중 어느 것에 해당하는지는 사적자치의 원칙상 우선 당사자의 의사에 의하여 결정되는 것은 당연하나 특별한 의사 표시가 없는 경우 어음교부 행위를 어떻게 해석해야 하는지 논의가 되고 있다.

2. 당사자의 의사가 불명확한 경우

일반적으로 기존 채무를 결제하기 위하여 어음을 발행하는 경우 '지급을 위하여' 또는 '지급을 담보하기 위하여' 어음을 교부한 것으로 추정하고 적어도 '지급에 갈음하여' 어음을 교부한 것으로 보지는 않는다. 왜냐하면 어음은 강제통용력이 없으므로 어음의 취득이 반드시 그 지급을 예정한다고 할 수 없을 뿐만 아니라 어음의 교부에 의하여 기존 채무가 당연히 소멸한다고 하면 채권자는 기존 채권에 존재하던 담보권을 모두 상실하게 되어 통상 당사자의 의사에 합치된다고 보기 어렵기 때문이다.

대법원은 "기존 채무의 이행에 관하여 채무자가 채권자에게 어음을 교부할 때의 당사자의 의사는 기존 원인채무의 '지급에 갈음하여', 즉 기존 원인채무를 소멸시키고 새로운 어음채무만을 존속시키려고 하는 경우와, 기존 원인채무를 존속시키면서 그에 대한 지급방법으로서 이른바 '지급을 위하여' 교부하는 경우 및 단지 기존 채무의 지급 담보의 목적으로 이루어지는 이른바 '담보를 위하여' 교부하는 경우로 나누어 볼 수 있는데, 당사자 사이에 특별한 의사표시가 없으면 어음의 교부가 있다고 하더라도 이는 기존 원인채무는 여전히 존속하고 단지 그 '지급을 위하여' 또는 그 '담보를 위하여' 교부된 것으로 추정할 것이며, 따라서 특별한 사정이 없는 한 기존의 원인채무는 소멸하지 아니하고 어음상의 채무와 병존한다고 보아야 할 것이고, ..."라고 판시하여 특별한 사정이 없는 한 '지급을 위하여' 교부되는 것으로 추정하고 있다.[328)]

3. 소 결

사안의 경우 채무자 乙은 약속어음의 발행인으로서 변제에 갈음한다는 의사표시를 하여 채권자 甲이 이를 승낙하였거나 이를 인정할 만한 특별한 사정이 있다고 볼 수 없다. 따라서 을의 어음교부행위는 '지급을 위하여' 어음을 발행한 것으로 추정되고 본래의 채무인 소비대차상의 채무와 어음상의 채무는 병존하게 된다.[329)]

Ⅲ. '변제를 위한' 어음교부의 경우 채권행사의 방법

1. 채권행사의 순서

'지급을 위하여' 어음이 교부된 경우 기존의 채무는 소멸하지 않고 양 채무는 병

328) 대판 1996.11.8, 95다25060.

329) 판례는 기존채무의 변제를 위하여 채권을 양도한 경우에도 동일 취지(대판 1994.2.8, 93다50291).

존하므로 채권자는 어음상의 권리와 기존채권 중 어느 것을 먼저 행사해야 하는지 문제가 된다.

이에 대하여 다수설은 채권자에게 어음채권을 통하여 채권의 만족을 얻어야 할 의무가 없고 채무자는 어음에 대한 이행을 먼저 청구하라고 항변할 수 없으므로 결국 채권자는 양자 중 어느 것이든 자유롭게 선택하여 행사할 수 있다고 한다. 이에 반해 소수설은 이 경우 결제의 편의를 위하여 어음을 발행한 것이고 당사자 간에 보다 쉽게 행사할 수 있는 어음채권의 우선적 행사가 예정되어 있는 것으로 해석하여 어음채권을 먼저 행사해야 한다고 한다.

대법원은 일관되지 않은 태도를 보이고 있다. 초기의 판례는 "기존채무에 관하여 배서된 약속어음이 발행된 경우에 그것이 채무지불에 대하여 교부되었다는 당사자의 의사가 분명치 않은 이상 그것은 채무지불을 위하여 즉 지불확보를 위하여 교부된 것으로 추정 받을 것이며 채권자는 그 선택하는 바에 따라 기존채권 또는 어음상의 채권을 행사할 자유가 있는 것으로 풀이 할 것이다"[330], "매매잔대금에 관하여 발행된 약속어음은 그 지급확보를 위한 것이므로, 채권자는 선택적으로 약속어음 청구를 하거나 그 원인되는 잔대금 채무불이행을 이유로 매매계약의 해제를 할 수 있다"[331], "원인채권의 지급을 확보하기 위한 방법으로 어음이 수수된 경우에 원인채권과 어음채권은 별개로서 채권자는 그 선택에 따라 권리를 행사할 수 있고...."[332] 등 선택적인 행사를 긍정하였으나, 이후 다른 사건에서는 "어음이 '지급을 위하여' 교부된 경우에는 채권자는 어음채권과 원인채권 중 어음채권을 먼저 행사하여 만족을 얻을 것을 당사자가 예정하였다고 할 것이므로 채권자로서는 어음채권을 우선 행사하고, 그에 의하여서는 만족을 얻을 수 없을 때 비로소 채무자에 대하여 기존의 원인채권을 행사할 수 있다고 하여야 하며, 나아가 이러한 목적으로 어음을 배서 양도받은 채권자는 특별한 사정이 없는 한 채무자에 대하여 원인채권을 행사하기 위하여는 어음을 채무자에게 반환하여야 하므로, 채권자가 채무자에 대하여 자기의 원인채권을 행사하기 위한 전제로서 지급기일에 어음을 적법히 제시하여 소구권 보전절차를 취할 의무가 있다고 보는 것이 양자 사이의 형평에 맞는다"[333]라고 판시하고 있다. 이에 따르면 채권자는 어음채권을 우선적으로 행사하고 원인채권은 보충적으로 행사할 수 있게 된다.

2. 소 결

'변제를 위하여' 어음을 교부한 경우 당사자 간에 채권행사의 방법에 관하여 의사표시를 하였거나 특별한 사정이 없다면 채권자는 어느 것이든 선택적으로 행사 할 수 있다고 보는 것이 타당하다. 원인채권을 먼저 행사하는 경우에도 채무자는 동시이행항변으로서 어음의 반환을 구할 수 있으므로 채무자에게 예상하지 못한 특별한 불이익이 된다고 볼 수는 없을 것이다.[334]

---

330) 대판 1960.4.28 4292민상197.

331) 대판 1972.3.28. 72다119.

332) 대판 1999.6.11.99다16378.

333) 대판 1996.11.8. 95다25060; 대판 1995.10.13. 93다12213.

사안의 경우 乙은 '변제를 위하여' 어음을 발행하였으므로 甲은 소비대차상의 채권과 어음채권을 선택적으로 행사할 수 있다.

Ⅳ. 甲과 乙의 대물급부약정의 법적 성질

1. 문제점

사안에서 甲과 乙은 어음의 부도가 날 경우 본래의 급부 대신 A토지의 소유권을 이전하기로 약정하였는바 이러한 대물급부의 약정이 어떠한 법적 성질을 지니는지 대물변제의 법적 성질 및 대물변제 예약의 법적 성질과 관련하여 검토하여야 한다.

2. 대물변제의 법적 성질

(1) 대물변제의 의의

채무자가 다른 내용의 급부를 본래의 급부에 갈음하는 것으로 제공하고, 채권자가 그 급부를 본래의 급부에 갈음하는 것으로 승낙하면서 이를 수령하는 경우에는 변제와 같은 효력이 생긴다(제466조). 대물변제에는 채권자와 변제자 사이의 합의의 면과 급부의 이행이라는 면이 존재한다. 이 가운데 무엇을 본질적인 것으로 볼 것인지에 따라 학설이 대립하고 있다.

(2) 법적 성질

① 요물계약설

대물변제는 본래의 급부에 갈음하여 다른 급부를 하는 것으로서 이는 변제자의 청약과 채권자의 승낙이 있어야 하므로 합의에 의하여 성립하는 계약이라고 한다. 이에 의하면 대물변제는 대물급부를 현실 이행하여야 성립하는 요물계약이 되며 본래의 급부에 대한 대가로서 하는 유상계약이라고 설명한다. 따라서 대물변제 목적물에 하자가 있으면 담보책임이 발생한다고 한다.[335]

② 변제설

대물변제는 채권자와 채무자의 합의가 필요하지만 그 합의는 대물변제가 변제로서의 효력을 갖기 위해 필요한 요건의 하나일 뿐 대물변제의 본질은 계약이 아닌 변제라고 한다. 즉 대물변제는 채권자의 승낙을 얻어 현실적인 급부결과를 실현하는 것이며 변제의 한 방법일 뿐이라고 한다.[336]

③ 판 례

판례는 "대물변제는 요물계약이므로, 다른 급부가 부동산의 소유권 이전인 때에는 소유권이전등기를 완료하여야만 대물변제가 성립한다"[337]라고 판시하여 계약설의 입장이다.

---

334) 반면에 소수설과 근래의 판례에 의할 경우 어음금의 지급제시가 없으면 기존채무에 대하여 이행지체에 빠지지 않는다고 한다.

335) 곽윤직, 채권총론, 264면.

336) 김형배, 민법학강의, 876면.

337) 대판 1978.8.22 77다1940.

④ 검 토

대물변제에 따라 채무가 소멸하는 것은 급부를 한 사실 즉, 변제의 효과로서 발생하는 것이며 계약이라면 이행의 문제가 남아야 하는데 대물변제는 이행의 문제가 남을 수가 없으므로 채권의 발생(계약)이 아닌 소멸(변제)의 문제라고 보는 것이 타당하다. 따라서 대물변제는 요물계약이 아닌 변제로 파악해야 한다.

3. 대물변제의 예약

(1) 의 의

채무자가 본래의 급부에 갈음하여 다른 급부를 할 것을 미리 약정하는 것을 대물변제의 예약이라고 한다. 민법은 이에 대하여 직접적인 규정을 두고 있지 않으나 사적자치의 원칙상 당연히 인정된다. 대물변제의 예약은 주로 금전소비대차의 당사자 사이에서 채무불이행시 특정 재산권을 이전한다는 형식으로 변칙적인 물적 담보제도로 활용된다. 민법이 부동산 담보 금융으로 예정하고 있는 저당권의 설정보다 채권 확보방법이 확실하고 간편하다는 이유로 실제 거래상으로 빈번하게 활용되고 있다.

(2) 검 토

사안의 경우 '지급을 위하여' 발행된 어음의 부도를 조건으로 본래의 급부에 갈음하여 자기 소유 토지에 대한 소유권 이전의 급부를 할 것을 미리 약정하였으므로 대물변제의 예약에 해당한다. 대물변제의 예약이 어떠한 법적 성질을 가지는지 대물변제의 예약에 의해 본 계약인 대물변제를 성립시키는 방법과 관련하여 학설이 대립하고 있다.

4. 대물변제예약에 의한 대물변제의 실현방법

(1) 정지조건부 대물변제 계약의 인정여부

물권변동에 관하여 대항요건주의를 규정하였던 구민법시대에는 이행기의 도과만으로 대물변제의 목적물의 소유권이 당연히 이전된다는 내용의 정지조건부 대물변제 계약이 인정되었으나 성립요건주의를 채택한 현행민법에서는 등기나 인도 없이 물권이 변동될 수 없으므로 이러한 내용의 계약은 인정될 수 없다. 다만 당사자의 약정을 무효행위전환(제138조)에 따라 예약완결권의 행사를 요하는 진정한 의미의 대물변제예약으로 해석할 수 있다.

(2) 대물변제예약의 성질

① 일방예약설

전통적인 다수설은 당사자 사이에 예약의 성질이 명백하게 약정되지 않은 경우 제564조에 의하여(제567조) 채권자에게 예약완결권이 인정되는 일방예약으로 추정한다.[338)]

② 편무예약설

대물변제의 예약에는 제564조를 준용할 수 없으며 본 계약체결 청구권자는 채무

338) 이은영, 채권법, 738면; 김주수, 채권총론, 419면.

자에게 대물변제를 요구할 수 있고 그에 따라 채무자가 대물변제를 하였을 때 변제의 효력이 발생하게 된다고 한다.[339]

③ 기타 채무변경의 본 계약설[340]

대물변제를 변제로 이해하면서 대물변제예약을 본 계약인 대물변제 계약으로 보는 견해 등이 주장된다.

④ 판 례

대법원은 "대물변제 예약완결권은 일종의 형성권으로 당사자 사이에 그 행사기간을 약정한 때에는 그 기간 내에, 그러한 약정이 없는 때에는 그 권리가 발생한 때로부터 10년 내에 이를 행사하여야 하고, 이 기간을 도과한 때에는 예약 완결권은 제척기간의 경과로 인하여 소멸한다. 대물변제예약 완결의 의사표시는 특별한 방식을 요하는 것이 아니고 예약 의무자에 대한 의사표시로 할 수 있다."[341]라고 판시하여 일방예약설의 입장으로 평가된다.

(3) 검 토

대물변제를 요물계약 또는 변제로서 이해한다면 예약완결권의 행사만으로는 실제 이행이 없기 때문에 대물변제가 성립할 수 없다. 예약완결권의 행사만으로 대물변제가 성립한다면 전술한 정지조건부 대물변제계약에서처럼 성립요건주의에 반하는 결과가 된다. 따라서 대물변제의 예약은 편무예약으로 보는 것이 타당하다.

사안의 경우 대물변제의 예약은 乙이 발행한 어음의 부도를 조건으로 체결되었고 조건이 성취되었으므로 乙은 甲에게 본래의 급부대신 A토지의 소유권이전등기를 해주어야 할 채무를 부담하게 된다. 이에 따라 甲이 소유권이전등기를 경료하게 되면 대물변제는 실현되고, 甲의 채권은 소멸하게 된다. 그러나 민법은 변칙담보로서 이용되는 대물변제예약에 있어서 채권자의 폭리행위를 규제하기 위하여 제607조·제608조를 두어 일정한 경우 '효력이 없다'고 규정하고 있다. 따라서 위의 규정에 의해 甲과 乙의 대물변제예약이 무효가 되어 甲은 A토지에 대하여 아무런 청구도 할 수 없는 것인지 검토해야 한다.

Ⅴ. 대물변제예약과 민법 제607조 및 제608조의 해석론

1. 폭리행위 규제의 필요성

전술한 것처럼 대물변제의 예약은 주로 변칙적 담보제도로서 기능하며 채권자는 채무액을 훨씬 초과하는 목적물을 취득하게 됨으로써 폭리행위의 문제가 발생하게 된다. 이러한 폭리행위에 대하여 제104조 불공정한 법률행위에 해당하는지 여부를 검토해 볼 수 있으나 사안의 경우 사회질서에 반하여 전면적, 절대적으로 무효인 것으로 보기는 어려워 보이며, 소비대차에 기한 대물변제예약의 경우 민법은 제607조·제608조의 특별규정을 두어 본래의 채권액보다 대물변제예약의 목적물의 시가가 현

339) 곽윤직, 채권총론, 268면; 김형배, 민법학강의, 880면.

340) 지원림, 민법강의, 898면.

341) 대판 1997.6.27, 97다12488.

저하게 균형을 상실한 때에는 대물변제 예약은 효력이 없다고 규정하고 있다. 여기서 제608조의 '효력이 없다'는 것이 무엇을 의미하는지 논의가 되고 있다.

2. 제608조의 '효력이 없다'의 의미

(1) 판례이론

대법원은 제607조에 위반한 대물변제의 예약은 무효이고 그에 의한 소유권 취득의 약정도 무효이나 그 속에 포함되어 있는 채권담보계약은 여전히 유효하고 차주의 원리금 채무을 담보하는 범위 내에서 '약한 의미의 양도담보계약'으로서 효력을 가진다고 한다. 이를 요약하면 「대물변제 예약의 존재→무효→담보계약의 잔존→신탁행위→청산」으로 설명할 수 있다.[342]

이에 의하면 무효인 대물변제의 예약에 의해 소유권이전등기 청구를 하는 경우 양도담보 설정을 위한 이전등기청구로 해석하게 되어 채권자는 소유권이전등기를 청구할 수 있다.[343] 또한 이에 의해 경료된 소유권이전등기는 유효성을 인정받게 되고 다만 가등기담보 등에 관한 법률에 의한 청산의 문제만 남게 된다.

(2) 일부무효설[344]

대물변제의 예약이 무효가 되면 양도담보 계약은 물론 소유권이전등기의 효력도 인정될 수 없기 때문에 제608조에서 말하는 '효력이 없다'는 것은 전면적인 무효를 의미하는 것은 아니며, 제607조에 위반하는 초과부분을 채무자에게 반환해야 한다는 뜻으로 해석한다.

결국 제607조에 위반하는 대물변제예약은 원리금의 초과분에 한하여 무효이므로 채권자는 이 부분을 부당이득으로 보유하는 것이 되고 채무자에게 부당이득으로 반환해야 한다.

(3) 무효행위전환설

대물변제예약이 제607조에 위반하는 경우 무효가 되지만 그 예약 속에 채권담보계약을 기초로 당사자 사이에 '약한 의미의 양도담보계약'이 설정된 것으로 본다. 전술한 판례의 태도와 유사한 것으로 평가 된다.

(4) 채권담보의사설

이 견해는 제607조 제608조의 '효력이 없다'의 의미는 법문 그대로 당사사 및 제3자의 관계에 있어서 무효로 관철되어야 하며 다만 대물변제예약에 포함되어 있거나 병존하는 채권담보의사를 독립적으로 파악하여 채권담보의 효력만을 인정해야 한다

---

342) 김정현, 「민법 제607조·제608조의 출발점에 대한 근본적인 반성과 재구성」, 1985.

343) "민법 제607조, 제608조에 위반된 대물변제의 약정은 대물변제의 예약으로서는 무효가 되지만 약한 의미의 양도담보를 설정하기로 하는 약정으로서는 유효하되, 다만 그에 기한 소유권이전등기를 미처 경료하지 아니한 경우에는 아직 양도담보가 설정되기 이전의 단계이므로 가등기담보 등에 관한 법률 제3조 소정의 담보권 실행에 관한 규정이 적용될 여지가 없는 한편, 채권자는 양도담보의 약정을 원인으로 하여 담보목적물에 관하여 소유권이전등기절차의 이행을 청구할 수 있다(대판 1999.2.9. 98다 51220)."

344) 곽윤직, 물권법, 346면 이하.

고 한다. 따라서 대물변제예약에 기하여 등기가 된 경우 당해 채권담보의 범위 내에서 담보로서의 효력만 가지며 제3자의 경우는 제108조 제2항의 유추적용을 통하여 보호될 수 있다고 한다.[345)]

(5) 검 토

판례이론에 따르면 무효인 대물변제의 예약 속에 포함된 채권담보의 의사는 당사자의 의사에 합치하여 유효하다는 점에 있어서는 합당하나, 그 담보계약을 신탁행위인 양도담보로 이론 구성함으로써 무효인 대물변제예약에 의한 등기 또는 가등기가 유효하게 되고, 제3자와의 관계에 있어서도 유효가 되버리는 모순을 초래한다.

일부 무효설의 경우 제608조의 법문이 '효력이 없다'고 규정하는 데에 반해 청산을 전제로 유효하다는 이론 구성을 함으로써 판례의 경우처럼 등기 또는 가등기가 유효하게 되고, 제3자와의 관계에 있어서 유효가 되므로 제607조·제608조의 법문을 무의미하게 만드는 결과가 되는 것으로 보인다.

따라서 제608조의 '효력이 없다'는 문언의 효력을 관철시키면서 채권담보의사를 독립적으로 파악하여 채권자의 소유권취득에 관한 예약부분은 무효이고 담보로서의 효력은 보유하는 것으로 파악하는 채권담보의사설이 타당하다.[346)]

3. 소 결

사안의 경우 대물급부인 A토지의 예약당시 시가인 5,000만원은 기존 채무인 3,300만원을 초과하여 제607조·제608조가 적용된다. 채권담보 의사설에 의하면 甲과 乙 사이의 대물변제예약은 무효이나 3,300만원의 채권의 담보로서의 효력은 보유하고 있으므로 담보권의 실행으로써(귀속청산) 甲은 1,700만원을 乙에게 지급하고 A토지에 대하여 소유권이전등기를 청구할 수 있다(청산금의 지급과 소유권이전은 동시이행관계에 있는 것으로 해석한다). A토지를 제3자에게 매각하는 이른바 처분청산의 경우에도 甲은 채무액인 3,300만원만 취득하게 된다.[347)]

Ⅵ. 결 론

을의 어음교부행위는 '지급을 위하여' 어음을 발행한 것으로 추정되고 이는 대물변제가 아니므로 본래의 채무인 소비대차상의 채무와 어음상의 채무는 병존하게 된다. 그리고 '지급을 위하여' 어음을 교부한 경우 기존채권과 어음채권 중 어느 것이나 선택하여 행사할 수 있다. 다만 근래의 판례에 따르면 어음의 우선적 행사가 예정된 것으로 추정하여 어음채권을 우선적으로 행사해야 한다. 또한 대물변제의 예약이 제607조·제608조에 위반한 경우 대물변제 예약에 기한 소유권이전의 약정은 당

345) 김형배, 채권총론, 738면 이하.

346) 대물변제예약에 기하여 이미 등기 또는 가등기가 되어 있는 경우 가등기담보등에 관한 법률의 적용을 받게 되어 어떤 학설에 의하든지 큰 차이가 없게 된다. 그러나 사례의 경우와 같이 미등기이거나 동산의 경우, 비전형담보 제도를 담보물권으로 이론구성을 한다면 논리의 일관성 측면에서 채권담보의사설이 설득력이 있어 보인다.

347) 등기 또는 가등기를 갖추지 않은 경우 가등기담보 등에 관한 법률의 적용이 없으나 청산방법에 관하여 유추적용 할 수 있다(김형배, 민법학강의, 606면, 635면 이하).

사자는 물론 제3자와의 관계에서도 무효이나 채권을 담보하는 의미에서는 당사자의 의사에 합치하여 그 효력을 보유하므로 담보권을 행사 하는 범위에서 유효하며, 따라서 甲은 담보권의 실행으로써(귀속청산) 甲은 1,700만원을 乙에게 지급하고 A토지에 대하여 소유권이전등기를 청구할 수 있다(청산금의 지급과 소유권이전은 동시이행관계에 있는 것으로 해석한다). A토지를 제3자에게 매각하는 이른바 처분청산의 경우에도 갑은 채무액인 3,300만원만 취득하게 된다. 만약 등기가 제3자에게 이전된 경우 제3자는 제108조 제2항의 유추적용을 통하여 보호될 수 있다.

[문제 10] 관련 판례: [관판 10]

◎ **대판 1982.7.13, 81다254【소유권이전등기말소】**

【판시사항】

가. 민법 제607조, 제608조에 위법한 대물변제 예약을 원인으로 한 소유권이전등기의 효력

나. 매수인란을 백지로 한 소유권이전등기 소요서류 등을 교부한 경우 중간등기 생략의 묵시적 합의 유무(적극)

【판결요지】

가. 대물변제예약이 민법 제607조, 제608조에 따라 무효라 할지라도 양도담보의 목적범위에서는 유효하다 할 것이니 양도담보권자가 제3자에게 그 담보목적물을 처분하여 그 등기를 필하였다면 채무자는 그 제3자에 대하여 대물변제예약의 무효를 들어 대항할 수 없다.

나. 소유권이전등기 소요 서류등에 매수인란을 백지로 하여 교부한 경우에는 소유권이전등기에 있어 묵시적 그리고 순차적으로 중간등기 생략의 합의가 있었다고 봄이 상당하다.

◎ **대판 1995.10.13, 93다12213【대여금】**

【판시사항】

가. 기존 채무의 이행을 위하여 제3자 발행의 어음을 교부한 경우의 법률관계

나. 채권자가 기존 채무의 이행을 위하여 제3자 발행의 어음을 교부받은 경우, 그 어음에 대한 소구권 보전절차를 취할 의무를 부담하는지 여부

다. 채권자가 기존 채무의 이행을 위하여 교부받은 어음에 대한 소구권 보전의무를 게을리 한 경우, 채무자가 이로 인한 손해배상 채권으로 기존 채무와 상계하기 위한 요건

【판결요지】

가. 채무자가 기존 채무의 이행에 관하여 채권자에게 어음을 교부하는 경우에

당사자 사이에 특별한 의사표시가 없고, 다른 한편 어음상의 주채무자가 원인관계상의 채무자와 동일하지 아니한 때에는 제3자인 어음상의 주채무자에 의한 지급이 예정되고 있으므로, 이는 '지급을 위하여' 교부된 것으로 추정된다.

나. '가' 항의 경우, 채권자는 어음채권과 원인채권 중 어음채권을 먼저 행사하여 만족을 얻을 것을 당사자가 예정하였다고 할 것이므로, 채권자로서는 어음채권을 우선 행사하고 그에 의하여서는 만족을 얻을 수 없을 때 비로소 채무자에 대하여 기존의 원인채권을 행사할 수 있으며, 나아가 이러한 목적으로 어음을 배서양도받은 채권자는 특별한 사정이 없는 한 채무자에 대하여 원인채권을 행사하기 위하여는 어음을 채무자에게 반환하여야 하므로, 채권자가 채무자에 대하여 자기의 원인채권을 행사하기 위한 전제로서 지급기일에 어음을 적법히 제시하여 소구권 보전절차를 취할 의무가 있다고 보는 것이 양자 사이의 형평에 맞는다.

다. 채권자가 기존 채무의 이행을 위하여 교부받은 어음을 지급기일에 적법하게 지급제시를 하지 아니함으로써 소구권이 보전되지 아니하였더라도, 약속어음의 주채무자인 발행인이 자력이 있는 한 어음을 반환받은 채무자가 발행인에 대한 어음채권이나 원인채권을 행사하여 자기 채권의 만족을 얻을 수 있기 때문에 아직 손해는 발생하지 아니하고, 지급기일 후에 어음발행인의 자력이 악화되어 무자력이 됨으로써 채권자에게 자신의 채무를 이행하여야 할 채무자가 어음을 반환받더라도 발행인에 대한 어음채권과 원인채권의 어느 것도 받을 수 없게 된 때에야 비로소 자신의 채권에 대하여 만족을 얻지 못하게 되는 손해를 입게 되고, 이러한 손해는 어음 주채무자인 발행인의 자력의 악화라는 특별 사정으로 인한 손해로서 소구권 보전의무를 불이행한 어음소지인이 그 채무 불이행 당시인 어음의 지급기일에 장차 어음발행인의 자력이 악화될 것임을 알았거나 알 수 있었을 때에만 그 배상채권으로 상계할 수 있다.

4. 공 탁

(1) 의의 및 법적성질

공탁이란 채권자가 변제를 받지 아니하거나 받을 수 없는 경우에 변제자가 채권자를 위하여 변제의 목적물을 공탁소에 임치함으로써 채무를 면하는 제도이다. 담보나 보관 등의 목적을 위한 공탁(민법 제353조 3항; 상법 제70조 참조)과 구별된다.

공탁에 의한 공탁자(채무자 또는 제3자)와 공탁소 사이의 공법관계와 채권자와 채무자 사이의 변제를 목적으로 하는 사법관계에 관해서는 견해가 대립하고 있다.

① **공법관계설(판례[348] 및 일부학설[349])**

공탁은 국가기관인 공탁소를 중심으로 공탁법에 따라 그 절차가 실현되기 때문에 공법관계이라 한다. 이러한 관계가 형성될 때, 민법상의 채무는 그 목적을 달성하고 소멸된다고 한다. 즉, 변제제공은 공탁공무원의 수탁처분과 공탁물보관자의 공탁물수령으로 그 효력이 발생하여 채무는 소멸된다고 한다.

② **사법관계설[350]**

공탁은 공탁자와 공탁소가 채권자로 하여금 그 권리를 취득하게 하기 위하여 체결하는 제3자를 위한 임치계약이라고 한다. 특히 공탁금출급청구권이 민법 제162조 제1항의 규정에 의하여 10년의 소멸시효를 지닌다는 점에 비추어 볼 때, 이 견해가 타당하다고 한다.

③ **양면관계설[351]**

공탁은 공법적인 면과 사법적인 면을 함께 지니고 있다. 전자는 공탁법이, 후자는 민법이 적용된다. 그리고 사법적인 면에서 공탁은 재3자를 위한 임치계약이다.

(2) 공탁의 요건

1) 공탁원인의 존재

① 채권자가 변제를 받지 아니하거나 받을 수 없는 경우

변제를 제공함에도 불구하고 채권자가 수령하지 않을 때에는 채권자의 귀책사유의 유무에 관계없이 공탁할 수 있다. 또한 미리 수령을 완강하게 명확히 거절한 경우 구두제공을 할 필요 없이 공탁할 수 있다(통설·판례).

② 변제자가 과실 없이 채권자를 알 수 없는 경우

누가 진정한 채권자인지 알 수 없는 것이 사실적이든 법적이든 상관없다.

---

348) 대판(전) 1997.10.16, 96다11747.

349) 이은영, 전게서, 741면.

350) 김기선, 한국채권법총론, 법문사, 1987, 341면.

351) 곽윤직, 전게서, 370면.

2) 공탁의 당사자

공탁관계는 제3자를 위해 행해지는 공법상의 임치관계이므로 공탁소와 공탁자이다. 그리고 공탁자는 변제자이므로 채무자 이외 제3자도 가능하며 채무이행지의 공탁소에 공탁하면 된다(제488조 제1항). 단 채권자의 수익의 의사표시 없이도 변제의 효력이 생긴다.

3) 공탁의 목적물

변제의 목적물이 공탁물이며, 단 변제의 목적물이 공탁에 적당하지 않거나, 멸실·훼손 또는 부패염려, 과다한 보관비용이 소요되는 경우에는 법원의 허가를 얻어 경매 또는 시가방매로 대금을 공탁할 수 있다(자조매각: 제490조). 통설은 부동산도 공탁물이 될 수 있다고 한다. 그러나 예컨대, 통상의 채권채무관계에서는 채권자가 수령을 지체한 경우 채무자는 공탁 등에 의한 방법으로 채무부담에서 벗어날 수 있으나 등기에 관한 채권채무관계에 있어서는 공탁의 방법을 사용할 수 없다는 판례가 있다.[352)]

4) 공탁의 내용

① 변제목적물은 원칙적으로 전부를 공탁하여야 한다. 다만 채권자가 공탁금을 채권의 일부에 충당한다는 의사를 유보하고 수령한 경우에는 공탁금은 채권의 일부에 충당된다.

② 본래의 채권에 부착되지 않은 조건을 붙여서 행한 공탁은 채권자가 승낙하지 않는 한 공탁 자체가 무효이다. 단 채무자가 동시이행의 항변권을 가지는 때에는 채권자의 반대급부제공을 공탁물수령의 조건으로 할 수 있다.

5) 공탁의 절차

첫째, 공탁자는 공탁통지서를 첨부하여 공탁서를 공탁공무원에게 제출한다.

둘째, 공탁이 인정될 경우 공탁공무원은 공탁서를 채무자에게 교부하고, 공탁자는 공탁물보관자에게 공탁물을 납입한다.

셋째, 공탁물보관자로부터 공탁물납입사실을 통보받은 공탁공무원은 공탁통지서를 채권자에게 발송한다.

---

352) 대판 2001.2.9, 2000다60708.

(3) 공탁의 효과

1) 채권의 소멸

① 변제의 효과(제487조)

변제효과의 발생시기는 공무원의 수탁처분과 공탁물보관자의 공탁물수령이 있는 때이다.

② 공탁물회수의 문제

공탁이 행해진 후에도 변제자에 의한 공탁물의 회수가 허용된다(제489조 제1항). 따라서 변제자의 회수권이 인정되는 동안은 공탁의 효력이 불확정한 상태이다. 여기서 공탁에 의한 채무소멸의 효력발생에 관해서 회수권의 소멸을 조건으로 하는 해제조건설(다수설 및 판례)[353]과 정지조건설이 대립한다.

그러나 해제조건설을 따를 경우에 채무소멸후에 회수권이 인정되는 법적 근거를 설명할 수 없으며, 그 행사후에 소멸된 법률관계가 부활하는 등 법률관계가 복잡하다. 따라서 회수권의 소멸시까지 채무소멸의 효과는 불확정하나 회수권소멸후에는 공탁시로 소급하여 채무소멸의 효력이 발생한다는 정지조건설이 타당하다.[354]

2) 채권자의 공탁물출급(인도)청구권

채권자는 자신의 권리를 증명하여 이를 행사해야 한다. 이 권리는 본래의 급부청구권에 갈음하는 것이므로 그 권리의 성질과 범위는 본래의 채권과 동일한 것이어야 한다. 채권자가 채무전액으로서의 공탁에 대하여 일부변제에 충당할 것을 유보하면서 수령한 경우에는 일부변제로서의 효력을 인정해야 한다.

3) 공탁물소유권의 이전

공탁목적물이 금전 기타 소비물인 경우, 소비임치가 성립되어 공탁소가 우선 그 소유권을 취득하고 채권자가 이를 수령할 때에 그 소유권을 취득한다. 그러나 공탁물이 특정물인 경우에는 공탁자로부터 직접 채권자에게 그 소유권이 이전된다.

---

353) 곽윤직, 전게서, 375면; 이은영, 전게서, 749면; 대판 1981.2.10, 80다77 등.

354) 김형배, 전게서, 750면; 김상용, 전게서, 513면.

(4) 공탁물의 회수

1) 민법상의 회수

변제자는 공탁으로 질권 또는 저당권이 소멸하지 않는 한, 채권자가 아직 공탁을 승인하지 않았거나 공탁소에 대해 공탁물수령의 의사를 통지하지 않은 경우 또는 공탁유효의 판결이 확정되기 까지는 공탁물을 회수 할 수 있다(제489조). 이 권리는 일종의 형성권(철회권)이다. 회수권의 행사로 공탁관계는 청산관계로 변하며 변제자는 공법상의 공탁물반환청구권을 취득한다. 변제자가 이 회수권을 가지는 한도에서 공탁은 채무소멸의 효력을 가지지 아니하고 채무자에게 항변권으로서의 변제거절권을 부여할 뿐이다.

2) 공탁법상의 회수

공탁법은 민법의 규정이외에 착오로 공탁한 경우에는 민법상의 공탁물의 회수와 동일한 이론에 의하여 공탁물의 회수가 인정된다(공법관계설). 사법관계설이나 양면관계설은 착오로 인한 법률행위취소를 이유로 공탁물을 회수할 수 있고, 공탁원인이 소멸한 경우에도 부당이득을 이유로 공탁물을 회수할 수 있다.

[문제 11]

甲은 乙로부터 토지를 임차해 오고 있는데, 얼마 후 乙이 공과금부담 등의 증가를 이유로 甲에게 차임의 증액을 청구하였다. 이에 대해 甲은 이의를 제기하면서 종전의 차임만을 제공하였다. 그러나 乙이 종전 차임의 수령을 거절하자 '채무 전액의 변제를 위한 것'임을 밝히면서 甲은 乙의 주소지 관할 공탁소에 종전 차임액을 공탁하였다. 공탁통지를 받은 乙은 별다른 의사표시 없이 공탁된 차임액을 출급받았다.

(질문)

첫째, 위 사례에서 이 후 乙은 甲에 대하여 차임액에 대한 다툼이 있었음을 이유로 하여 증액청구한 차임액과 종전 차임액 사이의 차액의 지급을 청구할 수 있는가? 만약 乙이 이를 청구할 수 있다면 乙의 차임증액청구권의 성질 및 효과는?

둘째, 위 사례에서 乙의 이의유보 없는 변제공탁의 수령의 효과는?

(참조판례) 대판 1983.6.28, 83다카88·89; 대판 1984.11.13, 84다카465.

[문제 11] 해설:

Ⅰ. 사례의 쟁점

甲은 乙로부터 토지를 임차해 오고 있는데, 얼마 후 乙이 공과금부담 등의 증가를 이유로 甲에게 차임의 증액을 청구하였다. 이에 대해 甲은 이의를 제기하면서 종전의 차임만을 제공하였다. 그러나 乙이 종전 차임의 수령을 거절하자 '채무 전액의 변제를 위한 것'임을 밝히면서 甲은 乙의 주소지 관할 공탁소에 종전 차임액을 공탁하였다. 공탁통지를 받은 乙은 별다른 의사표시 없이 공탁된 차임액을 출급 받았다. 이 후 乙은 甲에 대하여 차임액에 대한 다툼이 있었음을 이유로 하여 증액청구한 차임액과 종전 차임액 사이의 차액의 지급을 청구하였는데, 사례에서 「乙의 차임증액청구권의 성질 및 효과」와 「乙의 이의유보 없는 변제공탁의 수령의 효과」가 문제된다.

Ⅱ. 임대차

1. 임대차의 의의

(1) 개 념

임대차는 당사자 일방이 상대방에게 목적물을 사용·수익하게 할 것을 약정하고, 상대방은 이에 대하여 차임을 지급할 것을 약정함으로써 성립하는 낙성·유상·쌍무·불요식의 계약이다. 임대차는 매매와 더불어 우리의 경제생활에서 매우 중요한 기능을 담당한다. 임대차는 소비대차 및 사용대차와 더불어 이른바 대차형 계약에 속하며, 임대차에 의하여 보통 계속적 채권관계가 성립하므로 신의칙의 활동여지가 크다.[355)]

(2) 부동산임대차의 특수성

부동산은 누구에게 있어서나 사회적·경제적 활동을 위하여 필수불가결의 것이므로 임대차 가운데 부동산의 임대차가 가장 중요하다. 그런데 타인의 부동산을 이용하는 수단으로는 채권관계와 물권관계가 있다. 전자는 임대차이고 후자는 용익물권이다. 임대차라는 채권관계에 있어서는 이른바 계약자유의 원칙이 지배하는 까닭에 자연히 임차인의 지위는 약하고, 임대인은 강한 지위를 보유할 수 있다. 이는 인구의 팽창과 대도시집중으로 인한 주택 문제·소작문제 등의 사회문제와 더불어 채권적 이용관계인 임대차는 비판을 받게 되고, 국가는 경제적 약자인 임차인의 보호를 위한 조처를 꾀하게 된다.

따라서 여러 나라가 특별법을 제정하여 임차권을 강화하고 있다. 즉, 부동산소유권은 여러 모로 제한을 받게 되는 반면 동산임차인의 지위에 비하여 부동산 임차인의 지위는 여러 가지의 점에서 강화되고 있다. 이 현상을 『부동산임차권의 물권화』라고 일컫는다. 그 민법상의 내용으로는 ① 대항력의 부여, ② 제3자에 의한 임차권에 대한 사실적 침해의 배제, ③ 임차권의 처분, ④ 임차권 존속의 보장 등의 여러 경향으로 나타나고 있다. 다만 농지개혁으로 농경지의 임대차를 금지하였다. 그러나 민법의 규정만으로는 임차권보호에 충분치 않아 주택임대차보호법(1981년 제3379호)

355) 지원림, 민법강의 제9판, 홍문사, 2011, 1473면.

을 제정하게 되었다. 민법과 이 특별법은 ① 대항력의 강화, ② 존속기간과 차임의 결정 등 계약 조건에 대한 간섭 등으로 임차권의 강화를 꾀하고 있다.356)

(3) 임대차의 성립

임대차는 원칙적으로 당사자들의 합의에 의하여 성립한다. 임대차의 목적이 되는 것은 사용·수익으로 인하여 소멸하지 않는 유체물에 한한다. 물론 실제로 주로 행하여지는 것은 부동산의 임대차이지만, 그 목적이 동산이든 부동산이든, 대체물이든 부대체물이든 상관없다. 한편 임대차는 물건의 일부에 대해서도 성립한다. 그러나 임대인이 임차목적물에 대한 소유권 기타 처분권을 가지고 있어야 하는 것은 아니다. 즉 권원 없는 자가 타인의 소유물을 자기 이름으로 임대하더라도 의무부담행위로서 임대차계약은 유효하게 성립한다.357)

2. 임대차의 효력

(1) 임대차의 존속기간

1) 존속기간을 약정한 경우

보통의 임대차의 존속기간은 20년을 넘지 못하며, 이 보다 긴 기간을 약정한 때에는 그 기간은 20년으로 단축된다. 그러나 견고한 석조·석회조·연와조 등의 건물이나 기타의 공작물의 소유를 목적으로 하는 토지임대차나 식목, 채염을 목적으로 하는 토지임대차는 위의 제한을 받지 않는다(제651조 제1항).

민법은 부동산 임대차의 최단기에 관해서는 아무런 제한을 두지 않아서 문제가 된다. 왜냐하면 부동산 임차권을 단기로 한다면 임차인의 지위를 열약하게 하고, 사회경제상의 불이익을 가져오기 때문이다. 여기서 주택임대차보호법은 최단기를 보장하는 규정을 두고 있다(주택임대차보호법 제4조 제1항).

2) 기간의 경신

임대차의 존속기간은 경신할 수 있으나, 경신한 날로부터 10년을 넘지 못한다(제651조 제2항). 만일에 임대차의 기간 만료 후 임차인이 임차물의 사용·수익을 계속하는 경우에 임대인이 상당한 기간 내에 이의를 하지 않으면 전임대차와 같은 조건으로 다시 임대차한 것으로 본다(묵시의 경신)(제639조 제1항 본문). 그러나 각 당사자는 기간의 약정이 없는 경우(제635조)에 있어서와 같이 해지의 통고를 할 수 있다(제639조 제1항 단서). 이때에 전임대차에 대하여 제3자가 제공한 담보는 기간의 만료로 소멸한다(제639조 제2항).

3) 존속기간을 약정하지 않은 경우

각 당사자는 언제든지 계약해지의 통고를 할 수 있다(제635조 제1항, 제652조). 단, 주택임대차보호법은 2년의 존속기간을 보장하고 있다.

4) 단기임대차의 존속기간

처분의 권한이 없는 자(부재자의 재산관리인·권한이 정하여져 있지 않은 대리인·

---

356) 정광수, 채권법요론, 다나출판사, 2011, 319~320면.

357) 지원림, 전게서, 1474~1475면.

후견인 등)는 임대물의 종류에 따라 일정한 기간을 넘는 장기의 임대차를 하지 못하도록 하였다(제619조, 제620조). 이에 위반하는 계약은 원칙적으로 무권대리행위가 된다.[358)]

(2) 임대인의 의무

임대인은 사용대차에 있어서의 대주와는 달라서 임차인으로 하여금 계약존속 중 목적물을 사용·수익하게 할 적극적 의무를 부담한다. 그 결과 다음과 같은 의무가 발생한다.

1) 목적물 인도의무

임대인은 임차인으로 하여금 목적물을 사용·수익하게 하기 위하여 우선 목적물을 인도하여야 한다(제625조).

2) 수선의무

임대인은 임대물에 관하여 수선의무가 있다(제623조). 임차인은 임대인의 수선을 인용하여야 하나(제624조), 그로 말미암아 임차의 목적을 달성할 수 없을 때에는 임대차를 해지할 수 있다(제625조). 이 경우 수선을 필요로 하는 상태가 임대인의 귀책사유로 생겼던 또는 불가항력으로 생긴 것이든 이를 묻지 않는다. 임차인의 귀책사유로 발생한 경우에도 수선의무는 있다. 다만, 이때에는 임차인은 따로 손해배상의무를 지게 된다. 이와 같은 임대인의 수선의무에 관하여 당사자의 특약으로 이를 임차인이 부담하게 하는 것은 상관없다(제652조).

3) 방해제거의무

제3자가 임차인이 점유하는 임차물을 침탈하는 등으로 그 사용·수익을 방해하는 행위를 하는 경우에는 임대인은 임차인을 위하여 그 방해의 제거에 노력하여야 한다. 임차인이 점유보호청구권을 가진다는 이유로 임대인은 방해제거의 의무를 면하지 못한다.

4) 비용상환의무

임차인이 목적물에 관하여 보존·수선 등을 위한 비용을 지출한 때에는 임대인은 이를 반환할 의무가 있다. 즉, 임차인이 임차물의 보존에 관한 필요비를 지출한 때에는 곧 임대인에 대하여 그 반환을 청구할 수 있고, 유익비를 지출한 때에는 임대차가 종료한 때에 일정한 표준에 따라서 (가액의 증가가 현존한 때에 한하여 임차인이 지출한 금액이나 그 증가액 중 선택하여) 그 상환을 청구할 수 있다(제626조). 그러나 이들 비용상환청구는 임대인에게 목적물을 반환한 후 6개월 내에 행사하여야 한다(제654조, 제617조).

5) 담보책임

(ㄱ) 담보책임의 일반적 내용

임대인은 임차인에게 임차권한 및 임대물의 적절한 사용·수익상태에 대하여 담보책임을 부담한다. 임대인의 담보책임에 관해서는 매도인의 담보책임에 관한 규정들이 준용될 수 있다(제567조). 그러나 매매와 임대차는 각각 양도계약과 대차계약이라

---

358) 정광수, 전게서, 320~321면.

는 점에서 그 계약의 구체적 내용이 서로 다르며 따라서 매도인의 담보책임규정의 준용이 적합하지 않은 경우가 적지 않다. 임대인이 목적물을 임차인에게 인도하여 계약존속 중에 사용·수익하게 할 의무(제618조, 제623조)는 임차인의 차임지급의무(제618조)와 대가관계에 있다. 따라서 임차인이 목적물을 사용·수익할 수 없게 되거나(권리의 하자), 임대목적물이 계약에 의하여 정해진 사용·수익에 적합하지 않아 임차인이 완전한 사용·수익을 할 수 없는 경우(물건의 하자)에는 임대인은 임차인에 대하여 담보책임을 부담하여야 한다. 즉, ① 타인의 물건의 임대차에서 임차인이 목적물을 추탈 당함으로써 임대물을 사용·수익할 수 없게 된 때에는(권리의 하자) 임대인은 제570조 내지 제573조의 담보책임을 부담하게 된다. 따라서 임차인은 계약을 해제하거나, 차임감액을 청구하거나 또는 잔존한 부분만이면 계약의 목적을 달성할 수 없거나 또는 임대차계약을 체결하지 아니하였을 경우에는 계약을 해제할 수 있다. ② 임차목적물의 하자에 관해서는 임차인이 하자보수청구권(제623조, 제580조)을 행사할 수 있고 이와 함께 사용·수익이 불가능하게 된 만큼의 차임감액청구권(제627조 제1항, 제567조, 제572조 제1항 등의 유추적용)을 행사할 수 있을 뿐만 아니라 나머지 부분만으로는 임차의 목적을 달성할 수 없을 때에는 계약을 해제할 수 있다(제627조 제2항, 제567조, 제572조 제2항 등의 유추적용).

(ㄴ) 담보책임과 손해배상

① 임차목적물의 권리의 하자(타인의 물건의 임대차에서 임차인이 목적물을 추탈 당함으로써 임대물을 사용·수익할 수 없게 된 때)에 대해서는 임대인의 악의 또는 과실이 인정되는 경우가 보통이므로 권리의 하자에 대한 임차인의 선의·악의에 불구하고 임대인은 손해배상책임을 부담한다. 이때의 손해배상은 이행이익에 대한 배상이라고 해석하여야 한다(실질적으로는 임대인의 불완전이행책임).

② 물건의 하자에 대해서도 임대인은 원칙적으로 손해배상책임을 부담한다. 왜냐하면 임대인은 임차목적물을 임대하기 전에 사용·수익의 적합여부를 점검했어야 하고, 이를 게을리 한 연유의 하자에 대해서는 그의 과실이 인정되기 때문이다(실질적으로 임대인의 불완전이행책임). 그러나 원시적 숨은 하자 또는 불가항력에 의한 하자에 대해서는 임대인의 손해배상책임을 인정할 수 없으며, 제627조(일부멸실에 대한 차임감액청구 또는 계약해지)가 적용될 뿐이다.[359)]

6) 보호의무

임차인의 생명·신체 등을 보호하여야 할 임대인의 의무를 일반적으로 인정할 수 없다. 즉 통상의 임대차에서 임대인의 임차인에 대한 의무는 특별한 사정이 없는 한 단순히 임차인에게 임대목적물을 제공하여 임차인으로 하여금 이를 사용·수익하게 함에 그치는 것이고, 더 나아가 임대인이 임차인에게 임대목적물을 제공하여 그 의무를 이행하면 임대목적물은 임차인의 지배 아래 놓이게 되어 그 이후에는 임차인의 관리 하에 임대목적물의 사용·수익이 이루어지므로, 임차인의 안전을 배려하여 주거나 도난을 방지하는 등의 보호의무까지 부담한다고 볼 수 없다.[360)]

---

359) 정광수, 전게서, 321~323면.

360) 대판 1999.7.9, 99다10004; 지원림, 전게서, 1481~1482면.

다만 공중접객업인 숙박업에 경우에 이를 일종의 일시사용을 위한 임대차계약으로 보고, 숙박계약의 특수성을 고려하여 신의칙상 인정되는 부수적인 의무로서 계약상의 의무 즉 보호의무를 인정하고 이를 위반한 숙박업자에게 불완전이행으로 인한 채무불이행책임을 인정한다.[361)]

(3) 임차인의 권리

1) 임차권

임차인은 계약 또는 목적물의 성질에 의한 용법에 따라 목적물을 사용·수익할 수 있는 권리를 가지는바, 이를 임차권이라고 한다. 임차권은 물건을 지배하여 사용·수익하는 것을 정당화 한다는 점에서 지상권, 전세권 등의 용익물권과 차이를 보이지 않지만, 그 본질은 채권이다. 다만 부동산임차권이 물권에 접근하고 있음은 앞에서 본바와 같다.

2) 부속물매수청구권

임차인이 부속한 물건이 임차물의 구성부분으로 되면 임대인의 소유권에 포함되어 비용상환의 문제(제626조)가 생기는 반면, 부속물이 독립한 존재를 가지는 경우에 임차인이 그 물건의 소유권을 가진다. 그런데 이러한 경우에 임대차 종료시 임차인이 부속물을 분리하여 수거하여야 한다면, 부속물의 가치는 감소되고 사회경제적으로도 손실이 있게 된다. 그래서 건물 기타 공작물의 임차인이 그 사용의 편익을 위하여 임대인의 동의를 얻어 부속한 물건이 있는 경우에, 임대차 종료시 임차인은 임대인에 대하여 그 물건의 매수를 청구할 수 있으며, 임대인으로부터 매수한 부속물에 대해서도 같다(제646조). 임대인의 동의는 묵시적으로도 할 수 있으며, 임대시 사용목적에 관하여 양해가 있었다면 그 목적에 필요한 부속물을 부속시킴에 대한 동의가 있다고 할 것이다.

임차인의 부속물매수청구권에 관한 제646조는 편면적 강행규정이며, 일시사용을 위한 임대차에는 적용되지 않는다(제653조).

3) 지상물매수청구권

건물 기타 공작물의 소유 또는 식목, 채염, 목축을 목적으로 한 토지임대차에서 그 기간이 만료한 경우에, 건물, 수목 기타 지상시설이 현존하면 임차인은 지상물매수청구권을 가진다(제643조, 제283조). 임대인이 계약의 갱신을 원하지 않는 경우에 2차적으로 인정되는 이 권리는 형성권으로, 그 행사에 의하여 임대인과 임차인 사이에 지상물에 대한 매매가 성립한다.

지상물매수청구권에 관한 제643조는 편면적 강행규정이다. 즉 임대차가 종료하기 전에 임차인이 임대인과 건물 기타 지상시설 일체를 포기하기로 약정을 하였더라도, 임대차계약의 조건이나 계약이 체결된 경위 등 제반 사정을 종합적으로 고려하여 실질적으로 임차인에게 불리하다고 볼 수 없는 특별한 사정이 인정되지 않는 한 위와 같은 약정은 임차인에게 불리한 것으로서 효력이 없다.[362)]

---

361) 대판 1997.10.10, 96다47302; 지원림, 전게서, 888~889면.

362) 대판 2002.5.31, 2001다42080; 지원림, 전게서, 1482~1493면.

(4) 임차인의 의무

1) 차임지급의무

(ㄱ) 일반론

임차인은 임차물의 사용·수익의 대가로 차임을 지급할 의무를 부담한다. 임차인의 차임지급의무는 임대차계약의 불가결의 요소이며, 임차인의 가장 중요한 의무이다. 차임을 지급하였다는 점에 대한 증명책임은 임차인이 진다. 차임은 반드시 금전이어야 하는 것은 아니며, 물건이어도 된다.

차임지급의 시기에 관하여 특약이 없으면 동산, 건물 또는 대지의 임대차에서는 매월 말에, 그 밖의 토지 임대차에서는 매년 말에 지급하여야 한다. 즉 후급이 원칙이다. 그러나 수확기가 있는 것의 임대차에서는 그 수확 후 지체 없이 지급하여야 한다(제633조).

권원 없는 자가 타인의 소유물을 임대한 경우라도, 사용·수익에 지장이 없다면 원칙적으로 임차인은 차임지급의무를 진다.[363]

(ㄴ) 증감청구

① 임차인의 차임감액청구(제627조)

임차물의 일부가 임차인의 과실 없이 멸실 기타의 사유로 인하여 사용·수익할 수 없게 된 때에는 임차인은 그 부분의 비율에 대하여 차임의 감액을 청구할 수 있다(제627조 1항). 그 잔존부분만으로는 임대차의 목적을 달성할 수 없다면 임차인은 계약을 해지할 수 있다(제627조 2항). 감액청구권은 형성권이므로 임대인의 승낙을 요하지 않는다(통설). 본조는 강행규정이며 이에 위반 하는 약정으로서 임차인에게 불리한 것은 무효이다(제652조). 특히 목적물이 전부멸실된 경우에는 적용되지 않으므로, 이 경우에는 급부불능의 일반원칙에 따라 해결하여야 한다.[364]

② 사정변경에 의한 차임증감청구(제628조)

임대물에 대한 공과부담의 증감 기타 경제사정의 변동으로 인하여 약정한 차임이 상당하지 않게 된 때에는, 임대인 또는 임차인은 장래에 대한 차임의 증감을 청구할 수 있다. 제628조는 『사정변경의 원칙』을 받아들인 규정이라고 풀이되고 있다. 그러나 주택임대차보호법은 차임 또는 보증금의 증액청구에 대하여 일정한 규제를 가하고 있다.

i) 차임을 약정한 때와 차임의 증감을 청구하는 때 사이의 공과부담, 부동산가격 및 임대료시세의 등락, 물가의 변동 등 기타 경제사정의 변동이 있어야 한다. 차임의 증감청구는 차임약정이 있는 때부터 상당한 기간이 경과한 후에 인정된다고 보아야 한다. 일시적인 경제사정의 변동은 증감청구의 사유가 될 수 없다. 주택임대차보호법은 임대차계약 또는 약정한 차임 등의 증액이 있은 후 1년 이내에는 증액청구를 할 수 없다고 규정하고 있다(주택임대차보호법시행령 제2조 제2항).

ii) 종래의 약정차임이 경제사정의 변동 등으로 인하여 당사자의 어느 일방에 대하여 객관적으로 상당한 것이 아니어야 한다. 어느 정도면 상당성을 잃은 것이라고

---

363) 대판 1994.12.9, 94다27089; 지원림, 전게서, 1493~1494면.

364) 김형배, 민법학강의 제9판, 신조사, 2010, 1382면.

볼 수 있느냐에 대해서는 일률적으로 말할 수 없을 것이다. 다만, 종래의 약정된 차임을 장래에 대해서도 임차물의 사용·수익의 대가로 하는 것이 심히 공평성과 합리성을 상실한 것이 되어야 한다. 다시 말하면 그와 같은 차임약정에 양 당사자 또는 당사자의 일방을 계속 구속시키는 것이 신의칙에 반하는 것이 되어야 한다.

iii) 제628조는 강행규정이므로 이에 위반하는 약정으로서 임차인에게 불리한 것은 그 효력이 없다. 따라서 감액하지 않는다는 특약은 임차인에게 불리한 것이므로 효력이 없다. 증액하지 않겠다는 특약은 임차인에게 유리하므로 유효하다. 그러나 이와 같은 특약도 경제사정이 급격히 변동한 때에는 사정변경의 원칙에 따라 그 효력을 잃는다고 해석해야 한다.[365)]

iv) 임대인 또는 임차인은 사정변경에 따른 차임의 증액 또는 감액을 청구할 수 있다. 증감청구권은 형성권이다. 이 권리는 재판 외에서도 행사할 수 있는 것으로 해석되고 있다. 판례에선 증액청구가 상당한 것인 경우에는 청구시에 증액의 효력이 생긴다고 한다.[366)] 따라서 임대인 또는 임차인의 증감의 의사표시가 상대방에게 도달한 때부터 차임은 증액 또는 감액된 것으로 보아야 한다. 그러나 증감청구권을 형성권이라고 볼 때 상당한 차임액이 청구권자의 일방적 의사표시에 의하여 확정될 수 있는가 하는 의문이 제기된다. 증감청구권을 형성권이라고 하는 것은 차임의 상당한 증액 또는 감액을 내용으로 하는 법률문제를 상대방이 거절할 수 없다는 의미이고, 청구권자인 당사자가 차임의 증감상당액을 일방적으로 확정할 수 있다는 뜻은 아니라고 해석해야 한다. 차임의 증감상당액을 정하는 경우에는 당사자 사이에 다툼이 발생하기 마련이며, 결국은 법원이 결정하게 될 것이다. 차임의 증감 또는 증감액의 다툼에 대하여 이를 인용하는 판결이 확정된 경우에 차임증감의 효과는 청구시에 소급한다고 하는 것이 판례의 태도이다.[367)]

v) 일시사용을 위한 임대차의 경우에는 제628조가 적용되지 않는다.[368)]

2) 임차물보관의무 및 통지의무

임차인은 임대차관계의 종료로 임차물을 임대인에게 반환할 때까지 선량한 관리자의 주의로 임차물을 보관할 의무가 있다. 임차물이 수리를 요하거나 임차물에 대하여 권리를 주장하는 자가 있을 때에는 임차인은 지체 없이 이를 임대인에게 통지하여야 한다. 다만, 임대인이 이미 이를 알고 있을 때에는 통지할 필요가 없다(제634조). 임차인이 그의 귀책사유로 통지를 게을리 한 경우, 임대인은 그 통지의 해태로 인하여 증가된 손해의 배상을 임차인에게 청구할 수 있다. 한편 임대인은 통지의무 위반을 이유로 임대차를 해지할 수 있는가? 통설에 따르면, 임차인의 통지의무는 임차물보관의무로부터 파생된 부수적 의무에 지나지 않으므로 그 위반을 이유로 해지할 수는 없다고 한다.[369)]

그러나 임차인의 통지의무 위반의 결과로 임차물에 심각한 손해가 발생되었는데

365) 대판 1996.11.12, 96다34061.

366) 대판 1974.8.30, 74다1124.

367) 대판 1974.8.30, 74다1124.

368) 김형배, 채권각론<계약법> 신정판, 박영사, 2001, 454~455면.

369) 김형배, 전게서, 1382면; 지원림, 전게서, 1496면.

도 계속적 계약인 임대차의 해지를 인정하지 않는 것은 임대인 일방에게 가혹할 수 있으므로 이 경우 해지가 인정되어야 한다고 생각된다.

3) 임차물수선에 대한 인용의무

임대인이 임차물의 보존에 필요한 행위를 하는 때에는 임차인은 이를 거절하지 못한다. 임대인의 보존행위로 말미암아 임차의 목적을 달성할 수 없었던 기간 동안에는 임차인은 차임을 지급할 의무를 부담하지 않는다.[370)]

4) 임차물반환의무

임대차가 종료한 때에는 임차인은 임차물을 반환하여야 할 계약상의 의무를 부담한다. 임차인이 임차물을 반환할 때에는 이를 원상으로 회복하여 반환하여야 한다(제654조, 제615조). 한편 임차인은 임차물에 부속시킨 물건을 철거할 수 있는 권리가 있을 뿐만 아니라(제654조, 제615조 후단), 일정한 경우 매수청구권을 행사할 수 있다(제645조, 제646조).

또한 임차인이 임차목적물에 행한 개량이 목적물의 구성부분으로 된 경우에는 유익비상환청구권을 행사할 수 있다(제626조). 한편 임차건물이 원인불명의 화재로 소실되어 임차물반환채무가 이행불능이 된 경우, 임차인은 선관주의의무를 다했음을 증명해야 한다.[371)] 또한 임대인의 귀책사유로 임대차계약이 해지되었다 하더라도 임차인은 원상회복의무를 면할 수 없다. 그러나 임차인은 해지로 인한 손해의 배상을 청구할 수 있다.[372)]

3. 임대차의 종료

(1) 종료의 원인

1) 존속기간의 만료

임대차에 존속기간이 정하여져 있는 경우에, 그 기간의 만료로 임대차는 종료한다. 기간만료 후의 계약의 갱신에 관하여는 전술된 바와 같다.

2) 해지의 통고

임대차의 존속기간을 정하지 않은 경우와 임대차의 존속기간이 정하여져 있더라도 당사자의 일방 또는 쌍방이 그 존속기간 내에 해지할 권리를 보류하였다면 제635조가 준용된다(제636조). 나아가 임차인이 파산선고를 받은 경우에, 임대차의 존속기간이 약정되어 있더라도 임차인이나 파산관재인은 제635조에 의하여 계약해지통고를 할 수 있는데, 각 당사자는 상대방에 대하여 계약해지로 인하여 발생한 손해의 배상을 청구하지 못한다(제637조). 임대차계약이 해지통고에 의하여 종료되었더라도 그 목적물이 적법하게 전대되었다면 임대인은 전차인에 대하여 그 사유를 통지하여야 해지를 전차인에게 대항할 수 있다(제638조).

3) 해 지

법은 일정한 경우에 존속기간의 약정 유무에 관계없이 해지할 수 있는 것으로 하

---

370) 김형배, 전게서, 1383면.

371) 대판 2001.1.19, 2000다57351.

372) 대판 2002.12.6, 2002다42278; 김형배, 전게서, 1383면.

고, 또한 일정한 기간의 경과를 기다리지 않고 곧 계약해지의 효력이 생기는 것으로 하고 있다. 그러한 경우로 임대인이 임차인의 의사에 반하여 보존행위를 하는 경우(제625조), 임차물의 일부가 임차인의 과실에 기하지 않고 멸실하였는데 잔존부분만으로는 임차의 목적을 달성할 수 없는 경우(제627조 제2항), 임차인이 임대인의 동의 없이 임차권을 제3자에게 양도하거나 전대한 경우(제629조 제2항), 차임 연체 기타 당사자 일방의 채무불이행으로 인하여 임대차계약의 목적을 달성할 수 없는 사정이 있는 경우(제544조)등이 있다.

(2) 종료의 효과

해지에 의하여 임대차계약은 장래에 향하여 소멸한다(제550조). 그러나 당사자 일방에게 과실이 있으면, 그에 대한 손해배상을 청구하는 것은 상관없다(제551조). 그리고 임대차의 종료로 임차인은 목적물을 반환하여야 하지만, 보증금의 반환과 유익비의 상환 또는 부속물의 매수를 청구하거나 철거를 할 수 있음은 앞에서 본 바와 같다.[373)]

Ⅲ. 공 탁

1. 공탁의 의의

(1) 개 념

공탁이란 채권자가 변제를 받지 아니하거나 받을 수 없는 경우에 변제자가 채권자를 위하여 변제의 목적물을 공탁소에 임치함으로써 채무를 면하는 제도이다(제487조 전문).

즉, 변제자의 변제제공이 있음에도 불구하고 채권자가 수령을 거부하거나 수령할 수 없을 경우에, 채무자는 채무불이행책임을 면하고(제461조) 채권자는 채권자 지체에 빠지게 되지만, 변제의 제공으로 채무 자체가 소멸하는 것은 아니므로 채무자는 여전히 채무이행의무를 부담하게 된다. 이때 채무자로 하여금 채권관계로부터 벗어나게 하기 위한 제도로서 변제공탁제도가 인정되고 있다.

예컨대 부동산임대차계약관계에서 임대인과 임차인 사이에 시비가 생겨 임대인이 임대료의 수령을 기피하고 있다고 하자. 이를 그대로 방치하면 임대인은 임대료의 지급지체를 이유로 계약관계를 해제할 수도 있다. 이와 같이 채권자가 채무의 변제를 수령하지 않거나 또는 할 수 없는 경우에 변제의 효과를 발생시키기 위하여 활용되는 제도가 변제공탁이다.

민법이 규정하고 있는 공탁은 변제공탁인데, 이 이외에 담보공탁, 보관공탁이 있다. 담보공탁, 보관공탁에 대해서는 민법 제487조 이하의 규정이 적용되지 않는다. 특히 보관공탁에 있어서는 공탁자체가 채무의 내용이므로 공탁이 곧 변제가 된다.

공탁의 요건과 효과는 민법의 규정에 의하여 그 사법적 측면이 규율되지만, 공탁의 절차 및 방법은 공탁법에 의한다.[374)]

---

373) 지원림, 전게서, 1502~1503면.

374) 김형배, 전게서, 1140면.

(2) 법적 성질

1) 공법관계설(판례 및 일부학설)

공탁은 국가기관인 공탁소를 중심으로 공탁법에 따라 그 절차가 실현되기 때문에 공법관계라 한다. 이러한 관계가 형성될 때, 민법상의 채무는 그 목적을 달성하고 소멸된다고 한다. 즉, 변제제공은 공탁공무원의 수탁처분과 공탁물보관자의 공탁물수령으로 그 효력이 발생하여 채무는 소멸된다고 한다.

2) 사법관계설

공탁은 공탁자와 공탁소가 채권자로 하여금 그 권리를 취득하게 하기 위하여 체결하는 제3자를 위한 임치계약이라고 한다. 특히 공탁금출급청구권이 민법 제162 제1항의 규정에 의하여 10년의 소멸시효를 지닌다는 점에 비추어 볼 때, 이 견해가 타당하다고 한다.

3) 양면관계설

공탁은 공법적인 면과 사법적인 면을 함께 지니고 있다. 전자는 공탁법이, 후자는 민법이 적용된다. 그리고 사법적인 면에서 공탁은 제3자를 위한 임치계약이다.[375]

4) 평 가

공탁의 법적 성질을 명확히 하기 위해서는 먼저 공탁관계를 확정해야 한다. 공탁관계란 공탁자와 공탁소 사이의 관계로서, 공탁자의 신청에 대해 공탁공무원의 수탁처분과 공탁물보관자의 공탁물수령에 의하여 성립하는 '공법상의 임치관계'이다. 이러한 공법적 법률관계를 사법적 임치계약으로 정의하기는 곤란하다.

한편 이러한 공탁관계에는 공탁자와 공탁소 사이의 권리·의무뿐만 아니라, 채권자를 위한 법률관계가 포함되어 있으므로, 공탁관계는 '제3자를 위한 계약의 성질'도 가지고 있음을 부인할 수 없다.

민법 제487조 이하의 규정은 채권자와 채무자 사이의 법률관계에 대하여 공탁이 미치는 사법상의 효력만을 규율하고 있는 데 지나지 않는다. 그러므로 여기서는 '공탁'을 '변제'와 마찬가지로, 채무의 소멸이라는 법률효과를 발생시키는 법률요건이 충족된 상태로 정의해 두기로 한다. 이 요건은 '공탁공무원의 수탁처분'(행정행위)이라는 법률사실과 '공탁물보관자의 공탁물수령'(사실행위)이라는 법률사실로 충족된다.[376]

2. 공탁의 요건

(1) 공탁원인의 존재

변제자가 변제공탁을 하기 위해서는 '채권자가 변제를 받지 아니하거나 받을 수 없을 때' 또는 '변제자가 과실 없이 채권자를 알 수 없는 경우'이어야 한다(제487조).

1) 채권자가 변제를 받지 아니하거나 받을 수 없을 때

변제자가 변제를 제공함에도 불구하고 채권자가 그것을 수령하지 않을 때에는 채권자의 귀책사유의 유무에 관계없이 변제자는 변제의 목적물을 공탁하여 채무를 면할 수 있다.

---

375) 정광수, 전게서, 183면.

376) 김형배, 전게서, 1142~1143면.

또한 채권자가 미리 변제의 수령을 거절하거나 수령거절의 의사가 명백한 경우에도 구두제공을 할 필요 없이 변제자는 공탁할 수 있다(통설, 판례[377]).

채권자가 변제를 받을 수 없는 경우 역시 채권자지체의 요건이 갖추어졌는지 여부와는 상관없이 채무자는 변제공탁을 할 수 있다.

2) 변제자가 과실 없이 채권자를 알 수 없는 경우

객관적으로 채권자 또는 변제수령자가 존재하지만 변제자가 선량한 관리자의 주의를 다하여도 누가 진정한 채권자인지를 알 수 없는 경우, 변제자는 공탁을 함으로써 채무를 면할 수 있다.[378]

채권자를 알 수 없는 것이 사실적이든 법적이든 이를 묻지 않는다. 상대적 불확지 변제공탁의 경우 피공탁자 중의 1인이 공탁물을 출급청구하기 위해서는 다른 피공탁자들의 승낙서나 그들을 상대로 받은 공탁물출급청구권확인 승소확정판결이 있으면 된다.[379]

(2) 공탁의 당사자

공탁관계는 제3자를 위해 행해지는 공법상의 임치관계이므로 공탁소와 공탁자가 그 당사자가 된다.

공탁을 하는 자는 변제자이므로 채무자 외에 제3자도 공탁할 수 있으며, 채무이행지의 공탁소에 공탁하면 된다(제488조 제1항).

변제공탁이 제3자를 위한 계약으로서의 성질을 갖고 있지만, 변제공탁에 있어서는 채권자의 수익의 의사표시 없이도 변제의 효력이 생긴다.[380]

(3) 공탁의 목적물

변제의 목적물이 공탁의 목적물로 되는 것이 원칙이다. 따라서 동산이든 부동산이든 공탁의 목적물이 될 수 있다.

부동산이 목적물인 경우에 공탁을 인정하지 않으려는 견해도 있으나, 부동산의 공탁을 배제할 법적 근거가 없으므로 이를 인정해야 할 것이다(통설). 변제의 목적물이 공탁에 적당하지 않거나, 멸실·훼손 또는 부패할 염려가 있거나, 보관에 과다한 비용이 소요되는 경우, 변제자는 법원의 허가를 얻어 그 물건을 경매하거나 시가로 방매하여 그 대금을 공탁할 수 있다(제490조). 이를 자조매각이라고 한다.[381]

(4) 공탁의 내용

공탁에 의해서 채무가 소멸되는 효과가 발생하므로 공탁의 내용은 채무의 내용에 좇은 것이어야 한다. 특히 일부공탁과 조건부 공탁의 효과가 문제된다. 변제목적물은 원칙적으로 그 전부를 공탁해야 하므로 일부를 공탁한 경우에는 그 부분에 관해서도 공탁의 효력이 생기지 않는다.

---

377) 대판 1981.9.22, 81다236.

378) 대판 2005.5.26, 2003다12311.

379) 대판 2008.10.23, 2007다35596; 김형배, 전게서, 1143~1144면.

380) 김형배, 전게서, 1145면.

381) 김형배, 전게서, 1145면.

따라서 그 부분에 상당하는 채무 또한 면할 수 없다. 다만 채권자가 공탁금을 채권의 일부에 충당한다는 의사를 유보하고 수령한 경우에 공탁금은 채권의 일부에 충당되며, 또한 공탁액의 부족이 극히 경미하여 채권자가 공탁금을 아무 유보 없이 수령하였을 때에는 채권 전액에 대한 변제공탁의 효력이 인정된다.

조건부 공탁과 관련하여 본래의 채권에 부착되어 있지 않은 조건을 붙여서 행한 공탁은 채권자가 승낙하지 않는 한 공탁 자체가 무효이다.

그러나 채무자가 채권자에 대해 동시이행의 항변권을 가지는 때에는 채권자의 반대급부 제공을 공탁물수령의 조건으로 할 수 있음은 당연하다.[382]

(5) 공탁의 절차

공탁을 하려는 자는 공탁통지서를 첨부하여 공탁서를 공탁공무원에게 제출하여야 한다.

공탁자의 공탁이 인정될 경우 공탁공무원은 공탁서를 채무자에게 교부하고, 공탁자는 공탁물보관자에게 공탁물을 납입한다. 공탁물보관자로부터 공탁물납입사실을 통지받은 공탁공무원은 공탁통지서를 채권자 즉, 피공탁자에게 발송한다.

민법 제488조 3항은 공탁자가 공탁사실을 채권자에게 통지하여야 한다고 규정하고 있으나, 실제로는 공탁공무원을 통해서 채권자에게 통지된다.[383]

3. 공탁의 효과

(1) 채권의 소멸

1) 변제의 효과

공탁에 의하여 변제가 있었던 것처럼 채무는 소멸한다(제487조). 변제의 효과가 발생하는 시기는 공탁공무원의 수탁처분과 공탁물보관자의 공탁물수령이 있는 때이다.

즉, 채권자에 대한 공탁통지나 채권자의 수익의 의사표시 또는 채권자의 공탁물출급청구권의 행사가 있는 때에 공탁의 효력이 생기는 것이 아니다.

2) 공탁물 회수의 문제

공탁이 행해진 후에도 변제자에 의해 공탁물의 회수가 허용된다(제489조 제1항). 따라서 변제자의 회수권이 인정되는 동안은 공탁의 효력이 불확정한 상태에 놓여 있게 된다. 이에 공탁에 의한 채무소멸의 효력발생에 관해서 회수권의 소멸을 조건으로 하는 해제조건설과 정지조건설이 대립하고 있다.

다수설과 판례[384]는 해제조건설의 태도를 취하면서, 채무는 공탁이 있을 때에 소멸하지만 변제자가 공탁물을 회수한 때에는 소급하여 채무가 소멸하지 않은 것으로 된다고 한다.

그러나 해제조건설에 따를 경우에는 채무소멸 후에 회수권이 인정되는 법적 근거를 설명할 수 없으며, 회수권의 행사 후에는 소멸된 법률관계가 부활한다고 해석되므로 법률관계가 복잡하게 된다.

---

382) 김형배, 전게서, 1145~1146면.

383) 김형배, 전게서, 1146면.

384) 대판 1977.10.31, 77다1695; 대판 1981.2.10, 80다77.

따라서 제489조의 규정취지에 부합하는 해석을 위해서는 회수권의 소멸이 있을 때까지 채무소멸의 효과는 불확정적인 것으로 파악하고, 회수권이 소멸한 후에는 공탁이 있었던 때에 소급하여 그 효력이 발생한다고 해석하는 정지조건설이 타당하다.[385)]

(2) 채권자의 공탁물출급청구권

1) 공탁물출급청구권의 성질

채권자가 공탁물을 수령하기 위해서는 자신의 권리를 증명하여(공탁법 제9조 제1항) 공탁물출급청구권을 행사해야 한다.

법률에는 채권자의 공탁물출급청구권을 명문으로 규정한 바가 없으나 공탁이 채무소멸원인으로 규정되어 있는 이상, 공탁제도의 취지에 비추어 공탁이 있을 때 채권자는 공탁소에 대하여 공탁물출급청구권을 취득하는 것으로 새겨야 한다.

이 권리는 본래의 급부청구권에 갈음하는 것이므로, 그 권리의 성질과 범위는 본래의 채권과 동일한 것이어야 한다.

2) 채권자의 이의유보

채권자가 채무전액으로서의 공탁에 대하여 일부 변제에 충당할 것을 유보하면서 수령한 경우에는 일부변제로서의 효력을 인정해야 할 것이다.

채권자의 이의유보의 의사표시는 공탁공무원에 대하여 명시적 또는 묵시적으로 행하면 된다. 공탁금수령에 관한 이의유보 의사표시의 상대방은 반드시 공탁공무원에 국한할 필요가 없고, 보상금지급의무자인 기업자에 대하여 이의유보의 의사표시를 하는 것도 가능하다.[386)]

이러한 이의를 유보하지 않은 채 채권자가 공탁물을 수령한 경우에는 공탁서에 기재된 공탁의 취지나 공탁원인에 의해 수령한 것이 된다. 공탁물을 적법하게 출급받음으로써 출급청구권은 목적을 달성하고 소멸하며, 채권도 확정적으로 소멸하게 된다.[387)]

(3) 공탁물소유권의 이전

공탁의 목적물이 금전 기타 소비물인 경우에는 공탁에 의해 소비임치가 성립되므로(제702조), 공탁소가 우선 공탁물의 소유권을 취득하고 채권자가 공탁소로부터 동종·동량·동질의 물건을 수령한 때에 그 소유권을 취득한다. 이와 반대로 공탁물이 특정물인 경우에는 공탁소가 소유권을 취득하지 않고 공탁자로부터 직접 채권자에게 공탁물의 소유권이 이전된다. 공탁물이 부동산인 경우에는 채권자로의 등기이전이 있는 때에 채무자로부터 채권자로 직접 소유권이 이전된다.[388)]

4. 공탁물의 회수

공탁은 본래 채무자(공탁자)의 보호를 목적으로 하는 제도이므로 채권자나 제3자에게 불이익을 주지 않는 한 공탁자가 공탁물을 회수하는 것을 막을 이유는 없다.

---

385) 김형배, 전게서, 1146~1147면.

386) 대판 1982.11.9, 82누197.

387) 김형배, 전게서, 1147~1148면.

388) 김형배, 전게서, 1148면.

(1) 민법상의 회수

민법은 공탁물의 회수를 소극적으로 규정하고 있다. 즉, 변제자는 채권자가 아직 공탁을 승인하지 않았거나 공탁소에 대하여 공탁물수령의 의사를 통지하지 않은 경우 또는 공탁유효의 판결이 확정되기까지는 공탁물을 회수할 수 있다(제489조 제1항 전문). 이 경우에는 공탁하지 아니한 것으로 본다(제489조 제1항 후문).

위의 규정은 질권 또는 저당권이 공탁으로 인하여 소멸한 때에는 적용하지 않는다(동조 제2항). 공탁으로 채무는 소멸하므로 이에 수반하여 질권·저당권도 당연히 소멸한다.

그런데 공탁물의 회수가 있으면 채무는 소멸하지 않았던 것으로 간주되므로 담보권도 소멸하지 않았던 것이 된다. 그렇게 된다면 제3자에게 예측하지 않은 손해를 주게 된다. 동 조항은 이러한 불합리한 사태를 방지하기 위한 규정이다.

1) 회수권의 법적 성질

공탁물을 회수할 수 있는 변제자의 권리는 일종의 형성권(철회권)이다. 회수권의 행사로 공탁관계는 청산관계로 변하며 변제자는 공법상의 공탁물반환청구권을 취득한다. 공탁물회수권을 공탁소에 대한 직접적인 회수청구권이라고 하는 견해가 있지만, 이 견해는 타당하지 않다고 생각된다.

변제자에게는 공탁한 때로부터 공탁물의 반환청구권이 인정되는 것이 아니라, 제489조 제1항의 공탁관계를 철회할 수 있는 형성권이 주어질 뿐이고, 이에 따라 변제자가 형성권을 행사함으로써 비로소 공탁소에 대한 공탁물반환청구권을 취득하기 때문이다.

공탁이 철회될 수 있는 한, 즉 변제자가 회수권을 가지는 한도에서 공탁은 채무를 소멸시키는 효력을 가지지 아니하고 채무자에게 항변권으로서의 변제거절권을 부여할 뿐이다.

2) 회수권행사 및 회수의 효과

회수권의 행사로 변제자는 공탁물의 반환을 청구할 수 있고, 채권자의 공탁물출급청구권은 소멸하게 된다. 변제자가 공탁물을 회수한 때에는 공탁하지 아니한 것으로 되므로(제489조 제1항 후문), 이전의 법률관계가 다시 부활하며 소멸시효는 정지되지 않은 것이 된다.

3) 회수권의 소멸

(ㄱ) 소멸의 원인

공탁물의 회수는 채권자 또는 제3자의 이익을 해치지 않는 범위에서 인정된다.

따라서 ① 채권자가 변제자에 대한 의사표시로 공탁을 승인하거나 공탁소에 대해 공탁물을 받기를 통지한 때(제489조 제1항 전문 전단), ② 공탁이 유효하다는 판결이 확정된 때(제489조 제1항 전문 후단), ③ 질권 또는 저당권이 공탁으로 인해 소멸한 때(제489조 제2항)에는 공탁물회수권이 인정되지 않는다.

특히 제489조 제2항의 해석과 관련하여, 판례는 「가등기 및 본등기에 의하여 담보된 채무의 변제공탁으로 인하여 가등기담보권이나 양도담보권이 소멸하는 경우에는 변제자가 공탁물을 회수할 수 없다는 취지가 아니므로, 변제자의 채권자는 공탁금회수청구권을 압류·전부받아 변제공탁금을 회수할 수 있다」[389]고 함으로써 동조항을 담보권 일반으로 확대하지 않고, 질권과 저당권이 제한열거된 것으로 이해하고 있음에 유의해야 한다.

(ㄴ) 회수권소멸의 효과

회수권소멸의 효과는 공탁이 있은 시점에 소급해서 발생한다. 즉, 변제자는 목적물을 공탁한 때부터 채무를 면하게 되는 것이다.

따라서 변제자가 처음부터 회수권을 포기하여 회수권이 존재하지 않는 경우 또는 제489조 제2항이 적용되는 경우에는 제487조에 의하여 공탁한 때부터 채무가 소멸하지만, 회수권이 존재할 경우에는 회수권이 소멸한 때에 채무는 소멸하고 그 효과는 공탁의 시점으로 소급한다고 해석해야 한다(정지조건설).[390]

(2) 공탁법상의 회수

공탁법은 민법의 규정에 의하여 공탁물을 회수할 수 있는 경우 이외에도 다음의 경우 공탁물을 회수할 수 있는 것으로 한다.

먼저, 착오로 공탁한 경우에는 민법상의 공탁물의 회수와 동일한 이론에 의하여 공탁물의 회수가 인정된다(공법관계설에 따를 경우). 사법관계설이나 양면관계설에 의하면, 이 경우에는 착오로 인한 법률행위의 취소를 이유로 공탁물을 회수할 수 있다. 또한 공탁원인이 소멸한 경우에도 부당이득을 이유로 공탁물을 회수할 수 있다. 이 점에서 민법상의 회수와는 그 성질을 달리한다.

공탁자가 착오로 공탁한 때 또는 공탁의 원인이 소멸한 때에는 공탁자가 공탁물을 회수할 수 있을 뿐 피공탁자의 공탁물출급청구권은 존재하지 않으므로, 이러한 경우 공탁자가 공탁물을 회수하기 전에 위 채권자의 공탁물출급청구권에 대한 전부명령을 받아 공탁물을 수령한 자는 법률상 원인 없이 공탁물을 수령한 것이 되어 공탁자에 대하여 부당이득반환의무를 부담한다.[391]

Ⅳ. 결 론

1. 사례에서 乙의 차임증액청구권의 성질 및 효과

(1) 학 설

임대인 또는 임차인은 사정변경에 따른 차임의 증액 또는 감액을 청구할 수 있다. 증감청구권은 형성권이다. 이 권리는 재판 외에서도 행사할 수 있는 것으로 해석되고 있다. 그러나 증감청구권을 형성권이라고 볼 때 상당한 차임액이 청구권자의 일방적 의사표시에 의하여 확정될 수 있는가 하는 의문이 제기된다.

증감청구권을 형성권이라고 하는 것은 차임의 상당한 증액 또는 감액을 내용으로 하는 법률문제를 상대방이 거절할 수 없다는 의미이고, 청구권자인 당사자가 차임의 증감상당액을 일방적으로 확정할 수 있다는 뜻은 아니라고 해석해야 한다. 차임의

389) 대판 1982.7.27, 81다495.

390) 김형배, 전게서, 1149~1150면.

391) 대판 2008.9.25, 2008다34668; 김형배, 전게서, 1150면.

증감상당액을 정하는 경우에는 당사자 사이에 다툼이 발생하기 마련이며, 결국은 법원이 결정하게 될 것이다.[392]

(2) 판 례

임대인이 민법 제628조에 의하여 장래에 대한 차임의 증액을 청구하였을 때에 그 청구가 이 사건의 경우처럼 상당하다고 인정되면 그 효력은 그 청구시에 곧 발생한다고 보는 것이 상당하다 할 것이요, 재판시를 표준으로 할 것은 아니다. 또한 그 청구가 법 절차에 의하여 청구하여야만 되는 것이 아니라 재판외의 청구에 의하여서도 가능하다 할 것이다.[393]

(3) 검토 및 소결

甲에 대한 乙의 차임증액청구권은 그것이 상당한 것인 한 증액의 의사표시가 甲에게 도달함으로써 그 효력이 발생한다고 볼 수 있다. 그러나 임차인 甲이 지급해야 할 차임액을 乙의 일방적 의사표시만으로 정해진다고 할 수는 없을 것이므로, 이로 인해 甲의 차임액이 확정된다고 볼 수 없다.

더욱이 사례에서 甲은 乙의 차임증액청구에 대하여 이의를 제기하면서 차임액에 관해 乙과 다투었으므로, 이로써 甲이 지급해야 할 차임액은 확정되지 않은 상태에 놓이게 되었다고 생각된다.

2. 사례에서 乙의 이의유보 없는 변제공탁의 수령의 효과

(1) 학 설

채권자가 채무전액으로서의 공탁에 대하여 일부변제에 충당할 것을 유보하면서 수령한 경우에는 일부변제로서의 효력을 인정해야 할 것이다. 채권자의 이의유보의 의사표시는 공탁공무원에 대하여 명시적 또는 묵시적으로 행하면 된다.

이러한 이의를 유보하지 않은 채 채권자가 공탁물을 수령한 경우에는 공탁서에 기재된 공탁의 취지나 공탁원인에 의해 수령한 것이 된다. 공탁물을 적법하게 출급받음으로써 출급청구권은 목적을 달성하고 소멸하며, 채권도 확정적으로 소멸하게 된다.[394]

(2) 판 례

(가) 공탁금 수령에 관한 이의유보의 의사표시는 그 공탁 원인에 승복하여 공탁금을 수령하는 것이 아님을 분명히 함으로써 공탁한 취지대로 채권소멸의 효과가 발생함을 방지하고자 하는 것이므로, 그 의사표시의 상대방은 반드시 공탁공무원에 국한할 필요가 없고 보상금 지급의무자인 기업자에 대하여 이의유보의 의사표시를 하는 것도 가하다고 할 것이다.[395]

---

392) 김형배, 채권각론<계약법> 신정판, 박영사, 2001, 455면.

393) 대판 1974.8.30, 74다1124.

394) 김형배, 전게서, 1147~1148면.

395) 대판 1982.11.9, 82누197.

(나) 채무금액에 다툼이 있는 채권에 관하여, 채무자가 채무전액의 변제임을 공탁원인중에 밝히고 공탁한 경우 채권자가 그 공탁금액을 수령하였다면, 채권자가 특히 그 공탁금을 수령함에 있어서 그 공탁금은 채권의 일부로서 수령한다는 등 별단의 유보의 의사표시를 하였다는 사정이 없는 이상, 그 채권의 전액에 대한 변제공탁의 효력을 인정한 것으로 해석함이 상당하다.[396)]

(다) 공탁금 수령자로서 공탁통지서를 받은 자가 그 공탁금을 이의 없이 수령하였다면 그 공탁의 취지에 의하여 수령한 것이 되어 그에 대한 법률효과만이 발생하는 것이고 그 후에 있어서 이에 저촉되는 의사표시를 하였다 하더라도 이에 의하여 아무런 법률효과도 발생하는 것은 아니라고 할 것이다.[397)]

(3) 검토 및 소결

甲은 우선 종전의 차임액을 제공하였으나 乙이 그 수령을 거절하였고, 그 후 甲은 乙의 주소지 관할 공탁소에 종전 차임액을 '채무 전액의 변제를 위한 것'임을 밝히면서 공탁하였다. 甲의 공탁은 '채권자가 변제를 받지 아니하는 때'에 해당하므로 적법한 공탁이 된다(제487조). 이에 乙은 공탁공무원 또는 임차인인 공탁자 甲에 대하여 차임액의 일부로서 수령한다는 이의를 유보하지 않은 채 공탁금을 출급 받았다.

이로써 乙은 甲의 공탁의 취지, 즉 '채권 전액의 변제'로서 수령한 것으로 되며, 乙의 채권도 그 내용에 따라 소멸하게 된다. 따라서 乙은 甲에 대하여 더 이상 증액청구했던 차임액과 종전 차임액 사이의 차액의 지급을 청구할 수 없을 것으로 생각된다.

[문제 11] 관련 판례: [관판 11]

> ◎ **대판 1983.6.28, 83다카88·89【소유권이전가등기의 본등기】**
>
> 【판시사항】
>
> 채권의 일부로서 수령한다는 유보 없이 한 공탁금 수령의 효과
>
> 【판결요지】
>
> 채무금액에 다툼이 있는 채권에 관하여 채무자가 채무전액의 변제임을 공탁원인중에 밝히고 공탁한 경우 채권자가 그 공탁금을 수령할 때 채권의 일부로서 수령한다는 등 별단의 유보의사표시를 하지 않은 이상 그 수령이 채권의 전액에 대한 변제공탁의 효력을 인정한 것으로 해석함이 상당하다.

---

396) 대판 1983.6.28, 83다카88,89.

397) 대판 1984.11.13, 84다카465.

5. 상 계

(1) 의 의

상계란 채권자와 채무자가 서로 동종의 채권·채무를 가지는 경우에 그 채권과 채무를 대등액에서 소멸시키는 일방적 의사표시이다. 상계를 위해서 내놓는 채권을 자동채권이라 하고, 상대방의 채권을 수동채권이라 한다. 상계는 채무의 간편한 결제방법인 동시에 상계자의 일방적인 의사표시에 의하여 상대방의 책임재산의 일부를 공취하는 것을 허용하는 제도이다. 따라서 상계의 대상이 되는 채무자의 채권이 채무자재산의 중요부분을 이루는 경우 또는 채권이 양도되거나 압류된 경우에도 일정한 요건 하에서 상계가 인정된다는 점에서 제3자의 보호가 문제된다.

한편, 계약자유의 원칙상 당사자 사이의 상계계약을 통해서도 상계목적을 달성할 수 있다(예, 상법상 상호계산). 그러나 이에는 민법상 상계의 요건(상계적상, 상계금지)이 적용되지 않으며, 조건·기한을 붙일 수 있으므로 상계예약 역시 유효하다.

(2) 상계권의 발생요건

1) 상계적상

① 채권이 대립하고 있을 것

자동채권은 상계자 자신이 피상계자에 대하여 가지는 채권이어야 하는 것이 원칙이나, 연대채무·보증채무의 경우 타인이 가지는 채권으로도 상계할 수 있고(제418조 제2항, 제434조), 연대채무·보증채무·채권양도의 경우에는 타인에 대한 채권으로써 상계할 수 있다(제426조 제1항, 제445조 제1항, 제451조 제2항). 수동채권 역시 피상계자가 상계자에 대해 가지는 채권이어야 한다. 따라서 피상계자가 제3자에 대해 가지는 채권과는 상계하지 못한다. 통설은 제3자는 자기가 채권자에 대해 가지는 채권을 가지고 채무자에 대하여 채권자자가 가지는 채권을 수동채권으로 하여 채무자를 위해서 상계하지 못한다고 한다. 그러나 제3자도 채무자의 채무에 대해 책임을 부담하는 저당부동산의 제3취득자의 경우에는 제3자에 의한 상계를 인정하는 것이 합리적이다.[398)]

398) 김형배, 전게서, 763면.

② 쌍방의 채권이 동종의 목적을 가지고 변제기에 있을 것

종류채권 특히 금전채권 상호간에 행해진다. 동종의 목적을 지니는 한, 양 채권의 발생원인, 수량, 이행지가 다르더라도 상계적상이 인정된다(제494조). 스스로 자기의 기한의 이익을 포기할 수 있다는 점에서(제153조 제2항) 반드시 수동채권의 변제기가 도래할 필요는 없으나, 자동채권의 변제기의 도래를 상계적상의 요건으로 한다.

③ 상계가 허용될 것

부작위채무나 하는 채무의 경우는 성질상 상계가 허용될 수 없다. 또한 자동채권에 항변권이 붙어 있는 경우도 상계가 허용될 수 없다. 반면에 수동채권에 항변권이 붙어있더라도 상계자는 그 항변권을 포기할 수 있으므로, 이를 포기하여 상계할 수 있다. 그밖에 당사자의 의사표시나 법률규정에 의한 상계금지가 없어야 한다.

2) 상계적상의 현존

상계적상은 상계자가 상계의 의사표시를 행하는 당시에 현존해야 한다. 그러나 자동채권이 시효에 의해 소멸한 경우에도 시효완성전에 상계할 수 있었던 것이면 그 채권자는 상계할 수 있다(제495조). 당사자의 결제신뢰를 보호하기 위해서이다. 따라서 시효완성으로 소멸된 채권을 양수받아 이를 자동채권으로 상계하는 것은 인정되지 않는다.

(3) 상계금지

1) 당사자의 의사표시에 의한 금지(제492조 제2항)

그러나 이는 선의의 제3자(상계금지가 합의된 채권의 양수인)에게 대항하지 못한다.

2) 법률에 의한 금지

① 고의의 불법행위로 인한 손해배상채권(제496조)

과실에 의한 불법행위자는 상계로 채권자에게 대항할 수 있지만, 고의의 불법행위자는 피해자의 손해배상청구권을 수동채권으로 하여 상계하지 못한다. 단 피해자가 이를 자동채권으로 하여 상계하는 것은 상관없다. 또한 수동채권과 자동채권이 모두 고의의 불법행위로 생긴 경우에도 상계는 허용되지 않는다는 것이 통설이나, 동시에 행하여지는 격투와 같은 동일한 사안에서 자동채권과 수동채권이 고의의 불법행위로 생긴 경우에는 상계를 인정할 수 있다고 생각한다.[399)]

② 압류금지의 채권

법령에 의한 부양청구권(제974조), 구호사업 또는 제3자의 자혜에 의한 계속수입, 병(兵)의 급료, 연금·봉급·상여금, 퇴직금 등 기타 이와 유사한 성질의 급여채권의 2분의1 상당액(민소법 제579조)을 말한다. 그러나 압류금지채권을 자동채권으로 하는 상계는 허용된다. 또한 판례에 의하면 임금채권을 상계할 수 없다는 이유 때문에 사용자의 임금채권에 관한 압류 및 전부명령이 금지되는 것은 아니라고 한다.[400)]

③ 압류된 채권(지급금지된 채권)

지급을 금지하는 명령(예: 압류나 가압류)을 받은 제3채무자(예: 임대인)는 '그 후에' 취득한 채권(예: 임차인에 대한 채권)에 의한 상계로 그 명령을 신청한 채권자(예: 임차인의 채권자)에게 대항하지 못한다(제498조). 이는 지급금지명령을 확보한 채권자를 보호하기 위한 규정이다. 따라서 제498조의 반대해석에 의하여 수동채권이 압류된 경우라도, 제3채무자는 압류이전에 취득한 자동채권을 가지고 압류된 채권을 수동채권으로 하여 상계할 수 있다. 또한 현재의 판례와 학설 모두 압류채권자와 제3채무자의 이익을 균형 있게 보호하기 위해서 자동채권의 변제기가 수동채권의 그것보다 먼저 도래하거나, 적어도 동시에 도래하는 경우에 한하여 제3채무자는 상계로 압류채권자에게 대항할 수 있다고 한다(제한설 또는 변제기선도래설).[401)]

④ 질권이 설정된 채권

입질채권의 채무자(제3채무자)는 그 질권설정의 통지를 받은 이후에 채권자에 대해서 취득한 채권을 자동채권으로 하여 채권자와 상계를 하더라도 채권질권자에게 대항하지 못한다.

---

399) 판례의 태도는 일관되어 있지 않고 있다; 김형배, 전게서, 767면 주6) 참조.

400) 대판 1994.3.16, 93마1822·1823.

401) 대판 1989.9.12, 88다카25120.

⑤ **특별법상의 상계금지채권**

주식납입채권(상법 제334조, 제596조), 임금(근기법 제38조), 공무원연금법상 각종 급여를 받을 채권(동법 제32조), 근로자의 재해보상청구권(근기법 제89조), 의료보험법상 보험급여를 받을 권리(동법 제47조), 자동차손해배상보장법상 피해자의 손해배상청구권 또는 가불금청구권(동법 제32조), 형사보상청구권(동법 제22조) 등이 이에 해당한다.

(4) 상계의 행사(제493조)

① **상계의 의사표시**

상계할 채권의 동일성이 인식될 수 있는 정도로 상대방에게 의사표시로 한다. 다만 판례와 일부학설은 증권적 채권의 경우 증권의 제시·교부를 요한다고 한다.

② **조건·기한부 상계의 금지**

일방적 의사표시에 조건을 붙이면 상대방의 지위를 불안정하게 할 수 있고, 기한을 붙이는 것은 상계가 소급효를 가지므로 무의미하다.

(5) 상계의 효과(제492조)

① **채권대등액의 소멸**

채권액이 동등하지 않을 때에는 다액인 측의 잔액부분에 해당하는 채권이 잔존하며, 쌍방의 채무이행지가 같지 않은 경우에는 상계자는 이로 인해 상대방에게 생긴 손해를 배상해야 한다(제494조).

② **상계의 소급효**

따라서 상계적상(자동채권의 변제기가 도래한) 이후 이자는 발생하지 않고 이행지체도 소멸한다.

6. 기타 채권의 일반적 소멸원인

(1) 경 개

1) 의 의

경개는 채무의 중요한 부분을 변경함으로써 신채무를 성립시키는 동시에 구채무를 소멸시키는 계약이다. 즉 구채무의 소멸과 신채무의 성립은 인과관계가 있다. 이와 같은 경개에는 채무내용의 변경에 의한 경개(제500조), 채무자변경에 의한 경개(제501조), 채권자변경에 의한 경개(제502조)가 있다.

2) 경개의 당사자

첫째, 채무내용의 변경에 의한 경개의 경우에는 원래의 채권자와 채무자이다.

둘째, 채무자변경에 의한 경개의 경우에는 채권자와 신채무자이다.

그러나 구채무자의 의사에 반하여 이를 하지 못한다(제501조). 그리고 채권자·구채무자·신채무자 사이의 3당사자 합의로 이를 할 수 있다. 또한 변경된 채무간에 동일성이 인정되지 않는다는 점에서 채무인수와 구별된다.

셋째, 채권자변경에 의한 경개의 경우에는 신·구채권자와 채무자의 3면 계약이다.

채무자도 반드시 계약당사자가 되어야 한다는 점에서 채권양도와 다르다. 그리고 이 경우 확정일자 있는 증서로 체결되지 않으면 이로써 제3자에게 대항하지 못한다(제502조).

3) 경개의 요건

첫째, 소멸할 채무와 신채무가 존재하여야 한다(제504조).

둘째, 채무의 중요부분의 변경이 있어야 한다.

이는 채무의 동일성을 구성하는 부분으로 발생원인·채권의 목적·채권자·채무자가 이에 속한다. 단 채권자 또는 채무자와 같은 채권관계의 중요부분이 변경되더라도 채무의 동일성을 유지할 수 있는 채권양도와 채무인수제도가 존재하므로, 당사자의 경개의사가 명백하지 않으면 경개라고 해석할 수 없다.[402)]

---

402) 대판 1974.7.9, 74다668.

4) 경개의 효과

① 구채무의 소멸

구채무의 소멸과 함께 그에 붙어 있던 담보권·보증권·보증채무·위약금 등 기타 종된 권리도 소멸한다. 단 당사자간의 합의에 의하여 구채무의 목적한도에서 그 채무의 담보로 제공된 질권 또는 저당권을 신채무에 이전할 수 있다. 그리고 제3자가 제공한 담보는 그의 승낙을 얻어야 한다(제505조).

② 신채무의 성립

구채무에 부착되어 있던 항변권은 신채무에 부수되지 않는다. 그러나 채권자 변경으로 인한 경개에는 채무자가 이의를 유보함으로써 구채권자에 관한 항변사유를 가지고 신채권자에게 대항할 수 있다(제503조, 제451조). 채권의 소멸시효는 새로이 기산된다.

③ 경개계약의 해제

경개계약은 신채권을 성립시키고 구채권을 소멸시키는 처분행위로서 신채권이 성립하면 그 효과는 완결되고 경개계약 자체의 이행의 문제는 발생할 여지가 없다.[403] 따라서 신채무의 불이행을 이유로 경개계약을 해제할 수 없다(통설과 판례). 그러나 합의해제나 경개계약 당시 해제권을 유보한 경우에는 경개계약을 해제하여 구채무를 부활시킬 수 있다.

(2) 면 제

1) 의 의

면제는 채무자에 대한 채권자의 일방적 의사표시로 채무를 소멸시키는 채권의 소멸행위이다(제506조). 이점에서 채권자의 처분행위이다. 따라서 화해계약에 의해 채권자가 채무를 면제할 의무를 부담하는 채권행위와 구별된다. 다른 나라의 민법이 면제를 계약으로 규정하고 있지만, 우리는 단독행위로 규정하고 있다. 계약자유의 원칙상 면제계약이 인정됨은 물론이다.

403) 대판 1980.11.11, 80다2050.

2) 요 건

첫째, 면제자는 채권의 처분권한이 있어야 한다. 따라서 채권의 추심권한만을 가진 자는 면제할 수 없다.

둘째, 채권이 압류 또는 질권의 목적이 되지 않아야 한다.

셋째, 채무자에 대한 면제자의 명시적 또는 묵시적인 의사표시가 있어야 한다. 단 채권자의 단독행위이므로 이에 조건을 붙여도 상대방에게 불이익을 줄 염려가 없다.

3) 효 과

첫째, 면제의 효과로서 채권은 소멸하며 이에 수반한 종된 권리(담보물권, 보증채무)도 소멸한다(부종성). 또한 일부면제도 가능하며 그 범위 내에서 채권은 소멸한다.

둘째, 채권이 제3자의 권리의 목적이 되어 있을 때에는 물론, 제3자가 그 채권에 관하여 정당한 이익을 갖는 경우에는 면제로서 그 제3자에게 대항하지 못한다(제506조 단서).

셋째, 채권자를 사해할 목적으로 면제한 때에는 면제가 채권자취소권의 대상이 될 수 있다(제406조).

(3) 혼 동

혼동은 채권과 채무가 동일인에게 귀속되어 채권을 소멸케 하는 원인을 말한다(제507조). 혼동의 법적 성질은 사건이다.

채권의 혼동과 물권의 혼동은 취지는 같지만, 물권의 혼동은 채권·채무 사이의 혼동에서와 같이 서로 대립되는 두 개의 지위가 동일체에 귀속되는 것이 아니라는 점에서 구별할 수 있다.

금전소비대차계약상의 채권자가 채무자를 상속하는 경우에 그 반환채권은 소멸하게 된다. 다만, 그 반환채권이 제3자에 의해 압류된 경우와 같이 채권을 존속시킬 법률상의 이익이 있는 경우(제507조 단서), 또는 어음·무기명채권·사채 등과 같이 증권에 화채된 채권의 경우(제509조; 어음법 제11조 제3항; 수표법 제14조 제3항)에는 혼동이 있더라도 채권은 소멸하지 않는다.

※ 관련판례

◎ 대판 1982.7.13, 81다254 【소유권이전등기말소】

【판시사항】

가. 민법 제607조, 제608조에 위법한 대물변제 예약을 원인으로 한 소유권이전등기의 효력
나. 매수인란을 백지로 한 소유권이전등기 소요서류 등을 교부한 경우 중간등기 생략의 묵시적 합의 유무(적극)

【판결요지】

가. 대물변제예약이 민법 제607조, 제608조에 따라 무효라 할지라도 양도담보의 목적범위에서는 유효하다 할 것이니 양도담보권자가 제3자에게 그 담보목적물을 처분하여 그 등기를 필하였다면 채무자는 그 제3자에 대하여 대물변제예약의 무효를 들어 대항할 수 없다.
나. 소유권이전등기 소요 서류 등에 매수인란을 백지로 하여 교부한 경우에는 소유권이전등기에 있어 묵시적 그리고 순차적으로 중간등기 생략의 합의가 있었다고 봄이 상당하다.

◎ 대판 1995.10.13, 93다12213 【대여금】

【판시사항】

가. 기존 채무의 이행을 위하여 제3자 발행의 어음을 교부한 경우의 법률관계
나. 채권자가 기존 채무의 이행을 위하여 제3자 발행의 어음을 교부받은 경우, 그 어음에 대한 소구권 보전절차를 취할 의무를 부담하는지 여부
다. 채권자가 기존 채무의 이행을 위하여 교부받은 어음에 대한 소구권 보전의무를 게을리 한 경우, 채무자가 이로 인한 손해배상 채권으로 기존 채무와 상계하기 위한 요건

【판결요지】

가. 채무자가 기존 채무의 이행에 관하여 채권자에게 어음을 교부하는 경우에 당사자 사이에 특별한 의사표시가 없고, 다른 한편 어음상의 주채무자가 원인관계상의 채무자와 동일하지 아니한 때에는 제3자인 어음상의 주채무자에 의한 지급이 예정되고 있으므로, 이는 '지급을 위하여' 교부된 것으로 추정된다.
나. '가' 항의 경우, 채권자는 어음채권과 원인채권 중 어음채권을 먼저 행사하여 만족을 얻을 것을 당사자가 예정하였다고 할 것이므로, 채권자로서는 어음채권을 우선 행사하고 그에 의하여서는 만족을 얻을 수 없을 때 비로소 채무자에 대하여 기존의 원인채권을 행사할 수 있으며, 나아가 이러한

목적으로 어음을 배서양도받은 채권자는 특별한 사정이 없는 한 채무자에 대하여 원인채권을 행사하기 위하여는 어음을 채무자에게 반환하여야 하므로, 채권자가 채무자에 대하여 자기의 원인채권을 행사하기 위한 전제로서 지급기일에 어음을 적법히 제시하여 소구권 보전절차를 취할 의무가 있다고 보는 것이 양자 사이의 형평에 맞는다.

다. 채권자가 기존 채무의 이행을 위하여 교부받은 어음을 지급기일에 적법하게 지급제시를 하지 아니함으로써 소구권이 보전되지 아니하였더라도, 약속어음의 주채무자인 발행인이 자력이 있는 한 어음을 반환받은 채무자가 발행인에 대한 어음채권이나 원인채권을 행사하여 자기 채권의 만족을 얻을 수 있기 때문에 아직 손해는 발생하지 아니하고, 지급기일 후에 어음발행인의 자력이 악화되어 무자력이 됨으로써 채권자에게 자신의 채무를 이행하여야 할 채무자가 어음을 반환받더라도 발행인에 대한 어음채권과 원인채권의 어느 것도 받을 수 없게 된 때에야 비로소 자신의 채권에 대하여 만족을 얻지 못하게 되는 손해를 입게 되고, 이러한 손해는 어음 주채무자인 발행인의 자력의 악화라는 특별 사정으로 인한 손해로서 소구권 보전의무를 불이행한 어음소지인이 그 채무 불이행 당시인 어음의 지급기일에 장차 어음발행인의 자력이 악화될 것임을 알았거나 알 수 있었을 때에만 그 배상채권으로 상계할 수 있다.

◎ 대판 1983.6.28, 83다카88·89【소유권이전가등기의 본등기】

【판시사항】

채권의 일부로서 수령한다는 유보 없이 한 공탁금 수령의 효과

【판결요지】

채무금액에 다툼이 있는 채권에 관하여 채무자가 채무전액의 변제임을 공탁원인중에 밝히고 공탁한 경우 채권자가 그 공탁금을 수령할 때 채권의 일부로서 수령한다는 등 별단의 유보의사표시를 하지 않은 이상 그 수령이 채권의 전액에 대한 변제공탁의 효력을 인정한 것으로 해석함이 상당하다.

제 2 장 계약총론

1. 총 설

민법전 제3편의 채권법 중에서 제1장 총칙은 채권총론의 연구대상이고, 제2장 계약, 제3장 사무관리, 제4장 부당이득, 제5장 불법행위는 채권각론의 연구대상이다.

일반적으로 채권법의 교과목은 채권의 구체적 발생원인을 묻지 않고 계약 또는 법률규정에 의하여 이미 발생된 채권에 공통적으로 적용되는 규정을 대상으로 하는 채권총론과 채권(채권관계)의 발생원인에 관한 개별적 규정들을 그 연구대상으로 하는 채권각론으로 나누어져 강의된다.

그러나 계약총론이라 함은 채권각론 중 민법전 제3편 제2장 계약 제1절 총칙에 관한 내용을 연구하는 분야이고, 계약각론이라 함은 채권각론 중 민법전 제3편 제2장 계약 제2절 증여 이하부터 제15절 화해까지 즉, 14종의 전형계약에 관한 내용을 연구하는 분야이다.

(1) 계약채권

계약은 재화의 이전과 활용을 실현하는 수단으로써 개인의 자유로운 의사를 바탕으로 사회생활을 적극적으로 형성해 나간다. 따라서 계약은 내용적으로 일치하는 양당사자의 의사의 합치에 의하여 이루어지는 법률행위이다. 여기에는 물권의 설정·이전·소멸을 직접 그 목적으로 하는 물권계약, 친족관계의 발생을 그 목적으로 하는 신분상의 계약 등도 그 내용에 포함되지만, 보통은 계약이라고 하면 채권·채무의 발생을 목적으로 하는 채권계약이 그 중심을 이루고 있다.

민법전 제2장 계약에는 14가지 전형계약이 있으나, 계약의 내용형성은 당사자의 의사자치에 맡겨져 있으므로(사적자치) 민법의 성질은 원칙적으로 임의규정의 성질을 가진다.

(2) 법정채권

계약이외의 사무관리·부당이득·불법행위는 또 다른 채권의 발생원인을 다루는 법영역이다. 이 분야는 사적 자치에 기초하지 않으며, 다른 관점과 기준을 토대로 서로 성질을 달리하는 법률문제들을 그 대상으로 한다. 따라서 계약채권과 법정채권은 그 기능에 있어서도 전자가 사적자치의 형성과 확대의 원동력이 된다면, 후자는 사적자치의 중요내용인 물권과 채권질서의 조정·보완·시정·수정에 이바지한다.

2. 계약의 의의와 자유

(1) 계약의 의의와 근거

1) 계약의 의의

계약은 서로 대립하는 의사표시가 내용상 합치함으로써 성립하는 법률행위로서 당사자 쌍방의 권리와 의무에 변동을 가져오는 법률요건이다. 넓은 의미의 계약은 채권계약, 물권계약, 준물권계약, 가족법상의 계약을 말하며, 좁은 의미의 계약은 채권관계 내지 채권의 발생을 목적으로 하는 합의 즉, 채권계약을 말한다.

2) 계약의 기능

시장경제사회에 있어서 계약은 일반적으로 재화의 이전 또는 활용을 위해 체결된다. 예컨대, 상품의 매매계약은 타인의 재화를 이전받기 위해 체결되고, 고용계약(근로계약)은 타인의 노무를 제공받기 위하여, 임대차계약은 타인의 부동산이나 동산을 사용·수익하기 위하여 나아가 금전소비대차계약은 타인의 금전을 빌리기 위하여 체결된다.

3) 계약의 타당성 근거

계약의 실질적 기초는 계약은 도덕적 인간의 자유로운 의사결정이며, 형식적 기초는 이러한 행위에 대한 법질서의 승인이라고 할 수 있다.

① 행위의 기초로서의 의사

자유로운 의사결정이 전제된 상태에서 자기의 의사표시에 대하여 스스로 구속되는 자율적 의사표시를 기초로 한다.

② 자연권으로서의 의사결정의 자유

계약의 효력근거는 윤리적 자율능력을 가진 인간의 의사결정의 자유에서 찾는다.

③ 이성적 존재로서 인간의 의사

민법이 전제하는 인간상은 도덕적 명령을 인식하고 이에 따라 행동할 줄 아는 이성적 존재이다. 따라서 계약의 근거는 궁극적으로 윤리적 자율능력이 있는 표의자의 자유로운 의사이다.

④ 자유로운 의사결정과 법질서의 승인

타당성이 인정된 의사표시가 법률행위로서 법적 구속력을 가지고 관철력을 갖추기 위해서는 실정법에 의해서 유효한 행위로서 승인되어야 한다.

4) 계약의 공정성확보

계약[404]의 공정성확보의 전제조건은 선택의 가능성이 주어진 의사결정의 자유만이 계약의 정당성을 보장할 수 있다. 또한 계약당사자들이 그들의 계약관계를 가장 적절하게 그리고 공정하게 결정할 수 있도록 지위의 대등성을 확보해주어야 한다. 특히 '가격(대가)결정의 자유'는 시장경제질서의 유지·존립을 위한 필수적 조건이다.[405]

아래에서는 계약의 공정성확보를 위한 방안들을 살펴보고자 한다.

첫째, 국가는 독점사업(전기·가스·용수공급사업 및 철도·항공운송의 경우)에 대하여 '계약체결강제' 또는 국가에 의한 허가와 통제를 통하여 계약관계를 규제함으로써 계약의 공정성을 확보한다.

---

404) Schmidt-Rimpler의 견해에 다르면, 계약은 당사자들의 이익균형과 공동사회질서를 추구하는 메커니즘이며, 계약에서의 공정성확보는 일방의 과도한 요구를 저지시키면서 쌍방 간에 적정한 의무를 부담시킴으로써 이해의 조정을 실현하는 것이라고 한다(Schmidt-Rimpler, Grundfragen einer Erneuerung des Vertragsrechts, AcP 147, 130, 155ff.).

405) 김형배, 채권각론, 신정판, 박영사, 2001, 33면.

둘째, 독점현상이 없음에도 계약자유가 실현되지 않는 경우(주택임대차 혹은 고용계약)에는 대등한 지위확보를 위하여 법률(예: 주택임대차보호법, 근로기준법, 최저임금법, 노동조합법 등)이 개입되고, 계약의 공정성이 보조적으로 실현된다.

셋째, 공정성확보를 위한 기회의 보장(국가는 자유로운 선택의 가능성을 제공함으로써)을 제공해 줌으로써 즉 당사자 사이의 경제적 힘의 균형, 공서양속의 유지, 합리성의 보장 등이 마련되어야만 계약당사자에 의하여 공정성확보가 실현된다고 이해한다. 따라서 민법 제2조(신의성실원칙), 제103조(반사회질서행위), 제104조(불공정행위), 제607조·제608조(사회적·경제적 약자보호) 등은 물론 제105조(임의규정)도 공정성판단의 기준으로서의 기능을 담당하는 것으로 해석될 수 있다(불공정성을 제거하기 위한 기준적 효력).

5) 계약과 신의성실의 원칙

민법 제2조 제1항의 신의칙에 관한 규정은 민법 전반에 적용되는 원칙규정으로서의 성질을 가지고 있지만, 특히 채권법 가운데 계약법영역에서 구체화기능을 담당하는 의의를 가진다. 이와 같은 계약법영역에서의 구체화기능은 다음과 같다.

계약의 성립 시에, 신의칙이 작용한다. 즉, 원시적 불능에 관한 제535조는 계약이 성립하지 않은 경우에도 계약의 유효함을 신뢰한 상대방에 대하여 신의칙에 기한 배상책임을 인정한다(통설).[406] 또한 계약체결의 교섭단계에 있어서 당사자 일방의 과실로 상대방에게 손해가 발생한 경우에도 신의칙에 기한 손해배상책임이 인정되고 있다.[407]

그리고 계약의 존속 시에 신의칙이 작용한다. 이 경우 신의칙은 계약해석의 기준으로 작용하기 때문에 계약관계의 내용을 구체화·합리화시키는 기능을 담당한다(제106조). 더 나아가서 계약의 종료 시에도 신의칙이 작용한다. 즉, 인적결합관계에 있어서는 신의칙이 구체적 채권·채무의 실현을 위하여 중요한 역할을 한다(예: 신뢰를 바탕으로 하는 계속적 채권관계로서의 위임, 임대차, 고용, 조합 및 보증관계 등). 이러한 경우들에 있어서는 계약목적을 적절하게 실현하기 위한 당사자들의 채권·채무를 일일이 규정할 수 없을 뿐만 아니라, 구체적 계약관계가 신의칙상 유지될 수 없는 경우에는 신의칙에 따라서 그 종료가 정당화될 수 있다(제629조, 제637조, 제661조, 제716조 등).

---

406) 곽윤직, 채권각론, 신정(수정판), 박영사, 2000, 63면; 김증한, 채권각론, 박영사, 49면; 김주수, 채권각론, 제2판, 법문사, 1997, 78면 등.

407) 김형배강의, 전게서, 1182면.

※ 관련판례

◎ **대판 2002.4.12, 2000다50190 【소유권이전등기】**

【판시사항】

[1] 소송위임사무에 대하여 변호사가 청구할 수 있는 보수액
[2] 약정된 변호사 보수액이 신의성실의 원칙이나 형평의 원칙에 반한다고 보아 감액을 인정한 원심의 조치를 정당하다고 한 사례

【판결요지】

[1] 변호사의 소송위임사무처리에 대한 보수에 관하여 의뢰인과의 사이에 약정이 있는 경우에 위임사무를 완료한 변호사는 특별한 사정이 없는 한 약정된 보수액을 전부 청구할 수 있는 것이 원칙이기는 하지만, 의뢰인과의 평소부터의 관계, 사건 수임의 경위, 착수금의 액수, 사건처리의 경과와 난이도, 노력의 정도, 소송물의 가액, 의뢰인이 승소로 인하여 얻게 된 구체적 이익과 소속 변호사회의 보수규정, 기타 변론에 나타난 제반 사정을 고려하여 약정된 보수액이 부당하게 과다하여 신의성실의 원칙이나 형평의 원칙에 반한다고 볼 만한 특별한 사정이 있는 경우에는 예외적으로 상당하다고 인정되는 범위 내의 보수액만을 청구할 수 있다고 보아야 한다.
[2] 약정된 변호사 보수액이 신의성실의 원칙이나 형평의 원칙에 반한다고 보아 감액을 인정한 원심의 조치를 정당하다고 한 사례

(2) 계약자유와 그 제한408)

1) 계약자유의 원칙

① 의 의

개인(독립된 자율적 인격을 가진 권리주체)이 타인과의 법적 생활을 자유로운 의사에 기하여 자신의 법률관계를 형성해 나갈 수 있다는 기본원칙이다(근대 민법의 3대원칙 중의 하나이다).

② 내 용

첫째, 체결의 자유이다. 이는 청약의 자유와 승낙의 자유로 구분될 수 있다. 둘째, 상대방선택의 자유이다. 셋째, 내용결정의 자유이다. 이는 계약자유의 가장 중요한 부분으로 계약자유의 침해가 문제된다. 계약의 내용에는 채무자의 행위

408) 김형배강의, 전게서, 1185-1186면.

(즉, 급부)의 내용, 목적물의 종류·수량·범위, 대가, 이행기일, 이행지, 이행방법, 애프터서비스, 위약금, 손해배상의 예정 등이 포함된다. 끝으로 방식의 자유이다. 이는 원칙적으로 의사표시의 합치 자체가 법적 구속력의 근거로서 이해되고 있으므로 방식에 구애되지 않으나 계약증서가 재판상 유력한 증거가 될 수 있다.

※ 계약자유원칙의 한계와 관련된 판례

◎ 대판 2004.5.28, 2002다32301【공사대금】

【판시사항】

[1] 계약교섭의 부당한 중도파기가 불법행위를 구성하는지 여부(적극)
[2] 계약교섭의 부당한 중도파기로 인한 손해배상의 범위 및 계약의 성립을 기대하고 이행을 위하여 지출한 비용 상당의 손해가 상당인과관계 있는 손해에 해당한다고 볼 수 있는 경우

【판결요지】

[1] 어느 일방이 교섭단계에서 계약이 확실하게 체결되리라는 정당한 기대 내지 신뢰를 부여하여 상대방이 그 신뢰에 따라 행동하였음에도 상당한 이유 없이 계약의 체결을 거부하여 손해를 입혔다면 이는 신의성실의 원칙에 비추어 볼 때 계약자유원칙의 한계를 넘는 위법한 행위로서 불법행위를 구성한다.
[2] 계약교섭의 부당한 중도파기가 불법행위를 구성하는 경우, 상대방에게 배상책임을 지는 것은 계약체결을 신뢰한 상대방이 입게 된 상당인과관계 있는 손해이고, 한편 계약교섭 단계에서는 아직 계약이 성립된 것이 아니므로 당사자 중 일방이 계약의 이행행위를 준비하거나 이를 착수하는 것은 이례적이라고 할 것이므로 설령 이행에 착수하였다고 하더라도 이는 자기의 위험 판단과 책임에 의한 것이라고 평가할 수 있지만 만일 이행의 착수가 상대방의 적극적인 요구에 따른 것이고, 바로 위와 같은 이행에 들인 비용의 지급에 관하여 이미 계약교섭이 진행되고 있었다는 등의 특별한 사정이 있는 경우에는 당사자 중 일방이 계약의 성립을 기대하고 이행을 위하여 지출한 비용 상당의 손해가 상당인과관계 있는 손해에 해당한다.

2) 계약자유에 대한 제한

① 제한의 필요성

근대법은 계약자유의 원칙을 기초로 하지만 계약의 목적이 강행규정에 반하거나(제105조), 계약의 내용이 심하게 공정성을 잃은 경우(제104조)에는 그 계약을 법

률상 무효로 하고 재판에 의한 보호를 거부하고 있다. 예컨대, 도박계약이나 폭리계약은 무효이다. 그러나 이러한 국가적 규제는 경제적 자유주의를 보장하는 한 최소한 범위에 머문다.

자본주의 경제의 고도발전과 아울러 경제적 불평등의 심화로 계약자유는 형해화·명목화된다는 점에서 실질적 공정성과 균형을 해치는 형식적 계약의 자유는 제한되지 않을 수 없게 되었다. 국가의 개입 내지 간섭이 과거처럼 개별적·사후적에 그치지 않고 사전적 간섭을 함으로써 불평등한 거래를 규제하는 경우가 증대되었다.

② 계약체결의 자유에 대한 제한

a) 승낙의 자유에 대한 제한

첫째, 공법적 제한이다. 이는 공법상 의무이기 때문에 사법상의 계약을 성립시킨 수 없으나, 불법행위에 의한 손해배상책임을 물을 수 있다. 공법적 제한으로서 승낙의 자유에 대한 제한인 계약체결강제(Kontrahierungszwangs)는 국민의 생존배려·공익보호·공정거래 등을 확보하기 위함이다. 예컨대, 공공적 기업이 국민생활에 중요한 재화의 공급을 독점하고 있는 경우에 승낙을 거부할 수 없다(전기사업법 제14조; 도시가스사업법 제3조 등). 또한 공익적 직무를 수행하는 의사 및 약사는 정당한 이유 없이 진료행위나 약품판매를 거부할 수 없다(의료법 제16조; 약사법 제22조 등).

둘째, 사법적 제한이다. 이는 특정한 법률관계에서는 일정한 이유 없이 승낙을 거절할 수 없다. 예컨대, 임대차계약의 해지시 임차인이 건물 기타 공작물의 매수청구권을 행사(청약)하면 임대인의 승낙 없이도 매매관계가 성립한다(제646조).

b) 청약의 자유에 대한 제한

국민생활에 필수적인 물자의 수급조절 또는 적정가격의 유지를 위해 계약을 명하는 경우이다(양곡관리법 제16조, 비료관리법 제5조 등).

③ 상대방선택의 자유에 대한 제한

특정한 상대방과의 계약을 배척할 수 없거나 이를 받아들여야 하는 경우이다(노동조합 및 노동관계조정법 제81조 제2호, 남녀고용평등법 제6조 및 제26조, 국가유공자 등 예우 및 지원에 관한 법률 제32조 등). 예컨대, 보훈처장관의 명령에 의하여 직접 고용관계가 성립한다. 이를 명령된 계약(Dikterter Vertrag)이라고 부른다.

④ **내용결정의 자유에 대한 제한**

첫째, 부합계약은 공법적 규제와 기업이 작성한 약관에 대한 감독관청의 인·허가를 통하여 규제된다. 기업의 독점화와 보통거래약관 등이 보편화함으로써 소비자는 계약내용을 자유롭게 결정할 수 있는 가능성이 상실되고 있다. 따라서 독점금지, 불공정거래의 금지 및 약관의 승인 내지 심사 등을 통해 소비자를 보호하기 위하여 계약내용을 제한하는 경우가 있다(독점규제 및 공정거래에 관한 법률 제3조 이하; 운송업법 제10조; 항공법 제85조; 보험업법 제4조; 약관규제에 관한 법률 등).

둘째, 경제적 약자에 불리한 조항에 대해서는 그 효력을 부인하는 법률도 있다(주택임대차보호법 제10조; 할부거래에 관한 법률 제13조; 방문판매 등에 관한 법률 제10조, 제19조 등).

⑤ **계약방식의 자유에 대한 제한**

민법상 계약은 원칙적으로 불요식·낙성계약이지만 일정한 경우 특정한 방식이 요구된다. 첫째, 법률관계를 명확하게 하기 위하여 서면작성이 요구되는 경우이다(유언의 요식성: 제1060조 등), 둘째, 계약내용을 명확하게 함으로써 사후분쟁의 가능성 방지를 위하여 일정한 방식이 요구되는 경우이다(농지법 제24조; 할부거래에 관한 법률 제6조 등), 셋째, 계약의 성립에 대하여 국가의 인·허가 및 증명이 요구되는 경우에 일정한 서면이 요구되는 경우이다. 예컨대, 농지매매시 소재지 관청의 증명요구(농지법 제8조 제1항), 외국인토지취득시 행정자치부장관의 허가요구(외국인토지법 제5조), 토지투기방지 위해 특정지역의 토지매매시 국가의 허가나 당사자의 신고요구(국토이용관리법 제21조의3, 제21조의7 등), 대량거래를 정형화함으로써 거래의 신속과 안전을 확보하기 위해 서면계약이 요구되는 경우이다(수표법 제1조; 어음법 제1조; 상법 제356조 등).

(3) 보통거래약관에 의한 계약

1) 의 의

보통거래약관이란 계약의 일방당사자가 특정 종류의 계약을 다수의 상대방과 계속 반복하여 체결할 것에 대비하여 미리 정하여 둔 계약조항을 말한다. 보험계약, 운송계약, 이용계약, 입장계약, 창고임치계약, 진료계약 등에서 사업주가 미리 정해놓은 정형적 계약조항이 소비자에게 제시되고 소비자는 이를 포괄적으로 받아들임으로써 계약이 성립한다. 또한 기업이 주로 약관을 이용하지만 반드시 기업에 한정되지 않는다. 이러한 계약은 부합계약(프랑스), 보통계약약관(독일), 표준형식계약서(영미) 등으로도 불린다.409)

약관은 거래의 신속·대량거래·획일성의 유지라는 관점에서 편리하고 필요한 거래형식이지만, 계약의 자유를 제한하거나 공정한 거래를 침해할 수 있는 측면도 있다. 따라서 약관에 대한 행정적·사법적 규제의 필요성이 논의되어 왔다(약관의 설정·변경을 주무관청이 승인·인가하거나 법원에 의해 약관의 효력유무를 판단케 함). 우리 나라에서는 1986년에 약관규제에 관한 법률을 제정하여 약관의 내용을 통제하고 있다. 그리고 약관의 효력을 억제하는 법리로서는 신의칙·공서양속 등 일반조항의 적용이 고려될 수 있다. 그러나 영미·프랑스·독일에서는 판례이론을 기초로 법이론이 형성되어 왔으며, 특히 사업주의 면책조항에 대한 제한적 해석법리(Restriktion)가 수립되었다.410)

2) 보통거래약관과 계약내용

① 구속력의 근거

a) 자치법설

기업이 자주적으로 제정하는 법규로 보는 견해이다.411) 그러나 기업이나 개인의 자치 법제정권한이 법에 의하여 수권되었다는 것을 전제로 하는 점에서 비판을 받는다.

b) 상관습설

약관이 존재하는 경우에는 그 약관에 의해 계약이 체결된다는 관습이 있기 때문에 약관이 효력을 가진다는 견해이다.412) 그러나 새로 작성된 약관에 대해서는 그 구속력을 설명할 수 없으며, 또한 그 관행의 효력을 소비자에게 일방적으로 주장하게 된다는 점에서 타당하지 않다.

---

409) 보통거래약관에 의한 계약과 표준계약방식과는 구별된다. 즉, 후자는 법률행위를 유형화하여 다수의 사안에 적용될 규정을 제시하는 방식이다. 약관처럼 균일한 대량적 거래관계를 전제하지만 원칙적으로 계약당사자의 쌍방의 이익을 고려한다. 또한 표준계약의 작성자가 상대방에게 일정한 계약조건을 제시하고 그 조건으로 계약체결을 요구하지 않는다(김형배, 채권각론. 49면).

410) 대판 1991.12.24, 90다카23899 참고.

411) 강위두, 상법강의, 1985, 19면; 이병태, 전정상법(상), 1988, 57면.

412) 정희철, 상법학(상), 1989, 55면; 서돈각, 상법강의(상), 1985, 68면.

c) 계약설

약관작성자와 그 상대방의 합의가 약관의 구속력에 대한 근거라는 견해이다.[413] 약관규제에 관한 법률상의 규정내용(제3조 제1항·제2항·제3항, 제4조, 제6조 내지 제14조 참조)에 비추어 계약설이 타당하며, 약관자체는 규범적 근거를 갖지 않으나 계약상대방이 그 약관을 계약내용으로 하겠다는 합의가 있을 때 그 효력이 발생하기 때문이다.[414]

② 계약으로의 편입

약관구속력의 근거를 계약설로 이해할 때, 계약당사자를 구속하기 위해 "합의"가 구체적으로 어떤 모습으로 이루어져야 하는가의 문제이다. 원칙적으로 약관을 이용하는 사업자(=작성자)가 약관을 명시 또는 설명하고 상대방이 그에 따른 계약체결을 동의한 경우에만 약관은 계약내용에 편입된다(동법 제3조 1항·제2항). 물론 명시·설명에 대한 입증책임은 사업자가 부담한다(동법 제3조 참조). 그러나 경제적 지위가 동등하여 불공정한 내용의 약관이 작성될 우려가 없는 경우에는 상대방이 계약의 존재를 알고 있는 한, 작성자의 명시·설명이 없더라도 그 약관은 계약내용에 편입되어 구속력을 갖는다(동법 제1조에 대한 반대해석). 또한 당사자들 사이에 약관과 다르게 합의한 부분이 있다면 그 개별적 약정이 약관에 우선한다(동법 제4조).

③ 약관의 해석원칙

a) 해석의 동일성유지

약관은 다수의 상대방과의 계약관계를 정형적으로 처리하기 위한 것이므로 일반적 고객의 이익을 고려하여 정상적 계약당사자가 표시하였으리라고 판단되는 의사를 기준으로 해석되어야 한다(동법 제5조 1항).

b) 신의칙의 고려

약관이 적용되는 구체적 사안을 고려하여 신의칙에 맞게 해석되어야 한다(동법 제5조 1항).

---

413) 곽윤직, 채권각론, 24면; 김상용, 채권각론(상), 28면; 김주수, 채권각론, 63면; 이은영, 채권각론, 50면; 대판 1983.12.27, 83다카893 등.

414) 김형배, 채권각론, 53면.

c) 작성자불리원칙

약관내용이 불명확한 경우에는 작성자가 그 불명확으로 인한 불이익을 부담한다(동법 제5조 2항).

d) 축소해석의 원칙

법률에 규정되어 있는 권리를 제한하는 약관은 좁게 해석되어야 한다.

3) 약관의 규제에 관한 법률의 내용

① 입법취지 및 적용범위

기업 또는 사업자와 소비자 사이에 발생하는 불공정한 거래를 예방·규제함으로써 경제적 약자인 소비자를 보호하기 위한 것이다. 이 법은 약관작성자와 그 상대방이 사업자와 소비자관계에 있지 않더라도 유추적용 될 수 있으나 약관에 의하지 않는 개별계약에는 유추적용 될 수 없다(동법 제30조 참조).

② 약관조항의 무효(동법 제6조-제14조)

무효조항에는 절대적 무효조항(제7조 제1호)과 상당한 이유가 있는 경우에 한하여 그 효력이 인정되는 상대적 무효조항(제7조 제2·3호)이 있다.

③ 무효의 효과

무효조항이 포함되어 있다 할지라도 원칙적으로 약관은 나머지 부분만으로 유효하게 존속한다(제16조 본문). 그러나 유효한 부분만으로 계약목적달성이 불가능하거나 일방에게 부당하게 불리한 경우 계약전부가 무효로 된다(제16조 단서). 절대적 무효조항은 당연무효이나, 상대적 무효조항은 그 상당성의 인정여부가 무효판단의 기준이다. 동법에 의해 실체법상 당연무효라도 약관에 관한 다툼이 민사소송의 사건이 되기 위해서는 구체적 사안에서 법률문제와 관련하여 그 조항의 효력이 다투어져야 한다(약관의 구체적 분쟁).[415] 무효조항에 의해 불법행위에 기한 손해배상청구와 이미 급부한 것은 부당이득으로 반환청구가 가능하다. 이 경우에 불법원인급여(제746조)에 관한 규정이 적용되지 않는다.[416]

---

415) 곽윤직, 전게서, 29면; 김상용, 전게서, 36면; 이은영, 전게서, 74면.

416) 이은영, 전게서, 78면; 김형배, 채권각론, 신조사, 1996, 68면.

④ 공정거래위원회에 의한 약관규제(제17조-제23조)

공정거래위원회는 사업자가 제17조의 규정에 위반한 경우에는 그에게 시정조치를 명하거나 필요한 조사를 할 수 있다.

4) 약관의 규제에 관한 법률과 사법이론의 적용

① 약관 규제에 관한 법률과 의외조항

상대방이 전혀 예상하지 못한 비정상적인 계약조항은 신의성실의 원칙상 계약내용이 될 수 없다(동법 제5조 제1항, 제6조 제2항).

② 약관의 규제에 관한 법률과 착오로 인한 취소

상대방이 약관조항의 내용이나 그것의 명시·설명에 관하여 착오에 빠진 경우 그 착오가 법률행위의 중요부분에 해당하는 한 취소할 수 있다(제109조 제1항). 그러나 고객의 부주의로 계약을 체결한 경우 또는 약관조항의 효과부분에만 착오가 있는 경우에는 의사표시를 취소할 수 없다.

③ 위반약관의 이용과 손해배상의무

무효인 위반약관을 상대방이 그대로 수용할 것을 기대하며 의도적으로 악용하는 경우 상대방이 계약유효를 믿음으로써 손해를 입은 때 사업자는 계약체결상의 과실책임(제535조)이 발생할 수 있다. 그러나 단지 의심스러운 조항을 넣었다는 이유만으로는 상대방의 신뢰에 대한 침해를 문제삼을 수는 없다.

[문제 12]

甲은 자신을 피보험자로 하여 독립한 여러 물건을 보험목적물로 하는 내용의 화재보험계약을 화재보험회사 乙과 약관에 의해 체결하였다. 그런데 甲은 체결된 화재보험계약에서 그 중 일부의 보험목적물에 관하여 실재 손해보다 과다하게 허위의 청구를 하였다. 甲과 乙 사이의 화재보험계약 체결당시의 화재보험약관에 의하면 보험목적물에 관하여 실재의 손해보다 과다하게 허위의 보험금을 청구하는 경우에는 보험금청구권을 상실한다고 하고 있다.

(질문)

첫째, 이 경우 甲은 보험금청구권이 상실되는가?

둘째, 위 약관 조항을 甲이 허위로 청구하지 않은 다른 보험목적물에 관한 보험청구권은 상실하지 않는다고 해석한다면 그 근거는 무엇인가?

(참조판례) 대판 2007.2.22, 2006다72093; 대판 2007.12.13, 2005다30702; 대판 2001.6.26, 99다27972; 대판 1994.10.25, 93다39942 등.

[문제 12] 해설:

Ⅰ. 사례의 쟁점

甲은 보통거래약관에 의하여 보험계약을 체결하였는데, 약관이 계약의 내용이 되었는지, 계약의 내용이 되었다면 어떻게 해석하여야 하는지가 문제가 된다.

이에 대하여 먼저 서설로서 약관의 의의와 구속력의 근거를 살펴보고 난 뒤에 약관이 계약의 내용으로 되기 위한 요건과 약관의 해석원칙을 살펴보겠다. 또한 약관에 관한 사항을 규율하는 일반법으로서 "약관의 규제에 관한 법률(이하 '약관규제법'이라고 한다)"이 있는 바, 이 법률의 주요한 내용을 이루는 불공정약관의 내용통제에 관하여도 살펴본다.

Ⅱ. 약관의 의의와 구속력의 근거

1. 약관의 의의

(1) 약관의 개념

"약관"이란 그 명칭이나 형태 또는 범위에 상관없이 계약의 한쪽 당사자가 여러 명의 상대방과 계약을 체결하기 위하여 일정한 형식으로 미리 마련한 계약의 내용을 말한다(제2조 제1항).

따라서 단순히 1회의 계약체결을 위한 것이라거나 다수의 상대방에게 동일한 내용이 아닌 것, 개별적인 흥정을 거친 것이라면 약관이 될 수 없다.[417]

(2) 약관의 필요성과 역기능

사업자는 불특정 다수의 고객 사이의 계약내용을 정형적으로 정함으로써 거래를 신속·확실하게 할 수 있다. 하지만, 약관을 작성한 사업자들은 자신에게 일방적으로 유리한 내용을 정하고, 고객은 사실상 그러한 약관을 거부할 수 없는 문제가 발생한다. 즉, 경제적 강자가 약자를 합법적으로 지배하는 모순 현상이 발생한다.

(3) 약관규제법의 제정과 적용범위

약관의 역기능을 시정하기 위하여 우리 나라는 1986년 "약관의 규제에 관한 법률"을 제정하여 약관의 내용을 통제하고 있다.

약관규제법은 사용자와 고객 사이에 이용되는 약관에 대하여 일반적으로 적용된다. 따라서 약관이 상법 제3편 근로기준법 또는 그 밖에 대통령령으로 정하는 비영리사업의 분야에 속하는 계약에 관한 것일 경우에는 이 법을 적용하지 아니한다(제

---

417) 대판 2002.10.11, 2002다39807; 대판 1999.12.10, 98다41964.

30조 제1항). 특정한 거래 분야의 약관에 대하여 다른 법률에 특별한 규정이 있는 경우에는 그 규정이 약관규제법에 우선하여 적용된다(제30조 제2항).

2. 구속력의 근거

(1) 문제점

약관은 계약당사자 일방이 일방적으로 준비한 계약조건에 지나지 않는다. 따라서 그것이 당연히 상대방을 구속할 수는 없다. 따라서 약관이 상대방을 구속한다면 거기에는 어떤 근거가 있어야 하는지 학설이 대립한다.

(2) 학 설

① 자치법설은 약관을 기업의 자주적 법규로 보는 견해이다.

② 상관습설은 약관에 의하여 계약이 체결되고 있는 관행이 존재하는 한 그 관행을 기초로 약관이 계약의 내용으로서 효력을 가진다는 견해이다.

③ 계약설은 계약당사자인 작성자와 그 상대방의 합의를 통하여 비로소 약관이 계약의 내용으로 효력을 가진다는 견해이다.

(3) 판 례

대법원은 일반거래약관이 계약의 내용으로 되어 계약당사자에게 구속력을 갖게 되는 근거는 그 자체가 법규범 또는 법규범적 성질을 갖기 때문은 아니며, 계약당사자가 이를 계약의 내용으로 하기로 하는 명시적 또는 묵시적 합의를 하였기 때문이라고 보아 계약설의 입장을 취하고 있다.[418)]

(4) 검 토

자치법설은 약관작성자인 기업이나 개인에게 자치법제정권한이 법에 의하여 수권되어 있다고 전제하는 것이므로 타당하지 않다.

상관습설은 첫째 새로운 사업의 약관작성에 대해서는 적용될 수 없는 견해일 뿐만 아니라, 둘째 약관에 의한 계약내용의 형성을 기업측에서 관행으로 하고 있다 하여 그 관행을 기초로 고객에 대한 약관의 효력을 주장하는 것은 경제적 강자의 지배를 정당화하는 것이어서 부당하다.

따라서 계약당사자가 계약내용으로 받아들이겠다는 합의가 있을 때 비로소 당사자를 구속하는 것이라고 판단하는 계약설이 타당하다.

약관규제법에서도 약관을 당사자가 계약의 내용으로 삼고자 하는 당사자의 합의가 약관이 당사자를 구속하는 근거이며, 약관을 계약에 편입하는 방법은 상대방에 대한 약관의 명시·설명이므로, 계약설의 견지에 있다.

Ⅲ. 계약으로의 편입

1. 계약편입의 요건

사업자가 약관을 계약의 내용으로 주장하기 위하여는 일정한 요건이 필요하다. 이

---

418) 대판 2004.11.11, 2003다30807.

것에 계약으로의 편입의 문제이다.

약관이 계약내용으로 편입되기 위해서는 ① 약관을 이용하는 사업자가 약관을 명시·설명하고, ② 상대방이 그 약관에 따라 계약을 체결하는데 동의하여야 한다(제3조 제2항, 제3항). 따라서 일반적으로 당사자 사이에 보통보험약관을 계약내용에 포함시킨 보험계약서가 작성된 경우, 계약자가 그 보험약관의 내용을 알지 못하는 경우에도 그 약관의 구속력을 배제할 수 없는 것이 원칙이지만, 당사자 사이에서 고객의 이해관계에 중대한 영향을 미치는 사항 즉, 계약의 중요한 내용에 관한 약관을 명시·설명하지 않고 계약을 체결한 경우에는 약관의 구속력은 배제된다.

2. 명시·설명의무

약관규제법 제3조는 고객이 알지 못하는 상태에서 약관에 정하여진 내용이 계약내용으로 되어 고객이 예상하지 못한 불이익을 받게 되는 것을 피하기 위하여, 사업자에게 약관의 중요 내용에 대해 명시·설명의무를 부과하고 있다.

(1) 명시의무

사업자는 계약을 체결할 때에는 고객에게 약관의 내용을 계약의 종류에 따라 일반적으로 예상되는 방법으로 분명하게 밝히고, 고객이 요구할 경우[419] 그 약관의 사본을 고객에게 내주어 고객이 약관의 내용을 알 수 있게 하여야 한다(제3조 제2항 본문). 일반적으로 계약서에 약관을 인쇄해 놓거나 약관이 기재된 별도서면을 계약서에 첨부하는 것이 일반적으로 예상되는 방법으로 명시한 것이 된다.

다만, ① 여객운송업, ② 전기·가스 및 수도사업, ③ 우편업, ④ 공중전화 서비스 제공 통신업의 경우에는 예외를 인정하고 있다(제3조 제2항 단서). 종래에 대통령령으로 정하던 것을 법에 규정한 것이다.[420]

(2) 설명의무

1) 원 칙

약관에 계약의 중요한 내용이 포함되어 있는 경우, 사업자는 일반적인 명시의무 외에 설명의무를 부담한다(제3조 제3항 본문). 설명의무의 대상이 되는 것은 약관의 중요한 사항 즉, 고객의 이해관계에 중대한 영향을 미치는 계약의 중요한 내용에 한한다. 판례도 고객이 당해 약관 내용에 관하여 설명을 들어 알았더라면 계약을 체결하지 않았으리라고 인정되는 사실을 중요한 내용으로 보고 있다.[421]

예컨대, ① 보험상품의 내용·보험료율의 체계·보험청약서상 기재사항의 변동사항 및 보험자의 면책사유[422], ② 은행거래약관에서의 예금채권의 양도금지특약[423], ③

---

419) 보험약관의 교부의무에 대하여는 상법에 특별한 규정이 있으므로(상법 제638의조의3 제1항) 보험약관의 교부의무에 관하여는 상법의 규정이 약관규제법의 규정(약관규제법 제3조 제1항)에 우선하여 적용된다. 따라서 보험자는 보험계약을 체결할 때에 고객의 요구가 있든 없든 보험 계약자에게 보험약관을 교부하여야 한다.

420) 시행일 2011년 6월 30일.

421) 대판 2007.8.23; 대판 2005다59475, 59482, 59499.

422) 대판 2006.1.26; 대판 2005다60017, 60024; 대판 2004.4.27, 2003다7302 등.

안전설계보험약관 소정의 자동차 소유자에 자동차의 등록명의자만이 포함된다는 사실[424] 등은 설명의무의 대상이 되는 중요한 내용으로 보고 있다.

한편, ① 자동차종합보험보통약관상 면책조항의 배우자에 사실혼관계의 배우자가 포함된다는 사실[425], ② 한국수출보험공사의 수출어음보험계약 약관에 규정된 수출계약의 의미[426] 등은 중요한 내용에 해당하지 않아 설명의무가 없다고 한다.

2) 방 법

약관의 중요내용의 설명은 약관을 계약의 내용으로 주장하는 자, 즉 사업자가 하여야 하며, 설명의 상대방은 고객이겠으나 그의 대리인과 계약을 체결하는 때에는 그 대리인에게 설명하면 충분하다.[427] 설명은 구체적이고 상세하게 하여야 하며, 기존의 계약내용 중 잘못된 부분이 있으면 즉시 수정 신고하여야 한다는 안내문 또는 청약을 유인하는 추상적·개괄적인 내용의 안내문을 우송한 것만으로는 설명의무를 다하였다고 볼 수 없다.[428] 설명하였다는 사실의 입증책임은 사업자가 진다.

3) 예 외

약관의 중요한 내용이더라도 계약의 성질상 설명이 현저하게 곤란한 경우에는 설명 의무가 없다(제3조 제3항 단서). 어떤 경우가 "계약의 성질상 설명이 현저하게 곤란한 경우"에 해당되는지에 대하여는 구체적인 계약관계별로 판단하여야 한다.

4) 판 례

한편 판례는 약관의 중요 내용에 해당하고, 계약의 성질상 설명이 현저하게 곤란한 경우가 아니더라도 일정한 경우에는 사업자에게 설명의무가 없다고 한다. 즉 ① 보험계약자나 그 대리인이 약관의 내용을 충분히 잘 알고 있는 경우[429], ② 보험계약자가 별도의 설명이 없이도 충분히 예상할 수 있었던 사항[430], ③ 당해 거래계약에 당연히 적용되는 법령에 규정되어 있는 사항은 그것이 약관의 중요한 내용에 해당한다고 하더라도 특별한 사정이 없는 한 사업자가 이를 따로 명시·설명할 의무는 없다고 한다.[431] 또한 ④ 어느 약관조항이 당사자 사이의 약정의 취지를 명백히 하기 위한 확인적 규정에 불과한 경우에는 상대방이 이해할 수 있도록 별도로 설명하지 아니하였다고 하여 그것이 약관규제법 제3조 제2항에 위반된 것이라고 할 수는 없다고 한다.[432]

---

423) 대판 1998.11.10, 98다20059.

424) 대판 1996.6.25, 96다12009.

425) 대판 1994.10.25, 93다39942.

426) 대판 1999.9.7, 98다19240.

427) 대판 2001.7.27, 2001다23973.

428) 대판 1997.9.26, 97다4494; 대판1999.3.9, 98다43342, 43359.

429) 대판 2005. 8. 25, 2004다18903.

430) 대판 2005. 12. 9, 2004다26164, 26171.

431) 대판 1999. 9. 7, 98다19240.

432) 대판 1998. 2. 27, 96다8277.

(3) 위반의 효과

사업자가 명시·설명의무를 다하지 않고 계약을 체결한 때에는 당해 약관을 계약의 내용으로 주장할 수 없다(제3조 제4항). 반면, 고객은 그 약관을 계약내용으로 주장할 수 있다.[433]

따라서 보험자가 보험계약을 체결할 때에 보험계약자의 고지의무에 관하여 설명하지 않았으면, 보험계약자나 그 대리인이 그 약관에 규정된 고지의무를 위반하였더라도 이를 이유로 보험계약을 해지할 수 없다.[434]

3. 고객의 동의

약관규제법은 계약으로의 편입의 요건으로 고객의 동의를 명문으로 규정하고 있지 않지만, 고객의 동의 내지 당사자의 합의가 필요하다고 본다. 동의는 명시적으로뿐만 아니라 묵시적으로도 할 수 있다.[435]

4. 약관작성의무

2007년 8월 3일 개정된 약관규제법 제3조 제1항에 의하면, 사업자는 고객이 약관의 내용을 쉽게 알 수 있도록 한글로 작성하고, 표준화·체계화된 용어를 사용하며, 약관의 중요한 내용을 부호·문자·색채 등으로 명확하게 표시하여 알아보기 쉽게 약관을 작성하여야 한다.

이에 위반하더라도 사업자가 약관을 계약의 내용으로 주장할 수 없는 것은 아니며, 위반시에 벌칙의 제재가 가해지지도 않는다. 따라서 훈시규정에 지나지 않는다.[436]

5. 개별약정의 우선

약관자체는 법규범이 아니라 합의를 근거로 계약의 내용이 되므로 당사자는 약관의 내용과 다른 계약을 체결할 수 있다. 그러므로 약관에서 정하고 있는 사항에 관하여 사업자와 고객이 약관의 내용과 다르게 합의한 사항이 있을 때에는 당해 합의사항은 약관에 우선한다(제4조).

6. 사안의 검토

이 사안의 보험약관은 "실제의 손해보다 과다하게 허위의 보험금을 청구하는 경우 보험금청구권을 상실한다"고 규정하고 있는데, 약관이 계약의 내용으로 편입되기 위해서는 원칙적으로 ① 약관을 이용하는 사업자가 약관을 명시·설명하고, ② 상대방이 그 약관에 따라 계약을 체결하는데 동의하여야 한다. 다만, 보험계약에서 피보험자가 그 중 일부의 보험목적물에 관하여 실제 손해보다 과다하게 허위의 청구를 한 경우에 허위의 청구를 한 당해 보험목적물에 관하여 위 약관 조항에 따라 보험금청구권을 상실하게 되는 것은 당연하다고 볼 수 있다.[437] 따라서 보험계약자가 별도의

433) 송덕수, 신민법강의(제3판), 박영사, 2011, 1269면.

434) 대판 1997. 9. 26, 97다4494.

435) 송덕수, 앞의 책, 1269면.

436) 송덕수, 위의 책, 1267면.

설명이 없이도 충분히 예상할 수 있었던 사항이라고 보아야 한다. 이러한 경우에는 사업자가 예외적으로 설명의무를 지지 않는다고 해석해야 하므로, 甲은 실제의 손해보다 과다하게 허위의 보험금을 청구한 부분에 관하여 보험금 청구권을 상실한다.

Ⅳ. 약관의 해석

1. 객관적 해석

약관의 내용은 개개 계약체결자의 의사나 구체적인 사정을 고려함이 없이 평균적 고객의 이해가능성을 기준으로 객관적·획일적으로 해석하여야 한다(제5조 제1항).[438]

2. 신의성실의 원칙

약관은 신의성실의 원칙에 따라 공정하게 해석하여야 한다(제5조 제1항).

3. 작성자불이익의 원칙

약관의 뜻이 명백하지 아니한 경우에는 고객에게 유리하게 해석하여야 한다(제5조 제2항).

4. 수정해석

수정해석은 대법원판례가 취하고 있는 약관의 해석방법이다. 이것은 면책조항을 해석함에 있어서 사업자의 면책조항이 사업자의 고의 또는 중과실로 인한 경우까지 적용된다고 본다면 약관규제법 제7조 제1호에 위반되어 무효라고 볼 수밖에 없기 때문에, 그 외의 경우(경과실)에 한하여 사업의 면책을 정한 규정이라고 해석하는 한도 내에서만 유효하다고 수정해서 해석하는 것을 말한다.[439]

5. 축소해석

축소해석은 사업자에게 유리한 조항이나 고객에게 불리한 조항은 축소하여 해석하여야 한다는 원칙이다. 축소해석의 원칙은 작성자 불이익 원칙의 파생원칙으로서 독자적 의미를 갖지 않는다는 전제 아래 축소해석의 원칙에 관하여 별도의 규정을 두지 않았다.

6. 사안의 검토

사안의 "실제의 손해보다 과다하게 허위의 보험금을 청구하는 경우 보험금청구권을 상실한다"는 내용의 약관 조항은 피보험자가 허위의 청구를 하지 않은 다른 보험목적물에 관한 보험금청구권까지 한꺼번에 상실하게 된다는 취지로 해석한다면, 이는 허위 청구에 대한 제재로서의 상당한 정도를 초과하는 것으로 고객에게 부당하게 불리한 결과를 초래하여 신의성실의 원칙에 반하는 해석이 된다.[440]

---

437) 대판 2007.2.22, 2006다72093.

438) 대판 2007.9.6, 2006다55005.

439) 대판 1996.5.14, 94다2169.

440) 대판 2007.2.22, 2006다72093.

약관의 내용은 개개 계약체결자의 의사나 구체적인 사정을 고려함이 없이 평균적 고객의 이해가능성을 기준으로 하여 객관적·획일적으로 해석하여야 하고, 고객보호의 측면에서 약관 내용이 명백하지 못하거나 의심스러운 때에는 고객에게 유리하게, 약관작성자에게 불리하게 제한해석하여야 하므로[441], 다른 보험목적물에 관한 보험금청구권은 상실하지 않는다.

Ⅴ. 약관의 내용통제

1. 의 의

약관에 대하여 일정한 요건을 갖추어 사업자가 그것을 계약의 내용으로 주장할 수 있는 경우에 그 가운데에는 고객에게 대단히 불리한 조항이 포함되어 있을 수 있다. 이 경우 약관의 조항 중 어떤 것을 무효로 할 필요가 있다.

약관규제법은 불공정한 약관조항이 무효로 되는 경우에 대하여, 제6조에서 일반규정과 제7조 이하에서 개별규정을 두고 있다.

2. 개별적 통제

① 약관이용자인 사업자의 책임을 부당하게 면제하는 경우(제7조), ② 고객에 대하여 부당하게 과중한 손해배상액을 예정하는 경우(제8조), ③ 계약의 해제권·해지권을 폭넓게 인정하는 경우(제9조), ④ 채무이행과 관련하여 상당한 이유 없이 사업자가 급부의 내용을 일방적으로 결정·변경하거나 사업자의 급부를 중지 또는 제3자로 하여금 대행케 하는 경우(제10조), ⑤ 고객의 항변권·상계권을 배제·제한하거나, 기한의 이익을 박탈하거나 또는 기타의 권익을 제한·침해하는 경우(제11조), ⑥ 고객의 의사표시를 부당하게 의제하거나, 의사표시의 형식이나 요건에 대하여 부당하게 엄격한 제한을 가하거나, 사업자의 의사표시가 상당한 이유 없이 고객에게 도달된 것으로 의제하거나 그 의사표시에 부당하게 장기의 기한 또는 불확정 기한을 정하는 경우(제12조), ⑦ 고객의 대리인에 의하여 계약이 체결된 경우에 그 대리인에 대하여 이행의무를 지우는 경우(제13조), ⑧ 고객에게 부당하게 불리한 소제기의 금지조항 또는 재판관할의 합의조항이나 상당한 이유 없이 증명책임을 부담시키는 경우(제14조)에 불공정약관조항으로서 무효가 된다.

약관규제법은 국제적으로 통용되는 약관 기나 특별한 사정이 있는 약관으로 대통령령이 정하는 경우[442]에는 개별적인 금지규정인 약관규제법 제7조 내지 제14조의 규정을 조항별·업종별로 제한할 수 있다고 규정한다(제15조).

3. 일반적 통제

(1) 불공정성의 추정

① 고객에게 부당하게 불리한 조항, ② 고객이 계약의 거래형태 등 관련된 모든 사정에 비추어 예상하기 어려운 조항(기습조항 또는 의외조항), ③계약의 목적을 달

441) 대판 2007.2.22, 2006다72093.

442) 국제적으로 통용되는 운송업·금융업·보험업, 수출보험법에 따른 수출보험의 약관 등을 의미한다.

성할 수 없을 정도로 계약에 따르는 본질적 권리를 제한하는 조항은 공정을 잃은 것으로 추정된다(제6조 제2항).

(2) 신의성실의 원칙

사업자가 신의칙상의 의무에 위배하여 고객의 정당한 이익을 희생시키고 자신의 이익만을 추구하는 약관을 마련하여 이를 고객에게 강요하는 경우, 그 약관은 불공정한 것으로서 무효가 된다(제6조 제1항).

4. 위반의 효과

약관규제법의 개별적 통제에 해당하는 경우(제7조 내지 제14조), 일반적 통제에 해당하는 경우(제6조), 명시·설명의무를 다하지 않은 경우(제3조) 원칙적으로 계약은 나머지 부분만으로 유효하게 존속한다(제16조 본문). 다만 유효한 부분만으로는 계약의 목적달성이 불가능하거나 일방당사자에게 부당하게 불리한 때에는 당해 계약 전부가 무효로 된다(제16조 단서). 약관규제법의 내용통제조항들은 강행규정이므로 무효인 약관조항이 그대로 유효로 될 수는 없다.[443)]

한편, 계약이 무효부분을 제외한 나머지 부분만으로 유효하게 되는 경우에는 계약에 틈이 생길 수 있다. 그 때에 틈은 법률행위의 해석에 의하여 보충되어야 한다. 그리하여 우선 관습에 의하여 보충되고(제106조), 관습이 없으면 임의규정에 의하며, 임의규정도 없으면 순수한 보충적 해석이 행하여져야 한다.[444)]

5. 위반약관의 규제

사업자는 제6조부터 제14조까지의 규정에 해당하는 불공정한 약관 조항을 계약의 내용으로 하여서는 안 되며(제17조), 사업자가 이를 위반한 경우에는 공정거래위원회가 그 약관조항의 삭제·수정 등 시정에 필요한 조치를 권고하고(제17조의2 제1항, 제18조), 때로는 시정조치를 명할 수 있다(제17조의2 제2항).

6. 약관규제법과 사법이론의 적용

(1) 의외조항의 문제

계약 당사자인 상대방이 전혀 예상하지 못한 비정상적 약관조항은 약관규제법에 따라 그 조항은 계약내용이 될 수 없다(제6조 제2항 제2호).[445)] 또한 약관조항이 계약내용으로 편입되기 위해서는 당사자 간의 합의가 전제되어야 하므로, 도저히 당사자의 합의가 있었다고 볼 수 없는 조항은 신의성실의 원칙(제5조 제1항)에 비추어 계약내용이 될 수 없다.[446)]

(2) 약관의 내용에 대한 착오

약관작성자의 상대방이 약관조항의 내용이나 편입조건에 관하여 착오에 빠져 의

443) 대판 2000.1.18, 98다 18506.

444) 송덕수, 신민법강의, 1276면.

445) 대판 1998.12.22, 97다15715.

446) 김형배·김규완·김명숙, 민법학강의, 신조사, 2011, 1221면.

사표시를 한 경우에는 그 착오가 법률행위의 중요부분에 해당하는 한 의사표시를 취소할 수 있다(민법 제109조 제1항). 그러나 고객의 부주의로 인해 약관의 내용을 승인하고 계약을 체결한 경우이거나 약관조항의 효과부분에 대해서만 착오가 있는 경우에는 의사표시를 취소할 수 없다.447)

(3) 위반약관의 이용과 손해배상의무

약관작성자인 사업자가 무효의 약관조항을 상대방이 그대로 수용할 것이라고 기대하면서 의도적으로 약관조항을 악용한 때에는 상대방 당사자가 계약의 유효를 믿음으로써 입은 손해에 관하여 계약체결상의 과실책임(민법 제535조)을 부담할 수 있다. 그러나 무효조항임이 명백하지 않고 단지 의심스러운 조항을 넣었다는 이유만으로는 상대방의 신뢰에 대한 침해를 문제삼을 수 없다.

Ⅵ. 사안의 해결

1. 첫째 질문에 대하여

약관이 계약의 내용으로 편입되기 위해서는 원칙적으로 ① 약관을 이용하는 사업자가 약관을 명시·설명하고, ② 상대방이 그 약관에 따라 계약을 체결하는데 동의하여야 하지만, 보험계약에서 피보험자가 그 중 일부의 보험목석물에 관하여 실제 손해보다 과다하게 허위의 청구를 한 경우에 허위의 청구를 한 당해 보험목적물에 관하여 위 약관 조항에 따라 보험금청구권을 상실하게 되는 것은 당연하다고 볼 수 있다. 따라서 보험계약자가 별도의 설명이 없이도 충분히 예상할 수 있었던 사항이라고 보아야 한다.

이러한 경우에는 사업자가 예외적으로 설명의무를 지지 않는다고 해석해야 하므로, 甲은 실제의 손해보다 과다하게 허위의 보험금을 청구한 부분에 관하여 보험금청구권을 상실한다.

2. 둘째 질문에 대하여

사안의 약관 조항을 피보험자가 허위의 청구를 하지 않은 다른 보험목적물에 관한 보험금청구권까지 한꺼번에 상실하게 된다는 취지로 해석한다면, 이는 허위 청구에 대한 제재로서의 상당한 정도를 초과하는 것으로 고객에게 부당하게 불리한 결과를 초래하여 신의성실의 원칙에 반하는 해석이 된다.

약관의 내용은 개개 계약체결자의 의사나 구체적인 사정을 고려함이 없이 평균적 고객의 이해가능성을 기준으로 하여 객관적·획일적으로 해석하여야 하고, 고객보호의 측면에서 약관 내용이 명백하지 못하거나 의심스러운 때에는 고객에게 유리하게, 약관작성자에게 불리하게 제한 해석하여야 하므로, 다른 보험목적물에 관한 보험금청구권은 상실하지 않는다.

---

447) 김형배, 민법학강의, 1221면.

[문제 12] 관련 판례: [관판 12]

◎ 대판 2007.2.22, 2006다72093 【보험금】

【판시사항】

[1] 손해보험에 있어서 보험의 목적물과 위험의 종류만이 정해져 있고 피보험자와 피보험이익이 명확하지 않은 경우, 피보험자의 결정 기준

[2] 약관의 해석 원칙

[3] 피보험자 등이 보험금을 허위 청구하는 경우에는 보험금청구권을 상실한다는 취지의 보험약관 조항의 해석에 있어서, 피보험자가 독립한 여러 보험목적물 중 일부에 관하여 실제 손해보다 과다하게 허위의 청구를 한 경우에 허위의 청구를 하지 않은 다른 보험목적물에 관한 보험금청구권까지 상실하는지 여부(소극)

【판결요지】

[1] 손해보험에 있어서 보험의 목적물과 위험의 종류만이 정해져 있고 피보험자와 피보험이익이 명확하지 않은 경우에 그 보험계약이 보험계약자 자신을 위한 것인지 아니면 타인을 위한 것인지는 보험계약서 및 당사자가 보험계약의 내용으로 삼은 약관의 내용, 당사자가 보험계약을 체결하게 된 경위와 그 과정, 보험회사의 실무처리 관행 등 제반 사정을 참작하여 결정하여야 한다.

[2] 약관의 내용은 개개 계약체결자의 의사나 구체적인 사정을 고려함이 없이 평균적 고객의 이해가능성을 기준으로 하여 객관적·획일적으로 해석하여야 하고, 고객보호의 측면에서 약관 내용이 명백하지 못하거나 의심스러운 때에는 고객에게 유리하게, 약관작성자에게 불리하게 제한해석하여야 한다.

[3] "보험계약자 또는 피보험자가 손해의 통지 또는 보험금청구에 관한 서류에 고의로 사실과 다른 것을 기재하였거나 그 서류 또는 증거를 위조하거나 변조한 경우 피보험자는 손해에 대한 보험금청구권을 잃게 된다"고 규정하고 있는 보험계약의 약관 조항의 취지는 피보험자 등이 서류를 위조하거나 증거를 조작하는 등 신의성실의 원칙에 반하는 사기적인 방법으로 과다한 보험금을 청구하는 경우에는 그에 대한 제재로서 보험금청구권을 상실하도록 하려는 데 있고, 독립한 여러 물건을 보험목적물로 하여 체결된 화재보험계약에서 피보험자가 그 중 일부의 보험목적물에 관하여 실제 손해보다 과다하게 허위의 청구를 한 경우에 허위의 청구를 한 당해 보험목적물에 관하여 위 약관 조항에 따라 보험금청구권을 상실하게 되는 것은 당연하다. 그러나 만일 위 약관 조항을 피보험자가 허위의 청구를 하지 않은 다른 보험목적물에 관한 보험금청구권까지 한꺼번에 상실하게 된다는 취지로 해석한다면, 이는 허위 청구에 대한 제재로서의 상당한 정도를 초과하는 것으로 고객에게 부당하게 불리한 결과를 초래하여 신의성실의 원칙에 반하

> 는 해석이 되므로, 위 약관에 의해 피보험자가 상실하게 되는 보험금청구권은 피보험자가 허위의 청구를 한 당해 보험목적물의 손해에 대한 보험금청구권에 한한다고 해석함이 상당하다.

3. 계약의 종류

(1) 계약의 다양성과 구성요소

계약자유의 원칙상 계약당사자의 합의에 의하여 계약관계의 내용이 확정된 후에야 계약의 종류 및 성질을 판단할 수 있다. 또한 이 경우 구체적 당사자와 그 계약이 전제하는 상황·사정이 충분히 고려되어야 한다.

자본주의경제가 고도로 발달함에 따라 리스계약, 신용카드이용계약, 여행계약, 중개계약 등 새로운 종류의 계약들이 등장하고 있다. 또한 민법 내에 규정되어 있지 않은 무명계약들이 다양하게 증가하고 있다. 이러한 계약들을 유형화하여 민법규정들을 중심으로 계약법을 체계적으로 이해하는 것은 매우 중요하다. 그런 의미에서 계약의 종류에 관한 분류는 어떠한 계약해석상의 중요한 의미를 갖는다고 할 수 있다.

(2) 계약의 종류

1) 전형계약과 비전형계약

전형계약은 민법전에 규정되어 있는 14종의 계약으로 유명계약이라고 한다. 비전형계약은 민법전에 규정되어 있지 않은 그밖의 계약으로 무명계약이라고 한다. 채권계약에 관한 민법규정들은 원칙적으로 임의규정이므로 계약자유의 원칙상 비전형계약도 계약으로서 유효하다. 비전형계약은 전형계약과 비전형계약, 전형계약과 전형계약의 내용이 혼합되어 있는 계약유형이다. 예컨대, 레스토랑에서 식사를 주문해서 먹는 경우 식사의 급부는 매매, 자리제공은 임대차, 서비스제공은 고용이 혼합된 것으로 이해될 수 있다. 그리고 제작물공급계약은 매매와 도급이 혼합된 계약으로 볼 수 있다.

이와 같은 혼합계약의 해석은 전형계약에 상당하는 부분으로 분해하여 각 부분에 대하여 전형계약의 규정을 적용하려는 견해[448]와 비전형계약의 해석은 당

사자의 구체적 의도를 합리적으로 해석해야 한다는 견해가 있다.[449)]

2) 낙성계약과 요물계약

낙성계약은 당사자의 합의만으로 성립하는 계약이며, 현상광고[450)]를 제외한 모든 전형계약이다. 반면에 요물계약은 합의 외에 물건의 인도 또는 기타의 급부를 성립요건으로 하는 계약이다. 예컨대, 현행법상 현상광고계약은 응모자가 특정한 행위를 완료하여 제공함으로써 승낙한 것이 되어 계약이 성립하는 요물계약이라고 할 수 있다.

3) 쌍무계약과 편무계약

쌍무계약이란 계약당사자가 서로 견련적 내지 상호의존적(=대가적) 의미를 가지는 채무를 부담하는 계약이다. 다만 급부가 경제적으로 동일한 가치(경제적 대가성)를 가질 필요는 없다(예: 매매, 교환, 임대차, 고용, 도급, 조합, 화해계약, 유상인 소비대차·위임·임치계약 등). 반면에 편무계약이란 당사자 일방만이 채무를 부담하거나(예: 증여) 쌍방이 채무를 부담하더라도(예: 사용대차) 그 채무가 서로 견련적 내지 상호의존적(=대가적) 의미를 갖지 않는 계약을 말한다(예: 증여, 사용대차, 현상광고, 무상인 소비대차·위임·임치계약 등). 특히, 사용대차의 경우 사용대주가 목적물의 사용을 허용할 채무를 부담하고, 사용차주는 목적물을 반환할 채무를 부담하더라도 쌍방채무가 대가적 의무를 지니지 않기 때문에 사용대주의 채무만이 계약의 채무를 구성한다.

이러한 계약의 구별실익은 쌍무계약의 경우에 채무는 견련관계에 놓여 있으므로 동시이행의 항변권(제536조), 위험부담(제537조, 제538조) 등에 관한 규정이 적용된다.

4) 유상계약과 무상계약

유상계약이란 계약 당사자가 서로 대가적 의미를 가지는 경제적 출연을 하는 계약이다(예: 매매, 교환, 임대차, 고용, 도급, 조합, 화해 및 현상광고 등). 반면에 무상

---

448) 이러한 견해가 일반적 견해이다; 자동차수리계약은 임치와 도급의 혼합계약이므로 다른 특약이 없는 한 수리를 마친 자동차에 대한 반환은 민법 제700조의 규정에 의해 그 보관장소에서 이루어져야 한다(대판 1993.2.9, 92다40167).

449) 김형배, 채권각론, 박영사, 2001, 81면.

450) 이를 단독행위로 보는 견해도 있다(곽윤직, 채권각론, 325면).

계약이란 일방당사자의 출연에 대하여 대가적 출연이 없는 계약이다(예: 증여, 사용대차 등). 소비대차, 위임, 임치, 종신정기금계약은 합의에 따라 유상계약 또는 무상계약으로 체결될 수 있다.

쌍무·편무계약이 채무의 견련성 내지 의존성을 개념표지로 한다면, 유상·무상계약은 경제적 출연 내지 지출과 그 대가적 출연을 표지로 하고 있다. 따라서 대가적 출연의무를 견련적 내지 상호의존적으로 부담하는 것이 쌍무계약이라면 쌍무계약은 모두 유상계약이다. 다만 현상광고는 편무계약이지만 행위의 완료와 보수의 지급이라는 관계는 대가적인 것이므로 유상계약이다.

자본주의 사회에서는 경제상의 등가원리가 지배하므로 유상계약이 원칙이다. 무상계약은 가족·친척·우인 등 특수한 사람들 사이에 이루어지는 경우가 많다. 그러나 우리 민법은 위임과 임치를 무상계약을 그 기초로 하고 있는데 이는 오늘날 비현실적이므로(변호사 또는 의사와의 위임계약, 주차장계약이 임치의 주종을 이룸) 입법적으로 재검토되어야 한다. 유상계약과 무상계약의 구별실익은 첫째, 유상계약의 경우에는 매매에 관한 규정이 준용된다(제567조). 둘째, 유상계약은 파산법상 부인권행사에 있어서도 특별하게 취급된다(파산법 제64조). 예컨대, 파산재단을 위하여 파산자가 지급정지 또는 파산신청이 있은 후 또는 그 전 6월내에 한 무상행위 및 이와 동시하여야 할 유상행위를 한 경우에는 부인권을 행사할 수 있으나 그렇지 않은 유상행위에 대하여는 부인권을 행사할 수 없다. 셋째, 유상계약의 채무불이행책임에 있어서는 채무자의 과실은 추상적 경과실을 기준으로 하지만(제374조), 무상계약의 경우에는 구체적 경과실을 기준으로 한다(제695조: 무상수치인; 다만 무상위임의 경우에는 제681조: 위임의 본지에 따라 선량한 관리자의 주의로써 위임사무처리가 요구된다).

5) 요식계약과 불요식계약

계약의 성립에 있어서 일정한 방식을 요건으로 하느냐에 따른 구별이다. 계약자유의 원칙상 계약은 원칙적으로 불요식계약이다.

6) 계속적 계약과 일시적 계약

급부의 실현이 시간적 계속성을 갖느냐에 따른 구별이다. 계속적 계약이란 임대차·사용대차·임치·위임·고용 등과 같이 일정기간에 걸친 급부의무가 채권관계의 내용을 이루는 계약이다. 그리고 계속직 채권관계의 특질은 첫째, 기본채권과 지분채권이 존재한다. 둘째, 계속적 채권관계에 있어서는 장래에 대해서 효력을 가지는 해지권만이 인정되는 것이 원칙이다. 셋째, 양당사자 간에는 강한 인적 신뢰관계가 존재하게 된다. 넷째, 사정변경의 원칙이 고려될 여지가 많다. 다섯째, 처음부터 공급량이 미리 정해진 것이 아니라, 일정기간동안 공급이 계속됨으로써 그 양이나 수가 증가되는 계속적 성질을 지닌다. 다만 계속적 계약에는 매매목적물은 처음부터 확정되어 있는 일정량의 물건이지만, 그 특정된 일정량을 나누어서 각 분량을 각각 다른 시점에서 공급하기로 하는 분할공급계약도 있다. 이 경우 분할된 급부뿐만 아니라 계약 전체에 대해서도 매매계약에 관한 규정이 적용된다. 예컨대, 석탄 100톤을 10차례에 나누어서 공급하는 계약을 들 수 있다. 또한 일정한 기간을 기준으로 반복하여 급부할 것을 내용으로 하는 계약으로 광의의 계속적 계약에 속하는 회귀적 급부계약이 있다. 다만 계속적 계약은 하나의 계약으로 구성되지만, 회귀적 계약은 여러 개의 계약으로 이루어 졌다는 점이 특이하다.

7) 예약과 본계약

예약은 장래 일정한 본계약을 체결할 것을 약정하는 계약이다. 예약은 본계약과 관계없이 언제나 채권계약에 해당한다. 본계약이 불능·불법이어서 무효인 경우에는 예약도 무효이다. 본계약이 요식계약일 경우 예약이 그 방식에 따라야 하느냐는 방식이 요구하는 취지에 따라 달리 판단되어야 한다. 예컨대, 단순히 의사표시의 존재에 대한 증거방법으로 삼으려고 한다면 예약은 그 방식에 따르지 않아도 된다. 그리고 본계약은 예약에 기하여 장차 체결될 계약이다.

※ 관련 판례

◎ 대판 1992.10.13, 92다29696【소유권이전등기】

【판시사항】

가. 교환계약의 성립에 필요한 청약과 승낙의 의사표시 방법

나. 갑과 을의 아들이 갑의 밭과 을의 임야를 교환하기로 하였고, 그 후 을이 밭을 병에게 임대하여 경작하게 한 1년 반 동안 갑측이 이의하거나 밭을 관리한 적이 없었다면 교환계약에 따라 밭이 을에게 인도되었다 할 것인데도 교환계약이 있었다는 내용의 증거를 모두 배척한 원심판결에 채증법칙 위배의 위법이 있다 하여 이를 파기한 사례

【판결요지】

가. 교환계약은 당사자간에 청약의 의사표시와 그에 대한 승낙의 의사표시의 합치로 성립하는 이른바 낙성계약으로서 서면의 작성을 필요로 하지 아니하고, 그 청약의 의사표시는 그 내용이 이에 대한 승낙만 있으면 곧 계약

이 성립될 수 있을 정도로 구체적이어야 하고, 승낙은 이와 같은 구체적인 청약에 대한 것이어야 할 것이며, 이 경우에 그 승낙의 의사표시는 특별한 사정이 없는 한 그 방법에 아무런 제한이 없고 반드시 명시적임을 요하는 것도 아니다.

나. 갑과 을의 아들이 갑의 밭과 을의 임야를 교환하기로 하였고, 그 후 을이 밭을 병에게 임대하여 경작하게 한 1년 반 동안 갑측이 이의하거나 밭을 관리한 적이 없었다면 교환계약에 따라 밭이 을에게 인도되었다 할 것인데도 교환계약이 있었다는 내용의 증거를 모두 배척한 원심판결에 채증법칙 위배의 위법이 있다 하여 이를 파기한 사례

4. 계약의 성립

(1) 의 의

계약당사자 사이의 서로 대립되는 두 개의 의사가 합치됨으로써 계약은 성립한다. 의사가 합치되기 위해서는 객관적 의사의 합치(의사표시의 내용적 일치)와 주관적 의사의 합치(의사표시의 상대방에 대한 일치)가 있어야 한다. 따라서 두 개의 의사표시의 내용이 서로 다르거나 부분적으로만 일치하는 경우(의사표시의 불합의)에는 그 계약은 성립하지 않는다.

그리고 의사표시의 불일치를 당사자가 인식한 경우(의식적 불합의)에는 계약의 각 항목에 관하여 당사자 사이에 합의를 하기로 한 특약이 존재한다면, 불합의된 부분이 경미하더라도 그 계약은 성립하지 않는다. 그러나 그와 같은 특약이 없다면, 경미한 부분의 불합의가 있는 경우에는 합의된 나머지 부분만으로 계약은 성립할 수 있다(제137조 단서). 또한 의사표시의 불일치를 당사자 쌍방 또는 일방이 인식하지 못한 경우(무의식적 불합의) 역시 계약은 성립하지 않는다. 다만, 무의식적 불합의가 일방 당사자의 과실에 의한 경우에는 손해배상책임이 문제될 수 있다(제535조 유추적용).

한편, 계약의 성립과 계약성립에 따른 당사자 사이의 채권관계는 구별되어야 한다. 민법상 규정된 계약성립의 모습은 청약과 승낙에 의한 계약성립과 의사실현(제532조) 및 교차청약(제533조)에 의한 계약의 성립이 있고, 민법상 규정되지 않은 계약의 성립의 모습은 계약체결이 강제되는 경우 및 사실적 계약관계이론의 경우 등이 있다.

(2) 청약과 승낙에 의한 계약의 성립

1) 계약의 성립요건으로서의 합의

계약의 체결에서 먼저 행하여진 의사표시를 청약이라고 하고 이에 대하여 행하여진 이후의 의사표시를 승낙이라고 한다. 청약과 승낙에 대하여는 민법 제107조 내지 제110조의 의사표시에 관한 규정이 적용되고 계약에 대해서는 제103조 내지 제105조의 법률행위의 효력에 관한 규정이 적용된다.

2) 청 약

① 의 의

청약은 상대방의 승낙과 결합하여 일정한 내용의 계약을 성립시킬 것을 목적으로 하는 의사표시이다. 하나의 법률사실이다. 청약의 의사표시는 상대방의 수령을 요하는 의사표시로서 상대방의 승낙만 있으면 계약을 성립시키겠다는 확정적 의사표시이어야 한다(예: 주택매매계약 시 대금). 확정성 요구는 의사표시의 해석을 통하여 확정할 수 있으면 족하므로 묵시적으로 확정될 수 있다. 청약자도 명시적으로 표시되어야 하는 것은 아니다. 청약의 상대방은 반드시 청약당시에 특정되어 있을 필요는 없다. 따라서 불특정 다수인에 대한 청약은 유효하지만(자동판매기에 의한 매매), 구인광고, 상품카탈로그 배부 등과 같이 계약의 체결을 수용할 의사가 있음을 표시하여 타인으로 하여금 청약해 올 것을 촉구하는 행위인 청약의 유인과는 구별된다.

② 청약의 효력

특정인에 대해서는 청약의 의사표시가 도달된 때(제111조 제1항), 불특정인에 대하여는 그 의사표시가 알려진 상태가 성립된 때부터 성립한다. 그리고 청약의 의사표시가 도달하기 전에 청약자가 사망한 경우에도 당사자의 인격 내지 개성이 중시되는 계약에 대한 청약이 아닌 한, 원칙적으로 청약의 효력에는 영향이 없다(제111조 제2항).

a) 청약의 구속력(형식적 효력)

청약이 처음부터 철회권의 유보 없이 상대방에게 도달하여 효력을 발생하게 되면 청약자는 이를 임의로 철회할 수 없다(제527조). 이것은 철회를 기준으로 파악한 개념이다.

b) 청약의 승낙적격(실질적 효력)

청약의 존속기간이며 승낙을 할 수 있는 기간으로 계약성립을 중심으로 파악한 개념이다.

c) 승낙기간을 정한 경우에는 그 기간(제528조 제1항), 기간의 정함이 없는 경우에는 상당한 기간(제529조) 동안 청약은 승낙적격을 지닌다.

d) 대화자 사이에서 상대방의 승낙 또는 거절의 의사표시가 명백하지 않고, 유예기간의 요청이 있는 것으로 해석될 경우에는 청약은 상당한 기간(제529조) 승낙적격을 갖는다. 그러나 상행위에서는 대화자 사이의 청약은 상대방이 즉시 승낙하지 않으면 승낙적격을 잃는다(상법 제51조).

3) 승 낙

① 의 의

청약에 대하여 계약을 성립시킬 목적으로 청약자에게 행해지는 수령자의 의사표시이다. 물론 청약수령자에게는 낙부의 의사표시를 해야 할 의무를 부담하지 않는다. 청약과 달리 불특정다수인에 대한 승낙이란 있을 수 없다. 또한 침묵은 특별한 사정이 없는 한, 승낙하지 않은 것으로 해석된다. 그러나 상인이 상시 거래관계에 있는 자로부터 그 영업부류에 속한 계약의 청약을 받은 때에는 지체없이 낙부의 통지를 발송하여야 한다(상사계약 시 청약에 대한 낙부통지의무). 이를 해태한 때에는 승낙한 것으로 본다(상법 제53조). 청약의 양적 일부에 대한 분할승낙은 변경을 가한 승낙(제534조)으로 인정된다.

② 승낙기간과 승낙의 효력발생시기

a) 승낙기간이 정해진 경우

승낙의 통지가 승낙기간 내에 도달하지 않는 한, 청약의 승낙적격은 상실되고 계약은 성립하지 않는다(제528조 제1항). 그러나 승낙통지가 기간 후에 도착하였으나 통상적인 경우라면 그 기간 내에 도달할 수 있었을 경우에는 청약자는 지체없이 상대방에게 그 연착을 통지해야 한다(제528조 제2항 본문). 청약자가 연착의 통지를 하지 않은 때에는 연착하지 않은 것으로 본다(제528조 제3항).

b) 승낙기간이 정해지지 않은 경우

상당기간 내에 승낙통지를 받지 못하면 청약의 효력이 상실되어 계약은 성립하지 않는다(제529조).

③ 연착된 승낙

이미 정해진 승낙기간 혹은 상당한 승낙기간 이후에 도달한 승낙의 의사표시(연착된 승낙)는 그 자체가 승낙의 효력을 지니지는 않지만, 새로운 청약으로서의 효력을 지닐 수 있다(제530조).

④ 변경된 승낙

승낙자가 청약에 대해 조건을 붙이거나 변경을 가하여 승낙한 경우에는 청약 자체에 대해서는 거절한 것이지만, 승낙자가 새롭게 청약한 것으로 볼 수 있다(제534조). 그 조건이나 변경의 내용이 실질적으로 청약의 동일성에 전혀 영향을 주지 않을 정도인 경우에는 문제이나, 이는 법률행위의 해석에 따른다.

4) 격지자간의 계약성립시기(제531조)

제528조 제1항과 제529조에 의할 경우 승낙이 승낙기간 내에 도달하지 않은 경우에는 계약은 성립하지 않는다. 반면에 제531조에 의하면 격지자간의 계약은 승낙의 통지를 발송한 때에 계약은 성립한다. 따라서 승낙의 의사표시에 관한 발신주의와 도달주의 규정 간의 관계에 대한 해석상의 문제가 발생한다.

① 해제조건설(다수설)

민법 제531조는 승낙의 효력에 관한 발신주의라는 예외를 규정한 것이므로 다만 승낙의 불도달을 해제조건으로 하여 발신에 의해 승낙의 효력이 생긴다고 한다.

② 정지조건설

다수설에 따르면 법률행위 상대방인 수령자에게도 도달하지 않은 의사표시가 효력을 발생하여 청약자를 구속한다는 불합리가 발생한다. 우리 민법의 도달주의 원칙상 승낙불도달의 불이익은 승낙자가 부담해야 한다. 따라서 제531조에 대해서는 승낙적격이 있는 기간 내에 승낙이 도달할 것을 정지조건으로 하여 승낙의 통지를 발송한 때에 소급해서 유효한 계약이 성립한다고 해석하여야 한다. 도달의 입증책임은 승낙자가 부담한다. 다만 계약상 의무 가운데 계약의 목적실현에 반하는 행위를 하지 않을 "소극적 의무"(예: 매도인은 목적물의 선관의무를 부담함)는 신의칙에 근거하여 승낙자가 승낙의 통지가 청약자에게 도달하기 전이라도 이를 발신한 때부터 부담한다.

5) 계약의 경쟁체결에 있어서 청약과 승낙

경쟁체결의 방식으로는 경매와 입찰이 있다. 경매란 경쟁자가 서로 상대방의 조건을 알면서 경쟁하는 것이지만, 입찰은 상대방의 조건을 알지 못하고 자기의 계약조건을 제시하는 방식이다.

① 경매(사경매)

값이 내려가는 경매는 경매신청자가 가격제시(청약)를 하면 경쟁자의 사겠다는 의사표시(승낙)가 있는 경우이다. 값이 올라가는 경매는 경매신청자가 가격을 전혀 표시하지 않은 경우 경매신청(청약의 유인)과 상대방의 호가(청약)에 내한 경매신청자의 수락(승낙)이 있어야 한다. 경매신청자가 최저가격을 표시하는 경우는 경매신청자가 최저가격표시(청약)한 때, 상대방의 호가(보다 높은 가격의 호가가 없는 것을 조건으로 한 승낙)가 있으면 계약은 성립한다.

② 입 찰

입찰에 붙인다는 표시는 청약의 유인이고, 입찰이 청약이 되고 낙찰이 됨으로써 승낙한 것으로 본다.

[문제 13]

甲은 상가를 분양하면서 상가에 첨단시설을 갖춘 오락타운을 조성·운영하고 전문경영인에 의한 위탁경영을 통하여 분양계약자들에게 일정액 이상의 수익을 보장한다는 광고를 하고 乙과 상가분양계약의 체결 시 이러한 광고내용을 乙에 설명하였다. 그러나 甲과 乙 사이에 체결된 상가분양계약서에는 이러한 내용이 기재되지 않았다.

(질문)

첫째, 이 경우 위와 같은 광고 및 분양계약체결 시의 설명은 상가분양계약의 내용으로 될 수 있나?

둘째, 甲은 乙에게 위 상가를 첨단시설의 오락타운으로 조성·운영하거나 일정한 수익을 보장할 의무를 부담하여야 하는가?

셋째, 청약과 청약의 유인과의 차이점은?

(참조판례) 대판 2001.5.29, 99다55601·55618; 대판 2007.6.1, 2005다5812·5829·5836; 대판 2003.5.13, 2000다45273 등.

[문제 13] 해설:

Ⅰ. 사례의 쟁점

사안에서 갑(甲)은 상가분양을 위해 상가를 첨단오락타운으로 조성하여 운영하고 일정한 수익을 보장한다는 내용을 광고하고 을(乙)과의 계약체결시 이러한 광고내용을 설명하였다. 이 경우 갑(甲)이 광고하고 설명한 내용이 계약의 내용이 되는지 문제된다.

사안에서 갑(甲)이 상가를 첨단오락타운으로 조성운영하고 일정한 수익을 보장한다는 내용이 계약서에는 기재되어 있지 않았다. 이를 계약의 내용으로 보아 채무자 갑(甲)에게 그 이행을 청구하기 위해서는 위와 같은 광고 및 분양계약체결시의 설명이 청약에 해당하여 분양계약의 내용으로 될 수 있어야 한다.

따라서 사안에서 위와 같은 광고 및 분양계약체결시의 설명이 청약에 해당하는지 아니면 단순한 청약의 유인에 불과할 뿐인지를 검토하여야 한다.

그 후 사안과 같은 분양광고로 피해를 입은 사람은 어떻게 법적인 구제를 받을 수 있는지에 관해 검토해 보고자 한다.

Ⅱ. 청약과 청약의 유인

1. 청약과 청약의 유인의 구별기준

표의자의 승낙이 있으면 계약을 체결하겠다는 확정적 구속의사가 있는지의 여부(승낙이 있으면 계약성립을 위한 중요한 내용이 확정될 수 있는지의 여부)에 따라 구별한다.

결국 그 구별은 의사표시해석의 문제, 즉 계약 당시의 구체적 사정을 고려하여 의사표시의 해석을 통해 확정하여야 한다.

2. 사안의 경우

(1) 분양광고

사안에서처럼 상가분양시 첨단오락타운을 조성하고 투자수익을 보장하겠다는 분양광고 및 분양계약 시의 설명은 청약과 청약의 유인과 관련해서 가장 대표적인 분쟁에 해당한다. 이와 같은 분양광고 및 분양계약시의 설명은 저조한 상가 분양률을 끌어올리기 위하여 갖가지 광고 수단이 동원되고 있다. 실제로는 과장광고에 그치는 경우가 많아 문제가 된다. 이러한 경우 분양받은 사람은 어떻게 법적인 구제를 받을 수 있을까가 문제된다.

첫째, 계약책임을 묻는 방법으로는 분양광고가 청약이면 손해배상책임(제390조),

계약해제(제548조) 등 계약책임을 물을 수 있다. 그러나 분양광고가 청약의 유인이면 계약책임 물을 수 없다. 다만 아래에서 보는 바와 같이, 분양광고를 청약의 유인으로 보지만 일정한 경우 분양광고의 내용이 분양계약의 내용으로 되는 경우에는 계약책임을 인정하는 판례도 있다.[451]

둘째, 사기나 착오를 이유로 취소하는 방법으로는 피해자에게 취소권을 주어 그 의사표시에 의한 법률적 구속에서 벗어나게 할 수 있다.

셋째, 사기가 불법행위의 요건을 갖추는 때에 불법행위책임을 묻는 방법이 가능하다. 이 경우 불법행위로 인한 손해배상청구(제750조)가 가능하다.

(2) 분양광고의 법적성질

첫째, 분양광고를 청약의 유인으로 보아 계약책임을 부정하는 경우

"광고 및 분양계약 체결시의 설명은 청약의 유인에 불과할 뿐 상가 분양계약의 내용으로 되었다고 볼 수 없다. 따라서 분양회사는 위 상가를 첨단 오락타운으로 조성, 운영하거나 일정한 수익을 보장할 의무를 부담하지 않는다."는 판례가 있다.[452]

또한 "...아파트 신축업체가 분양안내책자에 전철역까지 걸리는 시간, 원격진료시스템 등의 시설 등에 관하여 다소 과장되게 광고하였지만, 이러한 분양광고는 청약의 유인에 불과할 뿐 분양계약의 내용이 되었다고 볼 수 없고..."라는 하급심 판례도 있다.[453]

둘째, 분양광고를 청약의 유인으로 보지만 계약책임을 인정하는 경우

"상가나 아파트의 분양광고의 내용은 청약의 유인으로서의 성질을 갖는 데 불과한 것이 일반적이라 할 수 있다. (중략) 비록 분양광고의 내용, 모델하우스의 조건 또는 그 무렵 분양회사가 수분양자에게 행한 설명 등이 비록 청약의 유인에 불과하다 할지라도 그러한 광고내용이나 조건 또는 설명 중 구체적 거래조건 즉, 아파트의 외형·재질 등에 관한 것으로서 사회통념에 비추어 수분양자가 분양자에게 계약 내용으로서 이행을 청구할 수 있다고 보이는 사항에 관한 한 수분양자들은 이를 신뢰하고 분양계약을 체결하는 것이고 분양자들도 이를 알고 있었다고 보아야 할 것이므로, 분양 계약 시에 달리 이의를 유보하였다는 등의 특단의 사정이 없는 한, 분양자와 수분양자 사이에 이를 분양계약의 내용으로 하는 묵시적 합의가 있었다고 봄이 상당하다."

그리고 "분양계약의 목적물인 아파트의 외형·재질에 관하여 별다른 내용이 없는 분양계약서는 그 자체로서 완결된 것이라고 보기 어려우므로 위 아파트 분양계약은 목적물의 외형·재질 등이 견본주택(모델하우스) 및 각종 인쇄물에 의하여 구체화될 것을 전제로 하는 것이라고 보아, 광고 내용 중 도로확장 등 아파트의 외형·재질과 관계가 없을 뿐만 아니라 사회통념에 비추어 보더라도 수분양자들 입장에서 분양자가 그 광고 내용을 이행한다고 기대할 수 없는 것은 그 광고 내용이 그대로 분양계약의 내용을 이룬다고 볼 수 없지만, 이와 달리 온천 광고, 바닥재(원목마루) 광고,

451) 대판 2007.6.1, 2005다5812, 5829, 5836.

452) 대판 2001.5.29, 99다55601.

453) 서울고법 2007.1.10, 2006나45598.

유실수단지 광고 및 테마공원 광고는 아파트의 외형·재질 등에 관한 것으로서, 콘도 회원권 광고는 아파트에 관한 것은 아니지만 부대시설에 준하는 것이고 또한 이행 가능하다는 점에서, 각 분양계약의 내용이 된다."는 판례가 있다.[454]

셋째, 계약책임으로 인한 손해배상액 산정에 관하여

"바닥재(원목마루) 광고와 관련한 손해에 있어서는, 이 사건 감정 결과상의 손해액이 거래 사례를 비교하여 특정 시점의 아파트 시가를 산정하고 다시 그 시가를 기초로 다른 시점의 아파트 시가를 산정하는 방식으로 계산된 것이 아니라 광고 내용에 따라 시공하는 경우와 실제 시공된 것과의 시공원가의 차이를 계산하여 평당 손해액(평당 135,000원)을 산정하는 방식으로 이루어졌고, 반면 달리 그 시공원가의 산정이 잘못되었다는 반증도 없는 이상, 이 부분 손해에 관하여는 재산상 손해액을 그와 같은 방식으로 확정할 수 있다는 점을 부가적으로 설시해 둔다."는 판례가 있다.[455]

(3) 사기(기망행위)를 이유로 취소할 수 있을까?

첫째, 민법 제110조 사기로 인한 취소 요건[456]은 다음과 같다.

① 사기자에게 고의(2중의 고의 : 착오에 빠지게 하려는 고의와 그 착오에 기하여 의사표시를 하게 하려는 고의)가 있어야 한다.

② 기망행위(피기망자로 하여금 사실과 다른 그릇된 관념을 가지게 하거나 이를 강화 또는 유지하려는 모든 행위)가 있어야 한다.

③ 사기가 위법한 것이어야 한다.

사회생활에 있어서는, 타인의 부지나 착오를 이용하는 것이 어느 정도까지는 허용된다고 하여야 하므로, 기망행위가 거래상 요구되는 신의성실의 원칙에 반하는 것일 때에 위법한 기망행위가 있다고 할 수 있다.

단순한 침묵은 원칙적으로는 기망행위가 아니나, 침묵된 사정에 관하여 행위자에게 설명의무가 있는 경우만은 기망행위로 된다고 할 것이다.[457]

④ 표의자가 착오에 빠지고, 그 착오에 의거하여 의사표시를 하였어야 한다. 즉, 착오와 의사표시와의 사이에 인과관계가 있어야 한다.

둘째, 사기에 의하여 법률행위의 내용의 중요부분에 착오가 생긴 때에는 제 109조의 착오로 인한 취소도 가능하다(통설).

셋째, 일반 상거래의 관행과 신의칙에 비추어 시인될 수 있는 한 기망성이 결여된다는 입장이다(판례).

① 기망행위를 인정하지 않은 경우

"상품의 선전 광고에 있어서 거래의 중요한 사항에 관하여 구체적 사실을 신의성실의 의무에 비추어 비난받을 정도의 방법으로 허위로 고지한 경우에는 기망행위에 해당한다고 할 것이나, 그 선전 광고에 다소의 과장 허위가 수반되는 것은 그것이 일반 상거래의 관행과 신의칙에 비추어 시인될 수 있는 한 기망성이 결여된다고 할

454) 대판 2007.6.1, 2005다5812, 5829, 5836.

455) 대판 2007.6.1, 2005다5812, 5829, 5836.

456) 곽윤직, 민법총칙, [144].

457) 송덕수, 신민법강의(제3판), 박영사, 2011, 192면.

것이고, 또한 용도가 특정된 특수시설을 분양받을 경우 그 운영을 어떻게 하고, 그 수익은 얼마나 될 것인지와 같은 사항은 투자자들의 책임과 판단하에 결정될 성질의 것이므로, 상가를 분양하면서 그 곳에 첨단 오락타운을 조성하고 전문경영인에 의한 위탁경영을 통하여 일정 수익을 보장한다는 취지의 광고를 하였다고 하여 이로써 상대방을 기망하여 분양계약을 체결하게 하였다거나 상대방이 계약의 중요부분에 관하여 착오를 일으켜 분양계약을 체결하게 된 것이라 볼 수 없다."는 판례가 있다.[458)]

② 기망행위를 인정한 경우

아파트 분양자는 아파트단지 인근에 쓰레기 매립장이 건설예정인 사실이나 공동묘지가 조성되어 있는 사실을 분양계약자에게 고지할 신의칙상 의무를 부담하며, 이를 하지 않는 것은 기망행위가 된다는 입장이다.[459)]

"거래에 있어 거래 상대방이 일정한 사정에 관한 고지를 받았더라면 그 거래를 하지 않았을 것임이 경험칙상 명백한 경우에는 신의성실의 원칙상 사전에 상대방에게 그와 같은 사정을 고지할 의무가 있으며, 그와 같은 고지의무의 대상이 되는 것은 직접적인 법령의 규정뿐 아니라 널리 계약상, 관습상 또는 조리 상의 일반원칙에 의하여도 인정될 수 있다. 같은 취지에서 원심이 그 판시와 같은 사정을 종합하여 이 사건 아파트 단지 인근에 이 사건 쓰레기 매립장이 건설예정인 사실이 신의칙상 피고가 분양계약자들에게 고지하여야 할 대상이라고 본 것은 정당하다."는 판례가 있다.[460)]

"서울대학교가 이전 예정이라고 할 근거가 없음에도 '서울대 이전(예정)'이라고 광고한 점을 들어 이 부분 광고행위들이 일반적인 상거래 관행과 신의칙에 비추어 시인되기 어려운 기망행위에 해당한다."는 판례도 있다.[461)]

(4) 불법행위책임을 묻는 방법

첫째, 사기로 인한 취소가 가능할 때 불법행위로 인한 손해배상 청구 가능여부.

"고지의무 위반은 부작위에 의한 기망행위에 해당하므로 원고들로서는 기망을 이유로 분양계약을 취소하고 분양대금의 반환을 구할 수도 있고 분양계약의 취소를 원하지 않을 경우 그로 인한 손해배상만을 청구할 수도 있다."는 판례가 있다.[462)]

둘째, 계약책임이 성립할 때의 기망행위로 인한 불법행위책임 성립여부.

"바닥재(원목마루) 광고, 유실수단지 광고 및 온천 광고의 경우 앞서 본 바와 같이 그 광고 내용들이 모두 분양계약의 내용이 되는 것이어서 계약책임이 인정된다고 보는 이상, 그 광고 내용들이 분양계약의 내용이 되지 아니함을 전제로 기망행위로 인한 불법행위책임이 인정될 여지는 없다."는 판례가 있다.[463)]

셋째, 불법행위책임으로 인한 손해배상액 산정에 관하여

"손해액의 산정은 법원이 상당하다고 인정하는 방식에 의하여 산정하면 되므로,

---

458) 대판 2001.5.29, 99다55601.

459) 송덕수, 전게서, 192면.

460) 대판 2006.10.12, 2004다48515.

461) 대판 2007.6.1, 2005다5812, 5829, 5836.

462) 대판 2006.10.12, 2004다48515.

463) 대판 2007.6.1, 2005다5812, 5829, 5836.

원심이 원고들의 손해액을 쓰레기 매립장의 건설을 고려한 이 사건 아파트의 가치하락액 상당으로 보고 판시와 같은 감정 결과에 따라 손해액을 산정한 조치는 수긍이 가며, 그 후에 부동산 경기의 전반적인 상승에 따라 이 사건 아파트의 시가가 상승하여 분양가격을 상회하게 되었다고 하여 원고들에게 손해가 발생하지 않았다고 할 수 없다."는 판례가 있다.[464]

그리고 "법원은 위자료액을 산정함에 있어서 피해자측과 가해자측의 제반 사정을 참작하여 그 금액을 정하여야 하므로, 피해자가 가해자로부터 당해 사고로 입은 재산상 손해에 대하여 배상을 받을 수 있는지의 여부 및 그 배상액의 다과 등과 같은 사유도 위자료액 산정의 참작 사유가 되는 것은 물론이며, 특히 재산상 손해의 발생이 인정되는데도 입증 곤란 등의 이유로 그 손해액의 확정이 불가능하여 그 배상을 받을 수 없는 경우에 이러한 사정을 위자료의 증액사유로 참작할 수 있다."는 판례도 있다.[465]

또한 "위법한 기망행위로 인하여 입은 재산상 손해액을 ① 원고들이 실제 지급한 분양대금액에서 ② 기망행위에 의하여 분양계약을 체결하던 당시를 기준으로 한 이 사건 아파트의 시가(즉, 원고들이 주장하는 적정 분양대금의 가액)을 차감한 액수로 산정하는 입장에서 볼 때 차감항목인 ②의 가액을 객관적으로 산정할 만한 방법이 없다고 한 원심의 판단은 정당한 것으로 수긍이 가고, 또한 이처럼 재산상 손해액의 산정이 불가능하다고 보는 입장에서라면 원심이 판시하는 바와 같이 그러한 사정을 정신적 손해의 산정에 참작하여 배상할 손해액을 산정하는 방법도 가능하다 할 것이다." 는 판례도 있다.[466]

Ⅲ. 사안의 해결

첫째, 이 경우 위와 같은 광고 및 분양계약체결시의 설명은 상가분양계약의 내용으로 될 수 있나?

본 사안에서 첨단오락타운을 조성하고 투자수익을 보장하겠다는 분양자 갑(甲)의 광고 및 분양계약시의 설명은 갑(甲)과 수분양자 을(乙) 사이에 체결된 상가분양계약서에 기재되지 않았으며, 또한 상가의 외형·재질과 관계가 없을 뿐만 아니라 사회통념에 비추어 보더라도 수분양자들 입장에서 분양자가 그 광고 내용을 이행한다고 기대할 수 없는 것은 그 광고 내용이 그대로 분양계약의 내용을 이룬다고 볼 수 없다.[467]

그리고 위와 같은 상가분양광고 및 분양계약시의 설명은 청약과 같이 구체적으로 내용이 확정된 것이거나 확정될 수 있는 것으로 볼 수 없으므로 청약의 유인에 불과할 뿐이다. 따라서 계약의 내용으로 되었다고 볼 수 없다.[468]

그러나 본 사안과는 다른 사안에서는 분양광고를 청약의 유인으로 보지만 계약책임을 인정한 판례가 있다. 즉, "분양광고의 내용, 모델하우스의 조건 또는 그 무렵 분

---

464) 대판 2006.10.12, 2004다48515.

465) 대판 2007.6.1, 2005다5812, 5829, 5836.

466) 대판 2007.6.1, 2005다5843.

467) 대판 2007.6.1, 2005다5812, 5829, 5836 참조.

468) 대판 2001.5.29, 99다55601.

양회사가 수분양자에게 행한 설명 등이 비록 청약의 유인에 불과하다 할지라도 그러한 광고내용이나 조건 또는 설명 중 구체적 거래조건 즉, 아파트의 외형·재질 등에 관한 것으로서 사회통념에 비추어 수분양자가 분양자에게 계약 내용으로서 이행을 청구할 수 있다고 보이는 사항에 관한 한 수분양자들은 이를 신뢰하고 분양계약을 체결하는 것이고 분양자들도 이를 알고 있었다고 보아야 할 것이므로, 분양 계약 시에 달리 이의를 유보하였다는 등의 특단의 사정이 없는 한, 분양자와 수분양자 사이에 이를 분양계약의 내용으로 하는 묵시적 합의가 있었다고 봄이 상당하다. (중략) 계약책임이 인정된다고 보는 이상, 그 광고 내용들이 분양계약의 내용이 되지 아니함을 전제로 기망행위로 인한 불법행위책임이 인정될 여지는 없다."는 판례가 있다.[469)]

그렇다면 본 사안의 경우, 상가분양광고 및 분양계약시의 설명들이 분양계약의 내용이 되지 아니함을 전제로 을(乙)은 갑(甲)에게 기망행위로 인한 불법행위책임을 물을 수 있는가?

상품의 선전 광고에 있어서 거래의 중요한 사항에 관하여 구체적 사실을 신의성실의 의무에 비추어 비난받을 정도의 방법으로 허위로 고지한 경우에는 기망행위에 해당한다고 할 것이나, 그 선전 광고에 다소의 과장 허위가 수반되는 것은 그것이 일반 상거래의 관행과 신의칙에 비추어 시인될 수 있는 한 기망성이 결여된다고 할 것이고, 또한 본 사안처럼 용도가 특정된 특수시설(예: 상가 등)을 분양받을 경우, 그 운영을 어떻게 하고 그 수익은 얼마나 될 것인지와 같은 사항은 투자자(수분양자)들의 책임과 판단하에 결정될 성질의 것이므로, 분양자(甲)가 상가를 분양하면서 그 곳에 첨단 오락타운을 조성하고 전문경영인에 의한 위탁경영을 통하여 일정 수익을 보장한다는 취지의 광고를 하였다고 하여 이로써 상대방(乙)을 기망하여 분양계약을 체결하게 하였다거나 상대방(乙)이 계약의 중요부분에 관하여 착오를 일으켜 상가분양계약을 체결하게 된 것이라고 볼 수 없다고 하겠다.[470)]

따라서 을(乙)은 갑(甲)의 사기(기망행위) 내지 계약의 중요부분에 관한 착오를 이유로 상가분양계약을 취소할 수 없다. 아울러 을(乙)은 갑(甲)에게 기망행위를 원인으로 하는 불법행위책임을 물을 수 없다.

둘째, 갑(甲)은 을(乙)에게 위 상가를 첨단오락타운으로 조성 운영하거나 일정한 수익을 보장할 의무를 부담하여야 하는가?

위에서 설명한 바와 같이 위와 같은 사항은 계약의 내용으로 될 수 없는 청약의 유인에 해당하므로, 갑(甲)은 을(乙)에게 위 상가를 첨단오락타운으로 조성, 운영하거나 일정한 수익을 보장할 의무를 부담하지 않는다.[471)]

셋째, 청약과 청약의 유인과의 차이점?

표의자의 승낙이 있으면 계약을 체결하겠다는 확정적 구속의사가 있는지의 여부(승낙이 있으면 바로 계약성립을 위한 중요한 내용이 확정될 수 있는지의 여부)에

469) 대판 2007.6.1, 2005다5812, 5829, 5836.

470) 대판 2001.5.29, 99다55601 참고.

471) 본 사안은 분양광고를 청약의 유인으로 보지만 계약책임을 인정하지 않는 사안(대판 2001.5.29, 99다55601)이다. 따라서 분양광고를 청약의 유인으로 보지만 계약책임을 인정하는 사안(대판 2007.6.1, 2005다5812, 5829, 5836)과는 다른 경우이다.

따라 구별한다.

양자의 구별 이유는 청약자 또는 청약의 유인자에게 구속력이 있느냐와 계약성립의 시기에 있다. 즉, 청약이 상대방에게 도달되어 효력이 발생하게 되면 청약자는 임의로 철회할 수 없고(제527조), 상대방의 승낙이 있으면 계약이 성립한다.

이에 반해 청약의 유인은 구속력이 없으므로 청약의 유인자는 상대방에게 청약의 유인이 도달된 이후로도 임의로 철회할 수 있고, 청약의 유인에 대한 상대방의 청약이 있은 후 자신이 또한 승낙하여야 계약이 성립한다.

[문제 13] 관련 판례: [관판 13]

◎ **대판 2001.5.29, 99다50601·55618【손해배상(기)·매매대금】**

【판시사항】

[1] 분양광고의 내용이 계약의 내용으로 되지 않았다고 본 사례

[2] 상가를 분양하면서 그 운영방법 및 수익보장에 대하여 다소의 과장·허위광고가 수반되었다 하더라도 기망행위에 해당하지 않는다고 본 사례

【판결요지】

[1] 상가를 분양하면서 그 곳에 첨단 오락타운을 조성·운영하고 전문경영인에 의한 위탁경영을 통하여 분양계약자들에게 일정액 이상의 수익을 보장한다는 광고를 하고, 분양계약 체결시 이러한 광고내용을 계약상대방에게 설명하였더라도, 체결된 분양계약서에는 이러한 내용이 기재되지 않은 점과, 그 후의 위 상가 임대운영경위 등에 비추어 볼 때, 위와 같은 광고 및 분양계약 체결시의 설명은 청약의 유인에 불과할 뿐 상가 분양계약의 내용으로 되었다고 볼 수 없고, 따라서 분양 회사는 위 상가를 첨단 오락타운으로 조성·운영하거나 일정한 수익을 보장할 의무를 부담하지 않는다고 한 사례.

[2] 상품의 선전 광고에 있어서 거래의 중요한 사항에 관하여 구체적 사실을 신의성실의 의무에 비추어 비난받을 정도의 방법으로 허위로 고지한 경우에는 기망행위에 해당한다고 할 것이나, 그 선전 광고에 다소의 과장 허위가 수반되는 것은 그것이 일반 상거래의 관행과 신의칙에 비추어 시인될 수 있는 한 기망성이 결여된다고 할 것이고, 또한 용도가 특정된 특수시설을 분양받을 경우 그 운영을 어떻게 하고, 그 수익은 얼마나 될 것인지와 같은 사항은 투자자들의 책임과 판단하에 결정될 성질의 것이므로, 상가를 분양하면서 그 곳에 첨단 오락타운을 조성하고 전문경영인에 의한 위탁경영을 통하여 일정 수익을 보장한다는 취지의 광고를 하였다고 하여 이로써 상대방을 기망하여 분양계약을 체결하게 하였다거나 상대방이 계약의 중요부분에 관하여 착오를 일으켜 분양계약을 체결하게 된 것이라 볼 수 없다고 한 사례.

(3) 의사실현 및 교차청약에 의한 계약성립

1) 의사실현에 의한 계약성립

① 의 의

제532조는 청약자의 의사표시나 관습에 의하여 승낙의 통지가 필요하지 아니한 경우에는 승낙의 의사표시로 인정되는 사실이 있는 때에 계약이 성립한다고 규정하고 있다. 예컨대, 대금을 송금하거나, 보내온 상품을 사용 또는 처분하거나, 호텔예약주문을 받고 호텔방의 호실을 정해 놓는 행위, 자동판매기를 작동·활용하는 행위를 한 때에 계약이 성립한다. 계약성립을 인정하는 근거는 승낙자의 일정한 행위로부터 승낙의 의사표시를 추단할 수 있기 때문이다.

② 효 과

계약성립시기는 의사실현으로 인정되는 사실이 발생한 때이다. 청약자가 그러한 사실을 알고 있어야 하는 것은 아니다. 의사실현과 함께 계약이 성립하기 때문에 그 시점부터는 승낙자는 승낙을 철회할 수 없다. 청약자는 승낙이 이루어졌는지 여부를 모르는 상태에서 계속 승낙의 통지를 기다려야 하는 위험을 부담한다. 따라서 청약의 내용이나 청약의사의 상황에 비추어 일정한 기간 후에는 청약의 승낙적격의 소멸을 인정할 수 있다(구독일민법 제151조 제2문 참조). 그러므로 그 후에 의사실현이 있더라도 계약은 성립되지 않는다. 외형상으로는 의사실현행위에 해당하지만 승낙의 의사가 존재하지 않는 경우 예컨대, 판매를 목적으로 수취인인 남편에게 보내온 물건을 남편자신은 이를 살 생각이 없어 그대로 반송하려고 놓아두었는데 아내가 포장을 풀고 사용하였다면 매매계약이 성립하는가? 수령자(수취인)가 승낙의 의사표시를 할 생각이 전혀 없었음을 증명한 때는 계약은 성립하지 않지만, 그로 인하여 청약자가 입은 손해에 대해서는 불법행위책임, 부당이득의 반환책임 또는 점유자의 회복자에 대한 책임(제202조 이하)을 기초로 수령자는 손해를 배상해야 한다.

2) 교차청약에 의한 계약성립

당사자 사이에 동일한 내용의 청약이 서로 교차한 경우에는 객관적 및 주관적으로 모두 합치되는 두 개의 의사표시(청약)가 존재하게 됨으로써 계약이 성립한다. 이 경우에도 도달주의원칙에 따라 양 청약이 모두 상대방에게 도달한 때에 계약이 성립한다.

(4) 계약성립이 강제되는 경우

계약의 성립이 당사자의 의사의 합치가 아니라 예외적으로 법률의 규정을 기초로 계약체결이 국가기관에 의하여 명령되거나 혹은 승낙이 강제되는 경우가 있다.

1) 명령된 계약

국가나 국가기관이 법률을 통하여 사인간의 일정한 채권관계를 성립시키는 경우이다(예: 국가유공자 등 예우 및 지원에 관한 법률(제32조)에 의하여 보훈처장관의 명령에 의하여 직접 고용관계가 성립한다).

2) 계약체결강제

생존배려, 공익보호 및 공정거래질서를 확립하기 위하여 계약체결의 강제가 인정되는 경우가 있다(의료법 제16조 제1항, 수도법 제18조, 도시가스사업법 제13조 등).

만약 법률이 계약체결강제를 규정하고 있지 않은 경우에도 승낙의무가 정당화될 수 있는가? 긍정설은 일정한 경우에는 인정될 수 있다고 한다.[472] 그러나 제한적 허용설은 간접적인 방법만이 허용된다고 한다. 다만 체약거절로 인하여 손해를 입은 자는 불법행위로 인한 손해배상청구권을 행사하여 구제받을 수 있다고 한다.[473] 이에 대하여 당사자 사이에 계약성립을 거부할 수 없는 구체적 사정과 이를 법적으로 뒷받침할 수 있는 '계약법적' 근거가 반드시 존재해야 하며 즉, 평등대우의 원칙이 계약관계의 성립을 매개하도록 하거나 계약체결강제를 인정하는 법률들의 '전체유추'를 통하여 계약관계의 성립을 근거 지울 수 있을 때에만 승낙의무가 정당화될 수 있다고 한다.[474]

---

472) 곽윤직, 전게서, 15면; 김증한, 채권각론, 12면.

473) 이은영, 채권각론, 52면 및 55면 이하.

474) 김형배, 채권각론, 16면.

(5) 사실적 계약관계론

1) 의 의

통신·교통기관의 이용, 수도·가스의 공급, 사실적 취업관계의 개시 등과 같이 당사자의 사실상의 행위·용태만으로 당사자의 구체적 의사와 관계 없이 계약이 성립하여 법률효과가 발생한다는 이론이다. 특히 당사자의 무능력 및 취소 등으로 효력을 상실한 경우에도 당사자 사이에는 "계약과 비슷한 채권관계"가 성립하게 되어, 종래의 전통적인 법률행위론의 적용을 제한 또는 배제한다(예: 의사표시에 관한 민법규정들은 적용되지 않으므로 착오를 이유로 한 의사표시의 취소는 인정될 수 없고, 또한 당사자의 일방이 행위무능력자라도 계약관계에 영향을 미치지 않는다).

2) 사실적 계약관계론의 형성과정

사실적 계약관계론은 긴밀한 사회적 접촉(호의동승, 계약체결상의 과실책임 등), 공동체관계(사실적 조합관계, 사실적 근로관계 특히 노사관계 등)에의 편입, 생존배려에 속하는 급부(전기·도시가스·수도의 공급 등) 즉, 사회적 급부의무 등과 관련하여 1940년대 초에 Haupt에 의하여 주장되어 독일에서 학설의 지지를 받아왔으며(이후 독일의 Larenz에 의한 '사회정형적 행위론'에 의해 계승·발전되었다. Larenz교수는 "생존배려의 대량거래적 급부의 이용관계는 의사표시의 합치에 의한 계약에 의해 발생하는 것이 아니라 '급부의 사실상 이용'이라는 사회정형적 행위에 의해 성립된다."고 하였다), 이를 독일 판례가 수용하였다[475]

그러나 오늘날 사실적 계약관계론에 대하여 비판적 견해가 지배적이다. 예컨대 수도·가스·전기의 공급, 철도운송 등과 같은 사회정형적인 집단적 거래관계에서 사실적 행태가 채권관계를 성립시킨다기보다는 추단된 의사표시(konkludente Willenserklärung)에 의하여 계약관계가 성립하는 것으로 해석한다. 즉, 보통 시내버스를 이용하는 사람은 유상의 운송계약을 체결하려는 의사를 가지고 승차하는 것이라고 해석한다.

또한 독일의 경우, 주차장 사례에서 보듯이 자동차보유자가 주차료를 내지 않겠다고 말하면서 유료주차장에 자신의 승용차를 주차를 시킨다면, 그의 행위로부터 유상의 주차계약체결에 관한 의사표시적 요소를 완전히 배제할 수 없다고 한다. 왜냐하면 자신의 행위와 모순되는 말은 그 효력을 가질 수 없다. 또한 계약

475) 예컨대, 독일연방법원이 사실적 계약관계론을 받아들인 주차장사건이 있다(BGHZ 21, 319).

성립을 위한 법률행위론을 원용하지 않더라도 요금을 지급하지 않겠다고 말하면서 타인의 유료주차장에 강제로 주차하는 것은 불법행위에 해당될 것이다.

한편, 아무 말 없이 내심으로 요금을 지급하지 않겠다고 생각하며 자신의 승용차를 주차하였다면, 주차행위 자체로부터 유상으로 주차를 한다는 의사가 추단되기 때문에 주차계약의 성립이 인정된다. 또한 요금지급의 의사표시를 하면서 내심으로 요금을 지급하지 않을 의사를 가지고 있었더라도 이에 대하여 심리유보에 관한 민법 제107조 제1항 본문이 적용되어 의사표시한대로 효력이 발생한다.

3) 우리나라의 학설 및 판례의 태도

① 긍정설

현대사회에서는 근대 민법이 예상하지 못한 거래관계가 출현하기 때문에, 이를 처리하기 위해서는 묵시적 의사표시를 추정하거나 부당이득의 법리에 의하여 처리할 수도 있지만 이것이 적절하지 않을 경우에는 '사실적 계약관계론'을 도입할 수 있다고 한다.[476]

② 부정설

사실적 계약관계론은 소비자의 효과의사와는 무관하게 그의 일정한 행위에 체약효과를 부여함으로써 우월한 독점기업의 지위를 더욱 강하게 할 뿐만 아니라, 공급조건(요금표, 약관 등)에 법규범과 동일한 구속력을 인정함으로써 당사자의 자발적인 계약의무부담의 의사가 없음에도 불구하고 계약구속력을 인정하는 무리를 행한다. 또한 우리민법은 독일민법에 비하여 의사표시의 상대방이나 제3자의 보호에 상당히 배려하고 있을 뿐만 아니라 불공정한 약관은 강제할 수 없도록 하는 측면을 규정하고 있다(약관규제법). 따라서 사실적 계약관계론은 현행법과 그 기본취지를 달리하므로 폐기되어야 한다.[477]

③ 판례의 태도

긍정설은 '조합이 사업을 개시하고 제3자와의 사이에 이미 거래관계가 이루어지고 난 다음에는 조합계약체결 당시의 그 의사표시의 하자를 이유로 조합계약을 취소하여 조합설립 전으로 환원시킬 수 없다'(대판 1972.4.25, 71다1833)라고 하는 판결은 '사실상의 조합'의 성립을 인정한 것이라고 한다.[478] 그러나 긍정설이

---

476) 곽윤직, 전게서, 88면.

477) 이은영, 전게서, 103면; 이영준, 민법총칙(전정판), 박영사, 1995, 135-136면.

주장하는 위 판결은 사실적 계약을 인정한 것이 아니라, 조합원 상호 간의 관계를 형평하게 규율하기 위하여 취소의 소급효를 제한한 것에 불과하다고 하는 부정설이 있다.479)

④ 김형배 교수의 견해

사실적 계약관계론은 오늘날 의사자치를 기본으로 하는 실정법체계에 부합하지 않을 뿐 아니라 현대생활의 집단적 거래상의 요청이라는 이유만으로는 이를 정당화할 수 없다. 그리고 사실상 계약관계론에서 제시하는 유형은 대부분 묵시적 의사표시 내지 추단적 의사표시로 볼 수 있거나, 의사실현에 의한 계약으로 볼 수 있다. 예컨대, 주차장사건과 같은 경우에도 '행위와 모순되는 이의의 금지원칙'에 의하여 그러한 이의는 제한을 받으므로 사실적 행위와 이의가 일치되지 않는 경우에 그 이의는 무시된다. 따라서 반대급부(주차료의 지급)를 해야 하는 실현행위(주차행위)를 하면, 그 행위로부터 묵시적 의사표시 내지 추단된 의사표시에 의해 당사자 사이에는 계약상의 권리 및 의무가 발생한다. 만약 실현행위자가 반대급부의 이행을 거부하겠다는 의사표시를 하였다면(주차료지급을 거부하면서 주차하는 경우), 계약은 성립되지 않고 실현행위자는 불법행위로 인한 손해배상책임(제750조) 또는 부당이득반환의무(제741조)를 부담한다. 또한 사실적 계약관계론에 의하면 행위무능력자에 대한 보호규정은 그 적용이 배제된다고 하는데, 이는 행위무능력자 보호규정의 취지에 반한다고 한다.480)

[문제 14]

甲은 춘천시에서 운영하는 유료주차장에 자신의 자동차를 주차하면서 그곳 감시원 乙에게 자기 차를 감시할 필요는 없으니 주차료를 지급하지 않겠다는 의사를 사전에 명백히 하였다. 甲은 주차장에 주차를 한 후 볼일을 보고 2시간 후에 돌아 왔다. 그러자 乙은 주차료금표 규정에 따라서 5천원의 주차료를 甲에게 청구하였다.

(질문)

첫째, 이 경우 甲은 주차요금 5천원을 부담하여야 하는가?
둘째, 이 경우 甲은 주차요금 5천원을 부담해야만 한다면 그 근거는 무엇인가?

(참조판례) BGHZ 21, 319; 대판 1972.4.25, 71다1833 등.

---

478) 곽윤직, 전게서, 532면.

479) 이은영, 전게서, 103면; 이영준, 상게서, 135면.

480) 김형배, 전게서, 전게서, 112-113면.

[문제 14] 해설:

Ⅰ. 사례의 쟁점

사실적 계약관계론이란 통신이나 교통기관의 이용, 수도나 가스의 공급, 사실적 취업관계의 개시 등과 같이 당사자의 사실상의 행위만으로 당사자의 구체적 의사와 관계없이 계약이 성립하여 법률효과가 발생한다는 이론이다. 특히 당사자의 무능력과 의사표시의 취소 등으로 효력을 상실한 경우에도 당사자 사이에는 계약과 비슷한 채권관계가 성립하게 되어, 종래의 전통적인 법률행위론의 적용을 제한 또는 배제하는 이론이다.

이 이론은 의사표시에 관한 민법규정들은 적용되지 않고, 따라서 착오를 이유로 한 의사표시의 취소는 인정될 수 없고, 당사자의 일방이 행위무능력자라도 계약관계에 영향을 미치지 않는다. 따라서 이러한 사실적 계약관계론을 인정할 수 있는가? 인정할 수 있다면 그 근거는 무엇인가? 그리고 인정할 수 없다면 그 근거는 무엇인가? 만약 후자의 경우(인정할 수 없다면) 사안을 어떻게 해결할 것인가?

Ⅱ. 사실적 계약관계론의 형성과정과 비판

사실적 계약관계론은 사회적 급무의무 등과 관련하여 1940년대 초에 Haupt에 의하여 주장되어 독일에서 학설의 지지를 받아왔으며 이후 독일의 Larenz에 의한 사회정형적 행위론에 의해 계승, 발전되었다. Larenz교수는 "생존배려의 대량거래적 급부의 이용관계는 의사표시의 합치에 의한 계약에 의해 발생하는 것이 아니라 '급부의 사실상 이용'이라는 사회정형적 행위에 의해 성립된다."고 하였다.

그러나 오늘날 사실적 계약관계론에 대한 비판적 견해가 지배적이다. 예컨대, 수도, 가스, 전기의 공급, 철도운송 등과 같은 집단적 거래관계에서 사실적 행태가 채권관계를 성립시킨다기보다는 추단된 의사표시에 의하여 계약관계가 성립하는 것으로 해석한다. 즉, 시내버스를 이용하는 사람은 유상의 운송계약을 체결하려는 의사를 가지고 승차하는 것으로 해석한다. 독일의 경우, 자동차 보유자가 주차료를 내지 않겠다고 말하면서 유료주차장에 자신의 승용차를 주차 시킨다면, 그의 행위로부터 유상의 주차계약체결에 관한 의사표시적 요소를 완전히 배제할 수 없다고 한다. 왜냐하면 자신의 행위와 모순되는 말은 그 효력을 가질 수 없기 때문이다. 또한 요금을 지급하지 않겠다고 말하면서 타인이 유료주차장에 강제로 주차하는 것은 불법행위에 해당된다.

Ⅲ. 우리 나라의 학설과 판례

1. 긍정설

현대사회에서는 근대 민법이 예상하지 못한 거래관계가 출현하기 때문에, 이를 해결하기 위해서 묵시적 의사표시의 추정이나 부당이득의 법리에 의하여 해결할 수도 있지만 이것이 부적절할 경우에는 사실적 계약관계론을 통해 해결할 수 있다고 한다.

2. 부정설

사실적 계약관계론은 소비자의 의사와는 무관하게 그의 행위에 체약효과를 부여함으로써 우월한 독점기업의 지위를 더욱 강하게 할뿐만 아니라, 공급조건에 법규범과 동일한 구속력을 인정함으로써 당사자의 자발적인 의사가 없음에도 불구하고 계약구속력을 인정하는 무리를 행한다.

3. 판례의 태도

"본래의 광업권자와 공동 광업권자로 등록하여 광업을 공동으로 관리 경영하기로 한 계약은 유효하고 공동 광업권자는 조합계약을 한 것으로 간주되며 그 조합이 사업을 개시하고 제3자와의 간에 거래관계가 이루어지고 난 다음에는 조합계약체결 당시의 의사표시의 하자를 이유로 취소하여 조합성립 전으로 환원시킬 수 없다. 즉, 조합이 사업을 개시하고 제3자와의 간에 거래관계가 이루어지고 난 다음에는 조합계약체결 당시의 의사표시의 하자를 이유로 취소하여 조합성립 전으로 환원시킬 수 없다."[481]

이러한 판례의 태도에 대한 사실적 계약관계론을 긍정하는 학설(긍정설)은 위 판결은 사실상의 조합의 성립을 인정한 것이라고 한다. 그러나 사실적 계약관계론을 부정하는 학설(부정설)은 위 판결은 사실적 계약을 인정한 것이 아니라, 조합원 상호간의 관계를 형평하게 규율하기 위하여 취소의 소급효를 제한한 것에 불과하다고 한다.

4. 검 토

특히 사실적 계약관계론을 부정하는 김형배 교수의 견해를 따르면 다음과 같다. "사실적 계약관계론은 오늘날 의사자치를 기본으로 하는 실정법에 부합하지 않고 현대생활의 집단적 거래상의 요청이라는 이유만으로 정당화할 수 없다. 오히려 묵시적 의사표시나 의사실현에 의한 계약으로 볼 수 있다. 예컨대, 주차장 사건과 같은 경우, 행위와 모순되는 이의의 금지원칙에 의하여 이의는 제한을 받으므로 사실적 행위와 이의가 일치되지 않는 경우 그 이의는 무시된다. 따라서 주차료를 지급해야 하는 주차행위를 하면 당사자 사이에는 계약상 권리 및 의무가 발생한다. 만약, 주차료 지급을 거부하면서 주차하는 경우, 계약은 불성립한다. 자동차 보유자는 민법 제750조의 불법행위로 인한 손해배상책임 또는 민법 제741조의 부당이득반환의무를 부담한다. 사실적 계약관계론에 의하면 행위무능력자에 대한 보호규정은 그 적용이 배제된다고 하는데, 이는 행위무능력자 보호규정의 취지에 반한다."고 한다.[482]

Ⅵ. 사례해결

1. 긍정설에 의할 경우

당사자의 사실상의 행위, 용태만으로 당사자의 의사와 관계없이 계약이 성립하므로 이 사례에서 甲이 주차장에 2시간 주차를 한 사실상의 행위가 있다고 볼 수 있으

481) 대판 1972.4.25, 71다1833(광업권탈퇴등록).

482) 김형배 · 김규완 · 김명숙, 민법학강의(제10판), 신조사, 2011, 1211-1212면.

므로 甲의 의사와 관계없이 계약이 성립하였다고 볼 수 있다. 따라서 甲은 주차요금 5천원을 부담하여야 한다.

2. 부정설에 의할 경우

사실적 행태가 채권관계를 성립시킨다기보다는 추단된 의사표시에 의하여 계약관계가 성립하는 것으로 봄으로 주차료를 내지 않겠다고 말하면서 주차를 하였다면 그 행위로부터 유상의 주차계약체결에 관한 의사표시를 배제할 수 없다. 따라서 유상의 주차계약이 체결되었다고 볼 수 있으므로 甲은 5천원을 부담하여야 한다.

3. 사 견

위에서 검토한 바와 같이 반대급부(주차료를 지급) 해야 하는 실현행위(주차행위)를 하면 그 행위로부터 묵시적 의사표시 내지 추단된 의사표시에 의해 당사자 사이에는 계약상의 권리 및 의무가 발생한다. 그러나 실현행위자가 반대급부의 이행을 거부하겠다는 의사표시를 하였다면(주차료 지급을 거부하면서 주차하는 경우) 계약은 성립되지 않고 실현행위자는 제750조에 의한 불법행위로 인한 손해배상책임 또는 제741조에 의한 부당이득반환의무를 부담한다. 따라서 계약은 성립되었다고 볼 수 없으므로 甲은 불법행위로 인한 손해배상책임 또는 부당이득반환의무를 부담하므로 주차요금 5천원을 지불해야 한다.

이상으로 반대급부를 해야 하는 실현행위를 하면 그 행위로부터 묵시적 의사표시 내지 추단된 의사표시에 의해 당사자 사이에는 계약상의 권리 및 의무가 발생하고 나중에 이의를 제기하더라도 행위와 모순되는 이의의 금지원칙에 의하여 그 이의는 무시된다. 따라서 계약은 성립된다. 만약 실현행위자가 미리 반대급부의 이행을 거부하겠다는 의사표시를 하였다면 계약은 성립되지 않고 실현행위자는 제750조의 불법행위책임 또는 제741조의 부당이득반환의무를 부담한다. 결과적으로 사실적 계약관계론을 부정하고 묵시적 의사표시와 행위와 모순되는 주장의 금지원칙에 의한 계약성립으로 보거나 계약성립으로 보기 어려울 경우 불법행위로 인한 손해배상책임 또는 부당이득반환의무부담으로 보는 것이 타당하다.

[문제 14] 관련 판례: [관판 14]

◎ **대판 1972.4.25, 71다1833【광업권탈퇴등록】**

【판시사항】

가. 본래의 광업권자와 공동 광업권자로 등록하여 광업을 공동으로 관리 경영하기로 한 계약은 유효하다.

나. 공동 광업권자는 조합계약을 한 것으로 간주되며 그 조합이 사업을 개시하고 제3자와의 간에 거래관계가 이루어지고 난 다음에는 조합계약체결 당시의의사표시의 하자를 이유로 취소하여 조합성립 전으로 환원시킬 수 없다.

【판결요지】

가. 본래의 광업권자와 공동광업권자로 등록하여 광업을 공동으로 관리경영하기로 한 계약은 유효하고 공동광업권자는 조합계약을 한 것으로 간주되며 그 조합이 사업을 개시하여 제3자와의 사이에 거래관계가 이루어지고 난 다음에는 조합계약체결당시의 의사표시의 하자를 이유로 취소하여 조합 성립전으로 환원시킬 수 없다.

나. 본래의 광업권자와 공동 광업권자로 등록하여 광업을 공동으로 관리경영하기로 한 계약은 유효하고 공동 광업권자는 조합계약을 한 것으로 간주되며 그 조합이 사업을 개시하여 제3자와의 사이에 거래관계가 이루어지고 난 다음에는 조합계약체결 당시의 의사표시의 하자를 이유로 취소하여 조합 성립전으로 환원시킬 수 없다.

(6) 계약체결상의 과실책임

1) 의의 및 연혁

① 의 의

계약체결상의 과실책임(culpa in contrahendo)이란 계약이 아직 체결되지 않았으나, 계약이 무효·취소가 된 경우 또는 장래에 계약이 체결될 것이라는 두터운 신뢰를 야기한 단계에서 당사자 일방의 과실에 의하여 상대방에게 입힌 손해를 배상하는 책임제도이다.

② 연 혁

로마법 당시 계약체결상의 악의(dolus in contrahendo)는 신의성실에 반하는 것으로 손해배상의무의 기초로서 인정되었으나, 오늘날의 계약체결상의 과실과 같은 과실을 기초로 하는 일반적인 법제도는 존재하지 않았다. 그러나 계약체결상의 과실책임제도는 1794년의 프로이센 일반분방법에서 계약체결 중에 또는 이행 중에 고의나 과실로 그의 의무를 다하지 않는 자는 상대방에게 그의 모든 이익을 배상하여야 한다는 규정(제284조, 제285조)을 두고 있었는데 여기에서 그 입법적 기원을 찾을 수 있다.

그 후 근대 민법에 이르러 독일·오스트리아·스위스민법에서는 각각 계약체결상의 과실책임을 관습법 또는 법의 유추를 통해 인정하고 있다. 특히 독일 민법에서는 R v. Jhering이래 논의되었던 것으로 피해자의 구제라는 측면에서 '계약적 성질을 가진 청구권'으로서 인정하는 것이 마땅하다고 하면서 계약상의 과실책임은 그 적용범위를 확대하고 있다.[483] 그 이유로는 독일 민법 제823조의 규정에 의한 불법행위의 성립이 생명·신체·건강·자유·소유권 등의 침해의 경우에 한정되므로 이른바 재산상의 침해에 대하여는 불법행위의 성립이 인정되지 않는다는 점, 사용자책임을 규정한 독일 민법 제831조의 적용에 있어서 사용자의 면책가능성이 적지 않게 인정된다는 점, 독일 민법 제852조 제1항의 규정상 불법행위에 있어서 청구권의 소멸시효는 피해자가 그 손해와 가해자를 안날로부터 3년인데 반하여 계약상의 청구권의 소멸시효는 30년(독일 민법 제195조)이라는 점을 들 수 있다.[484]

2) 법적 성질

① 계약책임설(종래의 다수설)

계약상의 의무에는 주된 급부의무뿐만 아니라 신의칙상 인정되는 여러 부수적 의무가 인정된다. 계약체결상의 과실책임제도는 바로 이러한 신의칙상 인정되는 부수적 주의의무위반에 대한 책임이다.[485]

구체적 내용에 있어서의 차이점은 첫째, 본인이 체약과정에서 보조자를 사용하는 경우 이행보조자의 과실에 대한 규정을 적용하는 것이 사용자책임에 관한 규정을 적용하는 것보다 피해자 구제에 유리하다. 둘째, 계약책임으로 구성할 경우에 채무자가 자신의 과실 없음을 입증하여야 하므로 피해자구제에 유리하다. 셋째, 계약책임의 소멸시효기간은 보통 10년이나, 불법행위책임의 경우 3년이라는 점에서 계약책임을 적용하는 것이 피해자에게 유리하다 등이다.

② 불법행위책임설(무용론)

계약책임설을 비판하면서 근래에 제시된 이론이다. 계약체결상의 과실책임제도는 독일 민법상의 특수한 제도로서, 불법행위법규정이 다른 우리 민법에서는 수용할 필요가 없다. 다만 제535조상 규정된 원시적 불능의 경우에 한해 인정될 뿐이다.[486]

483) 김형배, 전게서, 120면.

484) 김형배, 상게서, 118-119면.

485) 곽윤직, 전게서, 89면; 김증한, 전게서, 49면; 김주수, 전게서, 79면 등.

486) 양창수, "계약체결상의 과실", 민법연구 Ⅰ, 381면; 최흥섭, "계약교섭단계에서의 책임과 민법 제535조의 의미", 「배경숙교수화갑기념논문집」, 1991, 555면.

구체적 내용에 있어서의 차이점은 첫째, 독일 민법과 달리 우리 민법 제750조는 일반조항으로서 재산상의 침해에 대해서도 불법행위책임의 성립이 인정된다. 둘째, 사용자책임의 적용에 있어 판례는 사용자의 면책가능성을 거의 인정하지 않고 있다. 셋째, 입증책임에 있어서도 불법행위법상 표현증명 및 간접증명 등을 통해 가해자가 부담하는 경우가 많다. 넷째, 양책임의 소멸시효기간이 독일 민법과 달리 큰 차이가 없다 등이다.

③ 고유책임설

계약책임설이 계약상 의무를 주된 의무와 부수적 주의의무로 분리하여 파악하는 기본적 전제는 타당하나, 특히 계약체결과정에서 상대방의 생명 및 신체 등을 침해한 경우 즉, 불법행위법이 적용되어야 할 사례유형에 대해서도 계약책임을 적용하고 있다. 또한 계약체결상의 과실책임제도가 단지 독일 민법상의 문제를 해결하기 위한 제도만은 아니다. 따라서 계약법의 법리가 적용되어야 할 사례유형에 대해서는 계약법리가 적용되는 것이 불법행위책임과 채무불이행책임을 구분하는 책임체계에 합치된다. 따라서 '계약 유사한 성질을 가지는 법정책임'인 고유책임설에 따를 경우 첫째, 계약체결상의 과실책임의 근거는 계약을 체결하지 않은 상태에서도 '계약교섭당사자 사이에서 형성되는 특별한 결합관계 내지 신뢰관계'에서 구하게 된다. 둘째, 계약체결상의 당사자 사이에 특별한 결합관계가 인정되는 이유로서는 ① 계약교섭 중에 당사자 사이에는 이미 거래의 원활한 진전을 위해 방만한 행위가 허용되지 않으며, ② 계약상 접촉의 개시와 함께 상대방을 교섭에 응하게 할 이해관계가 상호 간에 형성되기 때문에 특수한 의무관계가 인정된다. 셋째, 실정법적 근거와 관련하여 원시적 불능의 유형을 제외한 기타의 계약체결상의 과실책임의 유형에 있어서는 제535조가 유추적용 되어야 한다. 넷째, 막연히 신뢰관계의 침해만을 계약체결상의 과실책임의 근거로 할 수 없기 때문에, 개별적 사안에 따라 당사자 간의 신뢰관계에 대한 계약법적 보호필요성의 인정여부를 판단하여야 한다고 한다.[487]

3) 사례유형별 적용범위

① 계약교섭단계에서 상대방의 생명·신체·소유권을 보호할 의무

점원의 실수로 육중한 리놀륨이 넘어져서 고객이 부상을 입은 경우, 자동차를

487) 김형배, 전게서, 125면 이하.

사려는 고객이 시운전 중에 그 차를 파손시킨 경우들은 계약체결상의 과실책임을 인정할 필요 없이 불법행위의 규정(제756조, 제766조)에 의하여 해결할 수 있으나 고용·도급·임대차 등과 같은 계약유형에 있어서는 사용자·도급인·임대인이 상대방에 부담하는 안전배려의무는 그 계약관계의 내용을 이루며 그 계약관계의 성질에 따라 계약상의 의무로 인정될 수 있는 한도 내에서 계약체결상의 과실책임이 인정될 여지가 있다.

② 고지의무 혹은 설명의무

계약체결과정 중에 있는 당사자들이 계약의 성립과 실현에 관하여 중대한 영향을 줄 수 있는 특수하고 추가적인 사정에 관하여 상대방에게 알려야 할 의무를 과실로 위반하여 원하지 않았던 계약의 성립이라는 손해가 발생한 경우이다. 이 경우 손해배상청구의 근거를 원하지 않은 계약에서 구할 수 없고(계약책임설에 대한 비판), 또한 계약의 체결과정 중 특별한 결합관계를 전제로 하는 책임문제인 점에서 불법행위책임에서도 그 근거를 구할 수는 없다(무용론에 대한 비판). 따라서 손해배상의 근거는 설명의무를 제대로 하지 못한 계약체결상의 과실책임에서 독자적으로 구할 수밖에 없다.

③ 교섭의 중단으로 인한 손해의 회피의무

일방당사자가 계약이 틀림없이 성립할 것이라는 신뢰를 상대방에게 일으켜 놓고 적절한 이유 없이 교섭을 파기함으로써 상대방에게 손해를 야기 시킨 경우에는 당사자 사이에 존재하는 '계약체결에 대한 신뢰를 토대로 형성된 특별한 결합관계'를 전제로 고유한 계약체결상의 과실책임으로 이해되어야 한다.[488)]

④ 제3자(중개인·대리인·변호사 등)도 계약체결상의 과실책임을 부담하는가?

원칙적으로 이 책임을 부담하지 않으나, 제3자가 계약관계의 당사자로서 행위를 하였거나 또는 보조자로서 행위를 한 경우에 한해서 이 책임을 부담한다.

---

488) 2002년 1월 1일부터 시행된 독일 채권법 제311조 제2항은 계약이 체결되지 않은 경우에도 채권관계(제241조 제2항)가 성립할 수 있다고 규정하고 있고, 유럽계약법원칙(PECL) 제2: 제301조 제2항도 신의칙에 반한 교섭파기를 이유로 한 계약책임을 규정하고 있다(김형배·김규완·김명숙 공저, 제12판 민법학강의, 신조사, 2013, 1246-1247면).

4) 법적 효과

① 손해배상

민법 제535조 제1항의 법문에 따르면 그 계약의 유효를 믿었음으로 인하여 받은 손해(신뢰이익의 손해)를 배상하여야 한다. 그러나 그 배상액은 계약이 유효함으로 인하여 생길 이익(이행이익)액을 넘지 못한다. 그러나 계약의 성립은 당사자 사이의 유효한 의사표시의 합치에 의해서 이루어지는 것이고 급부의 사실상 실현가능성은 계약의 성립(급부의무의 발생)에 영향을 주지 않는다. 따라서 신뢰이익에 한정되고 이행이익을 넘을 수 없다는 제한(제535조 제1항)은 완화 내지 수정되어야 한다. 급부불능의 사실을 안자는 이행이익을 배상하는 것이 원칙이기 때문이다. 또한 채무자의 귀책사유로 급부가 불능이 된 경우에는 이행이익의 배상을 하는 것이 마땅할 것이다.[489)]

② 입증책임

과실의 입증은 가해자(채무자)가 부담한다.

③ 소멸시효

원칙적으로 채권의 소멸시효에 관한 민법 제162조가 적용된다. 그러나 불법행위적 요소가 강한 사안에서는 민법 제766조가 적용될 수 있을 것이다.

④ 보조자에 대한 사용자책임

기본적으로 계약적 범주 내에서 이해되므로 민법 제391조가 유추적용 되어야 한다.

[문제 15]

X는 4층 건물의 분양맨션을 지어 건축착공과 동시에 매수인을 모집하고 있었다. 마침 그 당시 치과병원을 운영하고 있던 Y는 이전할 곳을 찾고 있었고, 이 맨션을 후보로 하여 X와 교섭을 시작했다. 그 때 Y는 X에게 희망하는 배치도(layout)를 교부하였고, 또한 치과병원의 운영을 위해서는 큰 용량의 전기사용이 필요하므로, 맨션의 전기용량에 관해서 X에게 문의하였다. X는 전기용량이 부족하므로 집수조를 변전실로 변경하고 또한 전기용량변경계약을 체결할

489) 김형배·김규완·김명숙 공저, 상게서, 1249-1250면.

것을 Y에게 고하였고 Y는 특별한 이의를 제기하지 않았다. 그 후 Y는 X에게 견적서의 작성까지 의뢰했으나, 그 맨션구입자금의 차입에 앞서 갚아야 하는 매월의 지불액이 다액이라는 등의 이유를 내세워 결국 Y는 X와 교섭 중에 있던 맨션구입을 거절했다.

(질문)

이 경우 X는 계약체결상의 과실을 이유로 Y에게 손해배상을 청구할 수 있는가?

(참조판례) 대판 2004.5.28, 2002다32301; 대판 2003.4.11, 2001다53059; 대판 2006.9.8, 2004다18859 등.

[문제 15] 해설:

Ⅰ. 사례의 쟁점

오늘날 계약의 교섭단계에서 발생하는 법적 문제에 관하여 상당히 광범위한 논의가 많이 행하여지고 있다.[490] 그 가운데서도 계약교섭의 단계에 있어서 일방 당사자가 계약이 틀림없이 성립할 것이라는 확신을 상대방에게 준 뒤에 적절한 이유 없이 교섭을 파기함으로써 상대방에게 손해를 입힌 경우에는 손해배상책임이 문제시 되고 있다. 이 경우 독일의 지배설과 판례[491] 및 우리 나라의 다수설[492]은 계약체결상의 과실책임을 인정하고 있지만, 우리나라의 소수설[493]은 불법행위에 의한 손해배상청구를 인정하는 것이 타당하다고 주장한다.

본 사안에서는 아래에서 자세히 살펴 볼 「계약교섭이 개시된 후 일방 당사자가 계약이 틀림없이 성립할 것이라는 신뢰를 상대방에게 일으켜 놓고, 적절한 이유 없이 계약교섭을 거절함으로써 계약체결이 안된 경우의 사례」에 대한 일본 판결[494]의 태도를 통해서 결과적으로 어느 학설이 보다 설득력이 있는지? 다시 말해서 계약체결상의 과실책임을 인정한다면, 그 법적 근거와 책임의 내용 및 성질은 어떤 것인

490) 森泉章, 「『契約締結上の過失』に一考察(1)-(3)完」 民研 285号, 287号, 290号·昭55-56 참조; 특히 최근 일본에서는 「대화(對話) 어프로치(approach)」라는 이론을 가지고 이 문제를 재고찰 하고 있다(山口齋昭,「契約交渉段階當事者の權利·義務」早法46卷(平8)135頁 참조).

491) Emmerich, Das Recht der Leistunglörungen, 4. Aufl., 1997, S.67f.

492) 곽윤직, 채권각론(신수정판), 박영사, 2000, 64면; 김형배, 채권각론(신정판), 박영사, 2001, 130면; 김주수, 채권각론(제2판), 삼영사, 1997, 94면; 김상용, 채권각론(상) [계약법], 법문사, 1999, 8면 등.

493) 최흥섭, "계약교섭단계에서의 책임과 민법 제353조의 의미", 「한국민사법학의 현대적 전개(배경숙교수화갑기념)」, 1991, 577면; 양창수, "계약체결상의 과실", 「민법연구」 제1권, 박영사, 1991, 389면 이하; 김대정, "계약체결상의 과실책임", 「성균관법학」 제11권 제1호, 성균관대학교 비교법연구소, 1999, 85면 이하 등.

494) 最高裁判所, 昭和59年9月18日第36小法廷判決, 判示1137号51頁, 判タ542号200頁; 平野裕之 「契約交渉過程における契約締結への信頼附與と交渉破棄による損害賠償責任」(森泉章先生古稀祝賀論集『現代判例民法學の理論と展望』法學書院, 1998), 433頁.

가? 등에 관하여 고찰하기로 한다.[495)]

본 사안의 대상판결인 일본 판결의 사건개요와 판결요지는 다음과 같다.

X는 4층 건물의 분양맨션을 지어 건축착공과 동시에 매수인을 모집하고 있었다. 마침 그 당시 치과병원을 운영하고 있던 Y는 이전할 곳을 찾고 있었고, 이 맨션을 후보로 하여 X와 교섭을 시작했다. 그 때 Y는 X에게 희망하는 배치도(layout)를 교부하였고, 또한 치과병원의 운영을 위해서는 큰 용량의 전기사용이 필요하므로, 맨션의 전기용량에 관해서 X에게 문의하였다. X는 전기용량이 부족하므로 집수조를 변절실로 변경하고 또한 전기용량변경계약을 체결할 것을 Y에게 고하였고 Y는 특별한 이의를 제기하지 않았다. 그 후 Y는 X에게 견적서의 작성까지 의뢰했으나, 그 맨션 구입자금의 차입에 앞서 갚아야 하는 매월의 지불액이 다액이라는 등의 이유를 내세워 결국 Y는 X와 교섭 중에 있던 맨션구입을 거절했다. 그러자 X는 Y에 대하여 일차적으로는 매매계약의 성립을 전제로 한 대금지불이 없었다는 것을 이유로 계약을 해제하고 손해배상을 청구하였다. 이차적으로는 계약체결상의 과실을 이유로 손해배상을 청구하였다.

이에 대하여 제1심 판결[496)]은 매매계약의 성립을 부정하고, 예비적 청구에 관해서 「거래를 개시하는 계약준비단계에 들어갔다는 것은 일반 시민 간에 대한 관계와는 달리 신의칙이 지배하는 긴밀한 관계에 놓이기 때문에, 이후 계약의 체결여부와 관계없이 상호간 상대방의 인격, 재산을 해하지 않을 신의칙상의 의무를 부담하여야 하므로, 이를 위반하여 상대방에게 손해를 입힌 때는 계약체결이 되지 않은 경우에도 계약책임으로서의 손해배상책임을 인정하는 것이 타당하다」고 하여 Y의 손해배상책임을 긍정했다. 다만 이 경우 50%의 과실상계를 인정하였다.

Y는 항소했지만, 항소심 판결[497)]은 다음과 같이 판시하면서 Y의 항소를 기각하였다. 그리고 원심의 과실상계 비율 50%는 그대로 유지되었다. 즉, 「계약체결에 이르지 않은 경우에도 당해 계약의 실현을 목적으로 위 계약준비행위 당사자 간에 이미 발생하고 있는 계약유사의 신뢰관계에 기초한 신의칙상의 책임으로서 상대방이 당해 계약이 유효하게 성립하는 것으로 믿음으로써 입은 손해(이른바, 신뢰이익)의 손해배상을 청구할 수 있다는 것은 타당하다」고 판시하였다.

그리고 본 사건은 결국 상고심으로 이어졌고, 그 결과 상고심 판결은 다음과 같이 Y의 손해배상책임 및 50%의 과실상계를 모두 인정한 원심판결과 똑같이 긍정하여 판결하였다. 즉, 「원심이 적법하게 확정한 사실관계 하에서 Y의 계약준비단계에 의한 신의칙상의 주의의무위반을 이유로 하는 손해배상책임을 긍정한 원심의 판단은 시인가능하고 또한 Y 및 X 쌍방의 과실비율을 각 50%로 인정한 원심의 판단에 위법이 있다고 할 수 없다」고 판시하였다.

따라서 아래에서는 먼저 계약교섭단계에서 계약교섭의 결렬로 인하여 순수한 재

495) 이 문제를 다룬 본격적 연구로서는 池田清治『契約交渉の破棄とその責任』(平成8, 有斐閣)이 있는데, 학설·판례(본 판결의 평석에 관해서도 같은 책, 12면 참고)에 관해서도 이 책의 내용을 인용하였다.

496) 東京地判昭56.12.14判タ470号145頁.

497) 東京高判昭58.11.17判タ470号145頁.

산상의 손해가 발생한 경우에 계약체결상의 과실책임 등의 성립과 관련해서 우리 나라 및 외국의 경우를 먼저 살펴보고, 이에 관한 일본의 판결을 중심으로 본 사안해결을 모색하기로 한다.

Ⅱ. 계약교섭단계에서의 계약체결상의 과실책임

1. 우리나라 학설의 입장 및 외국의 경우

예컨대, 임대차계약의 체결을 신뢰하여 임차할 사람이 파손된 임대목적물을 계약체결 전에 보수하였으나,[498] 상대방(사용자 또는 임대인)이 적절한 이유 없이 계약체결을 거부한 경우, 독일의 지배설과 판례는 신뢰구속에 의한 책임으로서 계약체결상의 과실책임을 인정한다. 또한 이미 앞에서 언급하였듯이 우리 나라의 다수설도 계약교섭의 단계에 있어서 일방 당사자가 계약이 틀림없이 성립할 것이라는 확신을 상대방에게 준 뒤에 적절한 이유 없이 교섭을 파기함으로써 상대방에게 손해를 입힌 경우에는 계약체결상의 과실책임으로서의 손해배상책임이 발생한다고 한다. 그러나 이와 같은 경우 우리 나라의 소수설은 불법행위에 의한 손해배상청구를 인정하는 것이 타당하다고 주장한다.[499]

생각건대, 상대방에게 계약이 체결될 것이라는 신뢰를 야기 하고 적절한 이유 없이 계약교섭을 부당하게 파기한 자에게 상대방에 대한 손해배상책임을 인정하는 것이 타당하다면, 그와 같은 책임을 발생시킨 사안은 당사자 사이의 특별한 결합관계를 중심으로 이루어진 것이기 때문에 일반적인 불법행위(제750조) 책임이 성립되는 경우의 사안과는 다르다. 예컨대, 자동차를 타고 가다가 부주의로 인도위로 돌진하여 상가의 유리상을 파손하고 나아가 상가 안에 진열된 상품을 파손시키는 등 재산상의 손해를 입힌 경우와 같이 불법행위책임은 보통 일반적 사회관계에서 발생되므로, 일반적 사회관계 중 구체적 특수한 개별성을 가지고 있는 계약관계에서 발생되는 계약책임 또는 계약과 유사한 관계인 계약교섭의 단계에서 발생되는 계약체결상의 과실책임과는 구별된다고 하겠다. 특히 후자의 경우와 같이 일단 당사자 사이에 계약교섭이 개시되고 이 단계에서 신의칙상 상대방에 대한 배려의무가 인정될 수 있는 수준에 도달되었다면, 각 당사자는 계약체결을 위한 교섭성실의무를 부담한다고 할 것이기 때문이다. 따라서 우리 민법 제750조가 독일 민법 제823조의 규정과 달리 이른바 재산상의 손해에 대해서도 불법행위 의 성립을 인정하고 있다는 이유를 들어 이 경우에 계약체결상의 과실을 인정하지 않으려는 견해는 계약체결상의 과실책임의 본질을 간과하는 것이라고 생각한다.[500] 스위스 채무법도 우리 민법과 마찬가지로 불법행위법에 대한 일반조항을 지니고 있으나 예컨대, 이미 매도된 물건에 대하여 매매교섭을 함으로써 상대방에게 여비 또는 경비를 지출하게 한 「매도인」에게 불법행

---

498) BGHLM §276[Fa] BGB Nr. 3.

499) 이와 같은 경우에 우리 나라 민법은 독일 민법과 달리 재산적 손해에 대하여도 불법행위가 성립할 수 있기 때문에 구태여 계약책임으로 이론 구성할 필요성은 매우 적다고 한다(이충훈, "계약체결상의 과실책임의 재검토", 「비교사법」제14권 4호(통권39호), 한국비교사법학회, 2007. 12, 13면 이하 참조).

500) 동지: 김형배, 전게서, 131면.

위책임이 아닌 계약체결상의 과실책임을 인정하고 있다. 또한 상대방과 계약교섭을 파기함으로서 손해를 입히려는 의도로 교섭을 시작했다면 불법행위책임을 물을 수 있을 것임에도 불구하고 스위스에서는 계약체결상의 과실책임이 인정되고 있다.[501] 이와 같은 사정은 오스트리아 민법에서도 마찬 가지이다.[502]

2. 우리나라 판례의 태도

"어느 일방이 교섭단계에서 계약이 확실하게 체결되리라는 정당한 기대 내지 신뢰를 부여하여 상대방이 그 신뢰에 따라 행동하였음에도 상당한 이유 없이 계약의 체결을 거부하여 손해를 입혔다면 이는 신의성실의 원칙에 비추어 볼 때 계약자유 원칙의 한계를 넘는 위법한 행위로서 불법행위를 구성한다고 할 것이다"고 판시한 우리나라 판례[503]의 태도는 계약교섭의 부당한 파기를 계약책임으로 파악하는 것이 아니라 불법행위책임으로 보고 이에 따른 손해배상책임을 인정하고 있다고 한다. 즉, 법원은 계약과실상의 책임이나 민법 제535조가 아닌 불법행위책임으로 이론구성하고 있다고 한다.[504]

그러나 우리 나라 판례의 이와 같은 태도는 실체법상 원칙적으로 청구권의 경합을 인정하는 입장이년서도 동시에 소송법상으로는 구소송물이론과 당사자처분주의 원칙 등의 영향으로 인하여 불법행위에 관한 판례는 많지만, 계약책임(계약과실상의 책임을 포함하여)에 관한 판례는 그 수를 찾아보기 힘들다는 특수한 사정에 기인한 것이라고 생각한다.[505] 따라서 우리 나라 판례의 태도가 계약교섭의 부당한 파기를 계약책임 또는 계약유사한 책임(계약체결상의 책임)으로 파악하지 않고 불법행위책임으로만 보고 있다고 단정하기는 곤란하다고 본다.

Ⅲ. 계약교섭중단으로 인한 손해배상책임

1. 계약교섭의 파기를 둘러싼 의무위반

(1) 대상판결의 의의와 문제제기

본 연구대상인 일본 판결의 의의는 첫째, 우선 일반론으로서는 계약교섭단계에 있어서도 거래관계를 지배하는 신의칙이 적용되므로 교섭당사자는 서로 상대방의 이익을 침해하여서는 안 될 주의의무를 부담한다. 이를 위반하는 경우 손해배상책임이

501) Bucher, Schweizerisches Obligationenrecht Allgemeiner Teil, 2. Aufl., 1988, S. 249; v. Tuhr/Peter, Allgemeiner Teil des schweizerischen Obligationenrechts, Bd. Ⅰ, 3. Aufl., 1979, S. 89; BGE 77 Ⅱ 135ff.; BGE 80 Ⅱ 26ff.

502) Welser, Schuldrecht Allgemeiner Teil Schuldrecht Besonderer Teil Erbrecht, 11. Aufl., 2000, S.17.

503) 대판 2001.6.15. 99다40418.

504) 이충훈, 앞의 논문, 8면 이하 참조; 계약교섭이 결렬된 경우에 관한 최초의 판결(대판 1993.9.10, 92다42897)과 그 후의 대법원 판결(대판 2003.4.11, 2001다53509) 등도 마찬 가지로 불법행위를 구성하고 있다고 한다.

505) 이와 같은 경향은 조규창, "청구권경합의 한계", 「논리와 직관(조규창교수논문집)」, 법문사, 1998, 239면 이하; 조규창, "담보책임과 불법행위－대법원판례의 비판적 고찰", 「고시연구」 제122호, 1984.5, 55면 이하 참조.

성립한다는 것을 명확히 했다는 점. 둘째, 계약자유의 원칙상 계약이 체결되지 않은 경우에는 손해배상책임은 발생하지 않는다고 볼 수 있지만, 이 경우에도 책임이 성립할 수 있다는 점이 본 판결의 큰 의미이다.

그러나 이 점에 관하여도 불법행위책임에 있어서 과실판단의 전제로서의 주의의무의 판단과 마찬가지로 어떠한 경우에 어떠한 주의의무가 인정되는가는 문제이다. 즉, 그 기준이 명확하지 않기 때문이다. 판례의 축척에 의한 명확화와 동시에 교섭단계에 있어서 계약책임을 발생시킬 수 있는 새로운 실마리에 관해서 생각할 필요가 있다. 그 때문에 학설은 교섭과정을 단계별로 나누고 어떤 정도의 기준을 만들어 낼 것인가를 문제로 하고 있다.[506]

또한 이러한 책임이 「계약책임」이라고 하는 점도 본판결의 의의 중 하나라고 하겠다. 즉, 제1심 판결은 명확하게 계약교섭 당사자 간에 신의칙상의 의무가 성립하고 그 위반은 「계약책임」을 성립시킨다고 한다. 그러나 항소심판결은 「계약유사한 신뢰관계에 근거한 신의칙상의 책임」이라고 수정하여 「계약책임」이라는 표현을 피했으나, 궁극적으로는 원심판결을 인정했던 것이다. 특히 안전배려의무의 경우에는 어쨌든 당사자 간에 한하지 않고, 예컨대 하수급인의 노동자와 원수급인 사이의 안전배려의무가 존재하는 계약이 존재하지만[507], 이 경우에는 계약이 아직 성립하고 있지 않기 때문에, 최고재판소가 「계약책임」이라고 판단하였다면 어느 정도 설명이 요구된다고 하겠다. 필시 「계약책임」을 긍정한다는 정도의 표현에 그쳤다고 생각한다. 즉, 그 의미는 본 판결이 「계약책임」을 적극적으로 인정했다고 단정할 수 없지만, 이를 부정했다고도 할 수 없는 긍정적 여지를 보이는 정도의 선례적 의미가 있는 것으로 보인다. 그러나 계약책임 또는 계약 유사한 책임이라고 하는 것이 어떻게 도출되는가? 설득적인 근거를 제시하고 있지 않다. 또한 그 책임내용도 명확하지 않다.

생각건대, 계약교섭 당사자 간에 계약체결을 합의·약속한 경우라면, 이를 지키지 않는다는 것은 일종의 광의의 계약불이행이라고 할 수 있다. 그러므로 이와 같은 합의가 있었다면 비록 계약자유의 원칙에 따라서 계약을 체결하지 않은 경우에도 계약책임이 발생한다는 것을 인정한 본 판결은 큰 의미를 가진다고 이미 앞에서 기술하였다. 그러나 어떤 의무위반이며 또한 그 의무는 어떤 근거로부터 인정되는 것인가 등에 관해서는 본 판결은 분명하게 밝히고 있지 않고, 원 판결의 판단을 시인한 것으로 보인다. 다시 말해서 본판결은 신의칙을 근거로 들고 있지만, 경우에 따라서는 교섭단계에서 당사자 간에 명시 또는 묵시로 주고받은 합의를 근거로 하는 것도 가능하다고 생각한다. 이런 의미를 본 판결이 문제로 삼고 있지만, 계약체결 전에 어떠한 합의가 문제로 될 수 있는지를 검토할 필요가 있다. 분명히 계약체결을 확정적으로 약속한 예약 같은 것은 없는가? 계약체결을 전제로 하여 교섭을 합의하는 것은 특단의 사정 내지 당사자가 유보한 특별한 사정이 없는 한, 계약체결을 바라는 교섭을 진행하는 과정에서 계약내용이 무르익어 계약이 체결된다(조건부 계약체결의 약속)는 것을 약속했다고 생각할 수 있는 경우는 아닌가? 그리고 이와 같은 합의가 인

506) 平野裕之, 前揭書, 435頁.

507) 정광수, "수급인의 피용자에 대한 도급인의 안전배려의무", 「안암법학」 통권 제23호, 안암법학회, 2006.11, 125면 이하 참조.

정되지 않는 경우에도 예외적으로 당사자가 손해배상을 문제 삼을 수가 있는가? 이 경우에는 어떤 요건이 필요한가? 그 내용은 합의가 있는 경우와 어떻게 다른 가? 등도 고찰할 필요가 있다. 아래에서는 이러한 질문들에 답하기 위하여 사례를 나누어 고찰하기로 한다.

(2) 계약내용을 확정하여 계약을 체결하려는 합의가 있는 경우

1) 계약상대방을 선정한 단계에서 합의가 있는 경우

정식으로 계약을 체결하기 전에 계약교섭당사자가 계약체결을 신뢰하여 이행을 위한 비용을 투자한 경우 그 비용은 경우에 따라서는 매우 큰 경우가 있다. 계약이 체결되지 않아 그 비용이 낭비된 경우, 그 이상의 계약교섭을 거부했던 상대방에게 교섭단계에서 당사자 사이에 어떤 합의를 이유로 손해배상을 청구할 수 있는가? 몇 가지 사례를 나누어 검토해 본다.

예컨대, A 대학이 부속건물을 지어서 사법시험수험생을 위한 과외강좌를 개설하고자 몇 개의 사법시험예비교에게 그 예정하고 있는 강좌에 관하여 어느 정도를 인수할 수 있는가를 개산한 견적서를 얻으려 한다. 이 단계에서는 계약을 체결할 수 없고 또한 계약획득을 위한 비용은 자기부담이 원칙이므로 예비교측은 견적서를 작성하기 위하여 비용이 들더라도 그 비용의 손해배상은 고려할 수 없다. 그러나 A 대학이 가장 양심적인 견적서를 제출했던 B 예비교를 상대로 선택한 경우이다. 이 단계에서는 A 대학이 B 예비교를 교섭상대로 하기로 합의한 것이므로 이 단계에서는 어떠한 내용의 계약체결을 인식하는 것이 가능하다. 그것은 어떤 특별한 사정이 발생하지 않는 한, A 대학은 B 예비교와 계약의 내용(강좌의 내용, 일정, 교재 등 상세한 사항 등)을 확정하여 계약성립을 이루려는 합의(계약체결의무를 부담하는 합의이지만, 무조건은 아니고 내용을 확정한 후이다)를 한 것이다. 다만 여기서의 합의(가계약 등으로 칭한다)도 사정에 따라서는 달리 될 가능성은 있다.

첫째, 미확정 요소가 있는 경우, 이 경우도 미확정요소에 관한 특단의 유보가 없는 경우와 미확정요소에 관한 특단의 유보가 있는 경우로 나누어 살펴볼 필요가 있다. 먼저 미확정요소에 관한 특단의 유보가 없는 경우 예컨대, 이 사법시험수험생을 위한 과외강좌개설계획이 확정적인 것은 아니고 이사회의 결정을 아직 받지 않아서 최종적으로 이사회에서 인정되지 않으면 행할 수 없는 경우에는 그와 같은 위험(risk)이 있는 것을 A대학으로서는 B예비학교에 설명할 의무가 있나. 그와 같은 설명(위험의 전가)을 하지 않고 먼저 합의를 한 경우에는 후일 이사회에서 부결되어 실행할 수 없다면, A대학의 설명의무의 위반으로 인한 손해배상책임이 인정된다고 생각한다. 그리고 미확정요소에 관한 특단의 유보가 있는 경우에는 이것에 관하여 A대학은 이 위험을 설명한 후, B예비교가 그 위험을 인식하고 교섭을 한 경우에는 그 당시 최종적으로 이사회의 승인을 얻기 위하여 B예비교가 부담한 비용에 관하여서 A대학과 합의를 할 수 있으나, 그것을 하지 않은 이상 B예비교가 전면적으로 위험을 부담한다고 하겠다.

둘째, 특단의 미확정 요소가 없는 경우, 즉, 이 계획에 대하여 이미 이사회의 승인을 얻어 예산도 확보하고 있는 경우는 다음 해의 실행이 AB간 합의의 전제로 되고,

"내용을 성실히 교섭하여 확정하는 단계로써 특단의 사정이 없는 한, 계약을 체결한다"고 하는 합의가 있다고 보여 진다. 따라서 A대학에 의한 계약체결단계에 있는 교섭의 거절은 합의의 위반이 된다. 다만 B예비교가 계약체결의 판단에 필요한 정보를 어느 정도 재촉하여도 얻을 수 없는 경우에는 교섭의 합의를 A대학은 일본 민법 제541조(이행지체 등에 의한 해제권)에 근거한 해제가 가능하다. 그렇지 않으면 일방적으로 교섭을 파기하여 다른 C예비교와 계약을 체결하거나 또한 교섭의 합의 자체를 정당한 사유없이 철회하려는 것은 A대학의 교섭합의상의 의무위반이라고 생각한다. 즉, 어떤 경우에 정당한 사유 있는 의무위반인가는 합의로부터 의무의 내용을 개별적으로 명확히 할 필요가 있다고 생각한다.

2) 계약상대방을 선정하지 않은 단계에서 합의가 있는 경우

계약상대방을 선정하지 않은 단계에 있어서도 교섭당사자들 사이의 교섭을 통하여 계약을 체결하기로 하는 합의가 인정되는 경우에는[508] 교섭상대방의 의무위반 또는 배신적 행위에 의한 교섭의 합의해제가 가능하다는 특단의 사정이 없는 한, 이 합의를 일방적으로 파기하는 것은 그 합의상의 의무위반이라고 할 수 있다.

본건 맨션(mansion)구입의 경우처럼 여러 가지 물건을 비교·검토하여야 하는 경우에는 특별한 사정이 없다면 그 교섭상대방과 계약을 체결하려는 교섭의 합의가 인정될 수는 없다. 이 경우에는 그 거래의 성질로부터 여러 가지를 비교·검토하는 것이 전제된다. 따라서 교섭을 통하여 계약을 체결하려는 당사자 사이에 그 물건에 특별한 점이 없다면 구입하려는 결심을 하여 그것을 매도인에게 표명한다면, 우선 교섭의 합의에 필적하는 합의의 성립을 인정하는 것도 가능하다. 그리고 이 합의에 근거하여 계약의 세부를 확정할 필요가 있다는 것은 앞의 (2)1)의 경우와 마찬가지이다. 다만 매매계약의 성립을 위해서는 대강의 줄거리만 합의를 하면 그 단계에서 매매계약은 성립하며, 그 후에는 성립한 계약의 세부내용을 교섭을 통해 결정하여야 할 의무가 남아 있다고 하는 이론구성도 불가능한 것은 아니므로－이것은 앞의 (2)1)의 경우에도 가능하다. 이것은 매매계약의 성립시기에도 관계되는 문제이다.[509] 이와 같은 판단을 하기 위해서는 교섭당사자의 의식, 거래의 실상 등을 조사할 필요가 있다. 예컨대, 서면은 아니지만 명시 또는 묵시의 계약교섭단계에서 계약체결을 바라는 합의가 있다면 그 교섭합의의 효력으로써 "계약내용을 성실히 확정(무르익게) 함으로써 특단의 사정이 없는 한 계약을 체결할 의무"가 인정된다고 생각한다. 그리고 체결할 계약의 내용을 확정하였다면 청약의 구속력이 있지만, 계약내용을 확정하지 않은 경우에는 청약의 구속력은 없다고 생각한다. 여기서 말하는 의무는 확정적인 내용의 청약은 아니지만 가정적인 청약을 하고 그것을 구체적인 청약으로 격상시키기 위해

---

508) 실제로는 여러 가지 경우(case)가 고려된다고 한다(河上正二, 「『契約の成立』をめぐって(2)完」 判タ957号(昭63) 25頁 이하; 円谷峻, 『契約の成立と責任』(昭63, 一粒社) 199頁 이하). 예컨대, 경우(case)에 따라서는 당사자 사이에 계약의 상세한 내용을 작성할 필요가 있지만, 계약을 체결하려는 의사결정은 이미 있었던 경우(조건부 계약체결의 합의)와 당사자 사이에 계약을 체결하려는 의사결정은 없지만, 당사자 사이의 교섭단계(진행정도)를 검토하여 계약체결의 합의가 인정될 수 있는 경우도 있다고 생각한다.

509) 계약교섭의 파기문제가 계약의 성립시기와 관계된 문제이라는 것에 대하여는 池田, 前揭書, 58頁, 195頁 이하 참조.

서 성실히 협력하여야 할 의무이다. 계약체결을 위한 청약구속력의 일보 직전의 효력이라고 할 수 있다.

(3) 계약내용을 확정하여 계약을 체결하려는 합의가 없는 경우

대상판결의 사례는 앞의 (2)2)의 사례와의 한계가 명확하지는 않지만, 계약내용을 확정하여 계약을 체결하려는 합의가 없는 경우의 사례로 볼 수 있고, 그와 같은 의미에서 다음과 같이 판단할 수 있다고 생각한다. 즉, 계약교섭 당사자 사이에 계약내용을 확정하여 계약을 체결하려는 합의가 없는 경우에 계약교섭 당사자 일방이 계약교섭을 일방적으로 중단하더라도 원칙적으로 계약교섭 상대방이 계약체결을 확실히 신뢰하여 오신 가운데 비용을 지불하였다고 해서 계약교섭을 일방적으로 중단한 계약교섭 당사자 일방에게 계약을 체결하여야 할 의무까지 부여할 수 있는 것은 아니다. 왜냐하면 이와 같은 경우에 계약을 체결할 것인가 말 것인가는 계약교섭 당사자 각자의 자유이고, 만약 계약이 체결된다면 계약교섭 상대방은 손해가 없는 것으로 되기 때문에 계약교섭을 일방적으로 중단한 계약교섭 당사자 일방의 손해배상책임은 발생하지 않는다고 말할 수 있을 뿐이다. 또한 이와 같은 해석은 신의칙이라는 거래관념으로 볼 때, 거래에 있어서도 상식과 다르지 않기 때문에 그와 같은 경우에 일방의 교섭중단을 거래상 요구되는 주의의무의 위반으로 보아 계약위반과 마찬가지로 보는 것은 비약적 사고라고 생각하기 때문이다. 그러나 계약교섭 당사자 사이에 계약내용을 확정하여 계약을 체결하려는 합의가 없는 경우에 있어서도 예외적으로 계약교섭 당사자 일방이 계약교섭 상대방에게 계약체결을 확실시 할 수 있는 정도의 신뢰를 야기 시키는 특단의 사정(예컨대, 계약교섭 중 계약체결의 불능을 알았거나 알 수 있었을 계약교섭 당사자 일방이 이를 알지 못하거나 알 수 없는 계약교섭 상대방에게 계약체결을 확실시 할 수 있는 정도의 신뢰를 야기 시켜 놓은 상태에서 계약교섭을 일방적으로 파기하는 경우와 같이 계약교섭 당사자 일방이 신뢰야기·강화에 관한 귀책사유가 있는 경우 등)이 있어서, 계약교섭 상대방이 장래 확실히 계약이 체결될 것이라고 믿고서 비용을 지불한 경우 등에 대하여는 계약교섭 상대방의 신뢰보호를 위하여 계약교섭을 파기한 계약교섭 당사자 일방의 손해배상책임을 인정해도 좋다고 생각한다.[510)]

2. 계약교섭의 중단으로 인한 손해배상책임

(1) 손해배상책임의 내용

계약교섭 중 계약내용을 확정하여 계약을 체결하려는 합의가 인정되는 경우, 이와 같은 계약교섭합의의 불이행이라고 하는 점은 본 계약의 불이행은 아니지만 일본민법에서는 가능하지 않은 청약의 일방적 파기에 가까운 내지 그것에 준하는 문제라고 생각한다. 이와 같은 계약교섭중 합의의 불이행책임은 계약책임과 유사한 책임으로써 계약체결상의 과실책임이라고 생각한다. 그렇다면 청약으로 평가 가능한 경우와의 균형을 잃지 않는 해결이 좋다고 본다. 따라서 일본에서는 청약의 경우 철회의 자유가 인정되지 않지만, 계약이 성립한 것과 균형을 잃지 않을 필요가 있다. 그리고

---

510) 池田, 前揭書, 22-23頁의 분석 참조.

계약이 성립한 경우에도 상대방이 계약을 다투는 이상, 특히 계속적인 계약관계의 경우 신뢰관계가 파괴되었기 때문에, 상대방으로서도 이행에 구애받지 않고 계약을 해제하여 해소하고 싶어 할 것이다. 그렇다면 계약해제의 경우 손해배상의 내용과의 균형론이 생각될 수 있는 문제이다.

해제의 경우 무모하게 된 비용의 배상만으로 한정된다면, 앞의 예비교와의 제휴사례에서는 B 예비교는 A 대학의 특별강좌를 위하여 교과서(text) 작성에 착수했지만 그것이 무모하게 되었다 등의 비용배상은 청구할 수 있으나, 이행이 된 경우에 얻을 수 있는 이익에 관한 배상은 인정되지 않는 것이 된다. 이것에 대하여 이행이익의 배상이 인정되려면 이행이 되었더라면 얻을 수 있었던 수익의 배상이 인정되는 것이고 동시에 이 무모하게 된 비용의 배상이 인정된 것이 된다. 즉, 이행이익의 배상이 인정된다면 이행비용은 배상의 대상이 되지 않는다고 하겠다.[511)]

그러나 계약교섭 중 계약내용을 확정하여 계약을 체결하려는 합의가 인정되지 않는 경우에는 즉, 본 판결의 사례와 같은 경우에는 결국 조건부라도 계약의 체결을 약속하고 있는 것은 아니므로 위의 합의가 있어 계약의 이행으로의 기대(계약체결로의 기대와는 구별되는)가 보호될 수 있는 상황은 아니라고 생각한다. 다만 이 경우에도 예외적으로 상대방에게 계약체결을 확실시 할 수 있는 정도의 신뢰를 야기 시키는 특단의 사정이 있어서, 교섭일방의 신뢰보호를 위하여 그 상대방의 신뢰야기·강화에 관한 귀책사유가 있는 경우에는 그 교섭상대방에게 손해배상책임을 인정해도 좋다고 생각한다. 이 단계의 책임은 무모하게 된 비용의 배상정도에 그치고, 계약의 이행이 있다면 얻을 수 있는 이익의 배상은 인정될 수 없다고 하겠다. 그런 의미에서 본 판결은 정당하다고 생각한다.

(2) 손해배상책임의 성질

계약교섭의 중단으로 인한 법적 책임으로써의 손해배상책임이 인정되는 경우, 그 책임의 성질에 관하여는 여러 의견이 있다. 이에 대하여는 계약책임설과 불법행위책임설로 크게 나누어진다. 그러나 이와 같은 논의에 대해 의의를 인정하고 싶지 않다고 하면서, 문제의 사례에서 어떠한 의무가 인정되고 그 의무가 어떠한 이익의 보호를 지향하고 있는가(또는 그 보호의 강도)를 평가하는 것이 가장 우선시 되어야 할 문제로서 계약상의 의무인가 아닌가는 큰 의미가 없다고 하는 견해도 있다.[512)]

생각건대, 서면은 아니지만 명시 또는 묵시의 계약교섭단계에서 계약체결을 바라는 합의가 있다면 그 교섭합의의 효력으로써 「계약내용을 성실히 확정하여 특단의 사정이 없는 한 신의칙상 계약을 체결할 의무」가 인정된다고 생각한다. 따라서 이와

511) 신뢰이익·이행이익이라고 하는 것은 손해배상의 경우 어느 정도 배상을 할 것인가의 구별을 위한 유형화에 따른 호칭으로써 의의는 있지만, 이론적으로 그것을 나눌 필요성은 없다. 어떤 경우에서나 의무위반으로 인하여 발생될 손해를 어느 범위까지 배상할 것인가에 관한 가치판단이 행하여져야 한다고 생각한다. 그리고 해제의 경우나 여기서처럼 계약체결을 바라는 의무의 불이행의 경우나 어느 쪽이든 소위 신뢰이익의 배상에 한정할 필요는 없다고 하는 견해가 있다(平野裕之, 前揭書, 442頁).

512) 이 견해에 의하면, 해석론으로서도 채무불이행책임과 불법행위책임과의 사이에 불합리한 차이가 없다는 방향으로 운용하는 것을 생각한다(平野裕之, 前揭書, 442頁).

같은 경우에 계약교섭 당사자 일방이 계약교섭 중 합의를 부당하게 파기함으로써 기대된 계약체결에 이르지 못한 경우라면, 앞에서 살펴본 일본의 대상판결 중 항소심 판결이 주장한 바와 같이 당해 계약체결을 목적으로 했던 계약교섭합의 당사자 간에는 「계약유사의 신뢰관계에 기초한 신의칙상의 책임」으로서 계약체결상의 과실책임이 성립된다고 하겠다. 이와 같이 이해할 때, 우리나라의 경우도 계약체결상의 과실책임이 성립하는 경우 이를 불법행위법의 규정에 의하여 규율하는 것은 적당하지 않고, 법률의 규정(민법 제535조)을 기초로 한 계약과 유사한 「고유한 책임」이라고 하겠다. 그 결과 부당하게 계약교섭의 합의를 중단시킨 교섭합의 당사자일방에게 상대방은 당해 계약이 유효하게 성립하는 것으로 믿음으로써 입은 손해(이른바, 신뢰이익)의 배상을 청구할 수 있다고 하겠다.

Ⅳ. 결 론

계약교섭을 부당하게 파기함으로써 손해를 입힌 경우 독일의 지배설과 판례는 신뢰구속에 의한 계약책임으로서 계약체결상의 과실책임을 인정한다. 또한 우리나라의 다수설도 계약교섭의 단계에 있어서 일방 당사자가 계약이 틀림없이 성립할 것이라는 확신을 상대방에게 준 뒤에 적절한 이유 없이 교섭을 파기함으로써 상대방에게 손해를 입힌 경우에는 계약책임으로서 계약체결상의 과실책임에 의한 손해배상책임이 발생한다고 한다. 이에 반하여 우리나라의 소수설은 불법행위에 의한 손해배상청구를 인정하는 것이 타당하다고 주장한다.

생각건대, 불법행위책임은 보통 일반적 사회관계에서 발생되므로, 구체적 특수한 개별성을 가지고 있는 계약관계에서 발생되는 계약책임 또는 계약과 유사한 관계인 계약체결상의 과실책임과는 구별된다고 하겠다. 특히 후자의 경우와 같이 일단 당사자 사이에 계약교섭이 개시되고 이 단계에서 신의칙상 상대방에 대한 배려의무가 인정될 수 있는 수준에 도달되었다면, 각 당사자는 계약체결을 위한 교섭성실의무를 부담한다고 할 것이기 때문이다. 따라서 이와 같은 관계로부터 발생된 책임은 계약과 유사한 책임으로 이해하는 것이 타당하다고 하겠다. 이와 같이 이해할 때, 계약체결상의 과실책임을 불법행위법의 규정에 의하여 규율하는 것은 적당하지 않고, 법률의 규정(민법 제535조)을 기초로 한 계약과 유사한 「고유한 책임」이라고 하겠다. 따라서 우리 민법 제750조가 독일 민법 제823조의 규정과 달리 이른 바 재산상의 손해에 대해서도 불법행위의 성립을 인정하고 있다는 이유를 들어 이 경우에 계약체결상의 과실을 인정하지 않으려는 견해는 계약체결상의 과실책임의 본질을 간과하는 것이라고 생각한다.

그 이유는 첫째, 스위스 채무법은 우리 민법과 마찬가지로 불법행위법에 대한 일반조항을 지니고 있으나 불법행위책임이 아닌 계약체결상의 과실책임을 인정하고 있다. 또한 상대방과 계약교섭을 파기함으로서 손해를 입히려는 의도로 교섭을 시작했다면 불법행위책임을 물을 수 있을 것임에도 불구하고 스위스에서는 계약체결상의 과실책임이 인정되고 있다. 이와 같은 사정은 오스트리아 민법에서도 마찬 가지이기 때문이다.

둘째, 우리 나라 판례의 태도는 계약교섭의 부당한 파기를 계약책임으로 파악하는 것이 아니라 불법행위책임으로 보고 이에 따른 손해배상책임을 인정하고 있다고 한다. 즉, 법원은 계약과실상의 책임이나 민법 제535조가 아닌 불법행위책임으로 이론구성하고 있다고 한다. 그러나 우리나라 판례의 이와 같은 태도는 실체법상 원칙적으로 청구권의 경합을 인정하는 입장이면서도 동시에 소송법상으로는 구소송물이론과 당사자처분주의 원칙 등의 영향으로 인하여 불법행위에 관한 판례는 많지만, 계약책임(계약과실상의 책임을 포함하여)에 관한 판례는 그 수를 찾아보기 힘들다는 특수한 사정에 기인한 것이기 때문이다. 따라서 우리 나라 판례의 태도가 계약교섭의 부당한 파기를 계약책임 또는 계약유사한 책임(계약체결상의 책임)으로 파악하지 않고 불법행위책임으로만 보고 있다고 단정하기는 곤란하다고 본다.

셋째, 우리 나라 민법 제535조가 계약체결상의 과실책임을 일반적으로 인정하고 있다고 할 수는 없으나. 계약체결 중에 특정당사자들 사이에서 특별한 결합관계로 이루어지는 계약교섭관계를 모두 불법행위법에 의해서 처리한다는 것은 적절하지 않다. 즉, 계약체결 전단계에서 당사자들은 – 계약법상의 이행청구권은 인정되지 않지만 – 고지 또는 설명을 통해서 상대방에게 손해가 생기지 않도록 할 배려의무를 부담한다고 할 수 있다.

따라서 앞에서 살펴본 일본의 대상판결의 검토에서 볼 수 있듯이 상대방에게 계약이 체결될 것이라는 신뢰를 야기하고 적절한 이유 없이 계약교섭을 부당하게 파기한 자에게 상대방에 대한 손해배상책임을 인정하는 것이 타당하다면, 그와 같은 책임을 발생시킨 본 사안은 당사자 사이의 특별한 결합관계를 중심으로 이루어진 것이기 때문에 일반적인 불법행위(제750조) 책임이 성립되는 경우의 사안과는 다르다. 그러므로 본 사안과 같은 경우에는 민법 제535조(계약체결상의 과실)가 유추적용될 수 있다고 생각하기 때문에, X는 Y의 계약체결상의 과실을 이유로 Y에게 손해배상을 청구할 수 있다.[513)]

[문제 15] 관련 판례: [관판 15]

◎ **대판 2003.4.11, 2001다53059 【손해배상(기)】**

【판시사항】

[1] 계약의 성립을 위한 의사표시의 객관적 합치의 정도
[2] 청약의 의사표시의 방법과 내용
[3] 계약교섭의 부당한 중도파기가 불법행위를 구성하는지 여부(적극)
[4] 계약교섭의 부당한 중도파기로 인한 손해배상책임의 범위(=신뢰손해) 및 신뢰손해의 의미
[5] 계약교섭의 부당한 중도파기로 인하여 인격적 법익이 침해된 경우 그 정신적 고통에 대한 별도의 손해배상을 구할 수 있는지 여부(적극)

---

513) "「계약체결상의 과실」의 문제가 통상 불법행위법의 영역에 속하는 사안을 불리한 불법행위법규정의 적용으로부터 벗어나게 하여 계약법적으로 해결하려는 단순한 기술적 시도에 지나지 않는 것인가, 아니면 계약법의 법리가 마땅히 적용되어야 할 대상의 확대에 관한 이론인가라는 점이 먼저 신중히 검토되어야 한다."고 한다(김형배, 앞의 책, 120면 이하 참조).

【판결요지】

[1] 계약이 성립하기 위하여는 당사자의 서로 대립하는 수개의 의사표시의 객관적 합치가 필요하고 객관적 합치가 있다고 하기 위하여는 당사자의 의사표시에 나타나 있는 사항에 관하여는 모두 일치하고 있어야 하는 한편, 계약 내용의 '중요한 점' 및 계약의 객관적 요소는 아니더라도 특히 당사자가 그것에 중대한 의의를 두고 계약성립의 요건으로 할 의사를 표시한 때에는 이에 관하여 합치가 있어야 계약이 적법·유효하게 성립한다.

[2] 계약이 성립하기 위한 법률요건인 청약은 그에 응하는 승낙만 있으면 곧 계약이 성립하는 구체적, 확정적 의사표시여야 하므로, 청약은 계약의 내용을 결정할 수 있을 정도의 사항을 포함시키는 것이 필요하다.

[3] 어느 일방이 교섭단계에서 계약이 확실하게 체결되리라는 정당한 기대 내지 신뢰를 부여하여 상대방이 그 신뢰에 따라 행동하였음에도 상당한 이유 없이 계약의 체결을 거부하여 손해를 입혔다면 이는 신의성실의 원칙에 비추어 볼 때 계약자유원칙의 한계를 넘는 위법한 행위로서 불법행위를 구성한다.

[4] 계약교섭의 부당한 중도파기가 불법행위를 구성하는 경우 그러한 불법행위로 인한 손해는 일방이 신의에 반하여 상당한 이유 없이 계약교섭을 파기함으로써 계약체결을 신뢰한 상대방이 입게 된 상당인과관계 있는 손해로서 계약이 유효하게 체결된다고 믿었던 것에 의하여 입었던 손해 즉 신뢰손해에 한정된다고 할 것이고, 이러한 신뢰손해란 예컨대, 그 계약의 성립을 기대하고 지출한 계약준비비용과 같이 그러한 신뢰가 없었더라면 통상 지출하지 아니하였을 비용상당의 손해라고 할 것이며, 아직 계약체결에 관한 확고한 신뢰가 부여되기 이전 상태에서 계약교섭의 당사자가 계약체결이 좌절되더라도 어쩔 수 없다고 생각하고 지출한 비용, 예컨대 경쟁입찰에 참가하기 위하여 지출한 제안서, 견적서 작성비용 등은 여기에 포함되지 아니한다.

[5] 침해행위와 피해법익의 유형에 따라서는 계약교섭의 파기로 인한 불법행위가 인격적 법익을 침해함으로써 상대방에게 정신적 고통을 초래하였다고 인정되는 경우라면 그러한 정신적 고통에 대한 손해에 대하여는 별도로 배상을 구할 수 있다.

5. 계약의 효력

(1) 의 의

계약의 효력이라 함은 계약이 성립하여 소멸할 때까지의 효력을 말한다. 그러나 채권각론에서는 채권의 목적·효력·다수당사자의 채권관계 등 채권총론에서 다른 것을 제외한 쌍무계약에서 발생하는 채권의 상호관계를 표현하는 동시이행의 항변권과 위험부담, 그리고 제3자를 위한 계약을 다룬다. 계약은 법률행위의 일종이므로 계약도 효력을 발생시키기 위해서는 역시 법률행위의 효력발생요건을 갖추어야 한다. 즉, 사실상의 효력발생요건으로 급부의 확정성과 급부의 가능성이 요구된다. 후자는 계약체결당시부터 계약내용의 실현이 가능한 것이어야 한다. 원시적 불능인 경우는 민법 제535조가 적용되고, 후발적 불능인 경우에는 채무자의 귀책사유의 유무에 따라 채무불이행책임(제390조, 제546조) 및 위험부담(제537조, 제538조)이 문제된다. 그리고 법적 평가 상의 효력발생요건으로서 급부의 적법성(제105조)과 급부의 사회적 타당성(제103조)을 갖추어야 한다.

(2) 쌍무계약의 효력

1) 서 설

① 쌍무계약에 있어서 급부의 견련관계

쌍무계약이란 당사자가 서로 의무를 부담하지만, 당사자는 자신의 급부와 교환할 의도에서 채무를 부담하는 것이므로 결코 일방적인 채무를 부담하지는 않는다. 따라서 급부와 반대급부는 성립시부터 소멸시까지 상호관련되어 있고 법률상으로도 이 관련성을 보장할 필요가 존재한다(급부의 견련관계).

② 쌍무계약의 개념표지

쌍무계약의 개념표지로는 당사자의 주관을 기준으로 판단한 대가성과 대립하는 두 개의 급부는 원칙적으로 상환으로 이행되어야 할 관계를 가진다는 상환성을 들 수 있다.

③ 쌍무계약에 있어서 견련관계의 구체적 모습

a) 성립상의 견련관계

쌍무계약에 있어서 각 당사자의 의무는 그 성립에 있어서 서로 의존관계에 서 있다. 따라서 일방의 채무가 불능·불법 등을 이유로 성립하지 아니할 때에는 그 대가인 상대방의 채무도 성립하지 않는다.

b) 기능상의 견련관계

대가적 관계에 있는 당사자의 의무는 이행과 존속에 있어서 서로 의존관계에 있다. 이행상의 견련관계는 상대방이 이행할 때까지 자기의 채무이행을 거절할 수 있는 관계(제536조: 동시이행의 항변권)이며, 존속상의 견련관계란 일방당사자의 급부가 더 이상 존속하지 않으면 타방당사자의 급부를 청구할 수 없는 관계(제537조: 위험부담)를 의미한다.

c) 청산관계에서의 견련관계

쌍무계약관계가 당사자 일방의 해제권행사로 인하여 원상회복을 위한 청산관계로 변경되는 경우에, 당사자들 사이에서 이미 급부한 것이 있으면 각 당사자의 원상회복의무는 견련관계에 선다(제549조).

2) 동시이행의 항변권

① 의 의

동시이행의 항변권이란 쌍무계약시 상대방이 이행을 제공할 때까지 자기의 채무이행을 거절할 수 있는 권리로서 대가적 채무는 상환으로 이행되어야 한다는 원칙에 기초한 것이다. 상환의 원칙은 먼저 당사자는 상대방으로부터 반대급부를 받지 못한 상태에서 자신의 채무를 이행하여야 할 위험으로부터 보호된다는 담보적 기능을 하며, 또한 상대방의 이행을 촉구하는 압력수단으로도 기능한다.

동시이행의 항변권과 유치권과 비교하면, 전자는 본질이 채권인데 비해 후자는 물권이며, 전자는 발생원인이 쌍무계약에 기인한 채권인데 비해 후자는 쌍무계약에 한정되지 않는다. 또한 전자는 법률효과상으로 경매권이 인정되지 않는데 비해 후자는 인정된다. 또한 전자는 특별한 소멸사유가 없는데 비해 후자는 점유의 상실(제328조)·선관주의의무의 위반(제324조)·상당한 담보의 제공(제327조) 등 특별한 소멸사유가 있다.

② 동시이행항변권에 관한 입법주의

a) 스위스 채무법(제82조)

쌍무계약상의 채권자가 채무자에게 이행을 청구하기 위해서는 반드시 자신의 채무를 이행하든가 아니면 이행의 제공을 하여야 한다. 따라서 특별한 권리가 채무자에게 주어지는 것은 아니다.

b) 독일 민법(구독일 민법 제320조 이하)

쌍무계약상의 채권자가 자신의 채무는 이행하지 않은 상태에서 타방에게 반대급부만을 청구할 경우에 그 작용을 저지할 수 있는 채무자의 실체법상 권리이다. 우리 민법은 여기에 속한다.

③ 법적성질

a) 다수설(항변권설)

각 채무자의 이행거절권능을 연기적 항변권으로 이해하고 있다. 채무자(피고)의 원용이 있는 경우에 한하여 현실화되며, 예외적으로 항변권의 존재로부터 상계금지·이행지체책임의 면제라는 효과가 발생한다. 따라서 피고가 항변권을 원용하지 않는 한, 제한 없는 권리를 가지는 것과 같은 지위에 있다. 즉, 피고가 항변권을 원용하면 그 때부터 자기채무의 이행의 제공 없이는 채권을 관철할 수 없다. 이는 쌍무계약 당사자의 거절권을 주로 소송법적 개념으로 파악하고 있다.[514)]

b) 소수설(계약성립시설)

계약성립시부터 상대방의 이행 내지 이행의 제공시까지 이행거절권능을 본질적 내용으로 하는 항변권이 발생·존재하며, 그 효과로서 상계금지와 이행지체책임의 면제를 이해하고 있다.[515)]

c) 실체권설

쌍무계약상 각 당사자는 자신의 채무이행을 제공하면서 상대방의 이행을 청구할 수 있는 제한된 권리만을 가진다. 따라서 채무자(피고)의 항변권 원용여부와 관계없이 양 급부의 견련관계가 인정되는 한, 채무자는 이행지체에 빠지지 않는다. 즉 항변권은 당사자가 지니는 채권의 한 측면에서 이해되어야 한다. 여기서 피고에 의한 항변권의 원용은 원고의 청구권에 본래적으로 붙어 있는 제한 내지 조건에 대한 주장에 지나지 않는다. 그러므로 피고가 항변권을 원용하면, 원고는 그가 제한받지 않은 권리를 가지고 있음을 증명해야 한다. 예컨대 원고는 자신이 먼저 채무를 이행했다거나 피고가 선이행의무를 가지고 있음을 입증해야 한다.[516)]

④ 성립요건

가) 쌍방의 채무가 동일한 쌍무계약으로부터 발생한 것이어야 한다.

쌍방의 채무가 서로 대가적 의미의 채무를 부담해야 한다. 일방의 채무가 채

514) 곽윤직, 전게서, 108면; 김증한, 전게서, 63면; 김주수, 전게서, 92면; 대판 1967.9.19, 67다2131.

515) 이은영, 전게서, 125면 이하.

516) 김형배, 전게서, 149-150면.

무자의 책임 있는 사유로 이행불능이 된 경우에도 동시이행의 항변권은 존속한다. 채권양도 및 채무인수 그리고 상속 등으로 당사자가 변경되어도 채권관계의 동일성은 유지되므로 동시이행의 항변권은 존속된다. 일정한 제3자(예: 매도인과 매수인 사이에 신용제공자)에게도 인정된다.

나) 쌍방의 채무가 변제기에 있어야 한다.

일방채무자가 선이행의무를 부담하는 경우 그 채무자는 동시이행의 항변권을 갖지 않는다. 그러나 상대방의 채무가 이행기에 달하였으면 선이행의무를 부담하는 채무자는 동시이행의 항변권을 행사할 수 있다(통설 및 판례). 일방당사자가 선이행의무를 부담하였더라도 타방의 채무이행이 곤란할 정도의 현저한 사유가 존재하는 경우에는 동시이행의 항변권을 갖는다(불안의 항변권: 제536조 제2항).

다) 상대방이 채무의 이행 또는 이행의 제공을 하지 않고 있어야 한다.

상대방의 이행이 없거나 불완전한 경우 채무자는 이행지체책임을 지지 않으며 불완전한 이행부분에 비례한 범위 내에서 동시이행의 항변권을 행사할 수 있다. 단 불완전한 부분이 경미한 경우에는 동시이행의 항변권을 행사할 수 없다. 상대방의 이행의 제공이 없거나 불완전한 경우 상대방에게 이행을 청구하기 위해서는 계속적으로 이행제공의 상태를 유지해야 한다. 수령지체에 빠진 당사자라 하더라도 그 후 상대방의 이행제공이 없으면 자신의 이행을 거절할 수 있다.

⑤ 법적 효과

a) 항변권으로서의 효력

다수설과 판례에 따르면 동시이행의 항변권의 행사를 통하여 상대방의 청구를 일시적으로 저지시킬 수 있다. 그러나 항변권자의 원용이 없는 한, 법원이 항변권의 존재를 고려할 것은 아니라고 한다. 그러나 실체권설에 따르면 항변할 수 있는 권능은 채권자체에 수반되는 것으로서 당사자의 원용여부에 효력이 좌우되지 않고 변론주의 원칙상 피고(채무자)가 주장책임을 부담한다. 그리고 동시이행의 항변권의 요건(즉, 양당사자의 채권이 견련관계에 있음)의 입증책임은 채무자(피고)가 지고 채권자(원고)는 채무자에게 선이행의무 또는 자신채무의 소멸을 입증해야한다.

b) 항변권행사의 효력(상환이행판결)

법원은 피고(채무자)가 동시이행의 항변을 원용하면, 법원은 피고가 원고의 이행과 상환으로 이행할 것을 명하는 상환이행판결(일부승소판결)을 내려야 한다.

c) 항변권존재의 효력

이행지체책임의 면제, 상계의 금지 등이 생긴다.

[문제 16]

甲은 자신소유의 토지매매계약을 乙(매수인)과 체결하면서 아울러 그 토지대금지급을 담보하기 위하여 토지 위에 乙(매수인인 건축업자)의 비용으로 건축할 건물을 제공하기로 하는 담보권설정계약을 체결하였다. 즉, 乙이 신축한 건물과 그 대지의 분양대금에서 먼저 위 토지의 잔대금을 甲에게 지급하면 甲은 건물과 그 대지의 소유권이전등기에 필요한 서류를 수분양자들에게 직접 교부하기로 약정하였다.

(질문)

첫째, 이 경우 乙이 甲에게 토지대금지급을 담보하기 위하여 토지 위에 乙의 비용으로 건축할 건물을 제공하기로 하는 담보권설정계약의 법적 성질은 무엇인가?

둘째, 이 경우 乙의 토지매매잔대금지급의무는 甲의 토지소유권이전등기의무와 동시이행의 관계에 있는가?

(참조판례) 동시이행의 관계를 인정한 사례: 대판 2007.6.14, 2007다3285; 대판 2006.6.9, 2004다24557 등, 반면에 동시이행의 관계를 부정한 사례: 대판 2001.6.26, 99다47501; 대판 1989.2.14. 88다카10753 등.

[문제 16] 해설:

Ⅰ. 첫째 질문과 관련하여

1. 사례의 쟁점

사안에서 乙이 甲에게 토지대금지급을 담보하기 위하여 토지 위에 乙의 비용으로 건축할 건물을 제공하기로 하는 담보권설정계약의 법적 성질은 무엇인가? 사안에서 신축건물의 등기가 甲 명의로 되어 있는바, 당해 담보권설정계약이 대물변제(민법 제466조)인지 대물변제의 예약인지가 문제된다.

2. 담보권설정계약의 법적 성질

(1) 대물변제

대물변제란 채무자가 채권자의 승낙을 얻어 본래의 채무이행에 갈음하여 다른 급여를 현실적으로 함으로써 채권을 소멸시키는 것을 말한다. 대물변제의 요건으로는

① 채권이 존재할 것, ② 본래의 급부와 다른 급부를 현실적으로 할 것, ③ '본래의 채무이행에 갈음하여' 다른 급부가 행하여 질 것, ④ 채권자의 승낙이 있을 것 등이 필요하다. 그리고 대물변제의 법적성질에 관해서는 학설이 대립하고 있다.

즉, 계약설(요물·유상계약설)은 대물변제를 채권자의 승낙(합의)을 요하는 점에서 계약으로 이해하고, 급부가 현실적으로 행해지는 점에서 요물계약으로 이해하며, 본래의 급부와의 대가성을 고려하여 유상계약(본래급부와 대물급부 간에 매매와 유사한 관계 성립)으로 이해한다. 이에 반하여 변제설(변제행위설)은 채권자의 승낙을 얻어서 대물급부의 실현에 의해 기존채무를 소멸시키는 변제라는 견해로서 대물변제에는 장래의 채권관계를 발생시키려는 청약과 승낙의 합치가 존재하지 않고, 대물변제는 채무자의 대물변제제공과 채권자의 승낙 및 수령에 의해 완료되는 변제의 한 방법이라고 한다.

생각건대, 요물계약은 현실적 급부가 있는 경우에 채권·채무가 발생해야 하는데, 대물변제에 의해서는 변제의 효과가 발생할 뿐 이행의 문제를 남기지 않으므로, 대물변제를 요물계약이라고 할 수는 없다. 대물변제에 의해 새로운 계약관계가 설정되는 것은 아니고 대물변제는 합의에 의해 대물급부로써 본래급부가 행해진 것으로 한다는 측면에서 계약의 외형을 가시는 것에 불과하며, 대물급부가 유상인지 여부는 본래급부가 반대급부와의 관계에서 유상인지 여부에 의해 결정되어야 하므로, 대물변제 자체를 유상계약이라고 할 수는 없다. 따라서 변제설(변제행위설) 타당하다.

그런데 사안에서 비록 신축건물의 등기명의가 甲으로 되어있다고 하여도 첫째, 당사자 간의 의사는 "토지대금 지급을 담보하기 위하여 건물을 제공"하여 오히려 기존의 토지대금채무의 이행를 견고히 하려는 것으로 봄이 타당하고 둘째, 신축건물의 소유권 귀속과 관련하여 乙이 신축건물을 분양하는 것으로 보아 소유권의 내용인 사용·수익·처분권이 여전히 乙에게 유보되어 있는 것으로 볼 수 있어 건물의 소유자는 甲이 아니고 乙이라 할 것이어서 대가관계에 있는 토지매매잔대금지급 채무도 존재한다고 보아야 한다 할 것이다. 따라서 사안의 담보권설정계약을 대물변제라고 할 수는 없고, 계약의 내용에 따라 특정물의 급부를 대물로 변제할 수 있는 권능을 보유하는 대물변제의 예약으로 봄이 타당하다.[517)]

(2) 대물변제의 예약

대물변제의 예약이란 채무자가 본래 급부에 갈음하여 다른 급부를 할 것을 미리

517) 관련 판례로는 채무와 관련하여 채무자 소유의 부동산이 채권자 앞으로 소유권이전등기가 경료된 경우, 그것이 대물변제조로 이전된 것인가 종전 채무의 담보를 위해 이전된 것인가는 소유권이전 당시의 당사자 의사의 해석에 관한 문제의 판례(대판 1993.6.8, 92다19880)와 건축업자가 타인의 대지를 매수하여 계약금만 지급하거나 대금을 전혀 지급하지 아니한 채 그 지상에 자기의 노력과 비용으로 건물을 건축하면서 그 건물의 건축허가 명의를 대지소유자로 하는 경우에는 그 목적이 대지 대금채무를 담보하기 위한 경우가 일반적이고, 채무의 담보를 위하여 채무자가 자기의 비용과 노력으로 신축하는 건물의 건축허가 명의를 채권자 명의로 하였다면 이는 완성될 건물을 담보로 제공하기로 하는 합의로서 법률행위에 의한 담보물권의 설정이라고 할 것이므로, 완성된 건물의 소유권은 일단 이를 건축한 채무자가 원시적으로 취득한 후 채권자 명의로 소유권보존등기를 마침으로써 담보목적의 범위 안에서 채권자에게 그 소유권이 이전된다는 판례(대판 2001.8.15, 99다47501) 등이 있다.

약속하는 것. 원칙적으로 본래 채무결제의 예비적 수단으로 활용되는 것이지만, 실제 거래에서는 대물에 의한 변제와는 관계없이 채권에 대한 변칙적 담보제도로서 이용되고 있다. 이는 대물변제와 예약이 결합된 형태이며, 독립된 물적 담보제도로서 기능한다.

또한 대물변제의 예약의 종류로는 ① 진정한 의미의 대물변제예약으로서 계약의 내용에 따라 당사자 일방 또는 쌍방이 특정물의 급부를 대물로 변제할 수 있는 권능을 보유하는 것과 ② 정지조건부 대물변제계약으로서 변제기에 채무이행이 없는 경우 목적물의 소유권이 당연히 채권자에게 이전되는 형태가 있다고 한다. 후자는 구법시대에 인정되었으나 물권변동에 관해 형식주의를 취하는 현행법상 유효할 수 없고, 무효행위의 전환(민법 제138조)에 따라 진정한 대물변제의 예약으로 해석될 수 있다.

대물변제의 예약의 법적 성질에 관하여는 학설이 대립하고 있다. ① 일방예약설은 특별한 사정이 없는 한 대물변제예약은 채권자에게 예약완결권이 있는 일방예약이라는 견해이다. 채무자의 이행지체 등 일정한 조건의 성취가 있으면 채권자는 소유권이전을 받기 위한 확정적 의사를 표시하고, 이에 의해 소유권이전의 합의가 완결되므로, 채권자의 의사는 일방예약에서 예약완결권의 행사라고 한다고 한다. ② 편무예약설은 특별한 사정이 없는 한 대물변제예약은 일방만이 본계약 체결의 청약권을 갖고 상대방은 승낙의무를 부담하는 편무예약이라는 견해이다. 생각건대, 대물변제에 있어서는 기존채무를 소멸시키기 위한 당사자의 합의 이외에 대물급부의 실행이 있어야 한다는 점에서 대물변제의 예약은 예약권자(채권자)의 일방적 의사표시에 의해 대물변제를 성립시키는 일방예약이라 할 수 없다. 채권자가 대물변제예약을 기초로 대물변제를 원하는 의사표시(청약)를 하면 채무자는 대물변제를 해야 할 채무를 부담하며(구체적 사안에서 청산의 절차를 거치는지 여부는 별론), 이에 대한 이행으로 채무자가 승낙의 의사표시와 함께 대물급부를 현실적으로 실행하면 대물변제가 성립하여 기존의 채무가 소멸한다고 보아 편무예약이라 봄이 타당하다고 생각한다.

3. 소 결

대물변제를 변제행위로 파악하는 한, 당해 담보물권설정계약은 변제의 효과를 발생시키지 않으므로 대물변제로 볼 수 없고 일방이 본계약 체결의 청약권을 갖고 상대방은 승낙의무를 부담하는 편무예약으로서의 대물변제의 예약으로 볼 것이다.

Ⅱ. 둘째 질문과 관련하여

1. 사례의 쟁점

쌍무계약인 부동산매매계약에 있어 특별한 사정이 없는 한 매수인의 잔대금지급의무와 매도인의 소유권이전등기서류교부의무는 동시이행관계에 있다.

그러나 신축한 건물의 소유권이전등기에 필요한 서류제공 의무와 토지매매잔대금지급의무 사이에도 동시이행 관계가 성립하는지와 관련하여 사안의 담보권설정행위의 유효성과 피담보채무 변제가 담보권소멸에 앞선 선이행의무인지 여부 및 임의로 동시이행항변권을 포기할 수 있는지가 문제된다.

2. 담보권설정계약의 유효성 여부

(1) 물권법정주의 위배여부

물권법정주의(물권은 법률 또는 관습법에 의하는 외에는 임의로 창설하지 못한다: 제185조) 원칙상, 사안의 채권담보목적의 대물변제예약에 따른 소유권 이전을 「가등기담보 등에 관한 법률」이 규율하는 담보물권설정이거나 관습법이 인정한 담보물권 설정인지가 문제된다.

사안의 담보권설정계약은 "차용물(借用物)의 반환"과 관련된 사례가 아니므로 「가등기담보 등에 관한 법률」의 적용범위에는 해당하지 아니하나, 판례[518]는 「대물반환의 예약을 하고 그 목적물인 부동산에 대한 소유권이전등기에 필요한 일체의 서류를 채권자에 교부한 경우 양도담보의 효력은 인정되어야 할 것이다」라고 하여, 이른바 양도담보를 관습법상의 담보물권으로 인정하고 있어, 물권법정주의에 위반된다고 할 수 없다.

(2) 명의신탁으로서 무효인지 여부

사안의 신축건물의 등기명의자는 甲으로 되어있으나 실질적인 소유권자는 乙인바 무효인 명의신탁에 해당하는지 문제된다. 그러나 「부동산 실권리자 명의등기에 관한 법률」 제2조는 채무의 변제를 담보하기 위하여 채권자가 부동산에 관한 물권을 이전받거나 가등기하는 경우를 동법의 규율대상에서 제외하고 있어 종전 판례의 태도에 따라 무효가 아니라고 할 것이다.[519]

(3) 민법 제607조·제608조에 의해 무효인지 여부

제607조·제608조는 '차용물의 반환'과 관련된 것으로 매매대금지급의 경우에도 적용될 수 있는지 문제가 되는데, 제607조·제608조의 취지가 경제적 약자인 채무자를 채권자의 횡포로부터 보호하기 위한 것임을 고려할 때, 제608조의 '차용물'을 소비대차의 목적물로 엄격하게 해석할 필요가 없기 때문에 소비대차에 의한 채권뿐만 아니라 상품대금채권·불법행위채권·부당이득반환채권 등도 그 적용대상이 된다고 봄이 타당하다. 이 경우 제608조의 '그 효력이 없다'는 의미가 문제된다. 이에 대하여 학설이 대립하고 있다.

① 일부무효설은 무효를 의미하나, 그 무효는 대물변제예약이 전면적으로 효력이 없다는 것은 아니고 원리금 초과부분을 채무자에게 반환해야 하는 청산의 문제를 지

---

518) 대판 1968.6.28, 68다762,763 참조.

519) 甲이 乙과의 합의하에 제3자로부터 토지를 乙의 이름으로 매수하여 매매대금을 완납하고 乙의 명의로 소유권이전등기를 경료한 다음, 乙에 대한 다른 채권자들이 그 토지에 대하여 압류·가압류·가처분을 하거나 乙이 甲의 승낙 없이 토지를 임의로 처분해 버릴 경우의 위험에 대비하기 위해 甲 명의로 소유권이전등기청구권 보전을 위한 가등기를 경료하였다면, 甲은 乙에게 그 토지를 명의신탁한 것으로 보인다. 그 가등기는 장래에 그 명의신탁관계가 해소되었을 때 가등기에 기한 본등기를 경료함으로써 가등기 경료 이후에 토지에 관해 발생할지도 모르는 등기상의 부담에서 벗어나 甲이 완전한 소유권을 취득하기 위한 법적 장치로서 甲과 乙 사이의 별도의 약정에 의해 경료된 것인바, 위 가등기 경료의 약정이 통정허위표시로서 무효라고 할 수는 없고, 甲과 乙 사이에 실제로 매매예약의 사실이 없었다고 하여 그 가등기가 무효가 되는 것도 아니다(대판 1995.12.26, 95다29888).

닌 채 유효하게 성립한 담보계약이라는 견해이다. ② 약한 의미의 양도담보설은 제607조에 위반하는 대물변제예약은 제608조에 따라 무효이고, 이에 의한 소유권취득 역시 무효가 되지만, 대물변제예약에 포함되어 있는 채권담보계약은 약한 의미의 담보로서 유효하고 채권자는 청산의무를 부담한다는 견해이다. ③ 무효행위전환설은 담보권설정계약과 함께 체결된 대물변제의 예약은 제607조·제608조에 의하여 전부 무효이지만, 무효행위전환이론에 의하여 '약한 의미의 양도담보'로 전환되어(제138조) 청산의무가 발생한다는 견해이다. ④ 채권담보의사설(무효설)은 제608조의 법문상 무효로 해석되기 때문에 당사자는 물론 제3자에 대해서도 무효로서 관철되어야 하지만, 대물변제예약속에 포함되어 있거나 또는 병존하는 것으로 해석되는 채권담보의 의사는 독립적으로 파악되고, 이미 행하여진 이전등기는 소유권이전등기로서의 효력은 없으나 담보로서의 효력은 보유한다는 견해로, 대물변제의 예약은 무효이나 그 속에 포함된 담보계약이 독립적으로 효력을 가지므로 채무자(담보권설정자)의 불이행시에 채권자가 등기이전을 청구하면 채무자는 담보계약을 기초로 한 청산청구권을 가지고 동시이행의 항변을 할 수 있다고 한다.

사안에서 신축건물의 가액이 대물변제예약 당시에 토지매매잔대금의 가액과 이자를 초과하는지에 대해 명확하지 않으나, 만약 그러한 경우라 할지라도, 각 학설이 구체적인 효과와 청산절차 등을 달리 파악하고 있을 뿐 유효한 담보물권의 설정은 인정한다 할 것이다. 그 외 민법 제103조·제104조·제108조 등에 의한 별다른 무효사유가 존재하지 아니하는 만큼, 당해 대물변제의 예약에 의해 유효하게 담보권이 설정되었다 할 것이다.

(4) 피담보채무의 변제가 선이행의무인지 여부

담보반환의무와 피담보채무의 변제가 공평의 관점에서 견련적으로 이행시킴이 마땅한 경우에 해당하여 동시이행의 관계인지 문제가 된다.

판례는 「채무자가 채무담보를 위하여 경료되어 있는 그 소유건물에 대한 채권자명의의 소유권이전등기의 말소를 청구하려면 먼저 채무를 변제(선이행)하여야 한다」[520]고 하거나, 「담보권설정자는 피담보채무를 변제한 후에 담보목적의 소멸을 이유로 담보권자에 대해 등기말소를 청구할 수 있는 것이지 피담보채무의 변제와 상환으로 그 말소를 구할 수는 없다」[521]고 하는 등 일관하여 피담보채무 변제의 선이행을 요구하고 있다.

담보제도가 담보권자를 보호하기 위한 제도라는 점에 비추어 판례의 태도는 타당하고, 사안의 신축건물의 소유권이전등기 필요서류의 제공의무와 토지잔대금지금의무는 동시이행관계가 아니고 토지잔대금지급의무가 선이행 되어야 할 것이다.

(5) 동시이행항변권의 임의포기 가능 여부

사안에서 乙이 신축한 건물과 그 대지의 분양대금에서 "먼저" 위 토지의 잔대금을 지급하면 甲이 건물과 그 대지의 소유권이전등기에 필요한 서류를 수분양자들에게 직접 교부하기로 약정하였는바 동시이행항변권의 임의포기를 인정할 수 있을지

---

520) 대판 1975.10.7, 75다867 참조.

521) 대판 1982.12.14, 82다카1321 참조.

문제된다.

생각건대, 동시이행항변권 규정은 임의규정이고 동시이행항변권이 붙은 채권을 자동채권으로 하는 상계는 허용되지 않지만 '수동채권'으로 하는 상계는 허용하는 것이 일반적 견해임을 감안할 때 스스로 항변권 행사를 포기하는 것은 가능하다 할 것이다.

3. 소 결

사안의 담보물권설정행위는 대물변제의 예약으로써 법률행위에 의한 담보물권의 설정이라고 할 것인데, 甲과 乙 사이의 토지 및 신축건물에 관한 약정내용은 토지의 매매계약과 아울러 그 토지대금의 지급을 담보하기 위하여 토지 위에 乙의 비용으로 건축하여 완공될 건물을 담보로 제공하기로 하는 담보권설정계약이 상호 불가분적으로 결합되어 있는 것이라고 할 것이다. 이러한 경우에 위 乙의 甲에 대한 토지의 매매잔대금지급은 신축건물에 의해 담보된 피담보채권의 변제로서의 성격을 아울러 가지게 되므로, 乙의 매매잔대금지급의무는 甲의 토지소유권이전등기의무와 동시이행의 관계에 있는 것이 아니라 그 소유권이전등기의무보다 선이행하기로 약정한 것이라고 보는 것이 담보권의 성질 및 당사자의 합리적 의사에 부합한다고 할 것이다. 설사 동시이행의 관계가 인정된다 할지라도 구체적인 계약 내용을 볼 때, 乙이 임의로 동시이행의 항변권을 포기한 것으로 볼 수도 있을 것이다.

[문제 16] 관련 판례: [관판 16]

◎ **대판 2007.6.14, 2007다3285【분양권권리승계절차이행】**

【판시사항】

[1] 양도소득세의 일부를 회피할 목적으로 매매계약서에 실제로 거래한 가액보다 낮은 금액을 매매대금으로 기재한 것만으로 그 매매계약이 사회질서에 반하는 법률행위로서 무효로 되는지 여부(소극)

[2] 쌍무계약에서 고유의 대가관계가 있지 않은 채무 사이에 동시이행의 항변권을 인정할 수 있는 경우

[3] 부동산의 매수인이 매매목적물에 관한 근저당권의 피담보채무를 인수하는 한편 그 채무액을 매매대금에서 공제하기로 약정한 경우, 매도인이 그 채무를 대신 변제하였다면 매수인의 구상채무와 매도인의 소유권이전의무가 동시이행의 관계에 있게 되는지 여부(적극)

[4] 분양권매매계약의 체결 당시 매매계약서상의 명목상 매매대금을 실제 매매대금보다 줄여서 기재하고 그 차액에 해당하는 금원에 관해 따로 현금보관증을 작성하여 둔 사안에서, 매수인의 위 금원 지급의무와 매도인의 수분양자명의 변경절차이행의무가 동시이행의 관계에 있다고 본 사례

【판결요지】

[1] 소득세법령의 규정에 의하여 당해 자산의 양도 당시의 기준시가가 아닌 양도자와 양수자간에 실제로 거래한 가액을 양도가액으로 하는 경우, 양도소

득세의 일부를 회피할 목적으로 매매계약서에 실제로 거래한 가액을 매매대금으로 기재하지 아니하고 그보다 낮은 금액을 매매대금으로 기재하였다 하여, 그것만으로 그 매매계약이 사회질서에 반하는 법률행위로서 무효로 된다고 할 수는 없다.

[2] 계약당사자가 부담하는 각 채무가 쌍무계약에 있어 고유의 대가관계가 있는 채무가 아니라고 하더라도 구체적인 계약관계에서 각 당사자가 부담하는 채무에 관한 약정 내용에 따라 그것이 대가적 의미가 있어 이행상의 견련관계를 인정하여야 할 사정이 있는 경우에는 동시이행의 항변권을 인정할 수 있다.

[3] 부동산의 매수인이 매매목적물에 관한 근저당권의 피담보채무를 인수하는 한편 그 채무액을 매매대금에서 공제하기로 약정한 경우, 매수인이 인수하기로 한 채무는 매매대금 지급채무에 갈음한 것으로서 매도인이 그 채무를 대신 변제하였다면 그로 인한 매수인의 매도인에 대한 구상채무는 인수채무의 변형으로서 매매대금 지급채무에 갈음한 것의 변형이므로, 매수인의 구상채무와 매도인의 소유권이전의무는 대가적 의미가 있어 이행상 견련관계에 있다고 인정되고, 따라서 양자는 동시이행의 관계에 있다고 해석함이 공평의 관념 및 신의칙에 합당하다.

[4] 분양권매매계약의 체결 당시 양도소득세의 일부 회피 목적으로 매매계약서상의 명목상 매매대금을 실제 매매대금보다 줄여서 기재하고 그 차액에 해당하는 금원에 관해 따로 현금보관증을 작성하여 둔 사안에서, 그 금원도 매매대금의 일부에 해당하므로 달리 매수인과 매도인이 위 금원의 지급의무를 위 매매계약과 무관한 별개의 독립된 채무로 하기로 특별히 약정하였다고 볼 만한 사정이 없는 한, 매수인의 위 금원 지급의무와 매도인의 수분양자명의 변경절차이행의무가 서로 대가관계에 있는 것으로 동시이행의 관계에 있다고 본 사례.

3) 위험부담

① 의 의

유효하게 성립된 채권관계에 있어서 채무자의 귀책사유 없이 급부장애가 발생한 경우 이에 따른 불이익을 누구에게 부담 지우는가 하는 문제가 발생한다. 이와 같은 경우에 편무계약에 있어서는 채권관계의 종료됨으로써 위험부담이 문제되지 않는다. 따라서 이는 쌍무계약에서 중요하다. 위험부담에서 문제되는 급부의 불능은 후발적 불능에 한정된다. 즉, 원시적 불능의 문제는 제535조 및 제570조에 의해서 규율될 뿐이다. 민법 제537조는 쌍무계약의 존속상의 견련관계를 고려하여 반대급부위험을 채무자에게 귀속시키고 있다(채무자위험부담주의).

② 위험과 위험부담

위험이란 계약당사자의 책임 없는 사유로 채무의 내용이 실현할 수 없게 됨으로써 발생된 불이익을 말하며 급부위험과 반대급부위험(=대가위험)이 있다. 전자는 급부가 양당사자의 귀책사유 없이 불능이 된 경우 그 목적물을 인도받지 못하게 되는 불이익이다(제390조의 반대해석). 반면에 후자는 급부의 불능에 따라 반대급부를 받지 못하게 되거나 반대로 급부를 받지 못함에도 불구하고 반대급부만을 부담해야 하는 불이익이다.

우리 민법상 쌍무계약에 있어서 채무가 서로 견련관계에 있기 때문에 일방채무가 불능인 이상 타방채무도 소멸한다. 따라서 양당사자의 귀책사유 없이 불능이 된 경우 반대급부위험은 채무자가 부담하도록 하였다(제537조).

③ 위험이전시기에 관한 입법례

메메계약을 중심으로 반대급부위험의 이전시기에 관한 입법례를 살펴보면 다음과 같다. 즉, 계약체결 시부터 매수인이 위험을 부담하는 계약체결시주의(채권자주의)이다. 이는 로마법과 보통법에서 인정되었으며 지금은 프랑스와 스위스 민법에서 채택하고 있다(구민법 제534조 1항). 한편, 계약이 체결되더라도 소유권을 이전할 때까지는 매도인이 위험을 부담한다. '물건의 멸실은 소유자가 부담한다'라는 자연법적 원리에 기초하여 영국의 Sale of Goods Act에서 채택하고 있는 소유권주의이다. 끝으로 소유권의 이전과 관계없이 목적물의 인도에 의해 위험을 매수인이 부담한다는 인도주의이다. 예컨대, 독일, 오스트리아, 미국 및 국제통일매매법(제69조 제1항 제1문) 등에서 채택하고 있다.

④ 위험의 이전시기와 위험부담의 종료

위험의 이전과 위험부담의 종료와는 구별하여야 한다. 예컨대, 소유권이전시설은 채무자가 동산의 인도 내지 부동산의 등기를 완료할 때까지 채무자 스스로 그 위험을 부담하게 된다는 견해이다.[522] 그러나 위험의 이전과 위험부담의 종료를 구분하여 채무자가 이행행위를 다한 경우(예컨대, 완전한 소유권이전시)에는 위험부담이란 더 이상 존재하지 않으므로 소유권이전시설은 위험부담의 종료로서 이해된다. 우리 민법상 위험이전의 시점은 채무자가 채무의 내용에 좇은 현실의 이행행위를 하였으나, 채권자의 수령지체 중에 양당사자의 책임 없는 사유로 이

522) 이은영, 전게서, 137면.

행할 수 없게 된 때 채무자는 반대급부청구권을 상실하지 않으므로 위험은 채권자에게 이전한다(제538조 제1항 제2문).[523] 따라서 채권자가 수령지체에 빠진 때부터는 반대급부위험은 채무자로부터 채권자에게 이전한다고 볼 수 있다.[524]

⑤ 채무자의 반대급부위험부담

a) 요 건

첫째, 쌍무계약상 양당사자의 채무가 대가적 견련관계에 있어야 한다.

둘째, 일방의 채무가 후발적으로 불능이 되어야 한다. 사실상 불능뿐만 아니라 거래관념상의 기대불가능도 포함된다.

셋째, 급부불능에 대한 양당사자의 귀책사유가 없어야 한다. 즉 급부불능과 귀책사유 사이에 직접적 인과관계가 존재하지 않아야 된다.

b) 효 과

첫째, 채무자의 반대급부청구권이 소멸한다.

둘째, 통설과 판례는 쌍무계약의 균형상 필요한 경우에는 대상청구권이 인정될 수 있다고 한다. 즉, 채권자는 그 대상물의 인도 또는 배상청구권의 양도를 청구하고 자신의 반대급부를 이행하거나, 전적으로 자신의 반대급부의 소멸을 주장할 수 있는 선택권을 갖는다고 본다.

셋째, 부분불능과 반대급부의 감축

채무자는 불능이 생긴 범위에 비례하여 채무를 면함과 동시에 반대급부도 감축(감액)된다.

넷째, 제537조는 강행규정이 아니므로 당사자사이의 특약으로 달리 위험부담을 정할 수 있다.

---

523) 김형배, 전게서, 163면 이하.

524) 이 문제에 대하여는 위험이전의 문제가 아니라 귀책론의 문제로 이해하면서, 그러나 독일민법(제446조 제1항·제2항)과 같이 우리 민법의 해석론에서도 완전한 소유권이전이 있기 전(예컨대, 유효한 매매계약이 체결된 후 물권적 합의 없이 매수인에게 인도된 후 또는 이전등기가 있었으나 명도되지 않은 상태에서 양 당사자의 귀책사유 없이 목적물이 멸실된 경우)에 반대급부위험이 매수인에게 이전될 수 있다는 견해가 있다(김형배, 상계서, 164면 이하).

[문제 17]

甲은 20년을 이웃으로 지내오던 乙과 매매계약서 없이 구두로 乙이 소장하고 있는 유명화가의 그림을 1억원에 매수하기로 하고 계약금 1천만원을 주었는데, 그 후 1주일 만에 乙의 옆집에서 丙이 석유난로에 석유를 붓다가 불이 나서 丙의 집과 乙의 집이 전소되면서 그 그림도 불에 완전히 전소되었다.

(질문)

첫째, 이 경우 매수인 甲이 취할 수 있는 구제수단은 무엇인가?
둘째, 이 경우 乙은 甲에게 매매대금을 받을 수 있는가?

(참조판례) 대판 1992.5.12, 92다4581·4598; 대판 1996.12.10, 96다32881 등.

[문제 17] 해설:

Ⅰ. 사례의 쟁점

먼저, 화재가 매매계약의 당사자가 아닌 제3자의 과실로 발생하였는바, 乙과 옆집 사람의 관계에서 옆집 사람의 실화가 불법행위를 구성하는지가 문제되며, 「실화책임에 관한 법률(이하 '실화책임법')」이 적용됨에 따라 옆집 사람의 과실에 의한 불법행위의 성립여부가 결정된다. 만일 옆집 사람 丙의 불법행위가 성립하는 경우에는 乙에 대한 관계에서는 소유권침해로 인한 불법행위책임과 이에 대해 甲이 乙의 손해배상청구권을 대상청구할 수 있는지 검토되어야 한다.

다음으로 甲과 乙 사이의 관계에서는 소유한 그림의 매매는 특정물매매이고, 유효한 매매계약의 체결(제563조)에 의하여 甲에 대해서 소유권이전의무 즉, 목적물인도의무를 부담한다(제568조). 그러나 매매목적물인 그림이 계약성립 이후에 화재로 멸실됨으로써 乙의 소유권이전 급부는 후발적으로 불능이 되었다. 이 경우 乙의 귀책사유 없이 급부가 불능이 된 때 위험부담의 문제가 발생하는바, 반대급부위험은 누가 부담해야 하는지가 문제된다(제537조, 제538조).

Ⅱ. 甲이 취할 수 있는 구제수단

1. 甲과 乙의 계약관계(쌍무계약의 성립)

(1) 쌍무계약의 일반적 효력

1) 쌍무계약에 있어서 급부의 견련관계

쌍무계약에 있어서는 계약 당사자가 서로 의무를 부담하므로 일방 당사자가 타방 당사자에게 부담하는 의무는 타방 당사자의 의무부담과 맞물려 있다. 다시 말하면 타방 당사자가 의무를 다하지 않으면 그 상대방도 의무를 부담하지 않는다. 즉, 당사자는 자신의 급부와 교환할 의도에서 채무를 부담하는 것이므로 급부와 반대급부는 그 계약의 성립시부터 상호 견련관계에 있고, 규범적으로도 이 견련성은 보장될 필요가 있다. 그러므로 급부의 견련관계는 계약의 성립에서부터 소멸에 이르기까지 모든 과정에서 폭넓게 인정되어야 한다.

2) 쌍무계약의 구체적 모습

① 성립상의 견련관계 쌍무계약에 있어서 각 당사자의 의무는 그 성립에 있어서 서로 의존관계에 있다. 일방의 채무가 불능·불법 등의 이유로 성립하지 아니할 때에는 그 대가인 상대방의 채무도 성립하지 않는다.

② 기능상의 견련관계 대가적 관계에 있는 당사자의 의무는 이행과 존속에 있어서 서로 의존관계에 있다. 이행상의 견련관계는 상대방이 이행할 때까지 자기의 채무이행을 거절할 수 있는 관계이며(제536조), 존속상의 견련관계란 일방 당사자의 급부가 더 이상 존속하지 않게 되면 타방 당사자에 대해서도 그 급부를 청구할 수 없는 관계를 의미한다.

③ 청산관계에서의 견련관계 해제권의 행사로 쌍무계약관계가 원상회복을 위한 청산관계로 변용된다고 하는 청산관계설의 입장에서 보면, 이미 급부한 것에 대한 각 당사자의 원상회복의무도 역시 견련관계에 선다(제549조).

(2) 甲과 乙의 계약관계

사안에서 甲과 乙은 특정물인 유명화가의 그림 매매계약을 체결함으로써 당해 그림에 대한 소유권 및 목적물을 甲에게 인도해야 할 채무를 부담한다(제563조, 제568조). 이 때 특정물채무에 있어서 급부의 위험은 매매계약시부터 채권자(매수인)에게 이전된다. 따라서 매매계약 체결 후 그림이 멸실되었으므로 乙의 그림에 대한 소유권이전의무 및 목적물 인도의무는 소멸하게 된다.

2. 乙의 채무불이행 책임을 성립 여부

특정물채권의 채무자는 특정물인도채무가 성립한 때부터 특정물을 '현실로' 인도할 때까지 선량한 관리자의 주의로 보존하여야 한다(제374조). 그러나 이행기가 지난 후에는 이행지체로 채무자의 책임이 가중되거나(제392조) 채권자지체로 채무자의 책임이 감경되므로(제401조), 이행기 이후 실제로 인도할 때까지의 사이에 채무자가 선관주의의무를 부담하는 것은 이행지체나 채권자지체가 아닌 경우이다.[525] 사안의 경우 그림 인도채무가 이행지체 중에 이행불능이 된 경우에 해당하여 乙의 책임이 가중되는 경우는 아닌지 문제된다(제392조).

(1) 乙의 이행지체 성립 여부

1) 이행지체 책임이 성립하기 위한 요건

일반적으로 이행지체의 채무불이행이 성립하기 위해서는, i) 채무의 이행기가 도래하였을 것, ii) 채무의 이행이 가능할 것, iii) 이행이 늦은 데 대하여 채무자에게 고의 또는 과실이 있을 것, iv) 이행하지 않은 것이 위법할 것 등이 요구된다. 특히 마지막 요건과 관련하여 乙에게 동시이행의 항변권이 존재하는가? 등이 문제된다.

---

525) ① 이행기에 이행하지 않은 것이 불가항력에 기한 경우이거나(제390조 단서), ② 채무자에게 유치권이나 동시이행의 항변권과 같이 이행의 지연을 정당화한 사유가 존재하는 경우에 국한된다.

2) 사안의 경우

甲과 乙은 쌍무계약인 그림매매계약을 체결하고 그에 기하여 서로 대가적인 채무를 부담하고 있는데, 두 사람의 채무 모두 이행기의 정함이 없는 채무로서 동시이행의 관계에 놓이게 되었다. 이러한 상태에서 甲이나 乙 모두 최소한 이행의 제공도 하고 있지 않으므로 각자 상대방의 청구를 거절할 수 있는 동시이행의 항변권을 가지게 되었는바, 동시이행의 항변권은 그 존재만으로도 이행지체의 성립을 저지시킨다. 따라서 乙은 제392조 본문에 의해 책임이 가중되지 않고 여전히 선관주의의무를 진다.

(2) 乙의 채무불이행으로 인한 손해배상채무

乙은 특정물인도채무자로서 목적물을 '현실로' 인도하기까지 선량한 관리자의 주의로 보존할 의무를 진다. 그러나 목적물을 멸실한 丙은 법률상 단순한 제3자에 불과한 자로서 丙의 과실이 곧 乙의 과실로 간주되지 않는다. 따라서 乙의 그림소유권 이전채무 및 그림인도채무는 그의 귀책사유 없이 종국적으로 소멸되었다고 할 것이므로 손해배상 채무도 부담하지 않는다.

3. '실화책임법'에 따른 乙의 손해배상청구권 성립여부[526)]

실화가 불법행위에 해당하게 되면 소실된 물건의 소유자에 대해서 실화자는 소유권침해에 따른 불법행위로 인한 손해배상의무를 부담하게 된다. 즉, 사안에서 丙의 중과실이 없이 화재가 발생하였을 경우에 이에 대한 乙의 손해배상청구권('실화책임법' 제3조)의 성립과 甲이 乙의 丙에 대한 손해배상청구권을 대상청구할 수 있는지 여부가 문제된다.

(1) 적용법규

실화가 불법행위에 해당하게 되면 소실된 물건의 소유자에 대해서 실화자는 소유권침해에 따른 불법행위로 인한 손해배상의무를 부담한다. 이때 실화로 인한 불법행위에 대해서는 민법 제750조의 일반규정에 우선하여 특별법인 '실화책임법'이 먼저 검토되어야 한다.

(2) 사안의 검토

실화가 丙의 경과실로 인한 것인 경우에는 화재의 특수성을 고려하여 특별법인 '실화책임법'의 적용을 고려해봐야 한다. 즉, 丙에게 일반인에게 요구되는 주의의무를 현저히 위반하여 거의 고의에 가까운 정도의 주의를 결여한 중대한 과실이 아닌 경과실이 있는 것으로 평가되는 경우, 乙은 丙에 대하여 소유권침해의 불법행위를 원인으로 한 손해배상청구권을 가진다. 다만 '실화책임법'이 적용되는 경우에 손해배상액의 경감청구에 관한 민법 제765조의 특례를 정함으로 하는 목적에 따라서 丙은 그 손해배상액의 경감을 법원에 청구할 수 있다('실화책임법' 제3조).[527)]

---

526) 김형배, 민법연습(신판), 사례33 Ⅱ 2 (2) 참조.

527) "도로운송차량법 제43조, 같은 법 시행규칙 제44조 제1항 및 그 [별표 9]에 의하면, 자동차를 운행하는 자는 매일 그 운행개시 전에 일상 점검의 하나로 시동이 쉽게 되고, 연료류, 윤활유 또는 냉각수의 누설개소가 없는지, 배기색이 깨끗한 지 등을 점검하여야 하고, [별표 10]에 의하면

4. 甲의 乙에 대한 대상청구권 성립여부

(1) 대상청구권

1) 대상청구권의 의의 및 인정여부

대상청구권이란 급부가 불능으로 된 경우에 채무자가 '그 배상으로서 수취한 것'의 인도 또는 채무자가 취득한 '배상청구권'의 양도를 청구할 수 있는 채권자의 권리를 말한다. 우리 민법은 대상청구권에 관한 명문규정을 두고 있지 않으나, 다수설은 공평관념의 법리를 원용하여 해석상 이를 인정한다. 판례도 대상청구권의 인정에 적극적이다.[528]

반면 대상청구권을 인정할 것인지에 대하여 소극적 태도를 취하는 견해가 있다.[529] 이 견해에 의하면 현행 민법상 이에 관한 규정이 없으므로 대상청구권을 넓게 인정하여 문제를 안이하게 해결하기보다는 민법에 규정된 제도를 통하여 문제를 해결하도록 하는 것이다. 즉 제3자의 채권침해, 채권자대위권, 위험부담의 법리를 활용하고, 대상청구권은 예외적인 경우에만 한정하여 인정해야 한다고 본다. 그러나 제3자에 의한 채권침해와 채권자대위권제도는 대상청구권제도와는 그 기능과 요건을 달리하므로 유의해야 한다.[530]

2) 대상청구권의 요건

i) 채무자의 본래 급부가 후발적으로 불능이어야 한다. ii) 이러한 불능에 대한 채무자의 귀책사유는 요하지 않는다. iii) 채무자가 본래의 급부에 갈음하는 이득을 취득하여야 한다. iv) 급부불능의 원인과 대상의 취득 사이에는 인과관계가 존재하여야 한다.[531] v) 채권자 자신의 반대급부의 이행이 가능해야 한다.[532] vi)채권자의 대상청구권의 행사는 신의칙에 반하여서는 안 된다.

기관인 엔진 본체와 냉각장치에 대하여 정기점검을 하도록 규정하고 있는바, 이러한 규정들에 비추어 보면 불특정 다수의 승객이 이용하는 교통수단인 버스를 운행하는 운전기사로서는 그 운행 전 버스의 엔진과 냉각장치에 대하여 미리 점검하고 결함을 발견할 경우 필요한 정비를 다하여 운행할 의무가 있다. 고속도로 터널을 진행하던 버스의 후방 엔진룸에 불이나 발생한 화재사고로 터널 내 시설이 전소한 사안에서, 개정된 실화책임에 관한 법률을 소급 적용하여 경과실임에도 실화자인 버스기사와 사용자인 버스회사의 손해배상책임을 인정한 사례(다만, 책임을 30%로 제한)"가 있다(대구고법 2009.8.12, 2008나8615).

528) 대판 1992.5.12, 92다4581·4598; 대판 1995.12.22, 95다38080.

529) 이은영, "제한적 인정설", 채권총론, 288면 이하.

530) 김형배, 채권총론, 197면 이하.

531) "'급부를 불가능하게 하는 사정'과 채무자가 취득한 '대신하는 이익' 사이에 상당 인과관계가 존재해야 한다(대판 2003.11.14, 2003다35482)."

532) "쌍무계약의 당사자 일방이 상대방의 급부가 이행불능이 된 사정의 결과로 상대방이 취득한 대상에 대하여 급부청구권을 행사할 수 있다고 하더라도, 그 당사자 일방이 대상청구권을 행사하려면 상대방에 대하여 반대급부를 이행할 의무가 있는바, 이 경우 당사자 일방의 반대급부도 그 전부가 이행불능이 되거나 그 일부가 이행불능이 되고 나머지 잔부의 이행만으로는 상대방의 계약목적을 달성할 수 없는 등 상대방에게 아무런 이익이 되지 않는다고 인정되는 때에는 상대방이 당사자 일방의 대상청구를 거부하는 것이 신의칙에 반한다고 볼만한 특별한 사정이 없는 한, 당사자 일방은 상대방에 대하여 대상청구권을 행사할 수 없다(대판 1996.6.25, 95다6601)."

3) 대상청구권의 행사방법과 행사범위

채권자가 대상청구권을 행사한다는 것이 채무자가 취득한 물건의 소유권 또는 제3자에 대한 채권이 곧 채권자에게 귀속된다는 것을 의미하지 않는다. 즉, 채권자는 이들 권리의 이전 내지 양도를 요구할 수 있는 채권만을 가질 뿐이다.

대상청구권은 채권적 청구권이므로 채권자는 채무자에 대하여 손해배상청구권의 양도를 구함으로써 대상청구권을 행사할 수 있다. 또한 채무자의 귀책사유로 인한 이행불능시 뿐만 아니라, 채무자에게 귀책사유가 없는 경우에도[533] 채권자는 대상청구권을 행사할 수 있다.

채권자가 대상청구권을 행사할 수 있는 범위에 대하여는 견해가 나뉜다. 무제한설은 채무자가 얻은 대상이 본래 급부의 시가보다 비싼 경우에도 그 전부의 양도를 청구할 수 있다고 본다.[534] 반면 제한설은 채권자가 대상청구할 수 있는 범위는 이행불능으로 인하여 채권자가 입은 손해의 범위 내라고 한다.[535] 절충설의 경우 채무자가 고의인 경우 무제한으로 인정된다고 본다. 제한설을 따르면 후발적 급부불능의 경우에 대상청구권을 행사하든 전보배상청구권을 행사하든 그 범위는 손해를 한도로 제한되기 때문에 대상청구권은 그 급부불능에 대하여 채무자에게 귀책사유가 없는 경우에 보다 중요한 의미를 가지게 된다.[536]

4) 쌍무계약에 있어 대상청구권과 위험부담의 관계

채권자가 대상청구권을 행사하지 않는 경우에는 위험부담법리가 적용된다. 즉, 채권자는 급부위험을 부담하며, 채무자는 반대급부위험을 부담하게 된다. 따라서 채무자는 자신의 채무를 이행하지 않아도 된다. 그러나 만약 채권자가 대상청구권을 행사하게 되면, 임의규정인 위험부담법리는 그 적용이 배제된다.

대상청구권을 행사하면 채권자와 채무자 사이의 채권관계는 존속한다. 따라서 채권자도 반대급부를 이행할 수 있어야 하고 또한 이행하여야 한다. 채권자는 대상청구권의 요건으로 자신의 채무를 이행하여야 하며, 이는 '대상의 이행'과 동시이행의 관계에 있게 된다.[537]

(2) 사안의 검토

533) "소유권이전등기의무의 목적부동산이 수용되어 그 소유권이전등기의무가 이행불능이 된 경우 등기청구권자는 등기의무자에게 대상청구권의 행사로써 등기의무자가 지급받은 수용보상금의 반환을 구하거나 또는 등기의무자가 취득한 수용보상금청구권의 양도를 구할 수 있다(대판 1996.10.29, 95다56910)."

534) 이은영, 채권총론, 232면.

535) 김형배, 채권총론, 198면.

536) 김형배, 민법학강의, 908면.

537) "쌍무계약의 당사자 일방이 상대방의 급부가 이행불능이 된 사정의 결과로 상대방이 취득한 대상에 대하여 급부청구권을 행사할 수 있다고 하더라도, 그 당사자 일방이 대상청구권을 행사하려면 상대방에 대하여 반대급부를 이행할 의무가 있는바, 이 경우 당사자 일방의 반대급부도 그 전부가 이행불능이 되거나 그 일부가 이행불능이 되고 나머지 잔부의 이행만으로는 상대방의 계약목적을 당성 할 수 없는 등 상대방에게 아무런 이익이 되지 않는다고 인정될 때에는 상대방이 당사자 일방의 대상청구를 거부하는 것이 신의칙에 반한다고 볼 만한 특별한 사정이 없는 한, 당사자 일방은 상대방에 대하여 대상청구권을 행사할 수 없다(대판 1996.6.25, 95다6601)."

甲은 乙에 대하여 소유권이전청구권을 가지는 채권자일 뿐이므로, 丙에 대하여 소유권침해의 불법행위를 원인으로 한 손해배상 청구권을 가질 수 없다. 즉, 그림의 소유권자는 아직 乙이므로 소유권침해의 불법행위를 원인으로 한 손해배상청구권(제750조, 765조)은 乙만이 가질 수 있고 甲은 乙이 丙에 대하여 가지는 손해배상청구권을 원래의 급부인 그림의 소유권이전청구권에 갈음하여 그 대상(代償)으로 청구할 수 있다. 물론 채권자인 甲이 대상청구권을 행사하는 경우 乙은 반대급부의무인 대금지급의무를 청구할 수 있다.

5. 소 결

乙은 그림인도채무에서 甲의 잔금지급채무와 동시이행의 항변권을 가지며, 이에 따라 양당사간의 귀책사유 없이 후발적 급부불능이 된 때에는 乙은 채무불이행 책임을 지지 않는다. 따라서 甲은 乙에게 채무불이행에 기한 손해배상청구를 할 수 없다. 다만 '실화책임법'에 의해 옆집 사람의 과실로 화재가 발생한 경우, 乙이 丙에게 가지는 실화로 연소된 부분에 대한 손해배상청구권을 급부목적물인 그림에 갈음하여 甲은 대상청구를 할 수 있다. 만약 甲이 乙에 대해 손해배상대상청구권을 행사할 경우, 甲은 그림에 대한 잔금을 지급해야 할 의무가 있다.

Ⅲ. 乙이 甲에게 매매대금을 받을 수 있는지 여부

丙이 저지른 화재로 인해 그림이 멸실됨으로써 乙의 그림에 대한 소유권이전 및 목적물인도의무는 소멸하였다. 그렇다면 그에 대응하는 甲의 대금지급의무의 존부는 어떻게 되는지 문제되는 바, 이는 쌍무계약에서 '대가위험부담'의 문제로서, 민법은 채무자위험부담주의를 원칙으로 하고 있다(제537조).

1. 위험부담의 문제

유효하게 성립한 채권관계에 있어서 채무자의 귀책사유 없이 급부장애가 발생한 경우 이에 따른 불이익을 누구에게 부담시킬 것인가 하는 문제이다.[538] 편무계약의 경우 채무자의 귀책사유 없이 급부가 불가능하게 된 경우 채무자는 급부의 의무를 면하고 급부불능에 따른 급부의 위험은 채권자가 부담한다(제390조의 반대해석).

그러나 쌍무계약에 있어서는 급부위험뿐만 아니라 반대급부위험의 문제가 함께 발생한다. 당사자의 특약이 없는 한, 민법 제537조는 쌍무계약의 존속상의 견련관계를 고려하여 반대급부의 위험을 채무자에게 부담시키고 있다(채무자위험부담주의). 이에 대해서는 제537조 및 제538조가 규율하고 있다.

급부위험에서 문제되는 급부실현의 불능은 후발적 불능에 한하고 원시적 불능의 경우에는 기본적으로 계약이 성립하지 않은 것으로 보면서[539], 다만 급부의 불능을 알았거나 알 수 있었던 자에게 신뢰이익의 배상을 규정하고 있다. 일부불능의 경우에 대해

538) 정광수, 채권법요론, 236면.

539) 김형배, 채권각론, 158면 각주: "우리 민법 제535조는 그 적용대상을 쌍무계약에 한하지 않으며, 일방 당사자의 급부가 원시적으로 불능인 경우에는 계약이 성립하지 않음을 전제로 하는 규정이라고 볼 수 있다."

서는 아무런 규정을 두고 있지 않으나, 일부불능으로 인하여 계약의 목적이 달성될 수 없는 경우가 아닌 한 반대급부가 비례적으로 감축되는 것으로 해석해야 한다.[540)]

(1) 위험이전의 시점

쌍무계약이 체결된 때부터 이행할 때까지의 사이에 양 당사자의 책임 없는 사유로 급부실현이 불가능해진 경우 양 당사자 사이의 급부위험 및 반대급부위험의 이전시점에 대한 여러 가지 태도가 존재하며, 매매계약을 중심으로 살펴보면 다음과 같다.

(2) 위험이전시기에 관한 입법례

① 계약체결시주의 이에 의하면 계약체결시부터 매수인이 위험을 부담한다. 이는 로마법과 보통법에서 인정되었으며 지금은 프랑스와 스위스 민법에서 채택하고 있다. 그러나 이러한 원칙은 쌍무·유상계약상의 원리에 부합하지 않는다는 비판이 있다.[541)]

② 소유권주의 소유권을 이전할 때까지 소유자인 매도인이 위험을 부담하고, 소유권이전과 동시에 새 소유자인 매수인이 위험을 부담한다. 이 원칙은 res perit domino (물건의 멸실은 소유권자가 부담한다)라는 자연법적 원리에 기초하며, 영국의 Sales of Goods Act에서 채택하고 있는 원리이다.

③ 인도주의 목적물의 인도를 기준으로 하여 그 때부터 매수인이 위험을 부담하는 주의이다. 이것은 쌍무·유상계약간의 성질에 가장 적합한 위험이전에 관한 태도라고 할 수 있으며, 독일, 미국, 오스트리아 등과 국제통일매매법에서 채택하고 있다.

(3) 위험이전 시기에 관한 학설

학설 중에는 채무자가 동산의 인도 내지 부동산의 등기를 완료할 때까지 채무자 스스로 그 위험을 부담하게 된다는 견해가 있다.[542)] 그러나 '위험의 이전'과 '위험부담의 종료'를 구별하여야 한다. 채무자가 이행행위를 다한 후에는 채무자의 위험부담이라는 것은 더 이상 존재하지 않기 때문에, 소유권 이전은 위험이전이 아니라 '위험부담의 종료'의 시점으로 이해되어야 한다.[543)] 따라서 진정한 의미의 '위험의 이전'은 '이행 전에' 위험이 채무자의 부담에서 채권자에게 이전하는 경우로 한정하여 이해하여야 한다.

우리 민법은 이 시점에 관한 규정이 없는바, 그 시점을 언제로 할지를 해석을 통해 확정해야 한다. 그 해석의 거점은 제538조 1항 후단이 될 수 있다. 이에 따르면 수령지체 중에 양 당사자의 책임 없는 사유로 이행할 수 없게 된 때에는 채무자가 반대급부청구권을 상실하지 않는다. 따라서 채권자가 수령지체에 빠진 때부터는 반대급부위험은 채무자로부터 채권자에게 이전한다.[544)]

물건 소유권의 이전채무의 이행을 위한 유효한 변제제공은 동산이든 부동산이든 그 물건의 점유이전을 포함한다. 따라서 채무자가 채권자에게 물건의 점유를 이전하

540) 김형배, 상게서, 158면.
541) 김형배, 전게서, 162면 이하.
542) 이은영, 채권각론, 187면 이하.
543) 김형배, 전게서, 164면 이하.
544) 김형배, 민법학강의(제8판), 1199면.

였다면 이 시점부터 반대급부위험은 채권자에게 이전된다고 이해할 수 있다. 사안에서와 같이 급부의 목적물이 동산인 경우에는 물건의 점유가 이전되는 시점이 소유권이 이전시점과 일치하는 것이 원칙이라 할 것이다(제188조1항).

(4) 채무자의 반대급부위험부담

계약이 유효하게 체결된 이후에 양 당사자의 책임 없는 사유로 급부가 불능이 된 경우에 채무자는 채권자에 대한 반대급부청구권을 상실하게 된다. 이것은 쌍무계약의 견련적 성질에 따른 결과이다.

2. 요 건

(1) 양 채무가 대가적 견련관계에 서있는 쌍무계약이어야 한다.

(2) 일방의 채무가 후발적으로 불능이 되어야 한다.

급부불능은 특정물의 멸실, 채무자의 사망, 국가에 의한 적법한 금지조치 및 채무자의 처분권상실 등 사실상의 불능뿐만 아니라 거래관념상의 기대불가능에 의해서도 발생된다.

(3) 급부불능에 대한 양 당사자의 귀책사유가 없어야 한다.

이는 급부실현의 불능과 양 당사자의 귀책사유 사이에 직접적 인과관계가 존재하지 않음을 뜻한다.

3. 효 과

(1) 채무자의 반대급부청구권이 소멸한다.

일방의 채무가 불능이 된 이상 타방의 채무도 소멸하는 것이 쌍무계약의 견련관계상 옳기 때문이다. 따라서 채무자는 자기의 채무를 면함과 동시에 채권자에게 반대채무의 이행을 청구할 수 없다. 그러나 채무자가 이미 반대급부를 전부 혹은 일부 이행받았다면 이는 부당이득으로서 상대방에게 반환되어야 한다(제741조).

(2) 우리 민법에는 대상청구권에 관한 명문규정이 없으나, 쌍무계약의 균형을 유지하는 데 필요한 경우에는 이를 인정할 수 있다(통설, 판례).[545] 즉, 채무자가 급부불능을 원인으로 이에 갈음하여 대상물 또는 배상청구권을 취득한 경우에 채권자는 그 대상물의 인도 또는 배상청구권의 양도를 청구하는 한편, 자신의 반대급부를 이행할 수도 있다.

(3) 민법은 급부의 일부가 불능이 된 경우에 대하여 명문의 규정을 두고 있지 않으나, 쌍무계약의 견련관계를 근거로 채무자는 불능이 생긴 범위에서 채무를 면함과 동시에 불능이 된 부분에 비례해서 반대급부에 대한 채권이 감축된다.

(4) 제537조는 강행규정이 아니므로 당사자 사이의 특약에 의하여 위험부담의 문제를 약정할 수 있다.[546] 제537조와 다르게 위험부담의 내용을 약정하였더라도, 예컨

---

545) "토지에 대한 매도인의 소유권이전등이의무의 이행불능을 발생케 한 원인인 토지수용으로 인하여 토지의 대상인 보상금을 매도인이 취득하였음을 이유로 매수인이 그 보상금의 지급을 구한 경우 우리 민법에는 이행불능의 효과로서 채권자의 전보배상청구권과 계약해제권 이에 별도로 대상청구권을 규정하고 있지 않으나 해석상 대상청구권을 부정할 이유가 없다(대판 1992.5.12, 92다4581, 4598)."

대 사업자가 상당한 이유 없이 자신이 부담하여야 할 위험을 고객에게 이전하는 내용의 약관조항은 무효로 된다.[547)]

4. 소 결

화재가 乙의 과실 없이 발생하였고 그림이 소실되었다면, 이는 계약당사자 쌍방에게 책임 없는 경우로 보이므로 乙이 반대급부위험을 부담하여야 한다. 즉, 乙은 대금지급청구권을 상실한다. 그런데 乙은 이미 그림의 소실 전에 계약금을 수령하였으므로 甲은 지급된 대금의 반환을 청구할 수 있다(제537조, 제741조).

한편 제537조는 임의규정이므로 당사자 사이에 특약이 있으면 이에 따라야 하지만 사례에서 甲과 乙 사이에는 특약이 없었던 것으로 보인다. 따라서 乙은 제537조, 제741에 따라 그가 수령한 계약금을 甲에게 반환하여야 한다. 이때 乙이 반환해야 할 범위는 甲이 계약금으로 지급했던 1천만원이다.[548)]

다만 甲이 앞서 보았던 乙의 손해배상청구권을 행사한다면 甲은 자신의 반대급부를 이행하여야 하고, 이 경우 매도인 乙은 그림의 잔금 9천만원의 지급을 청구할 수 있다.

Ⅵ. 결 론

첫째, 乙이 甲에게 매매대금을 청구할 수 있는지 여부와 관련하여 丙의 실화로 연소된 부분에 대한 손해배상청구권(실화책임법 제3조)을 취득한다면, 甲은 대상청구권을 행사함으로써 그 채권의 양도를 청구할 수 있으며 동시에 乙은 甲에게 그림에 대한 잔금지급을 청구할 수 있다. 다만 이 경우 乙의 이행지체로 인한 채무불이행 책임이 성립하지 않으므로, 甲의 손해배상청구권은 발생하지 않는다.

둘째, 그림의 소실로 인한 매도인 乙의 소유권이전채무의 이행불능은 위험부담의 문제로 되어 반대급부위험을 누가 부담할 것인지가 문제되며(제537조, 제538조), 매수인의 귀책사유로 인한 것이 아닌 한 乙은 자신의 채무를 면하는 반면(제538조 제1항), 甲에게 반대급부를 청구할 수 없다(제537조). 이 경우 甲은 계약을 해제하고 이미 지급한 계약금 1천만원의 반환을 청구할 수 있다(제741조). 따라서 甲이 乙의 丙에 대한 손해배상청구권을 대상청구하지 않는다면, 위험부담의 법리에 따라 乙은 그림에 대한 잔금을 받을 수 없다.

---

546) "해당 분야의 전문가로서 장차 영업허가를 직접 얻어 호텔의 투전기업소를 공동운영하는 것을 목적으로 하는 동업지분을 헐값으로 매수한 자가 차후에 당사자 쌍방의 책임 없는 사유로 인하여 투전기 영업을 하지 못하게 되었다면 당사자 사이에는 매수대금을 회수하지 못하게 될 위험을 매수인이 부담한다는 약정이 있었다고 봄이 옳다(대판 1995.3.28, 94다44132)."

547) "약관은 고객이 그 구체적인 조항내용을 검토하거나 확인할 충분한 기회를 가지지 못한 채 계약의 내용으로 되므로 그 약관의 내용이 사적자치의 영역에 속하는 채무자위험부담주의에 관한 민법 제537조의 내용이라 하더라도, 사업자가 상당한 이유 없이 자신이 부담하여야 할 위험을 고객에게 이전하는 내용의 약관조항은 사적자치의 한계를 벗어난다(대판 2005.2.18, 2003두3734)."

548) "법률상 원인 없이 타인의 재산 또는 노무로 인하여 이익을 얻고 그로 인하여 타인에게 손해를 가한 경우, 그 취득한 것이 금전상의 이득인 때에는 그 금전은 이를 취득한 자가 소비하였는가의 여부를 불문하고 현존하는 것으로 추정된다(대판 1996.12.10, 96다32881)."

[문제 17] 관련 판례: [관판 17]

◎ **대판 1992.5.12, 92다4581·4598 【손해배상(기)】**

【판시사항】

가. 매도인에게 매매목적토지의 수용으로 인한 보상금을 수령하였음을 이유로 그 금원의 지급을 구하는 청구를, 소유권이전등기의무 이행불능의 원인인 토지수용으로 인하여 토지의 대상인 보상금을 취득하였음을 이유로 이른바 대상청구권을 행사하는 취지라고 본 사례

나. 이행불능의 효과로서 대상청구권의 인정 여부(적극)

【판결요지】

가. 매도인에게 매매목적토지가 수용됨으로써 그 보상금을 수령하였음을 이유로 그 금원의 지급을 구하는 청구를, 위 토지에 대한 소유권이전등기의무의 이행불능을 발생케 한 원인인 토지수용으로 인하여 위 토지의 대상인 보상금을 취득하였음을 이유로 그 보상금의 지급을 구하는 것으로서 이른바 대상청구권을 행사하는 취지라고 볼 수 있다고 한 사례.

나. 우리 민법에는 이행불능의 효과로서 채권자의 전보배상청구권과 계약해제권 외에 별도로 대상청구권을 규정하고 있지 않으나 해석상 대상청구권을 부정할 이유가 없다.

◎ **대판 1996.12.10, 96다32881 【양수금】**

【판시사항】

부당이득으로 취득한 금전은 그 소비 여부를 불문하고 현존하는 것으로 추정되는지 여부(적극)

【판결요지】

법률상 원인 없이 타인의 재산 또는 노무로 인하여 이익을 얻고 그로 인하여 타인에게 손해를 가한 경우, 그 취득한 것이 금전상의 이득인 때에는 그 금전은 이를 취득한 자가 소비하였는가의 여부를 불문하고 현존하는 것으로 추정된다.

4) 채권자의 귀책사유로 인한 급부불능

① 의 의

채권자의 귀책사유에 의하여 또는 수령지체 중에 급부가 불능이 된 경우에 채무자는 채권자에 대하여 반대급부청구권을 행사할 수 있다(제538조).

제538조는 채권자의 귀책사유 또는 수령지체가 채무자의 급부불능의 원인이라는 점에서 순수한 의미의 위험부담규정은 아니다. 즉, 채권자가 채무자에게 반대급부의무를 부담하는 것은 단순한 위험을 부담하는 것이 아니라, 채무자의 급부불능에 대한 책임귀속의 결과이기 때문이다.

② 요 건

a) 채권자의 책임 있는 사유가 있어야 한다.

채무자의 급부실현을 불가능하게 만든 원인으로서 계약에 반하는 채권자의 유책한 행태이다. 채권자의 책임 있는 사유의 범위는 비교적 넓게 해석된다(이견없음). 채권자의 귀책사유는 반드시 법적 의무를 위반하는 경우에만 인정되는 것은 아니며 채권자가 회피할 수 있었던 장애사유를 그의 잘못으로 저지하지 못한 경우에도 인정될 수 있다.

그러나 이른바 위험영역에 속하는 급부불능의 경우까지 채권자의 책임있는 사유로서 인정되는 것은 아니다(채무자의 주의의무에 대한 귀책사유와 그 내용이 다르다). 특히 고용계약 또는 근로계약에서 원료부족·주문단절·기계파손 등으로 경영상의 장애가 발생한 경우에, 이러한 경영장애로 인한 위험영역에 까지 제538조 제1항상 채권자의 귀책사유로 확대하는 것은 타당치 않다. 채무자인 근로자에게 임금청구권(반대급부청구권)을 인정하기 보다는 오히려 근로기준법 제46조를 적용(평균임금의 70/100 이상을 지급함)하는 것이 법체계상 일관성을 유지할 수 있다고 본다.[549]

b) 채권자의 수령지체

채권자지체 중에 채무자의 급부가 양당사자의 책임 없는 사유로 불능이 된 때에도 그 불이익은 채권자가 부담하여야 한다. 이를 해석하는 데 있어서 견해가 나뉜다. 통설은 채무자의 급부가 불능이 된 원인에 대하여 양당사자에게는 직접적인 귀책사유가 없으므로 채권자의 귀책사유를 인정하는 것은 옳지 않으며, 따라서 신의칙상 수령지체와 함께 반대급부의 위험이 채권자에게 이전하는 것으로 본다.[550] 이에 대하여 김형배교수는 채권자가 수령지체를 하지 않았더라면 채무자는 이행과 동시에 반대급부를 받았을 것이므로, 채권자가 반대급부의무를 부담하는 것은 채권자에게 넓은 의미의 귀책사유가 인정되기 때문이라고 한다.[551]

549) 김형배, 전게서, 171-172면.

550) 곽윤직, 전게서, 118면.

③ 효 과

a) 채권자의 반대급부의무

채무자는 자신의 급부의무를 면하지만 채권자에 대하여 반대급부청구권을 상실하지 않는다. 특히 채권자의 귀책사유 또는 수령지체로 일부불능이 된 경우에는 채무자는 잔여급부만을 이행하면 되고 채권자에 대해서는 전부의 반대급부청구권을 갖는다.

b) 채무자의 이익상환의무

채무자는 자기의 채무를 면함으로써(급부위험) 얻은 이익을 채권자에게 상환하여야 한다(제538조 제2항). 이익이란 적극적으로 얻은 이익뿐만 아니라 소극적으로 지출하지 않게 된 비용 등도 포함된다.

c) 당사자 사이의 특약으로 반대급부위험의 부담을 민법 제538조 제1항과 달리 정할 수 있다.

[문제 18]

甲은 乙의 협력하에 그의 지시·감독을 받으면서 기한 내에 영상물을 제작하여 납품하기로 하는 영상물제작공급계약을 乙과 체결하였다. 그런데 乙이 영상물을 제작하는데 필요한 협력을 거부함으로써 甲은 독자적으로 성의껏 제작한 영상물을 乙에게 납품하였다. 그러나 甲이 乙에게 납품한 영상물은 乙의 의도에 부합되지 않게 되었고, 결과적으로 乙의 의도에 부합하는 영상물을 기한 내에 제작하여 납품할 수 없는 이행불능으로 되었다.

(질문)

첫째, 이 경우 甲이 乙과 체결한 영상물제작공급계약의 법적성질은 무엇인가?
둘째, 이 경우 甲은 乙에게 약정대금의 전부의 지급을 청구할 수 있는가?

(참조판례) 대판 1996.7.9, 96다14364·14371; 대판 2004.3.12, 2001다79013; 대판 2008.8.21, 2007다8464 등.

[문제 18] 해설:

I. 사례의 쟁점

첫째 질문과 관련하여서는 甲과 乙의 영상물제작공급계약의 법적성질을 검토하여

---

551) 김형배, 전게서, 170면.

본다. 위 사안에서는 도급계약 및 정기행위, 협력을 요하는 계약의 협력의무 등이 관련된다. 둘째 질문과 관련하여서는 甲은 乙에게 약정대금의 전부의 지급을 청구할 수 있는가에 관하여 제538조 채권자 귀책사유로 인한 급부불능 규정의 요건 해당성을 검토하고, 그 효과로서 약정대금의 전부 이행을 청구할 수 있는지 여부를 판단해 본다.

Ⅱ. 영상물제작공급계약의 법적성질

1. 도급 계약

도급은 당사자 일방이 어떤 일을 완성할 것을 약정하고, 상대방(도급인)이 그 일의 결과에 대하여 보수를 지급할 것을 약정함으로써 성립하는 계약이다(민법 제664조). 즉 도급 계약은 어떤 일의 완성을 목적으로 하는 낙성, 불요식의 계약이고 일의 완성에 대해 보수를 지급하므로 쌍무, 유상계약이다. 도급 계약에 있어 그 일의 완성을 위하여 어떠한 노무를 어떻게 제공하느냐는 수급인에게 전적으로 맡겨져 있고, 또 일을 완성하기까지의 사이에 생기는 위험도 역시 수급인이 부담하는 것이 원칙이라는 점에서 고용, 현상광고, 위임과는 구별된다. 도급은 토목, 건축, 선박건조 분야에서 큰 비중을 차지하나, 최근에는 출판계약, 출연계약, 연구의뢰계약 등의 새로운 도급계약들에도 이용되고 있다.[552]

(1) 제작물공급계약의 의의

제작물 공급 계약이란 당사자의 일방이 상대방의 주문에 따라 자기 소유의 재료를 사용하여 만든 물건을 공급할 것을 약정하고 이에 대하여 상대방이 대가를 지급하기로 한 약정을 말한다. 통설에 의하면 수급인이 부대체물 뿐만 아니라 대체물의 제작을 주문받은 경우에도 제작물공급계약이 성립할 수 있다. 그러나 수급인이 대체물의 제작을 주문받은 경우에는 수급인의 제작 내지 일의 완성이라는 행위는 계약의 필수적 요소가 되지 않기 때문에, 이러한 경우를 제작물공급계약에 포함시킬 수는 없다. 따라서 제작물 공급계약이라 함은 수급인이 자기의 재료를 사용하여 도급인이 주문한 부대체물을 제작 완성하여 도급인에게 그 목적물의 소유권을 이전해야 할 의무를 부담하고, 도급인은 이에 대해 보수를 지급할 의무를 부담하는 쌍무·유상계약이라고 이해하여야 한다.[553]

(2) 법적성질

1) 학 설

제작물공급계약은 내용상 물건의 제작(도급의 요소)과 제작된 물건의 공급이(매매의 요소)라는 두 요소가 포함되어 있으므로 그 계약의 법적 성질을 어떻게 이해할 것인가와 관련하여 견해의 대립이 있다.[554]

도급과 매매의 양자를 적용해야 할 일종의 혼합 계약으로 보는 혼합계약설(김형

---

552) 김형배, 『민법학강의』, 서울: 신조사, 2007, 1433면.

553) 김형배, 전게서, 1450면.

554) 독일민법은 제작물이 대체물인 경우에는 제작물공급계약은 순수한 매매의 성질을 갖고, 부대체물인 경우에는 주로 도급에 관한 규정을 적용한다고 정하고 있다(독일민법 제651조 제1항).

배, 이은영), 제작물의 대체물인 경우에는 매매이며 부대체물일 경우에는 도급이라고 보는 견해(곽윤직, 김상용, 송덕수), 거래의 성질에 따라 당사자의 의사를 유형화하고 각 유형에 따라 도급 또는 매매의 어느 한쪽으로 구별하는 것이 적당하다는 견해(김증한) 등이 대립한다.

2) 판 례

판례는 도급의 성질과 매매의 성질이 병존하며 제작물 공급계약의 목적물이 대체물일 때에는 매매로 보아 매매에 관한 규정이 적용된다고 보아도 무방할 것이나, 그 목적물이 특정 주문자의 수요를 충족시키기 위한 부대체물인 때에는 그 제조가 계약의 주목적이 되어 도급의 성질이 강하므로 이에는 매매의 규정이 당연히 적용된다고 할 수 없다고 한다.[555)]

3) 사안의 적용

위 사안의 영상물 제작공급계약은 수급인이 자기의 재료로써 부대체물을 제작 완성해야 하는 경우이므로 부대체적인 급부를 목적으로 하는 도급계약의 성질을 가진다.

(3) 도급인의 협력의무

사안의 영상물의 제작과 같이 수급인이 그의 일을 완성하기 위해서 그 시작부터 완성에 이르기까지 도급인의 협력을 필요로 하는 경우, 도급인의 적극적인 협력 없이는 수급인의 이행이 곤란을 받거나 그 이행이 불가능한 경우가 있다. 이 경우 도급인의 협력의무 위반의 법적 효과는 무엇인지가 문제된다.

1) 도급인의 협력의무의 일반적인 법적성질

도급인의 협력의무는 구체적 내용에 따라 주된 의무, 부수의무 또는 책무 등으로 분류될 수 있다. 도급인의 보수지급의무, 이미 완성된 목적물의 수령 내지 검수의무는 주된 의무라고 볼 수 있다. 또 정보의 제공, 설명의무, 배려의무, 경우에 따라 협력의무 등은 부수의무로서 이 주된 의무와 부수의무는 채무의 내용이 되며 불이행으로 인한 손해배상책임을 지게 된다. 그러나 일반적으로 도급인의 협력의무는 책무가 원칙적인 모습이며 따라서 수급인에 의하여 소구될 수 없고 단지 수령지체의 효과만을 가져올 뿐이라고 해석되고 있다.[556)]

2) 사안에서의 협력의무의 법적성질

위 사안에서 수급인은 도급인과 협의하여 영상물을 제작하기로 계약하였고, 도급인의 협력 없이는 도급인의 의도에 맞는 영상물의 제작공급이라는 완전한 채무이행이 불가능하므로 이때 도급인의 협력의무는 단순한 책무라기보다는 주된 의무로써, 도급인의 채무를 구성한다고 볼 수 있다. 따라서 영상물 제작공급에 있어 도급인이 수급인에 대해 협력의무를 위반하여 결과적으로 도급인의 의도에 부합하는 영상물을 기한 내에 제작하여 납품하여야 할 수급인의 채무가 이행불능이 된 경우, 이는 계약상의 협력의무의 이행을 거부한 도급인의 귀책사유로 인한 것이라 할 수 있다.

555) 대판 1987.7.21, 86다카2446; 대판 2006.10.13, 2004다21862.

556) MunchKomm-Soergel §642 Rdnr 11～13.

2. 정기 행위

(1) 의 의

정기행위란, 일정한 일시 또는 기간 내에 이행하는 것이 당사자 사이에 채무의 중요한 내용이 되어 그 시기에 이행하지 않으면 계약의 목적을 달성할 수 없는 계약을 말한다(민법 제545조). 본 사안의 영상물 제작공급계약은 계약상 정해진 기간 내에 영상물의 제작 및 공급을 이행하는 것이 채무의 중요한 내용이 되는 정기행위이다.

(2) 종 류

정기행위는 발생원인에 따라 채권의 목적인 급부의 객관적인 성질로 말미암아 일정한 시일이나 일정한 기간 내에 이행하지 않으면 계약을 한 목적을 달성할 수 없는 절대적 정기행위와, 표시된 채권자의 주관적인 동기에 비추어 기간내에 이행하지 않으면 계약을 한 목적을 달성할 수 없는 즉, 당사자의 의사표시에 의한 상대적 정기행위로 분류된다. 예컨대 추석 제사상을 위해 제수음식을 주문한 경우, 기일 이후에 음식이 도착하였다면 이러한 이행은 의미가 없어지는 것이므로 계약의 성질상 절대적 정기행위가 된다. 반면 결혼식에서 착용하기 위한 양복의 주문은 기일 이후의 이행이라고 해서 이행의 의미가 없어지는 것이 아니므로 당사자의 의사표시에 의하여 정기행위가 되는 상대적 정기행위가 된다. 양자의 구별실익은 정기행위의 이행지체 시 손해배상의 방법이 달라지는 데 있다.

(3) 지체의 효과

1) 손해배상

절대적 정기행위의 경우 이행지체시 객관적으로 계약의 목적을 달성할 수 없게 되었으므로 이행불능으로 다루어지고, 채무자는 그에 따른 전보배상책임을 진다. 반면 상대적 정기행위의 경우에는 채무자의 선택에 따라 이행불능으로 처리하여 전보배상책임을 물을 수도 있고, 이행지체를 주장하여 추완적 이행과 함께 지연배상을 청구할 수도 있다.

2) 해제권 발생

정기행위의 채무불이행이 있는 경우 절대적, 상대적 정기행위를 불문하고 채권자는 최고를 하지 아니하여도 해제권을 취득한다. 해제권의 취득에 이행의 최고를 필요로 하지 않는다는 점에서 일반적인 해제권과 구별된다.

(4) 사안의 적용

본 사안의 영상물 제작공급계약은 수급인의 채무이행이 기간 내에 이루어지는 것을 목적으로 하는 정기행위이고, 기일 이후에 이루어진다고 해서 이행의 의미가 없어지는 것이 아니므로 상대적 정기행위라 할 수 있다. 다만 이 사안에서는 수급인이 완전한 채무이행을 하지 못하게 된 원인이 채무이행에 있어 협력의무를 위반한 채권자의 귀책사유로 인한 것이므로 채권자의 손해배상 청구나 해제권의 주장은 타당하지 않는다고 본다.

3. 소 결

사안의 영상물 제작공급계약은 판례의 태도에 의하면 부대체적인 급부를 목적으로 하는 도급계약의 성질을 갖는다. 또한 일정한 일시 또는 기간 내에 이행하는 것이 당사자 사이에 채무의 중요한 내용이 되어 그 시기에 이행하지 않으면 계약의 목적을 달성할 수 없는 정기행위이다. 사안에서 전제된 바와 같이 위 영상물제작공급계약은 乙의 협력을 요하는 계약이며, 乙의 협력 없이는 乙의 의도에 맞는 영상물의 제작이라는 甲의 완전한 이행이 불가능하므로 乙의 협력의무는 단순한 책무가 아니라 계약상 채무를 구성하는 중요한 요소에 해당한다. 즉, 사안에서 乙이 영상물을 제작하는데 필요한 협력을 거부하였으므로, 甲의 이행불능에 관한 乙의 귀책이 인정된다.

Ⅲ. 채권자의 귀책사유로 인한 급부불능

1. 의 의

채권자의 귀책사유에 의하여 또는 수령지체중에 급부가 불능이 된 경우에 채무자는 채권자에 대하여 반대급부청구권을 상실하지 않는다. 제537조가 양당사자에게 귀책사유가 없는 경우의 순수한 위험부담에 관한 규정인데 반하여 538조는 채권자의 귀책사유 또는 수령지체가 있는 경우 채무자의 급부불능에 관한 규정이라는 점에서 진정한 의미의 위험부담규정이라고는 볼 수 없다. 즉, 이 경우에 채권자가 채무자에게 반대급부의무를 부담하는 것은 단순한 위험을 부담하는 것이 아니라, 자신의 귀책사유 또는 수령지체가 없었더라면 채무자의 급부실현이 가능하였을 것이라는 점에서 책임귀속의 결과이다.[557]

2. 요 건

(1) 채권자의 책임있는 사유

제538조 제1항 전단은 "쌍무계약의 당사자 일방의 채무가 채권자의 책임있는 사유로 이행할 수 없게 된 때에는 채무자는 상대방의 이행을 청구할 수 있다."고 규정하고 있다.

채권자의 책임 있는 사유란 채무자의 급부실현을 불가능하게 만든 원인으로서, 계약에 반하는 채권자의(유책한) 행태를 말한다.[558] 그러나 여기서 채권자의 귀책사유는 비교적 넓게 해석된다. 즉, 채권자의 귀책사유는 반드시 법적 의무를 위반하는 경우에만 인정되는 것은 아니며, 채권자가 회피할 수 있었던 장애사유를 그의 잘못으로 저지하지 못한 경우에도 인정할 수 있다.[559] 민법 제538조 제1항 소정의 '채권자

557) 김형배, 전게서, 1235~1239면.

558) 휴직처분이 무효로 평가된다면 근로자는 휴직기간 동안 사용자의 귀책사유로 인하여 자신의 근로계약상의 의무인 근로제공을 하지 못하게 되었다고 볼 수 있다(대판 1992.11.13. 92다16690).

559) 사용자가 근로자들에 대한 해고처분이 정당하다고 다투면서 근로자들의 근로제공에 대하여 계속 그 수령을 거부하고 있는 경우에 있어서 의료전문인인 근로자들이 해고처분 이후 다른 병원에 취업하거나 독자적으로 개업을 하여 소득을 얻고 있더라도 이로써 사용자에 대한 근로자들의 근로제공이 사실상 불가능하게 되어 사용자의 귀책사유가 소멸하였다고 평가할 수는 없다(대판

의 책임 있는 사유의 의미'에 대하여 판례는 어떤 작위나 부작위가 채무자의 이행의 실현을 방해하고 그 작위나 부작위는 채권자가 이를 피할 수 있었다는 점에서 신의칙상 비난받을 수 있는 경우를 의미한다고 한다.[560)]

그러나 계약에 반하는 채권자의 행태가 아닌 이른바 채권자의 위험영역에 속하는 급부불능의 경우까지 채권자의 책임사유가 인정되는 것은 아니다. 그렇다고 해서 채권자(사용자)가 그러한 사유를 불가항력이라고 하여 이에 대한 책임면제를 주장할 수는 없다. 특히 근로기준법 제46조 제1항은 "고용 또는 근로계약에 있어서 원료부족·주문단절·기계파손 등으로 경영 장애가 발생한 경우에, 이로 인한 경영위험영역에까지 위의 귀책사유를 확대하여 사용자의 휴업수당지급의무를 인정하고 있다." 따라서 근로기준법 제46조 제1항의 사용자의 귀책사유는 민법 제538조 제1항이 규정하는 채권자의 귀책사유보다 그 범위가 넓게 해석되고 있다(이른바 지배영역설). 그렇지만 부득이한 사유로 사업계속이 불가능한 경우에는 법정기준에 미달하는 휴업수당을 지급할 수 있다.

(2) 채권자의 수령지체

제538조 제1항 후단은 "채권자의 수령지체중에 당사자쌍방의 책임 없는 사유로 이행할 수 없게 된 때에도 같다."고 규정하고 있다.[561)]

채권자 지체 중에 채무자의 급부가 양 당사자의 책임 없는 사유로 불능이 된 때에도 채권자가 그 불이익을 감수하여야 한다. 따라서 채권자는 반대급부의무를 면할 수 없다. 그 근거에 대하여는 견해가 나뉜다. 통설에 따르면, 채무자의 급부가 불능이 된 원인에 대하여 양 당사자에게는 직접적인 귀책사유가 없으므로 수령지체만을 이유로써 채권자의 귀책사유를 인정하는 것은 옳지 않으며, 다만 신의칙상 수령지체와 함께 반대급부의 위험이 채권자에게 이전하는 것이라고 해석한다. 그러나 채권자가 수령을 지체하지 않았더라면 채무자는 이행과 동시에 반대급부를 틀림없이 받았을 것이므로 채권자가 반대급부의무를 부담하는 것은 단순한 위험이전의 결과가 아니라, 채권자에게 넓은 의미의 귀책사유가 인정되기 때문이라고 보는 것이 타당하다(김형배).

3. 효 과

(1) 채권자의 반대급부의무

채무자는 자신의 급부의무를 면하지만 반대급부청구권을 상실하지 않는다. 채권자의 귀책사유 또는 수령지체로 채무의 일부가 불능이 된 경우에 채무자가 잔여급부를 이행하면 전부의 반대급부청구권을 갖는다. 물론 당사자의 특약으로 반대급부위험의 부담을 제538조 제1항과 달리 정할 수 있다.

1996.9.24, 95다21785).

560) 대판 2004.3.12, 2001다79013.

561) "채권자의 수령지체 중에 당사자 쌍방의 책임 없는 사유로 이행할 수 없게 된 때"에 해당하기 위해서는 현실 제공이나 구두 제공이 필요하고, 다만 그 제공의 정도는 시기와 구체적 상황에 따라 신의성실의 원칙에 어긋나지 않게 합리적으로 정하여야 한다(대판 2004.3.12, 2001다79012).

(2) 채무자의 이익상환의무

채무자는 자기의 채무를 면함으로써(급부위험) 얻은 이익을 채권자에게 상환하여야 한다(제538조 제2항). 이익이란 적극적으로 얻은 이익 뿐만 아니라 소극적으로 지출하지 않게 된 비용 등도 포함한다.

4. 소 결

결과적으로 甲의 채무는 乙의 의도에 부합하는 영상물을 기한 내에 제작하여 납품할 수 없는 이행불능의 상태가 되었다. 이러한 이행불능은 乙이 영상물을 제작하는데 필요한 협력을 거부함으로써 발생한 것이므로 민법 제538조 제1항 전단의 채권자의 책임 있는 사유의 요건을 충족시킨다. 따라서 채권자의 귀책사유로 인한 급부의 후발적 불능(이행불능)의 효과로서 甲은 乙에게 반대급부청구권으로서 약정대금 전부를 청구할 수 있다. 이 과정에서 甲이 자기 채무(영상물제작공급)을 면함으로서 생긴 이익이 있다면 乙에게 반환해야 할 것이다.

Ⅳ. 결 론

첫째, 甲이 乙과 체결한 영상물제작공급계약의 법적 성질은 무엇인가?

사안의 영상물 제작공급계약은 부대체적인 급부를 목적으로 하는 도급계약의 성질을 갖는다. 또한 일정한 일시 또는 기간 내에 이행하는 것이 당사자 사이에 채무의 중요한 내용이 되어 그 시기에 이행하지 않으면 계약의 목적을 달성할 수 없는 정기행위이다. 사안에서 전제된 바와 같이 위 영상물제작공급계약은 乙의 협력을 요하는 계약이며, 乙의 협력 없이는 乙의 의도에 맞는 영상물의 제작이라는 甲의 완전한 이행이 불가능하므로 乙의 협력의무는 단순한 책무가 아니라 계약상 채무를 구성하는 중요한 요소에 해당한다. 즉, 사안에서 乙이 영상물을 제작하는데 필요한 협력을 거부하였으므로, 甲의 이행불능에 관한 乙의 귀책이 인정된다.

둘째, 甲은 乙에게 약정대금의 전부의 지급을 청구할 수 있는가?

위 계약에서 결과적으로 甲의 채무는 乙의 의도에 부합하는 영상물을 기한 내에 제작하여 납품할 수 없는 이행불능의 상태가 되었다. 이러한 이행불능은 乙이 영상물을 제작하는데 필요한 협력을 거부함으로써 발생한 것이므로 민법 제538조 제1항 전단의 채권자의 책임 있는 사유의 요건을 충족시킨다. 따라서 채권자의 귀책사유로 인한 급부의 후발적 불능(이행불능)의 효과로서 甲은 乙에게 반대급부청구권으로서 약정대금 전부를 청구할 수 있다. 이 과정에서 甲이 자기 채무(영상물제작공급)을 면함으로서 생긴 이익이 있다면 乙에게 반환해야 할 것이다(제538조 제2항).

[문제 18] 관련 판례: [관판 18]

◎ 대판 1996.7.9, 96다14364·14371【약정금·손해배상】

【판시사항】

[1] 영상물 제작공급계약의 수급인이 부수적 채무인 시사회 준비 의무를 위반한 경우, 그 불이행만을 이유로 계약을 해제할 수는 없다고 본 원심판결을 수긍한 사례

[2] 영상물 제작공급 채무가 그 이행에 도급인의 협력이 필요하고 성질상 정기행위인 사안에서, 도급인의 협력거부로 인한 채무불이행을 이유로 수급인의 대금청구를 인정한 사례

【판결요지】

[1] 영상물 제작공급계약의 수급인이 내부적인 문제로 영상물제작 일정에 다소의 차질이 발생하여 예정된 일자에 시사회를 준비하지 못한 경우, 그와 같은 의무불이행은 그 계약의 목적이 된 주된 채무를 이행하는 과정에서의 부수된 절차적인 의무의 불이행에 불과하므로, 도급인은 그와 같은 부수적인 의무의 불이행을 이유로 계약을 해제할 수 없다고 본 원심판결을 수긍한 사례.

[2] 영상물 제작공급계약상 수급인의 채무가 도급인과 협력하여 그 지시감독을 받으면서 영상물을 제작하여야 하므로 도급인의 협력 없이는 완전한 이행이 불가능한 채무이고, 한편 그 계약의 성질상 수급인이 일정한 기간 내에 채무를 이행하지 아니하면 계약의 목적을 달성할 수 없는 정기행위인 사안에서, 도급인의 영상물제작에 대한 협력의 거부로 수급인이 독자적으로 성의껏 제작하여 납품한 영상물이 도급인의 의도에 부합되지 아니하게 됨으로써 결과적으로 도급인의 의도에 부합하는 영상물을 기한 내에 제작하여 납품하여야 할 수급인의 채무가 이행불능케 된 경우, 이는 계약상의 협력의무의 이행을 거부한 도급인의 귀책사유로 인한 것이므로 수급인은 약정대금 전부의 지급을 청구할 수 있다고 한 사례.

◎ 대판 2004.3.12, 2001다79013【부당이득금반환】

【판시사항】

[1] 민법 제538조 제1항 소정의 '채권자의 책임 있는 사유'의 의미

[2] 민법 제538조 제1항 소정의 '채권자의 수령지체 중에 당사자 쌍방의 책임 없는 사유로 이행할 수 없게 된 때'에 해당하기 위하여 현실 제공이나 구두 제공이 필요한지 여부(적극)

[3] 법원의 석명권 행사와 그 한계

【판결요지】

[1] 민법 제538조 제1항 소정의 '채권자의 책임 있는 사유'라고 함은 채권자의

어떤 작위나 부작위가 채무자의 이행의 실현을 방해하고 그 작위나 부작위는 채권자가 이를 피할 수 있었다는 점에서 신의칙상 비난받을 수 있는 경우를 의미한다.

[2] 민법 제400조 소정의 채권자지체가 성립하기 위해서는 민법 제460조 소정의 채무자의 변제 제공이 있어야 하고, 변제 제공은 원칙적으로 현실 제공으로 하여야 하며 다만 채권자가 미리 변제받기를 거절하거나 채무의 이행에 채권자의 행위를 요하는 경우에는 구두의 제공으로 하더라도 무방하고, 채권자가 변제를 받지 아니할 의사가 확고한 경우(이른바, 채권자의 영구적 불수령)에는 구두의 제공을 한다는 것조차 무의미하므로 그러한 경우에는 구두의 제공조차 필요 없다고 할 것이지만, 그러한 구두의 제공조차 필요 없는 경우라고 하더라도, 이는 그로써 채무자가 채무불이행책임을 면한다는 것에 불과하고, 민법 제538조 제1항 제2문 소정의 '채권자의 수령지체 중에 당사자 쌍방의 책임 없는 사유로 이행할 수 없게 된 때'에 해당하기 위해서는 현실 제공이나 구두 제공이 필요하다(다만, 그 제공의 정도는 그 시기와 구체적인 상황에 따라 신의성실의 원칙에 어긋나지 않게 합리적으로 정하여야 한다).

[3] 법원의 석명권 행사는 당사자의 주장에 모순된 점이 있거나 불완전, 불명료한 점이 있을 때에 이를 지적하여 정정·보충할 수 있는 기회를 주고 계쟁 사실에 대한 증거의 제출을 촉구하는 것을 그 내용으로 하는 것으로서 당사자가 주장하지도 아니한 법률효과에 관한 요건사실이나 독립된 공격방어 방법을 시사하여 그 제출을 권유함과 같은 행위를 하는 것은 변론주의의 원칙에 위배되는 것으로서 석명권 행사의 한계를 일탈하는 것이다.

◎ 대판 2008.8.21, 2007다8464·8471【매매대금등·부당이득금】

【판시사항】

부동산 매수인이 매매목적물에 설정된 근저당권의 피담보채무를 이행인수한 뒤 그 변제를 게을리하여 근저당권이 실행됨으로써 매도인이 매매목적물에 대한 소유권을 상실한 경우, 매도인의 소유권이전등기의무가 이행불능으로 된 것에 대해 매도인에게 과실이 있는지 여부(소극)

【판결요지】

부동산 매수인이 매매목적물에 설정된 근저당권의 피담보채무에 관하여 그 이행을 인수한 경우, 채권자에 대한 관계에서는 매도인이 여전히 채무를 부담한다고 하더라도, 매도인과 매수인 사이에서는 매수인에게 위 피담보채무를 변제할 책임이 있으므로, 매수인이 그 변제를 게을리하여 근저당권이 실행됨으로써 매도인이 매매목적물에 관한 소유권을 상실하였다면, 특별한 사정이 없는 한, 이는 매수인에게 책임 있는 사유로 인하여 소유권이전등기의무가 이행불능으로 된 경우에 해당하고, 거기에 매도인의 과실이 있다고 할 수는 없다.

(3) 제3자를 위한 계약

1) 서 설

① 의 의

계약당사자 이외의 제3자에게 직접 권리를 취득시키는 계약(제539조)으로서, 제3자가 계약상의 효과인 이행청구권을 취득한다는 점이 특징이다. 예컨대, 甲은 자신이 소유하는 자동차를 乙에게 매도하면서 乙로 하여금 丙에게 매매대금을 지급하게 하고, 동시에 제3자 丙이 직접 乙에 대하여 그 대금청구권을 취득하도록 하는 별도의 부관을 매매계약 안에 첨가할 경우에 이 약정을 제3자를 위한 계약이라고 부른다.

제3자를 위한 계약은 제3자의 '수익의 의사표시'를 전제로 이해된다.[562] 그러나 제3자의 동의 하에 채권과 채무를 동시에 그에게 발생시키거나,[563] 제3자에게 일정한 대가의 지급 기타 일정한 부담 하에 권리를 부여하는 것도 가능하다[564]고 한다. 그리고 제3자를 위한 계약이 쌍무계약인 경우 낙약자의 제3자에 대한 급부와 요약자의 낙약자에 대한 반대급부는 서로 성립·이행·존속상의 견련관계에 서있기 때문에 낙약자는 계약에 기한 항변으로써 제3자에게 대항할 수 있다(제542조). 그러므로 제3자를 위한 계약에 있어서도 동시이행의 항변권(제536조) 및 위험부담(제537조, 제538조)에 관한 규정이 적용된다.

② 제3자를 위한 계약에 있어서 3면관계

계약당사자 중에서 제3자에게 급부를 행할 의무를 부담하는 자를 낙약자(채무자), 제3자에 대한 이행의 약속을 받은 자가 요약자(채권자)이다. 그리고 직접 급부를 받는 자가 제3자(수익자)이다.

a) 보상관계(요약자와 낙약자 사이의 관계)

보상이란 낙약자가 제3자에게 행하는 급부에 대하여 요약자로부터 보상받는다는 의미이다. 그러나 무상계약도 존재할 수 있다(낙약자가 요약자에게 증여를 제3자에게 약속하는 경우). 보상관계는 계약의 내용이 되어 그 흠결·하자는 계약의 효력에 영향을 미친다.

---

562) 곽윤직, 전게서, 123면.
563) 이은영, 전게서, 155면.
564) 대판 1965.11.9, 65다1620.

b) 출연관계(요약자와 제3자 사이의 관계)

출연관계(대가관계)에서는 요약자가 낙약자의 이행행위를 통하여 제3자에게 급부하도록 하는 원인관계로서 그 원인이 증여일 수 도 있고, 부양의무의 이행일 수도 있다. 출연관계가 결여된 경우에도 제3자를 위한 계약은 유효하게 성립하지만 부당이득의 반환이 문제될 뿐이다.

c) 급부실현관계(낙약자와 제3자 사이의 관계)

낙약자와 제3자 사이에는 계약이 존재하지 않는다. 낙약자는 요약자가 어떠한 원인에 의하여 제3자에게 출연하는지를 모르는 경우도 존재하지만, 다만 제3자는 수익의 의사표시를 낙약자에게 하여야 낙약자에게 이행청구권을 갖는다.

③ 제3자를 위한 계약과 구별되는 것들

a) 부진정 제3자를 위한 계약

제3자가 직접 채무자에 대하여 청구권을 가지지 않는 경우에는 진정한 의미의 제3자를 위한 계약이 성립하지 않는다. 예컨대, A가 B로부터 신 모델 컴퓨터 1대를 매수하는 계약을 체결하였으나 B에게는 해당 모델이 없어서 B(요약자)는 도매상C(낙약자)에게 부탁하여 A에게 배달하여 주도록 한 경우에, C가 A에게 그 컴퓨터를 인도할 때 B의 채무는 이행되었다고 볼 수 있어도 A는 C에 대하여 직접 이행청구권을 갖지는 않는다.

b) 제3자의 보호효를 가진 계약

계약의 효력이 계약당사자 이외의 제3자에게 미치는 계약이다. 이를 긍정한다면, 개인택시가 추돌사고를 일으키어 승객인 A와 그의 가족이 부상을 입은 경우에 가족들도 계약상의 보호를 받게 되어 운전사에게 채무불이행으로 인한 손해배상을 청구할 수 있다.

c) 대리제도와의 구별

아버지가 미성년자 아들을 위하여 의료계약을 체결한 경우와 아버지가 아들의 법정대리인으로서 의료계약을 체결한 경우에 계약당사자 이외의 자에게 계약의 효력이 미친다는 점에서 대리제도와 유사하다. 그러나 다음과 같은 점에서 차이가 있다. 첫째, 유효한 대리행위를 위해서는 본인의 대리인에 대한 수권(행위)이 있어야 하나, 요약자는 제3자(수익자)로부터 이러한 수권 없이 계약을 체결한다.

둘째, 대리인에게는 어떠한 권리와 의무도 발생하지 않고 본인에게 모든 법률효과가 귀속되는데 비하여 제3자는 낙약자에 대해서 이행청구권을 취득할 뿐이다.

2) 성립요건

① 요약자와 낙약자 사이(보상관계)에 유효한 계약이 성립하고 있어야 한다(예: 성립·유효요건으로서 증여의 경우는 서면으로 표시). 그러나 대가관계(요약자와 제3자 사이)는 제3자를 위한 계약의 성립에 직접적인 관련성을 갖지 않는다.

② 제3자 수익약정(제3자에게 직접 권리를 취득케 하는 약정=제3자를 위한 부관)이 있어야 한다. 단지 제3자에게 이행할 의무만을 부담시키는 것이 아니라 낙약자의 급부가 주로 제3자를 위한 것인 때에는 제3자에게 권리를 취득시키려는 뜻으로 해석된다. 예컨대, 변제를 위한 공탁(제487조)이나 제3자에게 반환을 약정하는 소비대차계약이나 임치계약 등(거래관행 또는 행위성질로부터 추단)은 제3자에게 권리를 직접 취득시키는 계약으로 보지만, 이행인수계약은 제3자를 위한 계약으로 볼 수 없다.

③ 제3자는 계약체결 당시 현존하고 있어야 하는 것은 아니지만 수익의 의사를 표시할 때에는 현존·특정되어 있어야 한다(통설).

④ 제3자를 위한 계약의 목적이 있어야 한다. 즉, 제3자로 하여금 원칙적으로 채권을 취득시키는 것을 목적으로 한다. 따라서 제3자는 낙약자(채무자)에 대하여 직접 이행을 청구할 수 있다(제539조 1항). 그런데 제3자로 하여금 물권을 직접 취득하게 하는 약정이 가능한가? 다수설은 채권계약뿐만 아니라 물권적 합의 내지 처분계약도 포함된다고 한다.[565] 그러나 물권적 합의 이외에 인도나 등기 등 현실행위를 필요로 하는 경우에는 제3자가 수익의 의사표시 이외에 인도나 등기를 함으로써 권리를 취득한다고 본다. 또한 낙약자가 제3자에게 갖는 채권을 소멸시키는 약정도 제3자를 위한 처분행위로서 유효하다.[566]

3) 효 과

① 제3자의 지위

a) 제3자의 이행청구권

이행청구권의 발생시기에 관하여 통설은 제3자에 의한 수익의 의사표시를 행한 때에 제3자의 권리가 발생한다(청구권의 효력발생요건)고 하지만 계약성립후 제

---

565) 곽윤직, 전게서, 122면; 김주수, 전게서, 101면; 김증한, 전게서, 71면; 이은영, 전게서, 154면 등.
566) 대판 1980.9.24, 78다709.

3자의 수익의 의사표시시 까지 제3자의 지위보호를 위해 제539조 2항은 축소·제한적으로 해석되어야 한다.[567] 따라서 법률의 규정 또는 거래관행이나 계약의 목적에 비추어 제3자에게 직접 권리를 발생시키는 것으로 해석될 경우 계약의 성립 당시에 제3자의 권리가 발생한다(수익거절권능 포함).

b) 수익의 의사표시

낙약자에게 명시적 또는 묵시적으로 하여야 한다(제539조 제2항). 낙약자에 대한 이행의 청구는 이를 포함한다.[568] 낙약자가 상당한 기간을 정하여 수익여부의 확답을 최고하였으나, 그 기간 내에 확답을 받지 못한 경우 제3자는 수익을 거절한 것으로 본다(제540조). 수익의 의사표시를 행하는 시점부터 제3자에의 권리귀속이 확정된다는 의미에서 제3자는 수익의 의사표시로 권리를 확정할 수 있는 형성권을 가지고 있다. 따라서 '수익의 의사표시를 할 권리'는 특약이 없는 한 요약자가 가지는 채권의 소멸시효와의 균형상 10년의 제척기간에 걸린다. 이 권리는 재산적 성격이 강해 상속·양도·채권자대위권의 대상이 된다.[569]

c) 제3자의 권리의 확정(제541조)

제3자에게 권리가 귀속된 후에는 계약당사자는 이는 변경·소멸시키지 못한다. 단 약정으로 유보하거나, 하자있는 의사표시로 취소하거나 낙약자의 귀책사유로 인한 채무불이행의 경우 해제(제3자 동의는 필요 없다)할 수 있다.

d) 계약에 대한 제3자의 지위

제3자는 계약당사자가 아니므로 취소권과 해제권을 가지지 않으며, 제3자가 낙약자·요약자를 사기·강박한 경우 제3자에 의한 사기(제110조 제2항)가 된다. 또한 의사표시에 관한 선의의 제3자로서의 보호를 받지 못한다(통설). 그리고 낙약자는 요약자와의 계약에 기한 항변으로써(예: 권리의 소멸·동시이행) 제3자에게 대항할 수 있다(제542조).

② 요약자의 지위

a) 제3자의 권리에 관해서 요약자가 가지는 권리

요약자는 제3자에 대한 채무이행을 낙약자(채무자)에게 청구할 수 있는 권리를

567) 김형배, 전게서, 188면; 이은영, 전게서, 156면.

568) 대판 1972.8.29, 72다1208.

569) 다수설의 견해이다(곽윤직, 전게서, 92면; 김상용, 전게서, 122면; 김증한, 전게서, 74면; 김주수, 전게서, 117면 등).

가진다(통설). 이는 제3자의 수익의 의사표시 유무와 관계없이 존재한다. 낙약자의 채무불이행에 대해서는 제3자 외에도 요약자의 손해배상청구권이 인정된다. 다만 제3자에 대한 급부가 절대적으로 요구되는 경우, 제3자의 수익거절은 계약당사자 쌍방의 귀책사유 없는 후발적 급부불능이 되어 낙약자(채무자)는 요약자(채권자)에 대한 반대급부청구권을 상실한다(위험부담의 문제: 제537조). 그러나 제3자에 대한 급부가 계약목적상 절대적으로 요구되지 않는 경우에는 요약자에 대한 급부를 함으로써 자신(낙약자)의 채무를 이행할 수 있다.

b) 요약자의 계약상의 지위

요약자는 계약당사자로서 낙약자에게 취소권·해제권을 갖는다. 통설과 판례는 제3자가 수익의 의사표시를 행한 후 요약자가 낙약자의 채무불이행을 이유로 계약을 해제하기 위해서는 제3자의 동의를 요건으로 하지 않는다. 그러나 제3자가 본래의 급부청구권에 대한 권리뿐만 아니라 이에 갈음하는 손해배상청구권도 보유하고 있으므로 제3자의 동의 없이 요약자가 해제할 수 있다고 하면, 제3자의 손해배상청구권을 부당하게 박탈하는 결과가 된다. 따라서 제3자의 권리가 본래의 급부에 대한 청구권만을 의미하지 않는 경우에는 요약자는 제3자의 동의를 얻어 해제하여야 한다고 생각한다.[570)]

c) 요약자와 제3자와의 관계

출연의 원인인 대가관계가 결여되었더라도 제3자의 채권발생에는 아무 영향도 없다. 이 경우 제3자는 부당이익을 기초로 요약자에게 반환하지 않으면 안 된다.

③ 낙약자의 지위

낙약자는 요약자와의 보상관계상의 하자 등을 제3자에게 주장할 수 있다(제542조). 또한 낙약자는 제3자에 대해 이익의 향유여부의 확납을 최고할 수 있고, 그 기간 내에 확답을 받지 못한 경우 제3자가 거절한 것으로 본다(제540조).

④ 제3자를 위한 계약과 부당이득의 문제

계약이 무효·취소·해제가 되어 낙약자가 이미 제3자에게 급부한 것이 있으면 그 반환을 청구할 수 있는가? 이에 관하여 보상관계는 무효지만 대가관계가 유효한 경우에는 요약자가 대가관계에 따른 채무를 면하게 되면, 낙약자는 요약자

---

570) 김형배, 전게서, 193면.

에 대하여 부당이득반환청구를 할 수 있다. 그리고 보상관계는 유효하나 대가관계가 무효인 경우에는 제3자에 대한 요약자의 부당이득반환청구권을 긍정한다. 또한 보상관계와 대가관계가 모두 무효인 경우에는 제3자에 대한 낙약자의 부당이득반환청구를 인정하거나, 요약자가 대가관계에 기하여 제3자에게 또는 낙약자가 보상관계에 기하여 요약자에게 그 반환을 청구할 수 있다. 끝으로 낙약자와 제3자 사이의 급부관계가 무효인 경우는 낙약자가 제3자에게 부당이득의 반환을 청구할 수 있다.

마) 요약자·제3자·낙약자의 귀책사유로 인한 급부불능

요약자의 귀책사유로 인한 급부불능의 경우 낙약자의 급부의무는 경감되거나 소멸하지만, 요약자에 대한 낙약자의 반대급부청구권은 소멸하지 않는다(제538조 제1항). 그리고 제3자의 책임 있는 사유로 인한 급부불능의 경우 요약자의 귀책사유에 기한 급부불능의 경우와 같다. 제3자가 수령을 지체한 경우 채권자지체의 효과가 발생(제400조 이하)하고, 수령지체 시부터 급부위험은 제3자에게 이전된다. 끝으로 낙약자의 귀책사유로 인한 급부불능의 경우에는 요약자는 채무불이행으로 인한 계약을 해제할 수 있으며, 요약자와 제3자는 손해배상을 청구할 수 있다.

[문제 19]

甲은 자신의 어머니(丙)를 위해서 A회사 제품인 최신형 냉장고 1대를 구입하고자 가전제품 대리점을 운영하는 乙과 A회사 제품인 최신형 냉장고 1대를 1주일 후에 甲의 어머니의 집으로 직접 배달·인도하여 주기로 하는 계약을 체결하고 대금을 미리 선납하였다. 그런데 乙의 가전제품 대리점에는 甲이 구입하고자하는 모델의 냉장고가 다 팔린 상태라서 乙은 동종업자인 丁에게 부탁하여 위와 같이 甲에게 판매하기로 한 동종의 냉장고 1대를 이행기에 丙의 집으로 직접 배달·인도하기로 하였다. 그러나 丁은 이행기에 丙에게 그 냉장고를 인도하지 않았다.

(질문)

첫째, 이 경우 甲은 丁에게 직접 냉장고 이행청구권을 행사할 수 있는가?

둘째, 만약 甲은 丁에게 직접 냉장고 이행청구권을 행사할 수 없다면 甲은 법률적으로 어떤 구제수단을 행사할 수 있는가?

(참조판례) 대판 1994.8.12, 92다41559; 대판 1996.1.26, 94다54481; 대판 2004.9.3, 2002다37405; 대판 2006.9.14, 2004다18804 등.

[문제 19] 해설:

Ⅰ. 사례의 쟁점

甲과 乙은 최신형 냉장고에 대한 매매계약(제563조)을 체결하였으며, 이에 의하여 甲은 乙에 대하여 이행청구권을 갖게 된다.[571] 또한 乙의 부탁과 丁의 배달·인도에 관한 합의가 병존적 채무인수에 해당하거나, 甲을 수익자로 하는 제3자를 위한 계약에 해당한다면 甲은 丁에 대하여 이행을 청구할 수 있다는 점에서 乙과 丁의 법률관계를 파악할 필요가 있게 된다. 즉, 丁이 丙에게 인도하여야 할 채무는 본래 乙이 이행하여야 할 채무라는 점에서 채무인수의 외관을 취한다. 하지만 이러한 채무인수는 면책적 채무인수(제454조), 병존적 채무인수, 이행인수에 의하여 가능하며, 또 이들 상호간의 성립요건과 그에 따른 법적 효과가 달라진다는 점에서 丁이 丙에 인도해야 할 의무가 어떠한 유형으로 행해졌는지 판단해야 한다.

면책적 채무인수는 채무의 동일성을 유지하면서 채무를 인수인에게 이전시키는 계약이며, 채무인수가 이루어진 경우 이전 채무자는 채권자에 대하여 더 이상의 채무를 부담하지 않게 된다. 이러한 면책적 채무인수는 채권자와 인수인과의 계약이거나(제453조) 또는 채무자와 인수인 사이에 채무인수 계약이 이루어진 경우, 채권의 담보 상실의 위험을 고려하여 채권자의 승낙을 받아야 효력이 발생한다(제454조). 이와 달리 병존적 채무인수는 종래의 채무자의 채무를 면제시키지 아니하고 인수인이 채무자와 병존적으로 새로이 동일한 채무를 부담하는 계약을 말하며, 이 경우 종전의 채무자는 채무 인수인과 함께 동일한 채무를 부담한다는 점에서 채권의 담보적 기능을 수행하게 된다. 또한 병존적 채무인수가 채무자와 인수인 사이에서 이루어진 경우 이는 제3자를 위한 계약으로 보는 것이 통설과 판례의 입장이며, 이 둘의 채무는 연대채무의 성질을 갖는다.

이행인수란 인수인이 채무자에 대해 채무자의 채무를 이행할 것을 약정하는 채무자와 인수인 사이의 계약을 말한다. 다만 이행인수의 경우 인수인은 채권자가 아닌 채무자와의 계약에 기한 의무로서, 채권자에게 이행을 하여야 할 의무를 지지는 않으며, 채권자도 인수인에게 그 이행의 청구를 구할 수 없다.

사안의 경우 채권자 甲의 승낙이 없는 관계로 제454조의 면책적 채무인수에는 해당하지 않는다 할 것이며, 따라서 병존적 채무인수와 이행인수 중 어느 것에 속하는지가 문제된다.

Ⅱ. 甲을 수익자로 하는 제3자를 위한 계약에 해당하는지 여부

1. 의 의

민법 제539조 제1항은 계약에 의하여 당사자 일방이 제3자에게 이행할 것을 약정한 때에는 그 제3자는 채무자에게 직접 그 이행을 청구할 수 있다고 규정하고 있다. 제3자를 위한 계약은 기본계약의 부관 또는 특약으로써 계약의 당사자가 아닌 제3자에게도 계약상의 효과인 이행청구권을 인정한다는 점을 그 특징으로 삼고 있다.

---

571) 丙을 수익자로 하는 제3자를 위한 계약으로 보는 경우에도 같다.

판례의 경우 제3자를 위한 계약이라 함은 통상의 계약이 그 효력을 당사자 사이에서만 발생시킬 의사로 체결되는 것과는 달리 계약 당사자가 자기들 명의로 체결한 계약에 의하여 제3자로 하여금 직접 계약 당사자의 일방에 대하여 권리를 취득하게 하는 것을 목적으로 하는 계약[572]이라고 표현하며, 계약의 당사자가 제3자에 대하여 가진 채권에 관하여 그 채무를 면제하는 계약도 제3자를 위한 계약에 준하는 것으로 유효하다[573]고 본다.

2. 성립요건

제3자를 위한 계약이 성립하기 위해서는 첫째 유효한 보상관계가 존재하며, 둘째 제3자를 위한다는 수익약정을 하고, 셋째 수익자가 특정되어야 하며, 넷째 제3자를 위한 계약의 목적이 있어야 한다. 사안에 경우 이러한 요건 중 제3자 수익약정을 하였는지에 대한 판단이 중요하다.

3. 제3자 수익약정 인정여부

제3자를 위한 계약의 경우 그러한 종류의 계약은 따로 존재하지 않으며, 계약의 내용 중 일부가 당사자의 약정(부관 내지 특약)에 의하여 변경되어 수익자로 하여금 권리를 취득하게 하는 것을 말한다. 또한 제3자에게 직접 채권(권리)을 취득시키려는지 혹은 단순히 이행할 의무만 부담하는 지는 계약의 해석문제이며, 불분명한 경우 제3자에게 권리를 취득시키려는 뜻으로 해석된다.

이러한 구별을 위한 기준으로 판례는 계약체결의 목적, 계약에 있어서의 당사자의 행위의 성질, 계약으로 인하여 당사자 사이 또는 당사자와 제3자 사이에 생기는 이해득실, 거래관행, 제3자를 위한 계약제도가 갖는 사회적 기능 등 제반사정을 종합하여 계약 당사자의 합리적 의사를 해석함으로써 판별할 수 있다고 한다.[574]

4. 소 결

판례에 따르면 병존적 채무인수와 이행인수의 구분으로서 다음과 같이 판단한다. 즉, 채무자와 인수인의 계약으로 체결되는 병존적 채무인수는 채권자로 하여금 인수인에 대하여 새로운 권리를 취득하게 하는 것으로 제3자를 위한 계약의 하나로 볼 수 있는바, 이와 비교하여 이행인수는 채무자와 인수인 사이의 계약으로 인수인이 변제 등에 의하여 채무를 소멸하게 하여 채무자의 책임을 면하게 할 것을 약정하는 것으로 인수인이 채무자에 대한 관계에서 채무자를 면책하는 채무를 부담하게 될 뿐, 채권자로 하여금 직접 인수인에 대한 채권을 취득하게 하는 것이 아니므로, 결국 제3자를 위한 계약과 이행인수의 판별 기능은 직접 채권을 취득하게 할 의사가 있는지 여부에 달려 있다 할 것이고, 구체적으로는 계약 체결의 동기·경위 및 목적, 계약에 있어서의 당사자의 지위, 당사자 사이 및 당사자와 제3자 사이의 이해관계, 거래 관행 등을 종합적으로 고려하여 그 의사를 해석하여야 한다.[575]

---

572) 대판 1997.10.24, 97다28698.

573) 대판 2004.9.3, 2002다37405.

574) 대판 1997.10.24, 97다28698.

따라서 판례에 기준에 따라 판단하면, 乙과 丁의 계약을 병존적 채무인수로는 볼 수 없을 것이다. 그 이유는 甲에 대한 채무는 본래 乙의 채무였지만, 사정상 乙은 丁에게 이를 인도하여 줄 것을 부탁하였고, 丁이 그 부탁을 받아들여 이행할 의무가 발생하였지만, 채권자인 甲과의 관계에서 아무런 관계가 존재하지 않으며, 이러한 甲에 대하여 丁은 채무자인 乙과 동등한 책임을 부담하고자 하는 의사로 해석할 만한 근거가 나타나 있지 않기 때문이다. 결과적으로 乙과 丁의 부탁 및 합의는 이행인수로 봄이 타당하다 할 것이다.

앞에서 살펴본 바와 같이 乙의 채무에 대하여 이행인수 계약을 체결하였다고 볼 수 있는 경우 이행인수의 법적 성질상 제3자를 위한 계약으로 보기는 어렵다 할 것이고, 채권자가 낙약자에 대하여 이행청구권이 발생하지 않는다는 점에서 부진정 제3자를 위한 계약으로 보는 것이 상당하다 할 것이다. 따라서 丁은 乙과 이행인수계약을 체결한 것에 불과하기 때문에 乙의 채권자인 甲은 丁에 대하여 이행을 청구할 수 있는 법적 근거가 없다고 할 것이다.

Ⅲ. 甲의 법적구제수단

1. 乙의 이행지체의 성립여부 및 효과

甲과 乙은 민법 제564조에 의한 매매계약을 체결하였으며, 이에 의하여 甲은 매매대금지급의무를 부담하며, 乙은 계약의 목적인 냉장고를 丙에게 이전해야 할 의무를 부담한다. 하지만 乙은 목적물 인도의무를 이행하지 않았으며,[576] 이행기가 이미 경료 하였다는 점에서 민법 제387조에 의한 채무불이행 책임을 지는지에 대한 판단이 필요하다. 또한 乙의 채무불이행책임을 물음에 있어 민법 제390조의 손해배상청구와 관련하여 丁의 고의 또는 과실을 乙의 고의 과실로 전용하여 이를 근거로 청구가 가능한지에 대한 판단이 중요하다 할 것이다.

乙은 甲과의 매매계약에 의하여 최신형 냉장고를 인도하여야 하는 채무를 부담한다. 이는 목적물의 종류와 범위를 지정하여 계약을 체결한 종류물채권에 해당하기 때문에 乙은 최소한 중등 품질의 냉장고를 甲에게 이전해주어야 하며(제375조 제1항), 丙의 주소로 인도할 것을 약정하였기 때문에, 丙의 주소에 가서 丙이 수령할 수 있을 정도의 이행제공이 필요하다. 하지만 乙은 甲에 대한 채무의 제공을 하지 않았으므로 종류채권의 특성상 특정되기 전에는 이행불능이 될 수 없다고 할 것이므로 (제375조 제2항) 이행지체가 성립하는 지에 대하여 살펴보아야 한다.

2. 이행지체의 성립요건

이행지체란 채무가 이행기에 있고 그 이행이 가능함에도 불구하고 채무자의 귀책사유에 의하여 채무의 내용에 좇은 이행이 행해지지 않는 경우 그에 대한 일정한 책임을 묻는 것을 말한다. 따라서 이행지체가 성립하기 위해서는 첫째, 이행기가 도래

---

575) 대판 2008.3.27, 2006다40515: 대판 2006.1.26, 2005다54999: 대판 1997.10.24, 97다28698.

576) 정(丁)과의 이행인수는 계약의 당사자인 갑(甲)에게 영향을 주지 않기 때문에 을(乙)의 채무불이행에 있어서 장애사유가 되지 않는다.

할 것 둘째, 이행이 가능할 것 셋째, 채무자의 귀책사유가 있을 것 넷째, 위법성조각사유가 없을 것 등의 요건이 충족되어야 한다. 사안의 경우 다른 요건은 충족되었다고 인정함에 문제가 없지만, 앞서 보았듯이 乙은 丁과 이행인수의 계약을 체결하였다고 볼 수 있으므로 乙의 귀책사유에 대한 판단이 요구된다.

3. 丁을 민법 제391조에 따른 이행보조자로 볼 수 있는지 여부

민법 제391조는 이행보조자의 고의 또는 과실을 채무자의 고의 또는 과실로 본다고 규정하고 있다. 타인의 귀책사유에 대하여 책임을 지는 근거는 타인을 사용하여 이익을 향수하는 자는 그에 대한 위험까지 부담하여야 한다는 법리가 적용된 결과이다.

여기서 이행보조자는 학설에 따라 인정범위가 다르다. 먼저 다수설에 따르면 이행보조자는 협의의 이행보조자와 이행대행자로 구분하며, 제391조의 이행보조자는 협의의 이행보조자로서 사용자의 실질적인 선임·감독·지휘가 있는 지로 판단한다(간섭가능성). 이에 반해 제391조의 취지를 근거로 간섭가능성을 요건으로 삼지 않는 견해도 존재한다.

또한 판례에 따르면 민법 제391조에서의 이행보조자로서의 피용자라 함은 일반적으로 채무자의 의사 관여 아래 그 채무의 이행행위에 속하는 활동을 하는 사람이면 족하고, 반드시 채무자의 지시 또는 감독을 받는 관계에 있어야 하는 것은 아니므로 채무자에 대하여 종속적인가 독립적인 지위에 있는가는 문제되지 않는다고 판단하고 있다.[577] 丁이 이행보조자에 해당하는지의 여부를 판례에 따라 판단하면, 乙은 丁의 이행에 관한 사항을 지휘·감독에 이를 정도로 간섭하지는 않았지만, 의사 관여 정도는 이루어졌다는 점은 충분히 인정될 수 있다고 판단되기에 丁은 제391조에서 말하는 이행보조자에 해당한다고 함이 상당하다 할 것이다.

4. 이행지체의 효과

이행지체가 성립하면(민법 제387조), 채권자에게는 제390조에 의한 손해배상청구권이 발생하며, 제544조에 의하여 상당한 기간을 최고한 후 계약을 해제할 수 있으며, 해제권을 행사할 경우에도 제551조에 의하여 손해배상청구권을 행사할 수 있다. 또한 채무자의 귀책사유에 관계없이 채권자는 제389조에 의한 강제이행을 법원에 신청할 수 있다. 그리고 이행지체 책임이 발생하면 민법 제392조에 의하여 채무자는 무과실책임을 지게 된다.

5. 소 결

사안의 경우 채무자인 乙은 이행지체책임(제387조)을 지며, 이에 채권자인 甲은 제390조에 의한 손해배상을 청구할 수 있으며, 제389조에 의하여 강제이행을 신청할 수 있고, 제544조에 의하여 최고를 한 후, 상당한 기간이 지나면 계약을 해제할 수 있을 것이다.

577) 대판 2008.2.15, 2005다69458.

Ⅳ. 결 론

첫째, 채권자인 甲은 乙의 이행인수인에 불과한 丁에 대하여 자신의 채권에 대한 채무이행을 청구할 수 없다.

둘째, 丁의 법적 지위는 乙의 이행보조자에 해당하기 때문에 乙은 甲에 대하여 이행지체책임을 부담하며, 그 효과로서 甲은 손해배상청구와 강제이행을 할 수 있다. 또한 상당한 기간을 정하여 최고를 한 후에도 乙이 채무를 이행하지 않은 경우에는 계약을 해제할 수 있으며, 그 경우 이미 지급한 대금을 부당이득반환청구(제741조)[578]를 통하여 지급받을 수 있다 할 것이다.

[문제 19] 관련 판례: [관판 19]

◎ **대판 1997.10.24, 97다28698【부당이득금반환】**

【판시사항】

[1] 제3자를 위한 계약의 의의 및 그 판별 기준

[2] 제3자를 위한 계약인 채무인수와 이행인수의 판별 기준

[3] 부동산을 매매하면서 매도인과 매수인 사이에 매매대금을 매도인의 채권자에게 직접 지급하기로 약정한 경우, 이는 매도인의 채권자로 하여금 매매대금청구권을 취득하게 하는 제3자를 위한 계약으로서 병존적 채무인수에 해당된다고 본 사례

【판결요지】

[1] 제3자를 위한 계약이라 함은 통상의 계약이 그 효력을 당사자 사이에서만 발생시킬 의사로 체결되는 것과는 달리 계약 당사자가 자기들 명의로 체결한 계약에 의하여 제3자로 하여금 직접 계약 당사자의 일방에 대하여 권리를 취득하게 하는 것을 목적으로 하는 계약인바, 어떤 계약이 제3자를 위한 계약에 해당하는지 여부는 당사자의 의사가 그 계약에 의하여 제3자에게 직접 권리를 취득하게 하려는 것인지에 관한 의사해석의 문제로서 이는 계약 체결의 목적, 계약에 있어서의 당사자의 행위의 성질, 계약으로 인하여 당사자 사이 또는 당사자와 제3자 사이에 생기는 이해득실, 거래 관행, 제3자를 위한 계약제도가 갖는 사회적 기능 등 제반 사정을 종합하여 계약 당사자의 합리적 의사를 해석함으로써 판별할 수 있다.

[2] 채무자와 인수인의 계약으로 체결되는 병존적 채무인수는 채권자로 하여금 인수인에 대하여 새로운 권리를 취득하게 하는 것으로 제3자를 위한 계약

578) 직접효과설(다수설·판례)과 청산관계설에 따라 견해의 대립이 있다. 해제의 소급효를 인정하여 미이행채무는 소멸하며, 이미 이행한 채무는 제741조에 의한 부당이득을 통하여 제548조의 원상회복의 범위까지 청구할 수 있는 반면, 청산관계설에 따르면 이미 이행한 채무에 관하여, 부당이득의 법리로써가 아닌, 원상회복의 의무를 지게 되어 그에 대한 채권이 존재하게 된다(김형배·김규완·김명숙, 전게서, 1266면).

의 하나로 볼 수 있고, 이와 비교하여 이행인수는 채무자와 인수인 사이의 계약으로 인수인이 변제 등에 의하여 채무를 소멸케 하여 채무자의 책임을 면하게 할 것을 약정하는 것으로 인수인이 채무자에 대한 관계에서 채무자를 면책케 하는 채무를 부담하게 될 뿐 채권자로 하여금 직접 인수인에 대한 채권을 취득케 하는 것이 아니므로 결국 제3자를 위한 계약과 이행인수의 판별 기준은 계약 당사자에게 제3자 또는 채권자가 계약 당사자 일방 또는 인수인에 대하여 직접 채권을 취득케 할 의사가 있는지 여부에 달려 있다 할 것이고, 구체적으로는 계약 체결의 동기, 경위 및 목적, 계약에 있어서의 당사자의 지위, 당사자 사이 및 당사자와 제3자 사이의 이해관계, 거래 관행 등을 종합적으로 고려하여 그 의사를 해석하여야 한다.

[3] 부동산을 매매하면서 매도인과 매수인 사이에 중도금 및 잔금은 매도인의 채권자에게 직접 지급하기로 약정한 경우, 그 약정은 매도인의 채권자로 하여금 매수인에 대하여 그 중도금 및 잔금에 대한 직접청구권을 행사할 권리를 취득케 하는 제3자를 위한 계약에 해당하고 동시에 매수인이 매도인의 그 제3자에 대한 채무를 인수하는 병존적 채무인수에도 해당한다고 본 사례.

◎ **대판 1994.8.12, 92다41559【손해배상(기)】**

【판시사항】

가. 난지도 쓰레기처리장 건설공사가 완공된 후 도급계약이 해제된 경우, 해제의 효력이 기계, 전기공사부분에 한하여 미치고 토목, 건축공사부분에는 미치지 않는다고 본 사례

나. 대한민국과 건설회사 사이에 체결된 난지도 쓰레기처리장 건설공사계약이 서울특별시를 수익자로 하는 제3자를 위한 계약이라고 본 사례

다. 제3자를 위한 계약에 있어서 수익자의 계약해제권 또는 해제를 원인으로 한 원상회복청구권의 유무

라. 제3자를 위한 계약이 해제된 경우 수익자의 손해배상청구권의 유무

마. 설계시공일괄입찰(Turn-Key Base) 방식에 의한 공사도급계약에 있어서의 수급인의 의무

【판결요지】

가. 난지도 쓰레기처리장 건설공사가 완공된 후 도급계약이 해제된 경우, 토목, 건축공사의 기성고부분에 대하여도 계약의 해제를 인정한다면 수급인에게 과대한 손실을 주게 될 뿐만 아니라 해제의 결과 원상회복을 하게 되면 사회경제적 손실도 크므로, 민법 제668조 단서규정의 취지나 신의칙에 비추어 도급계약해제의 효력은 기계, 전기공사부분에 한하여 미칠 뿐이고 토목, 건축공사의 기성고부분에 대하여는 미치지 아니한다고 본 사례.

나. 대한민국이 서울특별시를 위하여 건설회사와의 사이에 난지도 쓰레기처리장 건설공사계약을 체결한 이상 그 계약의 당사자는 대한민국과 건설회사이고 서울특별시는 위 계약상의 수익자이며, 난지도 쓰레기처리시설의 건설이 서울특별시의 사업으로서 그 기본계획의 입안, 부지의 선정 및 제공, 입찰안내서의 작성, 공사비의 지출, 관리비의 지출 등 계약체결을 제외한 모든 것이 실질적으로 서울특별시에 의하여 이루어졌을 뿐 아니라 완성된 시설 또한 서울특별시에 귀속된다고 하여 서울특별시가 쓰레기처리장 건설공사계약의 당사자가 되는 것은 아니라고 본 사례.

다. 제3자를 위한 계약의 당사자가 아닌 수익자는 계약의 해제권이나 해제를 원인으로 한 원상회복청구권이 있다고 볼 수 없다.

라. 제3자를 위한 계약에 있어서 수익의 의사표시를 한 수익자는 낙약자에게 직접 그 이행을 청구할 수 있을 뿐만 아니라 요약자가 계약을 해제한 경우에는 낙약자에게 자기가 입은 손해의 배상을 청구할 수 있는 것이므로, 수익자가 완성된 목적물의 하자로 인하여 손해를 입었다면 수급인은 그 손해를 배상할 의무가 있다.

마. 대한민국과 건설회사 사이에 체결된 난지도 쓰레기처리장 건설공사계약은 이른바 설계시공일괄입찰(Turn-Key Base) 방식에 의한 것으로서 비록 도급인인 대한민국이 쓰레기처리장의 입지, 규모, 처리공정의 골격과 처리설비의 최소한의 기능 등 공사 전반의 기본적 사항을 결정하여 제시하고 공사실시도면에 관하여 행정상 필요한 승인을 하였다고 하더라도, 설계시공일괄입찰 방식의 계약에 있어서의 수급인인 건설회사는 도급인이 의욕하는 공사목적물의 설치목적을 이해한 후 그 설치목적에 맞는 설계도서를 작성한 뒤 이를 토대로 스스로 공사를 시행하고 그 성능을 보장하여 결과적으로 도급인이 의욕한 공사목적을 이루게 하여야 하는 것이다.

6. 계약의 해제와 해지

(1) 서 설

해제와 해지는 해제권자 및 해지권자의 일방적 의사표시에 의하여 계약관계를 해소케 하는 형성권의 행사이다. 해제가 이미 발생된 계약관계로부터의 면제 또는 이미 이행된 급부를 반환케 하는 제도라고 한다면, 해지는 계속적 채권관계에 있어서 장래를 향해서만 그 효력이 발생한다. 해제와 구별하여야 하는 유사한 제도는 다음과 같다.

1) 해제계약(합의해제)

해제권의 유무와 관계없이 계약당사자가 유효하게 성립한 계약관계를 해소하겠다는 내용을 가진 새로운 계약에 의하여 기존의 계약관계가 청산되는 것을 말한다. 이는 해제와 성격이 다르므로 민법상 해제에 관한 규정(제543조 이하)은 적용되지 않는다(통설·판례).

※ 관련 판례

◎ 대판 2006.4.13, 2003다45700 【소유권이전등기】

【판시사항】

매매계약을 합의해제한 후 그 합의해제를 무효화시키고 해제된 계약을 부활시키는 약정을 할 수 있는지 여부(적극)

【판결이유】

매매계약을 합의해제한 후 그 합의해제를 무효화시키고, 해제된 매매계약을 부활시키는 약정은 계약자유의 원칙상 적어도 당사자 사이에서는 가능하다 할 것인바(대판 1980.7.8, 80다1077; 대판 1992.10.27, 91다483 등 참조), 위 법리에 따라 원심판결 이유를 기록에 비추어 살펴보면, 원심이 그 채택 증거들을 종합하여 원고와 피고 사이에 체결된 이 사건 매매계약을 합의해제하기로 약정한 후 그 합의해제약정에 따른 피고의 포기약정금 잔금지급의무의 불이행이 거듭되자 1999.6.22. 원고와 피고 사이에 1999.6.25.까지{원심판결문 6면 (2), (3)항의 1995.6.25.은 1999.6.25.의 오기이다} 피고가 포기약정금 잔금지급의무를 이행하지 아니할 경우 이 사건 합의해제약정을 무효로 하고, 이 사건 매매계약에 따른 서로 의무를 이행하기로 하는 내용의 이 사건 해제무효약정을 체결한 사실 및 위 약정기일까지 피고가 포기약정금 잔금지급의무를 이행하지 않은 사실을 인정한 다음, 이 사건 합의해제약정은 이 사건 해제무효약정에서 정한 피고의 포기약정금 잔금지급의무불이행이라는 조건이 성취되어 무효로 되고, 이 사건 매매계약이 되살아났다고 판단한 것은 정당한 것으로 수긍이 가고, 거기에 상고이유에서 지적하는 바와 같은 합의해제의 효과에 관한 법리오해, 채증법칙 위배로 인한 사실오인, 이유모순 등의 위법이 있다고 할 수 없다.

원심이 그 채택 증거들을 종합하여 이 사건 해제무효약정의 조건으로는 단지 피고의 포기약정금 잔금지급의무의 불이행만이 그 사유로 정해져 있을 뿐이고, 이 사건 합의해제약정에서 피고의 포기약정금 잔금지급의무와 동시이행하기로 정한 원고의 공장설립허가와 농지전용허가명의 변경에 필요한 서류제공의무에 관하여는 아무런 약정이 없다는 사실을 인정한 다음 이 사건 합의해제약정은 이 사건 해제무효약정에서 정한 조건의 성취로 무효로 되었다는 이유로

> 피고의 동시이행의 항변을 배척한 것은 정당한 것으로 수긍이 가고, 거기에 상고이유에서 지적하는 바와 같은 동시이행에 관한 법리오해나 이유모순의 위법이 있다고 할 수 없다. 또한, 원심은 그 채택 증거들을 종합하여, 피고가 원고와 아무런 사전 연락도 없이 포기약정금 잔금지급기일인 1999.6.25. 16:10경 원고의 사무실을 들렀다 그냥 되돌아간 사실을 인정한 다음 그것만으로는 피고가 이 사건 합의해제약정에서 정한 포기약정금 잔금지급의무의 이행을 다하였다 볼 수 없다고 판단하고 있는바, 원심판결 이유를 기록에 비추어 살펴보면, 원심의 사실인정과 판단은 모두 정당한 것으로 수긍이 가고, 거기에 상고이유에서 지적하는 바와 같은 이행제공의 법리를 오해한 위법이 있다고 할 수 없다.

2) 해제조건과 실권조항

실권조항이란 일방당사자의 채무불이행이 있으면 채권자 측의 특별한 의사표시가 없어도 당연히 계약의 효력을 잃게 하고, 채무자의 계약상 권리를 상실케 한다는 취지의 약관을 말한다. 해제조건과 해제는 채무불이행이라는 원인을 갖고 있다는 점이 유사하다.

3) 취 소

① 법률관계

해제의 법적성질을 직접효과설에 의할 경우 소급효가 인정된다는 점에서는 취소와 같으나, 청산관계설(원래의 채권관계와 동일성을 유지한 채 그 내용상의 변용이 있다고 이해함)에 따르면 취소와는 달리 소급효가 없다.

② 적용범위

취소는 모든 법률행위에 인정되나, 해제는 계약에만 인정된다.

③ 발생사유

취소권은 무능력 · 착오 · 의사표시의 하자 등에 의한 법률의 규정에 한하지만, 해제권은 법률의 규정 외에 당사자의 약정에 의할 수도 있다.

④ 반환범위

취소의 경우 부당이득반환범위(제748조)에 따르지만, 해제의 경우는 원상회복(제548조, 제549조)에 의한다.

⑤ 손해배상청구권

취소의 경우에는 채무불이행으로 인한 손해배상청구권과 양립할 수 없지만, 해제의 경우 이와 양립할 수 있다(제551조).

4) 철 회

철회는 아직 법률효과를 발생하고 있지 않은 의사표시의 효력발생을 저지하기 위하여 이루어지는 의사표시이다(청약이 도달하기 전에 철회하는 경우). 그러나 해제는 이미 유효하게 효력이 발생된 계약관계를 일정한 경우에 해소시키는 제도이다.

(2) 계약관계의 해제

1) 서 설

① 발생원인

a) 법정해제권

법률의 규정에 의해서 발생한다. 계약일반에 공통된 것은 발생원인이 채무불이행으로서 이행지체(보통의 경우는 제544조, 정기행위의 경우는 제545조 참조), 이행불능(제546조), 불완전이행 등과, 채권자지체 및 사정변경 등이 있다. 각종의 계약에 특수한 것은 증여(제555조 이하), 매매(제570조 이하), 도급(제668조) 등에서의 하자담보책임과 관련하여 법정해제권이 발생된다.

b) 약정해제권

당사자가 계약으로 해제권을 미리 유보하는 경우로서 그 행사와 효과는 법정해제와 다를 바 없으나 특약이 있으면 그 특약이 우선한다.

② 해제의 목적

계약관계가 원래 당사자가 약정한 대로 실현될 수 없는 경우에 그 계약관계는 변경된 사정에 적합하게 조절되어야 한다. 즉, 계약관계를 해소하는 이유는 계약을 해제하는 당사자(해제권자)가 계약의 구속으로부터 벗어나 새로운 계약을 체결할 수 있는 행위의 자유를 회복하는 데에 있다. 따라서 계약으로부터 성립한 미이행채무는 소멸하고 이미 이행된 급부는 원상으로 회복되어야 한다.

③ 해제의 기능

a) 채무불이행에 대한 구제로서의 기능

채무자의 채무불이행상태가 계속되는 경우 계약을 해제함으로써 계약은 해소되어, 쌍무계약의 채권자는 자기가 부담하던 반대급부의무에서 벗어나게 된다.

b) 현실적 이행의 강제 및 손해배상과의 차별적 기능

채권자에게 계약해제권이 주어지더라도 그에게 현실적 이행의 강제(제389조) 및 손해배상청구(제390조 등)에 의한 구제가 배제되는 것은 아니다.

④ 해제할 수 있는 계약의 범위

a) 약정해제

당사자 사이에 해제권이 유보되는 경우에는 어떠한 종류의 계약에 대해서도 해제가 가능하다. 다만 물권계약 및 순물권계약에 있어서도 약정해제가 가능한가? 다수설은 소급효 있는 해제조건이 가능함을 이유로 긍정하고 있으나 활용되는 바는 실제로 없다.

b) 법정해제

해제는 쌍무계약에 있어서 채무불이행이 발생하는 경우 구제방법으로서 실익이 있다. 법정해제는 편무계약에서도 인정되는가? 독일 민법과는 달리 채무불이행에 의한 법정해제를 쌍무계약에 한정하고 있지 않다. 다만 쌍무계약상 상대방이 자기의 반대급부의무를 면하는 것이 유리한 경우 해제의 실익이 있기 때문에 편무계약과는 그 의미가 다르다. 또한 법정해제는 물권계약에도 인정되는가? 법정해제는 채무불이행을 전제로 하므로, 계약체결과 동시에 종국적으로 변동되고 채무이행이라는 문제를 남기지 않는 물권계약 등에는 법정해제가 문제될 수 없다. 뿐만 아니라 경개계약·면제계약·상계계약에서도 이행의 문제가 남지 않고 계약의 성립과 더불어 완결되므로 법정해제가 문제될 수 없다.

※ 관련 판례

◎ **대판 1999.12.10, 99다31407【손해배상】**

【판시사항】

과대한 이행의 최고 또는 부적법한 계약해지의 의사표시만으로 상대방의 이익이 침해되거나 손해가 발생하는지 여부(소극)

【판결요지】

이행의 최고는 채권자가 채무자에 대하여 채무의 내용인 급부를 실현할 것을 요구하는 의사의 통지에 불과하므로, 본래의 급부에 비하여 과다한 급부의 실현을 요구하는 최고를 한 경우라 하더라도 그에 따른 법적 효과가 발생하지 아니함에 그치는 것이지 그 과다한 최고로 인하여 바로 채무자의 재산상 또는 비재산상 이익이 침해된다고 할 수 없고, 채권자가 채무자의 채무불이행을 이유로 계약해지의 의사표시를 하였으나 그 해지의 의사표시가 부적법한 경우에는 계약해지의 법률효과가 발생하지 아니하고 계약은 여전히 유효하게 존속한다고 할 것이므로 부적법한 계약해지의 의사표시로 인하여 채무자에게 그 계약에 기한 어떠한 손해가 발생한다고 할 수도 없다.

2) 해제권의 구체적 발생원인

① 서 설

최근 해제권의 발생원인에 대한 새로운 경향이 제기되고 있다. 즉, 해제는 채무자의 귀책사유를 전제로 하지 않는 급부장애의 청산제도로서, 손해배상은 채무자의 귀책사유를 전제로 하는 전보제도로서 양제도는 누적적으로 양립할 수 있는 구제방법으로 이해된다.[579)]

따라서 해제권 발생원인은 채무자의 귀책사유가 필수적인 요건이 아니라 계약상 의무에 대한 중대한 위반 혹은 지체의 경우에는 최고기간의 경과(정기행위는 지체로 인하여 계약의 목적이 달성될 수 없을 것)를 요건으로 한다.

② 이행지체로 인한 해제권의 발생(제544조)

계약의 일방당사자가 이행을 지체하는 경우에는 상대방이 상당기간을 정하여 그 이행을 최고하고 그 기간 내에 이행하지 않으면 해제권이 발생한다.

a) 요 건

가) 채무자의 이행지체가 있어야 한다.

예컨대, 4월 3일에 체결한 건물매매계약에서 5월 1일 등기소에서 잔대금지급을 상환으로 소유권이전등기를 하기로 약정하였는데 매수인이 약정기일 등기소에 나오지 않았다면 그 시점부터 이행지체에 빠진다. 매도인은 다시 5월 10일에 위 등기소에서 이행할 것을 최고했음에도 매수인이 이행하지 않을 경우 매도인

579) 국제통일매매법(1980년) 및 독일채권법개정위원회의 개정안(1992) 참고.

에게 해제권이 발생한다.

통설에 따르면 해제권 발생을 위한 중복적인 최고는 필요치 않다. 또한 이행지체에 기한 해제권발생에도 이행불능과 마찬가지로 채무자의 귀책사유가 필요하다고 한다. 그러나 귀책사유를 전제로 하는 손해배상제도와 해제제도를 채무불이행이라는 형식적인 틀에 끼울 것이 아니라, 다른 요건이 충족하는 한 귀책사유의 유무에 상관없이 해제권이 발생한다고 본다.[580] 다만 채무자측의 계약위반이 중대한 것이 아니어서 해제하는 것이 신의칙에 반하거나, 그 원인이 채권자로부터 기인한 경우에는 해제권이 발생되지 않는다. 뿐만 아니라 일부지체의 경우 원칙적으로 일부불이행에 의해 계약목적을 달성할 수 없는 경우에만 계약의 전부를 해제할 수 있고(통설 및 판례), 그렇지 않은 경우에는 불이행의 부분에 관해서만 해제권이 발생한다.

나) 상당한 기간 동안 이행을 최고하여야 한다.

최고는 채권자가 채무자에 대하여 채무의 이행을 촉구하는 것을 뜻하며, 통설에 따르면 제387조 제2항의 이행의 청구와 같은 의미로 이해된다. 여기서 상당한 기간은 채무자의 이행에 필요한 유예기간이다. 따라서 상당하지 않은 최고기간의 최고는 최고로서의 효력은 인정되지만, 상당한 기간이 경과된 후에야 해제권이 발생한다(통설·판례).

다) 상당한 기간 내에 이행 또는 이행의 제공이 없어야 한다.

예컨대, 채무자가 최고된 유예기간 내에 이행의 제공을 하지 않아야 된다. 단, 쌍무계약에서 채무자가 동시이행의 항변권을 가지는 경우에는 채권자도 자신이 부담하는 채무의 이행을 제공하여야 한다.

b) 해제권의 발생요건을 경감하는 특약

이것은 일반적으로 유효하다. 이행지체가 있으면 최고함이 없이도 채권자에게 해제권이 발생한다는 특약은 유효하다.

c) 해제권의 발생시기

원칙적으로 최고기간이 만료함으로써 발생한다. 그러나 최고가 필요 없는 경우 또는 최고기간중이라도 채무자가 이행을 거절하겠다는 의사를 명확히 한 경우에는 최고기간이 만료되기 전이라도 해제권은 발생한다.

---

580) 김형배, 전게서, 214면; 이은영, 전게서, 229면; 판례도 이행지체의 경우에 채무자의 귀책사유를 해제의 요건으로 반드시 요구하지는 않는다(대판 1993.8.24, 93다7204; 대판 1995.4.28, 94다16083).

d) 해제권의 소멸

해제권의 행사 전에 채무자가 채무이행과 지연배상함으로써 해제권은 소멸한다.

※ 관련 판례

◎ 대판 2005.11.25, 2005다53705·53712 【용역비】

【판시사항】

[1] 부수적 채무의 불이행을 이유로 계약을 해제할 수 있는지 여부(소극)

[2] 주된 채무와 부수적 채무의 구별 기준

[3] 대기환경보전법상의 배출시설설치신고에 필요한 사양서 등 서류의 교부의무는 배출시설설치계약에 있어서 그 설치업자의 주된 채무라 볼 수 없으므로, 이 의무의 불이행을 사유로 한 계약해제는 효력이 없다고 한 사례

【판결요지】

[1] 민법 제544조에 의하여 채무불이행을 이유로 계약을 해제하려면, 당해 채무가 계약의 목적 달성에 있어 필요불가결하고 이를 이행하지 아니하면 계약의 목적이 달성되지 아니하여 채권자가 그 계약을 체결하지 아니하였을 것이라고 여겨질 정도의 주된 채무이어야 하고 그렇지 아니한 부수적 채무를 불이행한 데에 지나지 아니한 경우에는 계약을 해제할 수 없다.

[2] 계약상의 의무 가운데 주된 채무와 부수적 채무를 구별함에 있어서는 급부의 독립된 가치와는 관계없이 계약을 체결할 때 표명되었거나 그 당시 상황으로 보아 분명하게 객관적으로 나타난 당사자의 합리적 의사에 의하여 결정하되, 계약의 내용·목적·불이행의 결과 등의 여러 사정을 고려하여야 한다.

[3] 대기환경보전법상의 배출시설설치신고에 필요한 사양서 등 서류의 교부의무는 배출시설설치계약에 있어서 그 설치업자의 주된 채무라 볼 수 없으므로, 이 의무의 불이행을 사유로 한 계약해제는 효력이 없다고 한 사례.

③ 정기행위에 있어서 해제권의 발생(제545조)

a) 의 의

정기행위란 계약의 성질에 의하여 또는 당사자의 의사표시에 의하여 일정한 일시 또는 기간 내에 이행하지 않으면 그 목적을 달성할 수 없는 계약을 말한다. 여기에는 채무의 이행이 계약의 성질상 일정한 일시에만 의미를 갖는 절대적 정기행위(예: 5월 10일 14시에 시작되는 연주회를 촬영할 비디오카메라맨의 채무)와 당사자의 의사표시에 의해서 채무가 일정한 일시에 이행되어야 할 뿐만 아니라 특정한 이행기를 준수하는 것이 채무의 중요한 내용이 되는 상대적 정기행위(사월 초

파일까지 불경을 번역하기로 한 채무에서 이행기에 이행하지 않으면 채권자에게 아무런 이익이 없는 경우)가 있다.

b) 해제권 발생의 요건

첫째, 최고가 필요하지 않다(통설). 그렇다고 곧 해제의 효과가 발생하는 것은 아니다(예외: 상법 제68조). 특히 상대적 정기행위에 있어서는 본래의 급부를 다시 청구할 수도 있기 때문이다.

둘째, 채무자의 귀책사유를 요구한다고 한다고 하지만(통설), 정기행위에서는 채무자의 귀책사유의 존부와 관계없이 계약목적의 실현이 객관적으로 불가능하게 되면 해제권은 주어져야 하기 때문에 해제권의 발생과 귀책사유의 유무는 전혀 문제될 수 없다고 본다.[581)]

※ 관련 판례

◎ **대판 2007.9.20, 2005다63337【손해배상(기)】**

【판시사항】

[1] 채무자가 채무를 이행하지 아니할 의사를 명백히 표시하였는지 여부의 판단 기준

[2] 채무자의 이행거절로 인한 채무불이행에서의 손해액 산정의 기준시점

[3] 상품권의 발행인이 그 소지인으로부터 상품권을 제시받고도 제품제공의무의 이행을 거절한 경우에는 상품권의 최종 소지인은 이행의 최고 없이 곧바로 그 이행에 갈음한 손해배상을 청구할 수 있고, 그 손해액은 위 상품권의 액면금 상당이라고 본 사례

[4] 상품권 발행인이 상품권의 내용에 따른 제품제공의무를 이행하지 않음으로써 그 소지인에게 이행에 갈음한 손해배상책임을 지는 경우, 그 손해배상의무에 관한 이행지체 책임의 성립 시점

【판결요지】

[1] 채무자가 채무를 이행하지 아니할 의사를 명백히 표시한 경우에 채권자는 신의성실의 원칙상 이행기 전이라도 이행의 최고 없이 채무자의 이행거절을 이유로 계약을 해제하거나 채무자를 상대로 손해배상을 청구할 수 있고, 채무자가 채무를 이행하지 아니할 의사를 명백히 표시하였는지 여부는 채무 이행에 관한 당사자의 행동과 계약 전후의 구체적인 사정 등을 종합적으로 살펴서 판단하여야 한다.

[2] 이행지체에 의한 전보배상에 있어서의 손해액 산정은 본래의 의무이행을

---

581) 김형배, 전게서, 223면.

최고한 후 상당한 기간이 경과한 당시의 시가를 표준으로 하고, 이행불능으로 인한 전보배상액은 이행불능 당시의 시가 상당액을 표준으로 할 것인바, 채무자의 이행거절로 인한 채무불이행에서의 손해액 산정은, 채무자가 이행거절의 의사를 명백히 표시하여 최고 없이 계약의 해제나 손해배상을 청구할 수 있는 경우에는 이행거절 당시의 급부목적물의 시가를 표준으로 해야 한다.

[3] 상품권의 발행인은 상품권을 제시하며 상품권에 기재된 내용에 따라 제품의 공급을 요구하는 소지인에게 그 액면금 상당의 제품을 공급할 의무가 있으므로, 발행인이 상품권을 구입한 실수요자들로부터 상품권을 제시받고도 그 의무이행을 거절한 경우에는 상품권의 최종 소지인은 발행인에 대하여 제품제공의무에 대한 이행의 최고 없이 곧바로 그 이행에 갈음한 손해배상을 청구할 수 있고, 나아가 상품권 발행인이 위 의무를 이행하지 아니함으로써 그 소지인이 입은 손해는 통상의 경우 상품권의 액면금 상당이라고 본 사례.

[4] 상품권 발행인이 상품권의 내용에 따른 제품제공의무를 이행하지 않음으로 인하여 그 소지인에게 그 이행에 갈음한 손해배상책임을 지게 되는 경우에도 이중지급의 위험을 방지하기 위하여 공평의 관념과 신의칙상 발행인의 손해배상의무와 소지인의 상품권 반환의무 사이에 동시이행관계가 인정된다 할 것이나, 이는 민법 제536조에 정하는 쌍무계약상의 채권채무관계나 그와 유사한 대가관계가 있어서 그러는 것이 아니므로, 발행인의 손해배상의무에 관하여는 그 이행의 최고를 받은 다음부터 이행지체의 책임을 진다.

④ 이행불능으로 인한 해제권의 발생(제546조)

채무자의 귀책사유에 의한 이행불능이 있어야 한다. 여기서는 이행지체로 인한 해제권의 발생과 같은 최고는 이행불능에서 의미가 없다.[582] 이행불능은 후발적 불능을 의미한다. 다만 이행기 전이라도 급부가 불능이 되면 해제권이 발생한다. 일부불능이 있는 경우에는 급부가 가분적이고 나머지 부분만으로도 계약의 목적을 달성할 수 있으면 불능부분에 대해서만 해제할 수 있다. 그렇지 않은 경우에는 계약의 전체에 대하여 해제할 수 있다. 마찬가지로 급부가 불가분인 때에는 불능부분이 없더라도 잔여부분만으로도 계약의 목적을 달성할 수 있느냐에 따라 판단한다. 잔여부분만으로도 계약의 목적을 달성할 수 있는 경우에는 불능부분에 대해서 단지 손해배상을 청구할 수 있을 뿐이다.[583]

582) 대판 1976.6.22, 76다473.

583) 김형배, 전게서, 224면.

※ 관련 판례

◎ **대판 2006.6.16, 2005다39211 【대여금】**

【판시사항】

[1] 매도인이 매매목적물의 원소유자에 대하여 가지는 소유권이전등기청구권 또는 분양권에 대하여 가압류 또는 처분금지가처분 집행이 되어 있는 경우, 매매에 따른 소유권이전등기가 불가능한 것인지 여부(소극)

[2] 매도인이 원소유자에 대하여 가지는 소유권이전등기청구권에 대하여 마쳐진 가압류 또는 가처분 집행을 모두 해제할 수 없는 무자력 상태에 있다고 인정되는 경우, 매수인이 매도인의 소유권이전등기의무가 이행불능임을 이유로 매매계약을 해제할 수 있는지 여부(적극)

[3] 매도인이 매매목적물의 원소유자에 대하여 가지는 소유권이전등기청구권 또는 분양권에 대한 가압류 또는 처분금지가처분을 해제하여 다시 매수인에게 소유권이전등기절차를 이행하는 것이 불가능하거나 극히 곤란한 무자력 상태에 있다고 봄이 상당하다고 한 사례

【판결요지】

[1] 채무의 이행이 불능이라는 것은 단순히 절대적·물리적으로 불능인 경우가 아니라 사회생활에 있어서의 경험법칙 또는 거래상의 관념에 비추어 볼 때 채권자가 채무자의 이행의 실현을 기대할 수 없는 경우를 말하는 것인바, 매매목적물에 대하여 가압류 또는 처분금지가처분 집행이 되어 있다고 하여 매매에 따른 소유권이전등기가 불가능한 것은 아니며, 이러한 법리는 가압류 또는 가처분집행의 대상이 매매목적물 자체가 아니라 매도인이 매매목적물의 원소유자에 대하여 가지는 소유권이전등기청구권 또는 분양권인 경우에도 마찬가지이다.

[2] 매도인의 소유권이전등기청구권이 가압류되어 있거나 처분금지가처분이 있는 경우에는 그 가압류 또는 가처분의 해제를 조건으로 하여서만 소유권이전등기절차의 이행을 명받을 수 있는 것이어서, 매도인은 그 가압류 또는 가처분을 해제하지 아니하고서는 매도인 명의의 소유권이전등기를 마칠 수 없고, 따라서 매수인 명의의 소유권이전등기도 경료하여 줄 수 없다고 할 것이므로, 매도인이 그 가압류 또는 가처분 집행을 모두 해제할 수 없는 무자력의 상태에 있다고 인정되는 경우에는 매수인이 매도인의 소유권이전등기의무가 이행불능임을 이유로 매매계약을 해제할 수 있다.

[3] 매도인이 매매목적물의 원소유자에 대하여 가지는 소유권이전등기청구권 또는 분양권에 대한 가압류 또는 처분금지가처분을 해제하여 다시 매수인에게 소유권이전등기절차를 이행하는 것이 불가능하거나 극히 곤란한 무자력 상태에 있다고 봄이 상당하다고 한 사례.

⑤ 불완전이행에 기한 해제권의 발생

불완전이행이란 채무이행으로서 급부가 이루어 졌으나 그 급부가 불완전한 경우를 뜻한다. 이 경우 해제권발생의 명문규정은 없으나, 불완전이행이 제390조에 포섭되는 채무불이행으로 이해하는 한(통설) 불완전이행의 내용에 따라 제544조 내지 제546조가 유추적용 된다.[584)]

예컨대, 특급송판을 인도해야 할 매도인이 중급이 섞인 송판을 인도한 경우, 매도인(채무자)이 중급송판을 특급송판으로 교체하여 다시 급부함으로써 본래 계약의 목적을 달성할 수 있다면 매수인(채권자)은 제544조에 따라서 상당한 기간을 정하여 완전이행을 최고하고 그 기간 내에 추완이 없다면 계약을 해제할 수 있다. 또한 토지감정인이 목적물인 토지의 현시가를 잘못 판단함으로써 감정의뢰인이 그 토지를 시세보다 훨씬 비싼 가격으로 매수한 경우로서 감정인이 다시 토지감정을 하더라도 채권자는 이미 계약의 목적을 달성할 수 없다면, 이 경우에는 이행불능의 경우와 같이 유추할 수 있다. 그러나 감정의뢰인은 토지감정인에게 계약을 해제하기보다는 손해배상를 청구하는 것이 적절할 것이다.

※ 관련 판례

◎ **대판 1996.11.26, 96다27148【손해배상(기)】**

【판시사항】

수임인이 위임계약상의 채무를 제대로 이행하지 않은 경우, 채무불이행을 이유로 위임계약을 해제하기 위한 요건

【판결요지】

수임인이 위임계약상의 채무를 제대로 이행하지 아니하였다 하여 위임인이 언제나 최고 없이 바로 그 채무불이행을 이유로 하여 위임계약을 해제할 수 있는 것은 아니고, 아직도 수임인이 위임계약상의 채무를 이행하는 것이 가능하다면 위임인은 수임인에 대하여 상당한 기간을 정하여 그 이행을 최고하고, 수임인이 그 기간 내에 이를 이행하지 아니할 때에 한하여 계약을 해제할 수 있다.

【판결이유】

원심판결 이유에 의하면, 원심은 내세운 증거들에 의하여 원고가 골프연습장을 경영하기 위하여 1992.9.19. 피고에게 소외 석청자가 지분을 가지고 있는 울산시 남구 신정동 109의 6 임야 19,482㎡(석청자의 지분은 18,743/19,537)에 관하여 원고를 임차인으로 하는 임대차계약의 체결을 위임하고 같은 날 피고에게

584) 반대하는 견해는 이은영, 전게서, 168면.

> 금 20,000,000원을 송금하였는데, 피고는 같은 달 23. 석청자와 위 임야에 관하여 보증금 20,000,000원, 월 차임 금 5,000,000원, 임대차 기간은 2년으로 하는 임대차계약을 체결함에 있어, 임차인 명의를 원고로 하지 아니하고 피고로 한 사실 및 피고가 위 임대차계약의 보증금으로 위 금 20,000,000원을 석청자에게 지급한 사실 등을 인정하고, 그와 같은 사실에 터잡아 피고는 수임인으로서 위임의 본지에 따라 선량한 관리자의 주의로써 위임사무를 처리하여야 하는데도 피고를 임차인으로 한 임대차계약을 체결함으로써 위 위임계약을 제대로 이행하지 아니하였다 할 것이고, 한편 위 위임계약을 해제한다는 의사표시가 담긴 원고의 1995.8.17. 자 준비서면이 같은 달 18. 피고에게 송달된 사실은 기록상 분명하므로, 위임계약은 같은 달 18. 적법하게 해제되었다고 판단하였다.
>
> 그러나 수임인이 위임계약상의 채무를 제대로 이행하지 아니하였다 하여 위임인이 언제나 최고 없이 바로 그 채무불이행을 이유로 하여 위임계약을 해제할 수 있는 것은 아니고, 아직도 수임인이 위임계약상의 채무를 이행하는 것이 가능하다면 위임인은 수임인에 대하여 상당한 기간을 정하여 그 이행을 최고하고, 수임인이 그 기간 내에 이를 이행하지 아니할 때에 한하여 계약을 해제할 수 있다고 볼 것이다.
>
> 그러므로 원심으로서는 피고가 임차인 명의를 피고로 하여 석청자와 임대차계약을 체결하였다 하더라도 그 이후 석청자와 사이에 별도로 원고를 임차인으로 하는 임대차계약을 체결하거나, 이미 체결된 임대차계약상의 임차인 명의를 원고로 변경하는 것이 가능한지 아니면 불가능한지 여부를 가려보고, 만약 그것이 가능하다면 원고가 피고에 대하여 위임계약의 취지에 따른 임대차계약을 체결할 것을 최고하였는지 여부에 관하여 심리하였어야 할 것이다. 그럼에도 불구하고 원심이 위와 같은 점에 관하여는 밝혀보지도 아니한 채 피고가 임차인 명의를 피고로 하여 임대차계약을 체결한 사실만을 확정하고, 곧바로 원고가 한 위임계약의 해제가 적법하다고 판단하고 만 것은 계약해제와 최고에 관한 법리를 오해한 나머지 심리를 다하지 아니한 위법이 있고, 그와 같은 위법은 판결 결과에 영향을 미친 것임이 명백하다. 이 점을 지적하는 취지의 논지는 이유가 있다.
>
> 그러므로 피고의 나머지 상고이유에 관한 판단을 생략하고 원심판결을 파기하고, 사건을 다시 심리 판단하도록 하기 위하여 이를 원심법원에 환송하기로 하여 관여 법관의 일치된 의견으로 주문과 같이 판결한다.

⑥ 채권자지체에 기한 해제권의 발생

채무불이행설(다수설)은 채권자의 수령의무를 인정하므로 그의 귀책사유로 이를 위반하면 채무자에게 손해배상청구권과 해제권이 인정된다고 한다.[585] 반면에

585) 곽윤직, 전게서, 155면; 김증한, 전게서, 73면.

법정책임설은 채권자가 수령의무를 위반하였다고 구성할 수 없음으로 이러한 논리를 부정한다.[586)]

채권자의 수령지체에 대해서는 기본적으로 법정책임설로 이해하지만, 계약유형의 특수성에 비추어 수취의무가 인정된다면(매매·도급·임치), 이의 위반으로 채권관계의 유지를 기대할 수 없는 경우에는 신의칙상 예외적으로 해제권의 발생을 긍정한다.[587)]

⑦ 사정변경과 해제권

계약의 성립 시에 기초로 삼았던 사정이 그 후 변경됨으로써 당초에 정해진 계약내용을 그대로 유지·강제하는 것이 신의칙상 부당한 결과를 가져오는 경우에, 계약내용을 개정하거나 계약관계를 해제하여 사정에 적합하게 수정하는 것이다. 다수설은 사정변경에 의한 해제권의 발생을 인정하고 있다. 반면에 소수설과 종래의 판례는 이를 부정하고 있다. 근래의 판례는 당해 사건에서는 해제를 부정하였으나, 정면으로 사정변경에 의한 해제가 인정될 수 있다고 하였다.[588)]

사정변경에 의한 해제권의 발생요건은 다음과 같다.

첫째, 계약의 전제가 되었던 사정이 변경되어야 한다. 그러한 사정이 전제되지 않는다면 계약체결을 하지 않았을 정도의 중요한 것이어야 한다. 둘째, 당사자에게 사정변경에 대한 예견가능성이 없어야 한다. 셋째, 사정변경이 당사자의 책임 없는 사유에 기인하였어야 한다. 넷째, 원래의 계약내용을 유지·강제하는 것이 부당할 뿐만 아니라, 계약관계를 변화된 상황에 조정·유지하는 것이 불가능하여야 한다 등이다.

※ 관련 판례

◎ **대판 2007.3.29, 2004다31302【매매대금】**

【판시사항】

[1] 사정변경으로 인한 계약해제가 인정되는 경우

[2] 지방자치단체로부터 매수한 토지가 공공공지에 편입되어 매수인이 의도한 건축이 불가능하게 되었더라도 이는 매매계약을 해제할 만한 사정변경에 해당하지 않고, 매매계약을 그대로 유지하는 것이 신의칙에 반한다고 볼 수도 없다고 한 사례

586) 이은영, 전게서, 169면.

587) 김형배, 전게서, 228면.

588) 대판 2007.3.29, 2004다31302.

【판결요지】

[1] 이른바 사정변경으로 인한 계약해제는, 계약성립 당시 당사자가 예견할 수 없었던 현저한 사정의 변경이 발생하였고 그러한 사정의 변경이 해제권을 취득하는 당사자에게 책임 없는 사유로 생긴 것으로서, 계약내용대로의 구속력을 인정한다면 신의칙에 현저히 반하는 결과가 생기는 경우에 계약준수 원칙의 예외로서 인정되는 것이고, 여기에서 말하는 사정이라 함은 계약의 기초가 되었던 객관적인 사정으로서, 일방당사자의 주관적 또는 개인적인 사정을 의미하는 것은 아니다. 또한, 계약의 성립에 기초가 되지 아니한 사정이 그 후 변경되어 일방당사자가 계약 당시 의도한 계약목적을 달성할 수 없게 됨으로써 손해를 입게 되었다 하더라도 특별한 사정이 없는 한 그 계약내용의 효력을 그대로 유지하는 것이 신의칙에 반한다고 볼 수도 없다.

[2] 지방자치단체로부터 매수한 토지가 공공공지에 편입되어 매수인이 의도한 음식점 등의 건축이 불가능하게 되었더라도 이는 매매계약을 해제할 만한 사정변경에 해당하지 않고, 매수인이 의도한 주관적인 매수목적을 달성할 수 없게 되어 손해를 입었다 하더라도 매매계약을 그대로 유지하는 것이 신의칙에 반한다고 볼 수도 없다고 한 사례.

3) 해제권의 행사

① 의 의

해제권이 발생하더라도 해제권을 행사할 것인가는 자유이다. 따라서 해제권을 행사하기 전에 채무자가 채무의 내용에 좇은 이행의 제공을 한 때에는 이를 수령하여야 한다. 해제의 의사표시는 계약당사자 또는 당사자의 지위를 승계한 자만이 행사할 수 있는 상대방 있는 의사표시로서 상대방에게 도달하여 그 효력이 발생한 뒤에는 철회할 수 없다(제543조). 또한 채권관계의 명확화를 위하여 조건이나 기한을 붙이지 못한다.

② 해제의 불가분성

a) 개별적 해제를 인정하면 일부의 당사자에게는 계약의 효과가 소멸되고 나머지 당사자에게는 계약이 존속하는 것이 되어 법률관계가 복잡하게 되므로 해제의 불가분성을 채택하였다. 다만 이러한 민법규정은 강행규정이 아니므로 이를 특약으로 배제할 수 있다.

b) 해제권행사에 있어서 불가분성

계약당사자의 일방 또는 쌍방이 수인인 경우 해제의 의사표시는 그 전원으로부터 전원에 대하여 행사하여야만 그 효과가 발생한다(제547조 1항). 그러나 반드시 공동으로 동시에 행사될 필요는 없다.

c) 해제권소멸에 있어서 불가분성

수인의 해제권자 가운데 1인의 해제권이 소멸한 경우에는 나머지 해제권도 소멸한다(제547조 제2항). 해제권의 소멸원인은 묻지 않는다.

d) 해제의 행사기간

해제권은 형성권이므로 약정이나 법률규정이 없는 한 10년의 제척기간에 걸린다. 단 법정해제권은 계약상 채무가 시효완성으로 소멸되면 해제권을 행사할 수 없다.

※ 관련 판례

◎ 대판 1993.2.23, 92다50805【매매계약부존재확인】

【판시사항】

가. 부동산을 매매하면서 인접 국유지도 불하받을 수 있도록 주선하여 주겠다고 한 약정을 이행하기 위하여 매도인이 국유지 불하신청까지 하여 절차가 진행중이었음에도 매수인이 국유지 불하절차가 완료되지 않았다는 핑계를 내세워 잔대금지급을 거절하였다면, 이는 매수인으로서의 채무이행을 거절하는 의사를 명백히 표시한 경우로 보아야 할 것이라고 한 사례

나. 매매계약서에 '갑 외 3인'으로 표시되어 있으나 갑이 매매계약 체결시부터 계약해제의 통지를 받을 때까지 매수인측을 대표하였고 매도인이 다른 매수인을 만난 적도 없었던 경우 매도인이 갑에 대하여만 한 매매계약해제통고의 효력(=유효)

【판결요지】

가. 부동산을 매매하면서 인접 국유지도 불하받을 수 있도록 주선하여 주겠다고 한 약정을 이행하기 위하여 매도인이 국유지 불하신청까지 하여 절차가 진행중이었음에도 매수인이 국유지 불하절차가 완료되지 않았다는 핑계를 내세워 잔대금지급을 거절하였다면, 이는 매수인으로서의 채무이행을 거절하는 의사를 명백히 표시한 경우로 보아야 할 것이라고 한 사례.

나. 매매계약의 매수인으로는 갑 외에 3인이 더 있었지만 갑이 매매계약 체결시부터 계약해제통지를 받을 때까지 매수인측을 대표하였고 매매계약서에도 '갑 외 3인'으로 표시되었으며, 매도인이 다른 매수인을 만난 적도 없었다면, 갑 외의 다른 매수인들은 갑에게 매매계약해제의 통지를 수령할 수 있는 권한을 포함한 매매계약에 관련된 모든 권한을 위임하였다고 봄이 상

당하므로, 매도인으로서는 갑에게 매매계약의 해제를 통고함으로써 매수인들 전원에 대한 해제의 의사표시를 적법히 하였다고 할 것이다.

【판결이유】

기록에 비추어 살펴 보면 소론의 점들에 관한 원심의 사실인정은 모두 수긍할 수 있고, 이에 소론과 같이 채증법칙위배, 석명권불행사로 인한 심리미진등의 위법사유가 있다 할 수 없어 논지는 이유 없다.

쌍무계약의 당사자의 일방이 자기채무의 이행제공을 하여도 상대방이 그 채무를 이행하지 아니할 의사를 명백히 한 경우에는 그 일방은 자기채무의 이행제공 없이도 상대방의 이행지체를 이유로 하여 계약을 해제할 수 있는 것인바, 원심이 확정한 바에 의하면, 이 사건 부동산 매매계약에 있어서 이 사건 부동산에 접해 있는 판시 국유지를 매수인인 피고 등이 불하받을 수 있도록 원고들이 주선하여 주기로 한다는 약정은 매수인측의 잔대금지급의무와는 아무런 관계가 없을 뿐 아니라, 실제로 원고들이 동 약정을 이행하기 위한 국유 지불하신청까지 이미 해 두어 그 절차가 진행중이었음에도, 잔대금을 마련하지 못한 피고(매수인측 대표)가 위 국유지 불하절차가 완료되지 않았다고 하는 핑계를 내세워 잔대금지급을 거절하였다는 것인바, 사실관계가 그와 같다면 이는 매수인으로서의 채무이행을 거절하는 의사를 명백히 표시한 경우로 보아야 할 것이다. 같은 취지의 원심판단은 옳고, 이에 소론이 지적하는 바와 같은 동시이행의무, 계약해제에 관한 법리를 오해하거나 석명권불행사로 인하여 심리를 다하지 아니한 위법이 있다 할 수 없다.

계약당사자의 일방 또는 쌍방이 수인인 경우에는 계약의 해제는 그 전원으로부터 또는 전원에 대하여 하여야 할 것이나(민법 제547조 제1항), 원심이 적법히 확정한 바와 같이, 위 매매계약의 매수인으로는 피고 외에 3인이 더 있었지만(피고와는 친구, 조카, 장인 등의 관계에 있었다), 피고가 위 매매계약체결시부터 계약해제통지를 받을 때까지 시종일관 매수인측을 대표하였고, 매매계약서에도 '피고 외 3인'으로 표시되었으며, 원고들로서는 다른 매수인을 만난 직도 없었다면, 피고 외의 다른 매수인들은 피고에게 위 매매계약해제의 통지를 수령할 수 있는 권한을 포함한 위 매매계약에 관련된 모든 권한을 위임하였다고 봄이 상당하므로, 원고들로서는 피고에게 위 매매계약의 해제를 통고함으로써 매수인들 전원에 대한 해제의 의사표시를 적법히 하였다고 할 것이다. 같은 취지의 원심판단은 옳고 이에 소론이 지적하는 계약당사자나 대리에 관한 법리오해의 위법은 없다. 논지도 이유 없다.

4) 해제의 효과

① 의 의

해제권행사에 의하여 기존의 계약관계는 청산관계로 변경된다(청산관계설). 즉,

미이행된 채무는 소멸하게 되고 이미 이행된 채무는 반환하여야 할 의무(원상회복의무)가 생긴다(제548조). 청산관계로 변경된 당사자 사이의 채권관계는 기존의 계약관계와 동일성을 가지며, 청산이 완료되면 그 채권관계도 소멸한다. 물론 우리민법에 따르면 손해배상청구권이 발생하기도 한다(제551조).

② 해제효과에 관한 학설대립

a) 직접효과설

해제권이 행사되면 그 직접적인 효과로서 계약상의 채권·채무는 소급하여 소멸한다. 따라서 미이행채무는 더 이상 존재하지 않고 이미 이행된 급부는 법률상 원인을 상실하므로 부당이득반환의무를 발생시킨다. 다만 반환범위가 현존이익이 아닌 원상회복까지 확대된다. 그리고 계약이 해제되더라도 이미 발생한 채무불이행으로 인한 손해배상의무는 영향을 받지 않는다고 한다.[589] 그러나 이설에 따를 경우, 손해배상청구를 법이론상 모순 없이 설명하는 것이 불가능하다. 따라서 채권자보호를 내세워 해제의 소급효의 범위를 제한한다든지, 실제적인 공평성을 이유로 손해배상청구권을 인정하는 것은 이론상 일관되지 못하다.

b) 간접효과설

해제권을 행사하더라도 기존의 계약관계는 그대로 존속하며, 다만 당사자 사이에 원상회복을 위한 새로운 채권채무관계를 발생시킬 뿐이다. 또한 미이행부분에는 항변권이 발생하므로 해제 후에는 이행할 필요가 없다. 이설에 따를 경우 손해배상청구권을 설명하는데 있어서 기존의 채권관계의 존속을 전제하므로 무리가 없는 반면에, 원상회복의무의 발생근거 및 그 이행으로 인한 계약관계의 소멸 등을 설명하지 못한다.

c) 절충설

해제권의 행사에 의하여 미이행채무는 장래에 대하여 당연히 소멸하고, 이미 이행된 채무에 대해서는 원상회복의무가 발생한다. 또한 해제는 장래에 대해서만 효력이 미칠 뿐이다. 따라서 해제는 양당사자의 미이행채무를 장래에 대해서 소

---

589) "우리 민법은 해제와 해지를 구별하여 해지에 대해서는 소급효를 부정하면서(제550조 제1항), 해제에 대해서는 소급효가 있음을 전제로 하여, 제3자의 권리를 해하지 못한다는 규정을 두고 있기 때문에(제548조 제1항 단서), 민법의 해석상으로는 직접효과설을 따를 수밖에 없다. 그리고 손해배상과의 관계에서는 계약관계의 소급적인 소멸은 이미 발생한 손해배상청구권을 해하지 않는 범위 내에서의 소멸이라고 설명하여야 할 것이다."라고 한다(윤진수, "계약의 해제와 해지"(한국민사법학회편, 로스쿨강의교재 계약법, fides 도서출판, 2009), 133면 이하).

멸시키는 것이므로 계약위반에 의한 채무불이행책임은 그대로 남는다. 원상회복은 청산을 의미하며 그 모습은 개별적인 상황에 따라 구체적으로 결정된다. 특히 이행된 급부에 대해서는 원래의 계약에 내재하는 반환약정으로부터 반환청구권이 발생한다고 한다. 그러나 원래의 계약에 내재하는 반환약정을 인정하는 근거가 불분명하다.

d) 청산관계설

해제의 의사표시에 의하여 기존의 계약관계가 내용상 청산관계(반환채권관계)로 변경된다. 따라서 미이행채무는 소멸되고, 계속 동일성을 유지하며 존속하는 채권관계를 바탕으로 반환채무가 성립한다. 원상회복의무는 급부가 행하여졌던 당시의 가치를 기준으로 실현되어야 하므로 부당이득법이 적용될 수 없다. 해제권에 의해 실현되는 원상회복은 해제권자를 위하여 존재하기 때문이다. 미이행채무의 해방효는 장래에 대하여 그것이 소멸하는 것으로서, 청산을 위해 필요한 한도 내에서만 인정된다. 아래에서는 청산관계설과 다른 학설과를 간략하게 비교하여 본다.

첫째, 직접효과설과의 비교하면 청산관계설은 기존의 채권관계를 소급적으로 소멸시키지 않는 것으로 원상회복의무를 부당이득법리속에서 파악하지 않는다. 뿐만 아니라 손해배상청구의 법적 기초에 대한 설명에도 일관성이 있다.

둘째, 간접효과설과의 비교하면 기존의 채권관계가 존속할 뿐만 아니라 그로부터 성립한 이행청구권을 여전히 인정하면서 항변할 수 있는 권리로 인정하는 간접효과설은 모순이다. 더욱이 이행된 채무에 대해서는 원상회복을 위한 새로운 채권을 발생케 한다. 채무자가 원상회복의무를 다한 경우에 기존의 채권관계도 소멸하는 이유가 명확하지 않다. 그러나 청산관계설에 따르면 기존의 채권관계가 내용상 변경되므로 반환을 위하여 굳이 새로운 청구권을 전제할 필요가 없다. 이는 쌍무적 균형이 상실됨으로써 발생된 상황을 바로잡기 위한 제도이다.

셋째, 절충설과의 비교하면 절충설은 미이행채무의 소멸을 장래에 대해서만 인정하고 원래의 계약에 내재하는 반환약정을 원상회복의 기초로 설명한다는 의미에서 계약관계의 소급적 소멸과 부당이득법의 원용이라는 틀에서 벗어났으나, 원래의 계약과 병존적으로 별도의 반환약정을 인정한다는 문제를 지니고 있다.

③ 직접효과설과 청산관계설의 비교

a) 법적 성격

직접효과설은 해제권행사로 채권관계가 소급적으로 소멸되이 처음부터 존재하지 않았던 것과 같은 상태로 복귀시키는 것이 해제제도이다. 청산관계설은 해제로 인해 원래의 채권관계는 그 동일성을 유지한 채, 반환채권관계로 내용상 변용이 될 뿐이다.

b) 법률관계

직접효과설은 당사자가 이미 급부를 이행하였다면 그 이행은 법률상 원인을 상실한 것이므로 부당이득으로서 반환되어야 하고 아직 이행되지 않은 급부는 소멸하게 된다. 또한 손해배상의무에 대해서는 그 근거를 채무불이행에서 찾고 있다. 청산관계설은 원상회복과 손해배상의무 역시 원래의 채권관계의 연속을 전제로 하고, 그 책임근거는 계약해제로 원채권관계의 변형인 반환채권관계상의 채무자의 반환의무나 귀책사유로 인한 채무불이행에서 구한다.

c) 원상회복의무·손해배상의무

직접효과설에 의하면 원상회복의무는 부당이득반환의무의 성격을 지니나, 단 그 범위에 있어서는 부당이득반환범위(제748조)의 특칙인 제548조가 적용된다고 한다. 그리고 손해배상의 범위에 대해서는 제393조가 적용된다. 청산관계설에 의하면 원상회복의무는 부당이득반환의무가 아닌, 이미 급부된 것의 반환에 목적이 있는 원채권관계의 변형일 뿐이다. 따라서 그 범위는 쌍무계약의 상환성과 등가성에 기초하며 당연히 제548조가 적용된다. 한편 손해배상의무는 채무자의 채무불이행책임에 근거하며 그 범위는 제393조에 따른다.

d) 해제와 물권변동

직접효과설을 취하면서도 다시 채권적 효과설과 물권적 효과설로 나뉘어져 있다. 채권적 효과설(통설)에 따르면 해제 이전에 물권변동이 발생한 경우 물권행위의 무인성을 전제로 하여, 계약해제로 인한 채무의 소급적 소멸은 물권행위의 소멸의 효과를 가져오지 않고, 물권행위와 그에 기초한 물권변동은 유효하게 존속한다는 견해이다. 다만 급부를 수령한 당사자는 물건의 인도나 등기에 의해 이전받은 물건을 반환할 내용의 의무를 부담할 뿐이다. 따라서 제548조 제1항 단서는 주의적 규정이다. 이에 반하여 물권적 효과설(판례와 소수설)은 물권행위의 유인성을 기초로 한다. 즉, 채권계약이 해제되면 일단 이전하였던 권리도 당연히 복귀한다. 다만 해제의 의사표시가 있은 후 그 해제에 의한 말소등기가 있기 전에 이해관계를 갖게 된 자는 선의의 제3자로서 제548조 제1항 단서규정에 의해 보호될 뿐이다(선의의 제3자 보호규정). 그러나 청산관계설에 따르면, 해제제도는 원계약관계를 소급적으로 소멸시키는 제도가 아니고 원래 계약관계가 반환채권관계로 변형된 것일 뿐이므로, 급부수령자나 급부수령자로부터 목적물을 전득한 제3자를 해제권행사에 의해 처음부터 당연히 무권리자로 만든다는 것은 실재했던 채권관계에 부합하지 않는다. 따라서 제548조 제1항 단서규정은 제3자 보호규정이라기 보다는 대항규정이라고 이해되고, 이때 대항할 수 있는 제3자의 권리는 공시방법을 갖춘 물권에 한한다.

④ 청산관계의 내용

a) 해제의 효과

해제의 효과는 법률의 규정에 의해서(ex lege)가 아니라 법률행위에 의해서 발생한다. 즉, 해제의 의사표시는 계약에 의하여 발생된 미이행채권 및 채무가 장래에 대하여 소멸하며(해방효) 또한 기존의 계약관계는 반환채무관계(청산관계)로 변경된다.

청산관계의 목적은 계약체결 당시에 존재하던 원상을 회복하는 데 있다. 즉 제548조 제1항 본문이 규정하는 원상회복의무는 청산관계에 의존하므로 순전히 채무적 효력을 지닌다. 따라서 해제에 의하여 해제권자에게 물권적 청구권이 발생하지는 않는다. 예컨대, 매도인 A로부터 건물을 매수한 채권자 B가 명도받은 건물에 제3자 C의 저당권을 설정한 경우에도, 비록 B가 이를 해제하더라도 B는 건물에 설정된 저당권을 말소시켜 A에게 반환하여야 할 채무는 부담하지만 제3자 C의 저당권이 그대로 소멸하는 것은 아니다.

b) 제3자의 지위

직접효과설 중 채권적 효과설에 따를 때 제548조 제1항 단서는 주의적 규정에 지나지 않으나, 직접효과설 중 물권적 효과설에 따를 때 제3자 보호문제가 생기고 동조항은 해제의 소급효를 제한하는 규정으로서 적극적인 의미를 가진다. 그러나 청산관계설에 따르면 제548조 제1항 단서는 제3자 보호규정이라기 보다는 대항규정이라고 이해된다.

여기서 제3자라 함은 해제된 계약으로부터 발생된 법률효과를 기초로 하여 해제권의 행사가 있을 때까지 새로운 권리를 취득한 자를 의미한다. 그러나 학설과 판례에 따르면 해제권의 행사 후 원상회복등기 등이 이루어지기 전에 계약해제 사실을 모른 채 새로운 권리를 취득한 제3자에 대해서도 해제자는 계약해제를 주장할 수 없다.[590] 이처럼 제3자의 범위가 확대되는 근거를 선의의 제3자에 대

590) 곽윤직, 전게서, 124면; 대판 1985.4.9, 84다카139.

한 거래안정을 보호하기 위한 것이라고 한다.

c) 원상회복의무의 내용(제548조)

직접효과설에 의하면 제548조 제1항 본문의 규정은 제741조에 대한 특칙으로서의 성질을 지닌다. 그러므로 원상회복의무는 법률의 규정에 의한 채무의 성격을 지닌다. 다만 원상회복범위가 부당이득의 범위와 다르기 때문에 수정된 부당이득관계라고 한다. 한편, 청산관계설에 의하면 제548조 제1항 본문이 규정한 원상회복의무는 청산을 목적으로 하는 반환채무관계를 기초로 한 것이다. 따라서 원상회복의무는 청산관계에 의존하므로 순전히 채무적 효력을 지닌다.

d) 원상회복의무의 범위

가) 원물반환의 원칙

원상회복의무는 기존의 계약과 인과적 견련성을 가지므로 원물반환을 원칙으로 한다. 즉 특정물인 경우 그 물건을, 종류물인 경우에는 동종·동질·동량의 물건을, 금전인 경우는 받은 날로부터 반환 일까지의 이자를 가산하여 반환한다(제548조 제2항). 노무 기타 물건의 이용 등 무형의 가치를 급부 받은 경우에는 그 객관적 가격을 급부당시의 가격으로 반환한다(다수설).[591] 원물반환의 이행장소는 원칙적으로 그 물건이 원래 존재하던 장소이다.

나) 가액반환

원물이 수령자에 의하여 멸실·훼손·소비되어 반환이 불가능한 경우에는 가액반환이 문제된다. 이에 대한 명문규정은 없다.

가액반환에 대한 직접효과설의 내용은 물건이 상대방의 책임 있는 사유로 멸실·훼손된 경우에만 인정하는 것이 공평하다는 견해(다수설)와 물건이 채무자의 책임 없는 사유로 원물반환이 불능이 된 경우에도 가액반환을 긍정한다는 견해가 대립하고 있다(소수설). 이 경우 소수설에 따르면, 가액반환은 해제에 의한 원상회복의 한 모습으로 급부수령자의 의무위반이라는 과책을 기초로 하는 손해배상의무와 다르며, 쌍무계약에서의 등가교환적 급부를 회복하는데 그 목적이 있다는 사고에 기초한다.

이에 반하여 청산관계설에 따른 가액반환의 내용과 범위는 원상회복을 위한 변경된 채권관계는 원래의 쌍무적 계약관계와 동일성을 유지한다. 그리고 법정해제에서는 약정해제와는 달리 상대방이 해제의 원인을 제공한 자이므로 이에 대

591) 곽윤직, 전게서, 177-178면; 해제당시 가격으로 반환해야 한다는 견해는 김주수, 전게서, 155면.

한 불이익을 감수하여야 한다는 점이 고려되어야 한다.

예컨대, 주택을 매수한 B에 대하여 매도인 A가 해제하였을 경우에 이미 혹은 해제후 그러나 반환전에 그 주택이 소실된 경우를 생각해 보기로 한다.

첫째, 해제의 상대방에게 귀책사유가 존재하는 경우

B는 해제권의 전제가 되는 원인을 방지·제거하지 못함으로써 발생하게 되는 불이익을 부담하여야 하거나 해제권의 행사시부터 청산관계에 의한 주택의 보관·반환의무를 부담하므로 이에 대한 과실이 있는 경우에는 가액반환을 부담하여야 한다(제374조).

둘째, 불가항력에 의한 경우

해제상대방의 반환의무부담 여부에 관하여는 청산관계가 존속하고 있는 동안 A와 B 사이에 견련관계가 존재하므로 쌍무계약상 위험부담이 적용된다. 따라서 B가 수령한 주택이 A와 B의 책임없는 사유로 소실된 경우, B가 소실된 주택에 갈음하는 가액을 반환하여야 한다(제537조). 즉 해제의 상대방 B는 불가항력에 의한 멸실의 경우에도 가액반환을 하는 것이 원칙이다. 또한 해제자 A의 귀책사유로 수령한 주택이 소실한 경우에는 B는 반환의무를 면하지만 자신의 반환청구권(대금반환청구권)은 보유한다(제538조). 그리고 해제권자의 반환의무부담여부에 관하여는 해제권자가 자신의 고의나 과실로 인하여 목적물을 반환할 수 없게 된 때에는 해제권을 행사할 수 없다(제553조). 따라서 불가항력으로 목적물이 멸실한 경우에는 해제권을 행사할 수 있다. 이 경우 해제자는 멸실된 목적물의 가액반환을 전제로 상대방에 대한 원상회복청구권을 갖는다(쌍무계약의 견련관계).

끝으로 비용부담 및 과실의 반환 등에 관하여는 해제로 인하여 발생하는 비용, 즉 반환을 위한 운송비 및 인건비 등은 해제원인에 대하여 책임을 질 상대방이 부담하는 것이다. 그러나 각 당사자가 받은 물건이나 권리로부터 생긴 과실은 반환되어야 한다. 물론 상대방이 반환할 불선에 관하여 필요비 혹은 유익비를 지출한 경우에는 회복자(해제권자)에 그 상환을 청구할 수 있다(제203조).

(3) 손해배상책임(제551조)

1) 손해배상의무의 성질

① 통설 및 판례

통설에 따르면 해제에 의하여 계약이 소급적으로 소멸하기 때문에 손해배상을 청구할 수 있는 기초는 없지만 실제적인 공평의 관점에서 볼 때 해제상대방이 자기의 채무불이행으로 해제권자에게 준 손해는 비록 해제에 의하여 그 채무가 소급적으로 소멸하여도 현실적으로 그대로 남게 되므로 그 손해발생의 유책자인 상대방이 배상책임을 지는 것은 당연하다고 한다.[592] 판례도 해제의 효과에 대하여 직접효과설을 취하면서 손해배상의 성질은 채무불이행에 의한 것으로 구성한다.[593]

② 청산관계설의 내용

해제와 양립가능한 손해배상의 청구는 계약관계의 존속을 전제로 한 경우에 가능하다. 뿐만 아니라 해제와 손해배상은 계약관계를 청산하는 각각의 고유한 기능을 가진 구제방법으로 이해될 수 있기 때문에 계약관계가 소급적으로 소멸한다는 직접효과설이 주장될 수 없다. 즉 손해배상청구는 계약관계에 그 근거를 두는 것이며, 그 성질은 채무불이행에 의한 것이다.

2) 손해배상의 요건

손해배상의 요건으로 해제원인에 대한 귀책사유가 해제상대방에게 있어야 한다(이견없음). 그러나 해제요건과의 비교하면, 해제권의 발생요건은 채무불이행에 관한 상대방의 귀책사유가 반드시 요구되는 것은 아니나, 손해배상에서는 귀책사유가 반드시 필요하다. 예컨대 상대방의 귀책사유 없이 이행이 지체되어 계약목적을 달성할 수 없는 경우 채권자에게 주어지는 것은 해제권뿐이다.

3) 손해배상의 범위

채무불이행의 성질을 갖는 손해배상이기 때문에 그 범위도 제393조의 내용에 따른다(통설). 그러나 채무불이행으로 인한 손해배상과 해제를 양립시키는 것은 이론적 모순이므로 손해배상의 범위를 신뢰이익의 배상으로 한정하는 견해도 있다.[594] 그리고 손해배상액의 산정은 해제시의 시장가격을 기준으로 하며 그 지급을 최고한 때부터 지연이자가 발생한다(이견 없음).

4) 특약에 의한 배상액의 예정

본래급부에 갈음하는 배상액이 특약으로 예정되었다면, 해제권이 행사되더라도

592) "계약이 해제된다고 하여 일단 채권자에게 생긴 손해까지 전보되는 것은 아니므로, 계약의 해제에도 불구하고 손해배상이 인정되는 것은 당연하다."고 한다: 윤진수, 전게서, 137면 이하.

593) 대판 1983.5.24, 82다카1667 등.

594) 김주수, 전게서, 156면.

특약은 효력이 있다(이견 없음). 그러나 직접효과설의 논리를 철저하게 따른다면 그 특약의 효력은 상실된다.

(4) 보증인의 보증채무

본래채무에 대한 보증인은 해제 이후의 원상회복의무 및 손해배상의무에 대해서도 여전히 보증인이다(이견없음; 그러나 직접효과설의 구성은 원인이 상이한 채무 또는 소멸된 채권관계에서 발생한 채무에 대하여 근거 없이 보증인의 책임을 인정하였다고 하겠다).

(5) 해제의 효과와 동시이행

계약의 해제로 인하여 각 당사자가 부담하는 원상회복의무와 손해배상의무는 동시이행의 관계에 있다(제549조, 제536조). 직접효과설은 원상회복의무를 부담하는 양당사자 사이의 공평을 기하기 위하여 동시이행항변권이 준용된다고 하나,[595] 이 설은 부당이득반환의무의 특칙으로 원상회복의무를 이해하기 때문에 이것은 법률규정에 의해 생긴 채무이므로 쌍무계약관계에서 적용되는 동시이행항변권은 결코 적용될 수 없다고 하겠다.

(6) 해제권의 소멸

① 일반적 소멸원인

a) 이행의 제공으로 인한 소멸

해제권자가 이를 행사하기 전에 지연배상과 본래의 이행을 청구할 수 있으며, 채무자는 본래채무의 내용에 좇은 이행과 지연배상을 함으로써 해제권을 소멸케 할 수 있다.

b) 해제권의 포기

c) 해제권의 실효

채권자가 해제권을 취득한 후 장기간 이를 행사하지 않음으로써 이제는 해제권이 행사되지 않을 것이라고 채무자측이 믿을 만한 사정이 있는 경우에는 신의성실의 원칙에 의하여 해제권은 실효된 것으로 볼 수 있다(통설·판례).

d) 해제권은 형성권이므로 10년의 제척기간에 걸린다(통설).

---

595) 곽윤직, 곽윤직, 129면. 김주수, 상게서, 157면.

이와 유기적 일체성을 이루는 원상회복청구권도 이 기간 내에 행사되어야 한다. 또한 본래의 채무가 시효로 소멸하면 법정해제권을 인정할 실익이 없기 때문에 원상회복 및 손해배상청구권도 행사할 수 없다.

② 해제권의 특유한 소멸원인

a) 상대방의 최고에 의한 소멸(제552조)

해제권의 행사기간을 정하지 않은 경우에 상대방은 상당한 기간을 정하여 해제권의 행사여부를 최고할 수 있고, 그 기간 내에 해제의 통지를 받지 못하면 해제권은 소멸한 것으로 본다. 해제의 상대방을 보호하기 위한 것이다. 여기서 상당기간은 사회통념에 따른 개념이며, 상당하지 않은 기간이 설정된 경우는 제544조의 최고에 준하여 판단한다.

b) 해제권자의 고의 또는 과실로 목적물을 현저히 훼손하거나 반환할 수 없게 된 때 또는 가공이나 개조로 인하여 다른 종류의 물건으로 변경된 때에는 해제권은 소멸한다(제553조).

c) 당사자 일방 또는 쌍방이 수인인 경우 1인에 대해 해제권이 소멸하면 다른 모든 자에 대한 관계에 있어서도 소멸한 것이 된다(제547조 제2항).

(7) 약정해제

① 약정해제권의 발생

당사자 사이의 계약으로 해제권을 유보해 둘 수 있다. 예컨대, 중고자동차 1대를 A로부터 매수한 B가 목적물을 인도받은 후 5일 이내에 해제의 의사표시를 할 수 있도록 유보하였다면, 그 기간 내에 B는 A에게 해제권을 행사할 수 있다.

한편, 당사자 사이에 계약금, 보증금의 형태로 금전이나 물건을 이전한 경우(제565조) 또는 환매특약이 이루어진 경우(제590조)에는 약정해제권이 유보된 것으로 해석된다.

② 약정해제와 민법규정

법정해제에 대해서만 적용되는 제544조, 제555조 및 제546조는 약정해제에 적용될 수 없다. 또한 채무자의 채무불이행을 전제로 하는 제551조도 적용되지 않는다. 그 이외의 규정은 약정해제에 적용될 수 있다. 특히 해제권의 불가분성에 관한 제547조의 규정도 적용된다.

③ 약정해제의 효과

약정해제권의 행사로 채권관계는 청산관계로 변경된다. 약정해제권은 채무불이행을 전제로 한 것이 아니므로 그 효과로서 손해배상의무는 발생하지 않는다.

(8) 계약관계의 해지

1) 해지의 의의

당사자의 일방적 의사표시에 의하여 장래에 대하여 계속적 채권관계를 소멸시키는 것을 말한다. 해지권은 해제권과는 달리 해지권의 유보가 있거나 채무불이행이 있는 경우에만 주어지는 것은 아니다.

a) 기간을 정하지 않은 계속적 채권관계에서의 해지

해지자는 그가 원하는 때에 언제든지 임의로 해지의 통고를 할 수 있는 것이 원칙이다(해지의 자유). 물론 해지의 통고가 있은 후, 해지의 효력이 발생하기 위해서는 일정한 기간이 경과되어야 한다. 예컨대, 제635조(기간약정이 없는 부동산 임대차의 경우 임대인의 해지통고후 6월, 임차인의 해지통고후 1월, 동산임대차의 경우 5일이 지나야 해지의 효력이 생긴다), 제660조(기간약정이 없는 고용의 경우, 상대방이 해지통고를 받은 날로부터 1월 또는 기간으로 보수를 정한 때에는 상대방이 해지통고를 받은 당기후의 1기를 경과함으로 해지의 효력이 나온다) 등이 있다.

b) 기간을 정한 계속적 채권관계에서의 해지

기간이 만료되든가 공동적 목적사업이 달성되어야 채권관계가 종료한다. 그러나 기간만료전이라도 부득이한 사유가 있다면 해지는 허용될 수 있다. 부득이한 사유는 상대방의 과책에 기한 경우뿐만 아니라 과책과 관계없는 경우도 있다(제661조). 또한 부득이한 사유는 상대방의 일신상의 사유에 기인하는 경우도 있다. 예컨대, 제658조 제2항(약정한 노무가 특수한 기능을 요하는 경우, 노무자가 그 기능이 없는 때) 등이 있다.

2) 해지권의 발생

① 약정해지

기간의 정함이 없는 계속적 채권관계에서는 각 당사자에게 해지의 자유가 인정되므로, 해지권의 유보약정이나 법률의 규정이 없더라도 각 당사자는 언제든지 해지할 수 있다. 기간의 정함이 있는 경우에는 원칙적으로 그 기간이 만료한 경우에 채권관계가 종료한다. 그러나 이 경우에도 당사자 사이의 약정으로 해지권을 유보할 수 있다(제636조).

② 법정해지

해지권은 법률의 규정에 의하여 발생할 수도 있다. 이러한 규정들(예: 임대차의 경우에는 제625조, 제627조, 제640조; 고용의 경우에는 제657조, 제660조 등)은 해지의 자유에 의해 당연히 인정되는 해지권 이외에 계약관계의 특수성에 따라 인정되는 해지권들을 규정하고 있다. 법정해제에 관한 제544조 내지 제546조가 법정해지에도 적용될 수 있는가에 대하여 견해가 대립하고 있다.

a) 적용긍정설

각종의 전형계약에서 규정하고 있는 해지권의 발생원인에 해당하지 않은 채무불이행의 경우가 있을 수 있으며 또한 명문규정이 없는 불완전이행, 채권자지체, 사정변경의 원칙에 의한 해지권의 발생을 인정하여야 한다고 한다.[596)]

b) 적용부정설

제544조 내지 제546조는 쌍무계약의 해제사유로서 상환적 채무를 전제로 한 규정이라는 점에서 상대방의 전회기의 채무불이행을 이유로 금회기부터의 계약관계를 해소시키려는 계속적 채권관계에 있어서는 그 적용이 타당하지 않다.[597)]

c) 김형배교수설

계속적 채권관계에 있어서도 상대방의 채무불이행에 대하여 타방당사자는 자기 자신의 채무로부터 해방되어 다른 당사자와 새로운 계약을 체결할 수 있다는 의미에서 채무불이행을 이유로 한 해지권이 인정된다. 다만 제544조 내지 제546조의 규정이 형식논리적으로 무제한 적용될 수는 없다. 특히 계속적인 이행지체나 중요한 계약내용의 일방적인 변경은 당사자의 신뢰관계를 깨뜨리는 계약위반이므로 계약내용에 반하는 위반행위가 있을 경우에는 민법 제640조(차임연체와 해지), 제659조 및 제658조 제1항(약정하지 않은 노무의 제공요구와 노무자의 해지권) 등의 규정으로부터 해지권을 인정하는 전체 유추가 가능하다.[598)]

---

596) 곽윤직, 전게서, 186면; 김주수, 전게서, 149면.

597) 이은영, 전게서, 173면.

③ 합의해지와 구별

해제권을 행사하여 계약관계를 해소하는 경우와 해제계약 내지 합의해제가 구별되듯이, 해지권의 행사와 합의해지 내지 해지계약도 구별해야 한다. 따라서 해지권행사에 따른 법률효과를 규정하는 제548조 이하의 규정은 합의해지에 적용되지 않는다는 것이 판례의 태도이나 다만 거래안전에 기여하는 제548조 단서만큼은 적용된다고 한다.599)

3) 해지권의 행사

해지할 수 있는 권리는 일종의 형성권이므로, 해지권의 행사는 상대방에 대한 일방적인 의사표시로 한다. 또한 상대방에게 도달하면 철회하지 못한다(제543조). 특히 당사자 일방 또는 쌍방이 수인인 경우에는 해지권의 행사를 전원으로부터 전원에 대하여 하여야 한다(제547조 제1항).600)

4) 해지의 효과

① 해지통고기간

기간을 정하지 않은 채권관계에서의 해지는 해지통고가 있는 때, 즉 해지의 의사표시가 상대방에게 도달한 때부터 일정한 기간이 경과하여야 해지의 효력이 발생한다(제635조, 제660조 등 참조). 물론 기간을 정한 채권관계에서의 해지도 원칙적으로 해지통고기간이 경과된 후에야 해지의 효력이 발생한다(제636조, 제659조 등 참조). 그리고 일정한 사유로 인한 해지(특별해지)는 통고기간 없이 해지가 통고되면 즉시 해지의 효력이 발생한다. 즉, 해지통고기간을 부여하면 채권관계를 지속시키는 것을 기대할 수 없을 때, 해지의 효력은 즉시 발생한다. 이것의 판단기준은 개별적 사안과 당사자의 이해관계를 고려하여 구체적으로 정한다. 예컨대, 임차인이 임대인의 동의를 얻지 않고 부동산임차권을 제3자에게 양도하거나(제629조 제2항), 사용자가 노무자에게 약정하지 않은 노무의 제공을 요구하는 경우(제658조 제1항)에 인정된다.

---

598) 김형배, 전게서, 267면.

599) 대판 2003.1.24, 2000다5336·5343 등 참조.

600) 그러나 판례(대판 1992.6.9, 92다9579 등)는 “신탁해지의 의사표시가 수탁자의 공동상속인 가운데 일부에게만 이루어졌다면, 신탁해지의 효과는 그 일부 상속인에게만 발생한다. 이때에는 해제권의 불가분에 관한 제547조의 규정은 적용되지 않고, 그 일부에 한하여 신탁해지의 효과가 발생할 뿐이다.”라고 한다.

② 장래에 대한 해지의 효과

해지는 해제와 달리 장래에 대해서만 그 효과가 미친다. 따라서 기본적 채권관계는 장래에 대해서만 소멸하므로, 이미 이행된 급부는 그대로 유효하다. 즉 청산적 효력은 발생하지 않는다. 임대차나 사용대차가 해지된 경우, 임차인 또는 차주는 목적물을 반환해야 한다. 이는 해제에 있어서 원상회복을 의미하는 것(청산의무)이 아니고, 채권관계가 종료함으로써 더 이상 목적물을 사용·수익할 권리가 없기 때문에 발생하는 반환의무이다(목적물의 반환의무). 또한 해지는 손해배상의 청구에 영향을 미치지 않는다(제551조). 따라서 해지의 상대방이 목적물을 제때 반환하지 않음으로써, 손해가 발생한 경우에는 지체를 이유로 손해배상을 청구할 수 있다. 특별히 상대방에게 불리한 시점에 해지를 함으로써 상대방에게 심각한 손해를 발생케 하거나 손해를 증가시킨 경우에는 신의성실의 원칙에 따라 손해배상책임을 검토하여야 한다. 예컨대, 무상위임의 각 당사자에게 해지의 자유를 부여하면서도, 부득이한 사유 없이 상대방의 불리한 시기에 위임관계를 해지한 경우에는 해지자가 그 손해를 배상하여야 한다(제689조 제2항).

[문제 20]

甲은 자신이 소장하고 있는 유명화가의 그림 1점을 500만원에 乙에게 판매하는 매매계약을 체결하면서 계약금으로 100만원을 받고, 1주일 후에는 중도금 200만원을 받으면서 그 그림을 乙에게 인도하기로 하였다. 또한 甲은 乙에게 그 그림의 인도 후 1달 후에 매매대금 중 잔금을 받기로 하였다. 따라서 甲은 계약 체결 후 1주일 뒤 중도금 200만원을 받고 그 그림을 乙에게 인도하였다. 그런데 乙은 甲으로부터 그 그림을 인도받은 후 이틀 만에 丙에게 800만원을 받고 인도하였고, 그 그림대금으로 받은 800만원은 1주일 동안에 유흥비로 탕진하였다. 그 뒤에 甲은 乙과 합의한 그림매매대금 중 잔금을 받기로 한 날에 乙에게 그림의 잔금지급채무의 이행을 청구하였으나, 乙은 수중에 돈이 전혀 없다는 이유로 그림의 잔금지급채무를 이행하지 않고 있다.

(질문)

첫째, 이 경우 甲은 乙과 체결했던 그림매매계약을 해제하려고 한다. 해제가 가능한가? 만약 가능하다면 그 법률효과는 무엇인가?

둘째, 甲이 乙과의 그림매매계약을 해제가 가능한 경우, 해제와 함께 손해배상도 청구할 수 있는가?

셋째, 甲이 乙과의 그림매매계약을 해제가 가능한 경우, 해제하고 난 후에 甲은 丙에게 인도된 그림의 반환을 직접 청구할 수 있는가?

(참조판례) 대판 1995.5.12, 94다18881·18898·18904; 대판1996.8.20, 96다17653; 대판 2001.5.8, 2001다6053·6060·6077; 대판 2002.4.26, 2000다50497; 대판 2002.10.11, 2002다33502; 대판 2003.1.24, 2000다22850 등.

[문제 20] 해설:

I. 사례의 쟁점

甲은 자신 소유의 그림에 대해 乙과의 매매계약을 체결하면서 계약금을 지급받았고 이후 중도금 수령과 동시에 그림을 乙에게 인도했으나, 乙은 甲에게 지급할 잔금이 남은 상태에서 丙과 그림에 대한 매매계약을 체결하여 그림을 인도하였다. 甲에 대한 잔금지급채무의 이행기가 도과했음에도 乙은 돈이 없다는 이유로 이행을 하지 않고 있는데, 이 경우 甲이 계약을 해제할 수 있는지와 계약을 해제한다면 그 법률효과가 무엇인지 검토해본다.

II. 甲의 乙에 대한 해제권 발생 여부

1. 해약금에 의한 甲의 계약해제 가부

甲이 乙에 대한 계약을 해제할 수 있으려면 甲의 해제권 발생 여부를 파악해보아야 한다. 甲이 받은 계약금을 해약금으로 보아 이에 의한 계약 해제가 가능한지, 또는 乙이 잔금지급채무를 이행하고 있지 않은 것이 이행지체에 해당하여 이에 의한 계약 해제가 가능한지가 문제된다.

민법 제565조 제1항을 적용할 때, 甲과 乙 사이에는 별다른 특약이 없어보이므로 甲이 乙에게 교부받은 계약금을 해약금으로 추정하여 계약금의 수령자인 甲이 계약금의 배액을 乙에게 제공하면 해약금에 의한 계약 해제가 가능할 것으로 보인다. 그러나 동조 규정은 해제권의 행사시기를 '당사자의 일방이 이행에 착수할 때까지'로 제한하고 있다. 판례는 이와 같이 해제권 발생을 이행의 착수 전까지로 제한한 것은 '당사자의 일방이 이미 이행에 착수한 때에는 그 당사자는 그에 필요한 비용을 지출하였을 것이고, 또 그 당사자는 계약이 이행될 것으로 기대하고 있는데 만일 이러한 단계에서 상대방으로부터 계약이 해제된다면 예측하지 못한 손해를 입게 될 우려가 있으므로 이를 방지함에 있다[601]'고 하며, '이행에 착수한다는 것은 객관적으로 외부에서 인식할 수 있는 정도로 채무의 이행행위의 일부를 하거나 또는 이행을 하기 위하여 필요한 전제행위를 하는 경우를 말한다[602]'고 판시한다. 따라서 사안에서 甲이 乙에게 그림을 인도한 것이나 乙이 甲에게 중도금을 지급한 것은 '이행의 착수'로 볼 수 있어 동조 규정상 해약금에 의한 甲의 계약 해제는 가능하지 않다.

---

601) 대판 1997.6.27, 97다9369.

602) 대판 2006.11.24, 2005다39594.

2. 乙의 이행지체에 의한 甲의 계약 해제 가부

(1) 乙의 이행지체 성립 여부

乙은 수중에 돈이 없어 채무를 이행할 수 없다고 주장하지만, 乙의 잔금지급채무는 금전채무에 해당하므로 이행불능이 있을 수 없고 이행지체만이 문제된다. 이행지체는 ① 이행기가 도래하였을 것, ② 채무의 이행이 가능할 것, ③ 이행지체에 대하여 채무자에게 책임 있는 사유가 있을 것, ④ 이행하지 않는 것이 위법일 것을 성립요건으로 한다.

사안에서 ① 甲은 '잔금을 받기로 한 날'에 乙에게 잔금지급채무 이행을 청구하였으므로 채무의 이행기가 도래하였고, ② 금전채무이므로 채무의 이행이 가능하다고 보며, ③ 민법 제397조 제2항에 의거하여 금전채무의 이행지체가 있을 때에는 채권자에 의한 손해의 증명 없이 손해가 당연히 있다고 보며 언제나 채무자의 귀책사유가 인정되므로, 채무자에게 책임 있는 사유도 존재한다. 따라서 ④ 이행하지 않는 것이 위법일 것이라는 성립요건에서 乙의 동시이행의 항변권의 존부가 문제될 수 있다.

동시이행의 항변권은 쌍방의 채무가 동일한 쌍무계약으로부터 발생할 것, 쌍방의 채무가 변제기에 있을 것, 상대방이 채무의 이행 또는 이행의 제공을 하지 않고 있을 것을 성립요건으로 하는데, 甲이 乙에게 그림을 인도해준 점이나 乙이 甲에게 중도금을 지급한 것은 채무의 이행에 해당하므로 동시이행항변권의 성립요건을 충족하지 못한다. 즉, 乙에게는 동시이행의 항변권이 존재하지 않으므로(이행지체로 인한 채무자의 책임을 조각하는 위법성조각사유가 없으므로), 乙이 甲에 대한 잔금지급채무를 이행하지 않은 것은 위법하다. 결국, 이행지체의 모든 성립요건이 충족되므로 乙의 이행지체가 성립한다.

(2) 甲의 계약해제 가부

이 경우 민법 제544조에 의해, 甲은 乙에게 상당한 기간을 정하여 그 이행을 최고하고 그 기간 내에 이행하지 아니하면 계약을 해제할 수 있다고 볼 것이다. 또한, 만약 乙이 수중에 돈이 전혀 없다는 이유로 잔금지급채무를 이행하지 않고 있는 것은 채무를 이행할 의사가 없음을 명백히 표시하여 채권자로 하여금 채무자의 임의의 이행을 더 이상 기대할 수 없게 하는 것으로 해석된다면, 이를 동조 단서인 '채무자가 미리 이행하지 아니할 의사를 표시한 경우'인 이행거절로 보아, 甲은 乙에게 최고 없이 계약을 해제할 수 있을 것이다.

3. 소 결

甲이 계약을 해제하고자 할 때 乙에게 교부받은 해약금에 의한 해제는 이행의 착수가 있었으므로 불가하지만, 乙의 이행지체가 성립하므로 이행지체에 의해 계약을 해제할 수 있다.

Ⅲ. 甲의 乙에 대한 해제권 행사에 따른 법률효과

1. 해제의 효과에 관한 학설

甲이 乙에 대한 해제권을 행사하는 경우, 해제의 효과와 甲이 乙에게 손해배상을 청구할 수 있는지, 丙이 권리를 해하지 못하는 제3자에 해당하는지 여부와 그 경우 甲이 丙에게 인도된 그림의 반환을 직접 청구할 수 있는지 여부가 문제된다. 해제권 행사에 따른 법률효과를 살펴봄에 있어서 해제의 효과에 대한 법리구성을 우선 검토해본다.

해제권 행사에 의하여 기존의 계약관계는 청산관계로 변경된다. 즉, 미이행된 채무는 소멸하게 되고 이미 이행된 채무에 대해서는 반환하여야 할 의무가 생긴다. 청산관계로 변경된 당사자 사이의 채권관계는 기존의 계약관계와 동일성을 가지며, 청산이 완료되면 그 채권관계도 소멸한다. 우리 민법에 따르면 손해배상청구권이 발생하기도 한다.[603] 이러한 해제의 효과에 대해서는 학설이 대립하고 있으므로 계속해서 이를 살펴본다.

(1) 직접효과설과 청산관계설의 비교

직접효과설과 청산관계설을 해제 효과의 내용, 원상회복의무와 손해배상의무, 해제의 효과와 제3자의 지위에 관한 점에서 비교하여 본다.

1) 해제 효과의 내용

직접효과설은 해제권의 행사로 채권관계를 '소급적으로 소멸'시켜 채권관계가 처음부터 존재하지 않았던 것과 같은 상태로 복귀시키므로 당사자가 이미 급부한 것이 있으면 그 이행은 법률상의 원인을 상실한 것이므로 부당이득으로서 반환되어야 하고, 아직 이행되지 않은 급부의무는 소멸하게 된다. 손해배상의무의 근거는 실질적 공평에서 찾고 있다. 반면, 청산관계설은 계약 해제로 원래의 채권관계는 동일성을 유지하나 '반환채권관계로 내용상 변용'될 뿐이며 쌍방의 청산의무 및 손해배상의무의 이행으로 비로소 채권관계는 소멸한다고 본다. 원상회복과 손해배상의무 역시 원래의 채권관계의 연속을 전제로 한다.

2) 원상회복의무와 손해배상의무

직접효과설에 따르면 원상회복의무는 부당이득반환의무의 성격을 지니지만, 그 범위에 있어서 특칙인 민법 제548조가 적용된다. 손해배상의 범위에 대해서는 제393조가 적용된다. 한편, 청산관계설에 따르면 원상회복의무는 부당이득반환의무가 아닌, 이미 급부된 것의 반환에 목적이 있는 원채권관계의 변형일 뿐이다. 따라서 그 범위는 쌍무계약의 상환성과 등가성에 기초하며 당연히 제548조가 적용된다. 손해배상의무는 채무자의 채무불이행책임에 근거하며 그 범위는 제393조에 따른다.

3) 해제의 효과와 제3자의 지위

직접효과설은 다시 채권적 효과설과 물권적 효과설로 나누어진다. ① 채권적 효과설에 따르면 해제 이전에 물권변동이 발생한 경우 물권행위의 무인성을 전제로 하면 계약의 해제로 물권행위가 소멸하지 않으며, 물권행위와 그에 기초한 물권변동은 유효하게 존속한다. 다만, 급부를 수령한 당사자는 물건의 인도나 등기에 의해 이전받은 물권을 반환할 내용의 채무를 부담할 뿐이다. 따라서 제548조 제1항 단서는 주의적 규정에 불과하다. ② 물권적 효과설은 판례의 견해로서, 물권행위의 유인성을 기

603) 정광수, 채권법요론, 다나출판, 2011, 271면.

초로 한다. 즉, 채권계약이 해제되면 일단 이전하였던 권리는 채권 및 물권을 막론하고 당연히 복귀한다. 다만 해제의 의사표시가 있기 전에 이미 배타적 권리를 취득한 자, 또는 해제 후 그 해제에 의한 말소등기가 있기 전에 이해관계를 갖게 된 선의의 제3자는 제548조 제1항 단서규정에 의해 보호된다.

이에 반해, 청산관계설에 따르면 해제제도는 원계약관계를 소급적으로 소멸시키는 제도가 아니고 원래의 계약관계를 반환채권관계로 변형시키는 것일 뿐이므로, 급부수령자나 급부수령자로부터 목적물을 전득한 제3자를 해제권 행사에 의해 당연히 무권리자로 취급하지 않는다. 따라서 제548조 제1항의 단서규정은 제3자 보호규정이라기보다는 대항규정이라고 이해하며, 이때 대항할 수 있는 제3자의 권리는 공시방법을 갖춘 물권에 한한다. 특히, 이 학설에 따르면 해제는 원칙적으로 채권의 양도행위에 직접 영향을 주지 않지만, 원래의 계약으로부터 발생한 채권은 양도되더라도 '해방효'의 대상이 된다. 따라서 해제의 해방효에 의하여 소멸되는 '채권 그 자체'의 양수인, 양수인의 전부채권자, 압류채권자 및 제3자를 위한 계약의 수익자는 제3자로서 보호되지 않는다.[604)]

(2) 청산관계의 내용

해제의 소급효에 의하여 채권관계의 소멸을 인정하면서 동시에 소멸된 채권관계를 기초로 한 채무불이행을 다시 원용하는 직접효과설은 이론적으로 모순되므로, 청산관계설에 따라 논의를 진행하기 위해 주로 청산관계의 내용을 살펴본다. 이 경우, 해제권자에 의한 해제의 의사표시는 미이행채무로부터의 해방과 급부된 목적물의 반환을 의욕하는 것을 그 내용으로 한다. 즉, 해제의 효과는 법률의 규정에 의해서가 아니라 해제의 의사표시라는 법률행위에 의하여 발생한다는 점에 유의해야 한다.[605)]

1) 미이행채무로부터의 해방

계약에 의하여 발생한 미이행채무는 장래에 대하여 소멸한다. 미이행채무인 매매대금채무가 소멸하는 것은 해제권의 행사로 말미암아 기존의 매매관계가 청산관계로 변경되는 데에서 오는 반사적 효과에 불과하다. 해방효는 채권 및 채무에 대해서만 미치므로 물권에 대해서는 원칙적으로 해방효가 미치지 않는다.[606)]

2) 기존계약관계의 소멸

해제의 의사표시에 의하여 기존의 계약관계는 청산관계 내지 반환채무관계로 변경된다. 청산관계의 목적은 계약체결 당시에 존재했던 원상을 회복하는 데 있다. 즉 제548조 제1항 본문이 규정하는 원상회복의무는 기존 채권관계의 청산을 뜻하므로 채무적 효력을 가지는 것이 원칙이다. 따라서 계약의 이행으로 변동이 생겼던 물권에 대해서는 해제의 상대방이 계약이 없었던 상태로 복귀시켜야 할 의무를 부담하며, 제3자의 법적 지위는 해제에 의하여 영향을 받지 않는다.[607)]

---

604) 김형배, 민법학강의, 신조사, 1236면.
605) 김형배, 상게서, 1237면.
606) 김형배, 상게서, 1237면.
607) 김형배, 상게서, 1238면.

3) 원상회복의무의 내용

청산관계설은 제548조 제1항 본문이 규정한 원상회복의무는 청산을 목적으로 하는 반환채무관계를 기초로 한 것이다. 즉, 원상회복의무는 청산관계에 의존하므로 순전히 채무적 효력을 지닌다고 본다. 이에 반해, 직접효과설은 제548조 제1항 본문의 규정을 제741조에 대한 특칙으로서의 성질을 지니는 것으로 보아 원상회복범위가 부당이득의 범위와 다르기 때문에 수정된 부당이득관계라고 본다는 점에서 차이가 있다.[608)]

4) 원상회복의무의 범위

① 원물반환의 원칙

원상회복의무는 기존의 계약과 인과적 견련성을 가지므로 원물반환을 원칙으로 한다. 따라서 특정물인 경우에는 그 물건을, 종류물인 경우에는 동종·동질·동량의 물건을, 금전인 경우에는 받은 날로부터 반환일까지의 이자를 가산하여 반환한다(제548조 제2항). 노무나 기타 물건의 이용 등 무형의 가치를 급부받은 경우에는 그 객관적 가격을 급부 당시의 가격으로 매겨 반환한다. 한편, 원물반환의 이행장소는 원칙적으로 그 물건이 원래 존재하던 장소이다.

② 가액반환

원물이 수령자에 의하여 멸실·훼손·소비되어 반환이 불가능한 경우에는 가액반환이 문제된다. 이에 대한 명문규정은 없으나, 상대방의 책임 있는 사유로 원물반환이 불가능하게 된 경우에만 가액반환에 의한 원상회복이 인정된다는 견해와 그뿐만 아니라 채무자의 책임 없는 사유로 원물반환이 불가능하게 된 경우에도 가액반환을 긍정하는 견해가 있다. 청산관계설은 첫째 원상회복을 위하여 변경된 채권관계는 원래의 쌍무적 계약관계와 동일성을 유지한다는 점, 둘째 법정해제에서는 약정해제와는 달리 상대방이 해제의 원인을 제공한 자이므로 이에 대한 불이익을 감수하여야 한다는 점을 고려해야 한다는 점을 들어, 원물의 반환이 양 당사자의 귀책사유 없이 불가항력으로 멸실·훼손된 경우에도 가액반환의무를 부담하는 것이 타당하다고 본다.[609)]

③ 해제로 인하여 발생하는 비용 등

해제로 인하여 발생하는 비용, 즉 반환을 위한 운송비 및 인건비 등은 해제 원인에 대하여 책임을 질 상대방이 부담한다. 그러나 각 당사자가 받은 물건이나 권리로부터 생긴 과실은 반환되어야 한다. 물론 상대방이 반환할 물건에 관하여 필요비 혹은 유익비를 지출한 경우에는 회복자(해제권자)에게 그 상환을 청구할 수 있다(제203조).[610)]

5) 손해배상책임

민법 제551조는 '계약의 해지 또는 해제는 손해배상의 청구에 영향을 미치지 아니한다'고 규정하고 있는바, 계약이 해제된 경우 손해의 성질에 관하여 청산관계설을 주장하는 학자는 물론 직접효과설을 취하고 있는 학자들도 해제시의 손해배상의 성격이 채무불이행책임이라는데 별다른 이견이 없다. 이에 대하여 계약이 소급적으로 소멸하는 것으로 보는 마당에 그 손해배상책임을 채무불이행책임으로 보는 것은 모

608) 정광수, 채권법요론, 다나출판사, 275면.

609) 김형배, 전게서, 1239~1240면.

610) 정광수, 전게서, 275면.

순이라는 비판이 있으나, 채무자가 계약해제 전에 계약이 유효하게 존재하고 있던 상태에서 채무불이행으로 발생한 손해는 비록 그 채무가 해제로 소급적으로 소멸하더라도 현실적으로 그대로 남게 되므로 그 손해가 제거된 상태로 되돌려야 진정으로 계약 이전의 상태로 되돌아갈 수 있는 것이라거나, 계약 해제는 계약에 의한 직접의 채권채무관계만을 소멸시키는 것이고, 채무불이행이라는 비법률행위적 사실로부터 발생한 손해배상채권관계까지 소멸시키는 것은 아니라는 것이 그 근거로 설명되고 있다. 대법원 판례도 일관하여 위 손해를 채무불이행책임이라고 보고 있다.[611] 손해배상책임에 관하여는 아래의 Ⅲ. 3에서 더 검토하도록 한다.

6) 제3자의 지위

여기서 제3자라 함은 해제된 계약으로부터 발생된 법률효과를 기초로 하여 해제권의 행사가 있을 때까지 새로운 권리를 취득한 자를 의미하는데, 계약 해제의 효과로서 제3자의 지위에 대해서는 아래의 Ⅲ. 4에서 검토하도록 한다.

2. 甲의 乙에 대한 계약 해제로 인한 손해배상청구권 발생 여부

甲의 乙에 대한 계약 해제로 손해배상청구권이 발생하는지 여부를 살펴보려면, 손해배상의 요건으로 귀책사유가 인정되는지 여부를 검토해보아야 한다.

(1) 손해배상책임

1) 손해배상의무의 성질

직접효과설의 논리를 그대로 따른다면 해제에 의하여 계약이 소급적으로 소멸하기 때문에 손해배상을 청구할 수 있는 기초가 존재하지 않게 되어 이를 인정할 수 없게 된다. 그러나 이 학설을 주장하는 학자들은 해제 상대방이 자신의 채무불이행으로 해제권자에게 준 손해는 현실적으로 그대로 남게 되므로 실제적 공평의 관점에서 볼 때 그 손해 발생의 유책자인 상대방이 배상책임을 지는 것은 당연하다고 한다. 판례도 해제의 효과에 대하여 직접효과설을 취하면서 손해배상의 성질은 채무불이행에 의한 것으로 구성한다. 그러나 해제의 소급효에 의하여 채권관계의 소멸을 인정하면서, 동시에 소멸된 채권관계를 기초로 한 채무불이행을 다시 원용하는 것은 이론적으로 모순이 아닐 수 없다. 해제와 양립할 수 있는 손해배상의 청구는 계약관계의 존속을 전제로 한 경우에만 가능한 것이므로 청산관계설에 의해 손해배상청구권을 설명하는 것이 이론적으로 타당하다.[612]

2) 손해배상의 요건

해제의 구제방법으로 인정되는 손해배상은 채무불이행으로 인한 것이므로 해제 상대방에게 해제 원인에 대한 귀책사유가 있어야 한다. 즉 청산관계설에 의할 때, 해제권의 발생에 있어서는 채무불이행에 관한 상대방의 귀책사유가 반드시 요구되는 것은 아니지만 손해배상에서는 귀책사유가 필요하다. 상대방의 귀책사유 없이 이행이 지체되어 계약의 목적을 달성할 수 없게 된 경우에는 채권자에게는 해제권만이 주어질 것이다. 이 점에서 해제와 손해배상이라는 두 제도는 청산을 위한 구제방법

611) 이종엽, 계약해제와 신뢰이익의 배상에 관한 판례 분석(사법행정 제48권 제11호), 31~46면.

612) 김형배, 전게서, 1242면.

이지만 그 기능과 요건을 달리한다.[613)]

3) 손해배상의 범위

채무불이행의 성질을 갖는 손해배상이기 때문에 그 범위는 제393조에 따라 정해진다. 채무불이행으로 인한 손해배상과 해제를 양립시키는 것은 이론적 모순이라는 이유에서 손해배상의 범위를 신뢰이익의 배상으로 한정하는 견해가 있으나 이는 타당하지 않다. 특히, 손해배상액의 산정은 해제시의 시장가격을 기준으로 한다. 해제를 한 채권자는 해제시까지 이행이 가능한 한 그 시점에서 본래의 급부를 청구할 수 있었던 것이므로 해제에 의하여 급부청구권이 전보배상청구권으로 전환된 것으로 볼 수 있기 때문이다. 물론 손해배상액의 지급을 최고한 때부터 지연이자가 발생한다.[614)]

4) 특약에 의한 배상액의 예정

특약에 의하여 본래의 급부에 갈음하는 손해배상액의 예정을 한 경우에는, 비록 해제권이 행사되더라도 예정액에 대한 특약은 효력을 잃지 않으므로 이에 따라 배상하면 된다.[615)]

5) 계약의 효과와 동시이행

계약의 해제로 인하여 각 당사자가 부담하는 원상회복의무는 동시이행의 관계에 있다. 직접효과설에 따르면 원상회복의무는 부당이득반환의무의 특칙으로서의 성질을 지니기 때문에, 해제의 효과가 소급하여 계약관계가 없었던 것으로 되는 직접효과설의 주장대로라면 쌍무계약관계에 적용되는 동시이행의 항변권은 해제 후의 당사자들에게는 적용될 여지가 없다. 결국 원상회복의무자 사이에 동시이행의 관계가 성립하는 것은 양 당사자 사이의 공평을 기하기 위한 것이라고 한다. 그러나 청산관계설에 의하면, 원상회복의무는 기존의 계약관계를 기초로 한 채무로 이해되기 때문에 각 당사자의 원상회복의무 상호 간에 존재하는 견련관계에 대해서는 동시이행의 항변권이 당연히 적용됨이 원칙이다. 한편, 손해배상의무에 대해서는 명문규정이 없으나 통설과 판례는 동시이행관계를 인정한다.[616)]

(2) 사안에의 적용

乙은 금전채무에 대한 이행지체 책임을 지고 있으므로 귀책사유가 있다고 보아야 하고, 제551조 규정에 의하면 손해배상의 청구는 해제로 인한 영향을 받지 않으므로, 어느 학설을 따르더라도 甲은 乙에 대해 손해배상청구가 가능하다. 참고로 이때 손해배상의 범위는 별도의 특약이 없는 한, 해지할 때 그림의 시장가격을 기준으로 하여 손해배상액의 지급을 최고한 때부터 지연이자를 합친 금액이 된다.

3. 甲이 丙에게 그림의 반환을 직접 청구할 수 있는지 여부

乙과의 매매계약에 기해 그림을 취득한 丙에게 甲이 그림의 반환을 직접 청구할 수 있는지 여부를 살펴보려면, 丙이 제548조 제1항 단서의 '권리를 해하지 못하는

613) 김형배, 상게서, 1243면.

614) 김형배, 상게서, 1242~1243면.

615) 김형배, 상게서, 1243면.

616) 김형배, 상게서, 1244면.

제3자'에 해당하는지 검토해보아야 한다.

(1) 제3자의 지위

직접효과설중 채권적 효과설에 따를 때 제548조 제1항 단서는 주의적 규정에 지나지 않으나, 직접효과설중 물권적 효과설에 따르면 제3자 보호의 문제가 생기고 동조항 단서는 해제의 소급효를 제한하는 규정으로서 적극적인 의미를 갖는다. 그러나 청산관계설에 따르면 제548조 제1항 단서는 제3자 보호규정이라기보다는 대항규정이라고 이해된다.

앞에서 언급한 바와 같이 여기서 제3자라 함은 해제된 계약으로부터 발생된 법률효과를 기초로 하여 해제권의 행사가 있을 때까지 새로운 권리를 취득한 자를 의미한다. 그러나 학설과 판례에 따르면 해제권의 행사 후 원상회복등기 등이 이루어지기 전에 계약해제사실을 모른 채 새로운 권리를 취득한 제3자에 대해서도 해제자는 계약 해제를 주장할 수 없다. 이처럼 제3자의 범위가 확대되는 근거는 선의의 제3자에 대한 거래안정을 보호하기 위한 것이라고 이해된다.[617]

(2) 사안에의 적용

사안의 매매계약은 유명화가의 그림을 목적물로 하므로 직접효과설이나 청산관계설 중 어느 학설을 따르더라도 그 효과에서는 차이가 없다. 판례[618]는 해제된 계약으로부터 발생된 법률효과를 기초로 하여 해제권의 행사가 있기 전에 새로운 이해관계를 가졌을 뿐만 아니라 등기나 인도 등으로 완전한 권리를 취득한 자를 제3자로 인정하고 있으며, 사안에서 丙은 계약이 해제되기 전에 적법하게 그림에 대한 소유권을 취득하였다.

따라서 병은 제548조 제1항 단서의 '권리를 해하지 못하는 제3자'에 해당하므로 그림에 대한 소유권을 취득한 丙에게 甲이 반환을 직접 청구할 수는 없다. 甲은 丙에게 그림을 돌려받을 수 없으므로 앞에서 논의한 손해배상청구권을 乙에게 행사하여 자신의 손해를 전보받을 수 있다.

4. 소 결

乙에게는 금전채무의 이행지체로 인한 귀책사유가 있고 손해배상책임의 요건을 반족하므로, 甲은 제551조에 기해 계약의 해제에도 乙에 대한 손해배상청구가 가능하다.

丙은 해제권의 행사가 있기 전에 해제된 계약으로부터 발생된 법률효과를 기초로 하여 새로운 이해관계를 맺었을 뿐만 아니라 매매 목적물을 인도받아 완전한 권리를 취득한 자로서, 제548조 제1항 단서의 권리를 해하지 못하는 제3자에 해당하므로 그림에 대한 소유권 취득이 인정된다.

따라서 甲은 丙에게 그림의 반환을 직접 청구할 수 없다.

Ⅳ. 결 론

甲이 乙과의 그림 매매계약을 해제하고자 할 때, 이행기에 그림에 대한 잔금을 지

617) 정광수, 전게서, 275면.

618) 대판 2003.1.24, 2000다22850.

급하지 않은 乙의 이행지체가 성립하므로 甲은 乙의 이행지체에 기해 계약을 해제할 수 있을 것이다.

이때 乙의 잔금지급채무는 금전채무이므로 乙에게 이행지체로 인한 귀책사유가 있고, 손해배상책임의 요건도 만족한다. 따라서 甲은 계약의 해제에도 제551조에 기해 乙에 대해 손해배상청구가 가능하다. 단, 乙과의 매매계약으로 그림을 인도받은 丙은 제548조 제1항 단서의 권리를 해하지 못하는 제3자에 해당하므로 甲은 丙에게 그림의 반환을 직접 청구할 수 없다.

[문제 20] 관련 판례: [관판 20]

◎ **대판 1996.8.20, 96다17653 【건물명도】**

【판시사항】

임대인이 소유권을 취득하였다가 계약해제로 소유권을 상실하게 된 경우, 그 계약해제 전에 주택임대차보호법 소정의 대항요건을 갖춘 임차인의 대항력 유무(적극)

【판결요지】

민법 제548조 제1항 단서의 규정에 따라 계약해제로 인하여 권리를 침해받지 않는 제3자라 함은 계약목적물에 관하여 권리를 취득한 자 중 계약당사자에게 권리취득에 관한 대항요건을 구비한 자를 말한다 할 것인바, 임대목적물이 주택임대차보호법 소정의 주택인 경우 같은 법 제3조 제1항이 임대주택의 인도와 주민등록이라는 대항요건을 갖춘 자에게 등기된 임차권과 같은 대항력을 부여하고 있는 점에 비추어 보면, 소유권을 취득하였다가 계약해제로 인하여 소유권을 상실하게 된 임대인으로부터 그 계약이 해제되기 전에 주택을 임차받아 주택의 인도와 주민등록을 마침으로써 같은 법 소정의 대항요건을 갖춘 임차인은 등기된 임차권자와 마찬가지로 민법 제548조 제1항 단서 소정의 제3자에 해당된다고 봄이 상당하고, 그렇다면 그 계약해제 당시 이미 주택임대차보호법 소정의 대항요건을 갖춘 임차인은 임대인의 임대권원의 바탕이 되는 계약의 해제에도 불구하고 자신의 임차권을 새로운 소유자에게 대항할 수 있다.

◎ **대판 1983.5.24, 82다카1667 【손해배상】**

【판시사항】

가. 계약해제로 인한 손해배상의 범위(= 이행 이익)
나. 조합계약해지의 경우 일방의 출자의무의 이행으로 소요된 비용에 대한 손해배상청구 가부(소극)

【판결요지】

가. 계약당사자의 일방이 계약해제와 아울러 하는 손해배상의 청구도 채무불이

행으로 인한 손해배상과 다를 것이 없으므로 전보배상으로서 그 계약의 이행으로 인하여 채권자가 얻을 이익 즉 이행이익을 손해로서 청구하여야 하고 그 계약이 해제되지 아니하였을 경우 채권자가 그 채무의 이행으로 소요하게 된 비용 즉 신뢰이익의 배상은 청구할 수 없는 것이다.

나. 동업계약으로 인한 의무를 이행하지 아니하여 그 동업계약을 해지한 경우에 있어서 일방이 출자의무의 이행으로 소요된 비용에 대해 조합계약의 해지에 따른 청산을 구함은 별론으로 하고 채무불이행으로 인한 손해의 배상을 구할 수는 없다.

◎ 대판 1972.5.9, 71다1474【계약금반환】

【판시사항】

타인간의 계약에 있어서 그 계약을 보증한 보증인은 상대방에 대하여 특단의 사정이 없는 한 피보증인의 채무 불이행으로 인하여 그 계약이 해제되었음으로 인한 피보증인의 원상회복의 의무에 대하여도 책임을 진다.

【판결요지】

타인간의 계약에 있어 그 계약상의 여러 가지 의무를 부담하는 당사자의 일방을 위하여 그 계약을 보증한 보증인은 상대방에 대하여 특단의 사정이 없는 한 피보증인의 채무불이행으로 인하여 그 계약이 해제되었으므로 인한 피보증인의 원상회복의 의무에 대하여도 책임을 진다.

【판결이유】

타인간의 계약에 있어 그 계약상의 여러 가지 의무를 부담하는 당사자의 일방을 위하여 그 계약을 보증한 보증인은 상대방에 대하여 특단의 사정이 없는 한 피보증인의 채무불이행으로 인하여 그 계약이 해제되었음으로 인한 피보증인의 원상회복의 의무에 대하여도 책임을 지게 되는 것이라고 함이 당원의 판례(대판 1967.9.16 선고, 67다1482 판결)인바 원판결은 피고 B가 원고 A와 소외 甲(그의 대리인 乙)간의 마이크로버스 1대에 관한 그 판시와 같은 매매계약에 있어 위 甲의 그 계약상 의무를 담보하기 위하여 보증을 하였던 사실은 인정하면서 그 후 위 매매가 그 판시와 같은 피보증인인 甲의 채무불이행을 이유로 적법히 해제되었으므로 인한 그 계약에 의하여 원고 A가 위 甲에게 이미 지급하였던 계약금과 중도금의 합계금 22만원에 관한 원고 A의 피고 B에 대한 본소청구를 그 금액에 대한 위 甲의 반환의무는 위 매매의 해제로 인한 원상회복의 의무였을 뿐 그 매매에 따른 동인의 본래의 채무와는 법률상의 성질을 달리하는 전연 별개의 것이었으니 위 甲의 그 매매상의 의무를 보증한 피고 B에게 그 원상회복의 의무까지를 부담케 할 수는 없다는 취지의 판시로써 배척하였던 것인즉 그 판시를 전시 당원 판례에 명시된 법리를 위배한 위법판시였다고 않을 수 없다.

◎ **대판 1996.7.26, 95다25138·25145【인쇄비·계약금반환】**

【판시사항】

계약해제로 인하여 발생하는 원상회복의무와 손해배상의무가 함께 동시이행 관계에 있는지 여부(적극)

【판결요지】

계약이 해제되면 계약당사자는 상대방에 대하여 원상회복의무와 손해배상의무를 부담하는데, 이 때 계약당사자가 부담하는 원상회복의무뿐만 아니라 손해배상의무도 함께 동시이행의 관계에 있다.

【판결이유】

원심판결의 이유에 의하면 원심은, 그 판시사실에 의하여, 원고(반소피고, 이하 원고라고 한다)와 피고(반소원고, 이하 피고라고 한다) 사이에 체결된 이 사건 계약은 피고가 자신의 대금지급의무를 이행하지 않겠다는 의사를 명백히 표시한 이후에 원고가 최고 없이 한 계약해제의 의사표시에 의하여 그 판시 일자에 적법하게 해제되었으므로 피고는 위 계약해제로 인하여 원고가 입은 손해 즉 원고가 이미 제작에 착수하여 지출한 비용 상당의 손해를 배상할 의무가 있다고 판단한 다음, 이 사건 계약은 피고의 무경험 등으로 인하여 현저하게 공정을 잃은 법률행위로서 무효라는 피고의 주장에 대하여는 그 판시와 같은 이유로, 피고의 동시이행의 항변에 대하여는 원고가 이 사건 카탈로그의 제작을 위하여 카탈로그 원부 및 사진필름 등 그 판시 물품을 피고로부터 제공받은 사실은 인정이 되나, 원고가 부담하는 위 물품 등의 반환의무와 피고의 이 사건 손해배상의무는 쌍무계약상의 고유의 대가관계에 있는 채무가 아닐 뿐만 아니라, 구체적 계약관계에서 당사자 쌍방이 부담하는 채무 사이에 대가적 의미가 있어 이행상의 견련관계를 인정하여야 할 사정이 있는 경우에 해당한다고 볼 수도 없다는 취지의 이유로, 이를 각 배척하고, 나아가 원고가 입은 손해액을 금 755만 원으로 확정한 다음 원고가 구하는 바에 따라 위 금액에서 원고가 피고에게 반환하여야 할 계약금 200만 원을 공제한 금 555만 원의 지급을 피고에게 명하였는바, 이를 기록과 대조하여 살펴보면, 원심판결 중 피고의 동시이행의 항변을 배척한 부분을 제외한 나머지 점에 관한 사실인정과 판단은 옳다고 여겨지고, 거기에 상고이유의 주장과 같은 심리미진, 채증법칙 위배로 인한 사실오인의 위법이나 자유심증주의의 한계를 일탈한 위법 또는 판단유탈의 위법이 있다고 할 수 없다.

그러나 원심이 피고의 동시이행의 항변을 배척한 부분은 선뜻 수긍이 가지 아니한다.

살피건대, 계약이 해제되면 계약당사자는 상대방에 대하여 원상회복의무와 손해배상의무를 부담하는바, 이 때 계약당사자가 부담하는 원상회복의무뿐만 아니라 손해배상의무도 함께 동시이행의 관계에 있다고 봄이 상당하다고 할 것이다.

따라서 이 사건 카탈로그의 제작을 위하여 피고가 원고에게 교부한 카탈로그 원부 및 사진필름 등 그 판시 물품(원심으로서는 피고에게 그 물품을 좀 더 명확히 특정할 것을 촉구할 필요가 있다)에 대한 원고의 반환의무와 피고의 이 사건 손해배상의무와는 동시이행의 관계에 있다고 보아야 할 것임에도 불구하고, 이와는 다른 견해에서 피고의 동시이행의 항변을 배척한 원심은 필경 계약해제에 있어서의 동시이행에 관한 법리를 오해한 나머지 판결에 영향을 미친 위법을 저지른 것이라고 아니할 수 없으니, 이 점을 지적하는 상고이유의 주장은 이유 있다 할 것이다.

◎ 대판 2003.1.24, 2000다5336·5343【채무부존재확인·양수금】

【판시사항】

[1] 임차인이 특정한 날짜까지 임차부분에 입점하지 아니하면 임대차계약이 자동적으로 해지된다는 특약이 있는 경우 그 불이행 자체로써 계약이 자동적으로 해지되는지 여부(적극)

[2] 임대차계약의 당사자 사이에 자동해지 조항의 효력을 상실시키고 자동해지된 계약을 부활시키는 약정이 있었다고 본 사례

[3] 계약의 묵시적 합의해지를 인정하기 위한 요건

[4] 처분문서에 나타난 당사자 의사의 해석방법

[5] 임대보증금반환채권에 관한 양도금지의 특약을 임대차계약이 종료되고 임대목적물이 명도될 때까지만 유효한 것으로 제한적으로 해석하여야 하는지 여부(소극)

[6] 채권양도금지특약으로 대항할 수 있는 제3자의 범위(=악의 또는 중과실 있는 제3자) 및 제3자의 악의 또는 중과실에 대한 입증책임의 소재(=채권양도금지특약으로 채권양수인에게 대항하려는 자)

[7] 계약의 합의해지에 대하여 민법 제548조 제2항이 적용되는지 여부(소극)

【판결요지】

[1] 임대차계약을 체결하면서, '임대차계약은 임차인이 임차보증금을 완급한 때부터 효력이 생기고, 그 때부터 한 달 이내에 임차인이 임차부분에 입점하지 아니하면 자동적으로 해지된다.'고 약정하였는데, 그 후 임차인이 위 기한 내에 입점하지 않았다면 해지의 의사표시를 요하지 않고 그 불이행 자체로써 위 임대차계약은 그 일자에 자동적으로 해지된 것으로 보아야 한다.

[2] 임대차계약의 당사자 사이에 자동해지 조항의 효력을 상실시키고 자동해지된 계약을 부활시키는 약정이 있었다고 본 사례.

[3] 계약이 합의해지되기 위하여는 일반적으로 계약이 성립하는 경우와 마찬가지로 계약의 청약과 승낙이라는 서로 대립하는 의사표시가 합치될 것을 그 요건으로 하는 것이지만, 계약의 합의해지는 명시적인 경우뿐만 아니라 묵시적

으로도 이루어질 수 있는 것이므로 계약 후 당사자 쌍방의 계약 실현 의사의 결여 또는 포기가 쌍방 당사자의 표시행위에 나타난 의사의 내용에 의하여 객관적으로 일치하는 경우에는, 그 계약은 계약을 실현하지 아니할 당사자 쌍방의 의사가 일치됨으로써 묵시적으로 해지되었다고 해석함이 상당하다.

[4] 처분문서는 그 진정성립이 인정되면 특별한 사정이 없는 한 그 처분문서에 기재되어 있는 문언의 내용에 따라 당사자의 의사표시가 있었던 것으로 객관적으로 해석하여야 하고, 당사자 사이에 계약의 해석을 둘러싸고 이견이 있어 처분문서에 나타난 당사자의 의사해석이 문제되는 경우에는 문언의 내용, 그와 같은 약정이 이루어진 동기와 경위, 약정에 의하여 달성하려는 목적, 당사자의 진정한 의사 등을 종합적으로 고찰하여 논리와 경험칙에 따라 합리적으로 해석하여야 한다.

[5] 당사자 사이에 계약의 해석을 둘러싸고 별다른 이견이 없고 임대차계약서에 기재되어 있는 문언의 내용상으로 임대보증금반환채권에 관한 양도금지 특약규정의 효력을 임대차계약의 종료시나 임대목적물의 명도시까지로 제한하고 있지 아니한 경우, 처분문서의 의사해석 법리에 비추어 그 객관적 문언과 다른 내용의 해석을 할 수는 없는 것이고, 더욱이 임대차계약 체결 당시 임차인은 임대보증금반환채권에 관한 양도금지 특약을 감수하고 이에 동의한 것이므로 양도금지특약이 임대차계약이 종료되고 임대목적물이 명도된 때까지만 유효한 것으로 제한해석을 하지 않는다고 하여 임차인에게 가혹한 것이라고 볼 수 없고, 임대인으로서는 임대차계약이 종료되고 임대목적물이 명도된 이후라도 보증금반환채권만이 양도되어 버림으로써 최초 법률관계의 당사자가 아닌 제3자와의 법률분쟁에 휩싸이거나 복잡한 권리관계가 형성되는 것을 미리 방지하기 위하여 양도금지의 특약을 할 수 있는 것이므로, 임대인에게 양도금지 특약의 실익이 없는 것은 아니라고 할 것이다.

[6] 채무자는 제3자가 채권자로부터 채권을 양수한 경우 채권양도금지 특약의 존재를 알고 있는 양수인이나 그 특약의 존재를 알지 못함에 중대한 과실이 있는 양수인에게 그 특약으로써 대항할 수 있고, 여기서 말하는 중과실이란 통상인에게 요구되는 정도의 상당한 주의를 하지 않더라도 약간의 주의를 한다면 손쉽게 그 특약의 존재를 알 수 있음에도 불구하고 그러한 주의조차 기울이지 아니하여 특약의 존재를 알지 못한 것을 말하며, 제3자의 악의 내지 중과실은 채권양도 금지의 특약으로 양수인에게 대항하려는 자가 이를 주장·입증하여야 한다.

[7] 합의해지 또는 해지계약이라 함은 해지권의 유무에 불구하고 계약 당사자 쌍방이 합의에 의하여 계속적 계약의 효력을 해지시점 이후부터 장래를 향하여 소멸하게 하는 것을 내용으로 하는 새로운 계약으로서, 그 효력은 그 합의의 내용에 의하여 결정되고 여기에는 해제, 해지에 관한 민법 제548조 제2항의 규정은 적용되지 아니하므로, 당사자 사이에 약정이 없는 이상 합의해지로 인하여 반환할 금전에 그 받은 날로부터의 이자를 가하여야 할 의무가 있는 것은 아니다.

[문제 20] 참고 논문: [참논 20]

*** 계약해제로 인한 원상회복과 부당이득반환의 법리 ***
– 대법원 판결 2000년 5월 12일, 선고2000다5978과 관련하여 –

I. 판결표시

대법원 2000. 5. 12 선고, 2000다5978 판결[619]
원심판결 서울고등법원 1999. 12. 22 선고, 99나27820 판결

II. 사 안

원심은, 원고의 이 사건 청구원인을 원고(피상고인 허무열)와 피고(상고인 김순식) 사이의 이 사건 매매계약의 목적물 중 파주시 광탄면 영장리 산 37의 1 임야 중 100평의 소유자인 국가가 피고 소유의 임야와의 교환계획을 취소하여 피고는 이에 대한 권리를 취득하여 원고에게 이전하여 줄 수 없게 되었고, 위 100평의 부분은 매매목적건물인 식당 부속건물의 부지와 정원으로 사용되고 있으며 이를 거치지 아니하면 같은 리 183의 2에서 공로로의 출입이 불가능하여 나머지 부분으로는 계약의 목적을 달성할 수 없으므로 이 사건 소장부본 송달로 원·피고 사이의 매매계약을 해제하고 원상회복으로 기지급한 매매대금 8,000만원의 반환을 구하는 것으로 파악한 다음, 원고는 1997년 9월 경 피고를 상대로, 피고가 위 임야 100평을 교환, 취득하여 소유권을 이전해 주겠다면서 원고를 기망하여 이에 속은 원고로 하여금 이 사건 매매계약을 체결하도록 하였으므로 원고는 피고와의 매매계약을 취소하고 피고에게 기지급한 위 매매대금과 손해배상액으로 예정된 돈 3,400만원 합계 돈 1억1,400만원의 지급을 구하며, 그렇지 않더라도 매매계약체결 당시 매매목적 토지는 토지거래허가지역 내에 있었으나 지금까지 토지거래허가를 취득하지 못하여 소급적으로 매매계약이 무효가 되었으므로 피고에게 위 매매대금을 구한다는 내용으로 서울지방법원 의정부지원 97가합14450호 매매대금반환청구의 소를 제기하였다. 그런데 1998년 4월 22일 같은 법원은 피고의 원고에 대한 기망사실을 인정할 증거가 없고, 토지거래규제지역에서 해제되어 토지거래허가 없이도 매매계약이 유효하다는 이유로 원고기각의 판결을 선고하여 위 판결이 확정된 사실을 인정하였다.

또한 원심은 판결의 기판력이 후소와 동일한 내용의 전소의 변론종결 전에 주장할 수 있었던 모든 공격방어 방법에 미치므로 전소의 변론종결 전에 존재한 사유라면 그 변론종결 후에 해제의 의사표시를 하였다고 하여도 이는 기판력에 저촉되는 것이기는 하나, 원고의 전소는 피고의 기망행위를 이유로 매매계약을 취소하고 기지급한 매매대금과 손해배상금의 지급을 구하고 예비적으로 매매계약이 토지거래허가를 받지 못하여 확정적으로 무효가 되었음을 전제로 기지급한 매매대금의 반환을 구하는 것이고, 이 사건의 소는 원·피고 사이의 매매계약이 유효함을 전제로 피고의 후

---

* 정광수, 계약해제로 인한 원상회복과 부당이득반환의 법리강원법학 제14권, 555면 이하.
619) 법률신문 제2891호(2000년 6월 12일자), 11면 참조.

발적인 이행불능을 원인으로 하여 매매계약을 해제하고 그 원상회복으로서 기지급한 매매대금의 반환을 청구하는 것이어서 전소와 단순한 공격방어 방법의 차이가 있음에 불과하다고 볼 것이 아니라 그 청구원인이 달라 소송물이 상이한 경우에 해당한다고 봄이 상당하고 따라서 전소의 확정판결의 기판력이 이 사건 소에 미칠 수 없는 것이라고 판단하여 이 점에 관한 피고의 주장을 배척하고 결국 원고의 이 사건 청구를 인용하였다.

이에 피고는 대법원에 상고하였고, 대법원은 이를 이유있다고 받아드려 원심판결 중 피고 패소부분을 파기하고 이 부분사건을 다시 심리·판단케 하기 위하여 원심법원(서울고등법원)에 환송하였다.

Ⅲ. 판결이유

1. 요 지

계약해제의 효과로서의 원상회복은 부당이득에 관한 특별 규정의 성격을 가지는 것이고, 부당이득반환청구에서 법률상의 원인 없는 사유를 계약의 불성립, 취소, 무효, 해제 등으로 주장하는 것은 공격방법에 지나지 아니하므로 그 중 어느 사유를 주장하여 패소한 경우에 다른 사유를 주장하여 청구하는 것은 기판력에 저촉되어 허용될 수 없다 할 것인바, 패소판결이 확정된 전소에서 주장하였던 기망에 의한 의사표시의 취소의 효과로서 구하였던 매매대금반환의 성질은 부당이득반환이라고 할 것이고, 후소에서 계약해제의 효과인 원상회복으로서 구하는 것도 같은 성질의 것이라 할 것이므로, 전소의 소송물인 부당이득반환 청구권의 존부에 관한 공격방법을 후소에 다시 제출하여 전소와 다른 판단을 구하는 것은 전소의 확정판결의 기판력에 저촉되어 허용될 수 없으며, 이는 전소에서 이행불능사실을 몰랐다고 하더라도 마찬가지이다.

2. 이 유

대법원은 계약해제의 효과로서의 원상회복은 부당이득에 관한 특별 규정의 성격을 가지는 것이고,[620] 부당이득반환청구에서 법률상의 원인 없는 사유를 계약의 불성립, 취소, 무효, 해제 등으로 주장하는 것은 공격방법에 지나지 아니하므로 그 중 어느 사유를 주장하여 패소한 경우에 다른 사유를 주장하여 청구하는 것은 기판력에 저촉되어 허용할 수 없다고 판시하였다.

또한 대법원은 원고가 전소에서 주장하였던 무효 또는 기망에 의한 의사표시의 취소의 효과로서 구하였던 매매대금반환의 성질은 부당이득반환이라고 할 것이고, 이 사건에서 계약해제의 효과인 원상회복으로서 구하는 것도 같은 성질의 것이라 할 것이므로, 이는 결국 전소의 소송물인 부당이득반환 청구권의 존부에 관한 공격방법을 후소에 다시 제출하여 전소와 다른 판단을 구하는 것이어서 전소의 확정판결의 기판력에 저촉되어 허용될 수 없는 경우라고 하였다. 그러므로 대법원은 원심이 그 소송물이 서로 다르다고 단정하여 원고의 이 사건의 청구를 인용한 것은 소송물이나 기판력에 관한 법리를 오해함으로써 판결결과에 영향을 미친 위법을 저질렀다고 하는 이

620) 대판 1997.12.9, 96다47586 참조.

유를 들어 이 점을 지적하는 피고의 상고이유의 주장은 그 이유 있다고 판시하였다.

한편 원심은 부가적으로, 원고가 매매계약이 확정적으로 이행불능이 되었음을 전소의 변론종결일 전에 알고 있었다고 인정하기에 부족하다고 설시하였는데, 판결의 기판력은 그 소송의 변롱종결 전에 있어서 주장할 수 있었던 모든 공격 및 방어방법에 미치는 것이므로, 그 당시 당사자가 알 수 있었거나 또는 알고서 이를 주장하지 않았던 사항에 한하여서만 기판력이 미친다고는 볼 수 없는바[621] 따라서, 원심 설시대로라고 하더라도 이 사건 소에서 전소의 변론종결일 전의 이행불능을 내세워 해제권을 행사하는 것은 기판력에 의하여 차단된다고 대법원은 판시하였다.

Ⅳ. 평 석

1. 문제점

이 사건의 문제핵심은 패소판결이 확정된 전소에서 주장하였던 기망에 의한 의사표시의 취소의 효과로서 구하였던 매매대금반환의 성질은 부당이득반환이라고 할 것이지만, 후소에서 계약해제의 효과인 원상회복으로서 구하는 것이 과연 대법원의 입장과 같이 부당이득에 관한 특별규정의 성격을 갖는다고 할 수 있는 가이다. 즉, 전소의 소송물인 부당이득반환 청구권의 존부에 관한 공격방법을 후소에 다시 제출하여(전소와 후소는 소송물을 같이 하여 전소의 확정판결의 기판력에 저촉되어 허용될 수 없는데도 불구하고) 전소와 다른 판단을 구하는 것인가 아니면 전소와 후소는 청구원인이 각각 상이하므로(즉, 전소와 후소는 소송물을 각각 달리하므로) 전소의 확정판결의 기판력이 이 사건 소에 미칠 수 없는 것이라고 판단해야만 하는가 하는 것이다.

이와 같은 문제의 해결은 계약해제의 효과에 대한 법리구성을 어떻게 구성하느냐에 달려 있다고 하겠다. 다시 말해서 계약당사자 일방의 계약해제권의 행사에 의하여 각 계약당사자 는 상대방에게 대하여 원상회복의무가 생기는바(민법 제548조 1항 본문), 이와 같은 원상회복의무에 대한 법리와 법률상 원인 없이 타인의 재산 또는 노무로 인하여 이익을 얻고 이로 인하여 타인에게 손해를 가한 자가 그 얻은 이득을 반환해야 하는 부당이득반환의무에 대한 법리(민법 제741조) 사이에 대한 관계를 올바로 이해하는가에 달려있다고 하겠다.

이하에서는 먼저 사실관계를 분석하고 이어서 이와 관련하여 문제가 된 계약해제의 효과에 대한 법리와 부당이득반환의 법리에 대한 올바른 검토와 이해를 통해서 이 판례의 문제점을 지적하기로 한다.

2. 사실관계분석

원고(피상고인 허무열)와 피고(상고인 김순식) 사이의 이 사건 매매계약의 목적물 중 파주시 광탄면 영장리 산 37의 1 임야 중 100평의 소유자인 국가가 피고 소유의 임야와의 교환계획을 취소하여 피고는 이에 대한 권리를 취득하여 원고에게 이전하여 줄 수 없게 되었고, 위 100평의 부분은 매매목적건물인 식당 부속건물의 부지와 정원으로 사용되고 있으며 이를 거치지 아니하면 같은 리 183의 2에서 공로로의 출

621) 대판 1980.5.13, 80다473 참조.

입이 불가능하여 나머지 부분으로는 계약의 목적을 달성할 수 없으므로 이 사건 원·피고 사이의 매매계약을 해제하고 원상회복으로 기지급한 매매대금 8,000만원의 반환을 구하는 것으로 파악한 다음, 원고는 1997년 9월 경 피고를 상대로, 피고가 위 임야 100평을 교환, 취득하여 소유권을 이전해 주겠다면서 원고를 기망하여 이에 속은 원고로 하여금 이 사건 매매계약을 체결하도록 하였으므로 원고는 피고와의 매매계약을 취소하고 피고에게 기지급한 위 매매대금과 손해배상액으로 예정된 돈 3,400만원 합계 돈 1억1,400만원의 지급을 구하며, 그렇지 않더라도 매매계약체결 당시 매매목적 토지는 토지거래허가지역 내에 있었으나 지금까지 토지거래허가를 취득하지 못하여 소급적으로 매매계약이 무효가 되었으므로 피고에게 위 매매대금을 구한다는 내용으로 서울지방법원 의정부지원 97가합14450호 매매대금반환청구의 소를 제기하였다. 그런데 1998년 4월 22일 같은 법원은 피고의 원고에 대한 기망사실을 인정할 증거가 없고, 토지거래규제지역에서 해제되어 토지거래허가 없이도 매매계약이 유효하다는 이유로 원고기각의 판결을 선고하여 위 판결이 확정된 사실을 인정하였다.

따라서 원고의 전소는 피고의 기망행위를 이유로 매매계약을 취소하고 기지급한 매매대금과 손해배상금의 지급을 구하고 예비적으로 매매계약이 토지거래허가를 받지 못하여 확정적으로 무효가 되었음을 전제로 기지급한 매매대금의 반환을 구하는 것이고 즉 부당이득반환의 경우이고, 이 사건의 소는 원·피고 사이의 매매계약이 유효함을 전제로 피고의 후발적인 이행불능을 원인으로 하여 매매계약을 해제하고 그 원상회복으로서 기지급한 매매대금의 반환을 청구하는 것이어서 전소와 단순한 공격방어 방법의 차이가 있음에 불과하다고 볼 것이 아니라, 그 청구원인이 달라 소송물이 상이한 경우에 해당한다고 봄이 상당하다. 따라서 전소의 확정판결의 기판력이 이 사건 소에 미칠 수 없는 것이라고 원심은 판단하고 있다.

3. 계약해제의 효과에 관한 법리

해제제도는 해제권자에게 기존의 계약관계의 구속으로부터 벗어나, 새로운 법률행위를 할 수 있는 자유를 회복시켜 주기 위한 것이다. 따라서 채무자가 계약상의 채무를 제대로 이행하지 않거나 이행할 수 없게 된 경우에 해당 당사자를 구제해 주기 위한 수단이 법정해제제도이다. 이러한 해제제도의 목적에 비추어 계약의 구속으로부터의 해방, 원상회복(민법 제548조) 그리고 손해배상(민법 제551조)이라는 효과를 해제권의 행사라는 하나의 행위로부터 이론적으로 모순없이 설명하기 위하여 해제의 효과에 관한 법리구성이 다양하게 시도되어 왔다. 여러 학설이 대립되는 것도 이러한 문제에서 비롯된다.[622]

아래에서는 대립되어 있는 여러 학설들 가운데 주요학설을 중심으로 간단히 소개한 다음, 본 판례를 분석·검토하기로 한다.

(1) 직접효과설

이 설에 따라서 계약해제의 효과에 관한 법리를 설명하면 해제권의 행사에 의하여 그 직접적인 효과로서 계약상의 채권·채무는 처음부터 존재하지 않았던 것처럼 소급

622) 김형배, 채권각론[계약법], 박영사, 1997, 227면 이하 참조.

해서 소멸한다. 이 견해는 해제의 효과를 계약관계의 소급적 소멸로 이해하기 때문에 미이행채무는 더 이상 존재할 수 없게 되고, 이미 이행된 급부는 법률상의 원인을 상실하게 되어 부당이득으로서 반환되어야 한다고 한다. 다만 해제의 경우에는 반환의무의 범위가 현존이익의 한도에 그치지 아니하고 원상회복까지 확대된다고 한다.[623)]

해제의 소급효를 인정할 경우 해제된 계약을 기초로 하여 이루어진 권리의 이전도 원칙적으로 처음부터 발생하지 않았던 것처럼 회복된다. 이와 같이 해제의 물권적 효과를 인정하게 되면 권리의 전득자는 예상하지 못한 손해를 볼 수 있다. 그러므로 해제의 소급효는 제한되어야 한다고 한다.[624)]

그런데 우리 민법은 독일민법과 달리 해제권의 행사와 손해배상청구권을 병존적으로 인정하고 있으며(민법 제551조), 손해배상청구권의 발생은 현행법상 채무불이행 또는 불법행위를 그 원인으로 하므로, 해제에 의하여 계약이 소급적으로 소멸하는 것을 전제로 하는 직접효과설에서 손해배상청구의 기초를 법이론적으로 설명하는 것은 불가능하다. 따라서 전득자 보호를 내세워 해제의 소급효의 의미를 제한하여 해석한다거나 실질적 형평성을 고려하여 손해배상청구권을 인정하는 것은 이론상의 일관성을 유지할 수 없는 조정이다.[625)]

(2) 간접효과설

이 설에 따르면 해제권이 행사되더라도 기존의 계약관계는 그대로 존속하며, 다만 당사자 사이에 원상회복을 위한 새로운 채권·채무관계를 발생시킬 뿐이고 이와 같은 채권·채무가 이행됨으로써 계약관계는 소멸한다고 한다. 그리고 미이행급부에 대해서는 항변권이 생기므로 해제 뒤에는 이행할 필요가 없다고 한다.[626)] 이 학설은 기존의 계약관계에서 발생된 채권·채무의 소멸을 전제하므로, 채무자의 채무불이행으로 인한 손해배상청구권의 발생이 이론상 문제되지 않는다. 또한 기존의 계약관계에 따라 발생된 물권변동도 해제에 의해 직접 영향을 받지 않으므로 제3자 보호의 문제는 대항문제로 처리된다.

그러나 해제에 의해서 당사자 사이에 새롭게 발생된 원상회복은 부당이득과 아무 관계가 없는 것이므로 이 설은 원상회복의무의 발생근거 및 그 이행에 따른 기존 계약관계의 소멸을 이론적으로 설명하지 못하고 있다.

(3) 절충설

이 설에 따르면 해제권의 행사에 의하여 한편으로는 미이행채무에 대해서 장래에 대하여 당연히 소멸을 인정하면서, 다른 한편으로는 이미 이행된 채무에 대하여 원래의 계약에 내재하는 반환약정으로부터 반환청구권이 발생한다고 한다. 즉, 해제는

---

623) 직접효과설은 우리나라의 통설·판례의 입장이다.

624) 직접효과설을 취하면서도 해제와 제3자의 지위와 관련하여 채권적 효력설(김현태, 신고채권법각론, 일조각, 1969, 83면; 김기선, 한국채권법각론, 1988, 98면; 김주수, 채권각론, 삼영사, 1992, 133면)과 물권적 효력설(곽윤직, 채권각론, 박영사, 1995, 173면; 대판 1985.4.9, 84다카130)이 대립하고 있다.

625) 김형배, 전게서, 228-229면 참조.

626) 이항령, 민법학개론, 1964, 449면.

장래에 대하여 효력을 미칠 뿐이라고 한다.[627]

절충설은 미이행채무의 소멸을 장래에 대해서만 인정하고, 원래의 계약에 내재하는 반환약정을 원상회복의 기초로 설명한다는 의미에서 계약관계의 소급적 소멸과 부당이득법의 원용으로부터 벗어났으나, 원래의 계약과 병존적으로 별도의 반환약정을 인정한다는 점에서 문제를 안고 있다. 그리고 해제에 의한 원상회복은 기존의 계약관계를 되돌려 놓는다는 점에서 청산을 의미하는 것이므로 그 모습은 개별적 상황에 따라 구체적으로 결정된다.

(4) 청산관계설

이 설은 해제권의 행사에 의하여 기존의 계약관계의 내용이 청산관계로 변경된다고 한다. 그리고 이와 같은 계약관계의 변경에 의하여 원래의 미이행채무는 소멸되고, 반환채무가 성립한다고 한다. 따라서 이미 이행된 급부의 반환을 청구하는 권리는 동일성을 유지하면서 존속하는 기존의 채권관계를 바탕으로 한다. 계약관계의 소급적 소멸을 전제로 하는 직접효과설에서는 반환청구권은 부당이득반환의 효과로서 설명되므로 일종의 법정채권관계(민법 제548조 1항의 원상회복의무)를 근거로 한다고 주장하지만, 청산관계설은 기존의 계약관계를 기초로 한다. 또한 손해배상청구권도 이 계약관계를 근거로 한다. 따라서 청산관계는 계약관계이다.[628]

이 설에 따르면 민법 제548조 1항의 원상회복의무는 급부가 행하여졌던 당시의 가치를 기준으로 실현되어야 하므로 부당이득법이 적용될 수 없다고 한다. 왜냐하면 해제권의 행사에 의하여 실현되는 원상회복은 일차적으로 해제권자를 위하여 행하여지는 것이기 때문이라고 한다. 그리고 미이행채무로부터의 해방효는 청산과정의 하나에 지나지 않으므로 해방효도 미이행채무를 장래에 대해서 소멸시키는 데 지나지 않는다고 한다. 즉, 해제의 효력을 발생케 하는 해제의 의사표시로서의 형성권의 행사는 기존의 계약관계를 마치 계약이 체결되지 않았던 것처럼 완전히 제거시키는 것이 아니라 미이행채무를 장래에 대해서 소멸시킬 뿐이고, 그 소멸의 효력은 채권·채무에 관해서만 미치며 물권행위에 관해서는 현실적으로 영향을 줄 수 없다고 한다. 따라서 해제권의 행사에 의하여 기존의 계약관계는 청산관계로 변경되어 원상회복관계가 발생하므로 미이행채무는 장래에 대하여 소멸한다고 한다.

4. 부당이득반환의 법리

민법은 법률상의 원인 없이 타인의 재화나 노무로부터 이익을 얻은 자에 대하여 그 이익을 부당이득으로서 원래의 권리자에게 반환하도록 규정하고 있다(민법 제741조). 즉 부당이득은 정당한 이유 없이 재산적 이익을 얻고 이로 인해 타인에게 손실을 야기한 자에 대해 그 이득의 반환을 명하는 제도라고 하겠다.[629]

---

627) 이 학설은 독일의 구학설로서 20세기 초에 Hellwig, Kipp, Seckel 등에 의해 주장되었다(E. Wolf, Rücktritt, Vertretenmüssen und Verschulden, AcP 153, 104).

628) 김형배, 전게서, 232면 이하; 김형배, 「해제의 효과에 관한 법리구성」, 민법학연구, 212면 이하; 이은영, 민법Ⅱ, 박영사, 1998, 326면; 김증한, 채권각론, 박영사, 1988, 100면; 김용담, 「해제의 효과에 관한 일고찰」, 민사법학 4·5호, 118면 참조.

629) 민법 제741조에서는 「이로 인하여 타인에게 손해를 가한자」라는 표현을 사용하고 있는데 손해

민법은 특정 재화와 그 이용이 정당한 권리자에게 귀속될 수 있도록 규율하고 있다. 그럼에도 불구하고 재화가 정당하게 귀속될 자에게 귀속되지 않는 경우가 발생할 수 있는데, 민법상의 각 제도는 이를 예상하여 그 해결규범을 두고 있다. 예컨대 법률행위의 무효·취소시의 원상회복관계, 점유자와 회복자 사이의 과실반환·비용상환 등을 둘러싼 법률관계, 계약해제에 따른 원상회복관계 등이 이에 해당된다. 민법에 규정된 이러한 제도들은 부당한 재화이전과 재화귀속에 따른 이익취득과 손실부담을 해결하기 위한 것들이다. 그러나 각 제도상의 규정들은 각 제도 고유의 규율목적과 취지를 지니고 있다.

부당이득제도의 기능은 재산법의 구성과 관련하여 크게 두 가지로 나누어진다. 첫째, 재화이전의 원인이 되었던 법률관계가 존재하지 않거나 유효하게 존재했던 법률관계가 이후에 취소로 소급하여 탈락된 경우에 그 재화이전의 상태를 원래의 상태로 회복시키는 기능을 한다.[630] 둘째, 재화가 정당한 권리자에게 귀속되지 않은 경우에 그 재화를 권리자에게 귀속시키는 기능을 담당한다.[631] 첫째의 기능은 주로 급부부당이득에서, 둘째의 기능은 침해부당이득에서 발휘된다.

아래에서는 부당이득의 유형에 따라 부당이득제도를 달리 파악·설명하는 유형론에 따라서 살펴보기로 한다.[632]

(1) 급부부당이득

급부부당이득이란 법률행위나 계약을 원인으로 급부가 행해졌으나 그 법률행위 등이 무효·소멸된 경우에 급부로 인해서 발생한 이익을 말한다. 따라서 급부부당이득에 대한 반환청구권은 하자있는 급부관계의 청산이나 원인관계의 해소에 따라 이미 이행된 급부를 반환토록 하기 위한 것으로 계약법을 보충하는 기능을 수행한다는 점에서 재화이전에 관한 법으로 분류될 수 있다. 이외에 특수부당이득으로 규정된 비채변제, 타인채무의 변제, 불법원인급부(민법 제742조~제746조)도 급부부당이득의 특별한 형태로 이해된다.

따라서 급부부당이득에 있어서는 실제로 그 원인이 없음에도 불구하고 표견적 법률행위나 계약에 기초하여 또는 취소된 법률행위를 기초로 급부가 행해짐으로써 수

라는 개념은 손해라는 개념은 불법행위에서와는 달리 부당이득법에 들어올 여지가 없다. 왜냐하면 불법행위법은 피해자의 재산상 감소 즉 손해를 조정하는 것을 본래의 기능으로 하지만, 부당이득법은 수익자의 재산증가를 환원 즉 반환할 것을 목적으로 하기 때문이다(이종복교수론문집간행위원회, 사법관계와 자률, 예명사, 1993, 55면 참고).

630) 이것을 재화이전의 수정기능이라고 부른다(김형배, 채권각론, 신조사, 1996, 602면).

631) 이것을 재화귀속의 수정기능이라고 한다(김형배, 상계서, 602면).

632) 종래의 부당이득법은 통일설에 따라 설명되어 왔다(곽윤직, 전게서, 606면 이하; 김증한, 앞의 책, 404면 이하; 김현태, 앞의 책, 327면). 통일설에 따르면 부당이득제도는 당사자 사이의 형평을 조정하기 위한 법제도로서, 보유와 그 보유에 대한 권한 사이의 모순이 있는 경우에 그 이익의 반환을 명하는 제도라고 이해되었다. 그러나 근래 통일설에서 부당이득제도의 근거로 제시하는 형평의 관념이 구체적 부당이득사례에서 이득의 부당성을 결정하는 기준으로 적절치 않다는 지적을 받게되었다. 즉 각 부당이득의 기초가 상이하다는 것이 강조되면서 각 유형에 따라 부당이득제도를 달리 파악·설명하려는 유형론이 유력하게 대두되고 있다(김주수, 전게서, 529면; 이은영, 전게서, 463면).

령한 자에게 이득이 발생한다. 이로 인해서 급부자는 손실을 입는 관계에 있게 된다. 본 판례에서 언급되고 있는 부당이득의 문제는 이와 같은 급부부당이득의 문제에 관한 것이라 하겠다.

(2) 침해부당이득[633)]

이는 이득이 급부행위 이외의 사유에 기초해서 발생한 경우로서, 손실자의 의사와 관계없이 재화가 이전됨으로써 발생한 이익의 유형이 침해부당이득이다.[634)] 이러한 침해부당이득에 대한 반환청구권은 재화가 정당한 권리자에게 귀속되어야 한다는 재화의 귀속내용에 관한 법으로 이해된다. 그러므로 침해부당이득의 경우에는 법률행위나 계약의 개입 없이 수익자나 제3자의 행위 및 자연적 사실 등의 원인에 의해 이득자에게 타인의 재화나 노무로부터 이득이 발생한다. 그리고 이 경우에서는 이득과 손실은 이러한 급부행위가 관련되지 않기 때문에 다양한 형태로 손실이 발생한다. 심지어 침해부당이득의 경우에는 예컨대, 타인의 공지를 활용하여 얻은 수익자의 이익과 같이 반드시 손실자의 손실을 전제로 하지는 않는다.

5. 결 론

전소에서 주장하였던 기망에 의한 의사표시의 취소의 효과로서 구하였던 매매대금반환의 성질은 부당이득의 반환이라고 해야 할 것이지만, 후소에서 계약해제의 효과로서 원상회복을 구하는 것이 과연 대법원의 입장과 같이 부당이득에 관한 특별규정의 성격을 갖는다고 할 수 있는 가이다.[635)] 즉, 전소의 소송물인 부당이득반환청구권의 존부에 관한 공격방법을 후소에 다시 제출하여(전소와 후소는 소송물을 같이 하여 전소의 확정판결의 기판력에 저촉되어 허용될 수 없는데도 불구하고) 전소와 다른 판단을 구하는 것인가, 아니면 전소와 후소는 청구원인이 각각 상이하므로(즉, 전소와 후소는 소송물을 각각 달리하므로) 전소의 확정판결의 기판력이 이 사건 소에 미칠 수 없는 것이라고 판단해야 올은 것인가의 문제이다.

이와 같은 문제의 해결은 실체법상 계약해제의 효과에 대한 법리구성을 어떻게 구성하느냐의 문제와 소송법상 소송물을 어떻게 이해하느냐의 문제에 달려 있다고 하겠다. 다시 말해서 실체법상 계약당사자 일방의 계약해제권의 행사에 의하여 각 계약당사자 는 상대방에게 대하여 원상회복의무가 생기는바(민법 제548조 1항 본문), 이와 같은 원상회복의무에 대해 이를 어떻게 해석하는가의 문제이다. 필자는 이미 앞에서 언급한 바와 같이 다음과 같이 해석하고자 한다.

---

633) 침해부당이득의 의의 및 구성요건 등에 관한 자세한 내용은 정광수, 침해부당이득에 관한 고찰, 사회과학연구 제33집(강원대 사회과학연구소, 1993), 66면 이하 참조.

634) 침해부당이득은 타인의 재화를 권한 없이 사용, 소비, 처분, 부합, 혼화, 가공 등을 함으로써 타인의 권리를 침해하는 경우에 인정되는 부당이득의 한 유형으로써 소유권 그 밖의 절대권에 대한 권능지정할당내용(Zuweisungsgehalt)에 저촉되는 이득이다(Fikentscher, Schuldrecht, 7 Aufl., 1985, S. 581).

635) 본 판결에서 인용하고 있는 대판 1997.12.9, 96다47586에서는 "계약해제의 효과로서의 원상회복의무를 규정한 민법 제548조 제1항 본문은 부당이득에 관한 특별규정의 성격을 가진다"고 판시하고 있다. 그러나 이 판결은 대판 1962.3.29, 61다1429에 따른 것이지만 어느 쪽도 그러한 해석을 뒷받침하는 이유가 설시되어 있지 않다.

첫째, 민법 제548조 1항 본문상의 계약해제의 효과로서의 원상회복은 급부가 없었던 것과 동일한 상태로 되돌아가게 하는 것이므로, 받은 급부 전부를 상대방에게 반환해야 한다. 그러나 민법 제748조 1항에서 규정하고 있는 법률상 원인 없이 타인의 재산 또는 노무로 인하여 이익을 얻고 이로 인하여 타인에게 손해를 가한 자가 그 얻은 이득을 반환해야 하는 부당이득반환의무의 범위와는 그 제도의 목적 및 취지가 다르다. 따라서 계약관계에서 당사자 일방에 의하여 해제권이 행사되면 기존의 채권관계는 청산을 목적으로 하는 반환채무관계로 변경된다. 이와 같이 민법 제548조 1항 본문상의 원상회복의무는 반환채무관계를 기초로 한 것이다.[636] 이에 반하여 민법 제748조 1항에서 규정하고 있는 부당이득제도의 기능은 재산법의 구성과 관련하여 재화이전의 원인이 되었던 법률관계가 존재하지 않거나 유효하게 존재했던 법률관계가 이후에 취소로 소급하여 탈락된 경우에는 그 재화이전의 상태를 원래의 상태로 회복시키는 기능을 한다. 또한 재화가 정당한 권리자에게 귀속되지 않은 경우에는 그 재화를 권리자에게 귀속시키는 기능을 담당한다. 이렇게 볼 때 부당이득반환청구권과 원상회복청구권은 실체법상 구별되는 각각의 다른 권리관계인 것이다.

둘째, 소송법상 지금까지 판례의 주류는 어디까지나 구소송물이론[637]의 입장에 서서 청구원인에 의하여 특정되는 실체법상의 권리관계를 소송물로 보며, 청구원인에 의하여 동일성이 식별되는 것으로 보는 입장을 취하여 왔다. 그러므로 구소송물이론에 따르면 전소와 후소는 청구원인이 각각 상이하고 그에 따라 전소와 후소는 소송물을 각각 달리하므로, 전소의 확정판결의 기판력이 이 사건 소(후소)에 미칠 수 없는 것이라고 판단해야 한다. 다시 말해서 본 판결이 구소송물론의 입장에서 소송물을 판단한 것이라면, 즉 소송물 자체와 그 발생원인이 되는 청구원인이 다른 경우의 예로서 실체법상 원상회복청구권이 주장되고 이와 성질이 또 다른 실체법상 부당이득청구권이 주장되고 있는 경우에 있어서는, 전소와 후소의 청구원인이 다르므로 그에 따라 전소와 후소는 소송물을 각각 달리하므로, 전소의 확정판결의 기판력이 이 사건 소(후소)에 미칠 수 없다고 판시해야 할 것이다. 그러나 본 판례는 원상회복청구를 부당이득반환청구로 보고 또 다른 실체법상의 청구권은 없는 경우로 해석하여 부당이득반환청구권을 주장하는 소의 소송물은 그 공격방어방법에 관계없이 동일하다고 판시함으로써 종래의 소송물이나 기판력에 관한 구소송물이론의 법리와는 맞지 않고 있다. 이와 같이 근래에 와서는 판례가 소송의 종류에 따라 신소송물이론[638]으

---

636) 김형배, 민법학 연구, 1989, 216면 이하; 김용담, '해제의 효과에 관한 일고찰(3),' 「사법행정」, 1983.11, 31면.

637) 구소송물이론은 구실체법설이라고도 한다. 이 설은 소송물을 실체법상의 권리 또는 법률관계의 주장으로 이해하고 소송물은 원고가 주장하는 실체법상의 권리마다 개별화된다고 보는 견해이다. 따라서 청구취지와 청구원인에 나타난 사실관계가 동일하여도 원고가 주장하는 실체법상의 청구권이나 청구원인에 차이가 있으면 소송물은 별개의 것으로 된다. 즉, 동일 급부를 목적으로 하는 청구권이 경합하여 복수의 청구권이 인정될 경우에는 그 수만큼의 소송을 관념할 수 있다. 이 이론은 19세기 말의 ZPO(Zivilprozeßordnung)기초자와 Hellwig, Lent에 의하여 대표된 견해로서 현재 우리 판례의 주류를 이루고 있으나, 일본의 경우는 다수설과 판례를 이루던 세가 점진적으로 쇠퇴해가고 있다고 한다(이시윤, 민사소송법, 박영사, 1998, 315면 이하 참조; 정광수, 청구권규범통합론, 1984, 57면 이하 참조).

638) 일본이나 우리나라에서의 신소송물이론은 소송법설이라고도 한다. 이 설은 실체법상의 청구권

로 접근하는 유연성을 보이고 있다.639)

생각건대, 필자는 실체법상 계약해제의 효과로서의 원상회복의무와 부당이득제도상의 반환의무의 성질에 관한 법리에 대해서는 본 판결과 견해를 달리한다. 다만 소송법상 본 판결은 그의 판결요지에서 보여주는 바와 같이, 계약해제의 효과로서 원상회복은 부당이득에 관한 특별규정의 성격을 가지는 것이고 부당이득반환청구에서 법률상의 원인 없는 사유를 계약의 불성립, 취소, 무효, 해제 등을 주장하는 것은 공격방법에 지나지 아니하므로 그 중 어느 사유를 주장하여 패소한 경우에 다른 사유를 주장하여 다시 청구하는 것은 기판력에 저촉되어 허용될 수 없다고 판단함으로써 소송물이론상 신소송물이론의 입장을 취하고 있다는 점에서 보다 중요한 의미를 가진다고 본다. 이러한 해석은 신소송물이론에 따라서 실체법상의 권리존부의 확정은 재판과정에서 문제되는 것은 사실이나, 소송물이 이유 있는 가를 가리는 데 전제가 되는 법률적 관점(rechtlicher Gesichtspunkt) 내지는 공격방어방법에 지나지 않는다는 것으로 전소와 후소의 소송물을 같은 것으로 보아 후소는 전소의 기판력에 저촉된다는 입장이다. 따라서 지금까지의 판례의 주류이었던 소송법상 구소송물이론의 입장과 달리 하는 본 판결은 소송법상 신소송물이론과 발상을 같이한 것으로 판례법상 큰 진전이라 하겠다. 앞으로 이와 같은 대법원의 입장은 소송법상 소송물에 관한 판단에 큰 영향을 미치는 귀중한 선례로 작용할 것으로 생각한다.

또는 형성권과 같이 실체법적인 각도에서 소송물을 정의하려하지 않고 소송법적 요소, 즉 신청(Antrag; 우리 법상의 청구취지)만으로 또는 신청과 사실관계(Sachverhalt)에 의해서 청구를 구성하여야 하며, 이에 의해서 소송물의 단복·이동을 가리려는 입장이다(정광수, 위의 논문, 66-67면 참조). 한 때 소수설에 지나지 않던 이 설이 이제는 우리 나라에서도 다수설화 되었다고 한다(이시윤, 전게서, 315면).

639) 예컨대, 대법 1983.3.22. 선고, 82다카1533 대법원합의부판결은 실체법상 기본적으로는 청구권경합설을 취하면서 실질적으로는 순수한 의미의 청구권경합설을 포기 내지 수정하였다고 할 수 있다. 왜냐하면 계약규범의 면책약관의 효력을 불법행위규범에 대하여 인정하고 있기 때문이다. 그런 의미에서 이 판결은 실체법상 청구권이 경합하는 경우에 적용되는 법규범을 구성하는데 있어서 판례법상 새로운 전기를 마련하였다고 볼 수 있다. 이 판결은 법조경합설의 입장에 있다고는 볼 수 없고, 오히려 경합하는 규범의 통합(동일한 사실관계에서 동일한 당사자간에 급부를 동일하게 지향하는 여러 개의 가능적 청구권이 발생하는 경우, 규범간의 본질적 목적이 통합을 허용할 정도로 유사한 때에는 전체 법질서의 입장에서 규범들의 기능·목적을 비교하여 법원이 그 규범들을 조정한 것)을 인정한 것으로 본다. 이러한 법원의 태도는 소송법상 구소송물이론이 지니고 있는 본질적인 약점인 사안의 일면만이 소송에 반영되어 그 법적 해결에 있어서 공정성과 공평성을 상실할 우려를 극복하기 위하여 신소송물이론을 기초로한 청구권규범통합이론에 의해 판결한 것으로 생각한다(정광수, 청규권규범통합론, 34면 및 101 내지 102면 참조). 또한 대법 1983.3.22. 선고, 82다카1810 전원합의체판결을 보면 회사의 총회결의에 대한 부존재확인청구나 무효확인청구는 모두 법률상 유효한 결의의 효과가 현재 존재하지 아니함을 확인받고자 하는 점에서 동일한 것이므로 법률상 부존재로 밖에 볼 수 없는 총회결의에 대하여 결의무효확인을 구하고 있다 하여도 이는 부존재확인의 의미로 무효확인을 구하고 있다는 의미로 무효확인을 구하는 취지라고 풀이하여 받아들일 수 있다고 하였다. 이것은 결의무효확인이든 부존재확인이든 어느 것이나 결의의 효력의 부정선언을 구하는 점에서 공통적이며, 따라서 이 경우에 소송물은 공통이라는 신소송물이론과 발상을 같이하는 것이다. 그리고 대법 1992.2.25. 선고, 91누6108 판결에서는 과세처분무효확인소송의 경우 청구취지만으로 소송물의 동일성이 특정된다고 할 것이고 당사자가 청구원인에서 무효사유로 내세운 개개의 주장은 공격방법에 불과하다고 하여, 이 한도에서 신소송물이론의 하나인 청구취지일본설을 정면으로 받아드렸다(이시윤, 민사소송법, 박영사, 1998, 321 이하 참조).

제 3 장 계약각론

1. 총 설

(1) 전형계약의 분류

전형계약을 내용에 따라 분류하면 다음과 같다. 즉, 재산권의 이전을 급부의 목적으로 하는 계약으로는 무상계약인 증여계약과 유상계인 반대급부가 금전의 지급을 복적으로 하는 경우는 메메와 그러하지 않는 교확이 있다. 그리고 물건의 대차를 급부의 목적으로 하는 계약으로는 대체물을 반환하는 계약인 소비대차(유상 혹은 무상계약이 가능하다)와 빌린 물건자체를 반환하는 계약인 사용대차(무상계약) 및 임대차(유상계약)가 있다. 또한 노무의 제공을 급부의 목적으로 하는 계약으로는 종속적 노무를 제공하는 계약인 고용과 비종속적 노무를 제공하는 계약인 도급(일의 완성을 목적)·현상광고(광고에서 정한 행위의 완료를 목적)·위임(사무처리를 목적)·임치(물건의 보관을 목적) 등이 있다. 그밖에도 단체적 결합을 목적으로 하는 계약인 조합과 특정인이 사망시까지 정기적으로 금전 또는 기타 물건을 급부할 것을 약정하는 계약인 종신정기금 및 당사자 사이의 분쟁을 서로 양보하여 종지시키는 계약인 화해가 있다.

(2) 비전형계약

채권법에서는 계약자유의 원칙상 민법에 규정된 14가지의 전형계약에 관한 규정은 단순히 임의적 효력을 가진다고 이해되어 왔다. 따라서 당사자 사이에 특약이 체결되지 않거나 이를 보충할 사실인 관습(제106조)이 존재하지 않을 때에는 어떤 원리와 방법에 의하여 민법의 전형계약의 규정들을 적용할 것인가가 문제된다.[640]

---

640) 김형배, 전게서, 275면.

2. 증여계약

(1) 증여의 의의

증여라 함은 증여자가 무상으로(대가없이) 재산을 수증자에게 준다는 의사를 표시를 하고, 수증자가 그것을 승낙함으로써 성립하는 무상·낙성·편무·불요식의 계약이다(제554조). 즉, 타인의 재산도 증여의 목적물이 될 수 있으며, 계약과 동시에 출연행위를 실행하지 않더라도 상관없다(예외: 현실증여). 또한 서면에 의하지 않은 증여는 그 효력이 약하지만 증여의 성립에는 문제되지 않는다.

오늘날과 같은 합리적 교환경제의 시대에 있어서는 자선·종교·교육 또는 학술 등의 목적을 위한 증여(특히 기부)만이 큰 작용을 한다.

(2) 증여의 효력

1) 증여자의 의무와 수증자의 권리

증여자는 약정한 재산권을 수증자에게 이전할 채무를 부담하고 수증자는 이에 대응하는 채권을 취득한다. 또한 증여는 무상계약이므로 특정물의 증여자는 그 목적물을 인도할 때까지 자기의 재산과 동일한 주의로써 보관하면 족하다고 생각한다.

2) 증여자의 담보책임

증여의 목적물인 물건이나 권리에 하자나 흠결이 있더라도, 증여자는 담보책임을 지지 않는 것이 원칙이다(제559조 제1항 본문). 다만 증여자가 그 하자나 흠결을 알고 있음에도 불구하고, 이를 수증자에게 고지하지 않은 때에는 책임을 진다(제559조 제1항 단서). 이때의 담보책임의 내용은 수증자가 하자나 흠결이 없는 완전한 것이라고 믿었기 때문에 받은 손해의 배상이다(이설 없음). 따라서 수증자가 그 하자와 흠결을 알고 있었던 때에는, 증여자에게 담보책임을 물을 수 없다.

3) 증여계약의 해제

이미 이행한 부분을 제외하고(제558조) 민법은 세 가지 해제원인을 규정하고 있다. 첫째, 증여의 의사가 서면으로 표시되지 않은 경우에 각 당사자는 이를 해제할 수 있다(제555조). 둘째, 수증자의 증여자에 대한 망은행위가 있을 때에는 증여자는 증여계약을 해제할 수 있다(제556조). 즉, 증여자 또는 그 배우자나 직계혈족에 대한 범죄행위가 있거나, 증여자에 대하여 부양의무 있는 경우에 이를 이행하지 않은 때에는 증여자는 계약을 해제할 수 있다. 그러나 이 해제권은 증여자가 이들 망은행위가 있었음을 안 날로부터 6개월을 경과하거나 또는 증여자가 수증자에 대하여 용서의 의사를 표시한 떼에는 소멸한다(제556조 제2항). 셋째, 증여계약 후에 증여자의 재산상태가 현저히 변경되고, 그 증여의 이행으로 생계에 중대한 영향을 미칠 경우, 증여자는 증여계약을 해제할 수 있다(제557조). 그러나 서면에 의하지 않은 증여(제555조), 망은행위가 있는 증여(제556조) 및 증여자의 재산상태의 변화가 있는 증여(제557조)에 있어서도 이미 이행한 부분에 대해서는 해제할 수 없다(제558조).

(3) 특수한 증여

1) 정기증여(제560조)

증여자가 수증자에 대하여 정기적으로 일정한 급부를 하는 증여이다. 예컨대, 매월 초에 10만원을 준다는 증여로서 증여자 또는 수증자의 사망으로 그 효력을 잃는다.

2) 부담부 증여(제561조)

수증자가 일정한 의무를 부담하는 것을 조건으로 하는 증여이다. 예컨대, 서울에 있는 가옥을 증여하나, 그 대신 증여자의 자녀가 서울에 유학하는 동안 돌봐주기로 약속하는 것과 같다. 이때에 부담은 대가관계에 서는 것이 아니므로, 부담부 증여는 결코 쌍무계약이나 유상계약이 아니다. 그러나 수증자의 부담의 한도에서 증여자는 매도인과 같은 담보책임을 진다(제559조 제2항). 또한 부담부 증여에는 쌍무계약에 관한 규정(제536조, 제537조 및 제538조)을 준용한다(제561조).

3) 사인증여(제562조)

증여자가 사망하면 그 효력을 발생하는 증여이다. 예컨대, 내가 죽으면 이 자동차를 준다고 하는 경우이다. 수증자가 증여자의 생전에 승낙을 하는 때에 성립하므로, 계약으로서의 증여의 일종이지만, 단독행위인 유증과 다르다. 그러나 본인의 사망 후에 효력을 발생하는 점에서 유증과 같기 때문에 사인증여에는 유증의 규정이 준용된다(제562조).

[문제 21]

甲은 丙 소유의 토지를 1억원을 지불하고 매수하였으나, 소유권이전등기가 경료되지 않은 상태에서 서면에 의하지 않고 乙에게 위 매수토지를 증여하기로 합의하여 매수토지에 관한 소유권이전등기청구권을 乙에게 양도하고 丙에게도 양도통지를 마쳤다. 그로부터 불과 며칠 후 甲이 교통사고로 사망하자 甲의 상속인 丁은 위 매수토지에 대한 甲과 乙 사이의 증여계약이 서면에 의하지 않은 증여라는 이유로 이를 해제하였다.

(질문)

위 사례에서 丁의 해제로써 甲과 乙 사이의 증여계약은 해제되는가?

(참조판례) 대판 1998.9.25, 98다22543; 대판 1996.3.8, 95다54006 판결 참조; 대판 2005.5.12, 2004다63484; 대판 1991.8.13, 90다6729 판결 참조.

[문제 21] 해설:

서면에 의한 증여란 증여계약 당사자 간에 있어서 증여자가 자기의 재산을 상대방에게 준다는 증여의사가 문서를 통하여 확실히 알 수 있는 정도로 서면에 나타난 증여를 말하는 것으로서, 위 증여의 의사표시는 수증자에 대하여 서면으로 표시되어야 할 것이다.

위 문제 사례에서 甲은 丙 소유의 토지를 1억원을 지불하고 매수하였으나, 소유권이전등기가 경료되지 않은 상태에서 서면에 의하지 않았지만, 乙에게 위 매수토지를 증여하기로 합의하여 매수토지에 관한 소유권이전등기청구권을 乙에게 양도하고 丙에게도 양도통지까지 마쳤으므로, 그 이후의 甲의 상속인 丁에 의한 서면에 의하지 아니한 증여라는 이유의 해제는 이에 아무런 영향을 끼치지 않는다(대판 1996.3.8, 95다54006; 대판 2005.5.12, 2004다63484 참조).

따라서 민법 제555조에 의하면 서면에 의하지 아니한 증여는 각 당사자가 이를 해제할 수 있다. 그러나 한편 민법 제558조에 의하면 이미 이행한 부분에 대하여는 영향을 미치지 않는다. 즉, 丁의 해제로써 甲과 乙 사이의 증여계약은 해제되지 않는다(제558조).

[문제 21] 관련 판례: [관판 21]

◎ 대판 1998.9.25, 98다22543

【판시사항】

원심은 이 사건 토지에 관한 위 소유권이전등기청구권의 양도는 증여에 해당하는데 이는 서면으로 표시되지 않았으므로 원고들은 위 소외 1의 상속인으로서 민법 제555조에 따라 이를 해제한다는 주장에 대하여, 서면에 의한 증여라고 하기 위하여는 증여자가 자신의 재산을 상대방에게 준다는 증여의사가 문서를 통하여 확실히 알 수 있는 정도로 서면에 나타나 있으면 충분하고, 그 서면은 반드시 당사자 간에 작성 또는 교환된 형식의 것일 필요는 없으며 당사자 간의 관여 또는 이해하에 작성된 것이라도 상관없다고 전제한 뒤, 위 조정에 있어서 분쟁의 한쪽 당사자라고 할 소외 2 및 원고들에 대하여는 포천군 창수면 소재 대지와 건물 등만을 분배하여 주고, 이 사건 토지를 포함한 나머지 재산은 그 대상에서 제외함으로써 이를 분쟁의 다른 당사자라고 할 소외 3 및 소외 4에게 분배한다는 의사를 간접적으로 드러냈다고 할 것이므로 위 조정조서에 의하여 이 사건 토지에 관한 권리를 소외 4에게 분배(증여)한다는 의사가 표시되었다는 취지로 판단하면서 원고들의 해제 주장을 배척하였다.

서면에 의한 증여란 증여계약 당사자 간에 있어서 증여자가 자기의 재산을 상대방에게 준다는 증여의사가 문서를 통하여 확실히 알 수 있는 정도로 서면에 나타난 증여를 말하는 것으로서, 비록 서면의 문언 자체는 증여계약서로 되어 있지 않더라도 그 서면의 작성에 이르게 된 경위를 아울러 고려할 때 그 서면이 바로 증여의사를 표시한 서면이라고 인정되면 이를 민법 제555조에서 말하는 서면에 해당한다고 보아야 할 것이나, 위 증여의 의사표시는 수증자에 대하여 서면으로 표시되어야 할 것이다.

◎ 대판 1996.3.8, 95다54006

【판시사항】

기록에 의하면 위 조정의 당사자는 소외 1과 소외 2 및 소외 3임을 알 수 있으므로 그들 사이에, 소외 2 및 원고들에 대하여는 포천군 창수면 소재 대지와 건물 등만을 분배하여 주고, 이 사건 토지를 포함한 나머지 재산은 그 대상에서 제외하였다는 사정만으로는 그 조정절차에 위의 소외 4가 참가하지 아니한 위의 조정에서 소외 1의 증여의 의사표시가 소외 4에게 서면으로 표시되었다고 보기 어렵다 할 것이고, 따라서 이 부분 원심 판단은 잘못이라 할 것이다. **그러나 한편 민법 제558조에 의하면 서면에 의하지 아니한 증여의 해제는 이미 이행한 부분에 대하여는 영향을 미치지 않는 것인데, 앞서 본 바와 같이 소외 1은 이 사건 토지에 관한 소유권이전등기청구권을 위 소외 4에게 양도하**

고 피고에 대한 양도통지까지 마쳤으므로 그 이후의 상속인들에 의한, 서면에 의하지 아니한 증여라는 이유의 해제는 이에 아무런 영향을 끼치지 않는다고 할 것이므로, 원심은 위의 잘못은 판결 결과에는 영향이 없다 할 것이다. 그러므로 각 상고를 모두 기각하고 상고비용은 패소자들의 부담으로 하기로 관여 법관의 의견이 일치되어 주문에 쓴 바와 같이 판결한다.

◎ **대판 2005.5.12, 2004다63484**

【판시사항】

원심은 그 채용 증거들을 종합하여, 분할 전 광주 남구 송하동 산 69-4 임야 1정 8단 7무보, 같은 동 73-1 전 1,012㎡ 및 같은 동 73-2 전 397㎡(이하 '이 사건 분할 전 토지'라 한다)는 원래 김백원의 소유였는데, 김백원이 1968.2.25. 사망하여 그의 딸로서 호주상속인인 원고가 3/5 지분, 그의 처인 이순례가 2/5 지분을 각 상속한 사실 등 판시와 같은 사실을 인정한 다음, 이순례는 김백원의 동생으로서 피고의 부(부)인 김오중이 사망한 김백원을 상대로 토지소유권이전등기 소를 제기할 무렵 사실상의 양자인 피고에게 이 사건 분할 전 토지 전체를 증여하기로 하면서, 다만 이미 사망한 김백원을 상대로 한 의제자백 판결에 기하여 피고 명의로 소유권이전등기를 하는 것에 동의하였다고 봄이 상당하다고 판단하였는바, 기록에 비추어 살펴보면, 이러한 원심의 사실인정과 판단은 옳고, 거기에 채증법칙을 위배하여 사실을 오인한 위법이 있다고 할 수 없다.

토지에 대한 증여는 증여자의 의사에 기하여 수증자에게 소유권이전등기가 경료됨으로써 이행이 완료되므로, 증여자가 그 이행 후 증여계약을 해제하였다고 하더라도 증여계약이나 그에 의한 소유권이전등기의 효력에 아무런 영향을 받지 아니한다(대법원 1991.8.13. 선고 90다6729 판결 참조). 원심은, 이순례가 피고에게 서면에 의하지 아니한 증여를 한 사실은 인정되나, 이순례가 이 사건 분할 전 토지를 피고에게 증여하기로 하면서 사망한 김백원을 상대로 한 의제자백 판결에 기하여 피고 명의로 소유권이전등기를 하는 데 동의한 이상, 이 사건 각 토지 중 이순례의 지분에 해당하는 피고 명의의 소유권이전등기는 실체관계에 부합하는 유효한 등기이므로, 위 증여계약은 이순례의 의사에 따라 이미 이행되었다고 할 것이고, 서면에 의하지 아니한 증여라는 이유로 그 증여계약을 해제하더라도 이미 이행한 부분에 대하여는 영향을 미치지 아니한다는 이유로, 이순례의 상속인으로서 민법 제555조에 의하여 서면에 의하지 않은 이순례와 피고 사이의 이 사건 분할 전 토지에 관한 증여계약을 해제한다는 원고의 주장을 배척하였는바, 위 법리에 비추어 기록을 살펴보면, 이러한 원심의 판단은 옳고, 거기에 서면에 의하지 않은 증여계약의 해제 및 민법 제558조에 관한 법리를 오해한 위법이 있다고 할 수 없다.

[문제 22]

甲은 서울에 소재한 자신 소유의 가옥을 乙에게 증여하면서, 대신 甲의 아들 丙이 서울에서 대학을 다니는 동안 그 가옥의 방 한 칸을 사용할 수 있도록 하는 부담부 증여계약을 체결하였다. 이에 따라서 甲은 서울에 소재한 자신 소유 가옥의 소유권이전등기를 乙에게 마쳐주었다. 그런데 그 후 丙이 서울에서 대학을 다니게 되어 甲은 위 가옥의 방 한 칸의 사용을 乙에게 요구하였지만, 乙은 증여계약시 甲과 합의한 부담의 내용을 이행하지 않았다. 甲과 乙 사이의 법률관계는?

(질문)

첫째, 위 사례에서 甲은 乙이 부담부 증여계약상의 부담을 이행하지 않았다는 이유로 甲과 乙 사이에 체결된 위 부담부 증여계약을 해제할 수 있는가?

둘째, 위 부담부 증여계약이 서면에 의하지 않은 증여계약(제555조)이라는 이유로 甲은 위 부담부 증여계약을 해제할 수 있는가?

셋째, 만약 乙이 위 증여계약이 서면에 의한 증여가 아니라고 하더라도, 이미 이행완료된 부분에 대해서는 증여계약을 해제할 수 없다고 주장한다면 이러한 乙의 주장은 타당한가?

(참조판례) 대판 1997.7.8, 97다2177; 대판 1996.1.26, 95다43358 판결 참조

[문제 22] 해설

첫째, 위 사례에서 甲은 乙이 부담부 증여계약상의 부담을 이행하지 않았다는 이유로 甲과 乙 사이에 체결된 위 부담부 증여계약을 해제할 수 있는가?

부담부증여란 증여를 받은 사람(수증자)이 증여를 받는 동시에 일정한 부담, 즉 일정한 급부를 할 채무를 부담하는 것을 조건으로 하는 증여계약이다. 따라서 증여에 관한 규정 외에 쌍무계약에 관한 규정을 적용(제561조)하므로, 부담부증여에 있어서는 쌍무계약에 관한 규정이 준용되어 부담의무 있는 상대방이 자신의 의무를 이행하지 아니할 때에는 비록 증여계약이 이행되어 있다 하더라도 그 계약을 해제할 수 있다.

둘째, 위 부담부 증여계약이 서면에 의하지 않은 증여계약(제555조)이라는 이유로 甲은 위 부담부 증여계약을 해제할 수 있는가?

위 부담부 증여계약이 비록 서면에 의하지 않은 증여계약이더라도 이미 이행된 부담부 증여계약인 경우 즉, 이미 이행완료된 부분에 대해서는 위 부담부 증여계약을 해제할 수 없다(제558조). 따라서 위 부담부 증여계약이 서면에 의하지 않은 증여계약(제555조)이라는 이유로는 甲은 위 부담부 증여계약을 해제할 수 없다.

셋째, 만약 乙이 위 증여계약이 서면에 의한 증여가 아니라고 하더라도, 이미 이행완료된 부분에 대해서는 증여계약을 해제할 수 없다(제558조)고 주장한다면 이러한 乙의 주장은 타당한가?

상대부담 있는 증여에 대하여는 판례(대판 1996.1.26. 선고 95다43358)의 이유(민법

제561조에 의하여 쌍무계약에 관한 규정이 적용되어 부담의무 있는 상대방이 자신의 의무를 이행하지 아니할 때에는 비록 증여계약이 이미 이행되어 있다 하더라도 증여자는 그 계약을 해제할 수 있고, 그 경우 민법 제555조와 제558조는 적용되지 아니한다)를 비추어 볼 때, 이미 이행완료된 부분에 대해서는 위 증여계약을 해제할 수 없다(제558조)는 乙의 주장은 타당하지 않다.

[문제 22] 관련 판례: [관판 22]

◎ **대판 1997.7.8, 97다2177 【소유권이전등기(말소)】 [법원공보 1997.9.1.(41), 2452]**

【판시사항】

부담부증여에 있어 부담의무 불이행에 따른 증여계약의 해제 요건

【판결요지】

상대부담 있는 증여에 대하여는 민법 제561조에 의하여 쌍무계약에 관한 규정이 준용되어 부담의무 있는 상대방이 자신의 의무를 이행하지 아니할 때에는 비록 증여계약이 이미 이행되어 있다 하더라도 증여자는 계약을 해제할 수 있고, 그 경우 민법 제555조와 제558조는 적용되지 아니한다.

【이 유】

원심은 그 내세운 증거에 의하여 원래 원고 소유인 이 사건 토지에 관하여 원고와 피고가 1985.6.5. 원고는 피고에게 충남 논산군 연산면 신양리 산 73의 1 임야 251,802㎡(이하 이 사건 토지라고 한다)를 증여하고, 피고는 ① 원고의 남편인 소외 조계준을 피고 학원의 이사 겸 이사장으로 추대하고, ② 원고의 아들 2인을 피고 학원 산하의 한성신학교 교직원으로 채용하고, ③ 이 사건 토지 및 그와 함께 원고가 피고에게 증여 또는 매도한 토지들의 증여 및 매매로 인한 조세공과금은 피고가 책임지기로 하고, 피고가 위 세 가지 약속을 이행하지 아니할 때는 기증받은 토지를 원고에게 반환하기로 약정하였다고 인정하였는바, 기록과 대조하여 검토하여 보면 원심의 위와 같은 사실인정은 정당하고, 여기에 논하는 바와 같이 채증법칙을 위반하여 사실을 오인한 위법이 있다고 할 수 없다. 논지는 이유가 없다.

<u>상대부담 있는 증여에 대하여는 민법 **제561**조에 의하여 쌍무계약에 관한 규정이 준용되어 부담의무 있는 상대방이 자신의 의무를 이행하지 아니할 때에는 비록 증여계약이 이미 이행되어 있다 하더라도 증여자는 그 계약을 해제할 수 있고, 그 경우 민법 **제555**조와 **제558**조는 적용되지 아니한다</u>(당원 1996.1.26. 선고 95다43358 판결 참조: 부담부증여에 있어서는 쌍무계약에 관한 규정이 준용되어 부담의무 있는 상대방이 자신의 의무를 이행하지 아니할 때에는 비록 증여계약이 이행되어 있다 하더라도 그 계약을 해제할 수 있고, 민법 제556조 제1항 제2호에 규정되어 있는 '부양의무'라 함은 민법 제974조에 규정되어 있는 직계혈족 및 그 배우자 또는 생계를 같이하는 친족간의 부양의무를 가리키는

> 것으로서, 이 사건과 같이 위와 같은 친족간이 아닌 당사자 사이의 약정에 의한 부양의무는 이에 해당하지 아니하여 이 사건 부담부증여에는 민법 제556조 제2항이나 민법 제558조가 적용되지 않는다). 원심이 그 내세운 증거들에 의하여 피고가 위 부담의무를 이행하지 아니할 뿐만 아니라, 그 부담 사실 자체를 부정하고 있는 사실을 확정한 후, 비록 원고가 이미 1985.10.29.자로 이 사건 토지에 관하여 피고에게 소유권이전등기를 마쳐주었다 하더라도 원고는 피고의 부담의무 불이행을 이유로 이 사건 토지에 관한 증여계약을 해제할 수 있다고 판단하였는바, 이는 위 법리에 따른 것으로서 정당하고, 여기에 논하는 바와 같은 법리오해의 위법이 있다고 할 수 없다. 이 점에 관한 논지도 이유가 없다.

3. 매매계약

(1) 의의 및 법적성질

매매는 오늘날 가장 중요한 계약유형으로서 계약자유의 원칙이 강하게 유지되면서 국가에 의한 직·간접의 규제를 받는 계약유형이다(할부거래에 관한 법률, 방문판매 등에 관한 법률 등). 매매는 매도인이 재산권을 매수인에게 이전할 것을 약정하고 매수인은 이에 대하여 그 대금을 지급할 것을 약정함으로써 성립하는 유상계약이다(제563조). 매매계약은 낙성·불요식 계약이다. 약정한 재산권의 이전과 대금의 지급은 매매계약의 이행에 불과하다. 재산권의 이전과 대금의 지급이 서로 대가성을 갖는 출연관계에 있는 유상계약이며, 양 채무가 상환적 관계에 있다는 점에서 쌍무계약이다. 매매는 대표적 유상계약으로서 이에 관한 규정은 다른 유상계약에 준용된다(제567조).

(2) 매매계약의 성립

1) 매매계약은 매매목적물과 대가에 대한 당사자 사이의 합의로 성립한다.

매매의 목적물은 물건이나 재산적 권리이다. 물건은 처분이 금지되지 않은 것이어야 하며(제103조), 타인의 물건이라도 매매의 목적이 될 수 있다(제569조. 단, 담보책임이 문제될 수 있다. 제570조 이하). 권리는 양도성이 있는 한 장래에 성립하는 재산권이라도 무방하다. 매수인은 반대급부로서 대금의 지급을 약정하여야 한다. 금전 이외의 다른 물건이나 권리의 이전을 약정하는 것은 교환에 불과하다(제596조).

2) 매매의 예약

① 의 의

예약은 장차 본계약을 체결할 것을 약속하는 계약이다. 예약도 채권계약이므로 이 예약이 성립하려면 본계약의 요소가 되는 내용이 확정되어 있거나 확정될 수 있는 것이어야 한다. 매매의 예약은 특히 채권을 담보하는 수단으로서 대물변제의 예약 및 재매매의 예약에 이용되고 있다.

② 예약의 종류

장래 본계약을 청약하는 경우 누가 승낙의무(본계약체결의무)를 부담하는가에 따른 구별로서 당사자 일방만이 그러한 의무를 부담하는 편무예약과 당사자 쌍방이 모두 권리·의무를 부담하는 쌍무예약이 있다. 또한 당사자 일방만이 예약완결권(일방적 의사표시로 상대방의 승낙을 요하지 않고 즉시 본계약을 성립시키는 권리)[641]을 갖는 일방예약과 당사자 쌍방 모두가 갖는 쌍방예약이 있다. 우리 민법상 당사자 사이에 다른 약정이나 관습이 없는 한 매매의 예약은 일방예약으로서 추정된다(제564조 제1항).

③ 매매의 일방예약

일방예약의 법적 성질에 관하여는 학설이 대립한다. 정지조건부 매매계약설은 예약 속에 본계약에 관한 청약과 승낙이 이미 행해져 있으며, 다만 완결권행사를 부가적 조건으로 하였을 뿐이라고 해석한다.[642] 그러나 예약설은 일방예약이 있더라도 본계약은 아직 성립하고 있지 않으므로, 매매의 일방예약은 예약의 일종으로서 정지조건부 매매에 있어서와 같은 특수한 효과가 생기도록 하는 단순한 예약에 지나지 않는다고 한다.[643]

---

641) 예약완결권은 일방 또는 쌍방당사자가 상대방에 대하여 매매완결의 의사표시를 할 수 있는 형성권이다. 예약완결권행사의 당사자인 예약권자가 예약의무자 또는 그의 법적 승계인에 대하여 행사하여야 한다. 부동산의 물권이전을 위한 본계약의 예약완결권은 가등기할 수 있다(부동산등기법 제3조). 또한 이를 양도할 수 있으나(양도성) 의무자의 승낙 또는 이에 대한 통지가 있어야만 의무자에게 대항할 수 있다(제450조 유추적용).

642) 이은영, 전게서, 114면.

643) 곽윤직, 전게서, 214면.

3) 계약금

① 의의 및 법적 성질

계약금이란 계약을 체결할 때에 당사자 일방이 상대방에 대하여 교부하는 금전 기타의 유가물이다. 계약금교부에 관한 합의는 금전 또는 유가물의 교부를 요건으로 한다는 점에서 요물계약이다. 계약금계약은 주된 계약에 부수해서 행해지는 것이므로 종된 계약이다. 이 계약은 반드시 주된 계약과 동시에 체결될 필요는 없으나 주된 계약이 무효·취소가 되면 당연히 그 효력을 잃는다.

② 해약금으로의 추정

계약금은 당사자 사이에 다른 약정이 없는 한 해제권의 유보를 위해 수수된 해약금으로 추정된다(제565조 제1항). 판례 역시 계약금을 해약금의 성질을 가질 뿐이라고 하며,[644] 당사자 사이에 특약이 있는 경우에 한하여 손해배상액의 예정의 성질을 함께 갖는다고 한다.[645] 당사자 일방이 이행에 착수할 때까지 교부자는 이를 포기하고 수령자는 그 배액을 상환하여 계약을 해제할 수 있다(제565조 제1항). 교부자가 해제권을 행사하는 경우 별도의 포기의 의사표시를 요하지 않고 당연히 계약금포기의 효력이 있다. 한편 수령자는 배액을 상환하면서 계약을 해제할 수 있다. 이 경우 반드시 현실의 제공을 요하지만 제공만 하면 되므로 상대방이 이를 수령하지 않는다고 하여 공탁까지 할 필요는 없다. 해제권을 행사할 수 있는 기간은 당사자 일방이 이행에 착수할 때까지이다. 이행의 착수란 중도금의 제공 등 채무이행의 일부를 행하거나 이행하는데 필요한 전제행위를 하는 것을 의미한다. 판례는 매매계약의 일부이행에 착수한 당사자는 비록 상대방이 이행에 착수하지 않았다 하더라도 해약금에 의해 유보된 해제권을 행사할 수 없다고 한다.[646]

③ 유보해제권행사의 효과

채무불이행을 전제로 하는(통설) 법정해제와 동일하지 않다. 즉, 해약금에 기한 해제는 당사자가 이행에 착수하기 전에만 행사할 수 있으므로 원상회복의 문제는 발생할 여지가 없으며, 또한 이 경우는 계약금계약이라는 특약에 의한 것이기

---

644) 대판 1987.2.24, 86누438.

645) 대판 1989.12.12, 89다카10811.

646) 대판 1970.4.28, 70다105.

때문에 손해배상청구권은 발생하지 않는다(제565조 제2항). 해약금에 의한 해제권 유보는 채무불이행으로 인한 법정해제권의 발생·행사·효과 등에 영향을 주지 않는다. 계약이 정상적으로 이행된 경우 계약금의 수령자는 이득의 현존여부를 불문하고 받은 금액과 동일한 금액을 교부자에게 반환하는 것이 원칙이다.

4) 매매계약비용의 부담

계약비용이란 계약을 체결함에 있어서 일반적으로 소요되는 비용으로 목적토지의 측량·평가비용, 계약서작성비용 등이 이에 속한다. 부동산매매에 있어서 등기비용과 같은 이행에 관한 비용은 계약비용에 포함되지 않는다(제473조). 매매계약에 관한 비용은 특약이 없는 한 당사자 쌍방이 균분하여 부담한다(제566조).

(3) 매매의 효과

1) 매도인의 이행의무

① 재산권이전의무(제568조 제1항)

매도인은 매수인에게 재산권이전에 필요한 모든 행위와 재산권 변동에 필요한 급부를 종국적으로 이행하여야 한다(인도 및 등기협력, 지명채권의 매매에 있어서는 양도의 통지 등). 매매계약의 체결당시에 매도인이 반드시 처분권자이어야 하는 것은 아니다. 그리고 특약이 없는 한, 매도인은 종물 또는 종된 권리도 주물인 매매의 목적물과 함께 이전하여야 한다(제100조 제2항). 또한 매매계약이 있은 후에 목적물의 인도이전에 발생하는 과실은 원칙적으로 매도인에게 귀속되지만(제587조 전단), 매수인이 이미 대금을 지급하였으나 목적물을 인도하지 않은 채 점유하고 있는 경우에는 매수인에게 귀속된다고 해석된다.[647)]

② 목적물인도의무

매도인은 특약이나 관습이 없는 한 매수인에게 매매목적물에 대한 직접점유를 취득케 할 의무를 부담한다. 매도인의 목적물인도의무와 매수인의 대금지급의무는 동시이행의 관계에 있다(통설).[648)] 이에 대해 판례는 통일되어 있지 않다.[649)]

---

647) 김형배, 전게서, 312면 이하.

648) 매도인의 주된 의무를 소유권이전의무와 목적물인도의무로 이해하는 한 목적물인도의무와 매수인의 대금지급의무는 동시이행의 관계에 서 있다고 하는 견해(김형배, 전게서, 312면 주1) 참조)가 통설이다. 그러나 부동산매매에 있어서의 반대견해가 있다(곽윤직, 전게서, 224면 참조).

2) 매수인의 이행의무

① 대금지급의무(제568조 제1항)

매수인은 매도인의 재산권이전과 목적물의 인도에 대한 반대급부로서 대금지급의무를 부담한다. 특약이 없는 한, 매수인의 대금지급의무는 매도인의 재산권이전의무와 동시이행의 관계에 선다(제568조 제2항). 매도인의 의무이행에 대한 기한 약정은 매수인의 대금지급의무의 이행기로 추정한다(제585조). 그러나 어느 의무에 대해서도 기한 약정이 없는 경우, 계약성립 후 언제든지 상환으로 이행을 청구할 수 있다(제387조 제2항). 특약이나 관습이 없는 한 매매목적물의 인도와 동시에 대금을 지급해야 하는 경우에는 목적물의 인도장소에서 대금을 지급해야 한다(제586조). 매수인은 목적물의 인도를 받을 때까지는 대금에 대한 이자지급의무를 부담하지 않는다(제587조 후단). 그러나 대금지급기한이 정해져 있는 경우에는 매수인은 그 기한이 지난 다음부터 지체에 대한 이자를 지급하여야 한다(제587조 단서). 또한 매매목적물에 대하여 소유권 및 담보권 등을 주장하는 자가 있어서 매수인이 권리의 전부 또는 일부를 상실한 염려가 있는 때에는 매수인은 그 위험의 한도에서 대금의 전부 또는 일부의 지급을 거절할 수 있다(제588조 본문). 그러나 매도인이 상당한 담보를 제공한 때에는 대금의 지급을 거절하지 못한다(제588조 단서). 따라서 매수인의 대금지급거절권은 동시이행의 항변권과 구별되는 일종의 담보적 성질을 갖는 권리[650]이므로, 매수인에게 위와 같은 대금지급거절권이 있는 경우에 매도인은 매수인에 대하여 대금의 공탁을 청구할 수 있다(제589조).

② 목적물수취의무

매수인은 목적물을 수령할 의무를 부담하는가? 이는 채권자지체를 수령의무를 부정하는 법정책임설과 수령의무를 인정하는 채무불이행설에 따라 차이가 있다.

그러나 절충설(김형배교수설)은 매매·도급·임치 등과 같은 계약유형에서는 부수적 의무의 일종으로 신의칙에 근거를 둔 수취의무(Abnahmepflicht)가 인정될 수 있다고 한다. 따라서 매수인에게 수취의무위반이 있는 경우 지체에 대한 손해배상책임이 인정된다.[651]

---

649) 이를 긍정하는 판례(대판 1991.9.10, 91다6368; 대판 1980.7.8, 80다625)와 이를 부인하는 판례(대판 1992.2.14, 91다12349)도 있다.

650) 김형배, 전게서, 315면.

651) 김형배, 상게서, 316면.

3) 매도인의 하자담보책임

① 의 의

유상계약인 매매에 기하여 인도된 목적물에 하자가 있을 때, 매수인보호 및 일반거래의 동적 안전보장을 위해 매도인의 과실유무를 묻지 않고 일정한 담보책임을 묻는 것을 말한다.

② 법적성질

a) 법정책임설(통설)

특정물 인도채무의 채무자는 이행기의 현상대로 인도하면 되므로(제462조), 그 특정물에 하자가 있다고 하더라도 채무불이행(제390조)이라고 할 수 없고, 다만 그 채무가 매매와 같은 유상계약으로 생긴 경우에는 하자담보책임(제580조)의 문제가 생길 뿐이라고 한다. 그러나 부가적 손해를 발생시키는 하자있는 이행의 경우에는 불완전이행(적극적 채권침해)을 인정할 것인가에 관해서는 견해가 대립한다. 즉, 불완전이행(적극적 채권침해)에 따른 채무불이행책임을 인정하는 견해(긍정설)[652]와 하자담보책임만을 인정하는 견해(부정설)[653]이다.

b) 채무불이행책임설

통설과 달리 특정물인도채무의 경우에도 그 특정물에 하자가 있으면 불완전이행책임을 긍정하는 입장이다. 왜냐하면 특정물매매에도 「하자 없는 상태에서의 급부의무」의 성립을 인정하여 이를 위반하면 이를 급부의무의 불완전이행으로 파악한다.[654] 다만 이 견해에 있어서도 하자담보책임의 요건·효과상의 특수성을 고려하여 하자담보책임을 특수한 불완전이행으로 이해한다. 이러한 견해의 대립은 목적물의 하자자체 이외에 부가적 손해가 발생한 경우에 그 배상근거를 체계적으로 설명하는 데 그 의의가 있다. 따라서 전자의 경우에는 하자담보책임이 발생하나 후자의 경우는 채무자의 귀책사유를 전제로 불완전이행에 따른 채무불이행책임이 발생한다.

---

652) 곽윤직, 전게서, 170면; 김용한, 전게서, 163면; 임정평, 전게서, 165면.

653) 현승종, 전게서, 131면; 김주수, 전게서, 122면.

654) 김형배, "하자담보의 성질", 「민법학연구」, 박영사, 1989, 246면; 김형배, 전게서, 225면.

③ 요 건

특정물에 관한 하자담보책임이 성립하기 위해서는 첫째, 유효한 매매계약이 성립하여야 하고 둘째, 매매목적물(특정물)에 하자가 존재해야 하며 셋째, 매수인이 그 하자에 대해 선의·무과실이어야 한다.

특히 두 번째 요건과 관련하여서는 우선 하자개념과 관련하여 견해가 나뉜다.[655] 객관적 하자설에 따르면 권리 및 물건 자체에 결함이 있는지 여부를 판단하는 기준은 해당 종류의 권리 및 물건이 통상 갖추고 있어야 할 상태·품질·성능이라고 한다.[656] 이에 대해 주관적 하자설은 매매목적물이 계약에 의하여 합의된 성상에 적합하지 않은 경우 즉, 당사자 쌍방이 계약체결 당시 전제로 한 성상이 목적물에 결여된 경우에 하자가 있다고 한다.[657] 판례에 의하면, 하자존부의 판단은 결국 의사표시로 정한 채무내용에 관한 해석문제이므로 주관적 하자설이 보다 설득력을 가진다고 한다.[658]

또한 특정물에 있어서 하자의 존부를 판단하는 시점에 관해서도 견해가 나뉜다. 법정책임설에 있어서는 그 논리의 일관성 차원에서 계약성립시점을 기준으로 한다.[659] 반면 채무불이행설에 의하면－종류물은 물론, 특정물의 경우에도－위험의 이전시기 즉, 동산의 경우 물건의 인도시점을 말하고 부동산의 경우 등기시점이 기준이 된다. 또한 채권자(매수인)의 수령지체가 성립하는 시점도 이에 해당한다.[660]

④ 효 과

a) 특정물인도채무의 경우(제580조)

가) 계약해제권과 손해배상청구권

매수인이 선의·무과실로서 목적물의 하자로 인하여 계약의 목적을 달성할 수 없는 경우에 한하여 매수인은 계약을 해제할 수 있다. 기타의 경우에는 손해배상만을 청구할 수 있다.

---

655) 하자의 개념에 관하여 보다 상세한 것은 김형배, 민법학강의(제6편), 1311면 참조.

656) 곽윤직, 채권각론, 박영사, 2003, 179면 등.

657) 이은영, 채권각론, 박영사, 2004, 219면 등.

658) 대판 2000.10.27, 2000다30554·30561 참조.

659) 곽윤직, 상게서, 179면 이하; 대판 2000.1.18, 98다18506 참조.

660) 김형배, 채권각론[계약법], 박영사, 2001, 354면; 이은영, 상게서, 339면.

나) 손해배상의 범위

손해배상을 청구하는 경우에 이행이익의 배상이냐 신뢰이익의 배상이냐에 관하여 법정책임설(통설)은 이행이익을 넘지 않는 신뢰이익의 배상이라고 한다. 그러나 부가적손해도 배상범위에 포함되느냐에 대하여는 이를 긍정하는 견해와 부정하는 견해가 대립되어 있다. 이에 대하여 채무불이행책임설은 목절물 자체의 하자손해가 발생한 경우에는 하자담보책임으로써 신뢰이익의 배상이 문제되지만, 목절물 자체의 하자 이외에 부가적 손해가 발생한 경우에는 매도인의 귀책사유를 요건으로 하는 불완전이행책임(제390조, 제393조)이 성립될 수 있다.

b) 불특정물인도채무의 경우(제581조)

특정물인도채무의 경우를 준용하여 계약해제 또는 손해배상을 청구할 수 있다. 또한 계약해제 또는 손해배상을 청구하지 아니하고 하자 없는 물건을 청구할 수 있다(완전물인도청구권의 발생).

(4) 환매와 재매매의 예약

환매란 매도인이 매매계약과 동시에 환매할 권리를 유보하는 경우, 일정한 기간 내에 그 환매권을 행사함으로써 매도인이 수령한 매매대금 및 매수인이 부담한 매매비용을 모두 반환하고 매매목적물을 다시 사는 약정을 말한다(제590조 제1항). 즉, 환매는 최초의 원매매계약 속에 환매권의 유보를 약정함으로써 성립하는 것이지만, 환매관계는 매도인의 환매권행사에 의하여 비로소 성립한다. 따라서 환매는 3단계로 구성된다. 첫째, 환매권유보를 약정한 매매계약의 성립 둘째, 환매권의 행사 셋째, 환매관계의 성립과 효력발생이 그것이다. 그리고 부동산 및 동산의 환매의 경우에 특약이 있더라도 그 기간은 5년과 3년을 넘지 못한다(제590조 제1항·제3항). 특히 환매기간을 정한 때에는 다시 이를 연장하지 못한다(제590조 제2항).

재매매의 예약이라 함은 매도인이 어떤 물건 또는 권리를 매수인에게 매각한 후 다시 그 물건을 매수인으로부터 매수할 것을 예약하는 것으로서, 그 예약이 환매의 요건을 갖추지 아니한 때를 의미한다.[661] 재매매의 예약도 당사자간에 특약이 없는 한 제564조의 일방예약에 관한 규정이 적용된다.

661) 재매매의 예약과 환매의 구별에 관한 판례로는 대판 1965.2.9, 64다1476 참조.

[문제 23]

甲은 2006년 3월 3일 자기소유 부동산인 토지를 乙.에게 5억원에 매도하기로 하고, 계약금으로 당일 5,000만원을 수령하였다. 같은 해 4월 3일 중도금으로 2억원을 같은 해 5월 4일 잔금을 지급받는 것과 상환하여 부동산소유권이전에 필요한 등기서류를 교부해 주기로 하였다. 또 같은 날 부동산의 점유도 이전해 주기로 하였다. 乙은 자금부족으로 중도금을 지급하지 못한 채 그 기일을 도과하였다.

(질문)

첫째, 2006년 4월 10일 이후 甲, 乙 간의 법률관계를 설명하시오.

둘째, 위 사례에서 乙은 계약금을 포기하고 매매계약을 해제할 수 있는가?

(참조판례) 대판 1994.5.13, 93다56954; 대판 2000.2.11, 99다49644; 대판 1992.12.22, 92다28549; 대판 2001.5.8, 2001다6053, 6060, 6077 등.

[문제 23] 해설:

Ⅰ. 사례의 쟁점

부동산매매계약을 체결하면 매도인은 매수인에게 부담없는 소유권을 이전해 주어야하고 또한 점유도 이전해주어야 한다. 반면 매수인은 대금을 지급하여야 한다. 그리고 이와 같은 채무는 다른 합의가 없으면 동시이행관계에 있다(제568조).[662]

설문의 경우 대금은 계약금을 지급한 후 중도금과 잔금으로 분할지급하기로 하였는데, 매수인은 중도금을 지급하지 않은 채 중도금지급기일인 2006년 4월 3일을 도과하였기 때문에, 이에 대하여 행사할 수 있는 매도인의 권리구제수단을 중심으로 양당사자의 법률관계를 살펴보기로 한다.

특히 계약금을 포기하고 매매계약을 해제할 수 있는 지를 검토하고, 위 문제를 중심으로 양 당사자의 법률관계를 살펴보기로 한다.

Ⅱ. 매수인의 해약금에 의한 계약해제

1. 민법 제565조의 요건

동조 제1항 상 당사자 쌍방 중 어느 일방은 계약이행에 착수한 당사자가 상대방이 아직 이행에 착수하지 않았음을 이유로 동조에 의하여 계약을 해제 할 수 없다(다수설 및 판례의 태도). 또한 "이행에 착수한다"는 것의 의미를 객관적으로 외부에서 인식할 수 있는 정도로 이행행위의 일부를 하거나 이행의 제공을 하기 위해 필요한 전제행위를 하는 것을 말하고, 단순히 이행의 준비를 하는 것만으로는 부족하다고 한다.[663]

662) 대판 2000.11.28, 2000다8533 등 다수의 판례 참조.

663) 대판 1994.5.13, 93다56954 참조.

2. 설문의 경우

중도금을 아직 지급하지 않은 매수인이 이행에 착수하였다고 볼 여지는 거의 없을 것이다. 다만 매도인 甲이 매수인 乙에게 기한의 이익을 포기하고 점유 또는 소유권을 이전하기 위하여 변제제공을 하였다면 그것으로 이행에 착수하였다고 볼 수 있을 것이다. 그러나 이런 사정이 없다면 甲, 乙 모두 아직 이행에 착수하였다고 보기 어렵다. 설령 甲이 乙에게 중도금지급을 최고하였다 하더라도 그것이 민법 제565조에서 말하는 "이행에 착수"한 것으로 볼 수 없다. 따라서 양당사자는 해약금에 의한 계약을 해제할 수 있으나, 매수인이 중도금지급을 이행지체하고 있는 상황에서 매도인이 이런 선택을 할 이유는 거의 없다.

Ⅲ. 중도금채무의 이행지체와 그 효과

1. 중도금지급채무의 이행지체

乙은 중도금을 지급기일에 지급하지 않았으므로, 이행지체에 빠졌다(제387조). 물론 선이행의무를 부담하고 있는 매수인의 입장에서 매도인의 이행이 곤란할 현저한 사유가 있으면 불안의 항변권을 행사하여 선이행의무인 중도금지급을 거절할 수 있다(제536조 제2항).

2. 중도금지급채무의 이행지체의 효과

채권자는 원래의 급부이행을 청구하는 동시에 지연배상(제390조, 제397조), 계약해제와 전보배상(제544조, 제551조), 제395조의 전보배상 중 어느 하나를 선택할 수 있다.

(1) 지연배상청구권

금전채무의 이행지체에서 채권자는 손해가 없더라도 지연배상을 청구할 수 있다(제397조). 즉, 당사자간에 별도의 위약금약정이 없다면 연5%의 지연이자를 청구할 수 있다(제397조 제1항 제1문, 제379조). 설문의 甲은 2006년 4월 4일부터 중도금 2억원과 그 지연이자의 지급을 구할 수 있다.

(2) 전보배상청구권

민법 제395조 상의 전보배상을 구할 경우 손해산정의 방법으로 차액설, 교환설, 절충설 등의 학설대립이 있지만, 매도인이 전보배상을 구하는 경우 전보배상을 청구할 수 있었을 시점에서의 매매대금과 하락한 부동산의 시가의 차액을 전보배상으로 청구하는 것으로 나타날 것이다.

설문에서 甲은 제395조의 요건 하에서 계약해제 없이 전보배상을 구할 수 있다. 이 경우 매매대금에서 전보배상을 구할 수 있었을 시점의 하락한 부동산의 시가를 공제한 금액만큼을 전보배상으로 구할 수 있고, 乙로부터 수령한 계약금 5,000만원에서 이를 상계하고 반환하면 될 것이다. 그 손해가 乙로부터 받은 계약금을 상회하면 그 부분만큼을 손해배상으로 청구하면 된다. 반면에 부동산의 시가가 상승한 경우에는 전보배상을 구할 손해가 없으므로 전보배상청구권은 성립하지 않는다. 한편 甲이 전보배상청구권을 행사할 경우 이미 발생한 지연배상청구권에는 영향을 미치지 않는다.

(3) 계약해제와 손해배상청구권

계약상 채무를 이행지체하면 채권자는 상당한 기간을 정하여 그 이행을 최고하고 그 기간 내에 이행하지 않으면 계약을 해제할 수 있다(제544조 제1문). 채권자가 계약을 해제한 경우 전보배상도 아울러 청구할 수 있다(제551조). 이때의 전보배상은 채권자가 입은 재산손해의 전보를 내용으로 하는 것이므로, 채무자가 채무를 이행하였더라면 있었을 재산상태와 해제권을 행사할 수 있었을 당시의 재산상태의 차액을 통상의 손해로서 배상청구할 수 있다(제393조 제1항). 따라서 매매대금에서 해제 당시의 현재 부동산의 가치(시가 상당액)를 공제한 차액이 통상손해이다.

설문에서 甲은 중도금지급을 최고하면서 상당기간 내에 이행하지 않은 것을 이유로 계약을 해제한다면, 계약은 소급해서 무효로 되고, 따라서 계약상 채무는 이행할 필요는 없지만 받은 계약금 5,000만원에 법정이자를 가산하여 반환하여야 한다. 물론 乙의 채무불이행을 이유로 한 손해배상청구권을 행사할 수 있다. 전보배상에 갈음하여 신뢰이익의 배상을 구하는 것도 가능할 것이다. 가령 계약체결비용 등을 배상받을 수 있다.

3. 계약금을 위약금으로 볼 수 있는지의 문제

위약금은 채무불이행이 있을 경우 채무자가 지급할 손해배상액을 예정하는 것이고(제398조 제4항), 그 액수가 과다할 경우 이를 감액할 수 있다(동조 제2항). 반면 해약금은 교부자가 이를 포기하고 계약을 해제할 수 있고, 수령자는 그 배액을 지급하고 계약을 해제할 수 있도록 하는 약정에 기해 지급한 것이다. 또한 해약금에 의한 해제의 경우 별도의 손해배상을 청구할 수 없다(제565조 제2항).

매수인이 매매계약을 체결할 당시 계약금, 보증금 등의 명목으로 지급한 것은 다른 약정이 없는 한, 제565조의 해약금으로 추정된다. 따라서 위약금에 관한 별도의 약정이 없는 한, 계약금을 위약금으로 인정하여 이를 몰취하는 것은 가능하지 않다.

Ⅳ. 잔금채무의 이행지체와 그 효과

1. 매매잔금채무가 이행지체되기 위한 요건

(1) 잔금지급기일에 반대채무를 변제제공한 경우

설문에서 甲이 잔금지급기일(2006년 5월 4일)에 매매목적물인 토지의 점유이전을 변제제공하고 아울러 소유권이전등기에 필요한 서류를 준비하여 이를 변제제공하였다면, 乙은 중도금만이 아니라 잔금채무도 이행지체에 빠지게 된다.

(2) 잔금지급기일에 반대채무를 변제제공하지 않은 경우

잔금지급기일에 매도인이 계약의 내용에 좇아 반대채무를 변제제공하지 않은 경우, 매수인의 대금지급채무는 이행지체에 빠지지 않는다. 유의할 것은 매수인의 대금지급채무는 중도금, 잔금의 합산액으로 구성되어 있으므로 이시점부터 매수인의 중도금지급채무도 이행지체에 빠지지 않게 된다는 점이다. 설문의 경우 甲이 잔금지급기일에 반대채무를 변제제공하지 않은 경우, 매수인 乙은 이미 이행지체하고 있던

중도금 2억원 및 이행지체 후 지체로부터 벗어난 시점까지의 지연이자(2억원×0.05×30/365), 잔금 2억 5천만원의 지급을 甲의 점유 및 소유권이전채무의 이행과 상환하면 된다. 또한 지연배상청구권은 원래의 급부청구권과 별개이므로 소송상 이를 주장, 입증하여야 한다.[664]

그러나 매수인이 채무를 변제제공하였음에도 매도인이 반대급부를 이행하지 않으면, 이 시점부터 매도인이 반대급부에 관하여 이행지체에 빠진다.

(3) 반대채무의 변제제공 없이 잔금지급기일을 도과한 후 매수인을 이행지체에 빠뜨리기 위한 요건

동시이행관계에 있는 계약당사자가 모두 이행지체에 빠지지 않고 그 이행기를 도과한 경우 양, 당사자의 채무는 기한이 없는 채무로 전환된다. 따라서 각 당사자가 반대채무를 변제제공하고 상대방의 채무이행을 청구하면 그 때부터 상대방은 이행지체에 빠질 수 있다.

2. 대금채무의 이행지체의 효과로서 계약해제 및 손해배상청구권을 행사하기 위한 요건

(1) 잔금지급기일에 반대채무를 변제제공한 경우

1) 해제권의 성립요건

잔금지급기일에 매도인(甲)이 반대채무를 변제제공하여 매수인(乙)을 이행지체에 빠뜨린 경우, 매도인은 제544조에 좇아 상당기간을 정하여 이행을 최고하고 그 기간 내에 이행하지 않으면 계약을 해제할 수 있다. 이때의 계약해제권은 추가적인 최고와 상당기간의 경과에도 불구하고 매수인의 이행이 없는 것으로 성립하게 된다. 여기서 상당한 기간이란 사회통념에 비추어 이행의 준비에 필요한 시간의 경과이다. 한편, 매도인은 그 상당한 기간 내에 종래의 변제제공을 철회하여서는 안 된다. 변제제공을 철회하면 그것으로 매수인의 이행지체가 해소되기 때문이다. 상당한 기간 내에 철회가 없다는 것은 그 기간 내에 매수인이 이행을 하거나 이행을 제공할 경우 이를 수령하고 자신이 부담하는 반대채무를 이행할 수 있을 정도의 준비상태를 갖추고 있어야 함을 의미한다.

2) 해제권의 행사

계약해제권이 성립한 후 계약을 해제할 것인가의 여부는 전적으로 매도인의 자유에 속한다. 따라서 불안한 지위에 있는 매수인은 제552조상의 해제권행사여부를 최고하여 그 해제권을 소멸하게 할 수 있다. 한편 매도인의 임의적인 해제권행사가 있을 경우 손해액의 산정에 있어서 해제권을 행사할 수 있었을 시점의 매도인이 입은 손해를 통상손해로 산정하는 것도 가능하다. 즉, 상당기간 내에 매수인의 채무불이행이 없을 것을 정지조건으로 하여 해제의 의사표시를 하면, 매수인의 채무이행 없이 그 상당한 기간이 도과하는 것으로 조건이 성취되어 해제가 될 것이다.

---

664) 대판 2000.2.11, 99다49644 참조.

3) 해제의 효과

매도인은 매수인에게 계약금으로 수령한 것을 법정이자를 가산하여 반환하여야 한다(제548조, 제379조). 그러나 매도인은 매수인의 채무불이행을 이유로 한 손해배상청구권을 청구할 수 있다(제551조). 앞에서 언급한 것처럼, 이 경우 매도인은 이미 발생한 지연배상의 청구도 전보배상의 청구와 더불어 할 수 있다.

(2) 잔금지급기일에 반대채무를 변제제공하지 않은 경우

해제권의 행사나 해제의 효과는 위와 다를 바 없으나 해제권의 성립요건에 차이가 있다.

여기에는 세 가지 방법이 인정된다. 첫째, 제387조에 좇아 언제라도 반대채무를 변제제공하면서 이행을 최고하고 매수인을 이행지체에 빠뜨리고, 그 후 제544조에 좇아 상당한 기간을 정하여 이행을 최고할 수 있다.

둘째, 일정한 기일을 정하여 그 기일에 채무를 이행할 것을 최고한 후, 그 기일에 반대급부를 변제제공하였으나 매수인이 채무를 이행하지 않으면, 매수인은 그것으로 이행지체에 빠질 뿐 아니라 동시에 매도인의 해제권의 성립요건도 충족된다고 한다.[665]

셋째, 상당한 "기간"을 정하여 그 기간 내에 이행할 것을 최고한 경우, 그 기간 내에 반대급부의 변제제공을 계속하면 매수인은 그 기간의 도과로 비로소 이행지체에 빠지고 동시에 매도인의 해제권의 성립요건도 충족된다.[666]

3. 대금채무의 이행지체의 효과로서 지연배상청구권 및 계약이행청구권의 행사

(1) 지연배상청구권의 성립요건에 관한 판례 및 학설

1) 판 례

판례는 동시이행관계에 있는 채무의 이행지체를 이유로 지연배상청구권을 행사하기 위해서는 반대급부를 변제 또는 공탁하거나 그 변제제공의 계속이 있어야 한다고 판단한다. 그러나 변제제공을 계속한다는 것은 거의 불가능한 일이어서 지연배상을 받기 위해서는 사실상 선이행하지 않을 수 없게 될 것이고, 이는 계약에 충실한 당사자에게 매우 불이익한 일이다. 따라서 대법원은 "변제제공의 계속"이라는 요건을 완화하여 신의칙상 상당한 간격을 두고 반대채무의 변제제공 하에 이행을 최고하는 것으로 충분하다고 한다. 또한 이때의 반대채무의 변제제공 역시 상대방을 이행지체에 빠뜨리기 위한 요건으로서 요구되는 것보다 완화하여 인정된다.[667]

2) 학 설

위 판례에 대해서는 적지 않은 학설이 반대한다. 그 주된 논거는 이행지체의 효과로서 계약해제권의 행사에는 변제제공의 계속을 요구하지 않으면서 그 효과의 하나인 지연배상청구권의 행사에는 이를 요구할 법적근거가 없다는 점, "변제제공의 계속"은 계약에 충실한 채권자보호를 외면하고 계약에 불충실한 채무자에게만 유리하다는 점 등이 그것이다. 이런 학설에 따르면 지연배상을 청구하기 위한 요건으로, 계

---

665) 대판 1992.12.22, 92다28549.

666) 대판 2001.5.8, 2001다6053·6060·6077.

667) 대판 2001.5.8, 2001다6053·6060·6077.

약해제권의 성립요건에서와 마찬 가지로 채무자의 채무이행이 있을 경우 이를 수령하고 반대채무를 제공할 수 있을 정도의 준비, 달리 표현하면 기왕의 변제제공을 철회하지 않아야 한다는 것으로 충분하다.

3) 설문에의 적용

현재 대법원의 판결에 의하면 甲은 반대급부의 변제제공을 계속하지 않는 한(적어도 신의칙상 상당한 간격을 두고 변제제공을 하면서 이행을 청구하는 것), 지연배상과 아울러 이행청구를 하는 것은 가능하지 않다고 할 것이다. 그러나 반대 학설에 따르면 변경되어야 할 것이다.

V. 결 론

위의 논거를 기초하여 甲, 乙 간의 법률관계는 다음과 같다고 할 것이다.

(1) 설문 상 제565조의 요건이 충족되기 때문에 乙은 계약금을 포기하고 계약을 해제할 수 있다. 이 때 甲은 乙에게 더 이상 손해배상을 청구할 수 없다. 甲 역시 계약금의 배액을 지급하고 위 계약을 해제할 수 있으나 乙의 이행지체가 있는 설문에서 이런 가능성은 거의 없다고 할 것이다.

(2) 중도금을 지급하지 않은 乙은 그 다음 날부터 중도금채무에 대해 이행지체에 빠지고 4월 10일 현재에도 이행지체상태에 있다. 甲은 이 때 제544조의 요건 하에 상당한 기간을 정하여 중도금채무의 이행을 최고하고, 그 기간 내에 이행이 없으면 계약을 해제할 수 있다. 해제를 할 경우 위 계약금지급시기의 약정을 위약금약정이라고 해석할 수 없다면, 甲은 계약금을 이자를 가하여 반환하여야 하고 대신 손해배상을 청구할 수 있을 것이다. 그 손해에는 지연배상 및 기타의 손해가 있을 것이나 그 범위는 제393조에 의하여 정해진다.

(3) 甲이 계약해제를 위한 조치에 나서지 않고 잔금지급일이 도래하면, 그 때 반대채무의 변제제공 없이 그 기일을 도과하였다면, 乙은 더 이상 중도금지급채무에 대해서도 이행지체에 빠지지 않는다. 乙의 중도금 및 그 지연이자(잔금지급일까지) 그리고 잔금의 지급채무와 甲의 소유권 및 점유이전채무가 동시이행관계에 서게 된다. 그리고 양자는 각각 기한 없는 채무로 전환된다.

(4) 기한 없는 채무로 전환된 경우 甲이 乙을 이행지체에 빠뜨리거나 이를 이유로 계약을 해제하기 위해서는 첫째, 반대채무의 변제제공을 통해 乙을 이행지체에 빠뜨린 후 다시 제544조의 요건 하에 계약을 해제하거나, 둘째, 일정한 기일을 정하여 乙의 채무이행을 청구하고 그 기일에 반대급부를 변제제공하면 乙은 이행지체에 빠지는 동시에 甲은 해제권도 취득하게 된다. 셋째, 위 둘째와 달리 상당한 기간을 정하여 이행을 최고한 경우, 甲은 그 기간 동안 계속적인 변제제공이 있어야 한다는 것이 판례의 입장이다.

(5) 한편 위 (4)의 셋째의 경우 甲이 계약을 유지한 채 지연배상을 청구하기 위해서는 변제제공의 계속이 있어야만 한다는 것이 판례의 입장이다. 이에 대해 비판적인 견해는 변제제공의 계속을 요구하지 않고, 이행지체에 빠진 채무자가 그 채무를 이행 또는 이행제공함으로써 이행지체상태에서 벗어나지 않는 한 지연배상의무를 부담해야 한다고 주장한다.

[문제 23-2]

甲은 골동품상인 乙로부터 조선시대에 제작된 것으로 보이는 도자기 1점을 1,000만원에 구입하여 이를 곧바로 선물할 목적으로 구입하려는 丙에게 1,500만에 전매하였다. 그런데 丙이 도자기를 인도받고 살펴보니 도자기표면상에 존재하는 미세한 균열이 존재하여 도저히 선물목적으로 사용할 수 없다는 이유로 甲에게 도자기대금 1,500만원, 운송비용 10만원, 기타 부대비용 10만 등의 반환 및 배상을 청구하였다. 甲은 이와 같은 사실을 확인하고 丙에게 1,520만원의 배상을 하였다. 따라서 甲은 乙에게 도자기의 하자로 인한 하자담보책임을 주장하면서 1,520만원의 손해배상을 청구하였다.

(질문)

첫째, 위 사례에서 乙이 甲에게 부담하여야 하는 담보책임의 내용과 손해배상의 범위는?

둘째, 위 사례에서 乙이 주장하기를 甲에게 판매한 도자기에 하자가 있었다면, 甲은 도자기를 수령한 후 지체없이 검사하여야 하고 또한 하자를 발견하였을 때는 즉시 乙에게 통지할 의무가 있음에도 불구하고 이를 해태 또는 이행하지 아니하였으므로, 甲은 손해배상을 청구할 수 없다고 항변한다면, 이는 타당한가?

(참조판례) 대판 1989.11.14, 89다카15298; 대판 1997.5.7, 96다39455; 대판 2003.7.22, 2002다35676 등.

[문제 23-2] 해설

1. 문제제기

위의 질문들을 해결하기 위해서는 매도인 乙이 甲에게 하자담보책임을 부담하는가? 문제된다. 매도인 乙의 하자담보책임은 유상계약인 매매에 기하여 인도된 목적물에 하자가 있을 때, 매수인보호 및 일반거래의 동적 안전보장을 위해 매도인의 과실유무를 묻지 않고 일정한 담보책임을 묻는 것을 말한다. 이러한 담보책임의 법적 성질에 대하여 학설 및 판례는 다음과 같이 견해를 달리 한다. 즉, 통설 및 판례의 태도는 법정책임설을 취한다. 이 견해에 의하면 특정물 인도채무의 채무자는 이행기의 현상대로 인도하면 되므로(제462조), 그 특정물에 하자가 있다고 하더라도 채무불이행(제390조)이라고 할 수 없고, 다만 그 채무가 매매와 같은 유상계약으로 생긴 경우에는 하자담보책임(제580조)의 문제가 생길 뿐이라고 한다. 그러나 부가적 손해를 발생시키는 하자있는 이행의 경우에는 불완전이행(적극적 채권침해)을 인정할 것인가에 관해서는 견해가 대립한다. 즉, 불완전이행(적극적 채권침해)에 따른 채무불이행책임을 인정하는 견해(긍정설)[668]와 하자담보책임만을 인정하는 견해(부정설)[669]가

668) 곽윤직, 전게서, 170면; 김용한, 전게서, 163면; 임정평, 전게서, 165면.

대립하고 있다.

반면에 채무불이행책임설은 특정물인도채무의 경우에도 그 특정물에 하자가 있으면 불완전이행책임을 긍정하는 입장이다. 왜냐하면 특정물매매에도 「하자 없는 상태에서의 급부의무」의 성립을 인정하여 이를 위반하면 이를 급부의무의 불완전이행으로 파악한다.[670] 다만 이 견해에 있어서도 하자담보책임의 요건·효과상의 특수성을 고려하여 하자담보책임을 특수한 불완전이행으로 이해한다. 이러한 견해의 대립은 목절물의 하자자체 이외에 부가적 손해가 발생한 경우에 그 배상근거를 체계적으로 설명하는 데 그 의의가 있다고 한다. 따라서 전자의 경우에는 하자담보책임이 발생하나 후자의 경우는 채무자의 귀책사유를 전제로 불완전이행에 따른 채무불이행책임이 발생한다.

2. 요 건

특정물에 관한 하자담보책임이 성립하기 위해서는 첫째, 유효한 매매계약이 성립하여야 하고 둘째, 매매목적물(특정물)에 하자가 존재해야 하며 셋째, 매수인이 그 하자에 대해 선의·무과실이어야 한다.

특히 둘째 요건과 관련하여서는 우선 하자개념과 관련하여 견해가 나뉜다.[671] 객관적 하자설에 따르면 권리 및 물건 자체에 결함이 있는지 여부를 판단하는 기준은 해당 종류의 권리 및 물건이 통상 갖추고 있어야 할 상태·품질·성능이라고 한다.[672] 이에 대해 주관적 하자설은 매매목적물이 계약에 의하여 합의된 성상에 적합하지 않은 경우, 즉 당사자 쌍방이 계약체결 당시 전제로 한 성상이 목적물에 결여된 경우에 하자가 있다고 한다.[673] 판례에 의하면, 하자존부의 판단은 결국 의사표시로 정한 채무내용에 관한 해석문제이므로 주관적 하자설이 보다 설득력을 가진다고 한다.[674]

또한 특정물에 있어서 하자의 존부를 판단하는 시점에 관해서도 견해가 나뉜다. 법정책임설에 있어서는 그 논리의 일관성 차원에서 계약성립시점을 기준으로 한다.[675] 반면 채무불이행설에 의하면-종류물은 물론, 특정물의 경우에도- 위험의 이전시기 즉, 동산의 경우 물건의 인도시점을 말하고 부동산의 경우 등기시점이 기준이 된다. 또한 채권자(매수인)의 수령지체가 성립하는 시점도 이에 해당한다.[676]

3. 효 과

(1) 특정물인도채무의 경우(제580조)

1) 계약해제권과 손해배상청구권

---

669) 현승종, 전게서, 131면; 김주수, 전게서, 122면.

670) 김형배, "하자담보의 성질", 「민법학연구」, 박영사, 1989, 246면; 김형배, 전게서, 225면.

671) 하자의 개념에 관하여 보다 상세한 것은 김형배, 민법학강의(제6편), 1311면 참조.

672) 곽윤직, 채권각론, 박영사, 2003, 179면 등.

673) 이은영, 채권각론, 박영사, 2004, 219면 등.

674) 대판 2000.10.27, 2000다30554·30561 참조.

675) 곽윤직, 상게서, 179면 이하; 대판 2000.1.18, 98다18506 참조.

676) 김형배, 채권각론[계약법], 박영사, 2001, 354면; 이은영, 상게서, 339면.

매수인이 선의·무과실로서 목적물의 하자로 인하여 계약의 목적을 달성할 수 없는 경우에 한하여 매수인은 계약을 해제할 수 있다. 기타의 경우에는 손해배상만을 청구할 수 있다.

2) 손해배상의 범위

손해배상을 청구하는 경우에 이행이익의 배상이냐 신뢰이익의 배상이냐에 관하여 법정책임설(통설)은 이행이익을 넘지 않는 신뢰이익의 배상이라고 한다. 그러나 부가적손해도 배상범위에 포함되느냐에 대하여는 이를 긍정하는 견해와 부정하는 견해가 대립되어 있다. 이에 대하여 채무불이행책임설은 목절물 자체의 하자손해가 발생한 경우에는 하자담보책임으로써 신뢰이익의 배상이 문제되지만, 목절물 자체의 하자 이외에 부가적 손해가 발생한 경우에는 매도인의 귀책사유를 요건으로 하는 불완전 이행책임(제390조, 제393조)이 성립될 수 있다.

(2) 불특정물인도채무의 경우(제581조)

특정물인도채무의 경우를 준용하여 계약해제 또는 손해배상을 청구할 수 있다. 또한 계약해제 또는 손해배상을 청구하지 아니하고 하자 없는 물건을 청구할 수 있다(완전물인도청구권의 발생).

4. 사례의 적용

위 사례에서 甲은 乙에게 하자담보책임을 주장하면서 1,520만원의 손해배상을 청구하였다. 첫째, 乙이 甲에게 부담하여야 하는 담보책임의 내용과 손해배상의 범위는? 둘째, 위 사례에서 乙이 주장하기를 甲에게 판매한 도자기에 하자가 있었다면, 甲은 도자기를 수령한 후 지체없이 검사하여야 하고 또한 하자를 발견하였을 때는 즉시 乙에게 통지할 의무가 있음에도 불구하고 이를 해태 또는 이행하지 아니하였으므로, 甲은 손해배상을 청구할 수 없다고 항변한다면, 이는 타당한가? 등의 질문들에 답을 하기 위해서는 다음과 같은 가정들이 확인되어야 만 한다. 즉, 위 사례에서 甲에게 乙의 하자담보책임이 성립하는지의 여부와 성립한다면 그 요건과 효과는 무엇인지가 문제된다.

위 사례의 경우 매도인 乙의 하자담보책임이 성립되기 위해서는 그 요건으로써 유효한 매매계약이 성립하여야 하고, 매매목적물(특정물)에 하자가 존재해야 하며, 매수인 甲이 그 하자에 대해 선의·무과실이어야 한다(제580조). 또한 매수인 甲이 그 사실을 안날로부터 6월내에 행사하여야 한다(제582조). 살피건대 매도인 乙은 특정물인 자신의 골동품 도자기 1점에 대해 매수인 甲과 1,000만원의 대금을 지불하는 유효한 매매계약을 체결하였다고 보여지며, 그 후 매도인 乙이 매수인 甲에 인도한 도자기 표면상에 존재하는 미세한 균열이라는 하자가 있음을 알게 되었다. 그리고 매수인 甲이 그 하자에 대해 법정책임설에 따른 계약성립시든 채무불이행설에 따른 위험의 이전시(도자기의 인도시점)에 선의·무과실이라고 보여지고 제척기간 내에 하자담보책임을 주장하였다면, 매도인 乙의 하자담보책임은 성립된다고 하겠다.

그러나 위 사례에서 乙이 주장하기를 甲에게 판매한 도자기에 하자가 있었다면, 甲은 도자기를 수령한 후 지체없이 검사하여야 하고 또한 하자를 발견히였을 때는 즉시 乙에게 통지할 의무가 있음에도 불구하고 이를 해태 또는 이행하지 아니하였으므로, 甲은 손해배상을 청구할 수 없다는 항변이 타당하다면, 매수인 甲이 그 하자에 대해 선의이었다고 하더라도 과실이 있다고 보여진다. 따라서 이 경우라면 매도인 乙의 하자담보책임은 성립하지 않는다고 하겠다. 그러나 이러한 乙의 항변은 타당하지 않다고 생각한다. 과연 甲은 도자기를 수령한 후 지체 없이 검사하여야 하고 또한 하자를 발견하였을 때는 즉시 乙에게 통지할 의무가 있는가? 매도인 乙의 하자담보책임은 유상계약인 매매에 기하여 인도된 목적물에 하자가 있을 때, 매수인보호 및 일반거래의 동적 안전보장을 위해 매도인의 과실유무를 묻지 않고 짧은 제척기간(6월)내에 일정한 담보책임을 묻는 것을 말한다. 따라서 비록 매수인 甲이 목적물을 수취하여야 할 의무는 있지만, 목적물의 하자를 지체 없이 검사하여야 하고 또한 하자를 발견하였을 때는 즉시 乙에게 통지할 의무는 없다고 생각한다.

결론적으로 위 사례의 경우에 매도인 乙의 하자담보책임은 성립한다고 할 수 있다. 그러므로 하자담보책임의 효과로서는 甲에게 계약해제권과 손해배상청구권이 발생한다. 다만 매수인 甲이 도자기의 하자에 대한 선의·무과실로서 그와 같은 하자로 인하여 계약의 목적을 달성할 수 없는 경우에 한하여 매수인은 계약을 해제할 수 있다. 기타의 경우에는 손해배상만을 청구할 수 있다. 그리고 손해배상을 청구하는 경우에는 이행이익의 배상이냐 신뢰이익의 배상이냐에 관하여 법정책임설(통설)은 이행이익을 넘지 않는 신뢰이익의 배상이라고 한다.

그러나 부가적손해도 배상범위에 포함되느냐에 대하여는 이를 긍정하는 견해와 부정하는 견해가 대립되어 있다. 이에 대하여 채무불이행책임설은 목절물 자체의 하자손해가 발생한 경우에는 하자담보책임으로써 신뢰이익의 배상이 문제되지만, 목절물 자체의 하자 이외에 부가적 손해가 발생한 경우에는 매도인의 귀책사유를 요건으로 하는 불완전이행책임(제390조, 제393조)이 성립될 수 있다.

따라서 하자담보책임의 법적 성질에 대한 통설이나 채무불이행설에 의하면 위 사례의 경우 甲은 乙에게 도자기의 하자로 인한 하자담보책임을 주장하면서 하자자체로 인한 손해배상을 청구하는 경우, 그 범위는 이행이익(예: 도자기 대금 1,000만원)을 넘지 않는 신뢰이익(예: 도자기의 하자로 인한 대금감액)을 청구하여야 한다.

한편, 甲에게 발생한 도자기의 하자 이외의 부가적 손해(예: 일실이익 등)도 그 손해배상범위에 포함되느냐에 대하여는 통설은 이를 긍정하는 견해와 부정하는 견해가 대립되어 있다. 그러나 채무불이행설에 의하면 매도인 乙의 귀책사유를 요건으로 하는 불완전이행책임(제390조)이 성립되는 경우에만 이를 손해배상으로 청구할 수 있고 그 범위는 제393조에 의한다.

[문제 23], [문제 23-2] 관련 판례: [관판 23, 23-2]

◎ **대판 2001.5.8, 2001다6053·6060·6077【부당이득금·매매대금】**

【판시사항】

[1] 부동산의 매도인이 매수인을 이행지체에 빠뜨리기 위한 이행제공의 방법과 그 정도

[2] 매도인의 소유권이전등기의무의 이행제공이 계속되었는지에 관하여 심리미진의 위법이 있음을 이유로 원심판결을 파기한 사례

【판결요지】

[1] 쌍무계약에 있어서 당사자의 채무에 관하여 이행의 제공을 엄격하게 요구하면 불성실한 상대당사자에게 구실을 주게 될 수도 있으므로 당사자가 하여야 할 제공의 정도는 그의 시기와 구체적인 상황에 따라 신의 성실의 원칙에 어긋나지 않게 합리적으로 정하여야 하는 것이며, 부동산매매계약에서 매도인의 소유권이전등기절차이행채무와 매수인의 매매잔대금 지급채무가 동시이행관계에 있는 한 쌍방이 이행을 제공하지 않는 상태에서는 이행지체로 되는 일이 없을 것인바, 매도인이 매수인을 이행지체로 되게 하기 위하여는 소유권이전등기에 필요한 서류 등을 현실적으로 제공하거나 그렇지 않더라도 이행장소에 그 서류 등을 준비하여 두고 매수인에게 그 뜻을 통지하고 수령하여 갈 것을 최고하면 되는 것이어서, 특별한 사정이 없으면 이행장소로 정한 법무사 사무실에 그 서류 등을 계속 보관시키면서 언제든지 잔대금과 상환으로 그 서류들을 수령할 수 있음을 통지하고 신의칙상 요구되는 상당한 시간 간격을 두고 거듭 수령을 최고하면 이행의 제공을 다한 것이 되고 그러한 상태가 계속된 기간 동안은 매수인이 이행지체로 된다 할 것이다.

[2] 매도인의 소유권이전등기의무의 이행제공이 계속되었는지에 관하여 심리미진의 위법이 있음을 이유로 원심판결을 파기한 사례.

◎ **대판 2003.7.22, 2002다35676【손해배상(기)】**

【판시사항】

[1] 지역농업협동조합의 이른바 계통구매방식으로 영농기자재를 구입·설치한 농민에 대한 영농기자재의 매도인(=지역농업협동조합)

[2] 매매목적물의 하자로 인한 확대손해에 대하여 매도인에게 배상책임을 지우기 위해서는 귀책사유가 필요한지 여부(적극)

【판결요지】

[1] 매매는 당사자 일방이 재산권을 상대방에게 이전할 것을 약정하고 상대방이 그 대금을 지급할 것을 약정함으로써 성립하는 것인바, 농업협동조합중앙회와 지역농업협동조합과의 관계, 계통구매사업의 운영방식, 농업협동조합중앙회와 영농기자재 제조업자 사이에 체결된 구매공급계약의 내용, 특히 농민이 지역농업협동조합으로부터 문제가 된 영농기자재를 일정한 대금에 매수하고 그 대금을 특정 일시까지 지급하기로 약정하였을 뿐만 아니라 농민이 그 약정에 따라 지역농업협동조합에게 그 대금을 지급한 점 등을

종합하면, 지역농업협동조합은 계통구매사업의 운영방식에 따라 영농기자재 제조업자가 농업협동조합중앙회에 공급한 영농기자재를 농민에게 매도한 것으로 농민에 대한 관계에서 매도인의 지위에 있었다 할 것이고, 그 영농기자재 제조업자가 그 영농기자재를 설치하여 주면서 농민과의 사이에 영농기자재 설치에 따른 무상수리 및 유상수리를 내용으로 하는 구매약정을 체결하였다고 하여 지역농업협동조합의 매도인으로서의 지위가 달라진다고 할 수 없다.

[2] 매매목적물의 하자로 인한 확대손해에 대하여 매도인에게 배상책임을 지우기 위해서는 하자 없는 목적물을 인도하지 못한 의무위반 사실 외에 그러한 의무위반에 대하여 매도인에게 귀책사유가 있어야 한다.

4. 교환계약

(1) 의의 및 법적성질

당사자 쌍방이 금전 이외의 재산권을 서로 이전할 것을 약정함으로써 성립하는 계약이다(제596조). 매매에서는 물건이나 권리의 양도에 대한 반대급부가 대금인데 반하여, 교환에서는 반대급부도 역시 물건이나 권리의 양도이다. 따라서 교환계약에 기초해서 두 개의 양도행위가 행하여지며 양자는 서로 상환성·대가성을 갖는다. 교환의 원시적 형태는 요물계약이었으나 현행 민법상으로는 매매와 마찬가지로 쌍무·유상·낙성·불요식의 계약으로 이해된다.

(2) 교환계약의 성립

반대급부의무의 내용이 금전 이외의 재산권이어야 한다. 어느 일방이 금전을 지급하는 경우에는 매매이다. 다만 교환의 일방당사자가 반대급부로서 물건 또는 권리의 양도와 더불어 일정액의 금전을 보충적으로 지급할 것을 약정하는 경우(보충금의 약정)에도 교환계약이 성립한다(제597조 참조). 이 금전부분에 관해서는 매매대금에 관한 규정이 준용된다.

(3) 법률효과

교환은 유상계약이므로 매매의 규정이 준용된다(제567조). 따라서 양 당사자는 담보책임 등을 부담한다. 예컨대, 판례는 「교환계약이 이행된 후에도 이전받은 재산권이나 물건에 하자가 있을 때에는 당사자는 그 계약을 해제할 수 있다」고 한다.[677] 또한 교환은 쌍무계약이므로 동시이행의 항변권 및 위험부담에 관한 규정(제536조, 제537조)이 준용된다.

[문제 24]

甲과 乙은 2009년 5월 3일 각자 소유의 토지를 교환하여 서로 상환으로 소유권이전등기절차를 이행하기로 하였다. 그런데 이행기를 1주일 앞두고 乙의 토지는 공공용지의 취득 및 손실보상에 관한 특례법에 근거하여 강원도청에 협의취득되었다. 그러자 甲은 乙의 이행불능을 이유로 乙이 취득한 보상금청구권의 양도를 청구하였다.

(질문)

첫째, 위 사례에서 乙은 甲과 체결한 교환계약의 이행불능에 대한 귀책사유가 있는가?

둘째, 위 사례에서 甲은 乙이 취득한 보상금청구권의 양도를 청구하였는데, 이러한 甲의 청구(대상청구권)는 인용될 수 있는가?

(참조판례) 대판 1995.10.13, 95다25497; 대판 1996.6.25, 95다6601 등.

[문제 24] 해설

甲과 교환계약에 의한 소유권이전등기 의무를 부담하고 있는 乙이 공공사업시행자(강원도청)의 협의매수에 응하여 당해 부동산의 소유권이전등기를 강원도청에게 경료하여 준 사안이다.

공공용지의 취득 및 손실보상에 관한 특례법상의 협의매수는 토지수용의 경우와는 달리 사법상의 법률행위에 지나지 아니하여 토지 소유자는 그 협의매수 제의에 반드시 응하여야 할 의무가 없는데도, 乙이 협의매수에 응하여 보상금을 수령하고 공공사업시행자(강원도청)에게 소유권이전등기를 경료하여 줌으로써 교환계약에 기한 소유권이전등기 의무가 이행불능 상태에 이르렀다고 할 수 있다.

따라서 위 사례에서 乙은 甲과 체결한 교환계약의 이행불능에 대한 귀책사유가 있다고 하겠다. 그 결과 甲은 乙과의 환매계약이 이행불능을 원인으로 계약을 해제할 수 있고, 아울러 손해가 있으면 전보배상도 청구할 수 있다. 그러나 사안에서처럼 甲은 환매계약을 해제하지 않고 乙이 취득한 보상금청구권의 양도를 대상청구권으로서 주장할 수도 있다.

---

677) 대판 1966.3.22, 66다76.

[문제 24] 관련 판례: [관판 24]

◎ 대판 1995.10.13, 95다25497 【손해배상(기)】

【판시사항】

소유권이전등기 의무를 부담하고 있는 갑이 그 부동산을 아들인 을에게 증여하여 을이 공공사업 시행자의 협의매수에 응하여 이전등기를 넘겨준 경우, 갑의 소유권이전등기 의무의 이행불능에 대한 귀책사유를 인정한 사례.

【판결요지】

교환계약에 의한 소유권이전등기 의무를 부담하고 있는 갑이 당해 부동산을 아들인 을에게 증여하여 소유권이전등기를 넘겨줌으로써 을이 공공사업 시행자의 협의매수에 응하여 소유권이전등기를 경료하여 준 사안에서, 공공용지의 취득및손실보상에관한특례법상의 협의매수는 토지수용의 경우와는 달리 사법상의 법률행위에 지나지 아니하여 토지 소유자는 그 협의매수 제의에 반드시 응하여야 할 의무가 없는데도, 갑이 그 등기의 환원과 이전 의무를 게을리한 때문에 을이 협의매수에 응하여 보상금을 수령하고 공공사업 시행자에게 소유권이전등기를 경료하여 줌으로써 교환계약에 기한 소유권이전등기 의무가 이행불능 상태에 이르렀다는 이유로, 갑의 귀책사유를 인정한 사례.

5. 소비대차계약

(1) 의의 및 법적성질

소비대차는 당사자의 일방(대주)이 금전 기타 대체물의 소유권을 상대방(차주)에게 이전할 것을 약정하고 상대방은 동종·동질·동량의 물건을 반환할 것을 약정함으로써 성립하는 대차형 계약이다. 소비대차의 차주는 목적물의 소유권을 취득하여 소비·처분할 수 있고, 일정기간 후에 그가 소비·처분한 것과 같은 내용의 물건을 반환하면 된다. 그러나 사용대차나 임대차의 차주는 목적물의 소유권을 취득할 수 없고 목적물의 소유권은 여전히 대주가 보유하며, 차주는 빌린 물건 그 자체를 반환하여야 한다.

구민법은 프랑스 민법과 독일 민법을 본받아 요물계약으로 규정하였으나, 현행 민법은 스위스 채무법(제312조)을 본받아 낙성계약으로 규정하였다.[678] 그리고 소비대차계약은 원칙적으로 무상계약이나, 법률 또는 특약으로 이자의 지급이 정하

678) 차주가 현실적으로 금전 등을 수수하거나 현실의 수수가 있는 것과 같은 경제적 이득취득을 하여야만 성립하는 것은 아니라고 한다(대판 1991.4.9, 90다14652).

여진 경우에는 유상계약이 된다. 특히 상인 사이의 금전소비대차계약은 원칙적으로 이자부 계약으로 이해되며, 이에 대한 약정이 없더라도 차주는 법정이자를 지급해야 한다(상법 제55조 제1항). 또한 통설에 따르면 무이자부 소비대차의 차주는 반드시 이자를 지급할 의무를 부담하는 것은 아니므로 편무계약으로 이해한다.[679] 그러나 이자부 소비대차에 대해서 통설 및 판례는 쌍방의 채무가 서로 대가적 의미를 가지고 상호의존적인 견련성을 갖는다는 점에서 쌍무계약이라고 한다.[680]

한편, IMF구제금융체제 이후 이자제한법이 폐지되면서(1998.1.13), 약정이율의 상한에 대한 제한은 사라졌다. 그러나 고율의 이자부 소비대차는 민법 제103조 및 제104조를 원용하여 법원이 구체적으로 판단하는 도리밖에 없다. 또한 소비대차계약이 불공정행위가 되는 경우 이를 무효로 하거나 대물반환의 예약을 동반하는 경우에 민법 제607조 및 제608조의 취지를 고려할 필요가 있다. 다만 2002년 8월 26일에 제정된 대부업의 등록 및 금융이용자보호에 관한 법률에서는 대부이율을 제한하는 효력규정을 두고 있다. 대부업자가 개인 또는 대통령령이 정하는 소규모 법인에게 대부하는 경우 대부금 가운데 3,000만원 이내에서 이자율은 연 100분의 70의 범위 이내에서 대통령이 정하는 비율을 초과할 수 없다(제8조 제1항 및 시행령 제5조). 그리고 이자율을 산정함에 있어 당해 거래의 체결과 변제비용을 제외하고는 사례금·할인금·수수료·공제금·연체이자·선이자 등 그 명칭에 불구하고 대부와 관련하여 대부업자가 받는 것은 모두 이자로 본다. 특히 위 이자율을 초과하는 부분에 대한 이자계약은 무효이며, 채무자가 그 초과부분에 대한 이자를 변제하였을 경우에는 그 반환을 청구할 수 있다(제8조 제3항).

그러나 2007년 6월 30일부터 이자제한법과 동시행령이 다시 부활되어 과거처럼 시행령에 의한 최고이율을 탄력적으로 조정하고 있다. 즉, IMF위기를 극복한 현재 사채 이자율은 연 30%로 제한하는 이자제한법 시행령이 2007년 6월 30일부터 시행되었다.

(2) 소비대차계약의 성립

소비대차는 낙성계약이므로 청약과 승낙의 합치로 성립한다. 소비대차의 목적

679) 반대견해로 김형배 교수는 대주의 목적물공여의무와 차주의 대체물반환의무는 대가적·쌍무적 관계에 서지는 않으나 양당사자 모두가 채무를 부담한다는 점에서 양면적 관계에 있다고 한다(김형배, 전게서, 534면).

680) 김형배 교수는 차주의 이자지급의무와 대주의 목적물공여의무는 서로 대가적 견련관계에 있으나, 차주의 대체물반환의무는 대주의 의무와 쌍무적 대가관계가 아닌 일종의 청산의무에 지나지 않는다고 한다(김형배, 상계서, 535면).

물은 금전 기타 대체물이다. 대체성여부는 거래칙에 의하여 판단되므로 유가증권(대물대차)도 목적물이 될 수 있다. 그리고 무이자소비대차의 당사자는 목적물의 인도전에는 언제든지 계약을 해제할 수 있다(제601조) 그러한 해제로 인하여 상대방에게 손해가 생긴 경우에는 이를 배상하여야 한다(제601조 단서). 또한 대주가 목적물을 차주에게 인도하기 전에 당사자 일방이 파산선고를 받은 때에는 소비대차는 그 효력을 잃는다(제599조). 이 경우 반드시 파산선고가 아니더라도 차주의 재산상태가 악화되어 대주의 반환청구권이 실현될 가망이 없게 된 경우에도 제599조의 입법취지에 따라 청약 또는 승낙의 철회권이나 이행거절권(불안의 항변권)을 인정하는 것이 타당하다고 한다.[681]

(3) 법률효과

1) 소비대주의 의무

대주는 목적물의 소유권을 차주에게 이전하여야 하며(목적물소유권이전의무), 계약기간중 차주가 이용·소비할 수 있도록 그 가치를 계속 공여하여야 한다(가치공여의무: 계속대차의무).

대주는 금전 기타 대체물의 인도를 급부내용으로 하는 종류채무를 부담하므로 이행불능은 인정될 수 없다. 다만 대주의 담보책임은 그 종류채무의 특질에 따라 판단되어야 한다(제581조 참조). 또한 이자부 소비대차는 유상계약이고 무이자소비대차는 무상계약이므로 대주의 담보책임은 그 내용에 있어서 다르다. 이자부 소비대차의 목적물(금전에는 하자가 인정될 수 없으므로 금전이외의 종류물, 특히 대물대차의 경우는 특정물)에 하자가 있고 차주가 선의·무과실인 경우에 차주는 대주에 대하여 계약의 해제나 손해배상청구, 완전물급부청구 등을 행사할 수 있다(제602조 제1항). 이자 없는 소비대차의 경우에는 차주는 하자있는 물건의 가액으로 반환할 수 있다. 그러나 대주가 그 하자를 알고 차주에게 고지하지 아니한 때에는 차주는 대주에 대하여 계약의 해제나 손해배상청구, 완전물급부청구 등을 행사할 수 있다(제602조 제2항). 이와 같은 차주의 권리는 6월 내에 행사하여야 한다(제척기간).

2) 소비차주의 의무

차주는 대주로부터 받은 것과 동종·동질·동량의 물건을 반환하여야 한다(목적물반환의무). 이 경우 반환시기를 약정한 경우라면 약정시기에 반환하여야 한다(예

---

681) 김형배, 상게서, 538면; 곽윤직, 전게서, 215면; 이은영, 전게서, 368면 등.

외: 기한의 이익상실, 제388조, 파산법 제16조). 그러나 반환시기를 약정하지 않은 경우라면 차주는 언제든지 반환할 수 있지만(제603조 제2항), 대주는 상당한 기간을 정하여 최고하여야 한다(일반적인 금전채무의 경우와 다름). 그러나 동종·동량의 차용물을 반환할 수 없다면 불능시 차용물의 시가로 상환하여야 한다(제604조 본문). 다만 목적물이 특수한 또는 다른 나라의 통화로서 반환기에 강제통용력을 잃은 때는 다른 통화로써 반환해야 한다(제604조 단서 및 제376조, 제377조 제2항). 그리고 통설은 이자부 소비대차의 경우에도 무이자소비대차의 경우처럼 차주가 하자있는 물건을 받은 경우에는 그 하자있는 물건의 가액을 반환하면 된다(제602조 제2항 본문). 또한 당사자가 대물반환의 예약을 한 경우에는 차주가 차용물에 갈음하여 반환하는 재산에 관한 예약당시의 가액은 차용액 및 이에 붙인 이자의 합산액을 넘지 못한다(제607조). 이 규정에 위반한 당사자의 약정으로서 차주에게 불리한 것은 환매 기타 어떠한 명목이라도 그 효력이 없다(제608조).

유효한 이자부 소비대차의 경우 차주는 약정이율의 이자를 지급해야 한다(이자지급의무). 다만 이율에 관한 약정이 없는 경우에는 연 5푼의 법정이율이 적용된다(제379조). 그러나 상사소비대차의 법정이율은 연 6푼이다(상법 제54조). 특히 금전채무의 전부 혹은 일부의 이행을 명하는 판결을 선고할 경우 그 손해배상액이 산정되는 경우에는 일반적으로 이자지급에 관한 약정이율을 무시하고 연 20%의 법정이율을 적용한다(소송촉진 등에 관한 특례법 제3조 제1항 본문의 법정이율에 관한 규정).

이자의 계산은 원칙적으로 차주가 목적물을 인도받은 때부터 한다. 다만 차주의 책임있는 사유로 수령을 지체한 경우는 대주가 이행을 제공한 때부터 이자를 계산하고(제600조), 원본의 반환채무와 관련하여 대주가 채권자지체에 빠진 때의 기간에 대해서는 차주가 이자를 지급할 의무가 없다(제402조).

원본과 이자의 반환을 확보하기 위하여 대주는 차주에게 인적·물적 담보를 제공할 의무를 부담하게 할 수 있다(담보제공의무). 이 경우 담보제공약정은 소비대차에 부종한다.

(4) 준소비대차

소비대차가 아닌 다른 계약에 의하여 금전 기타의 대체물을 급부할 의무를 부담하고 있는 자가 상대방과의 계약에 의하여 그 금전 기타의 대체물에 대한 급부를 소비대차의 목적으로 할 것을 약정하는 것을 말한다(제605조). 이는 기존채무를 소멸시키고 신채무를 성립시킨다는 점에서 경개와 같지만, 소멸하는 기존채무와 새롭게 발생하는 채무 사이에 동일성이 인정된다는 점에서 경개와 다르다.

따라서 통설은 기존채무에 붙어 있던 동시이행의 항변권이나 담보·보증과 같은 것은 원칙적으로 존속하지만, 당사자의 의사로써 소멸시킬 수도 있다고 한다. 그러나 준소비대차에서는 차주의 이자지급의무와 반환의무가 주된 채무의 내용을 구성하기 때문에 동시이행의 항변권은 존속하지 않는다.[682]

[문제 25]

제2금융권에 속하는 금융기관 甲과 기업 乙은 약정서에 따라서 甲이 취득한 乙발행의 어음의 효력에 관하여 하자가 있는 경우라도 乙은 어음상의 금액을 차용금으로서 甲이 지시하는 바에 따라 변제하기로 하였다. 또한 乙이 甲에게 채무를 이행하지 않을 경우 연 21%의 비율의 손해금을 지급하기로 하였다. 그 후 甲은 乙로부터 乙이 발행한 어음 5장을 액면금 합계 5억원의 할인을 통하여 취득한 다음, 이를 제1금융권에 속하는 금융기관인 丙에 매도함에 있어 교부하지 아니하고 丙으로부터 수탁 받아 이를 보관하면서 그 어음보관통장을 교부하였는데, 그 통장의 표지에 그 어음의 지급을 甲이 책임진다는 약정내용을 기록하였다.

(질문)

첫째, 위 사례에서 乙이 발행한 어음을 할인하여 甲이 취득한 것은 乙이 甲에게 대출받은 것으로 볼 수 있는가? 또한 甲이 이를 丙에게 매도하여 대가를 얻은 경우라도, 甲이 그 어음의 재할인이나 배서양도와 관련한 책임을 지는 경우라면 甲은 여전히 乙에 대해서 대출금채권을 주장할 수 있는가?

둘째, 위 사례에서 乙이 甲에게 부담하는 어음금채무가 어음을 양수한 丙이 이를 지급보증한 갑을 상대로 그 보증채무의 이행을 구하는 소송의 사실심 변론종결전에 이미 시효소멸되었다면 甲은 丙에 대해서 보증책임을 면하는가?

(참조판례) 대판 1989.6.27, 89다카2957.

[문제 25] 해설

첫째, 어음할인이 대출에 해당하는지 어음의 매매에 해당하는지는 약정의 내용과 거래의 실태 등을 종합적으로 고려하여 결정하여야 할 것이다(대판 2002.4.12, 2001다55598 등 참조). 사례의 경우 甲과 乙은 약정서에 따라서 甲이 취득한 乙발행의 어음의 효력에 관하여 하자가 있는 경우라도 乙은 어음상의 금액을 차용금으로서 甲이 지시하는 바에 따라 변제하기로 하였다. 또한 乙이 甲에게 채무를 이행하지 않을 경우 연 21%의 비율의 손해금을 지급하기로 하였다. 그 후 甲은 乙로부터 乙이 발행한 어음 5장을 액면금 합계 5억원의 할인을 통하여 취득한 사정을 종합적으로 고려할 때, 어음할인은 대출에 해당한다. 또한 어음할인이 대출에 해당하는 경우, 채권자가

682) 동지: 김형배강의, 전게서, 1139면; 이은영, 전게서, 379면.

그 어음을 다른 사람에게 매도하거나 배서양도하여 그 대가를 얻었다고 하더라도, 채권자가 그 어음의 재할인이나 배서양도와 관련한 책임을 면하지 못하는 한 대출금채권이 당연히 소멸되는 것이라고는 할 수 없다(대판 2008.1.18. 2005다10814).

따라서 사례의 경우 甲이 이를 丙에게 매도하여 대가를 얻은 경우라도, 甲이 그 어음의 재할인이나 배서양도와 관련한 책임을 지는 경우라면, 甲은 여전히 乙에 대해서 대출금채권을 주장할 수 있다고 하겠다.

둘째, 특별한 사정이 없는 한 어음금채무가 시효소멸하면 그 지급보증채무는 부종성에 따라 당연히 소멸되는 것이지만(대판 2002.5.14, 2000다62476), 어음금채무가 어음양수인이 지급보증채무자를 상대로 그 보증채무의 이행을 구하는 소송의 사실심변론종결 전에 이미 시효소멸되었음에도 불구하고 그 소송에서 어음양수인이 승소확정판결을 받을 경우에 있어서는 지급보증채무자는 어음양수인에 대한 관계에서 보증책임을 면할 수 없다(대판 2008.1.18. 2005다10814).

따라서 위 사례에서 乙이 甲에게 부담하는 어음금채무가 어음을 양수한 丙이 이를 지급보증한 甲을 상대로 그 보증채무의 이행을 구하는 소송의 사실심변론종결전에 이미 시효소멸되었다고 하더라도 丙이 그 소송(甲을 상대로 그 보증채무의 이행을 구하는 소송)에서 승소확정판결을 받은 경우에 있어서는 甲은 丙에 대해서 보증책임을 면하지 못한다.

[문제 25] 관련 판례: [관판25]

◎ **대판 2008.1.18, 2005다10814 【배당이의】**

【판시사항】

[1] 어음할인이 대출에 해당하는지 어음의 매매에 해당하는지 여부의 판단 방법
[2] 어음할인이 대출에 해당하는 경우, 채권자가 그 어음을 매도하거나 배서양도하여 그 대가를 얻으면 대출금채권이 당연 소멸하는지 여부(원칙적 소극)
[3] 어음양수인이 지급보증채무자를 상대로 그 보증채무의 이행을 구하는 소송의 사실심 변론종결 전에 어음금채무가 시효소멸되었음에도 어음양수인이 승소확정판결을 받은 경우, 지급보증채무자는 어음양수인에게 보증책임을 부담하는지 여부(적극)
[4] 어음할인에 의하여 대출금채무가 성립된 경우, 채권자의 어음반환의무와 채무자의 대출금상환의무가 동시이행의 관계에 있음을 이유로 채무자가 경매절차의 배당기일에서 채권자가 대출금채권에 기하여 배당받는 것으로 배당표가 작성되는 것을 저지할 수 있는지 여부(소극)

【주 문】

상고를 모두 기각한다. 상고비용은 원고가 부담한다.

【이 유】

상고이유를 판단한다.

1. 상고이유 제1점에 대하여

기록에 의하면, 파산 전의 甲회사(이하 파산 전후를 구별하지 아니하고 '甲'이라고만 한다)는 乙회사(이하 '乙'이라고만 한다)로부터 이 사건 기업어음 5장(이하 '이 사건 어음'이라고만 한다)을 어음할인에 의하여 취득한 다음, 이를 丙은행(이하 '丙'이라고만 한다) 등 다른 금융기관에 매도함에 있어 이 사건 어음을 교부하지 아니하고 그 금융기관으로부터 수탁받아 이를 보관하면서 그 어음보관통장만을 교부하였는데, 그 통장의 표지에는 그 어음의 지급을 甲이 책임진다는 내용의 문구의 고무인과 甲의 직인이 찍혀 있었던 사실을 인정할 수 있는바, 원심이 이 사건 어음에 관한 甲과 丙 등 다른 금융기관 사이의 위와 같은 거래형태 내지 거래방법을 명백히 하지 아니한 채, 甲이 이 사건 어음에 지급보증을 하여 다른 금융기관에 매도하였다라고만 사실인정을 한 것은 상고이유에서 지적하는 바와 같이 적절하지 아니하다고 할 것이나, 그 거래형태 내지 방법이 어떠하였는지는 甲의 乙에 대한 채권의 유무 및 범위가 문제되는 이 사건 원심판결의 결론에 직접 영향을 미칠 사유가 되지 못한다고 할 것이므로 이 점에 관한 상고이유의 주장은 결국 받아들일 수 없다.

2. 상고이유 제2점에 대하여

가. 어음할인이 대출에 해당하는지 어음의 매매에 해당하는지는 약정의 내용과 거래의 실태 등을 종합적으로 고려하여 결정하여야 할 것이다(대판 2002. 4.12, 2001다55598 등 참조). 원심은 그 채용 증거에 의하여, 그 甲이 1995.2.24. 乙로부터 어음할인 기타 어음거래로 인한 채무, 채무자의 채무불이행으로 인한 손해금 및 기타 각종의 원인으로 인하여 乙이 甲에 대하여 현재 부담하거나 또는 장래 부담하게 될 모든 채무를 담보하기 위하여 이 사건 근저당권을 설정받고 어음거래를 하여 온 사실, 甲은 1996.12.26. 乙과 어음한도액을 129억 원으로 한 어음거래약정을 체결한 사실, 그 약정서 제2조에는 "① 乙이 발행, 배서, 인수, 참가인수 또는 보증한 어음에 의하여 차용을 받은 경우에는 어음 또는 차용금채권의 어느 것에 의하여 甲이 이행청구를 받더라도 이의를 제기하지 않겠다. ② 본 약정서에 의하여 甲이 취득한 乙이 발행, 배서, 인수, 참가인수 또는 보증한 어음의 효력에 관하여 하자가 있는 경우라도 乙은 어음상의 금액을 보통차용금으로서 甲이 지시하는 바에 따라 변제하겠다."고 되어 있고, 약정서 제4조 제2항에는 乙이 甲에 대한 채무를 이행하지 않을 경우에는 甲에 지급하여야 할 금액에 대하여 연 21%의 비율에 의한 손해금을 지급하겠다고 되어 있는 사실, 甲은 위 어음거래약정에 따라 乙이 발행한 5장의 기업어음(CP, 이하 '이 사건 어음들'이라고 한다) 액면금 합계 95억 원 상당을 할인하여 주고, 다시 위 어음들에 대하여 지급보증을 하여 다른 금융기관에 매도한 사실 등을 인정한 다음, 甲이 乙로부터 이 사건 어음을 할인하여 취득한 것을 대출에 해당하는 것으로 보아 乙은 甲에 대하여 어음금채무와 대출금채무를 동시에 부담한다고 판단하였다. 기록에 의하여 살펴보면 원심의 사실인정과 판단은 정당한 것으로 수긍이 가고, 거기에 상고이유의 주장과 같은 법리오해 등의 위

법이 없다. 상고이유에서 들고 있는 대법원판결은 사안이 달라 이 사건에 적용하기에 적절하지 않다.

나. 어음할인이 대출에 해당하는 경우, 채권자가 그 어음을 다른 사람에게 매도하거나 배서양도하여 그 대가를 얻었다고 하더라도, 채권자가 그 어음의 재할인이나 배서양도와 관련한 책임을 면하지 못하는 한 대출금채권이 당연히 소멸되는 것이라고는 할 수 없다.

한편, 특별한 사정이 없는 한 어음금채무가 시효소멸하면 그 지급보증채무는 부종성에 따라 당연히 소멸되는 것이지만(대판 2002.5.14, 2000다62476 참조), 어음금채무가 어음양수인이 지급보증채무자를 상대로 그 보증채무의 이행을 구하는 소송의 사실심 변론종결 전에 이미 시효소멸되었음에도 불구하고 그 소송에서 어음양수인이 승소확정판결을 받을 경우에 있어서는 지급보증채무자는 어음양수인에 대한 관계에서 보증책임을 면할 수 없다고 할 것이다.

원심판결과 기록에 의하면 甲은 이 사건 어음을 乙로부터 취득한 다음 丙 등에 매출함에 있어 그 어음금의 지급에 관하여 보증을 한 사실, 그에 따라 어음매출금을 얻었으나, 이 사건 어음이 만기일에 지급거절됨에 따라 丙 등이 파산 후의 甲에 대하여 그 지급보증책임을 묻는 파산채권확정의 소를 제기하여 승소확정판결을 받은 사실, 그러나 이 사건 어음금채무는 위 확정판결의 사실심 변론종결 전에 이미 소멸시효기간이 경과되어 있었던 사실 등을 인정할 수 있는바, 사정이 이와 같다면 앞서 본 법리에 비추어 고려종금으로서는 어음의 양수인인 경남은행 등에 대하여 지급보증책임을 면할 수 없다고 할 것이므로 고려종금이 이 사건 어음을 매출하여 대가를 얻었다는 것만으로는 이 사건 어음할인에 의한 대출금채권이 소멸된 것으로 볼 수는 없다고 할 것이다. 같은 취지의 원심판결은 정당하고, 거기에 상고이유의 주장과 같은 법리오해나 이유모순 등의 위법이 있다고 할 수 없다.

다. 이 사건과 같이 어음할인에 의하여 대출금채무가 성립된 경우에 채권자의 어음반환의무와 채무자의 대출금변제채무가 성질상 동시이행의 관계에 있다고 하더라도, 이는 채무자로 하여금 이중지급의 위험을 면하게 하려는 데에 그 취지가 있는 것으로서 쌍무계약상의 채권채무가 동시이행의 관계에 있는 것과는 성질을 달리한다고 할 것이다(대판 1993.11.9, 93다11203, 11210; 대판 1999.7.9, 98다47542, 47559 등 참조). 따라서 채무자가 위와 같은 동시이행의 항변권에 터잡아 경매절차의 배당기일에서 채권자가 대출금채권에 기하여 배당받는 것으로 배당표가 작성되는 것을 저지할 수는 없다고 할 것이다. 뿐만 아니라 원심이, 이 사건 배당기일을 기준으로 볼 때 이 사건 어음발행인에 대한 소멸시효기간이 경과되었으므로 고려종금의 파산관재인인 피고들이 이 사건 어음을 제시하지 아니하고 대출금채권을 행사할 수 있고, 그 소멸시효기간이 경과된 뒤에 이 사건 어음의 양수인들이 부산종합터미널에 대한 파산절차에서 이 사건 어음금채권을 파산채권으로 신고하였다고 하더라도 이를 소멸시효의 중단사유에 해당한다거나 소멸시효의 이익을 포기한 것으로는 볼 수 없으며, 이 사건 어음거래약정서에 의하여 고려종금이 이 사건 어음을 소지한 경우에만 대출금채권을 행사할 수 있기로 약정한 것으로 볼 수도 없다고 판단한 것 또한 정당한 것으로 수긍이 가고, 거기에 상고이유의 주장과 같은 자백의 구속력에 관한 법리오해나 판단누락 또는 석명권 불행사 등의 위법이 없다. 이 점에 관한 상고이유의 주장은 고려종금과 부산종합터미널 사이에 어음관계로 인한 채권채무만이 존재할 뿐 대출금채권채무관계는 존재하지 아니함을 전제로 하는 것이거나 어음관계로 인한 채권채무가 소멸하면 대출금채권채무관계도 당연히 소멸되는 것을 전제로 하는 것이라고 할 것이어서 모두 받아들일 수 없다. 상고이유에서 들고 있는 대법원판결은 사안이 달라 이 사건에 적용하기에 적절한 것이 아니다.

라. 원심은, 피고들이 이 사건 대출금채권을 행사하여 이 사건 배당절차에서 배당을 받는 것을 가리켜 신의칙 또는 금반언의 원칙에 위반되는 것이라고 할 수 없다고 판단하였는바, 기록에 비추어 살펴보면, 원심의 판단은 정당하고 거기에 상고이유의 주장과 같은 법리오해 등의 위법이 없다.

3. 그러므로 상고를 모두 기각하고, 상고비용은 패소자가 부담하기로 하여 관여 법관의 일치된 의견으로 주문과 같이 판결한다.

6. 사용대차계약

(1) 의의 및 성립

당사자 일방(대주)이 상대방(차주)에게 사용·수익하게 하기 위하여 목적물을 상대방에게 인도할 것을 약정하고, 상대방은 이를 사용·수익한 후 그 물건을 반환할 것을 약정함으로써 성립하는 낙성·불요식 계약이다. 그리고 임대차와는 달리 대가지급의무가 없는 편무·무상·계속적 계약이다.

목적물이 되는 물건에는 제한이 없으며, 그 일부 및 타인의 물건 또는 차주 자신의 소유물에 대해서도(소유자가 임차권자로부터 목적물을 무상으로 다시 빌리는 경우) 성립할 수 있다. 다만 물건 이외의 권리 등은 사용대차의 목적이 될 수 없다.

(2) 법률효과

1) 사용대주의 의무

사용대주는 사용차주가 목적물을 사용·수익할 수 있도록 물건을 인도하고, 차주의 사용·수익을 방해하지 않을 소극적 의무를 부담한다(목적물인도의무 및 사용·

수익의 허락의무). 물론 차주의 용익권은 계약 또는 차용물의 성질에 의하여 정해진 용법에 따른 용익에 제한된다. 사용대차는 무상계약이므로 증여의 담보책임규정이 준용된다(제612조, 제559조). 즉, 대주가 차용물의 하자나 흠을 알고도 차주에게 고지하지 않은 경우에만 담보책임이 있다. 다만 부담부 사용대차의 경우에는 그 부담의 한도 내에서 매도인과 동일한 담보책임을 부담한다.

2) 사용차주의 권리 및 의무

사용차주는 목적물에 대한 사용 및 수익권이 있지만, 사용·수익의 범위는 계약상 혹은 차용물의 성질에 의한 용도에 따라 정해지고(제610조 제1항), 특히 차주는 대주의 승낙 없이 제3자에게 차용물을 사용·수익하게 하지 못한다(제610조 제2항). 차주가 이를 위반하면 대주는 차주에 대하여 채무불이행으로 인한 계약을 해지할 수 있고(제610조 제3항), 손해가 있으면 차용물을 반환받은 날로부터 6월 이내에 그 배상도 청구할 수 있다(제617조).

또한 차주는 선량한 관리자의 주의를 가지고 차용물을 보관하여야 하며(차용물보관의무), 이를 위반하여 차용물을 멸실·훼손하면 채무불이행이 되어 손해배상책임을 부담한다. 한편 차주는 차용물에 관한 통상의 필요비만 부담하고, 유익비 기타 비용은 대주가 부담한다(제611조). 그리고 차주는 사용대차의 종료시에 차용물 자체를 원상대로 회복시켜 반환(차용물반환의무)하여야 한다. 이에 부속시킨 물건은 철거할 수 있다(제615조).

(3) 사용대차의 종료

사용대차계약의 종료는 존속기간의 만료로 인한 종료와 사용대차의 해지로 인한 종료가 있다. 후자의 경우 다른 특약이 없는 한 사용차주는 언제든지 계약을 해지할 수 있다(용익권의 포기). 사용대주는 차주가 계약에서 약정한 사용·수익의 범위를 벗어나거나 대주의 승낙 없이 제3자에게 사용·수익한 경우에는 계약을 해지할 수 있다(제610조 제3항). 뿐만 아니라 반환시기를 약정하지 않은 경우에는 계약 또는 목적물의 성질에 의한 사용·수익에 충분한 기간이 경과했다는 이유로써(제613조 제2항 단서) 그리고 차주가 사망하거나 파산선고를 받았다는 이유로써(제614조) 계약을 해지할 수 있다.

한편, 사용대주가 목적물을 인도하기 전이면 당사자는 언제든지 계약을 해제할 수 있다(제612조, 제601조). 다만 해제한 당사자는 해제로 인한 상대방의 손해를 배상하여야 한다(제601조 단서 참조).

[문제 26]

甲은 乙 소유의 토지에 가옥을 신축하여 일정기간 동안 그 가옥을 사용·수익하고 그 기간이 종료된 때에는 甲이 신축한 가옥의 소유권을 무상 양도하기로 약정하되, 부대계약서에 甲이 신축할 가옥의 자재단가 및 신축에 소요될 총액을 명시하여 乙과 토지사용대차계약을 체결하였다.

(질문)

첫째, 위 사례에서 甲은 乙에게 부대계약서에 명시한 바대로의 자재와 비용대로 가옥을 신축해야 한다고 주장할 수 있는가?

둘째, 위 사례에서 甲은 乙과 토지사용대차계약상 합의한 신축가옥의 일정기간 동안의 사용·수익을 위하여 그 기간동안 乙이 제3자에게 토지를 처분하는 것을 금지시킬 권능이 있는가?

(참조판례) 대판 1994.12.2, 93다31672; 대판2007.1.26, 2006다60526 등.

[문제 26] 해설

첫째, 甲과 乙 사이에 甲이 乙소유의 토지에 가옥을 신축하여 그 때부터 일정기간 동안 그 가옥을 사용·수익하되 기간이 종료한 때에는 甲이 신축한 가옥의 권리를 乙에게 무상 양도하기로 약정되어 있고, 부대계약서에 甲이 신축할 가옥의 자재단가 및 신축에 소요될 총액이 명시되어 있다면, 甲의 그와 같은 의무는 토지의 사용과 대가관계에 있다고 할 것이므로 甲과 乙 사이에 체결된 대차계약은 그 계약서상의 명칭이 사용대차계약으로 되어 있다 하더라도 임대차계약에 해당하는 것으로 봄이 상당하다(대판 1994.12.2. 93다31672)고 하겠다.

둘째, 사용대차계약에 따라 사용차주는 목적물을 사용·수익할 권리를 취득하고 이를 위하여 사용대주에게 목적물의 인도를 구할 권리를 가진다고 할 것이지만, 나아가 사용차주에게 자신의 사용·수익을 위하여 소유자인 사용대주가 목적물을 처분하는 것까지 금지시킬 권능이 있다고 할 수는 없다(대판 2007.1.26. 2006다60526).

사례의 경우 甲과 乙 사이에 체결된 대차계약은 그 계약서상의 명칭이 사용대차계약으로 되어 있다 하더라도 임대차계약에 해당하는 것으로 봄이 상당하므로, 임대인은 사용대차에 있어서의 대주와는 달라서 임차인으로 하여금 계약존속 중 목적물을 사용·수익하게 할 적극적 의무를 부담한다(제623조). 즉, 임대인은 임차인에게 임차권한 및 임대물의 적절한 사용·수익상태에 대하여 담보책임을 부담한다(제567조). 그렇다고 하더라도 만약 임대인 乙이 임차인 甲과 임대차기간동안 제3자에게 토지를 처분하는 것을 금지하는 특약이 없는 한, 임차인 甲은 이것을 금지할 수는 없다. 다만 임대인 乙이 임차목적물(乙 소유의 토지)을 제3자에게 처분함으로써 임차인 甲은 乙의 토지를 사용·수익(그 결과 자신이 신축한 가옥도 일정기간 동안 사용·수익) 할 수 없게 되었다면, 甲은 乙에게 임차목적물의 권리의 하자에 대한 담보책임을 물을 수 있다. 임차목적물의 권리의 하자(乙의 토지의 임대차에서 甲이 토지를 제3자에게 추탈당함으로써 토지를 사용·수익할 수 없게 된 때)에 대해서는 임대인 乙의 악의 또는 과실이 인정되는 경우가 보통이므로 권리의 하자에 대한 임차인 甲의 선의·악의에 불구하고 임대인 乙은 손해배상책임을 부담한다. 이때의 손해배상은 이행이익에 대한 배상이라고 해석하여야 한다(실질적으로는 임대인의 불완전이행책임).

[문제 26] 관련 판례: [관판 26]

◎ **대판 1994.12.2, 93다31672【건물철거등】**

【판시사항】

가. 계약서상 명칭이 사용대차계약으로 되어 있더라도 임대차계약에 해당한다고 인정한 사례

나. 임차인의 용법준수의무위반을 임대차관계의 계속을 현저히 곤란하게 하는 배신행위로 보아 계약해지를 인정한 사례

【판결요지】

가. 갑과 을 사이에 을이 갑 소유의 토지에 공원을 조성하여 그 때부터 일정기간 동안 그 토지를 사용·수익하되 기간이 종료한 때에는 을이 건립한 공원시설물 및 공원운영에 필요한 일체의 권리를 갑에게 무상 양도하기로 약정되어 있고, 부대계약서에 을이 설치할 시설물의 단가 및 총액이 명시되어 있다면, 을의 그와 같은 의무는 토지의 사용과 대가관계에 있다고 할 것이므로 갑과 을 사이에 체결된 대차계약은 그 계약서상의 명칭이 사용대차계약으로 되어 있다 하더라도 임대차계약에 해당하는 것으로 봄이 상당하다.

나. '가'항의 대차계약을 체결함에 있어 부대계약으로 을이 그 토지 위에 설치할 시설물내역을 정하는 한편 그 외의 공원시설은 갑·을의 합의로 결정하기로 약정하였다면, 그 약정의 취지는 그 토지가 갑의 묘역으로서 선조의 분묘가 다수 설치된 곳이라는 점을 감안하여 공원시설물의 종류 및 그 설치장소 등을 결정함에 있어 갑의 의사를 반영하고자 함에 있는 것으로 인정되므로, 갑의 명백한 반대에도 불구하고 산림을 훼손하여 대지를 조성한 다음 그 곳에 연면적이 2,500㎡에 달하는 청소년회관건물을 신축하는 공사에 착공한 을의 행위는 그 대차관계의 계속을 현지히게 곤란하게 하는 배신행위에 해당한다 할 것이어서 이와 같은 경우에는 갑은 그 대차계약을 해지할 수 있다고 보아야 한다.

◎ **대판 2007.1.26, 2006다60526【사용차권】**

【판시사항】

사용대차계약에 있어 사용차주에게 자신의 사용·수익을 위하여 사용대주가 목적물을 처분하는 것까지 금지시킬 권능이 있는지 여부(소극)

【주 문】

상고를 기각한다. 상고비용은 원고가 부담한다.

【이 유】

상고이유를 본다.

1. 확인의 소는 원고의 권리 또는 법률상의 지위에 현존하는 불안·위험이 있고, 확인판결을 받는 것이 그 분쟁을 근본적으로 해결하는 가장 유효·적절한 수단일 때에 허용되는 것이다(대판 2006.1.26, 2005다60796; 대판 2002.6.28, 2001다25078 등 참조). 원심은 제1심판결의 이유를 인용하여, 피고는 원고가 현재 이 사건 사용대차 건물 부분에 대하여 원고가 주장하는 사용차권을 가지고 있음을 전혀 다투지 아니하므로, 원고의 사용차권확인청구 부분의 소는 확인의 이익이 없어 부적법하다고 판단하였는바, 앞서 본 법리와 기록에 비추어 살펴보면, 위와 같은 원심의 판단은 정당하고, 거기에 상고이유로 주장하는 바와 같은 소의 이익에 관한 법리오해 등의 위법이 있다고 할 수 없다.

2. 사용대차계약에 따라 사용차주는 목적물을 사용·수익할 권리를 취득하고 이를 위하여 사용대주에게 목적물의 인도를 구할 권리를 가진다고 할 것이지만, 나아가 사용차주에게 자신의 사용·수익을 위하여 소유자인 사용대주가 목적물을 처분하는 것까지 금지시킬 권능이 있다고 할 수는 없다. 위와 같은 법리 및 기록에 비추어 살펴보면, 사용대주인 피고에 대하여 원고의 사용차권의 존속기간 동안 이 사건 사용대차 건물 부분의 처분금지를 구하는 원고의 이 부분 부작위청구를 배척한 원심의 판단은 정당하고, 거기에 상고이유로 주장하는 바와 같은 사용차권의 효력에 관한 법리오해 등의 위법이 있다고 할 수 없다.

3. 그러므로 상고를 기각하고, 상고비용은 패소자가 부담하기로 하여 관여 대법관의 일치된 의견으로 주문과 같이 판결한다.

7. 임대차계약

(1) 의의 및 성립

임대인이 임차인에게 목적물을 사용·수익하게 할 것을 약정하고 임차인이 이에 대하여 차임을 지급할 것을 약정함으로써 성립하는 낙성·유상·쌍무계약이다(제618조). 임차인은 임대차가 종료한 때에는 임차물 자체를 반환하여야 하기 때문에 임대차의 목적이 되는 것은 임차인의 사용·수익으로 소멸하지 않는 유체물이어야 한다. 이와 같은 점은 사용차주에 있어서도 마찬가지이다(단, 사용대차는 무상계약이다). 이에 반하여 소비차주는 동종·동질·동량의 대체물(제598조)을 반환할 채무를 부담하지만 소비대주로부터 인도된 금전 기타 대체물의 소유권을 취득한다(단, 소비대차는 이자부의 여부에 따라 유상 또는 무상계약이다).

(2) 부동산임대차의 특수성

부동산은 누구에게 있어서나 사회적·경제적 활동을 위하여 필수불가결의 것이므로 임대차 가운데 부동산의 임대차가 가장 중요하다. 그런데 타인의 부동산을 이용하는 수단으로는 채권관계와 물권관계가 있다. 전자는 임대차이고 후자는 용익물권이다. 임대차라는 채권관계에 있어서는 이른바 계약자유의 원칙이 지배하는 까닭에 자연히 임차인의 지위는 약하고, 임대인은 강한 지위를 보유할 수 있다. 이는 인구의 팽창과 대도시집중으로 인한 주택문제·소작문제 등의 사회문제와 더불어 채권적 이용관계인 임대차는 비판을 받게 되고, 국가는 경제적 약자인 임차인의 보호를 위한 조처를 꾀하게 된다.

따라서 여러 나라가 특별법을 제정하여 임차권을 강화하고 있다. 즉, 부동산소유권은 여러 모로 제한을 받게 되는 반면 동산임차인의 지위에 비하여 부동산임차인의 지위는 여러 가지의 점에서 강화되고 있다. 이 현상을 「부동산임차권의 물권화」라고 일컫는다. 그 민법상의 내용으로는 ① 대항력의 부여(제621조), ② 제3자에 의한 임차권에 대한 사실적 침해의 배제(임차권이 대항력이나 점유를 갖춘 경우 임차인의 방해배제청구권의 인정), ③ 임차권의 처분(건물임차인은 임대인의 동의 없이 임차건물의 소(小)부분을 타인에게 사용케 할 수 있다: 제632조), ④ 임차권 존속의 보장(민법은 임차권의 최단기간을 강행규정으로 보장하지 않고 있으나, 주택임대차보호법 제4조 제1한 및 상가건물 임대차보호법 제9조 참조) 등의 여러 경향으로 나타나고 있다. 다만 농지개혁으로 농경지의 임대차를 금지하였다. 그러나 민법의 규정만으로는 임차권보호에 충분치 않아 주택임대차보호법(1981년 제3379호)을 제정하게 되었다. 민법과 이 특별법은 ① 대항력의 강화, ② 존속기간과 차임의 결정 등 계약조건에 대한 간섭 등으로 임차권의 강화를 꾀하고 있다.

(3) 임대차의 존속기간

1) 존속기간을 약정한 경우

보통의 임대차의 존속기간은 20년을 넘지 못하며, 이 보다 긴 기간을 약정한 때에는 그 기간은 20년으로 단축된다. 그러나 견고한 석조·석회조·연와조 등의 건물이나 기타의 공작물의 소유를 목적으로 하는 토지임대차나 식목, 채염을 목

적으로 하는 토지임대차는 위의 제한을 받지 않는다(제651조 제1항).[683]

민법은 부동산임대차의 최단기에 관해서는 아무런 제한을 두지 않아서 문제가 된다. 왜냐하면 부동산임차권을 단기로 한다면 임차인의 지위를 열약하게 하고, 사회경제상의 불이익을 가져오기 때문이다. 여기서 주택임대차보호법은 최단기를 보장하는 규정을 두고 있다(주택임대차보호법 제4조 제1항).

2) 기간의 갱신

임대차의 존속기간은 갱신할 수 있으나, 갱신한 날로부터 10년을 넘지 못한다(제651조 제2항). 만일에 임대차의 기간 만료 후 임차인이 임차물의 사용·수익을 계속하는 경우에 임대인이 상당한 기간 내에 이의를 하지 않으면 전임대차와 같은 조건으로 다시 임대차한 것으로 본다(묵시의 갱신)(제639조 제1항 본문). 그러나 각 당사자는 기간의 약정이 없는 경우(§635)에 있어서와 같이 해지의 통고를 할 수 있다(제639조 제1항 단서). 이때에 전임대차에 대하여 제3자가 제공한 담보는 기간의 만료로 소멸한다(§제639조 제2항).

3) 존속기간을 약정하지 않은 경우

각 당사자는 언제든지 계약해지의 통고를 할 수 있다(제635조 제1항, 제652조). 단, 주택임대차보호법은 2년의 존속기간을 보장하고 있다.

4) 단기임대차의 존속기간

처분의 권한이 없는 자(부재자의 재산관리인·권한이 정하여져 있지 않은 대리인·후견인 등)는 임대물의 종류에 따라 일정한 기간을 넘는 장기의 임대차를 하지 못하도록 하였다(제619조, 제620조). 이에 위반하는 계약은 원칙적으로 무권대리행위가 된다.

(4) 임대인의 의무

임대인은 사용대차에 있어서의 대주와는 달라서 임차인으로 하여금 계약존속 중 목적물을 사용·수익하게 할 적극적 의무를 부담한다. 그 결과 다음과 같은 의무가 발생한다.

---

683) 헌법재판소는 2013년 12월 26일 재판관 6:3의 의견으로, 임대차존속기간을 20년으로 제한하는 민법 제651조 제1항은 헌법에 위반된다는 결정을 선고하였다.

1) 목적물인도의무

임대인은 임차인으로 하여금 목적물을 사용·수익하게 하기 위하여 우선 목적물을 인도하여야 한다(제623조).

2) 수선의무

임대인은 임대물에 관하여 수선의무가 있다(제623조). 임차인은 임대인의 수선을 인용하여야 하나(제624조), 그로 말미암아 임차의 목적을 달성할 수 없을 때에는 임대차를 해지할 수 있다(제625조). 이 경우 수선을 필요로 하는 상태가 임대인의 귀책사유로 생겼던 또는 불가항력으로 생긴 것이든 이를 묻지 않는다. 임차인의 귀책사유로 발생한 경우에도 수선의무는 있다. 다만, 이때에는 임차인은 따로 손해배상의무를 지게 된다. 이와 같은 임대인의 수선의무에 관하여 당사자의 특약으로 이를 임차인이 부담히게 하는 것은 상관없다(제652조).

3) 방해제거의무

제3자가 임차인이 점유하는 임차물을 침탈하는 등으로 그 사용·수익을 방해하는 행위를 하는 경우에는 임대인은 임차인을 위하여 그 방해의 제거에 노력하여야 한다. 임차인이 점유보호청구권을 가진다는 이유로 임대임은 방해제거의 의무를 면하지 못한다.

4) 비용상환의무

임차인이 목적물에 관하여 보존·수선 등을 위한 비용을 지출한 때에는 임대인은 이를 반환 할 의무가 있다. 즉, 임차인이 임자물의 보존에 관한 필요비를 지출한 때에는 곧 임대인에 대하여 그 반환을 청구할 수 있고, 유익비를 지출한 때에는 임대차가 종료한 때에 일정한 표준에 따라서(가액의 증가가 현존한 때에 한하여 임차인이 지출한 금액이나 그 증가액 중 선택하여) 그 상환을 청구할 수 있다(제626조). 그러나 이들 비용상환청구는 임대인에게 목적물을 반환한 후 6개월 내에 행사하여야 한다(제654조, 제617조).

5) 담보책임

① 담보책임의 일반적 내용

임대인은 임차인에게 임차권한 및 임대물의 적절한 사용·수익상태에 대하여 담보책임을 부담한다. 임대인의 담보책임에 관해서는 매도인의 담보책임에 관한 규정들이 준용될 수 있다(제567조). 그러나 매매와 임대차는 각각 양도계약과 대차계약이라는 점에서 그 계약의 구체적 내용이 서로 다르며 따라서 매도인의 담보책임규정의 준용이 적합하지 않은 경우가 적지 않다.

임대인이 목적물을 임차인에게 인도하여 계약존속 중에 사용·수익하게 할 의무(제618조, 제623조)는 임차인의 차임지급의무(제618조)와 대가관계에 있다. 따라서 임차인이 목적물을 사용·수익할 수 없게 되거나(권리의 하자), 임대목적물이 계약에 의하여 정해진 사용·수익에 적합하지 않아 임차인이 완전한 사용·수익을 할 수 없는 경우(물건의 하자)에는 임대인은 임차인에 대하여 담보책임을 부담하여야 한다.

즉, a) 타인의 물건의 임대차에서 임차인이 목적물을 추탈당함으로써 임대물을 사용·수익할 수 없게 된 때에는(권리의 하자) 임대인은 제570조 내지 제573의 담보책임을 부담하게 된다. 따라서 임차인은 계약을 해제하거나, 차임감액을 청구하거나 또는 잔존한 부분만이면 계약의 목적을 달성할 수 없거나 또는 임대차계약을 체결하지 아니하였을 경우에는 계약을 해제할 수 있다.

b) 임차목적물의 하자에 관해서는 임차인이 하자보수청구권(제623조, 제580조)을 행사할 수 있고 이와 함께 사용·수익이 불가능하게 된 만큼의 차임감액청구권(제627조 제1항, 제567조, 제572조 제1항 등의 유추적용)을 행사할 수 있을 뿐만 아니라 나머지 부분만으로는 임차의 목적을 달성할 수 없을 때에는 계약을 해지할 수 있다(제627조 제2항, 제567조, 제572조 제2항 등의 유추적용).

② 담보책임과 손해배상

a) 임차목적물의 권리의 하자(타인의 물건의 임대차에서 임차인이 목적물을 추탈당함으로써 임대물을 사용·수익할 수 없게 된 때)에 대해서는 임대인의 악의 또는 과실이 인정되는 경우가 보통이므로 권리의 하자에 대한 임차인의 선의·악의에 불구하고 임대인은 손해배상책임을 부담한다. 이때의 손해배상은 이행이익에 대한 배상이라고 해석하여야 한다(실질적으로는 임대인의 불완전이행책임).

b) 물건의 하자에 대해서도 임대인은 원칙적으로 손해배상책임을 부담한다. 왜

냐하면 임대인은 임차목적물을 임대하기 전에 사용·수익의 적합여부를 점검했어야 하고, 이를 게을리 한 연유의 하자에 대해서는 그의 과실이 인정되기 때문이다(실질적으로 임대인의 불완전이행책임). 그러나 원시적 숨은 하자 또는 불가항력에 의한 하자에 대해서는 임대인의 손해배상책임을 인정할 수 없으며, 제627조(일부멸실에 대한 차임감액청구 또는 계약해지)가 적용될 뿐이다.

[문제 27]

甲은 乙 소유의 토지를 일정기간 임대하여 사용·수익하던 중 그 존속기간 중에 乙은 임대목적물인 토지 소유권을 상실하였다. 그 후 진실한 소유자 丙으로부터 목적물의 반환청구를 받았다.

(질문)

甲, 乙, 丙 사이의 법률관계를 설명하시오?

(참조판례) 대판 1994.5.10, 93다37977; 대판 1996.9.6, 94다54641 등.

[문제 28]

甲은 乙로부터 가옥을 임차하였다. 그러나 그 가옥에는 이전 임차인 丙이 불법으로 거주를 계속하고 있으면서 甲의 입주를 방해하고 있다.

(질문)

첫째, 위 사례에서 甲의 가옥임차권의 대항력 구비요건은?

둘째, 위 사례에서 甲이 임차권의 대항력을 취득하지 못한 경우 甲은 어떤 수단을 강구할 수 있는가? 반면에 甲이 임차권의 대항력을 취득한 경우라면 甲은 대항력있는 임차권에 기해 스스로 丙에게 방해배제청구권을 행사할 수 있기 때문에 乙의 방해제거의무는 면한다고 할 수 있겠는가?

(참조판례) 대판 2002.2.26, 99다67079 등.

[문제 27] 해설

Ⅰ. 임대차 성립에 있어 임대인의 처분권 필요여부

임대차는 당사자 일방이 상대방에게 목적물을 사용·수익하게 할 것을 약정하고 상대방이 이에 대하여 차임을 지급할 것을 약정하면 되는 것으로서 나아가 임대인이 그 목적물에 대한 소유권 기타 이를 임대할 권한이 있을 것을 성립요건으로 하고 있지 아니하므로, 임대인에게 소유권 기타 처분권이 없더라도 임대차계약은 유효하다.[684] 임차권은 그 성질이 채권에 불과하므로, 예컨대 채권계약인 매매계약에서 타인 물건을 매매하는 것이 유효하듯이 타인 물건의 임대차도 채권계약으로서 유효하다.

이 경우 임차인이 계약에 따라 목적물을 사용하였다면 임대인에게 차임을 지급하여야 하며, 임대차 관계가 종료되면 임차인은 임차목적물을 임대인에게 반환하여야 할 계약상의 의무가 있다.[685]

Ⅱ. 임대인의 소유권 상실과 임대차 계약의 효력

1. 대항력 없는 임차권

(1) 소유권상실과 임대차상 권리의무

1) 임대차계약의 이행불능 여부

임대차계약이 성립된 후 그 존속기간 중에 임대인이 임대차목적물에 대한 소유권을 상실한 경우 그 자체만으로 바로 임대차계약상의 임대인의 의무가 이행불능이 되는 것은 아니다.[686]

2) 임차인이 새로운 소유자에게 목적물을 인도한 경우의 임대차 존속여부

임차권이 대항력이 없어 새로운 소유자가 임차인에게 반환을 청구하여 임차인이 인도를 한 경우 판례에 따르면 임대차는 임대인이 그 목적물에 대한 소유권 기타 이를 임대할 권한이 있을 것을 성립요건으로 하고 있지 아니하므로 임대차계약이 성립된 후 그 존속기간 중에 임대인이 임대차 목적물에 대한 소유권을 상실한 사실 그 자체만으로 바로 임대차에 직접적인 영향을 미친다고 볼 수는 없지만, 임대인이 임대차 목적물의 소유권을 제3자에게 양도하고 그 소유권을 취득한 제3자가 임차인에게 그 임대차 목적물의 인도를 요구하여 이를 인도하였다면 임대인이 임차인에게 임대차 목적물을 사용·수익케 할 의무는 이행불능이 되었다고 할 것이고, 이러한 이행불능이 일시적이라고 볼만한 특별한 사정이 없다면 임대차는 당사자의 해지 의사표시를 기다릴 필요 없이 당연히 종료되었다고 볼 것이지, 임대인의 채무가 손해배상채무로 변환된 상태로 채권, 채무관계가 존속된다고 볼 수 없다.[687]

3) 차임지급의무

임차인이 진실한 소유자로부터 목적물의 반환청구나 임료 내지 그 해당액의 지급요구를 받는 등의 이유로 임대인이 임차인으로 하여금 사용 수익케 할 수가 없게 되었다면 임대인의 채무는 이행불능이 되고, 임차인은 이행불능으로 인한 임대차의 종료를 이유로 그 때 이후의 임대인의 차임지급 청구를 거절 할 수 있다.[688]

4) 보증금반환청구권

대항력 없는 임대차의 경우 양도인과 양수인간의 인수 특약이 없는 한, 임차인은 종전의 임대인에게만 보증금반환을 청구할 수 있다. 새로운 소유자에게는 보증금반

---

684) 대판 1965.5.31, 65다562.

685) 대판 1996.9.6, 94다54641.

686) 대판 1994.5.10, 93다37977.

687) 대판 1996.3.8, 95다15087.

688) 대판 1996.9.6, 94다54641.

환청구가 불가하며 동시이행항변도 할 수 없다. 보증금 반환 청구권을 위한 유치권 행사도 허용되지 않는다.[689] 단순히 보증금반환채무를 인수하고 매매대금에서 공제하기로 한 경우, 이는 이행인수 일뿐이므로 양수인이 임차인에게 직접 보증금반환의무를 부담하는 것은 아니다.

5) 비용상환청구권

첫째, 임대차에서 임대인이 목적물의 유지수선의무를 부담하므로 임차인이 그 비용을 지출한 때에는 임대인에게 이를 상환청구 할 수 있다(제626조).

둘째, 임대인이 임차물의 소유권을 타인에게 양도한 때에도 임차인은 본래의 임대인에게 비용상환청구할 수 있을 뿐 양수인에게 상환청구 할 수 없다. 다만 임차인은 임대인에 대한 비용상환청구권에 기하여 목적물에 대한 유치권으로 양수인의 반환청구에 대항할 수 있으며,[690] 이와 같이 유치권이 성립한 때에도 유치권으로 양수인에게 대항할 수 있을 뿐, 직접 양수인에게 비용상환청구를 할 수는 없다. 만약 양수인이 목적물인도를 받기 위해 그 비용을 임차인에게 지급하였다면, 양도인(임대인)에게 구상할 수 있다.[691]

6) 지상물매수청구권

토지임차권 소멸 당시에 토지임대인이 토지를 소유하고 있어야 임대인을 상대로 지상물매수청구를 할 수 있으며, 임대차종료 전에 임대인이 임대목적물인 토지를 타인에게 양도한 경우 토지소유권이 없는 임대인을 상대로 매수청구를 할 수 없다.[692]

7) 손해배상

임차인은 임대인에게 보증금반환을 구할 수 있는 외에 손해배상을 청구할 수 있는데, 다른 특별한 사정이 없는 한 임대차 목적물을 대신할 다른 목적물을 마련하기 위하여 합리적으로 필요한 기간 동안까지를 기준으로 손해액을 산정할 수 있을 뿐, 본래 약정한 임대차기간 만료시까지를 기준으로 배상액을 산정할 수는 없다.[693]

(2) 사안에의 적용

丙의 토지반환청구에 대해 甲이 대항력을 갖추지 못한 경우라면, 甲은 丙에게 토지를 인도하여야 하며, 이 경우 이행불능으로 인해 임대차는 해지의 의사표시를 기다릴 것도 없이 당연 종료된다. 이에 따라 甲은 乙에게 차임지급을 거절 할 수 있다. 또한 甲은 임대인 乙에 대해서만 보증금반환과 비용상환을 청구할 수 있을 뿐, 새로운 소유자 丙에 대해서는 특약이 없는 한 이를 청구할 수 없다. 다만 비용상환청구의 경우 이를 이유로 丙의 토지반환청구에 대해 유치권을 행사할 수 있다.[694] 지상물매수청구권은 乙, 丙 모두에 대해 행사할 수 없으며, 경우에 따라 임차인 甲은 乙에 대해 입은 손해에 대한 손해배상청구도 가능할 것이다.

---

689) 대판 1976.5.11, 75다1305.

690) 대판 2003.7.25, 2001다64752.

691) 대판 1990.2.23, 88다카32425, 32432.

692) 대판 1994.7.29, 93다59717, 59724.

693) 대판 2006.1.27, 2005다16591.

694) 대판 2003.7.25, 2001다64752.

2. 대항력을 가진 임차권

(1) 임차권의 대항력이 인정되기 위한 요건

토지 임대차의 경우 甲이 만약 다음 두 가지 경우 중 하나의 요건을 충족하는 경우 대항력을 갖춘 임차인으로 보호받게 된다.

1) 부동산임차권 등기를 한 경우 제3자에 대한 대항력이 인정된다(제621조).

2) 건물소유를 목적으로 하는 토지임대차에서 건물소유권등기를 하면 토지임차권은 등기하지 않더라도 대항력이 인정된다(제622조).

(2) 대항력의 내용

1) 대항력을 갖춘 임차인은 그 부동산의 소유권을 취득한 제3자에게 대항할 수 있다.

대항할 수 있다는 것은 임차인이 임차물의 소유권을 취득한 제3자에게 임차인으로서의 사용·수익권을 주장하여 목적물의 인도를 거절할 수 있다는 것을 의미하는데, 이 경우 그 효과에 대해서는 종전 소유자와의 임대차관계가 신소유자에게 승계된다고 하는 것이 일반적이다.

주택이나 상가건물임대차에 대해서는 주택임대차보호법이나 상가건물임대차보호법에서 임차목적물의 양수인이 임대인의 지위를 승계하는 것으로 별도의 규정이 있으나, 일반 임대차에 대해서도 동일하게 해석해야 할 것이다. 임차권의 존속기간에 관하여는 종래 임대차의 잔존기간 범위 내에서 존속한다.

2) 판례의 태도

건물소유를 목적으로 한 토지임차권이 제622조 제1항에 의하여 대항력을 갖춘 경우 임차토지를 취득한 양수인은 임대차계약의 임대인의 지위를 승계한다고 보고, 그 임대차계약이 종료한때에 임차인은 그 건물에 관하여 토지양수인에게 지상물매수청구권을 행사할 수 있다고 본다.[695)]

(3) 소유권 상실과 임대차상의 권리의무

1) 대항력을 갖춘 임차인의 선택권

목적물 양수인에 대항력을 주장할 수도 있고, 임대차관계의 승계를 원하지 아니할 때에는 임대차를 해지하고 양도인(임대인)에게 보증금 반환을 받는 것을 선택할 수도 있다.[696)]

2) 차임지급의무 차임채권 등도 목적물의 양수인에게 이전한다.

임대인의 지위가 양수인에게 승계된 경우에도 양도전에 이미 발생한 연체차임은 따로 채권양도의 요건을 갖추지 않는 한 양수인에게 당연히 승계되지 않는다고 본다.

3) 보증금반환청구권

목적물 양수인이 임대인의 지위를 승계하며, 종전 임대인도 양수인과 함께 중첩적으로 보증금 반환채무를 진다는 견해도 있으나, 판례에 따르면 양도인(본래의 임대

---

695) 대판 1996.6.14, 96다14517.

696) 대판 1998.7.12, 94다37646.

인)의 보증금반환채무는 소멸한다.[697]

4) 비용상환청구권

임차권이 대항력이 있어서 임차목적물의 양수인이 임대인의 지위를 승계하는 때에는 양수인이 비용상환의무도 승계하므로 임차인은 그 대항력의 효과에 의하여 양수인에게 직접 비용상환청구도 할 수 있고 유치권도 주장할 수 있다.

5) 지상물매수청구권

대항력 있는 토지임차인의 경우 토지의 양수인에게 매수청구권을 행사한다. 임차권이 대항력이 있는 경우 임차물의 양수인은 임대인의 지위를 승계하므로, 대항력 있는 토지임대차에서 임차 목적물 토지의 양수인은 임대인의 지위를 승계하게 되고 따라서 임차인은 양수인이 갱신을 거부하는 경우 토지의 양수인에게 매수를 청구 할 수 있는 것이다. 그리고 매수청구의 요건을 갖추고 있었던 때에는 기간만료로 토지임차권이 소멸한 후 임대인이 임차토지를 양도한 경우에도 임차인은 토지양수인에게 지상물매수청구를 할 수 있다.[698]

(4) 사안에의 적용

사안의 경우 만약 甲이 대항력을 갖춘 경우라면, 진실한 소유권자 丙에 대해 인도를 거절할 수 있고, 임차토지를 취득한 양수인 丙은 임대차계약의 임대인의 지위를 승계한다고 본다. 甲이 임대차 승계를 원하지 않는 경우 임대차를 해지하고 임대인에게 보증금반환청구권을 행사할 수도 있다. 임차인 甲은 보증금반환청구권, 비용상환청구권, 지상물매수청구권의 요건을 만족하는 경우, 토지양수인 丙에게 이를 행사할 수 있다.

Ⅲ. 결 론

사안의 경우 임차권의 대항력 유무에 따라 甲, 乙, 丙 간의 법률관계가 달라진다.

대항력을 갖춘 경우라면 甲은 임차권을 새로운 소유자 丙에게도 주장할 수 있어 토지의 반환청구를 거부할 수 있다. 이 경우 차임은 丙에게 지급하여야 한다. 丙이 임대인의 지위를 승계한 것으로 보아 임대차관계 종료시(학설에 따라서는 乙과 丙에게 중첩적으로 보증금 반환청구를 할 수 있다고 보나) 판례는 乙은 보증금반환채무를 면하고, 丙만이 보증금반환채무를 진다고 본다. 또한 丙에게 비용상환청구, 지상물매수청구도 가능하다.

丙의 토지반환청구에 대해 甲이 대항력을 갖추지 못한 경우라면, 甲은 丙에게 토지를 인도하여야 하며, 이 경우 이행불능으로 인해 임대차는 당연 종료된다. 이에 따라 甲은 乙에게 차임지급을 거절 할 수 있다. 甲은 임대인 乙에 대해서만 보증금반환과 비용상환을 청구할 수 있을 뿐 새로운 소유자 丙에 대해서는 특약이 없는 한 이를 청구할 수 없다. 다만 비용상환청구의 경우 丙의 토지반환청구에 대해 유치권을 행사할 수 있다. 지상물매수청구권은 乙, 丙 모두에 대해 행사할 수 없다. 이와

697) 대판 1989.10.24, 88다카13172.

698) 대판 1977.4.26, 75다348.

더불어 임차인 甲은 乙에 대해 입은 손해에 대한 손해배상청구도 가능하다.

[문제 28] 해설

첫째, 위 사례에서 甲의 가옥임차권의 대항력 구비요건은?

甲은 乙로부터 가옥을 임차하고 대항력을 구비하기 위해서는 甲과 乙사이에 유효한 가옥임대차계약이 전제되어야 한다.

그리고 민법상 대항력을 구비하기 위해서는 원칙적으로 전세권(제303조)처럼 물권으로 성립하거나, 부동산임차권을 등기를 한 경우(제621조) 제3자에 대한 대항력이 인정된다. 뿐만 아니라 주택임대차보호법상 임대차는 등기가 없는 경우에도 임차인이 주택의 인도와 주민등록을 마친 때에는 그 다음 날로부터 제3자에게 대하여 대항력이 생긴다. 이 경우 전입신고를 한 때에 주민등록이 된 것으로 본다(주택임대차보호법 제3조 제1항).

따라서 사례의 경우 임차인 甲이 임대인 乙로부터 동의를 받아 물권인 전세권을 취득하기는 어렵다고 여겨지므로, 가옥임대차등기를 하거나 또는 가옥을 인도받아 주민등록을 마치면 그 익일부터 대항력을 취득할 수 있다.

둘째, 위 사례에서 甲이 임차권의 대항력을 취득하지 못한 경우 甲은 어떤 수단을 강구할 수 있는가? 반면에 甲이 임차권의 대항력을 취득한 경우라면 甲은 대항력 있는 임차권에 기해 스스로 丙에게 방해배제청구권을 행사할 수 있기 때문에 乙의 방해제거의무는 면한다고 할 수 있겠는가?

甲이 임차권의 대항력을 취득하지 못한 경우, 甲은 임대인 乙에게 유효한 임대차계약상의 가옥인도이행기에 가옥인도의무(제623조)의 이행을 청구할 수 있기 때문에, 이를 직접 乙에게 청구하거나 또는 채권자대위권을 행사하여 丙에게 대위청구할 수 있다(제404조). 이와 같은 구제수단을 행사할 수 없는 경우에는 임대차계약을 해제하거나 손해가 있는 경우 동시에 손해배상을 청구할 수 있다(제390조, 제393조).

甲이 임차권의 대항력을 취득한 경우, 제3자 丙이 채권자 甲의 권리행사를 방해하는 경우에, 甲은 "채권의 효력으로서" 제3자 丙에 대하여 제3자의 채권침해로 인한 법률효과로는 일반불법행위에 기한 손해배상책임(제750조)과 채권자의 방해배제청구권이 발생한다.

구민법시대의 초기의 학설·판례가 제3자에 의한 채권침해를 인정하지 않았기 때문에, 채권에 대한 방해배제청구권도 이를 인정하지 않는 것이 지배적이었다. 그러나 후기의 학설은 권리불가침성이라는 일반론으로부터 채권침해에 의한 불법행위의 성립을 인정하게 되자, 역시 같은 논거에서 채권침해에 대한 방해배제도 이를 인정하는 것이 지배적으로 되었다.

현행 민법하의 학설은 채권의 일반적 성질로서는 방해배제청구권을 부정하나, 다만 채권을 보호하기 위하여 필요한 경우에 정책적·예외적으로 이를 인정할 수 있다는 소극설이 지배적이다.

따라서 공시방법을 갖춘 채권(대항력 취득, 정당한 점유)에 대한 침해의 경우는 방해배제를 인정하는데 학설이 일치한다. 반면에 공시방법이 없는 채권에 대한 침해의 경우는 거래안전상 소극적으로 해석하는 것이 다수설이다.[699]

또한 다수설에 의하면 제3자에 의한 채권침해의 경우, 채권자의는 방해배제청구 및 방해예방청구에 한하여 인정되며, 목적물반환청구는 부정된다고 한다. 판례도 같은 태도이다.[700] 그러나 대항력을 갖추었거나 점유를 취득한 채권(예: 임차권)에 있어서는 목적물반환청구는 실제로 문제되지 않을 것이라고 생각한다.[701]

사례의 경우 임차인 甲은 대항력 있는 임차권에 기해서 스스로 불법 점유자 丙에게 방해배제청구권을 행사할 수 있다.[702] 그렇다고 하여 임대인 乙의 방해제거의무가 면해지는 것은 아니다.

[문제 27], [문제 28] 관련 판례: [관판 27, 28]

◎ **대판 1994.5.10, 93다37977【계약금반환등】**

【판시사항】

임대인이 소유권을 상실하였다는 이유만으로 임대차계약상의 임대인의 의무가 이행불능에 빠지는지 여부

【판결요지】

계약의 이행불능 여부는 사회통념에 의하여 이를 판정하여야 할 것인바, 임대차계약상의 임대인의 의무는 목적물을 사용수익케 할 의무로서, 목적물에 대한 소유권 있음을 성립요건으로 하고 있지 아니하여 임대인이 소유권을 상실하였다는 이유만으로 그 의무가 불능하게 된 것이라고 단정할 수 없다.

◎ **대판 1996.9.6, 94다54641【건물명도】**

【판시사항】

[1] 임대인에게 임대목적물에 대한 소유권 기타 임대권한이 없는 경우 임대차계약의 성립 가부(적극) 및 그 법률관계

[2] 타인의 부동산을 임대한 임대인이 차임연체를 이유로 임대차계약을 해지한 사안에서, 임차인에 대한 부동산 명도와 연체차임 및 명도시까지의 부당이득반환 청구를 인용한 사례

【판결요지】

[1] 임대인이 임대차 목적물에 대한 소유권 기타 이를 임대할 권한이 없다고 하더라도 임대차계약은 유효하게 성립하고, 따라서 임대인은 임차인으로 하여금 그 목적물을 완전하게 사용·수익케 할 의무가 있고 또한 임차인은

699) 곽윤직, 전게서, 122면 이하.

700) 대판 1953.2.21, 4283민상129.

701) 동지: 김형배, 전게서, 340면.

702) 대판 2002.2.26, 99다67079.

이러한 임대인의 의무가 이행불능으로 되지 아니하는 한 그 사용·수익의 대가로 차임을 지급할 의무가 있으며, 그 임대차관계가 종료되면 임차인은 임차목적물을 임대인에게 반환하여야 할 계약상의 의무가 있지만, 임차인이 진실한 소유자로부터 목적물의 반환청구나 임료 내지 그 해당액의 지급요구를 받는 등의 이유로 임대인이 임차인으로 하여금 사용·수익케 할 수가 없게 되었다면 임대인의 채무는 이행불능으로 되고, 임차인은 이행불능으로 인한 임대차의 종료를 이유로 그 때 이후의 임대인의 차임지급 청구를 거절할 수 있다.

[2] 임대인이 국가 소유의 부동산을 임대하였는데 임차인의 차임 연체로 인하여 그 임대차계약이 해지되었다면, 특별한 사정이 없는 한 임차인은 임대인에게 그 부동산을 명도하고 해지로 인한 임대차 종료시까지의 연체차임 및 그 이후부터 명도 완료일까지 그 부동산을 점유·사용함에 따른 차임 상당의 부당이득금을 반환할 의무가 있다고 한 사례.

◎ 대판 2002.2.26, 99다67079 【선박가등기등말소】

【판시사항】

[1] 민사재판에 있어서 관련 형사재판의 사실인정과 다른 사실을 인정할 수 있는지 여부(적극)

[2] 등기된 임차권이 침해된 경우, 그 임차권에 기한 방해배제를 청구할 수 있는지 여부(적극)

【판결요지】

[1] 관련 형사판결에서 인정한 사실은 민사재판에 있어서도 유력한 증거가 되기는 하나 민사재판에 있어서 형사재판의 사실인정에 구속을 받는 것은 아니므로, 민사재판에서 제출된 다른 증거들에 비추어 형사재판의 사실인정을 채용하기 어렵다고 인정되는 합리적인 이유가 있다면 형사재판의 사실인정과는 다른 사실을 인정하였다고 하여 이를 위법하다고 할 수 없다.

[2] 등기된 임차권에는 용익권적 권능 외에 임차보증금반환채권에 대한 담보권적 권능이 있고, 임대차기간이 종료되면 용익권적 권능은 임차권등기의 말소등기 없이도 곧바로 소멸하나 담보권적 권능은 곧바로 소멸하지 않는다고 할 것이어서, 임차권자는 임대차기간이 종료한 후에도 임차보증금을 반환받기까지는 임대인이나 그 승계인에 대하여 임차권등기의 말소를 거부할 수 있다고 할 것이고, 따라서 임차권등기가 원인 없이 말소된 때에는 그 방해를 배제하기 위한 청구를 할 수 있다.

[문제 27], [문제 28] 참고 논문: [참논 27, 28]

*** 임대차계약상의 하자담보책임 ***

Ⅰ. 문제제기

오늘날의 산업사회에서는 도시의 인구집중으로 인한 주거임대차의 증가뿐만 아니라 생산시설, 건설장비, 운송수단 및 공작기계와 의료기구 등의 임대차가 날로 증가하는 추세에 있다. 이는 생산구조의 변화가 일상경제생활에도 반영되어 종래의 매매에 의한 소유권취득을 중심으로 한 물권생활에서 임대차에 의한 이용권 중심의 채권생활관계로 전환되고 있다고 볼 수 있다.703)

특히 임대차라는 채권관계에 있어서는 이른바 형식상 계약자유의 원칙이 지배하는 까닭에 일반적으로 임차인의 지위는 약하고, 임대인은 강한 지위를 보유할 수 있다. 이는 인구의 팽창과 대도시집중으로 인한 주택문제 등의 사회문제야기와 더불어 채권적 이용관계인 임대차는 비판을 받게 되고, 국가는 경제적 약자인 임차인의 보호를 위한 조처를 꾀하게 된다.704) 또한 임대차가 거래생활에서 중요한 비중을 차지할 뿐만 아니라 빈번하게 행하여지는 과정에서 임차목적물의 하자로 임차인에게 손해가 발생한 경우가 있을 수 있다. 이 경우에 임대인의 하자담보책임이 문제된다. 그런데 현행 민법은 임대인의 하자담보책임에 관한 별도의 법규정을 두고 있지 않다. 다만 임대차는 유상계약이므로 민법 제567조 본문에 의하여 매매에 관한 규정이 준용된다면, 임대인은 매도인과 같은 하자담보책임을 부담한다.705) 그러나 이러한 법률구성은 임대차계약의 성질이 매매와 동일한 성질을 가지고 있다는 전제하에서만 타당할 것이다.

생각건대 매매와 임대차는 모두 유상계약이긴 하지만, 전자는 계약의 내용이 재산권이전계약이고 후자는 대차계약이라는 점에서 그 성질이 현저히 다르므로 매매의 규정을 임대차에 그대로 준용하는 것은 타당하지 않다고 본다.706) 즉, 임대인 담보책임에 관해서는 매도인의 담보책임에 관한 규정들이 준용될 수 없다.

---

* 정광수, 임대인의 하자담보책임에 관한 연구, 강원법학 제15권, 2002, 49면 이하.

703) 조규창, '임대인의 하자남보책임－민법 제567조의 분석적 고찰－', 「논리와 직관」, 법문사, 1998, 319면.

704) 민법상의 내용으로는 ① 대항력의 부여, ② 제3자에 의한 임차권에 대한 사실적 침해의 배제, ③ 임차권의 처분, ④ 임차권 존속의 보장 등의 여러 경향으로 나타나고 있다. 다만 농지개혁으로 농경지의 임대차를 금지하였다. 그러나 민법의 규정만으로는 임차권보호에 충분치 않아 주택임대차보호법(1981년 제3379호)을 제정하게 되었다. 민법과 이 특별법은 ① 대항력의 강화, ② 존속기간과 차임의 결정 등 계약조건에 대한 간섭 등으로 임차권의 강화를 꾀하고 있다. 따라서 여러 나라가 특별법을 제정하여 임차권을 강화하고 있다. 즉, 부동산소유권은 여러 모로 제한을 받게 되는 반면 동산임차인의 지위에 비하여 부동산 임차인의 지위는 여러 가지의 점에서 강화되고 있다. 이 현상을 「부동산임차권의 물권화」라고 일컫는다(김형배, 채권각론[계약법], 박영사, 1997, 408면 이하 참조).

705) 곽윤직, 채권각론, 박영사, 1990, 323면.

706) 매매와 임대차의 법적 성질의 차이에 대한 자세한 설명에 관해서는 조규창, 앞의 책, 320면 이하 참조; 이은영, 채권각론, 박영사, 1993, 307면 이하 참조.

따라서 본 논문에서는 이러한 매매와 임대차의 성질이 다르다는 점을 토대로 하여 우리 민법상 임대인의 하자담보책임을 구성하는 데에 많은 도움을 줄 수 있는 독일 민법상의 임대인의 하자담보책임의 비교법적 고찰을 통해서 우리 민법상 임대인의 하자담보책임을 구성하고자 한다.

Ⅱ. 독일 임대차계약상의 하자담보책임

1. 목적물의 하자담보책임

매매, 임대차, 도급계약 등은 모두 유상·쌍무계약이다. 계약상의 합의에 따라서 계약당사자 일방은 매도된 물건(특정물매매의 경우)을 제공해야 할 의무, 같은 종류의 중등품을 제공해야 할 의무(종류물 매매의 경우), 하자없는 임차물의 인도 또는 하자없는 일의 완성의무를 부담한다. 반면에 상대방은 반대급부로서 대금지급, 차임지급 또는 보수지급의 채무를 부담한다. 그런데 이와 같은 계약들이 체결된 후에 예를 들어 다음과 같은 급부장애들이 발생할 수 있다. 계약당사자가 일, 매매목적물 또는 임차물의 이행을 할 수 없거나(이행불능), 인도되는 또는 양도되는 목적물이 제3자의 소유인 경우이어서 계약당사자가 이행할 수 없거나(권리의 하자), 끝으로 급부가 행하여 졌으나 목적물 또는 일의 하자로 인하여 급부의 가치가 감소된 경우들이 발생할 수 있다.[707)]

이와 같은 경우들의 모두는 완전한 또는 부분적인 각 계약의 불이행이다. 쌍무계약에서 급부의무불이행의 법률효과는 채권총칙의 규정들(제306조 이하, 제257조 이하, 제320조 이하)에 일반적으로 규정되어 있다. 이 결과 그 법률은 매매, 임대차, 도급계약에 대해서도 적용될 수 있다. 그러나 권리하자와 목적물의 하자에 의한 법률효과는 "구체적 합목적성의 관점"에서 달리 규정되어 있다. 그러므로 일반규정에 대한 이와 같은 특별규정의 비교 뿐만 아니라 매매, 임대차, 도급계약에 대한 관계에서 상호간 다른 법률상의 조정도 확정할 수 있다.

목적물에 하자가 있는 경우에 매수인, 임차인, 도급인은 계약상 그에게 귀속할 물건보다 가치가 적은 물건을 인수하게 된다. 입법자는 원칙적으로 손해를 입은 당사자에게 새로운 이행시도(대물급부청구권, 하자보수청구권)를 요구할 수 있는 권리를 인정하려고 할 것이다 그리고 그에게 계약을 끝내는 청구권(해제권, 해약고지권)을 인정하려 할 것이다 또한 하자에 의하여 감소된 가치를 조정하거나 손해배상청구권을 인정하려고 할 것이다.

2. 하자의 개념

(1) 하자의 개념과 존재시기에 관한 학설

모든 물건의 하자로 인한 권리(제459조, 제537조, 제633조 제1항)는 하자 또는 보증한 성질의 흠결을 전제한다. 특히 매매와 임대차의 경우 하자는 물건의 일반적 또는 계약상 사용능력의 상당한 침해이다. 그리고 그것은 도급계약의 경우에 대금감액

707) Hans Brox und Siegfried Elsing, Die Mängelhaftung bei Kauf, Miet und Werkvertrag, JuS, 1976, Heft 1, S. 1.

과 손해배상으로는 적합하지 않고 오직 해제할 수밖에 없는 정도의 하자이다. 이와 같은 의미에서 볼 때, 독일민법 제459조 제1항, 537조, 제633조의 규정의 비슷한 점은 매매, 임대차, 도급계약상의 하자는 같은 의미로 이해된다.

그러나 이와 같은 하자개념에 대하여는 본질적으로 두 가지 견해가 대립하고 있다. 객관적 하자론에 의하면 하자란 목적물이 객관적으로 일정한 종류의 물건이 지니는 보통의 성질을 가지지 못할 때, 그 목적물은 하자가 있는 물건이라고 한다. 이에 반하여 오늘날 지배적인 견해로서 주관적 하자론에 의하면 하자란 계약당사자 합의한 목적과 일치하는 성질을 가지지 못할 때, 그 목적물은 하자가 있는 물건이라고 한다. 즉, 후자의 견해에 의하면 목적물이 합의한 성상과 일치하지 않거나 그리고 그로 인하여 목적물의 가치 또는 그 사용이 계약상 전제된 사용을 할 수 없거나 감소시키는 경우에 그 목적물은 하자가 있는 물건이라고 한다. 하자란 합의되어 전제된 계약목적에 일치하지 않는 유용성을 말한다.

주관적 하자론은 다음과 같은 장점을 가진다. 즉, 법률상 충분한 근거를 가진다. 왜냐하면 제459조 제1항, 제537조 제1항, 제633조 제1항은 계약상 당사자가 합의한 사용을 규정하고 있기 때문이다. 이러한 관점으로부터 매도인 임대인 혹은 도급인은 매도된 또는 임대된 또는 완성된 목적물이 객관적인 품질의 하자를 가지고 있는 가 또는 합법적인 가는 관심이 없다. 그러나 계약상 전제된 사용의 적합성을 가지는 기에 관심이 있다.[708]

하자는 목적물 또는 일이 계약당사자에 의해서 합의되어 전제된 계약목적에 상응하느냐에 달려있다. 이것은 계약의 해석에 의해서 알 수 있다. 사용목적은 개개의 경우에 명백할 수 있지만, 잘 알 수 없는 때도 있다. 위의 사례에서는 대개 "일반적인 사용"에 대한 유용성에 관한 문제이다.[709] 따라서 하자란 계약당사자에게 손해가 되는 현재의 성상과 마땅히 있어야하는 성상과의 모든 차이를 말한다.

(2) 보증한 성상의 하자

하자는 물건 또는 일 또는 보증한 성상에도 존재한다. 만약 매도인, 임대인 또는 수급인이 의사표시로 성상의 현존에 관하여 보증한 경우, 그것은 계약의 내용이 된다.[710] 성상의 보증은 하자의 무존재를 보증하는 것과 같다. 보증된 성상의 하자와 하자 사이의 한계는 뚜렷하지 않다.[711] 특히 (주관적인)하자개념은 계약목적의 부적합성을 목표로 한다. 만약 매수인이 목적물의 특징을 중요시한다면, 성상의 보증은 그 자체로 의미를 가지며, 이와 같은 보증한 성상의 하자는 다른 어떤 하자를 전제

708) 예컨대, A는 B로부터 어떤 기계를 위한 부속을 사거나, 임차하거나 또는 그에게 만들도록 했다. 만약 그 부속이 그 당시 결함이 있거나 또는 그 기계에 적합하지 않다면, B의 급부는 A에게는 가치가 없다고 하겠다(Hans Brox und Siegfried Elsing, Die Mängelhaftung bei Kauf, Miet und Werkvertrag, JuS, 1976, Heft 1, S. 2).

709) 예컨대, 계약당사자들은 명백하게 합의함이 없이도 구매한 소시지가 먹을 만하다, 임대한 주택이 거주할 만하다 그리고 도급인을 위한 맞춤복이 꼭맞다는 사실을 중요시한다(Hans Brox und Siegfried Elsing, a.a.O., S. 2).

710) Vgl. RGZ 161. 337

711) Immenga, AcP 171, 17

로 하지 않는다(예: 매매목적물의 혈통). 그러나 목적물의 하자가 문제시되는 경우에도, 매수인은 그로 인한 손해배상청구권을 행사하기 위하여 그와 같은 하자의 부존재를 보증시킬 수 있다. 보증된 성상의 하자로 인한 손해배상청구권은 계약당사자의 구속력있는 의무위반을 전제로 한다. 임대차와 도급의 경우에 성상의 보증은 더 사소한 의미를 지닌다. 왜냐하면 여기서는 성상의 보증이 없어도 이미 하자의 존재로 인하여 손해배상청구권이 주어질 수 있다(제538조 제1항, 제635조).

3. 이행청구권[712)]

도급계약상 일의 완성에 하자가 있는 경우 도급인은 우선 재완성청구권(제631조 제1항) 또는 하자보수청구권(제633조 제2항)을 가진다.[713)] 이 경우는 실질적인 이행청구권의 문제이다. 왜냐하면 수급인은 하자없는 일의 완성의무를 지기 때문이다(제633조 제1항). 하자있는 일의 수취후(제640조) 도급인은 하자없는 일의 완성을 위한 이행청구권을 가진다. 그러나 이것은 제633조 제2항에 따라 하자보수청구권은 제한된다.

임대차의 경우 임차인은 임대인에 대하여 임대차기간동안 임차물의 상태유지(수선)청구권을 가진다(제536조). 또한 하자가 존재하는 경우에도 임차인은 우선적으로 하자 없는 이행을 요구할 수 있다. 여기서 말하는 이행청구권은 인도시에 존재하거나 인도후에 발생한 하자에 대한 하자보수청구권을 말한다.

민법은 종류물매매시 하자가 존재하는 경우, 매수인에게 계약해제 또는 대금감액 대신에 하자없는 목적물공급청구권을 인정하고 있다. 종류물매매시 하자없는 물건의 요청은 임대차와 도급의 경우와 마찬가지로 매매의 경우에 있어서도 이행의무에 따른 것이고 목적물의 하자담보책임의 영역에서는 실제로 손해배상청구권으로 표현된다.

4. 임대인의 하자담보책임

종류물매매, 임대차, 도급계약의 모든 경우에 있어서 마찬가지로 이행청구권들이 인정된다. 즉, 민법은 손해를 입은 당사자에게 모든 계약유형의 경우에서 선택적으로 보충적인 배상이행청구권을 인정한다(담보책임). 일차적인 급부의무 대신에 a) 계약의 변경 b) 차임(보수)의 면제 또는 감액 또는 c) 손해배상 중 어느 하나를 요구할 수 있다.

(1) 해제 또는 해약고지

매매나 도급계약의 경우에 민법은 계약의 차후 변경을 해제(Wandlung)이라고 부르고 있다. 그러나 임대차의 경우에는 하자담보책임으로서 이와 같은 해제는 예견될 수 없다. 그 이유는 임대차는 계속적 채권관계이기 때문이다. 즉, 임차물을 사용 중에 있는 임차인은 계약의 변경은 가능하지 않기 때문이다. 그러므로 목적물의 하자로 인한 임대차계약의 해지는 임대차계약의 종료를 가져온다. 제542조, 제544조의 경우에서처럼 임차인은 임대차계약관계를 해지기간을 두지 아니하고 일방적으로 종료

---

712) Hans Brox und Siegfried Elsing, a.a.O., S. 2.

713) 재완성청구권과 하자보수청구권의 관계에 대해서는 Brox, SchuldR Ⅱ, 3. Aufl.(1974), Rdnr. 267 참고.

할 수 있다(즉시해지).[714] 그 결과 임차인의 차임지급의무는 면제된다. 그리고 그러한 해지의 전제조건은 계약에 좇은(하자없는) 임차물의 사용이 허용되지 아니하거나 정지된 경우이다. 그밖에 임차인은 임대인에게 하자있음을 통지하고 하자제거기간을 주었는데도 임대인이 그 기간동안 하자제거를 하지 않고 도과하였어야만 한다(제542조). 그리고 임대받은 주거의 이용이 현저한 건강위험상의 위험을 가져온다면, 그와 같은 해지기간설정은 요구되지 않는다(제544조).[715]

(2) 차임감액 및 불이행으로 인한 손해배상

또한 민법은 담보책임의 내용으로서 차임감액을 인정한다(BGB 제537조). 따라서 임대차의 경우 다음의 경우에 차임감액이 고려된다.

첫째, 임차물의 인도시 계약에 좇은 사용에 적합하지 않은 하자가 있거나 임대차 기간 중에 하자가 발생하거나 또는 보증한 성상이 결여되었거나 후에 결여된 경우 등이다(제537조 제1항, 제2항). 이 경우 임차인의 차임지급은 전부 또는 일부가 면제된다. 결국 목적물에 하자가 있는 경우 제538조에 따라서 불이행으로 인한 손해배상청구권이 주어진다. 해제(또는 해지)와 대금감액(차임감액)은 모든 세 가지 계약들에서 동일하게 발생할 수 있다. 또한 세 가지의 계약들에서 보증한 성상으로부터 주어지는 특수성으로부터도 본질적으로 동일하게 발생할 수 있다. 반면에 불이행으로 인한 손해배상청구권의 발생은 다음과 같이 중요한 차이가 있다.

이와 같이 임대차의 경우는 독일 민법 제537조상의 차임감액과 마찬가지로 불이행으로 인한 손해배상청구권은 다음과 같은 경우에 발생한다. 즉, 이미 계약체결시에 사용적합성이 소멸되거나 감소된 경우 또는 보증한 성상이 결여된 경우 등이다. 이것은 제538조 제1항[716]에 근거한 보증책임이다. 그 이유는 민법은 물건의 매매에 있어서와 마찬가지로 유사한 이익상태를 중요시하기 때문이다.[717] 그러나 계약체결 후에 발생한 하자에 대해서는 임대인의 책임있는 사유에 의해서 발생하는 진정한 과실책임이다. 이와 같은 창의 근거는 다음과 같다. 계약체결후 임차목적물의 사용 중 목적물에 더 이상 합리적으로 계약에 좇은 적합성이 발견될 수 없을 때, 임대인은 당연히 계약체결시에 하자없음을 보증할 수 있으나 계약체결후에 발생하는 하자에 대해서는 보증할 수 없기 때문이다. 또한 임대인이 하자제거에 관하여 지체에 빠진 때에도 마찬가지로 임대인의 과실에 가한 손해배상책임이 인정된다. 다만 임차인이 임

714) 임대차계약에 좇은 목적물의 사용이 임차인에게 적시에 허용되지 아니하거나 일단 사용이 허용되었으나 후에 전적으로 사용할 수 없게 된 경우 또는 해지권을 발생시키는 사유로 말미암아 계약의 이행이 임차인에게 이익이 없는 때(제542조), 주거 또는 사람의 체재를 위한 공간임차물을 이용함으로써 건강에 현저한 위험이 초래되는 경우(제544조) 등에는 즉시해지를 할 수 있다.

715) Hans Brox und Siegfried Elsing, a.a.O., S. 3.

716) 독일 민법 제538조 제1항은 제537조에서 정하여진 하자(예컨대, 임차목적물의 임대차계약에 좇은 사용에 대한 적합성의 소멸 또는 감소 그리고 보증한 성상의 결여라는 하자)가 계약체결시에 존재하거나, 그러한 하자가 나중에 임대인에 책임있는 사유로 발생하거나, 임대인이 하자제거에 관하여 지체에 빠진 때에는 임차인은 불이행으로 인한 손해배상을 청구할 수 있으되, 제537조에 정하여진 권리에는 영향이 없다고 규정하고 있다.

717) Mot. Ⅱ, 377; Trenk-Hinterberger, JuS 1975, 501f.

대인의 불이행으로 인한 손해배상을 청구할 수 있는 경우에도 위의 제537조에서 정해진 권리에는 영향을 끼치지 않는다.

(3) 이행청구권과 하자담보책임과의 관계

하자로 인한 이행청구권이 발생하는 한, 하자담보책임의 발생에 제약을 받지 않는다. 예컨대, 하자보수청구권의 행사로 목적물의 하자가 더 이상 존재하지 않는 한, 그 밖의 하자담보책임은 문제되지 않는다. 임대차의 경우 어떤 배타적 관계도 존재하지 않는다. 여기서 손해배상이 임차물의 사용가치를 배상하기에 충분하지 않는 한, 차임감액과 손해배상은 서로 병존하여 요구될 수 있다. 또한 해지권은 언급되지 않은 또 다른 하자담보권의 권리주장이다.

5. 적극적 계약침해에 대한 관계

임대차의 경우 임대목적물의 양도는 결정적인 시점이다. 그 때부터 제537조 이하는 특별규정으로서 원칙적으로 일반규정에 앞선다. 그리고 임대차계약의 무효와 일반적인 불능에 대한 관계[718]에 관해서는 제537조 이하의 적용범위는 매우 중요하다. 그리고 적극적 계약침해에 대한 관계[719]에 있어서는 다음과 같은 점이 고려되어져야만 한다. 즉, 임대차에 있어서는 폭넓은 임차인보호를 위하여 모든 손해 즉, 하자손해와 하자결과손해는 제538조 제1항에 의해서 고려되어져야만 한다.[720] 여기서 임대인이 권리자로서 보통 하자손해를 발생시켰을 때, 하자손해만의 배상은 임차인에게 거의 의미가 없다.

그러나 도급계약에서는 제538조에서 발견된 분명한 원칙은 다시 사라진다. 제635조[721]의 범위에서는－매매계약에서와 마찬가지로－하자손해와 하자결과손해의 구별이 다시 시작된다. 하자담보책임의 규정상 직접적인 손해는 배상될 수 있는 반면에, 간접적인 손해는 적극적 계약침해인 경우에 한해서 배상이 고려된다.[722] 물론 배상되는 하자손해에 대한 담보책임의 범위는 확대되어져야만 한다. 손해배상의무에는 일에 직접적으로 부착된 손해뿐만 아니라, 일과 밀접한 관련성(장소적 견련성)이 있는 또 다른 물건에 발생한 손해의 배상도 포함된다.[723] 더 나아가 제635조상 하자있는 일의 완성으로 인하여 도급인에 의해서 지출된 비용과 일실이익이 배상되어져야만 한다.[724]

독일 민법 제538조 제1항과 제635조는 제463조[725] 및 제480조[726]에서와 동일하게

---

718) Hans Brox und Siegfried Elsing, a.a.O., S. 4f.

719) Hans Brox und Siegfried Elsing, a.a.O., S. 6f.

720) BGH, NJW 1962, 908; Esser, SchuldR Ⅱ, 4. Aufl.(1971), §70 Ⅰ 2 c), S.106f.; Larenz, SchuldR Ⅱ, 12. Aufl.(1981), §48Ⅲ3, S.198f.; Erman-Schopp, BGB, 5. Aufl.(1972), Vorb. §538 Rdnr. 20.

721) 독일 민법 제635조는 일의 하자가 수급인에 책임있는 사유로 인한 것인 때에는 도급인은 해제 또는 보수감액에 갈음하여 불이행으로 인한 손해배상을 청구할 수 있다고 규정하고 있다.

722) BGHZ 37, 341(343); 58, 85(92).

723) 예컨대 BGH, NJW 1972, 625f. 참조.

724) BGHZ 54, 352(357); 58, 85(89).

725) 독일 민법 제463조는 매매 당시에 매매목적물이 보증된 성상을 갖추지 못한 때에는 매수인은

불이행으로 인한 동일한 손해배상의 개념을 포함하고 있다. 따라서 손해를 입은 매수인, 임차인 그리고 도급인은 앞에서 언급한 규정들에 근거하여 하자에 의하여 야기된 직접적인 손해 뿐만 아니라, 그밖의 법익에 대한 손해가 그 발생에 상당성이 존재하는 한, 그것의 배상을 요구할 수 있다. 즉, 매도인, 임대인 또는 수급인이 정당하게 이행하였다면, 그와 같은 손해들은 발생되지 않았을 것이기 때문이다.[727] 이상으로 목적물의 하자에 의해서 야기된 손해들에 대해서는 보충을 필요로 하는 법의 흠결은 존재하지 않는다. 그러므로 이와 같은 영역에서는 적극적 계약침해의 적용여지는 없다고 하겠다.[728]

Ⅲ. 우리 나라 임대차계약상의 하자담보책임

1. 임대인의 하자담보책임의 일반적 내용

임대인은 사용대차에 있어서의 대주와는 달라서 임차인으로 하여금 계약존속 중 목적물을 사용-수익하게 할 적극적 의무를 부담한다. 그 결과 임대인은 임차인으로 하여금 목적물을 사용·수익하게 하기 위하여 우선 유체물인 목적물을 인도하여야 한다(제623조).[729] 또한 임대인은 임대물에 관하여 수선의무가 있다(제623조).[730] 임차인은 임대인의 수선을 인용하여야 하나(제624조), 그로 말미암아 임차의 목적을 달성할 수 없을 때에는 임대차를 해지할 수 있다(제625조). 이 경우 수선을 필요로 하는 상태가 임대인의 귀책사유로 생겼던 또는 불가항력으로 생긴 것이든 이를 묻지 않는다. 임차인의 귀책사유로 발생한 경우에도 수선의무는 있다. 다만 이때에는 임차인은 따로 손해배상의무를 지게 된다. 이와 같은 임대인의 수선의무에 관하여 당사자의 특약으로 이를 임차인이 부담하게 하는 것은 상관없다(제652조). 또한 제3자가 임차인이 점유하는 임차물을 침탈하는 등으로 그 사용·수익을 방해하는 행위를 하는 경우에는 임대인은 임차인을 위하여 그 방해의 제거에 노력하여야 한다. 임차인

해제 또는 대금감액에 갈음하여 불이행으로 인한 손해배상을 청구할 수 있다. 매도인이 결함을 알면서 밝히지 아니한 때에도 또한 같다고 규정하고 있다.

726) 독일민법 제480조 제2항에서 종류매매의 경우, 위험이 매수인에게 이전하는 때에 물건이 보증된 성상을 갖추지 못하였거나 매도인이 결함을 알면서 밝히지 아니한 경우에는 매수인은 해제나 대금감액 또는 하자없는 물건의 교부에 갈음하여 불이행으로 인한 손해배상을 청구할 수 있나고 규정하고 있다.

727) Vgl. Brox, SchuldR Ⅱ, 3. Aufl.(1974), Rdnr. 91.

728) Hans Brox und Siegfried Elsing, Die Mängelhaftung bei Kauf, Miet und Werkvertrag, JuS, 1976, Heft 1, S. 7.

729) 임차인은 임대차가 종료한 때에는 임차물 자체를 반환하여야 하기 때문에 임대차의 목적이 되는 것은 임차인의 사용-수익으로 소멸하지 않는 유체물이어야 한다. 이와 같은 점은 사용차주에 있어서도 마찬가지이다. 단, 사용대차는 무상계약이다. 이에 반하여 소비차주는 동종·동질·동량의 대체물(§598)을 반환할 채무를 부담하지만 소비대주로부터 인도된 금전 기타 대체물의 소유권을 취득한다. 단, 소비대차는 이자부의 여부에 따라 유상 또는 무상계약이다.

730) 매도인은 원칙적으로 수선의무를 지지 않으나, 임대인은 목적물의 상태유지의무와 그에 의거한 수선의무를 부담하므로 목적물의 하지는 그러한 임대인의 의무위반이 됨과 동시에 하자담보책임의 발생원인이 된다고 한다(이은영, 전게서, 307면).

이 점유보호청구권을 가진다는 이유로 임대임은 방해제거의 의무를 면하지 못한다. 끝으로 임차인이 목적물에 관하여 보존·수선 등을 위한 비용을 지출한 때에는 임대인은 이를 반환 할 의무가 있다. 즉, 임차인이 임차물의 보존에 관한 필요비를 지출한 때에는 곧 임대인에 대하여 그 반환을 청구할 수 있고, 유익비를 지출한 때에는 임대차가 종료한 때에 일정한 표준에 따라서 그 상환을 청구할 수 있다(제626조). 그러나 이들 비용상환청구는 임대인에게 목적물을 반환한 후 6개월 내에 행사하여야 한다(제654조, 제617조).

따라서 임대인은 임차인에게 임차권한 및 임대물의 적절한 사용·수익상태에 대하여 담보책임을 부담한다. 즉, 임대인이 목적물을 임차인에게 인도하여 계약존속 중에 사용·수익하게 할 의무(제618조, 제623조)는 임차인의 차임지급의무(제618조)와 대가관계에 있다. 따라서 임차인이 목적물을 사용·수익할 수 없게 되거나(권리의 하자), 임대목적물이 계약에 의하여 정해진 사용·수익에 적합하지 않아 임차인이 완전한 사용·수익을 할 수 없는 경우(물건의 하자)에는 임대인은 임차인에 대하여 다음과 같은 하자담보책임을 부담하여야 한다.

첫째, 타인의 물건의 임대차에서 임차인이 목적물을 추탈당함으로써 임대물을 사용·수익할 수 없게 된 때에는(권리의 하자) 임대인은 제570조 내지 제573조의 담보책임을 부담하게 된다. 따라서 임차인은 계약을 해제하거나, 차임감액을 청구하거나 또는 잔존한 부분만이면 계약의 목적을 달성할 수 없거나, 임대차계약을 체결하지 아니하였을 경우에는 계약을 해제할 수 있다.

둘째, 임차목적물의 하자에 관해서는 임차인이 하자보수청구권(제623조, 제580조)을 행사할 수 있고 이와 함께 사용·수익이 불가능하게 된 만큼의 차임감액청구권(제627조 제1항, 제567조, 제572조 제1항의 유추적용)을 행사할 수 있을 뿐만 아니라 나머지 부분만으로는 임차의 목적을 달성할 수 없을 때에는 계약을 해제할 수 있다(제627조 제2항, 제567조, 제572조 제2항의 유추적용).

2. 임대차의 특수성

(1) 목적물의 하자

매매와 임대차에 있어서 물건의 하자는 물건의 성질과 당사자의 주관적·구체적 하자로서 계약 목적에 따라 하자의 유무가 결정된다는 점에서 개념상 일치한다. 즉, 물건의 객관적·물리적 하자가 곧 물건의 하자를 의미하지 않는다. 다만 매매에 있어서는 물건의 사용가치 이외에 교환가치의 흠결이 하자에 해당하나 임대차는 사용가치 즉, 물건의 유용성만을 파악하여 임차인의 계약상의 사용목적이 물건의 하자를 결정하는 기준이 된다. 임차물의 사용목적은 계약시 당사자간에 명시적 또는 묵시적 의사표시로 결정되며, 명시적 의사표시가 없을 경우 이는 법률행위해석의 문제로 목적물의 통상의 사용이 의사표시해석의 기준이 된다.[731]

이어서 매매와 임대차간에 하자의 중요한 차이는 매매목적물의 하자는 계약시에 존재한 하자만이 문제되나 계속적 채권관계인 임대차에 있어서 목적물의 하자는 계

731) 조규창, 전게서, 327면 참조.

약시의 원시적 하자와 계약존속 중에 발생한 후발적 하자로 구별되며,732) 담보책임의 성립요건과 법률효과를 달리한다.

나아가 매매에 있어서 매도인의 성상의 보증, 즉 하자 없다는 확약에도 불구하고 하자로 손해가 발생한 경우 매도인은 모든 손해를 배상할 책임이 있다. 이와 같이 매도인의 성상의 보증은 매도인의 배상책임에 결정적 영향을 미치나 임대차에서 임대인의 보증유무는 그의 담보책임에 별다른 영향을 미치지 않는다. 왜냐하면 임대차는 계약의 성질상 하자 없는 물건의 인도와 계약종료시까지 임차인이 목적물을 사용·수익할 수 있는 상태를 유지할 의무가 있기 때문이다. 이점에서 임대차계약은 임대인의 성상의 보증이 내재된 계약이라고 하겠다.

또한 매매에 있어서 악의의 매수인은 매도인에게 아무런 권리를 행사할 수 없음에 반하여 악의의 임차인은 하자로 인한 차임감액이나 손해배상청구권은 행사할 수 없으나 보수청구권과 해지권은 행사할 수 있다. 끝으로 매매와 임대차는 물건의 하자로 인한 해제와 해지의 법적 성질을 달리한다.

(2) 손해의 범위

물건의 하자로 매수한 목적물이 훼손·멸실된 경우, 이 하자손해는 매수인(소유새자)의 재산감소가 된다. 그러나 임대차의 경우는 임대인의 손해는 재산감소로 인한 손해이고 임차인은 그로 인해 목적물을 사용·수익할 수 없음으로써 입은 손해, 즉 이행이익의 상실손해가 발생한다. 따라서 매매와 임대차는 물건의 하자로 인한 손해의 범위에 있어서 전자는 신뢰이익의 상실이고 후자는 이행이익의 상실이므로 그 범위를 달리한다.

또한 목적물의 하자로 매수인이나 임차인의 재산과 신체에 발생한 손해를 하자로 인한 간접손해 또는 후속손해(Mangelfolgeschäden)라 한다. 그런데 물건의 하자로 인한 후속손해의 배상책임에 대하여, 예컨대 독일민법은 매매법상 이행이익상실의 손해와 후속손해를 엄격히 구별하여 손해배상책임요건을 달리 구성하나, 임대차에서는 손해를 구별함이 없이 임차물의 하자로 인하여 발생한 모든 손해의 일괄배상책임을 인정한다.733)

이와 같은 점으로 볼 때, 매도인의 담보책임을 임대인에게 그대로 준용할 수 없다고 하겠다. 즉, 임대인의 하자담보책임은 독자적인 책임법의 영역을 확보하고 있다고 하겠다.

3. 임대인의 하자담보책임과 손해배상

임차목적물의 권리의 하자에 대해서는 임대인의 악의 또는 과실이 인정되는 경우가 보통이므로 권리의 하자에 대한 임차인의 선의·악의에 불구하고 임대인은 손해배상책임을 부담한다. 이때의 손해배상은 이행리익에 대한 배상이라고 해석하여야 한다.734)

---

732) 입법례로서 독일 민법 제538조; 이태리민법 제1578조, 제1581조 등 참조(조규창, 전게서, 329면 주)47 참조).

733) 조규창, 전게서, 330면 주55) 참조.

물건의 하자에 대해서도 임대인은 원칙적으로 손해배상책임을 부담한다. 왜냐하면 임대인은 임차목적물을 임대하기 전에 사용·수익의 적합여부를 점검했어야 하고, 이를 게을리 한 연유의 하자에 대해서는 그의 과실이 인정되기 때문이다. 그러나 원시적 숨은 하자 또는 불가항력에 의한 하자에 대해서는 임대인의 손해배상책임을 인정할 수 없으며, 제627조가 적용될 뿐이다.

4. 부동산 임대인의 하자담보책임

(1) 부동산의 하자의 개념과 종류

임대차목적물의 하자는 물건의 성질과 당사자간에 약정한 사용목적에 따라 하자의 유무가 결정된다. 그런데 임대차의 목적물이 부동산인 경우에 그 하자란 토지와 그 정착물 등의 그 물건에 내재한 유체적 하자 이른바 性상의 하자만이 아니라 목적물의 사용·수익을 저해하는 외부적 작용인 환경상의 하자 나아가 공법상의 사용금지나 제한조치 등을 의미한다.[735]

한편 학설은 임차물의 하자를 원시적 하자와 후발적 하자로 구별하지 않고 있으나 판례에서는 이를 명백히 구별하고 있다.[736]

아래에서는 판례의 태도를 따라서 부동산임대인의 하자담보책임을 살펴보기로 한다.

(2) 부동산의 원시적 하자

임대인은 목적물의 원시적 하자에 대하여 하자담보책임을 진다. 이 원시적 하자에 관한 한 임대인의 선의·무과실, 하자인지의 기대가능성의 유무, 하자의 정도, 보수가능성의 유무는 그의 담보책임에 영향을 미치지 않는다. 그리고 물건의 인도를 목적으로 하는 매매나 도급에 있어서와 마찬가지로 임대인이 계약시에 물건의 하자있음을 고지하지 않는 한 임차인의 선의는 추정되므로 임대인은 상대방의 악의를 증명함으로써 담보책임을 면할 수 있을 뿐이다.

여기서 재산권의 이전을 주된 내용으로 하는 매매에 있어서 매도인의 하자담보책임은 매수인의 거래상의 신뢰와 이익을 보호하기 위한 최소한의 법적보장 즉, 하자가 없다고 믿은 데 과실이 없으리라는 매수인의 선의추정과 신뢰이익보호에 의한 거래안전을 확보하려는 데에 규범목적을 두고 있기 때문에 신뢰이익의 배상에 한정된다고 하겠다. 그러나 부동산의 사용·수익을 내용으로 하는 임대차에 있어서 임대인의 하자담보책임은 임차인이 하자로 인한 목적물의 불사용·불수익으로 발생한 손해 즉, 이행이익상실의 손해까지도 배상되어야 한다고 하겠다. 이점에서 매도인의 담보책임이 신뢰이익에 한정되는 것과는 배상책임의 범위를 달리하며, 이는 계약의 본질에서 유출되는 당연한 법률효과라고 하겠다.[737] 다만 환경상의 하자와 공법상의 규

734) 실질적으로는 임대인의 불완전이행책임이다.

735) 조규창, 전게서, 364면 참조.

736) 대법원은 강풍으로 지붕이 붕괴된 사건에서는 건축시의 원시적 하자임을 인정했으나(대판 1974.11.26, 74다246), 연탄가스중독 사망사건의 사안에서는 문제의 하자가 원시적 하자임을 부인했다(대판 1978.1.24, 77도3465).

737) 조규창, 전게서, 367면 참조.

제조치로 임차인이 계약의 목적을 달성할 수 없을 경우에는 임차인에게 해지권과 대금감액권은 있으나 손해배상(이행이익)청구권은 없다.

따라서 민법 제567조에 따라서 매도인의 하자담보책임을 임대인의 하자담보책임에 준용한다면 그것은 매매와 그 성질이 다른 임대차의 개별적 특수성을 도외시하는 것으로서 그 타당성이 없다고 하겠다.

(3) 부동산의 후발적 하자

임차인이 목적물의 사용·수익 중에 그의 과실없이 발생한 하자를 후발적 하자라고 하며(제627조 제1항) 이에 대한 임대인의 하자담보책임이 문제된다.

그런데 임차인이 원시적 하자와 후발적 하자의 구분은 하자발생시기를 중심으로 구분한 것이다. 따라서 계약존속 중에 나타난 하자가 원시적 하자임을 증명할 책임은 임차인에게 있다.[738)]

임차목적물의 후발적 하자에 대하여 임대인은 하자보수, 차임감액과 해지의 범위내에서 하자담보책임을 진다. 즉, 후발적 하자에 대하여 임차인의 과실이 없는 한, 임대인은 그의 과실유무를 불구하고 신뢰이익의 배상책임이 있다. 이것은 임차인이 목적물을 사용·수익할 수 있는 객관적 상태를 유지해야 할 것을 내용으로 하는 임대차계약의 본질에서 나오는 당연한 법률효과이다.

다만 계약시부터 존재한 원시적 하자가 아닌 계약존속 중 임차인의 지배범위 하에서 발생한 후발적 하자이므로 임대인은 상대방의 과실(예컨대, 임차인이 목적물을 계약상의 사용목적과 물건의 성질에 반하여 사용했다든지, 신의칙에 반하는 불사용이나 선관의무의 해태 등)을 증명하여 임대인의 담보책임을 면할 수 있다. 예를 들면, 심야영업 금지명령을 위반하여 영업정지나 제한처분을 받은 유흥업소의 임차인의 경우를 들 수 있다. 또한 불가항력적 사유로 인한 후발적 하자에 대하여 임대인은 하자보수의무가 있으나 보수비용의 과다로 임대목적을 달성할 수 없을 때에는 하자보수를 거절할 수 있다. 이는 임대차존속 중에 발생한 목적물의 자연적 하자의 경우에도 적용된다. 이는 임대인의 임대수익을 현저히 능가하는 하자보수비용의 지출을 강제할 수 없기 때문이다.

5. 동산임대인의 하자담보책임

오늘날 부동산임대차의 경우와는 달리 동산임대차는 거의 행해지지 않고 있으므로 동산임대인의 하자담보책임에 대해서는 간략히 살펴보기로 한다.[739)] 동산임대인의 하자담보책임에도 부동산임대인의 담보책임이 적용된다. 따라서 물건의 하자 및 임대인의 책임요건과 효과 등 부동산임대인의 책임이 준용된다. 다만 동산임대차의 목적물이 대체성이 있는 종류물일 경우 민법 제581조 제2항을 준용하여 임차인은 하자없는 동종의 완전물급부를 청구할 수 있다고 본다.

따라서 동산임대인은 목적물의 원시적 하자에 대하여 하자보수, 완전물급부, 차임감액, 해지 및 이행이익의 범위 내에서 손해배상책임을 진다. 그리고 후발적 하자에

738) 조규창, 전게서, 369면, 주)158 참조.

739) 조규창, 전게서, 372면 참조.

대해서는 하자보수, 완전물급부, 차임감액, 해지 및 신뢰이익의 범위 내에서 손해배상책임을 진다. 또한 동산의 임대차에서는 환경상의 하자가 발생할 여지가 없으나 공법상의 규제조치로 임차인이 계약목적을 달성할 수 없을 경우 해지권이 인정되어야 할 것이다.

Ⅳ. 결 론

이상으로 임대인의 하자담보책임에 관한 우리나라 학설 및 판례의 입장과 독일 민법의 비교법적 고찰을 통해서 알 수 있는 바, 임대인의 하자담보책임은 하자의 종류에 따라 그 책임의 내용을 달리한다고 할 수 있다. 그리고 매도인과 임대인의 하자담보책임의 차이는 물건의 하자로 인한 매수인의 신뢰이익의 상실에 대하여 매도인은 무과실책임을 지나, 임대인은 임차인의 이행이익상실에 대한 무과실배상책임을 진다는 데 있다. 이러한 임대인의 책임가중은 매매와는 다른 임대차의 법적 성질의 차이에서 나오는 당연한 결과라고 하겠다.

그런데 이러한 계약의 법적 성질이나 목적, 나아가 그에 따른 하자의 종류를 고려하지 않은 현행 민법상의 하자담보책임규정 특히 제567조 규정은 그 포괄적 단순성과 추상적 일반화 및 준용규정의 과다한 형태를 보여주는 대표적 규정으로서 그 타당성이 의심된다고 하겠다. 다시 말해서 모든 유상계약은 그의 개별적 특수성으로 인하여 민법 제567조의 준용규정인 매도인의 하자담보책임으로 처리될 수 없는 경우가 있다고 하겠다. 그럼에도 불구하고 도급계약의 경우와는 달리 (민법 제667조 이하) 임대인에 하자담보책임에 관한 특별규정이 없다는 것은 우리 민법의 입법적 불비 내지 흠결이 존재하는 경우라고 본다. 그러므로 입법론으로서는 독일 민법 제537조 이하와 같이 임대인의 하자담보책임을 구체적으로 규정하는 것이 바람직하다고 생각한다.[740]

8. 고용계약

(1) 고용계약과 근로계약

노동력을 제공하고 그 대가로서 보수(임금)를 받는 거래관계에서 노동력은 상품으로 관념될 수 있다. 그러나 노동력의 제공은 다음과 같은 특성을 갖는다.

첫째, 노동력은 근로자의 인격체로부터 독립하여 존재하는 객체가 아니므로 노동력의 이용은 필연적으로 노무자에 대한 인격적 배려를 수반하게 된다. 둘째, 노동력은 저장했다가 가격의 변동에 따라 공급을 조절할 수 없다. 셋째, 민법은 자기결정에 의한 노무제공을 고용의 개념표지로 한다. 이와 같은 노무자와 사용자에 대한 근대시민법의 형식적인 규율은 실질적으로는 노동의 종속을 초래하여, 계약

740) 동지: 이은영, 전게서, 307면 주2) 참조.

의 체결 및 계약내용을 결정함에 있어서 노무자는 사용자에 대하여 대등한 교섭력을 갖지 못하고, 특히 계약해지(즉, 해고)의 위협으로부터 어떠한 방어수단을 갖추지 못하였다. 결국 노무자를 보호하기 위한 노동법의 생성을 가져오게 되었다.

고용계약과 근로계약은 모두 노무급부채무를 부담하는 노무자(근로자)와 사용자 사이의 계약이라는 점에서 같은 종류의 계약유형이지만, 전자는 민법의 규율대상이고 후자는 노동법의 규율대상이다. 이러한 계약의 구별에 관해서는 일반적으로 타인결정성 내지 노동의 종속성을 기준으로 삼는다.741) 한편, 오늘날 개별적 고용관계(근로계약)는 고용관계의 성립시(채용·입사시)에 그 발생원인으로 작용하는데 그치고, 고용관계의 내용변경(예: 임금, 상여금의 인상, 근로시간의 단축, 배치전환 등)에는 취업규칙과 단체협약이 그 형성적 기능을 담당한다.

(2) 고용계약의 성립

1) 법률행위에 의한 성립

고용은 당사자 일방(노무자)이 상대방(사용자)에 대하여 노무를 제공할 것을 약정하고, 상대방이 이에 대하여 보수를 지급할 것을 약정함으로써 성립하는 쌍무·유상·낙성·불요식계약이다(제655조).

그러나 노무자가 실제로 노무를 제공하는 이행단계에 들어가게 된 때부터 노무급부·임급지급·취업 등에 대한 구체적인 권리의무가 성립하며 아울러 충실의무 및 안전배려의무 등이 발생한다. 그리고 이러한 고용계약의 성립과 관련하여서는 근로기준법·선원법 등에 의한 제한이 따른다. 즉, 15세 미만의 자의 고용은 무효이다(근로기준법 제62조 제1항 본문, 선원법 제81조 제1항). 또한 18세 미만의 소년근로자를 도덕상 또는 보건상 유해·위험한 사업에 사용할 수 없다(근로기준법 제63조, 제67조, 제68조 등 및 선원법 제81조 제2항 등). 미성년자의 동의여부와 관계없이 법정대리인은 미성년자의 근로계약을 대리할 수 없고(근로기준법 제65조 제1항), 미성년자가 법정대리인의 동의를 얻어 스스로 근로계약을 체결하여야 한다. 또한 미성년자의 근로계약이 유효하게 성립된 경우에도 그 고용이 미성년자에게 불리하다고 인정된 때에는 법정대리인 또는 노동부장관은 이를 해지할 수 있다(근로기준법 제65조 제2항).

고용은 인적신뢰를 바탕으로 하는 계속적 채권관계이다. 따라서 일시적인 채권관계에 있어서 보다도 신의칙이 강하게 고려되므로 부수적 주의의무(예: 노무자

---

741) 이에 대해서는 반대 견해가 있다(곽윤직, 전게서, 287면).

의 성실의무 및 사용자의 배려의무)가 중요시된다. 따라서 이를 위반하여 인적 신뢰관계를 중대하게 해친 경우, 고용관계는 종료한다(제661조 참조).

한편, 통설에 따르면 의사표시의 하자 또는 법률의 위반으로 인한 민법상의 무효·취소는 고용관계에서는 제한된다고 한다. 즉, 강행법규위반의 고용계약이 체결된 때에도 이미 노무가 제공된 경우에 계약을 소급적으로 무효로 판단하지 않고, 장래에 대해서만 고용의 효력을 부인하는 특수한 청산의 문제로 파악한다.[742] 따라서 약정된 임금이 지급되어야 하고, 부당이득법에 따른 현존이익만이 반환되어서는 안 된다.[743]

2) 고용계약체결의 명령

국가유공자와 그 유족의 생활안정을 위해서 국가는 일정한 취업보도실시기관에 대하여 취업보호대상자를 지정하여 고용할 것을 명할 수 있다(국가유공자 예우 등에 관한 법률 제32조). 이러한 국가의 고용명령이 있으면 해당 사업체와 보호대상자 사이에 고용관계가 성립한다(이른바 명령된 계약).

(3) 고용계약의 법률효과

1) 노무자의 의무

① 노무제공의무

노무자는 계약에 따라 사용자의 지시(지시권)[744]에 따라서 노무를 제공해야 한다. 노무의 내용과 종류에 대한 약정이 없는 경우에는 고용계약의 취지와 거래관행에 의해 결정된다. 따라서 이에 반하는 사용자의 노무제공요구에 대해서는 노무자는 계약을 해지할 수 있다(제658조 제1항). 반면에 특수한 기능을 필요로 하는 노무제공을 약정했음에도 불구하고 노무자에게 그러한 기능이 없을 때에는 사용자가 계약을 해지할 수 있다(제658조 제2항). 또한 노무자는 사용자의 동의 없이 제3자로 하여금 자기에 갈음하여 노무제공을 할 수 없으며(노무제공의무의 일신전속성), 이를 위반하면 사용자는 계약을 해지할 수 있다(제657조 제2항, 제3항). 그리고 노무자의 채무불이행책임은 노무제공의무의 이행에 관해서 귀책사유를 요구

742) 이에 대해 사실적 계약관계론에 기초하여 설명하는 견해도 있다(곽윤직, 전게서, 419면).

743) 김형배, 전게서, 594면.

744) 사용자이 지시권은 노무제공의 구체적 내용·근무장소·이행방법 등을 확정하여 실현하는 권한으로 계약의 취지·취업규칙·법률규정 또는 신의칙상 인정되는 범위 내에서 행사되어야 한다.

하며, 계속적 채권관계에서 노무제공은 정기행위의 성질을 가지므로 이미 불이행으로 회복될 수 없게 된 노무급부는 원칙적으로 이행불능으로 처리된다.

② **부수적 의무**

노무자는 선량한 관리자로서 노무를 제공하여야 하며, 계속적 채권관계의 특성상 여러 가지 부수적 의무(성실의무)를 부담한다. 노무자가 부담하는 부수적 의무 중 부작위의무로서는 비밀유지의무·경업피지의무·수뢰금지의무·노무제공의무를 방해하는 부업행위의 금지의무 등이고, 작위의무로는 신의칙상 적극적 작위의무로서 예컨대 제공된 기계, 원료 및 설비 등에 하자나 결함을 발견한 때에는 이를 지체 없이 고용주에게 고지하여야 할 의무(고지의무)·비상시 보안작업에 임하여야 할 신의칙상의 의무 등이 있다.

2) 사용자의 의무

① **보수지급의무**

사용자는 약정된 또는 관습에 의한 액수의 보수를 지급할 의무를 진다. 보수는 약정된 시기에 지급하고 약정이 없으면 관습에 의하고, 관습이 없으면 노무종료 후에 지체 없이 지급하여야 한다(제656조 제1항). 이러한 보수는 보수액의 2분의 1 상당액 이상을 압류할 수 없고(민사집행법 제246조 제1항 제4호), 보수채권은 3년의 단기소멸시효에 걸린다(제163조 제1호 및 근로기준법 제48조). 특히 임금, 퇴직금, 재해보상금 등의 채권은 사용자의 총재산에 대하여 질권 또는 저당권에 의해 담보된 채권을 제외하고 조세·공과금 및 다른 채권에 우선하여 변제되어야 한다(근로기준법 제37조 제1항).

② **노무급부청구권을 제3자에게 양노하시 않을 의무**

사용자는 노무자의 동의 없이 노무급부청구권을 타인에게 양도할 수 없다(제657조 제1항). 만약 사용자가 이를 위반한 경우 노무자는 계약을 즉시 해지할 수 있다(제657조 제3항).

③ **안전배려의무**

노무자의 성실의무에 대응하여 사용자는 노무자의 생명·신체·건강 등의 안전을 보호할 안전배려의무를 부담한다.[745] 이는 부수적 의무로 이해되지만, 노무자의 신체와 건강을 해치지 않을 소극적 의무에 그치지 않고 생산시설이나 기계설비 등 작업환경으로부터 노무자를 안전하게 보호하기 위한 적절한 조치를 강구해야 할 적극적 의무를 포함한다. 사용자가 자신의 귀책사유로 안전배려의무를 위반한 경우에는 채무불이행책임을 져야 한다.

(4) 고용계약의 종료

1) 고용기간의 만료와 묵시적 갱신

고용기간을 약정한 경우에는 그 기간의 만료로 고용계약은 종료한다. 그러나 당사자의 약정에 의하여 고용관계를 갱신할 수 있으며, 경우에 따라서는 묵시적 갱신(제662조 제1항 본문)이 되는 경우도 있다.

즉, 고용기간이 만료한 후 노무자가 계속하여 그 노무를 제공하는 경우에, 사용자가 상당한 기간 내에 이의를 하지 않은 때에는 전고용과 동일한 조건으로 다시 고용한 것으로 본다(662조 제1항 본문). 판례는 사용자가 2개월 간 이의를 제기하지 않은 경우에 묵시적 갱신을 인정하였다.[746] 여기서 갱신된 고용계약의 고용기간이 어떻게 되는 지가 문제된다.

우선 갱신된 고용계약은 '기간의 약정이 없는 계약'으로 보는 견해가 있다.[747] 그 이유는 민법 제662조 제1항 단서가 민법 제660조에 의한 해지권을 인정하고 있는바, 민법 제660조는 고용기간의 정함이 없는 것을 전제로 하고 있기 때문이라고 한다.

생각건대, 제662조 제1항 본문의 규정상 고용기간은 종전과 동일한 것으로 보아야 한다. 즉, 묵시적 갱신으로 고용기간은 종전의 고용계약과 동일한 것으로 보되 다만 제662조 제1항 단서의 규정상 당사자에게 제660조의 규정에 의하여 해지권이 인정된 것으로 보는 것이다. 그러므로 고용계약이 묵시적으로 갱신된 경우, 당사자는 제660조에 의하여 해지의 통고를 할 수 있다(제662조 제1항 단서). 따라서 어느 학설에 의하더라도 실질적인 차이가 발생하지 않는다고 하겠다.[748] 그러나 판례에 의하면 부득이한 사유가 없는 한 해지통고를 할 수 없다고 하는 점에서는 차이가 있다.

---

745) 대판 2001.7.27, 99다56734 등 참고.

746) 대판 1998.11.27, 97누14132.

747) 곽윤직, 『채권각론』, 박영사, 1995, 398면; 이은영, 『채권각론』, 박영사, 2005, 383면; 김형배, 『민법학강의』, 신조사, 2012, 1458면; 그러나 이견(대판 1986.2.25, 85다카2096은 '연장계약기간도 이전의 계약에서와 같이 되었다고 보아야 하며, 이에 반하는 주장을 하는 경우 그 주장자에게 증명책임이 있다.'고 하였다)이 있다.

748) 곽윤직, 『민법주해(XV) 채권(8)』, 박영사, 2009, 424면.

이러한 묵시의 갱신이 있는 경우에는 전 고용에 대하여 제3자가 제공한 담보는 기간의 만료로 인하여 소멸한다(제662조 제2항).

2) 통고기간부 해지

고용기간의 약정이 없는 때에는 각 당사자는 언제든지 해지통고를 할 수 있다(제660조 제1항). 이 경우 해지의 효력은 상대방이 해지통고를 받은 날로부터 1월이 경과해야 발생하고, 기간으로 보수를 정한 때에는 상대방이 해지통고를 받은 당기 후의 1기가 지나야 해지의 효력이 발생한다(제660조 제2항, 제3항).

고용기간의 약정이 있더라도 3년을 넘거나 또는 당사자 일방이나 제3자의 종신까지 계속하는 것으로 되어 있을 때에는 각 당사자는 3년이 지난 후에는 언제든지 해지통고를 할 수 있다(제659조 제1항). 이 경우 해지의 효력은 그 해지통고를 받은 날로부터 3월이 경과한 때 발생한다(제659조 제2항). 이는 오랜 기간 인적지배 및 종속관계로부터 노무자를 해방시키기 위한 특별규정이라고 이해된다.

3) 즉시해지

사용자가 근로자의 동의 없이 노무제공청구권을 제3자에게 양도하거나, 노무자가 사용자의 동의 없이 제3자로 하여금 자기에 갈음하여 노무를 제공하게 한 때에는 각 당사자는 계약을 해지할 수 있다(제657조).

천재지변 등으로 고용관계를 계속시킬 수 없는 부득이한 사유가 있는 때에도 각 당사자는 고용기간의 약정여부와 관계없이 계약을 해지시킬 수 있으며(제661조 본문), 그 사유가 당사자 일방의 과실로 인하여 생긴 때에는 상대방은 손해배상을 청구할 수 있다(제661조 단서). 사용자가 파산선고를 받은 경우에는 고용기간의 정함이 있는 때에도 노무자 또는 파산관재인은 즉시 계약을 해제할 수 있지만, 이 경우 각 당사자는 해지로 인한 손해배상을 상대방에게 청구하지 못한다(제663조 제2항).

4) 노무자의 사망

노무자가 사망하면 고용은 종료하지만(제657조의 유추해석), 사용자의 사망은 고용을 종료시키지 않는 것이 원칙이다. 그러나 사용자를 간호하거나 교수하는 것과 같이 사용자의 개성에 중점을 두고 있는 경우에는 고용은 종료한다.

[문제 29]

甲은 乙회사에 입사하여 잉크 및 인쇄재료 등을 甲소유의 봉고차량를 이용하여 회사 거래처에 배달하는 운전기사로 근무하였다. 그런데 乙회사에는 물품보관창고가 없어 거래처가 근거리면 그 날 물품을 그 봉고차량에 적재하여 배달하고, 장거리이면 전날 물품을 같은 봉고차량에 적재하여 보관한 후 거래일 아침에 배달하였다. 그러던 어느 날 저녁 무렵 다음날 장거리 거래처에 배달할 물품으로 인화성 물질인 다량의 인쇄재료 등을 그 봉고차량에 적재한 후, 다음날 아침 일찍 출차하는 조건으로 회사빌딩 경비원의 허락하에 회사빌딩 내 주차장에 주차한 다음, 차량 열쇠를 휴대한 채 회사직원 3명과 함께 회사사무실 근처에 있는 음식점에서 회식을 하면서 소주를 나누어 마시고 다시 근처에 있는 술집으로 자리를 옮겨 술을 마셨다. 그날 9시 50분경 甲은 술집을 혼자 빠져나와 밤 10시 10분경 혈중알코올농도 0.161%의 술에 취한 상태에서 다음날 배달할 물건이 적재된 그 봉고차량을 운전하여 귀가하다가 서울시내에서 그 봉고차량이 전복되는 사고를 일으켜, 그 봉고차량에 적재되어 있던 인화성 물질이 바닥에 떨어지면서 발생한 화재로 전신화상을 입고 입원치료를 받았으나 심한 화상으로 인한 진균 패혈증 및 쇼크 등으로 결국 사망하였다.

(질문)

위 사례에서 乙은 근로계약상 부수적 의무로서 甲의 안전에 대한 보호의무(안전배려의무)를 지는가? 및 그 보호의무 위반으로 인한 손해배상책임이 인정되는가?

(참조판례) 대판 2006.9.28, 2004다44506.

[문제 30]

甲은 乙사의 사업장에서 월급여 200만원에 1년간 근로하기로 약정하였다. 그러나 공용기간 1년이 만료된 후에도 甲은 현재 14개월째 근무하고 있다. 한편 乙사는 20명을 감원하면서 甲에게 고용관계해지의 통고를 하였다.

(질문)

위 사례에서 乙사의 해지통고는 민법상 인용될 수 있는가?

(참조판례) 대판 1986.2.25, 85다카2096.

[문제 29] 해설

사용자 乙은 근로계약에 수반되는 신의칙상의 부수적 의무로서 피용자 甲이 노무를 제공하는 과정에서 생명, 신체, 건강을 해치는 일이 없도록 인적·물적 환경을 정비하는 등 필요한 조치를 강구하여야 할 보호의무를 부담하고, 이러한 보호의무를 위반함으로써 피용자가 손해를 입은 경우 이를 배상할 책임이 있다(대판 1999.2.23. 97다12082; 대판 2000.5.16. 99다47129 등 참조).

그러나 이러한 보호의무 위반을 이유로 사용자에게 손해배상책임을 인정하기 위하여는 특별한 사정이 없는 한, 그 사고가 피용자의 업무와 관련성을 가지고 있을 뿐만 아니라 또한 그 사고가 통상 발생할 수 있다고 하는 것이 예측되거나 예측할 수 있는 경우라야 할 것이고, 그 예측가능성은 사고가 발생한 때와 장소, 사고가 발생한 경위 기타 여러 사정을 고려하여 판단하여야 한다(대판 2001.7.27. 99다56734 등 참조).

사안에 의하면, 비록 甲이 평소 乙 등의 묵인 또는 방임하에 퇴근시 가끔 이 사건 차량을 이용하였고, 사고 당일 이 사건 차량의 운행 목적에 퇴근의 편의 외에 다음날 물품배달을 위한 의사가 일부 포함되어 있다고 하더라도, 이 사건 사고는 업무종료 후에 발생하였고, 퇴근 후 직원들끼리 가진 회식은 그 참석이 강제된 것이 아니었던 사실, 사고 당시 이 사건 차량 운행의 주된 목적은 다음날 물품을 배달하기 위한 것이라기보다는 퇴근의 편의에 있었고, 甲은 퇴근 후 회식자리로 가면서 다음날 출차한다는 조건으로 특별히 회사빌딩 경비원의 승낙을 받아 회사빌딩 내 주차장에 이 사건 차량을 주차하였음에도 회식자리에서의 음주로 인한 0.161%의 주취상태에서 무리하게 이 사건 차량을 출차하여 임의로 운행하다가 사고를 일으킨 사실을 알 수 있다.

이러한 사실들을 종합하면, 이 사건 사고와 甲의 업무 사이에 관련성이 있다고 보기는 어렵고, 따라서 乙에 대하여 보호의무불이행으로 인한 손해배상책임을 인정할 수는 없다.

[문제 30] 해설

Ⅰ. 논점의 소재

甲과 乙의 계약은 고용계약으로 1년의 기간이 도과하였음으로 그 이후의 甲의 근무가 묵시적 갱신에 해당하는 지 여부가 문제시된다. 묵시적 갱신에 해당한다면, 그 갱신된 고용의 존속기간은 어떠한지, 사용자 乙의 660조에 의한 해지의 통고가 정당한지의 여부가 문제시 된다.

Ⅱ. 고용의 종료

(1) 고용기간의 종료

당사자가 고용기간을 정한 후에는, 그 기간의 만료로 고용은 종료한다.

1) 묵시적 갱신

고용기간이 만료한 후 노무자가 계속하여 그 노무를 제공하는 경우에, 사용자가 상당한 기간 내에 이의를 하지 않은 때에는 전고용과 동일한 조건으로 다시 고용한 것으로 본다(662조 제1항 본문). 판례는 사용자가 2개월 간 이의를 제기하지 않은 경우에 묵시적 갱신을 인정하였다(대판 1998.11.27, 97누14132). 여기서 갱신된 고용계약의 고용기간이 어떻게 되는 지가 문제된다.

우선 갱신된 고용계약은 '기간의 약정이 없는 계약'으로 보는 견해가 있다.[749] 그 이유는 민법 제662조 제1항 단서가 민법 제660조에 의한 해지권을 인정하고 있는바, 민법 제660조는 고용기간의 정함이 없는 것을 전제로 하고 있기 때문이라고 한다.

생각건대, 제662조 제1항 본문의 규정상 고용기간은 종전과 동일한 것으로 보아야 한다. 즉, 묵시적 갱신으로 고용기간은 종전의 고용계약과 동일한 것으로 보되 다만 제662조 제1항 단서의 규정상 당사자에게 제660조의 규정에 의하여 해지권이 인정된 것으로 보는 것이다. 그러므로 고용계약이 묵시적으로 갱신된 경우, 당사자는 제660조에 의하여 해지의 통고를 할 수 있다(제662조 제1항 단서).

따라서 어느 학설에 의하더라도 실질적인 차이가 발생하지 않는다고 하겠다.[750] 그러나 판례에 의하면 부득이한 사유가 없는 한 해지통고를 할 수 없다고 하는 점에서는 차이가 있다.

이러한 묵시의 갱신이 있는 경우에는 전 고용에 대하여 제3자가 제공한 담보는 기간의 만료로 인하여 소멸한다(제662조 제2항).

(2) 해지의 통고(통고기간부 해지)

고용기간의 약정이 없는 때에는, 당사자는 언제든지 계약해지의 통고를 할 수 있다(제660조 제1항).

이 해지통고가 있으면 상대방이 해지의 통고를 받은 날로부터 1개월이 경과한 때에 해지의 효력이 생긴다(제660조 제2항). 그러나 기간으로 보수를 정한 경우에는 상대방이 해지의 통고를 받은 당기 후의 1期를 경과한 때에 해지의 효력이 생긴다(제660조 제3항).

고용의 약정기간이 3년을 넘거나 당사자의 일방 또는 제3자의 종신까지로 된 때에는, 각 당사자는 3년을 경과한 후 언제든지 계약해지의 통고를 할 수 있다(제659조 제1항). 이 경우에는 상대방이 해지의 통고를 받은 날로부터 3개월이 경과한 때에 해지의 효력이 생긴다(제659조 제2항).

(3) 즉시해지

고용기간의 약정이 있는 경우에도 부득이한 사유가 있는 때에는, 각 당사자는 계약을 해지 할 수 있다(제661조 본문). 그러나 사유가 당사자의 일방의 과실로 인하여 생긴 때에는, 상대방에 대하여 손해를 배상하여야 한다(제661조 단서).

판례는 제661조 소정의 '부득이한 사유'에 대하여 고용계약을 존속시켜 그 이행을 강제하는 것이 사회통념상 불가능한 경우를 말한다고 판시하였다(대판 2004.2.27, 2003다51675).

사용자가 파산선고를 받은 경우에는 고용기간의 약정이 있는 때에도, 노무자 또는 파산관재인은 계약을 해지할 수 있다(제663조 제1항). 이 경우에는 각 당사자는 계약해지로 인한 손해의 배상을 청구하지 못한다(제663조 제2항).

---

749) 곽윤직, 『채권각론』, 박영사, 1995, 398면; 이은영, 『채권각론』, 박영사, 2005, 383면; 김형배, 『민법학강의』, 신조사, 2012, 1458면; 그러나 이견이 있다(대판 1986.2.25, 85다카2096은 '연장계약기간도 이전의 계약에서와 같이 되었다고 보아야 하며, 이에 반하는 주장을 하는 경우 그 주장자에게 증명책임이 있다.'고 하였다).

750) 곽윤직, 『민법주해(XV) 채권(8)』, 박영사, 2009, 424면.

Ⅲ. 사안의 해결

사례의 경우 사용자가 2개월 이상의 이의를 제기하지 않은 경우, 판례[751]의 태도를 비추어 볼 때 사안은 묵시적 갱신에 해당한다고 보아야 할 것이다(제662조).

따라서 이때의 고용의 반대급부인 보수는 앞선 고용과 같은 월급 200만원으로 보는 데 이의가 없을 것이다. 묵시적으로 갱신된 고용계약상 甲과 乙의 고용연장기간은 특단의 사정이 없는 한 당초의 고용기간과 같은 1년으로 연장됨으로, 현재 2개월이 지난 상태라 할 것이다.

한편 학설에 의하면 묵시적으로 갱신된 계약의 각 당사자는 제660조의 규정에 의하여 '언제든지' 계약해지의 통고를 할 수 있으므로(제662조 제1항 단서), 乙의 해지통고는 유효하다고 할 수 있고, 甲이 해지통고를 받은 달 후에 1기가 지나면 해지의 효력이 발생한다.[752] 따라서 乙의 해지통고는 인용된다. 그러나 판례에 의하면 부득이한 사유가 없는 한, 乙은 해지통고를 할 수 없다고 한다.

[문제 29], [문제 30] 관련 판례: [관판 29, 30]

◎ **대판 2006.9.28, 2004다44506【손해배상(산)등】**

【판시사항】

[1] 사용자가 근로계약상 부수적 의무로서 피용자의 안전에 대한 보호의무를 지는지 여부(적극) 및 그 보호의무 위반으로 인한 손해배상책임이 인정되는 경우

[2] 회사 차량으로 배달업무를 담당하던 피용자가 직원들과의 회식을 마친 후 음주상태에서 차량을 운전하여 귀가하다가 전복 사고를 일으켜 차량에 적재되어 있던 인화물질로 발생한 화재로 사망한 사안에서, 그 전복·화재사고와 피용자의 업무 사이에 관련성이 없다는 이유로 사용자의 보호의무 위반으로 인한 손해배상책임을 부정한 사례

【주 문】

원심판결 중 피고 패소 부분을 파기하고, 이 부분 사건을 서울고등법원에 환송한다.

【이 유】

1. 상고이유 제1점에 대하여

원심은 그 채택 증거를 종합하여, 소외 1은 2001.9.12. 서울시내 소재 피고 운영의 소외 상사에 입사하여 잉크, 인쇄재료 등을 피고 소유의 봉고차량(이하 '이 사건 차량'이라 한다)을 이용하여 그 거래처에 배달하는 운전기사로 근무하였는데, 소외 상사에 물품을 보관할 창고가 없어 거래처가 서울시내 등 근거

---

751) 대판 1998.11.27, 97누14132.

752) 김형배, 『민법학강의』, 신조사, 2012, 1458면.

리일 경우 그 날 물품을 차량에 적재하여 배달하고, 서울 시외의 장거리일 경우 전날 물품을 차량에 적재하여 보관한 후 거래일 아침에 배달해 온 사실, 소외 상사 내 주차장에는 화물자동차를 주차할 수 없도록 하고 있을 뿐만 아니라 소외 상사에 달리 차량을 주차할 주차장이 없었으므로, 소외 1은 이 사건 차량의 열쇠를 휴대하면서 소외 상사빌딩 근처에 주차하거나 이 사건 차량을 이용하여 퇴근한 후 자택 부근에 주차하였고, 서울 시외 등 장거리 거래처로 배달을 나갈 경우에는 그 전날 물품을 적재한 채 이 사건 차량으로 퇴근하여 자택 부근에 주차하기도 한 사실, 소외 1은 이 사건 차량을 출·퇴근 등에 임의로 이용하는 과정에서 2001.10.6.경 음주운전으로 교통사고를 낸 일이 있고, 이로 인하여 피고로부터 차량운행의 제지를 받기도 하였으나, 그 이후에도 이 사건 차량을 계속 출·퇴근 등에 임의로 이용한 사실, 소외 1은 2001.10.31. 저녁 무렵 다음날 장거리 거래처에 배달할 물품인 이소프로필알코올(특 IPA) 47통(17ℓ/통, 합계 799ℓ), 카스백색 200kg, 진로이슬소주 무광미 400kg, 선우이슬소주 초 100kg, 세척제(스타워시) 3두(두), 브랑켓 5정 등을 이 사건 차량에 적재한 후, 다음날 아침 일찍 출차하는 조건으로 소외 상사빌딩 경비원의 허락하에 소외 상사빌딩 내 주차장에 주차한 다음, 차량 열쇠를 휴대한 채 소외 상사 직원인 소외 2, 3, 4와 함께 사무실 근처에 있는 음식점에서 회식을 하면서 소주를 나누어 마시고 다시 근처에 있는 술집으로 자리를 옮겨 생맥주를 마시던 중, 21:50경 그곳을 빠져나와 22:10경 혈중알코올농도 0.161%의 술에 취한 상태에서 다음날 배달할 물건이 적재된 이 사건 차량을 운전하여 귀가하다가 서울 시내에서 진행방향 우측도로 연석을 충돌하고 왼쪽으로 전복되는 사고를 일으켜, 차량에 적재되어 있던 이소프로필알코올 등 인화성 물질이 바닥에 떨어지면서 발생한 알코올 등의 누출로 인한 화재로 전신화염화상 70% 및 흡입손상을 입고 치료를 받다가 2001.12.15. 08:20경 화상으로 인한 진균 패혈증 및 쇼크, 호흡부전에 의한 다발성 장기부전으로 사망한 사실을 인정하였는바, 기록에 비추어 살펴보면, 이러한 원심의 사실인정은 옳고, 거기에 채증법칙을 위배하여 사실을 오인하거나 심리를 미진한 위법이 있다고 할 수 없다.

2. 상고이유 제2점에 대하여

원심은 위 인정 사실에 기초하여, 소외 1이 소외 상사에 입사한 이후 이 사건 차량을 업무용뿐만 아니라 사실상 출·퇴근용으로도 이용하여 왔고, 특히 다음날 서울 시외 등 장거리 거래처로 배달할 경우 이 사건 차량에 배달할 물품을 적재한 채 퇴근한 후 다음날 아침에 바로 거래처로 배달한 점, 소외 1이 이 사건 사고 당시까지 차량 열쇠를 휴대하면서 물품의 적재 여하를 불문하고 이 사건 차량을 사실상 출·퇴근용으로 이용하는 것에 대하여 피고가 묵인하거나 사실상 방치한 것으로 보이는 점, 소외 상사는 이 사건 사고 당일 실장인 소외 2를 중심으로 전직원이 회식을 하게 되면서 소외 1이 이 사건 차량을 운전할 여건이 되지 않아 부득이 소외 상사빌딩 경비원에게 부탁하여 빌딩내 주차장에 이 사건 차량을 주차하게 된 점, 소외 1은 회식을 하면서 취할 정도로 음주를 하였으나 다음날 안성시 소재 거래처에 배달을 하여야 하기 때문에 평소대로 이 사건 차량을 운전하여 귀가하다가 이 사건 사고를 일으킨 점, 이 사건 차량에 대부분의 주변온도에서 발화할 수 있고 점화원이 존재하는 경우 상온에서도 화재가 일어날 수 있는 위험물인 이소프로필알코올 799ℓ가 적재하게 되었으므로, 사업주인 피고로서는 이러한 위험물을 운반차량에 적재함에 있어 알코올이 샐 우려가 없는 견고한 운반용기에 밀봉한 후 이를 다시 불활성의 완충재를 채운 외장용기에 수납하여야 함은 물론 재해발생의 우려가 높은 다른 휘발성 화학물질을 함께 적재하지 아니하여야 하고, 위험물이 낙하되거나 추락되는 일이 없도록 견고하게 결박하여야 함에도, 이에 미치지 못하는 17ℓ 용량의 플라스틱용기 47개에 담으면서 밀봉을 소홀히 하였을 뿐만 아니라 외장용기에 수납도 하지 아니하고, 더욱이 다른 휘발성 화학물질과 함께 적재하면서 이들을 견고하게 결박하지도 않은 상태로 적재해 놓은 결과, 이 사건 사고 당시 알코올이 흘러나오면서 화재가 발생하여 순식간에 이 사건 차량 및 주변이 화염에 휩싸여 소외 1이 중상을 입고 사망에 이르게 된 점 등에 비추어, 피고는 그 사업을 수행하면서 사용·지배하고 있는 이 사건 차량에 위험물을 적재함에 있어, 그 업무수행은 물론 출·퇴근시에도 피고의 사실상의 묵인 또는 방치하에 이 사건 차량을 운행하여 온 소외 1로 하여금 운전과정에서 피해를 당하지 않도록 보호하고 안전을 배려하여야 할 의무가 있음에도 불구하고, 이러한 보호의무를 다하지 못한 결과 소외 1이 이 사건 사고로 사망에 이른 것이므로 피고는 소외 1 및 그 유족들인 원고들의 손해를 배상할 책임이 있다고 판단하였다.

그러나 이러한 원심의 판단은 다음과 같은 이유로 수긍하기 어렵다.

사용자는 근로계약에 수반되는 신의칙상의 부수적 의무로서 피용자가 노무를 제공하는 과정에서 생명, 신체, 건강을 해치는 일이 없도록 인적·물적 환경을 정비하는 등 필요한 조치를 강구하여야 할 보호의무를 부담하고, 이러한 보호의무를 위반함으로써 피용자가 손해를 입은 경우 이를 배상할 책임이 있으나 (대판 1999.2.23. 97다12082; 대판 2000.5.16. 99다47129 등 참조), 보호의무 위반을 이유로 사용자에게 손해배상책임을 인정하기 위하여는 특별한 사정이 없는 한 그 사고가 피용자의 업무와 관련성을 가지고 있을 뿐만 아니라 또한 그 사고가 통상 발생할 수 있다고 하는 것이 예측되거나 예측할 수 있는 경우라야 할 것이고, 그 예측가능성은 사고가 발생한 때와 장소, 사고가 발생한 경위 기타 여러 사정을 고려하여 판단하여야 한다(대판 2001.7.27. 99다56734 등 참조). 기록에 의하면, 비록 소외 1이 평소 피고 등의 묵인 또는 방임하에 퇴근시 가끔 이 사건 차량을 이용하였고, 사고 당일 이 사건 차량의 운행 목적에 퇴근의 편의 외에 다음날 물품배달을 위한 의사가 일부 포함되어 있다고 하더라도, 이 사건 사고는 업무 종료 후 발생하였고 퇴근 후 직원들끼리 가진 회식은 그 참석이 강제된 것이 아니었던 사실, 사고 당시 이 사건 차량 운행의 주된 목적은 다음날 물품을 배달하기 위한 것이라기보다는 퇴근의 편의에 있었고, 소외 1은 퇴근 후 회식자리로 가면서 다음날 출차한다는 조건으로 특별히 소외 상사빌딩 경비원의 승낙을 받아 소외 상사빌딩 내 주차장에 이 사건 차량을 주차하였음에도 회식자리에서의 음주로 인한 0.161%의 주취상태에서 무리하게 이 사건 차량을 출차하여 임의로 운행하다가 사고를 일으킨 사실을 알 수 있으므로, 이러한 사실들을 종합하면, 이 사건 사고와 소외 1의 업무 사이에 관련성이 있다고 보기는 어렵고, 따라서 피고에 대하여 보호의무 불이행으로 인한 손해배상책임을 인정할 수는 없다고 할 것이다. 그럼에도 불구하고, 피고에 대하여 보호의무 불이행으로 인한 손해배상책임을 인정한 원심판결에는 보호의무 위반 등 채무불이행으로 인한 손해배상책임에 관한 법리를 오해한 위법이 있고, 이는 판결 결과에 영향을 미쳤음이 명백하다. 이 점을 지적하는 상고이유의 주장은 이유 있다. 다만 기록에 의하면, 원고들은 선택적으로 피고에 대하여 소방법 위반 등 불법행위에 기한 손해배상청구를 하고 있으므로 환송 후 원심으로서는 피고의 소방법 등 법령위반 여부 및 이 사건 사고와 피고의 소방법 등 법령 위반과 사이에 상당인과관계가 있는지 여부 등에 관하여 심리한 다음 위 선택적 청구에 의한 손해배상책임이 있는지에 대하여도 나아가 판단하여야 할 것이다.

3. 결 론

그러므로 나머지 상고이유에 대한 판단을 생략한 채 원심판결 중 피고 패소부분을 파기하고, 이 부분 사건을 다시 심리·판단하게 하기 위하여 원심법원에 환송하기로 하여 관여 법관의 일치된 의견으로 주문과 같이 판결한다.

◎ 대판 1986.2.25, 85다카2096【손해배상】

【판시사항】

가. 특정기능보유자의 고용계약만료후의 일실이익 산정기준

나. 고용계약이 묵시로 갱신된 경우, 그 연장기간

【판결요지】

가. 특정기능보유자가 그 고용계약의 정함이 있는 경우, 그 고용계약기간내에 불법행위로 인하여 노동력의 전부 또는 일부를 상실하였을 때 그 고용계약 만료 이후의 장래의 직업이나 그 수익을 정하기란 지극히 모호하고 막연한 것이기는 하나 특정기능보유자가 그 보유기능과 유사한 직업에 종사하여 그에 상응하는 수익을 얻을 수 있을 것임은 당연한 이치이고 이와 같은 수익을 산정함에는 가장 개연성 있는 보다 진실에 가까운 합리적 자료에 따를 수밖에 없을 것이므로 원심이 건설물가월보 기재의 건설노임단가에 의하여 그 일실이익을 산정하였다 하여 위법이라 할 수는 없다.

나. 민법 제662조에 의하면 고용계약이 만료된 후 노무자가 계속하여 노무를 제공하는 경우에 사용자가 상당한 기간내에 이의를 하지 아니한 때에는 앞의 고용계약과 동일한 조건으로 고용한 것으로 보게 되어 있으므로 당초의 해외취업계약기간이 1년이었다면 그 연장계약기간도 특단의 사정이 없는 한 1년으로 연장되었다고 보아야 하며 이에 반하는 주장을 하는 경우, 그 주장자에게 입증책임이 있다.

9. 도급계약

(1) 도급계약의 의의와 성립 및 법적성질

도급은 당사자의 일방(수급인)이 어떤 일을 완성할 것을 약정하고, 상대방(도급인)이 그 일의 결과에 대하여 보수를 지급할 것을 약정함으로써 성립하는 낙성·불요식의 쌍무·유상계약이다(제664조).

양당사자가 약정한 일의 완성을 위하여 어떠한 노무를 어떻게 제공하느냐는 수급인에게 전적으로 맡겨져 있고, 또한 일을 완성하기까지의 사이에 생기는 위험도 역시 수급인이 부담하는 것이 원칙이라는 점에서 고용·현상광고·위임과 구별된다.

그리고 도급은 유형적인 일의 완성을 급부내용으로 하는 도급계약과 무형적인 일의 완성을 급부내용으로 하는 도급계약으로 크게 구별되고 있다. 예컨대, 대체로 유형적인 일의 완성을 급부내용으로 하는 토목계약, 건축계약, 선박건조계약 등의 도급계약이 큰 비중을 차지하나, 최근에는 무형적인 일의 완성을 급부내용으로 하는 출판계약, 출연계약, 연구의뢰계약, 용역계약 등의 새로운 도급계약이 등장하고 있다.

(2) 도급의 법률효과

1) 수급인의 의무

① 일의 완성의무 및 완성물 인도의무

수급인은 일을 완성할 의무로부터 적당한 시기에 일의 착수하여 계약에서 정한 내용의 일을 완성할 의무가 있다. 도급의 목적물인 일이 유형의 것인 때는 그 완성물을 도급인에게 인도할 의무가 있다. 이 경우 보통 도급인은 수급인이 일을 완성하여 자신에게 인도한 일이 계약에 합치하는지를 점검하게 된다.[753] 그리고 수급인이 일의 완성한 후 도급인에게 점유이전을 할 필요가 없는 경우에도 도급인의 점검이 행하여진다. 그러나 이와 같은 도급인의 검수의무를 우리 민법은 적극적으로 규정하고 있지 않지만, 학설은 도급인이 목적물을 수취하는 것은 단순

753) (구)독일 민법 제640조 제1항은 적극적으로 도급인에게 검수의무를 부과한다.

히 사실적으로 점유를 이전받는데 그치는 것이 아니라 점검을 통한 수령 즉 검수를 뜻한다고 본다.[754)]

② 부수적 의무

도급의 성질상 필요하다면 수급인은 도급인과 상의하거나 정보를 제공해야 할 부수적 의무를 부담한다. 제669조 단서 및 제672조에 규정된 수급인의 고지의무, 운송도급계약에서의 보호의무 등이 그 예이다.

③ 수급인의 담보책임

유상계약인 도급계약도 제567조에 의하여 매도인의 담보책임에 관한 규정이 준용될 수 있는지가 문제될 수 있겠지만, 매매와 전혀 성질을 달리하는 도급계약의 특성상 수급인의 담보책임에 관한 특별규정(제667조 이하)을 두고 있다.

즉, 도급에서는 매매와는 달리 수급인이 스스로 일을 완성하여야 할 채무를 부담하므로 완성된 결과에 하자가 있는 경우에는 가능한 이를 보수하여 자기의 채무를 이행하여야 한다(제667조 제1항). 따라서 수급인은 계약내용에 합치되는 결과를 하자 없이 완성할 채무를 부담하므로 수급인의 담보책임은 채무불이행책임이라는 측면이 강하게 부각되는 특성을 지닌다. 이와 같은 수급인의 담보책임은 수급인의 불완전이행에 의해서 도급인에게 발생된 유상계약상의 불균형상태와 불이익을 제거하기 위한 제도라고 할 수 있다.[755)] 또한 수급인의 하자담보책임의 내용 중 손해배상책임(제667조 제2항)도 수급인의 일을 완성해야 할 행위의무의 성질로부터 그 내용이 규명되어야 한다.[756)]

생각건대, 수급인의 담보책임으로서의 손해배상책임은 수급인의 일을 완성할 채무와의 규범적 관련 하에서 그 성질 및 범위를 판단해야 한다. 매도인은 만들어진 목적물의 재산권을 이전하여야 하지만, 수급인은 매매에서와는 달리 목적물을 제조·완성하여야 한다.

따라서 매매에서 인도된 목적물에 하자가 있는 때에는 유상관계의 균형성유지라는 관점에서 매수인이 대금감액을 청구하는 것이 담보책임의 중심내용이 되지

---

754) 곽윤직, 전게서, 307면; 김주수, 전게서, 387면; 김형배, 전게서, 618면·642면; 임정평, 전게서, 436면.

755) 김형배, 전게서, 622면.

756) 수급인의 하자담보책임 중 손해배상책임은 과실을 전제로 하는 것은 아니나, 일반 채무불이행책임에 가까운 책임으로 구성되는 것이 옳을 것이다. 이와 같은 수급인의 손해배상책임의 특성은 손해배상의 범위를 정하는 경우에 구체적으로 고려되어야 한다고 한다(김형배, 상게서, 627면).

만, 도급에 있어서는 하자보수(이행행위의 연장)가 담보책임의 주된 내용이 된다. 그리고 도급의 경우에는 그 채무에 관한 행위의무의 성질상 목적물의 하자와 수급인의 행위 사이에 인과관계가 존재한다. 물론 이와 같은 인과관계는 수급인의 귀책사유로 인한 것과 그렇지 않은 것이 있다. 그러나 실제에 있어서 이것을 언제나 명확하게 구별할 수는 없을 것이다.

이점에서 제667조 제2항에서 정하고 있는 수급인의 손해배상의무는 매도인의 손해배상의무보다 무겁게, 그러나 수급인에게 명백한 귀책사유가 있는 경우의 손해배상의무보다는 가볍게 파악하고자 한다. 즉, 제667조 제2항이 정한 손해배상의무는 수급인의 담보책임을 정한 것이므로 수급인의 귀책사유(고의·과실)를 묻지 않으나, 매도인의 담보책임과는 그 성질상 구별되어야 한다. 또한 수급인의 귀책사유가 명백하거나 입증된 때에는, 수급인은 제664조와 제390조(또는 제391조) 및 제393조에 의하여 채무불이행책임(하자결과손해를 포함한 이행이익에 대한 손해배상책임)을 부담하기 때문에 이 경우의 손해배상책임과도 구별된다.

따라서 담보책임으로서의 매도인의 손해배상책임은 하자손해 내지 신뢰이익에 그치지만 수급인의 담보책임으로서의 손해배상책임은 더 넓게 해석되어 하자있는 일의 결과와 직접적으로 연관되어 있거나 일의 하자와 밀접한 상관관계에 있는 손해를 의미하는 광의의 하자손해(Mangelschaden im weiteren Sinne)에까지 미친다고 해야 한다.757)

그러나 수급인의 귀책사유가 있는 경우에는 수급인이 이행이익의 손해 내지 하자결과손해를 배상하여야 한다. 즉 수급인이 과책이 있는 때에는 더 넓은 범위의 하자결과손해(weitere order entfernte Mangelfolgeschaden)에 대하여 배상책임을 부담한다. 이는 협의의 진정한 의미의 채무불이행책임을 지는 경우이다.

한편, 제668조에 의한 계약의 해제에도 불구하고 도급인에게 손해가 남았다면, 그 배상을 청구할 수 있는지에 관한 명문규정이 없어 견해의 대립이 있지만, 제668조에 의한 도급계약의 해제시, 해제에도 불구하고 도급인에게 손해가 남았더라도 도급인은 그 배상을 청구할 수 없다. 왜냐하면 제668조의 도급인의 해제권은 무과실책임인 하자담보책임에 속하기 때문에 하자에 대한 수급인의 귀책사유

757) 즉, 수급인의 담보책임으로서의 손해배상책임은 하자손해 및 하자와 밀접한 관련이 있는 (협의의)하자결과손해(nahe Mangelfolgeschaden)에 미친다고 할 수 있다: 정광수, "수급인의 하자담보책임에 관한 연구", 고려대학교 박사학위논문, 1995, 60면 이하; 「수급인은 목적물이 하자로 인하여 훼손된 경우 그 훼손부분을 철거하고 재시공하는 등 복구하는 데 드는 비용 상당액의 손해를 배상할 의무가 있고, 공사도급계약의 목적물인 건물에 하자가 있어 이로 부터 화재가 발생한 경우 그 화재진압시 사용한 물이 유입됨으로서 훼손된 부분을 복구하는 데 드는 비용상당액도 그 하자와 상당인과관계가 있는 손해에 해당한다.」(대판 1996.9.20, 96다4442).

를 전제로 하지 않고 행사할 수 있는 권리이고, 수급인의 귀책사유가 있는 경우에만 제551조(실제로 제390조 및 제393조)가 적용된다고 해석해야 하기 때문이다.

2) 도급인의 의무

도급인은 보수지급의무와 검수의무가 있으며, 나아가 가장 대표적인 부수적 의무로써 도급인이 필요한 재료를 제공하거나, 일정한 지시를 하거나, 일할 장소를 미리 제공해야 하는 등의 협력의무와 수급인이 도급인의 지배 하에 있는 사업장에서 일을 하는 경우에는 수급인의 안전에 대한 도급인의 보호의무(안전배려의무) 등이 있다.

(3) 도급에서의 위험부담

도급에도 위험부담(제537조)에 관한 일반원칙이 적용될 수 있다. 그러나 도급에서는 일정한 보충적 혹은 수정적 해석을 하지 않으면 안 된다. 도급계약상 수급인의 의무는 수급인의 일의 완성→수급인의 목적물 인도(단순한 사실적 점유의 이전 또는 직접점유)→도급인의 점검에 의한 검수[758]라는 과정을 거쳐 이행되므로, 수급인의 위험부담의 법리를 검토하는 데 있어서도 이 과정이 고려되어야 한다.[759] 그러므로 수급인의 위험부담의 문제는 완성된 또는 일부 성취된 목적물이 어느 시점에서 도급인에게 이행된 것으로 볼 수 있느냐 즉, 위험이전의 문제와 관련해서 검토해야 한다. 왜냐하면 도급의 성질을 고려할 때, 이행의 유무는 결국 검수에 의하여 확인되므로 위험이전은 검수시로 해석하여야 할 것이다.[760]

이와 같은 의미에서 다음과 같은 경우를 예상하여 도급에서의 위험부담의 문제를 살펴볼 수 있다.

1) 일의 완성 전에 일부 성취된 목적물이 멸실·훼손된 경우

일의 완성전이라도 일부 성취된 목적물(이하 '기성고'라고 함)이 도급인에게 인

---

758) 도급인이 목적물을 검수한다는 것은 곧 일의 결과가 계약의 내용에 합치한다는 것을 점검을 통하여 승인하면서(계약의 내용에 좇은 이행을 전반적으로 승인하면서), 유체물(목적물)을 받아들이는 것(수취)을 의미한다. 구독일민법(제640조 제1항)에서는 검수의무를 명문으로 규정하고 있으므로, 이 의무를 도급인의 주된 채무라고 하는 것이 독일의 통설이다. 그러나 수취의무를 쌍무적 주채무로 보는 것은 적절치 않다는 견해도 있다: 김형배, 전게서, 642면, 643면 주1)·주2) 등 참조.

759) 김형배, 상게서, 645면 이하.

760) 김형배, 상게서, 649면.

도되어 검수되기 전 또는 후(인도가 필요치 않은 경우에는 검수요구 전 또는 후)에 당사자 쌍방에게 책임없는 사유로 멸실·훼손되어 이행할 수 없게 된 경우, 수급인은 기성고에 해당하는 반대급부를 청구할 수 있는가? 이와 관련하여 우리 민법은 명문규정을 가지고 있지 않다. 그러나 이와 같은 경우에도 우리 민법상 쌍무계약상 위험부담과 위험의 이전에 관한 제537조, 제538조 등의 법률규정들을 유추적용하여 다음과 같이 생각할 수 있다고 본다.

기성고가 도급인의 검수 전에 당사자쌍방의 책임없는 사유로 멸실·훼손되어 이행할 수 없게 된 경우, 기성고의 완성의무는 면하지만, 기성고에 대한 보수청구권은 행사할 수 없다. 즉, 수급인은 반대급부위험을 부담한다. 즉, 제537조를 유추적용하면 수급인은 기성고 부분에 해당하는 보수를 청구할 수 없다. 그러나 기성고가 도급인의 검수 전이라도 도급인의 책임있는 사유로 이행할 수 없게 된 경우 또는 도급인이 기성고에 대한 수급인의 검수요구통지를 받았음에도 불구하고 검수를 지체하던 중에 당사자쌍방의 책임없는 사유로 기성고가 멸실·훼손되어 이행할 수 없게 된 경우에는 수급인은 도급인에게 기성고에 상응하는 보수를 청구할 수 있다(제538조 제1항). 이와 같은 경우에 수급인이 자기의 채무를 면함으로써 이익을 얻은 때에는(예: 면하게 되는 보관비용 등) 이를 도급인에게 상환하여야 한다(제538조 제2항). 한편, 기성고가 도급인의 검수 후에 당사자쌍방의 책임없는 사유로 멸실·훼손되어 이행할 수 없게 된 경우, 반대급부의 위험은 검수한 도급인에게 이전함으로 수급인은 멸실·훼손되어 이행할 수 없게 된 기성고에 상응하는 보수를 청구할 수 있다. 또한 기성고가 도급인의 검수 후에 도급인에게 책임있는 사유로 멸실·훼손되어 이행할 수 없게 된 경우 또는 도급인의 수령지체중에 당사자쌍방의 책임없는 사유로 멸실·훼손되어 이행할 수 없게 된 경우에는 반대급부의 위험은 도급인에게 이전되므로 수급인은 기성고에 상응하는 보수청구권을 잃지 않는다(제538조 제1항). 그러나 이와 같은 경우에도 수급인이 자기의 채무를 면함으로써 이익을 얻은 때에는(예: 면하게 되는 보관비용 등) 이를 도급인에게 상환하여야 한다(제538조 제2항).

2) 일의 완성 후에 목적물이 멸실·훼손된 경우

일의 완성된 후에 완성된 목적물이 도급인에게 인도되어 검수되기 전 또는 후(인도가 필요치 않은 경우에는 검수요구 전 또는 후)에 당사자쌍방의 책임없는 사유로 멸실·훼손되어 이행할 수 없게 된 경우, 반대급부위험은 누가 부담하느냐의 문제 역시 위에서 살펴본 바와 같이 일의 완성 전에 책임없는 사유로 기성고가 멸실·훼손되어 이행할 수 없게 된 경우에 준하여 어느 시점에서 반대급부의 위험이 도급인에게 이전되느냐에 따라 달라진다. 이와 관련하여 또한 우리 민법은 명확한 태도를 취하고 있지 않다. 입법례로서 목적물의 인도시를 기준으로 하는 설(스위스 채무법의 태도)과 인도된 목적물의 검수시를 기준으로 하는 설(독일 민법의 태도) 등이 있다. 전자에 따르면, 수급인이 목적물을 인도할 때까지는 수급인이 보수와 그 비용에 대한 반대급부위험을 부담한다고 한다. 여기서 인도란 단순한 점유이전을 뜻한다. 반면 후자에 따르면, 수급인이 완성된 목적물을 인도하더라도 도급인이 검수할 때까지는(인도가 필요치 않은 경우에는 검수요구를 할 때까지는) 수급인이 여전히 반대급부의 위험을 부담한다. 그런데 우리 민법 제665조는 목적물의 인도와 동시에 혹은 목적물의 인도를 요하지 않는 경우에는 그 일을 완성한 후 지체없이 보수를 지급해야 한다고 규정하고 있어 기본적으로는 인도시설을 취한다고 볼 수 있으나, 도급의 성질을 고려할 때 이행의 유무는 인도시가 아닌 결국 검수에 의하여 확인되므로 위험이전은 검수시로 해석하여야 할 것이다.

따라서 완성된 목적물이 도급인의 검수 전에 당사자쌍방의 책임없는 사유로 멸실·훼손되어 이행할 수 없게 된 때에는 향후 수급인의 일의 완성이 가능한 한 여전히 수급인은 일을 완성하여야 하고 보수 및 보수증액청구권은 행사할 수 없다. 그러나 향후 일의 완성이 불가능한 경우에는 수급인의 일의 완성의무는 면하나 반대급부위험을 부담한다(제537조에 따라 수급인은 완성된 일에 대한 반대급부를 청구할 수 없다 즉, 반대급부위험은 수급인이 부담한다). 그러나 완성된 목적물이 도급인이 검수한 후에 당사자쌍방의 책임 없는 사유로 멸실·훼손되어 이행할 수 없게 된 때에는 일을 완성할 수급인의 의무는 소멸한다(제390조 단서의 반대해석 즉, 급부위험은 도급인이 부담한다). 이 경우에 반대급부의 위험은 검수한 도급인에게 이전함으로 수급인은 완성된 일에 상응하는 보수를 청구할 수 있다. 또한 도급인의 검수 후에 도급인에게 책임있는 사유로 완성된 일이 멸실·훼손되어 이행할 수 없게 된 경우 또는 도급인의 수령지체중에 당사자쌍방의 책임없는 사유로 완성된 목적물이 멸실·훼손되어 이행할 수 없게 된 경우에는 반대급부의 위험은 도급인에게 이전되므로 수급인은 완성된 일에 상응하는 보수청구권을 잃지 않는다(제538조 제1항). 그러나 이와 같은 경우에도 수급인이 자기의 채무를 면함으로써 이익을 얻은 때에는(예: 면하게 되는 보관비용 등) 이를 도급인에게 상환하여야 한다(제538조 제2항).

(4) 도급의 종료

1) 도급인의 해제

① 해제의 비소급효

수급인이 일을 완성하기 전에는 도급인은 언제든지 손해를 배상하고 계약을 해제할 수 있다(제673조). 따라서 수급인이 일을 완성하였으나 아직 인도하지 않은 경우에는 해제할 수 없다. 그리고 제673조에 정한 해제 경우 수급인의 채무불이행을 전제로 하지 않는 해제로써 해제의 사유에는 제한이 없다. 그런 의미에서 통설은 임의해제권이라고 한다.

그러나 도급인의 해제권은 법률규정(제673조)에 의하여 주어진 것이므로 법정해제권이라고 할 수 있으며, 이 규정을 근거로 함이 없이 도급인에 의하여 임의로 행사되는 것이 아니다. 더구나 도급인이 이 규정에 정한 해제권을 행사하기 위해서는 손해배상을 하지 않고 마음대로 해제를 할 수 없기 때문에, 법률규정에 의해 주어지는 법정해제권이다. 또한 이미 일의 부분적인 성취가 있을 때에는 소급효를 인정할 수 없음으로, 이 규정의 해제(Rücktritt)는 해지(Kündigung)로 이해하여야 한다.[761] 그렇다고 도급관계를 계속적 채권관계로 이해[762]할 것은 아니다. 원래 도급은 수급인의 계속적 노무제공의무를 본질로 하지 않기 때문이다.[763]

② 해제의 요건으로서 손해배상

제673조의 해석상 도급인은 해제 시에 손해배상금을 제공하여야 한다. 따라서 도급인의 손해배상은 해제권행사의 요건인 동시에 그 법률효과가 된다. 손해배상의 범위는 수급인이 이미 지급한 비용과 일을 완성하였더라면 얻었을 이익을 합한 것에서 일을 중지함으로서 면하게 된 수급인의 비용을 뺀 액을 기준으로 한다.

2) 도급인의 파산과 이에 따른 해제

도급인이 파산선고를 받은 때에는 수급인 또는 파산관재인은 계약을 해제할 수 있다. 이 경우 수급인은 일의 완성된 부분에 대한 보수 및 보수에 포함되지

761) 동지: 이은영, 전게서, 531면 참고.
762) 김용담, 민법주해 XV, 469면.
763) 김형배, 전게서, 655면.

않은 비용에 대하여 파산재단의 배당에 가입할 수 있다(제674조 제1항). 각 당사자는 상대방에 대하여 계약해제로 인한 손해배상을 청구하지 못한다(제674조 제2항, 제663조, 제637조 등 참조).

[문제 31]

A는 자신이 제시한 설계도(결함이 있는 설계도)대로 가옥을 신축하도록 B와 도급계약을 체결하였다.

(질문)

첫째, B는 위의 A가 제시한 설계도(결함이 있는 설계도)대로 가옥을 신축한 결과, 가옥에 균열이 가고 그로 인한 누수가 발생하였다. 그 결과 A는 예정된 날짜에 입주할 수 없게 되었다. 이 경우 A는 B에게 하자담보책임을 주장할 수 있는가?

둘째, B는 위의 A가 제시한 설계도(결함이 있는 설계도)에 따라서 가옥신축공사를 진행하던 중 지하수가 솟아 나와 이를 감리인 C에게 알렸는데, C가 지하수의 분출은 설계변경을 할 정도의 것이 아니라고 하였다. 따라서 B는 C의 말을 믿고 위 지하수가 그다지 심각한 문제는 아니라고 판단하고 C의 지시에 따라 솟아난 지하수를 밖으로 빼내는 조치만을 취한 채, 위 설계도대로 가옥을 신축하였으나 가옥에 균열이 가고 그로 인한 누수가 발생하여 A는 예정된 날짜에 입주할 수 없게 되었다. 이 경우 A는 B에게 하자담보책임을 주장할 수 있는가?

(참조판례) 대판 1995.10.13, 94다31747, 31754; 대판 1996.5.14, 95다24975 등.

[문제 31] 해설:

Ⅰ. 사례의 쟁점

본 설문 첫째의 경우에 있어서 A(도급인)의 구제방법으로서 B(수급인)에게 하자담보책임의 성립이 문제된다. 일의 완성을 목적으로 하는 도급계약상 수급인에게 무과실책임으로서의 하자담보책임을 물으려면, 완성된 일의 목적물에 하자(제667조 및 제668조)가 있어야 하고, 일의 완성에 있어서의 장애요인(제669조) 및 면책특약(제672조)이 없어야 한다. 물론 수급인의 하자담보책임은 그에 관한 제척기간(제670조 내지 제671조)의 제약을 받는다.

B의 하자담보책임을 묻기 위해서 본 설문상 수급인의 하자담보책임의 성립요건으로서 문제가 되는 것은 일의 완성에 있어서의 장애요인의 부존재이다. 다시 말해서 A가 제시한 설계도대로 가옥을 신축하기로 B와 합의하였기 때문에, 그에 따라서 B가 가옥을 신축하였다면 설계도의 결함에 의하여 하자가 발생한 것으로 보아서 이를 도급인의 지시에 기인한 하자로 볼 수 있는지 아니면 수급인이 지시의 부적당함을 알면서도 이를 도급인에게 고지하지 아니한 경우인지의 여부에 따라서 수급인의 하

자담보책임의 발생이 문제된다.

또한 설문 둘째의 경우에 있어서 B가 위 설계도에 따라서 가옥신축공사를 진행하던 중 지하수가 솟아 나와 이를 감리인 C에게 알렸는데, C의 지시에 따라 그대로 공사를 진행한 경우라면 신축된 가옥에 설계도의 결함으로 인한 하자가 발생하였다고 하더라도 B가 설계도의 부적당함을 알면서 이를 고지하지 아니한 것이라고 할 수 있는가?

여기서 제669조 본문상의 도급인의 「지시」의 존재와 그것의 부적당함에 관한 수급인의 「고지의무」의 발생이 문제된다.

또한 B의 하자담보책임이 성립되는 경우에도 그 내용이 문제된다. 특히 수급인의 하자담보책임의 종류와 손해배상의 범위가 문제된다.

Ⅱ. 수급인의 고지의무와 하자담보책임

1. 수급인의 하자담보책임의 성립요건

수급인은 어느 일을 완성하여 일정한 결과를 실현시키는 것을 주된 채무의 내용으로 한다. 따라서 수급인이 일을 잘못하여 일의 결과에 하자가 있는 경우에는 수급인이 채무를 제대로 이행하지 않은 것이 된다. 수급인은 계약내용에 합치하는 결과를 하자없이 완성할 채무를 지기 때문에, 도급계약상의 수급인의 하자담보책임은 법정책임이 아니라 넓은 의미의 채무불이행책임이다. 즉, 수급인의 하자담보책임은 수급인의 불완전이행(Schlechterfüllung)에 의하여 도급인에게 발생된 쌍무계약상의 불균형상태와 불이익을 제거하기 위한 제도이다. 여기서 하자라 함은 완성된 결과가 합의된 내용에 합치하지 않는다거나, 계약에서 전제된 또는 일반적인 용도에 적합하지 않거나 그와 같은 가치에 미치지 못하는 상태를 의미한다. 이와 같은 수급인의 하자담보책임이 성립하려면 다음과 같은 성립요건을 필요로 한다.

첫째, 완성된 일의 목적물에 하자(예: 설문의 경우 신축가옥에 나타난 균열과 누수 등)가 있어야 한다. 물론 여기서 일의 목적물이라고 함은 수급인의 주된 채무로서 완성된 목적물 또는 완성전의 성취된 부분을 가리킨다(제667조 제1항). 여기서 일의 목적물에는 유형적인 일(예: 건축도급계약에 따른 가옥의 신축 등) 뿐만 아니라 무형적인 일(예: 용역도급계약에 따른 건축사의 건축설계도의 완성 등) 포함한다.

둘째, 일의 완성에 있어서의 장애요인이 없어야 한다. 다시 말해서 하자가 도급인이 제공한 재료의 성질 또는 도급인의 지시에 기인한 때에는 적용하지 아니한다(제669조 본문). 다만 도급인이 제공한 재료의 성질 또는 도급인의 지시(예: 재료지정·설계도양도 등)에 의해서 또는 타수급인의 선급부에 의하여 하자가 발생되는 경우에도, 수급인이 그것들에 관한 검사의무를 위반하거나 또는 그의 전문지식에 근거하여 도급인이 제공한 재료의 성질 또는 지시의 부적당함을 도급인에게 고지하지 않은 경우라면(설문 첫째의 경우), 이와 같은 경우에는 수급인이 책임져야 할 일의 하자로 본다(제669조 단서). 도급인이 제공한 재료의 성질 또는 도급인의 지시에 기인한 하자라는 입증책임은 수급인에게 있다.

셋째, 수급인의 하자담보책임은 과실을 요건으로 하지 않는 무과실책임이다. 따라서 완성된 건물에 객관적인 하자인 균열 또는 그로 인한 누수가 재료의 무용성에 기인하거나 또는 하자발생의 원인이 불명확한 경우에도 하자는 수급인의 과책과 무관하게 책임져야 할 일의 하자에 속한다. 다만 수급인이 일을 완성할 당시의 기술수준의 한계상 불가피한 하자의 발생에 대해서는 수급인은 담보책임을 부담하지 않는다. 그 이유는 그와 같은 하자는 하자담보책임을 발생시키는 요건으로서의 하자개념속에 전제된 객관적으로 요구되는 기술수준의 한계를 넘어섰기 때문이다.

넷째, 수급인이 하자담보책임을 지지 않는다는 면책특약이 없어야 한다. 다만 수급인은 면책특약을 할 수 있지만, 수급인이 알고 고지하지 아니한 사실에 대한 면책특약은 무효이다(제672조).

다섯째, 제척기간이 경과되지 않아야 한다(민법 제670조 내지 제671조).

2. A에 대한 B의 하자담보책임의 성립여부

(1) 설문 첫째의 경우

도급인이 제공한 재료의 성질 또는 도급인의 지시(예: 재료지정·설계도양도 등)에 의해서 하자가 발생한 경우와 같은 일의 완성에 있어서의 장애요인이 없어야 한다. 그런데 만약 위 사례의 경우에 도급인 A가 건축설계도에 대해 잘 모르는 비전문가이기 때문에 그가 제시한 설계도에 하자가 있는 줄을 모르는 상황에서 B에게 하자있는 설계도대로 가옥을 신축하라고 지시하였다면, 이것을 제669조 본문상의 도급인의 지시라고 해석할 수 있겠는가?

설문 첫째의 경우 도급인 A가 건축설계도에 대해 잘 모르는 비전문가이기 때문에 그가 제시한 설계도에 하자가 있는 줄을 모르는 상황에서 B에게 하자있는 설계도대로 가옥을 신축하라고 지시하였다면, 이것을 제669조 본문상의 도급인의 지시라고 해석할 수 없다. 그 이유는 전문적 지식 또는 경험이 없는 도급인의 의사에 절대적 구속력을 인정하는 것보다는, 건축전반에 관하여 전문적인 지식과 능력을 보유한 자로 전제된 수급인이 하자없는 일의 완성을 위하여 그 당시의 공사와 관련된 설계도에 대하여 잘 조사하여서 그 설계도의 부적당함에 대한 고지의무와 그밖에 하자없는 일의 완성을 위한 공사와 관련하여 어느 정도의 발언권이 있기 때문이다.

따라서 그럼에도 불구하고 비전문가인 A가 제시한 설계도(결함이 있는 설계도)대로 가옥을 신축한 B는 그에 대한 담보책임을 면할 수 없다. 왜냐하면 설사 A가 제시한 설계도(결함이 있는 설계도)가 A의 지시라고 해석할 수 있다고 하더라도, 그 분야의 전문가인 B는 A의 지시에 대해서 검토하였다면 그 지시의 부적당함을 알 수 있다. 그렇다고 하면 B는 이를 A에게 고지해야 하기 때문에, 완성된 건물의 하자가 A의 지시에 기인한 것이라 하더라도 그에 대한 하자담보책임을 면할 수 없다.

즉, B는 A가 제시한 설계도에 어떠한 잘못이 있다는 것을 알면서도 이를 A에게 알리지 않고 설계도대로 가옥을 신축한 결과, 가옥에 균열이 가고 그로 인한 누수가 발생하여 A는 예정된 날짜에 입주할 수 없게 되었다면, 이 경우에는 A의 지시(결함있는 설계도)의 부적당함에 대한 B의 고지의무(Informationspflicht)의 위반을 근거로 책임져야 할 일의 하자로 인한 B의 하자담보책임이 발생한다.

왜냐하면 도급인이 하자있는 설계도를 제시하고 그 대로 가옥을 신축하도록 의사를 표시했다고 하더라도, 수급인은 일반적으로 그 분야의 전문적 지식을 보유하고 있는 자이고 또한 하자없는 일을 완성할 능력과 의무가 있는 자로 전제되므로 도급인의 지시의 적합성을 스스로 검토하고, 경우에 따라서는 도급인에게 적절한 의견을 제시해야 할 부수적 의무를 부담하기 때문이다. 그러므로 설문 첫째의 경우에 B는 A에게 가옥신축을 위한 설계도의 결함을 고지했어야 한다. 따라서 B는 이와 같은 고지의무를 게을리 했기 때문에 A에게 하자담보책임을 져야한다. 이와는 별도로 B는 A에게 고의에 의한 고지의무위반으로 인한 손해배상책임(채무불이행책임=불완전이행책임)을 부담한다고 새겨야 할 것이지만, 여기서는 논외의 문제이므로 이에 대한 자세한 언급은 생략하기로 한다. B의 고지의무위반에 대해서는 A가 입증책임을 부담한다.

(2) 설문 둘째의 경우

A의 지시(결함있는 설계도)에 따라 가옥을 신축하는 B는 그 지시가 부적당함을 알면서도 이를 A에게 고지하지 아니한 경우에는 완성된 건물의 하자가 A의 지시에 기인한 것이라 하더라도 그에 대한 담보책임을 면할 수 없다.

그런데 설문 둘째의 경우에 있어서도 A의 지시(결함있는 설계도)에 대하여 B가 그 부적당함을 알면서 이를 고지하지 않은 경우(이와는 별도로 A의 지시의 부적당함에 관하여 알지 못한 것에 대한 B의 과실로 인한 손해배상책임이 문제될 수 있지만, 역시 여기서는 논외의 문제이므로 이에 대하여 자세한 언급은 생략하기로 한다)에 해당하는 지가 문제된다.

다시 말해서 B는 A가 지시한 대로 설계도에 따라서 가옥신축공사를 진행하던 중 지하수가 솟아 나와 이를 감리인 C에게 알렸는데, C가 위 지하수의 분출은 설계변경을 할 정도의 것이 아니라고 하여 B는 그 말을 믿고 위 지하수가 그다지 심각한 문제는 아니라고 판단하고 C의 지시에 따라 솟아난 지하수를 밖으로 빼내는 조치만을 취한 채 그대로 공사를 진행한 경우라면 신축된 가옥에 설계도의 결함으로 인한 하자(균열과 그로인한 누수)가 발생하였다고 하더라도 B가 설계도의 부적당함을 알면서 이를 고지하지 아니한 것이라고 할 수 있는가? 하는 것이 문제된다.

공사의 감리인은 건축주의 지정과 의뢰에 따라 건축주를 위하여 건축시공자가 하자없는 건축물을 완성할 수 있도록 자신의 전문시식을 동원한 재량으로 공사가 설계도서대로 시공되는지 여부를 확인하고 공사시공자를 지도하는 사무를 처리하는 자이므로, 수급인(B)이 공사도중에 발생한 사정을 감리인(C)에게 고하고 그의 지시에 따라 원래의 설계도서대로 공사를 계속한 것이라면, 비록 완성된 건물에 설계도서의 결함으로 인한 하자가 발생하였다 하더라도 수급인이 설계도서의 부적당함을 알면서 이를 고지하지 아니한 것이라고 할 수 없다. 그러므로 본 설문 둘째의 경우에 있어서 B는 A의 지시에 해당하는 설계도에 어떠한 잘못이 있다는 것을 알았다고 하더라도, B는 위에서 언급한 바와 같이 하자없는 건축을 위해서 A의 지정과 의뢰에 따른 전문가인 감리인 C에게 공사도중 발생한 사정을 알린 것이므로 이것은 A에게 알린 것과 같다. 즉, B는 A의 지시가 부적당함을 알면서도 A에게 고지하지 않았다고 할 수 없다. 따라서 B는 A에 대하여 설계도의 결함으로 인한 하자담보책임을 부담하지 않는다.[764)]

3. B의 하자담보책임의 내용

설문 첫째의 경우 위에서 살펴본 바와 같은 이유로서 B는 A에게 하자있는 가옥 신축에 대한 하자담보책임을 면할 수 없다.

따라서 이 경우 A에게는 하자보수청구권(제667조 제1항 본문), 손해배상청구권(제667조 제2항)이 인정된다. 다만 계약해제권은 완성된 목적물이 건물이므로 인정되지 않는다(제668조 단서).

(1) 하자보수청구권

수급인 B가 신축한 가옥에 하자(균열이 가고 그로 인한 누수)가 있는 경우에 도급인 A는 상당한 기간을 정하여 그 하자의 보수를 청구할 수 있다(제667조 제1항 본문). 또한 B가 그 기간 내에 하자를 보수하지 않은 경우에도 A가 보수청구권을 포기한다는 의사표시가 없는 한 기간이 경과하더라도 여전히 하자보수를 청구할 수 있다(통설).

그러나 그 하자가 중요하지 않은 경우로서 그 보수에 과다한 비용을 요하는 때에는 A는 보수를 청구할 수 없지만(제667조 제1항 단서), 본 설문 첫째의 경우 신축된 건물에 하자(균열과 그로 인한 누수)가 발생하여 예정된 날짜에 입주할 수 없는 사정으로 보아 본 설문상의 하자는 중요한 하자로 판단되며 중요한 하자인 경우에는 그 보수에 과다한 비용이 요한다고 하더라도 A는 B에게 하자보수를 청구할 수 있다고 본다(제667조 제1항 단서의 반대해석). 다만 A가 하자보수를 청구한 경우에 그 보수가 끝날 때 까지는 B의 채무는 완전히 이행된 것이 아니므로 A의 보수청구권과 B의 보수지급청구권은 동시이행의 항변관계에 있다(제667조 제3항). 따라서 이 경우 A는 B에 대하여 보수의 지급을 거절할 수 있다.

(2) 손해배상청구권

도급인 A는 B에게 하자의 보수에 갈음하여 손해의 배상을 선택적으로 청구할 수 있으며 또는 하자보수청구와 함께 하자로 인하여 보수를 하여도 남게되는 손해의 배상을 청구할 수 있다(제667조 제2항). 그러나 A가 이미 하자보수를 청구한 때에는 상당한 기간이 지나도 B가 하자보수를 하지 않는 경우에만 하자보수에 갈음하는 손해배상을 청구할 수 있다. 다만 A의 손해배상청구권과 B의 보수지급청구권은 동시이행의 관계에 있으므로(제667조 제3항) A는 B의 보수지급청구권에 대하여 그의 손해배상청구권을 가지고 동시이행의 항변을 할 수 있다.

(3) 손해배상의 범위

원래 수급인의 하자담보책임은 무과실책임이므로 목적물의 하자가 반드시 수급인의 귀책사유에 의한 것일 필요는 없다. 그런데 여기서 문제가 되는 것은 B의 손해배상의 범위이다.

수급인의 담보책임으로서 손해배상책임에 관해서 학설은 ① 무과실책임설 ② 채무불이행설 ③ 과실책임설로 나누어져 있다. 무과실책임설에 의하면 수급인의 하자담보

---

764) 대판 1995.10.13, 94다31747, 31754 참조.

책임은 매도인의 하자담보책임과 마찬가지로 무과실책임이므로, 그 손해의 배상범위는 신뢰이익에 한정된다고 한다(판례의 태도). 다만 수급인의 귀책사유로 하자가 생긴 때에는 도급인이 채무불이행(불완전이행)을 이유로 이행이익의 배상을 청구할 수 있다고 한다(곽윤직·이은영 교수의 견해). 그리고 채무불이행설에 의하면 하자없는 완전한 일을 하는 것이 수급인의 채무이므로 하자있는 일을 한 것은 채무를 불이행한 것이 되어 수급인은 하자로 인한 모든 손해, 즉 이행이익을 배상하는 것이 타당하다고 한다(김증한 교수의 견해). 끝으로 과실책임설에 의하면 손해배상청구권은 과실을 요건으로 하므로 수급인이 과실이 있을 때에만 도급인의 손해배상청구권이 인정되고 이때의 손해배상은 마땅히 이행이익의 배상이 된다고 한다(김주수 교수의 견해).

위의 견해들을 살펴보면, 무과실책임설은 수급인의 일을 완성해야 할 채무와 하자발생 사이의 규범적 관계를 외면하고 도식적으로 매도인의 담보책임과 동일시 한 점에서 타당하지 않으며, 채무불이행설은 도급계약의 특성을 매매와 구별한 점에서는 타당하지만 단순한 의무위반과 귀책사유에 의한 채무불이행을 구별하지 않고 있다는 점에서 귀책이론상 수긍하기 곤란하며 그리고 과실책임설은 제667조 제2항의 손해배상책임을 담보책임으로 규정한 취지가 말살되므로 수급인의 과실에 의하지 않은 하자로 손해가 발생한 경우 도급인에게 손해배상청구권이 발생하지 않는다는 결과가 되어 부당하다.

생각건대 매매계약상의 매도인은 흠 없는 물건을 급부해야 할 채무를 부담하지만 목적물을 직접 제작하지 않으므로 물건의 제작과 완성에 대하여 책임을 부담하지 않는 것에 비하여, 도급계약상의 수급인은 일(목적물)을 하자없이 완성해야 할 채무를 부담하므로 물건의 제작과 완성에 대하여는 책임을 부담해야 한다. 따라서 이와 같은 도급계약의 특수성으로 인하여 수급인의 하자담보책임은 매도인의 하자담보책임의 경우보다 더 채무불이행(불완전이행)책임에 가깝다고 할 수 있다. 그렇다고 하여 수급인의 하자담보책임으로서의 손해배상책임은 순수한 과실책임(수급인의 과실을 요건으로 해서만 성립될 수 있는 책임)으로 이해될 수는 없다. 여기서 제667조 제2항에서 정하고 있는 도급인의 손해배상청구권은 수급인의 담보책임을 정한 것이므로 수급인의 과책을 묻지 않으나 매도인의 담보책임과는 그 성질상 구별되어야 한다. 그러므로 수급인의 하자담보책임으로서 손해배상의 범위는 매도인의 하자담보책임으로서 손해배상의 범위보다는 크고, 그러나 수급인의 과책(귀책사유)이 명백하거나 입증된 경우의 채무불이행책임으로서 손해배상의 범위보다는 작다고 하겠다. 즉 담보책임으로서의 매도인의 손해배상책임은 하자손해(Mangelschaden) 내지 신뢰이익에 그치지만, 수급인의 손해배상책임은 더 넓게 해석되어 광의의 하자손해(Mangelschaden im weiteren Sinne)에 까지 미친다고 해야 한다. 수급인에게 과책이 있는 경우에는 수급인이 이행이익의 손해 내지 하자결과손해(Mangelfolgeschaden)를 배상해야 한다.

여기서 광의의 하자손해라 함은 하자있는 일의 결과에 직접적으로 연관되어 있거나 일의 하자와 밀접한 상관관계있는 손해를 말한다. 예컨대, 하자로 인한 목적물의 사용기간감축, 이용가능성의 축소, 보수비용의 지출, 임대료수입손실 등의 일실이익의 손해, 추가로 지출된 임차료(본 설문 첫째의 경우 A가 가옥의 하자의 발생 또는 하자보수로 인하여 예정된 날짜에 입주할 수 없어 동종의 가옥을 임차한 경우에 지출한 임차료), 전문가의 하자감정비용 등이 이에 해당한다. 그리고 광의의 하자손해는 하자결과손해와 구별된다. 하자결과손해는 수급인의 과책에 의한 적극적 채권침해(불완전이행=채무불이행)가 있는 경우에 손해배상의 범위에 포함된다. 그러나 광의의 하자손해의 내용을 자세히 살펴보면 하자와 밀접히 관련있는 (협의의) 하자결과손해(nahe Mangelgolgeschaden)에 해당한다. 그러므로 수급인의 하자담보책임으로서의 손해배상책임은 하자손해 및 그 하자와 밀접한 관련이 있는 하자결과손해 즉 광의의 하자손해에 미친다. 다만 수급인에게 과책이 있는 때에는 더 넓은 범위의 하자결과손해(weitere oder entfernte Mangelfolgeschaden)에 대하여 채무불이행책임으로서의 손해배상책임을 부담한다.

이상으로 A는 B에 대하여 광의의 하자손해에 대하여 즉, 신축가옥의 균열과 그로 인한 누수의 하자보수에 갈음하여 또는 하자보수청구와 함께 하자보수로 인하여 입주할 수 없는 기간동안 그 주택을 사용할 수 없게 됨으로써 발생하는 손해(숙박비 기타 비용 혹은 임차료에 상당한 금액) 및 보수로 인한 주택의 가치하락으로 생긴 손해 등의 배상을 청구할 수 있다(제667조 제2항). 만약 B가 보수를 게을리 할 때는 B의 비용으로 제3자에게 일을 하게 할 것을 법원에 청구할 수 있다(제389조 제2항 후단). 어느 경우에나 A는 하자보수비용과 손해배상액에 해당하는 반대급부채무, 즉 보수지급채무의 이행을 거절할 수 있다(제667조 제3항).

Ⅲ. 결 론

설문 첫째의 경우에 있어서 도급인 A가 건축설계도에 대해 잘 모르는 비전문가이기 때문에 그가 제시한 설계도에 하자가 있는 줄을 모르는 상황에서 B에게 하자있는 설계도대로 가옥을 신축하라고 지시하였다면, 이것을 제669조 본문상의 도급인의 지시라고 해석할 수 없다. 그 이유는 전문적 지식 또는 경험이 없는 도급인의 의사에 절대적 구속력을 인정하는 것보다는, 건축전반에 관하여 전문적인 지식과 능력을 보유한 자로 전제된 수급인이 하자없는 일의 완성을 위하여 그 당시의 공사와 관련된 설계도에 대하여 잘 조사하여서 그 설계도의 부적당함에 대한 고지의무와 그밖에 하자없는 일의 완성을 위한 공사와 관련하여 어느 정도의 발언권이 있기 때문이다.

그럼에도 불구하고 비전문가인 A가 제시한 설계도(결함이 있는 설계도)대로 가옥을 신축한 B는 그에 대한 담보책임을 면할 수 없다. 왜냐하면 설사 A가 제시한 설계도(결함이 있는 설계도)가 A의 지시라고 해석할 수 있다고 하더라도, 그 분야의 전문가인 B는 A의 지시에 대해서 검토하였다면 그 지시의 부적당함을 알 수 있다. 그렇다고 하면 B는 이를 A에게 고지해야 하기 때문에, 완성된 건물의 하자가 A의 지시에 기인한 것이라 하더라도 그에 대한 하자담보책임을 면할 수 없다(제669조 단서). 즉, 하자로 인하여 예정된 날짜에 입주할 수 없는 사정으로 보아 하자는 중요한 하자로 판단되므로 A는 B에게 상당한 기간을 정하여 그 하자의 보수를 청구할 수 있다(제667조 제1항 본문). 또는 A는 B에 대하여 광의의 하자손해에 대하여 즉, 신축가옥의 균열과 그로 인한 누수의 하자보수에 갈음하여 또는 하자보수청구와 함께 하자보수로 인하여 입주할 수 없는 기간동안 그 주택을 사용할 수 없게 됨으로써 발생하는 손해(숙박비 기타 비용 혹은 임차료에 상당한 금액) 및 보수로 인한 주택의 가치하락으로 생긴 손해 등의 배상을 청구할 수 있다(제667조 제2항). 만약 B가 보수를 게을리 할 때는 B의 비용으로 제3자에게 일를 하게 할 것을 법원에 청구할 수 있다(제389조 제2항 후단). 어느 경우에나 A는 하자보수비용과 손해배상액에 해당하는 반대급부채무, 즉 보수지급채무의 이행을 거절할 수 있다(제667조 제3항).

설문 둘째의 경우에 있어서 공사의 감리인은 건축주의 지정과 의뢰에 따라 건축주를 위하여 건축시공자가 하자없는 건축물을 완성할 수 있도록 자신의 전문지식을 동원한 재량으로 공사가 설계도서 대로 시공되는지 여부를 확인하고 공사시공자를 지도하는 사무를 처리하는 자이므로, B가 공사도중에 발생한 사정을 감리인(C)에게 고하고 그의 지시에 따라 원래의 설계도서대로 공사를 계속한 것이라면, 비록 완성된 건물에 설계도서의 결함으로 인한 하자가 발생하였다 하더라도 수급인이 설계도서의 부적당함을 알면서 이를 고지하지 아니한 것이라고 할 수 없다. 그러므로 본 설문 둘째의 경우에 있어서 B는 A의 지시에 해당하는 설계도에 어떠한 잘못이 있다는 것을 알았다고 하더라도, B는 위에서 언급한 바와 같이 하자없는 건축을 위해서 A의 지정과 의뢰에 따른 전문가인 감리인 C에게 공사도중 발생한 사정을 알린 것이므로 이것은 A에게 알린 것과 같다. 즉, B는 A의 지시가 부적당함을 알면서도 A에게 고지하지 않았다고 할 수 없다. 따라서 B는 A에 대하여 설계도의 결함으로 인한 하자담보책임을 부담하지 않는다.

그러나 만약 B가 A의 지시의 부적당함를 알지 못한 채, 설계도대로 공사진행 중에 분출된 지하수에 대하여 감리인과 같은 전문가가 아닌 도급인에게 알리고 A가 위와 같은 공사도중의 지하수의 분출은 설계변경을 할 정도의 것이 아니라고 하여 B가 그 말을 믿고 위 지하수가 그다지 심각한 문제는 아니라고 판단하고 A의 지시에 따라 솟아난 지하수를 밖으로 빼내는 조치만을 취한 채 그대로 공사를 진행한 경우로서 신축된 가옥에 설계도의 결함으로 인한 하자(균열과 그로 인한 누수)가 발생하였다고 한다면(즉, A의 지시의 부적당함을 모른다면), 이 하자는 B가 책임져야 할 작업의 하자라고 볼 수 있다. 따라서 이 경우에는 B에게 하자담보책임이 성립된다. 그 이유는 전문적 지식 또는 경험이 없는 도급인의 의사에 절대적 구속력을 인정하는 것보다는, 건축전반에 관하여 전문적인 지식과 능력을 보유한 자로 전제된 수급인이 하자없는 일의 완성을 위하여 그 당시의 공사와 관련하여 발생한 중요한 사항과 도급인이 제공한 재료의 성질 또는 지시의 부적당함에 내한 고지의무와 그밖에 하자없는 일의 완성을 위한 공사와 관련하여 어느 정도의 발언권이 있기 때문이다.

이와 같은 이유에서 제669조상의 수급인의 하자담보책임을 면제하는 도급인의 지시는 도급인의 충분한 지식 내지 조사결과에 기하여 행하여진 지시 또는 그 당시의 공사상황으로부터 판단하여 사실상의 강한 구속력을 가지는 지시 등으로서 제한적으로 이해되어야만 한다.

[문제 31] 관련 판례: [관판 31]

◎ **대판 1995.10.13, 94다31747, 31754(반소) 【약속어음금등, 손해배상】**

【판시사항】

가. 도급인의 지시가 부적당함을 알면서도 이를 도급인에게 고지하지 아니한 수급인의 하자담보책임

나. 수급인이 공사 중 발생한 사정을 감리인에게 고하고 그 지시에 따라 공사를 완공한 경우, 수급인이 그 설계도서의 부적당함을 알면서 이를 고지하지 아니한 것이라고 할 수 있는지 여부

다. 공사 도중 지하수가 분출하여 감리인에게 알린 후 그의 지시에 따라 배수조치만 취한 채 공사를 계속한 경우, 그 수급인에게 설계도의 결함으로 인한 하자담보 책임이 없다고 본 사례

【판결요지】

가. 도급인의 지시에 따라 건축공사를 하는 수급인은 그 지시가 부적당함을 알면서도 이를 도급인에게 고지하지 아니한 경우에는 완성된 건물의 하자가 도급인의 지시에 기인한 것이라 하더라도 그에 대한 담보책임을 면할 수 없다.

나. 공사의 감리인은 건축주의 지정과 의뢰에 따라 건축주를 위하여 건축시공자가 하자 없는 건축물을 완성할 수 있도록 자신의 전문지식을 동원한 재량으로 공사가 설계도서대로 시공되는지 여부를 확인하고 공사시공자를 지도하는 사무를 처리하는 자이므로, 수급인이 공사 도중에 발생한 사정을 감리인에게 고하고 그의 지시에 따라 원래의 설계도서대로 공사를 계속한 것이라면, 가사 완성된 건물에 설계도서의 결함으로 인한 하자가 발생하였다 하더라도 수급인이 설계도서의 부적당함을 알면서 이를 고지하지 아니한 것이라고 할 수 없다.

다. 공사 도중 지하수가 분출하여 감리인에게 알린 후 그의 지시에 따라 배수조치만 취한 채 공사를 계속한 경우, 그 수급인에게 설계도의 결함으로 인한 하자담보 책임이 없다고 본 사례.

◎ **대판 1991.12.10, 91다33056 【공사금】**

【판시사항】

가. 도급인의 하자보수청구권 또는 손해배상청구권이 수급인의 보수지급청구권과 동시이행의 관계에 있는지 여부(적극)

나. 도급인이 완성되어 인도받은 목적물에 하자가 있음을 이유로 하자보수나 손해배상을 청구하지 아니하고 바로 보수의 지급을 거절할 수 있는지 여부(소극)

다. 도급인의 하자보수청구의 요건 및 하자보수에 갈음한 손해배상을 청구하는 경우 이를 이유로 지급을 거절할 수 있는 보수액의 범위

라. 수급인의 보수지급청구를 기각한 원심판결을 하자보수청구권에 관한 법리를 오해하고 석명권의 행사를 게을리한 채 심리미진의 위법이 있다 하여 파기한 사례

【판결요지】

가. 도급계약에 있어서 완성된 목적물에 하자가 있는 때에는 도급인은 수급인에 대하여 하자의 보수를 청구할 수 있고, 그 하자의 보수에 갈음하여 또는 보수와 함께 손해배상을 청구할 수 있는바, 이들 청구권은 특별한 사정이 없는 한 수급인의 보수지급청구권과 동시이행의 관계에 있다.
나. 도급인이 인도받은 목적물에 하자가 있는 것만을 이유로, 하자의 보수나 하자의 보수에 갈음하는 손해배상을 청구하지 아니하고 막바로 보수의 지급을 거절할 수는 없다.
다. 도급인이 하자의 보수를 청구하려면 그 하자가 중요한 경우이거나 중요하지 아니한 것이라고 하더라도 그 보수에 과다한 비용을 요하지 아니할 경우이어야 하고, 도급인이 하자의 보수에 갈음하여 손해배상을 청구하는 경우에는 수급인이 그 손해배상청구에 관하여 채무이행을 제공할 때까지 그 손해배상의 액에 상응하는 보수의 액에 관하여만 자기의 채무이행을 거설할 수 있을 뿐, 그 나머지 액의 보수에 관하여는 지급을 거절할 수 없다.
라. 도급인이 완성된 목적물에 하자가 있는 것을 이유로 보수의 지급을 거절하기 위하여는, 먼저 그 하자의 보수를 청구하는 것인지 아니면 하자의 보수에 갈음하여 손해배상을 청구하는 것인지 또는 하자의 보수와 함께 손해배상을 아울러 청구하는 것인지부터 명료하게 해야 하는데 이에 이르지 아니한 채 수급인의 보수지급청구를 기각한 원심판결을 하자보수청구권에 관한 법리를 오해하고 석명권의 행사를 게을리한 채 심리를 제대로 하지 아니한 위법이 있다 하여 파기한 사례.

◎ **대판 1980.11.11, 80다923·924【손해배상등】**

【판시사항】

가. 수급인의 하자담보책임과 도급인의 과실참작
나. 하자보수비의 산정시기

【판결요지】

가. 수급인의 하자담보책임에는 과실상계의 규정이 준용될 수 없다고 하더라도 그 담보책임은 공평의 원칙에 입각한 것이므로 원심이 손해액을 산정함에 있어 그 하자의 확대에 가공한 도급인의 잘못을 참작하였음은 정당하다.
나. 하자보수비는 하자보수청구시 또는 보수에 갈음하는 손해배상청구시를 기준으로 산정하여야 한다.

◎ **대판 1987.11.10, 87다카876【공사대금】**

【판시사항】

가. 도급계약상의 하자담보책임을 묻기 위한 요건

나. 심리미진 내지 이유불비의 위법이 있다하여 원심판결을 파기한 사례

【판결요지】

가. 수급인에게 도급계약상의 하자담보책임을 묻기 위하여는 건물의 하자의 원인 즉 그 하자가 공사재료 또는 시공의 불량 기타 도급계약위반으로 인한 것인지 여부 및 하자의 범위를 확정하여야 한다.

나. 심리미진 내지 이유불비의 위법이 있다하여 원심판결을 파기한 사례

[문제 31] 참고 논문: [참논 31]

* 1. 수급인의 고지의무와 하자담보책임 *

Ⅰ. 문제제기

도급계약은 일의 완성을 목적으로 하는 계약이다(민법 제664조). 따라서 수급인은 그 목적물을 하자없이 완성할 의무가 전제된다. 만약 완성된 목적물 또는 완성전의 성취된 부분에 하자가 있는 때에는 수급인은 그의 귀책사유의 유무에 관계없이 하자담보책임을 부담해야 한다(동법 제667조). 일반적으로 수급인의 하자담보책임은 수급인의 주된 의무인 일의 완성의무의 위반으로 인하여 발생한다. 그러나 수급인의 부수적 의무 및 보호의무의 위반의 경우에도 그와 같은 위반행위가 결과적으로 주된 채무의 내용을 불완전하게 만들어 채무불이행으로서의 성질을 가진 경우에는 역시 담보책임이 발생한다. 다시 말하면 이러한 경우는 수급인의 부수적 의무의 위반 또는 보호의무의 위반이 주된 채무인 일의 완성의무의 위반과 직접적으로 관련되는 경우에 한한다고 하겠다. 그러므로 도급계약에 있어서 담보책임은 주된 의무의 위반과 부수적 의무의 위반 또는 보호의무의 위반으로 인하여 일의 완성이 제대로 이루어지지 않은 경우에 인정되는 일종의 채무불이행책임이라고 할 수 있다.[765)]

일의 완성을 목적으로 하는 도급계약상 수급인의 무과실책임으로서의 하자담보책임이 발생되려면, 완성된 일(또는 목적물)에 하자(민법 제667조 및 제668조 참조)가 존재하여야 하고, 일의 완성에 있어서의 장애요인(민법 제669조 참조) 및 면책특약(민법 제672조 참조)이 없어야 한다. 물론 수급인의 하자담보책임은 그에 관한 제척기간(민법 제670조 내지 제671조 참조)의 제약을 받는다.

---

* 정광수, 수급인의 고지의무와 하자담보책임, 『사회과학연구』 제38집(강원대학교 사회과학연구소, 1999). 213-235면.

765) 수급인의 하자담보책임은 도급계약이라는 채권관계의 의무구조론과 관련하여 그 책임의 위치가 확인되지 않으면 안 된다. 왜냐하면 주된 의무를 위반하는 경우의 담보책임은 하자보수·손해배상·해제 등이 모두 적용될 수 있으나, 부수적 의무의 위반에 대해서 까지 주된 의무의 위반의 경우와 동일한 담보책임을 부과한다는 것은 자명한 것이 아니기 때문이다.

예컨대, 도급인이 그가 제시한 설계도(결함이 있는 설계도) 대로 가옥을 신축하도록 수급인과 도급계약을 체결하였다고 하자.

이 경우 첫째, 수급인이 위 설계도에 어떠한 잘못이 있다는 것을 알면서도 이를 도급인에게 알리지 않고 설계도대로 가옥을 신축한 결과, 가옥에 균열이 가고 그로 인한 누수가 발생하여 도급인은 예정된 날짜에 입주할 수 없게 되었다. 이 경우 수급인에 대한 도급인의 구제방법으로서 수급인의 하자담보책임이 성립될 수 있는가의 문제가 발생할 수 있다.

둘째, 수급인이 위 설계도에 따라서 가옥신축공사를 진행하던 중 지하수가 솟아 나와 이를 감리인에게 알렸는데, 감리인이 위 지하수의 분출은 설계변경을 할 정도의 것이 아니라고 하여 수급인은 그 말을 믿고 위 지하수가 그다지 심각한 문제는 아니라고 판단하고 감리인의 지시에 따라 솟아난 지하수를 밖으로 빼내는 조치만을 취한 채 그대로 공사를 진행한 경우라면 신축된 가옥에 설계도의 결함으로 인한 하자(가옥의 균열과 그로 인한 누수)가 발생하였다고 하더라도 수급인이 설계도의 부적당함을 알면서 이를 고지하지 아니한 것이라고 할 수 있는가의 문제가 발생할 수 있다.

첫째 경우에 도급인의 구제방법으로서 수급인에게 하자담보책임의 성립이 문제된다. 즉, 수급인이 하자담보책임을 묻기 위해서 수급인의 하자담보책임의 성립요건으로서 문제가 되는 것은 일의 완성에 있어서의 장애요인의 부존재이다. 다시 말해서 도급인이 제시한 설계도대로 가옥을 신축하기로 수급인과 합의하였기 때문에, 그에 따라서 수급인이 가옥을 신축하였다면 설계도의 결함에 의하여 하자가 발생한 것으로 보아서 이를 도급인의 지시에 기인한 하자로 볼 수 있는지 아니면 수급인이 지시의 부적당함을 알면서도 이를 도급인에게 고지하지 아니한 경우인지의 여부에 따라서 수급인의 하자담보책임의 발생이 문제된다.

둘째의 경우에 수급인이 위 설계도에 따라서 가옥신축공사를 진행하던 중 지하수가 솟아 나와 이를 감리인에게 알렸는데, 감리인의 지시에 따라 그대로 공사를 진행한 경우라면 신축된 가옥에 설계도의 결함으로 인한 하자가 발생하였다고 하더라도 수급인이 설계도의 부적당함을 알면서 이를 고지하지 아니한 것이라고 할 수 있는가의 의문이 발생한다.

따라서 민법 제669조[766] 본문상의 도급인의 「지시」의 존재와 그것의 부적당함에 관한 수급인의 「고지의무」의 발생이 문제된다. 또한 B의 하자담보책임이 성립되는 경우에도 그 내용이 문제된다. 특히 수급인의 하자담보책임의 종류와 손해배상의 범위가 문제된다.

아래에서는 특히 수급인의 부수적 의무의 하나인 고지의무와 관련하여 완성된 목적물에 하자가 발생한 경우의 하자담보책임의 문제에 대하여 고찰하고자 한다.[767]

---

766) 민법 제669조(수급인의 담보책임－하자가 도급인이 제공한 재료 또는 지시에 기인한 경우의 면책)에는 '전2조의 규정은 목적물의 하자가 도급인이 제공한 재료의 성질 또는 도급인의 지시에 기인한 때에는 적용하지 아니한다. 그러나 수급인이 그 재료 또는 지시의 부적당함을 알고 도급인에게 고지하지 아니한 때에는 그러하지 아니하다'라고 규정되어 있다.

767) 이와 관련된 대법원 판례로는 1995년 10월 13일자 제2부 판결 94다31747, 94다31754<반소>(법원공보 제1005호, 1995년 12월 1일자 참조).

Ⅱ. 도급계약관계의 의무구조

1. 수급인의 의무[768)]

(1) 급부의무

일반적으로 채권이 채무자에 대하여 일정한 행위(급부)를 요구하는 권리라고 하면, 채무는 이러한 채권에 상응하여 채권자에게 일정한 행위(급부)를 부담하는 의무라고 할 수 있다. 이 의무가 바로 급부의무이며, 채권관계에 있어서 채무자가 부담하는 주된 의무에 해당한다. 또한 급부의무를 그 내용에 따라 제대로 이행하기 위해서는 부수적 의무가 요청되는 것이다. 그리고 이 이외에 채권관계의 당사자는 상대방의 현상이익 내지 완전성이익의 보호를 위하여 이른바 보호의무를 부담한다. 이 보호의무는 급부의무에 대하여 부수적 관계에 서 있는 것이 아니라 병존적 관계에 있다.[769)]

도급계약에 의하여 수급인은 도급인에게 합의한 일을 완성해야 하는 급부의무를 부담한다(제664조). 그리고 수급인은 합의한 일을 하자없이 완성해야 할뿐만 아니라, 적시에 완성해야 한다.[770)] 또한 일반적으로 수급인의 급부가 유형물인 경우, 수급인은 일의 완성뿐만 아니라 완성된 일을 도급인에게 인도해야 한다. 그러나 수급인의 급부가 무형물인 경우, 인도를 요하지 않는다.[771)]

수급인의 급부의무로서 일을 완성할 의무의 내용은 유형적인 일을 완성하는 경우와 무형적인 일을 완성하는 경우로 크게 나눌 수 있다. 전자에 속하는 유형의 도급계약의 대표적인 예로서는 건축도급계약과 제작물도급계약을 들 수 있다. 그리고 후자에 속하는 유형의 도급계약의 대표적인 예로서는 용역·의료·여행도급계약들을 들 수 있다.

그러면 대표적인 도급계약들에서 급부의무의 내용이 무엇인가를 구체적으로 살펴보면 다음과 같다. 건축도급계약에 있어서는 수급인은 주어진 건축재료를 가지고 설계도대로 목적물을 건축해야 하는 채무를 부담한다(목적물을 건축할 의무). 그리고 제작물도급계약에 있어서는 도급인의 주문대로 양복·가구·구두 등의 부대체물을 만들어야 하는 채무를 부담한다(목적물을 제작할 의무). 또한 용역도급계약들에 있어서는 합의한 무형적인 결과를 실현해야 하는 채무를 부담한다(합의한 무형적인 결과를 실현해야 할 의무). 첫째 기술용역계약에서는 기술을 발휘해서 합의한 무형적인 일(결과)을 실현해야 하는 채무를 부담한다. 예컨대 미용사가 기술을 발휘해서 합의한 스타일의 머리모양을 완성해야 할 채무이다, 둘째 건축물의 철거계약에 있어서는 무형적인 결과를 소극적으로 실현해야 할 채무이다, 셋째 기계수리계약에서는 고장난 곳을 찾아서 고쳐야 할 채무이다, 넷째 정보제공계약에서는 합의한 내용의 정보를 제공해야 할 채무이다, 다섯째 건축사 등의 창작물도급계약에 있어서는 건축기술상 하자없이 합의한 설계도를 완성할 채무이다, 여섯째, 연극 등의 행사준비 및 실시계약

768) Teichmann, Arndt 1984: A45.

769) 자세한 내용에 관해서는 김형배, 채권총론, 박영사, 1998, 32면 참조.

770) Esser/ Weyers 1991:255.

771) 이와 같은 것은 민법 제665조, 제670조의 규정들로부터 추론된다.

에 있어서는 합의한 시간 장소 내용의 연극을 실시해야 할 채무이다. 그밖에 의료도급계약에 있어서는 예컨대, 성형수술의 경우에 있어서는 의사가 합의한 모양으로 바꾸는 수술을 시행해야 할 채무(합의한 무형적인 결과를 실현해야 할 의무)를 의미하고, 여행도급계약에 있어서는 건축도급계약에 있어서처럼 재료제공은 없지만, 관광안내·운송·숙박·식사 등의 무형적인 여행서비스를 제공해야 할 채무를 의미한다.

(2) 부수적 의무

부수적 의무는 급부의무를 그 본래의 채무의 내용대로 실현하기 위하여 적절히 준비를 하고 목적물이 훼손되지 않도록 보관하여 인도시(또는 승인시)에 있어서도 목적물에 아무 흠이 발생하지 않도록 주의를 해야 할 의무와 목적물의 사용방법을 도급인에게 설명해 주어야 할 의무 등을 말한다.[772)]

모든 계약당사자는 상대방의 신의에 좇아 성실한 의무를 이행하여야 한다는 민법 제2조 제1항으로부터 도급계약당사자들에게도 여러 가지 종류의 부수적 채무가 발생한다.[773)]

수급인의 부수적 채무를 위의 도급계약의 유형에 따라서 살펴보기로 한다.

건축·제작물도급계약의 경우에 도급인이 제공한 재료를 적절히 보관하여야 할 의무를 진다. 또한 건축·제작물·용역·의료·여행도급계약 등에 있어서 신의성실의 원칙상 계약의 목적으로부터 발생되는 고지의무와 설명의무[774)]를 진다. 그리고 제작물도급계약시(예: 가봉한 옷을 입을 때 등), 의료도급계약시(예: 성형·의치·불임수술시), 여행도급계약시(예: 여행지로 운송시) 뿐만 아니라 기타 도급인과의 개인적인 접촉시 도급인을 안전하게 돌보아 주어야 할 의무를 진다.[775)]

한편, 건축·제작물·용역도급계약에 있어서 일의 완성과 관련하여 기술상의 감독의무 및 검사의무 등의 부수적 의무들을 진다. 또한 용역(특히 정보제공계약)·의료도급계약에 있어서 일의 완성과 관련하여 도급인(또는 환자)에 대해서 검사·진찰의무를 진다. 그리고 도급인(또는 환자)에 대해서 알게 되었던 사정에 관하여 일반적인 신뢰의무인 침묵의무를 진다.

(3) 보호의무

일반적으로 보호의무는 급부의무와 나란히 채권관계당사자 상호간의 이른바 현상이익 내지 완전성이익을 보호를 위하여 요청되는 의무이다. 채권관계의 당사자 상호간의 신의칙(민법 제2조)은 채무자의 급부의무의 성실한 이행에 대해서만 국한 할 것이 아니라, 기타의 부가적 침해행위를 하지 않을 관계에까지 확대된다. 따라서 도급인과 수급인은 서로 상대방의 생명·신체·소유권 기타 재산적 이익을 침해하지 않도록 배려해야 할 주의의무를 부담한다. 이를 보호의무라고 한다.

---

772) Teichmann, Arndt 1984: A46.

773) 수급인의 부수적 의무는 급부목적물과 계약목적으로부터 나온다(Esser, Josef 1971: 168); 부수적 의무는 주된 급부와 부수하여 채권관계의 목적에 따라서 보충적인 행위를 요구할 수 있는 특성을 가지고 있다(Stilmer, Rolf 1976: 388).

774) MünchKomm/ Soergel, 1980, §631 RdNr.139.

775) Esser, Josef 1971: 168.

이와 같은 보호의무는 모든 도급계약에서 발생될 수 있다. 예컨대, 건물의 건축시 도급인이나 도급인의 물건에 손해가 없도록 해야 한다든지(건축도급계약), 가구의 제작시 도급인의 마루나 유리창을 파손시키 않도록 주의해야 한다든지(제작물도급계약), 이발 또는 면도를 할 때 도급인의 신체에 손상이 가지 않도록 배려해야 한다든지(용역도급계약), 건강진단의 경우에 도급인의 다른 신체에 필요 이상의 손상이 가지 않도록 배려해야 한다든지(의료도급계약), 여행시 도급인이 다치지 않도록 주의를 해야 한다든지(여행도급계약) 등이다.776)

(4) 책 무

도급계약상 대부분의 경우에 일의 완성은 도급인의 협력없이는 가능하지 않다. 예컨대, 건축 또는 제작물도급계약의 경우에 도급인의 재료제공이 있어야 한다든지 또는 양복을 제작하기 위해서는 도급인이 양복점에 나와서 가봉양복을 입어야 할 것이다. 또한 정보제공을 받기 위해서는 조사할 사람의 인적사항을 도급인이 알고 있는 대로 대답해야 한다든지, 렌트겐진단을 받기 위해서는 장애가 되는 소지품을 도급인이 스스로 제거해야 한다든지, 예정된 관광을 하기위해서는 출발시간전에 여행자가 기상해야 한다든지 해야 한다. 이와 같은 것들을 도급인의 책무로 볼 수 있다.

독일 민법(BGB §642)은 이와 같은 도급인의 협력행위를 이행하지 않아서 수령지체가 발생하는 경우에, 도급인의 과책없이도 수급인은 낭비된 증가비용 뿐만 아니라 노동시간에 대한 상당한 배상을 청구할 수 있다고 규정하고 있다. 그러나 이와 같은 법률에도 불구하고 도급인의 협력을 법적의무가 아니라 단순히 책무(責務)로 보고 있다.777)

위와 같은 책무는 자기 자신의 이익을 지키기 위하여 도급인에게 그 준수가 요구되는 것이지만, 책무위반이 곧 채무위반이라고 할 수 없다. 따라서 책무에 적합한 행태를 소구할 수 없다. 다만 책무위반으로 인한 법률상의 이익의 상실 또는 감소가 초래된다는 점에서 그러한 책무를 지는 자에게는 일정한 법적 부담이 가해진다고 하겠다.778)

2. 부수적 의무와 하자담보책임의 관련성

수급인의 하자담보책임은 수급인의 급부의무인 일의 완성의무의 위반으로 인하여 발생한다. 그러나 수급인의 부수적 의무 및 보호의무의 위반의 경우에도 그와 같은 위반행위가 결과적으로 급부의무의 내용을 불완전하게 만들어 채무불이행으로서의

776) 여객운송계약에 있어서 단순히 운송 그 자체만이 아니라 승객의 안전을 확보해야 할 것도 급부내용이라고 파악한다면 교통사고에 의하여 승객의 생명 신체에 피해가 있을 경우에 급부의무의 이행불능 또는 불완전이행이 되지만, 급부의무의 범위를 운송에만 한정시킬 때에는 보호의무위반으로 생각할 수 있다. 이와 같은 판단은 구체적인 채권관계의 급부의무의 내용을 어떻게 정할 것이냐에 좌우되는 것이지만 손해배상의무라는 효과면에서는 어느 경우건 차이가 없다. 이에 대해서는 김형배, 전게서, 229-230면 참조.

777) 수급인은 도급인에게 그의 책무이행을 위해서 상당기간이 경과되기 전까지도 책무를 이행하지 않는 경우에 계약을 해제한다는 의사표시와 함께 상당한 유예기간을 정할 수 있다. 이와 같은 기간경과로 계약이 해제되는 경우, 수급인은 자신이 지출한 비용을 포함하여 그 때까지 행한 노동에 상응하는 보수를 일실손해로서 청구할 수 있다(BGB §§643, 645 Ⅰ)고 보고 있다(Larenz, Karl 1981: 300).

778) 김형배, 전게서, 39면 참조.

성질을 가진 경우에는 역시 담보책임이 발생한다. 다시 말하면 이러한 경우는 수급인의 부수적 의무의 위반 또는 보호의무의 위반이 주된 의무인 일의 완성의무의 위반과 직접적으로 관련되는 경우에 한한다고 하겠다.[779)]

이상으로 도급계약에 있어서 하자담보책임은 급부의무의 위반과 부수적 의무의 위반 또는 보호의무의 위반으로 인하여 일의 완성이 제대로 이루어지지 않은 경우에 인정되는 일종의 채무불이행책임이다.

Ⅲ. 수급인의 하자담보책임

1. 하자담보책임의 성립요건

수급인은 어느 일을 완성하여 일정한 결과를 실현시키는 것을 주된 채무의 내용으로 하기 때문에, 수급인이 일을 잘못하여 일의 결과에 하자가 있는 경우에는 수급인이 채무를 제대로 이행하지 않은 것이 된다. 이것은 도급계약상의 수급인의 하자담보책임은 법정책임이 아니라 넓은 의미의 채무불이행책임이다라는 뜻이다.[780)] 다시 말해서 도급에서도 계약에 의해서 약정된 당위적 상태(Sollbeschaffenheit)가 이행되지 않았다면, 수급인의 과실의 유무에 불구하고 수급인은 채무를 제대로 이행하지 않은 것이라고 할 수 있다. 따라서 현실적으로 완성된 결과의 상태(Istbeschaffenheit)가 당위적 상태와 일치하지 않아서 도급인에게 불이익이 발생한 경우에는 수급인은 과책의 유무에 불구하고 담보책임을 부담한다.[781)] 이와 같은 의미에서 수급인의 하자담보책임은 수급인의 불완전이행(Schlechterfüllung)에 의하여 도급인에게 발생된 쌍무계약상의 불균형상태와 불이익을 제거하기 위한 제도이다.[782)] 여기서 하자라 함은 완성된 결과가 합의된 내용에 합치하지 않는다거나, 계약에서 전제된 또는 일반적인 용도에 적합하지 않거나 그와 같은 가치에 미치지 못하는 상태를 의미한다.[783)]

이와 같은 수급인의 하자담보책임이 성립하려면 다음과 같은 성립요건을 필요로 한다.[784)]

첫째, 완성된 일의 목적물에 하자(예: 신축가옥에 나타난 균열과 누수 등)가 있어야 한다.[785)] 물론 여기서 일의 목적물이라고 함은 수급인의 주된 채무로서 완성된 목적

---

779) 독일의 판례(BGH NJW 1965, 148)는 매매의 경우에 있어서 매매목적물과 관계가 있는 부수적 의무위반에 대해서만 담보책임의 짧은 제척기간(BGB §477)을 적용하고 있다(Schwark, Eberhard 1979: 82).

780) 김형배, 채권각론, 박영사, 1997, 602-603면.

781) Medicus 1995: Rn. 364.

782) Fikentscher 1992: Rn. 898.

783) 매매의 하자개념과는 달리 도급의 하자개념은 순수하게 객관적으로 이해되는 것이 아니라, 객관적 성상(Eigenschaft)과 함께 당사자의 계약의사에 의한 주관적 성상이 고려되어 결정된다고 한다(Brox, Hans und Elsing, Siegfried 1976: 1; Teichmann, Arndt 1984: A55); 도급에 있어서 하자는 수급인의 일이 수행되는 모습에 따라 달라질 수 있기 때문에 어떤 기준에 의해서 하자를 파악할 것이냐 하는 어려운 문제가 발생한다고 한다(Esser/ Weyers 1991: 258).

784) 이에 대한 자세한 내용에 관해서는 정광수, 수급인의 하자담보책임에 관한 연구, 고려대학교 대학원 법학박사학위논문, 1995, 29-38면 참조.

785) 수급인의 하자담보책임의 발생시기는 도급인이 하자를 알게 되는 시점이기 때문에, 민법 제667

물 또는 완성전의 성취된 부분을 가리킨다(민법 제667조 제1항). 여기서 일의 목적물에는 유형적인 일(예: 건축도급계약에 따른 가옥의 신축 등) 뿐만 아니라 무형적인 일(예: 용역도급계약에 따른 건축사의 건축설계도의 완성 등) 포함한다.

둘째, 일의 완성에 있어서의 장애요인이 없어야 한다. 다시 말해서 하자가 도급인이 제공한 재료의 성질 또는 도급인의 지시에 기인한 때에는 적용하지 아니한다(민법 제669조 본문). 또한 도급인에 의해서 지시된 또 다른 수급인의 선노동이 하자의 원인을 형성한 경우에는 마찬가지로 수급인의 하자담보책임이 발생되지 않는다.[786] 다만 도급인이 제공한 재료의 성질 또는 도급인의 지시(예: 재료지정·설계도 양도 등)에 의해서 또는 타수급인의 선급부에 의하여 하자가 발생되는 경우에도, 수급인이 그것들에 관한 검사의무를 위반하거나 또는 그의 전문지식에 근거하여 도급인이 제공한 재료의 성질 또는 지시의 부적당함을 도급인에게 고지하지 않은 경우라면－본 문제제기상의 첫째 문제의 경우－, 이와 같은 경우에는 수급인이 책임져야 할 일의 하자로 본다(민법 제669조 단서). 도급인이 제공한 재료의 성질 또는 도급인의 지시에 기인한 하자라는 입증책임은 수급인에게 있다.[787]

셋째, 수급인의 하자담보책임은 과실을 요건으로 하지 않는 무과실책임이다. 따라서 완성된 건물에 객관적인 하자인 균열 또는 그로 인한 누수가 재료의 무용성에 기인하거나 또는 하자발생의 원인이 불명확한 경우에도 하자는 수급인의 과책과 무관하게 책임져야 할 일의 하자에 속한다. 단 수급인이 일을 완성할 당시의 기술수준의 한계상 불가피한 하자의 발생에 대해서는 수급인은 담보책임을 부담하지 않는다. 그 이유는 그와 같은 하자는 하자담보책임을 발생시키는 요건으로서의 하자개념 속에 전제된 객관적으로 요구되는 기술수준의 한계를 넘어섰기 때문이다.[788]

넷째, 수급인이 하자담보책임을 지지 않는다는 면책특약이 없어야 한다. 다만 수급인은 면책특약을 할 수 있지만, 수급인이 알고 고지하지 아니한 사실에 대한 면책특약은 무효이다(민법 제672조).

다섯째, 제척기간이 경과되지 않아야 한다(민법 제670조 내지 제671조).

2. 하자담보책임의 성립여부

(1) 첫째 문제의 경우

수급인은 도급인이 제시한 설계도에 어떠한 잘못이 있다는 것을 알면서도 이를

조 제1항에서 '완성전의 성취된 부분'에 하자가 있는 때에도 수급인의 담보책임이 발생하는 것으로 규정되어 있다(같은 견해로는 김현태, 도급계약에 있어서의 수급인의 하자담보책임, 법정 제23권 10호, 1968, 33면; 곽윤직, 채권각론, 박영사, 1990, 418면; 이은영, 채권각론, 박영사, 1996, 392면). 이에 반하여 수급인의 하자담보책임은 도급인이 일의 목적물을 인도(인도를 필요로 하지 않는 경우에는 승인)받고 난 후에 나타난 하자에 대한 책임으로 보는 것이 타당하다는 견해가 있다(이상태, 건축수급인의 하자담보책임에 관한 연구, 서울대학교 대학원 법학박사학위논문, 1991, 67면).

786) MünchKomm/ Soergel, 1980, §633 Rn. 38, Ⅲ 1.

787) 이은영, 전게서, 391면 참조.

788) 일본에서도 수급인의 하자담보책임을 기본적으로 무과실책임으로 파악하지만, 수급인이 그 하자가 불가항력에 기인한 것임을 증명하면 면책시켜야 한다고 하는 견해가 있다(이은영, 상게서, 391면).

도급인에게 알리지 않고 설계도대로 가옥을 신축한 결과, 가옥에 균열이 가고 그로 인한 누수가 발생하여 도급인이 예정된 날짜에 입주할 수 없게 되었기 때문에, 이 경우에는 도급인의 지시(결함있는 설계도)의 부적당함에 대한 수급인의 고지의무(Informationspflicht)의 위반을 근거로 책임져야 할 일의 하자로 인한 수급인의 하자담보책임이 발생한다.[789]

왜냐하면 도급인이 하자있는 설계도를 제시하고 그 대로 가옥을 신축하도록 의사를 표시했다고 하더라도, 수급인은 일반적으로 그 분야의 전문적 지식을 보유하고 있는 자이고 또한 하자없는 일을 완성할 능력과 의무가 있는 자로 전제되므로 도급인의 지시의 적합성을 스스로 검토하고, 경우에 따라서는 도급인에게 적절한 의견을 제시해야 할 부수적 의무를 부담하기 때문이다.[790] 그러므로 첫째 문제의 경우에 수급인은 도급인에게 가옥신축을 위한 설계도의 결함을 고지했어야 한다. 따라서 수급인은 이와 같은 고지의무를 게을리 했기 때문에 도급인에게 하자담보책임을 부담해야 한다. 이와는 별도로 수급인은 도급인에게 고의에 의한 고지의무위반으로 인한 손해배상책임(채무불이행책임=불완전이행책임)을 부담한다고 새겨야 할 것이지만, 여기서는 논외의 문제로 하여 이에 대한 자세한 언급은 생략하기로 한다.

이상으로 도급인의 지시(결함있는 설계도)에 따라 가옥을 신축하는 수급인은 그 지시가 부적당함을 알면서도 이를 도급인에게 고지하지 아니한 경우에는 완성된 건물의 하자가 도급인의 지시에 기인한 것이라 하더라도 그에 대한 담보책임을 면할 수 없다.[791] 다만 이 경우 수급인의 고지의무의 위반에 대해서는 도급인이 입증책임을 부담한다.

(2) 둘째 문제의 경우

둘째 문제의 경우에 있어서는 첫째 문제의 경우와는 달리 도급인의 지시(결함있는 설계도)에 대하여 수급인이 그 부적당함을 알면서 이를 고지하지 않은 경우에 해당하는 지가 문제된다.[792]

다시 말해서 수급인은 도급인이 지시한 대로 설계도에 따라서 가옥신축공사를 진행하던 중 지하수가 솟아 나와 이를 감리인에게 알렸는데, 감리인이 위 지하수의 분출은 설계변경을 할 정도의 것이 아니라고 하여 수급인은 그 말을 믿고 위 지하수가

789) 수급인은 도급인의 재료 또는 지시가 부적당함을 안 때에는 도급인에게 고지할 의무를 지는데, 이를 게을리한 때에는 수급인은 그로 인한 하자에 대해 담보책임을 진다(민법 제669조 단서). 이 경우의 하자는 수급인에게 책임지워지는 작업의 하자로 취급된다. 단, 이 때 수급인이 거래상 요구되는 기술이나 주의를 갖추었음에도 불구하고 그의 부적당함을 작업 당시 찾아낼 수 없는 경우에는 그 하자에 대해서 수급인은 책임지지 않는 것이 형평의 원리에 맞는다고 한다(이은영, 전게서, 391면).

790) 정광수(같은 논문: 8); 早稲田司法試験セミナ一擇一對策委員會(1994: 559).

791) 도급인의 지시가 부적당함을 알면서도 이를 도급인에게 고지하지 아니한 경우에는 완성된 건물의 하자가 도급인의 지시에 기인한 것이라고 하더라도 그에 대한 담보책임을 면할 수 없다는 판례가 있다(대판 1995.10.13, 94다31747).

792) 수급인은 도급계약의 성질에 따라 필요한 경우에는 도급인과 상의하거나 정보를 제공해야 할 부수적 의무를 부담한다. 민법 제669조 단서 및 제672조에 규정된 고지의무도 수급인이 부담하는 부수적 의무라고 할 수 있다(김형배, 전게서, 616면).

그다지 심각한 문제는 아니라고 판단하고 감리인의 지시에 따라 솟아난 지하수를 밖으로 빼내는 조치만을 취한 채 그대로 공사를 진행한 경우라면 신축된 가옥에 설계도의 결함으로 인한 하자(균열과 그로 인한 누수)가 발생하였다고 하더라도 수급인이 설계도의 부적당함을 알면서 이를 고지하지 아니한 것이라고 할 수 있는가? 하는 것이 문제된다.

공사의 감리인은 건축주의 지정과 의뢰에 따라 건축주를 위하여 건축시공자가 하자없는 건축물을 완성할 수 있도록 자신의 전문지식을 동원한 재량으로 공사가 설계도서 대로 시공되는지 여부를 확인하고 공사시공자를 지도하는 사무를 처리하는 자이므로, 수급인이 공사도중에 발생한 사정을 감리인에게 고하고 그의 지시에 따라 원래의 설계도서대로 공사를 계속한 것이라면, 비록 완성된 건물에 설계도서의 결함으로 인한 하자가 발생하였다 하더라도 수급인이 설계도서의 부적당함을 알면서 이를 고지하지 아니한 것이라고 할 수 없다. 그러므로 둘째 문제의 경우에 있어서 수급인은 도급인의 지시에 해당하는 설계도에 어떠한 잘못이 있다는 것을 알았다고 할 수 없다 할 것이므로 수급인에게 도급인의 지시가 부적당함을 고지할 의무가 발생하였다고는 할 수 없다. 따라서 수급인은 도급인에 대하여 설계도의 결함으로 인한 하자담보책임을 부담하지 않는다.[793)]

3. 하자담보책임의 내용

첫째 문제의 경우 도급인의 지시(결함있는 설계도)에 따라 가옥을 신축한는 수급인은 그 지시가 부적당함을 알면서도 이를 도급인에게 고지하지 아니했기 때문에 완성된 건물의 하자가 도급인의 지시에 기인한 것이라 하더라도 그에 대한 담보책임을 면할 수 없다.

따라서 이 경우 도급인에게는 하자보수청구권(민법 제667조 제1항 본문), 손해배상청구권(민법 제667조 제2항)이 인정된다. 다만 계약해제권은 완성된 목적물이 건물이므로 인정되지 않는다(민법 제668조 단서).

(1) 하자보수청구권

하자보수책임은 도급에 고유한 담보책임이다.[794)] 수급인이 신축한 가옥에 하자(균열이 가고 그로 인한 누수)가 있는 경우에 도급인은 상당한 기간을 정하여 그 하자의 보수(補修)를 청구할 수 있다(민법 제667조 제1항 본문).[795)]

---

793) 대판 1995.10.13, 94다31747 참조.

794) 보수에 의하여 원래의 계약목적이 달성될 수 있는 경우에는 다른 담보책임에 앞서서 하자보수책임이 우선적으로 적용되어야 한다. 왜냐하면 도급인의 하자보수청구권은 본래의 이행청구권의 연장이라 보기 때문이라고 한다(Esser/ Weyers 1991: 262f). 더욱이 수급인은 하자보수의무만을 부담하지 않고, 오히려 그 자신의 전문가의 결정에 근거한 보수를 기도할 수 있는 계약상의 권능인 소위 보수권을 가진다는 견해(Seidel, Hans-Jürgen 1991: 392)도 있다.

795) 이것은 수급인에게 시간적 여유를 주기 위함이며 또한 이기간이 경과할 때까지는 도급인은 보수에 갈음한 손해배상을 청구하거나 보수가 불가능한 경우를 제외하고는 계약을 해제할 수 없다. 이러한 권리는 선택적으로 행사할 수 있는 것이지만 어느 한 쪽을 선택한 이상 그것에 구속되어야 한다. 그러므로 수급인이 상당한 기간 내에 보수하지 않는 경우에 한해서 도급인은 보수에 갈음한 손해배상을 청구할 수 있다. 그리고 이 경우 도급인은 다시 보수청구를 할 수 없다고 생각

그러나 그 하자가 중요하지 않은 경우로서 그 보수에 과다한 비용을 요하는 때에는 도급인은 하자보수를 청구할 수 없지만(민법 제667조 제1항 단서), 첫째 문제의 경우 신축된 건물에 하자(균열과 그로 인한 누수)가 발생하여 예정된 날짜에 입주할 수 없는 사정으로 보아 본 설문상의 하자는 중요한 하자로 판단되며 중요한 하자인 경우에는 그 보수에 과다한 비용이 요한다고 하더라도 도급인은 수급인에게 하자보수를 청구할 수 있다고 본다(민법 제667조 제1항 단서의 반대해석). 다만 도급인이 하자보수를 청구한 경우에 그 보수가 끝날 때까지는 수급인의 채무는 완전히 이행된 것이 아니므로 도급인의 하자보수청구권과 수급인의 보수지급청구권은 동시이행의 항변관계에 있다(민법 제667조 제3항). 따라서 이 경우 도급인은 수급인에 대하여 보수의 지급을 거절할 수 있다.

(2) 손해배상청구권

도급인은 수급인에게 하자의 보수에 갈음하여 손해의 배상을 선택적으로 청구할 수 있으며 또는 하자보수청구와 함께 하자로 인하여 보수를 하여도 남게되는 손해의 배상을 청구할 수 있다(민법 제667조 제2항). 그러나 도급인이 이미 하자보수를 청구한 때에는 상당한 기간이 지나도 수급인이 하자보수를 하자 않는 경우에만 하자보수에 갈음하는 손해배상을 청구할 수 있다.[796] 다만 도급인의 손해배상청구권과 수급인의 보수지급청구권은 동시이행의 관계에 있으므로(민법 제667조 제3항) 도급인은 수급인의 보수지급청구권에 대하여 그의 손해배상청구권을 가지고 동시이행의 항변을 할 수 있다.

(3) 손해배상의 범위

원래 수급인의 하자담보책임은 무과실책임이므로 목적물의 하자가 반드시 수급인의 귀책사유에 의한 것일 필요는 없다. 그런데 여기서 문제가 되는 것은 수급인의 손해배상의 범위이다.

수급인의 담보책임으로서 손해배상책임에 관해서 학설은 무과실책임설, 채무불이행설, 과실책임설로 나누어져 있다.[797] 무과실책임설에 의하면 수급인의 하자담보책임은 매도인의 하자담보책임과 마찬가지로 무과실책임이므로, 그 손해의 배상범위는 신뢰이익에 한정된다고 한다.[798] 다만 수급인의 귀책사유로 하자가 생긴 때에는 도급인이 채무불이행(불완전이행)을 이유로 이행이익의 배상을 청구할 수 있다고 한다.[799] 그리고 채무불이행설에 의하면 하자없는 완전한 일을 하는 것이 수급인의 채

한다(정광수, 전게논문, 43면). 이에 반해서 수급인이 상당기간 내에 하자를 보수하지 않은 경우에도 도급인은 하자보수청구권을 포기한다는 의사표시가 없는 한 기간이 경과하더라도 여전히 하자보수를 청구할 수 있다고 하는 것이 종래의 통설이다(곽윤직, 전게서, 419면).

796) 이 경우에 민법 제389조 2항 후단의 규정취지에 비추어 도급인 자신이 하자를 제거하거나 또는 제3자로 하여금 보수를 하고 그 비용을 수급인에게 청구할 수도 있다고 생각한다(김형배, 전게서, 606면; 정광수, 전게논문, 47면).

797) 수급인의 하자담보책임으로서의 손해배상책임은 수급인의 과실을 전제로 하는 것은 아니나, 채무불이행에 가까운 책임으로 구성되는 섯이 옳다. 이와 같은 특성은 손해배상의 범위를 정하는데도 고려되어야 한다(김형배, 상게서, 607면; 정광수, 상게논문, 57면).

798) 대판 1990.3.9, 88다카31855.

무이므로 하자있는 일을 한 것은 채무를 불이행한 것이 되기 때문에 수급인은 하자로 인한 모든 손해, 즉 이행이익을 배상하는 것이 타당하다고 한다.[800] 끝으로 과실책임설에 의하면 손해배상청구권은 과실을 요건으로 하므로 수급인이 과실이 있을 때에만 도급인의 손해배상청구권이 인정되고 이 때의 손해배상은 마땅히 이행이익의 배상이 된다고 한다[801].

위의 견해들을 살펴보면, 무과실책임설은 수급인의 일을 완성해야 할 채무와 하자발생 사이의 규범적 관계를 외면하고 도식적으로 매도인의 담보책임과 동일시 한 점에서 타당하지 않으며, 채무불이행설은 도급계약의 특성을 매매와 구별한 점에서는 타당하지만 단순한 의무위반과 귀책사유에 의한 채무불이행을 구별하지 않고 있다는 점에서 귀책이론상 수긍하기 곤란하며 그리고 과실책임설은 제667조 제2항의 손해배상책임을 담보책임으로 규정한 취지가 말살되므로 수급인의 과실에 의하지 않은 하자로 손해가 발생한 경우 도급인에게 손해배상청구권이 발생하지 않는다는 결과가 되어 부당하다.[802] 생각건대 매매계약상의 매도인은 흠 없는 물건을 급부해야 할 채무를 부담하지만 목적물을 직접 제작하지 않으므로 물건의 제작과 완성에 대하여 책임을 부담하지 않는 것에 비하여, 도급계약상의 수급인은 일(목적물)을 하자없이 완성해야 할 채무를 부담하므로 물건의 제작과 완성에 대하여는 책임을 부담해야 한다.[803] 따라서 이와 같은 도급계약의 특수성으로 인하여 수급인의 하자담보책임은 매도인의 하자담보책임의 경우보다 더 채무불이행(불완전이행)책임에 가깝다고 할 수 있다. 그렇다고 하여 수급인의 하자담보책임으로서의 손해배상책임은 순수한 과실책임(수급인의 과실을 요건으로 해서만 성립될 수 있는 책임)으로 이해될 수는 없다. 여기서 민법 제667조 제2항에서 정하고 있는 도급인의 손해배상청구권은 수급인의 담보책임을 정한 것이므로 수급인의 과책을 묻지 않으나 매도인의 담보책임과는 그 성질상 구별되어야 한다.[804] 그러므로 수급인의 하자담보책임으로서 손해배상의 범위는 매도인의 하자담보책임으로서 손해배상의 범위보다는 크고, 그러나 수급인의 과책(귀책사유)이 명백하거나 입증된 경우의 채무불이행책임으로서 손해배상의 범위보다는 작다고 하겠다. 즉 담보책임으로서의 매도인의 손해배상책임은 하자손해(Mangelschaden) 내지 신뢰이익에 그치지만, 수급인의 손해배상책임은 더 넓게 해석되어 광의의 하자손해(Mangelschaden im weiteren Sinne)에 까지 미친다고 해야 한다. 수급인에게 과책이 있는 경우에는 수급인이 이행이익의 손해 내지 하자결과손해

799) 곽윤직, 전게서, 454면; 이은영, 전게서, 393면.

800) 김현태, 전게논문, 31-32면.

801) 김주수, 전게서, 1992, 374면.

802) 김형배, 전게서, 608면.

803) 정광수, 전게논문, 3, 50면.

804) 매매의 경우에는 목적물의 하자가 매도인의 행위에 의하여 발생되는 것이 아니라는 점에서 하자와 매도인의 행위 사이에 인과관계가 없는 것이 보통이나, 도급의 경우에는 수급인이 직접 그의 행위에 의하여 목적물을 완성해야 하기 때문에 목적물의 하자와 수급인의 행위 사이에 인과관계가 있다. 그 결과 수급인은 매도인과는 달리 대부분의 하자에 관해서 유책한 경우가 많다. 이와 같은 이유로 해서 하자에 대한 매도인과 수급인의 각 담보책임은 내용상 그 강도가 다르다(정광수, 상게논문, 51-52면).

(Mangelfolgeschaden)를 배상해야 한다.

여기서 광의의 하자손해라 함은 하자있는 일의 결과에 직접적으로 관계된 손해와 일의 완성에 부착된 것은 아니지만 하자와 밀접하고 직접적인 손해를 말한다.[805] 전자에 속하는 예로서는 하자보수비용, 하자로 인한 일의 가치감소[806], 한정적인 일실이익의 손해[807] 등이고, 후자에 속하는 예로서는 하자보수기간에 사용해야만 하는 동종의 임차물의 차임비용<본 문제제기상의 첫째 문제의 경우, 도급인이 가옥의 하자의 발생 또는 하자보수로 인하여 예정된 날짜에 입주할 수 없어 동종의 가옥을 임차한 경우에 지출한 임차료>, 전체 일에 대한 손해[808], 무형적인 일의 하자로 인한 손해[809], 전문가의 하자감정비용[810] 등이 이에 해당한다. 그리고 광의의 하자손해는 하자결과손해와 구별된다. 하자결과손해는 수급인의 과책에 의한 적극적 채권침해(불완전이행=채무불이행)가 있는 경우에 손해배상의 범위에 포함된다. 그러나 광의의 하자손해의 내용을 자세히 살펴보면 하자와 밀접히 관련있는 (협의의) 하자결과손해에 해당한다. 그러므로 수급인의 하자담보책임으로서의 손해배상책임은 하자손해 및 그 하자와 밀접한 관련이 있는 하자결과손해 즉 광의의 하자손해에 미친다.[811] 다만 수급인에게 과책이 있는 때에는 더 넓은 범위의 하자결과손해에 대하여 채무불이행 책임으로서의 손해배상책임을 부담한다.

이상으로 도급인은 수급인에 대하여 광의의 하자손해에 대하여 즉, 신축가옥의 균열과 그로 인한 누수의 하자보수에 갈음하여 하자보수비용과 하자보수로 인하여 입주할 수 없는 기간동안에 동종 가옥의 임차료에 상당한 금액을 손해배상으로 청구하거나 하자보수의 청구와 함께 그로 인하여 입주할 수 없는 기간동안 동종 가옥의 임

805) MünchKomm/ Soergel, 1980, Rn.27 zu §635; Esser/Weyers 1991: 268f.; 독일판례(BGHZ 58, 85, 92).는 하자손해와 구분하여 하자와 밀접한, 직접적인 관계가 있는 손해에 대하여는 하자결과손해로 귀속시키면서도 적극적 채권침해로 인한 손해배상을 부인하고 하자와 밀접한, 직접적인 관계가 없는 경우에만 적극적 채권침해로 인한 청구권의 여지가 있다고 하였다(BGHZ 35, 130; NJW 65, 106; NJW 68, 14). 예컨대, 직접적인 하자결과손해는 하자있는 오일교환으로 인한 발동기고장(BGHZ 98, 45), 지하에 설치한 오일관의 균열로 인하여 지하수에 기름이 스며든 경우(OLG München 1990: 736), 하자있는 포장으로 인하여 습기가 발생한 손해(OLG Köln 1977: 139), 건축사의 하자있는 설계도에 따라서 건축된 건축물에 하자가 발생된 경우(BGH, BB 1992, 950) 등을 의미한다고 한다(Dagmar, Coester-Waltjen 1993: 207).

806) 하자에 의하여 야기된 기술상의 가치감소는 하자손해에 속한다. 이것들은 제한된 이용가능성, 수명의 저하, 사용보증의 침해로 볼 수 있는 외관의 영향 등으로 파악되는 손해이다. 또한 상업상의 가치감소도 여기에 속한다(정광수, 전게논문, 61면).

807) 하자있는 가치감소가 일실이익으로 나타나야 한다. 예컨대, 얻을 수 있는 임대료수입의 손실 및 이자손실, 전체 또는 부분적인 일의 이용부족으로 인하여 발생되는 생산부족액 등을 말한다(BGH NJW 1972: 901; OLG Hamm MDR 1973: 314).

808) 예컨대 외벽들 중의 하나를 하자있게 완성함으로 인하여 다른 벽들에 대하여 습기를 가져다 준 경우의 손해를 말한다(BGHZ 58, 332 = Busl 1985: 955; BGH, NJW 1970, 421; NJW 1872, 1577).

809) 예컨대, 건축사의 설계하자가 그 설계에 따라 세워진 건축물의 하자로 나타난 경우를 말한다(BGHZ 37, 341; BGHZ 58, 85).

810) BGHZ 54, 352, 254 = NJW 1971, 99; Schneider(1965: 963).

811) 독일의 도급계약법분야에 있어서 하자손해와 하자결과손해의 구별에 대해서는 Peters, Frank (1978: 665f.) 참조.

차료에 상당한 금액을 손해배상으로 청구할 수 있다(민법 제667조 제2항).

Ⅳ. 결 론

수급인의 하자담보책임은 원칙적으로 수급인의 주된 의무인 일의 완성의무(급부의무)의 위반으로 인하여 발생한다. 그런데 수급인의 부수적 의무의 하나인 고지의무의 위반으로 인하여도 수급인의 하자담보책임이 발생하는가가 문제로 되었다.[812] 앞에서 살펴본 바와 같이 수급인의 부수적 의무 및 보호의무의 위반의 경우에도 그와 같은 위반행위가 결과적으로 주된 채무의 내용을 불완전하게 만들어 채무불이행으로서의 성질을 가진 경우에는 역시 담보책임이 발생한다고 해야 한다. 다시 말하면 이러한 경우는 수급인의 부수적 의무의 위반 또는 보호의무의 위반이 주된 채무인 일의 완성의무의 위반과 직접적으로 관련되는 경우에 한하여 수급인의 하자담보책임이 발생한다고 하겠다. 그러므로 도급계약에 있어서 담보책임은 주된 의무의 위반과 부수적 의무의 위반 또는 보호의무의 위반으로 인하여 일의 완성이 제대로 이루어지지 않은 경우에 인정되는 일종의 채무불이행책임이라고 할 수 있다.

첫째 문제의 경우에 있어서 수급인은 도급인의 지시(결함있는 설계도)가 부적당함을 알면서도 이를 도급인에게 고지하지 아니하고 가옥을 신축한 결과, 완성된 건물의 하자(균열과 그로 인한 누수)가 도급인의 지시에 기인한 것이라 하더라도 그에 대한 하자담보책임을 면할 수 없다(민법 제669조 단서). 즉, 하자로 인하여 예정된 날짜에 입주할 수 없는 사정으로 보아 하자는 중요한 하자로 판단되므로 도급인은 수급인에게 상당한 기간을 정하여 그 하자의 보수를 청구할 수 있다(민법 제667조 제1항 본문). 또는 도급인은 수급인에 대하여 하자보수에 갈음하여 하자보수비용과 하자보수로 인하여 입주할 수 없는 기간동안에 동종 가옥의 임차료에 상당한 금액을 손해배상으로 청구하거나 하자보수청구와 함께 하자로 인하여 보수를 하여도 남게되는 손해 즉 하자보수로 인하여 입주할 수 없는 기간동안 동종 가옥의 임차료에 상당한 금액을 손해배상으로 청구할 수 있다(민법 제667조 제2항).

둘째 문제의 경우에 있어서 공사의 감리인은 건축주의 지정과 의뢰에 따라 건축주를 위하여 건축시공자가 하자없는 건축물을 완성할 수 있도록 자신의 전문지식을 동원한 재량으로 공사가 설계도서 대로 시공되는지 여부를 확인하고 공사시공자를 지도하는 사무를 처리하는 자이므로, 수급인이 공사도중에 발생한 사정을 감리인에게 고하고 그의 지시에 따라 원래의 설계도서대로 공사를 계속한 것이라면, 비록 완성된 건물에 설계도서의 결함으로 인한 하자가 발생하였다 하더라도 수급인이 설계도서의 부적당함을 알면서 이를 고지하지 아니한 것이라고 할 수 없다. 그러므로 수급인은 도급인의 지시에 해당하는 설계도에 어떠한 잘못이 있다는 것을 알았다고 할 수 없다. 따라서 수급인에게 도급인의 지시가 부적당함을 고지할 의무가 발생하였다

812) 모든 계약당사자는 상대방의 신의에 좇아 성실한 의무를 이행하여야 한다는 민법 제2조 제1항으로부터 도급계약당사자들에게도 여러 가지 종류의 부수적 채무가 발생한다. 수급인의 부수적 의무에는 급부의무를 그 본래의 채무의 내용대로 실현하기 위하여 적절한 준비와 목적물이 훼손되지 않도록 보관하며 인도시(또는 승인시)에 있어서도 목적물에 아무 흠이 발생하지 않도록 주의를 해야 할 의무, 목적물의 사용방법을 도급인에게 설명해 주어야 할 의무(Aufklärungspflicht) 및 계약의 목적으로부터 발생되는 고지의무(Informationspflicht) 등이 있다.

고는 할 수 없기 때문에, 수급인은 도급인에 대하여 설계도의 결함으로 인한 하자담보책임을 부담하지 않는다.

그러나 만약 수급인이 도급인의 지시의 부적당함를 알지 못한 채, 설계도대로 공사진행 중에 분출된 지하수에 대하여 감리인과 같은 전문가가 아닌 도급인에게 알리고 도급인이 위와 같은 공사도중의 지하수의 분출은 설계변경을 할 정도의 것이 아니라고 하여 수급인이 그 말을 믿고 위 지하수가 그다지 심각한 문제는 아니라고 판단하고 도급인의 지시에 따라 솟아난 지하수를 밖으로 빼내는 조치만을 취한 채 그대로 공사를 진행한 경우로서 신축된 가옥에 설계도의 결함으로 인한 하자(균열과 그로 인한 누수)가 발생하였다고 한다면(즉, 도급인의 지시의 부적당함을 모른다면), 이 하자는 수급인이 책임져야 할 작업의 하자라고 볼 수 있다. 따라서 이 경우에는 수급인에게 하자담보책임이 성립된다. 그 이유는 전문적 지식 또는 경험이 없는 도급인의 의사에 절대적 구속력을 인정하는 것보다는, 건축전반에 관하여 전문적인 지식과 능력을 보유한 자로 전제된 수급인이 하자없는 일의 완성을 위하여 그 당시의 공사와 관련하여 발생한 중요한 사항과 도급인이 제공한 재료의 성질 또는 지시의 부적당함에 대한 고지의무와 그밖에 하자없는 일의 완성을 위한 공사와 관련하여 어느 정도의 발언권이 있기 때문이다.[813]

이와 같은 이유에서 민법 제669조상의 수급인의 하자담보책임을 면제하는 도급인의 지시는 도급인의 충분한 지식 내지 조사결과에 기하여 행하여진 지시 또는 그 당시의 공사상황으로부터 판단하여 사실상의 강한 구속력을 가지는 지시 등으로서 제한적으로 이해되어야만 한다.

* 2. 수급인의 피용자에 대한 도급인의 안전배려의무 *

Ⅰ. 문제제기

도급은 일의 완성을 목적으로 하는 계약이므로, 수급인은 보통 자기의 판단과 책임 하에 일을 완성하는 것이 원칙이다. 그리고 도급인은 단지 일의 결과를 향수할 뿐이다. 또한 도급계약상 발생되는 도급인의 의무로서는 보수지급의무(제664조), 검수의무[814] 그리고 부수적의무로서 협력의무[815] 및 수급인에 대한 안전배려의무 등이 발생한다. 그러나 일의 완성과정에 있어서 사고가 발생하여 수급인이 고용한 피용자가 손해를 입었다고 하여도, 수급인의 피용자와 어떠한 계약관계가 없는 도급인은 그에 대한 계약책임을 부담하지 않는다. 이것이 도급의 원칙적 형태이다. 그러나 오늘날 도급의 태양은 여러 가지이므로[816] 도급인이 사실상 일의 완성과정에 깊게 관여하여

---

813) 早稲田司法試験セミナー擇一對策委員會(1994: 559).

* 정광수, 수급인의 피용자에 대한 도급인의 안전배려의무, 안암법학 통권 제23호, 2006, 123면 이하.

814) 우리 민법은 도급인의 검수의무(檢收義務)를 규정하고 있지 않으나, 도급관계에 내재하는 '계약상의 채무'로서 해석상 이를 인정하고 있다(김형배, 채권각론, 박영사, 2001, 642면 이하 참고); 검수의 개념에 관해서는 신유철, "도급계약상의 검수," 「사법행정」, 1996.10. 29면 참고.

815) 도급인이 필요한 재료를 제공하거나, 일정한 지시를 하거나, 일할 장소를 미리 제공해야 하는 등의 협력의무를 말하며 이는 가장 대표적인 부수적 의무이다(김형배, 민법학강의, 신조사, 2006, 1248면).

수급인의 피용자가 도급인이 관리하는 근로 장소에 배치되어 도급인이 제공하는 설비·기구 등을 사용하고 또는 도급인의 지시 하에 노무를 제공하는 등 실질적으로는 해당 근로자를 고용하여 일을 시키는 것과 다를 바 없는 경우도 있다. 여기에는 하도급계약의 경우를 포함한다. 이와 같은 도급의 변칙적 형태에 있어서 도급인이 수급인의 근로자에 대하여 계약책임으로서의 안전배려의무를 부담하는가가 문제된다.[817]

다시 말해서 도급인과 수급인간에는 도급계약, 수급인과 수급인의 피용자 간에는 고용 혹은 근로계약이 각각 존재하지만, 도급인과 수급인의 피용자 사이에는 직접적인 계약관계는 존재하지 않는다. 따라서 하도급계약의 경우를 포함하여 이와 같이 직접적인 계약관계도 존재하지 않는 도급인과 수급인의 피용자 사이에도 도급인의 안전배려의무가 존재할 수 있는가? 만약 그것이 존재한다면, 그 법률구성과 요건은 어떻게 설명될 수 있는가가 문제이다. 이와 같은 문제를 다룬 일본판례는 상당히 많이 있으며 또한 이에 관한 학설도 여러 견해가 주장되고 있다.[818]

본 논문에서는 우선 일반적인 도급인의 안전배려의무에 관하여 간단하게 고찰하고 나서 앞에서 문제제기한 경우에 관한 해결을 위해 도움이 되는 이에 관한 일본의 판례·학설 등을 검토하기로 한다. 그리고 일본의 경우와 같이 우리나라에 있어서도 산업안전보건법 및 광산보안법 등의 규정과 관련하여 도급인의 안전배려의무와의 관계를 살펴본다. 끝으로 일본 미야모또 겐죠(宮本健藏) 교수가 주장한 제3자 보호효를 가진 계약이론의 관점에서 이 문제를 검토하기로 한다.

Ⅱ. 도급인의 안전배려의무

1. 우리나라의 학설과 판례

원칙적으로 도급계약상 수급인은 도급인으로부터 독립해서 그의 사무를 처리하므로, 도급인의 피용자라고 할 수 없다. 따라서 도급인은 수급인에 대해 고용 혹은 근로계약상 사용자의 부수적의무로서 안전배려의무를 부담하지 않는다. 그러나 특히 수급인이 도급인의 지배·영향 하에 있는 사업장에서 일을 수행하는 경우에는 수급인의 안전성(Integrität)에 대한 도급인의 보호의무(Schutzpflicht)가 요청된다.[819] 따라서 도급인이 자신의 귀책사유로 안전배려의무를 위반한 경우에는 채무불이행책임을 져야 한다.

특히 고용계약(근로계약)에서는 고용관계(근로관계)가 노무자의 인적 노무제공에 의하여 실현된다는 점에서 다른 법률관계에서와는 달리 노무자에 대한 사용자의 배려는 고용계약(근로계약)관계의 내재적 성질상 당연히 요청된다고 하겠다.[820] 노무자

---

816) 곽윤직, 채권각론, 박영사, 2000, 436면 이하 참고; Weyers, Gutachten und Vorschäge zur Überarbeitung des Schuldrechts, hrsg. v. Bundesminister der Justiz, Bd. Ⅱ, 1981, S. 1196ff. 참고.

817) 宮本健藏「元請企業の下請勞働者に對する安全配慮義務」內山尙三先生追悼記念論文集『現代民事法學の構想』信山社463頁(2004年).

818) 우리나라의 경우 이에 대해 직접적으로 다룬 판례나 학설은 없으나, 도급인의 불법행위책임(제757조 단서)과 관련하여서는 제757조 단서 규정의 의미에 관한 학설대립 및 이에 관한 판례가 상당수 있다.

819) 김형배, 전게서, 1248면.

가 사용자에게 제공하는 「노동력」은 노무자의 신체 및 인격과 불가분의 일체를 이루고 있기 때문에 노무자의 근로제공의무를 이행하기 위해서는 자신의 생명·신체·건강까지도 사용자의 지배 하에 두지 않으면 안 된다. 따라서 사용자는 공장건물·작업장·시설 및 설비·기계 등을 안전하게 설치하고 유지·보수하여야 하며, 모든 노무자에게 적절한 안전교육을 실시해야 하고, 안전요원을 두어 감시체제를 조직해야 한다. 이와 같은 사용자의 의무들은 특히 근로기준법 제76조, 산업안전보건법 등 특별법을 통하여 법률상의 의무로서 규율되고 있다.[821)]

그리고 이러한 안전배려의무는 사용자가 노무자의 생명·신체·건강을 침해해서는 안 된다고 하는 소극적인 의무만을 그 내용으로 하는 것이 아니라, 생산시설이나 기계설비 등 작업환경으로부터 노무자를 안전하게 보호하기 위하여 적절한 조치를 강구해야 한다는 적극적 성질을 가지고 있다.[822)] 당사자의 약정이나 취업규칙 및 단체협약 등에 안전배려의무에 관한 규정이 있는 경우에는 그 규정에 의하여 구체적 내용이 결정된다. 이러한 규정이 없는 경우에는 개별적 고용관계(근로관계)의 성질 및 구체적 실태와 관련하여 거래상 타당하다고 판단되는 범위 내에서 인정된다. 즉 우리나라 판례도 「…사용자는 근로계약에 수반되는 신의칙상의 부수적 의무로서 피용자가 노무를 제공하는 과정에서 생명·신체·건강을 해치는 일이 없도록 인적·물적 환경을 정비하는 등 필요한 조치를 강구하여야 할 보호의무를 부담하고, 이러한 보호의무를 위반함으로써 피용자가 손해를 입은 겨우 이를 배상할 책임이 있다」고 판시하였다.[823)]

한편, 도급계약은 커다란 범주에서 계약목적의 성질로 볼 때, 고용계약(근로계약)과 같이 노무의 제공을 급부의 목적으로 하는 계약에 속한다. 또한 이미 앞에서 언급하였듯이 오늘날 도급계약의 변칙적 형태에서는 실제적으로 볼 때, 도급인은 직접적으로 사용자와 다르지 않으며,[824)] 수급인 뿐만 아니라 수급인의 이행보조자인 수급인의 피용자의 안전성 확보를 위해서는 도급인의 협력이 있지 않으면 안 된다. 그리고 도급인은 작업장소나 설비·기구 등을 지배관리하고 수급인 또는 수급인의 피용자에 대하여 작업상의 지시를 행하고 있기 때문에, 그것을 통하여 산업재해를 예

---

820) Hanau/Adomeit, Arbeitsrecht, 11. Aufl., 1994, S. 161; Söllner, Grundriß des Arbeitsrecht, 10. Aufl., 1990, S. 268.

821) 김형배, 채권각론, 596면.

822) 구독일민법 제618조 참조.

823) 대판 2000.5.16, 99다47129; 대판 2000.3.10, 99다60115; 대판 1998.2.10, 95다39533 등 참고.

824) 도급인이 수급인에 대해서 작업에 관한 실질적인 지휘·감독을 하는 경우에는 사용관계가 성립되어 도급인은 사용자책임을 지게 된다(대판 1991.3.8, 90다18432; 대판 1998.6.26, 97다58170 등). 또한 건설공사의 도급에 관하여 도급인이 공사현장에서 공사의 운영 및 시공을 지시·감독한 경우 사용자책임을 인정할 수 있다고 하거나(대판 1983.11.22, 83다카1153), 공사의 하도급계약에서 하수급인이 모든 손해배상책임을 단독으로 지겠다고 약정한 경우라도 하수급인과 도급인 사이에 지시·감독관계가 존재하는 한 도급인의 사용자책임은 면제되지 않는다고 한다(대판 1983.5.24, 83다카208) 등 판례 참조. 그리고 도급인은 수급인이 그 일에 관하여 제3자에게 가한 손해를 배상할 책임이 없지만, 도급 또는 지시에 관하여 도급인에게 중대한 과실이 있으면 도급인은 제3자에 손해를 배상할 책임이 있는 데(제757조), 이를 사용자책임과 같은 맥락에서 파악하는 견해(곽윤직, 전게서, 514면)도 있다.

견하여 회피할 수 있어 수급인의 피용자에 대한 도급인의 안전배려의무를 요구하여도 도급인에게 가중한 부담을 주는 것은 아니다.[825]

그러므로 수급인 또는 수급인의 피용자가 도급인의 지배·영향 하에 있는 사업장에서 일을 수행하는 경우에는 수급인 또는 수급인의 피용자의 안전에 대한 안전배려의무가 신의칙상 도급인의 부수적 의무로서 발생된다고 하겠다.

2. 일본의 학설 및 판례

(1) 도급인의 안전배려의무의 법적 구성근거

도급인과 수급인 간에는 도급계약, 수급인과 그의 피용자 간에는 고용 혹은 근로계약이 각각 존재하지만, 도급인과 수급인의 피용자 사이에는 직접적인 계약관계는 존재하지 않는다.[826] 여기에는 하도급계약의 경우를 포함한다.[827]

그러나 종래의 일본판례는 도급인과 같은 지위에 있는 원청기업과 수급인의 피용자의 지위에 있는 하청근로자 사이의 특별한 사회적 접촉관계 내지 실질적 사용종속관계의 존재에 그 이론적·실질적 근거를 구하고 있다.[828] 일본의 학설은 이를 지지

---

825) 일본에서는 이와 같은 경우 실제로도 도급인이 수급인의 피용자의 생명·건강 등을 배려하지 않아도 좋다는 인식에서 행동하는 것은 아니라고 한다(宮本健藏·前揭注 3) 464頁).

826) 이 때문에 도급인의 안전배려의무를 부정하는 견해가 있다(後藤勇「注文者·元請負人の不法行爲責任(下)」判タ391号18頁(1979年), 東京地八王子支判昭和56年12月2日勞旬1039号82頁 등).

827) 원청기업이 하청기업과 하도급계약을 체결한 경우, 도급인의 지위에 있다고 볼 수 있는 원청기업과 하수급인의 근로자인 하청기업의 근로자와의 관계를 다룬 일본의 주요 하급심판례는 東京地判昭和56年2月10日判タ449号147頁, 神戸地尼崎支判昭和60年2月8日勞判448号31頁, 浦和地判平成5年5月18日判時1510号137頁 등을 들 수 있다.

828) 판례 및 통설은 원청기업이 하청근로자에 대하여 안전배려의무를 부담하는 경우에는 양자 사이에 '사용종속관계'가 존재하여야 한다고 주장하고 있다. 이와 같은 관계의 존부는 다음과 같은 요소에 의하여 판단되고 있다. 첫째, 일본 최고재판소 평성 3년 판결에서 제시한 다음과 같은 요소들이 존재하여야 한다는 견해가 있다. 즉 ① 원청기업의 작업현장에서 노무제공, ② 원청기업의 설비·기재 등의 사용, ③ 사실상의 지휘감독, ④ 원청기업 종업원과 작업내용의 동일성 등과 같은 네 가지 요소를 중심으로 하여 그것을 인정하는 견해들(group)이 있다(神戸地判平成6年7月12日判時1518号41頁(79頁),大阪高判平成11年3月30日勞判771号62頁, 福岡地判平成13年12月18日判タ1107号92頁(142頁) 등), 기본적으로 이것에 의하면서도 ④ 를 제외하는 견해도 여기에 속한다(神戸地尼崎支判昭和60年2月8日前揭注(1) 등) 둘째, ① 원청기업이 관리지배하는 공사·건설현장 등의 시설 내, ② 사실상의 지휘감독 등이라는 두 가지 요소를 기준으로 해야 한다는 견해가 있다(東京地判昭和50年8月26日判時809号64頁, 大阪地判昭和56年5月25日判タ449号153頁, 東京地判昭和61年12月26日判タ644号161頁, 横浜地判平成2年11月30日判タ764号194頁, 東京地判平成11年2月16日勞判761号101頁 등). 이와 같은 두 가지 견해유형이 판례의 대부분을 차지하고 있다. 그러나 판례 중에는 고려해야 할 요소 가운데 우선순위에 관하여 ① 원청기업과 하청기업 간의 실질적 독립성·종속성, ② 원청기업의 하청근로자의 인사권의 사실상 장악, ③ 하청근로자에 대한 사실상의 지휘명령·감독의 유무를 중심으로 판단하고 그 밖에 위에서 언급한 첫째 견해의 ① 및 ②의 요소도 고려한다(浦和地熊谷支判平成11年4月27日判時1694号14頁). 또한 노동환경의 정비와 노무관리가 실질적으로 원청기업에 의하여 행하여지고 있다고 평가되는가가 중요한 요소라고 판시한 판례도 있다(札幌地判平成11年5月28日判時1703号68頁). 위의 기본 유형과 비교하면 이와 같은 판례는 원청기업과 하청기업 사이의 관계에 중점을 두고 있고 또한 원청기업의 관리지배성으로 관점을 옮긴 것으로 보인다. 하청근로자에 대한 지휘감독에 관해서는 첫째, 직접 지휘감독을 한다는 설(吉賀哲大「判批」法時55卷8号148頁(1983年), 福岡高判昭和51年7月14日勞旬942号69頁, 大阪地判昭和

하는 견해가 통설이지만, 이를 반대하는 견해도 유력하다. 또한 최근 일본의 하급심 판결 가운데는 동일한 기본적 입장을 유지하면서도, 일정한 제한을 가하고 있는 판결이 있다.

원청기업의 안전배려의무의 법적 구성을 위해서는 다음과 같은 학설(견해)들이 주장되었다.

첫째, 원청기업과 하청근로자 사이에 직접적인 계약성립을 인정하는 견해이다(근로계약설). 이 견해에 의하면 하청근로자의 취업실태에 있어서, 실질적인 사용종속관계가 인정되는 경우에는 의제 내지 묵시적으로[829] 또는 계약의사를 매개로 하는 객관적으로[830] 직접적인 근로계약의 성립이 인정된다고 한다. 그러나 안전배려의무가 반드시 계약성립을 전제로 하는 것은 아니므로, 원청기업의 안전배려의무를 근거지우기 위해서 직접적인 근로계약의 성립을 인정할 필요는 없다. 또한 임금지불의무와 같은 계약의 중요한 요소를 결하고 있는 관계를 근로계약이라고 할 수는 없다.[831]

둘째, 고용계약 또는 도급계약을 근거로 하여 계약책임을 제3자에게 까지 확대하여 인정하는 견해가 있다. 예컨대, 중첩적 채무인수설은 고용·근로계약에 근거해서 하청기업은 하청근로자에 대하여 안전배려의무를 부담하지만, 원청기업은 이 하청기업의 안전배려의무를 도급계약에 근거하여 중첩적으로 인수한다고 한다.[832] 이에 반하여 제3자 보호효를 지닌 계약설은 도급계약에 근거를 두고 있다. 즉 도급의 변칙적 형태에는 도급계약의 이행에 관해 상호 협력 내지 원청기업의 관여가 당연히 전제된다. 그리고 그곳에서 원청기업이 완수하여야 할 역할 및 원청기업이 관리지배하는 영역이 설정된다. 자신의 관리지배하는 영역에 속한 사정으로부터 위험에 대하여 원청기업은 하청기업에 대하여 신의칙상 안전배려의무를 부담한다. 이것은 고용관계에 서있는 하청근로자에게도 확장된다고 한다.[833] 이에 대해서는 우회적 법률구성이

56年5月25日判タ449号153頁). 둘째, 직접 또는 간접 지휘감독을 한다는 설(比佐和枝「勞働災害と安全配慮義務をめぐる諸問題」塩崎編『現代民事裁判の課題第8卷』721頁(1989年), 札幌地判昭和59年2月28日勞判433号64頁). 셋째, 지휘감독을 할 수 있는 관계로 족하다는 설(岡村親宜『勞災裁判の展開と法理』217頁(1982年), 東京地判昭和59年10月22日判時1161号134頁) 등이 대립한다. 다만 판례의 다수는 단지 지휘감독을 한다는 것일 뿐, 직접·간접의 언급은 없다. 또한 직접 지휘감독을 한다는 판례에 있어서도 간접 지휘감독의 경우에 안전배려의무의 성립을 부정하는 취지가 있는가는 분명하지 않다. 더구나 중첩적 채무인수설이나 제3자 보호효를 가진 계약설은 이와 같은 사용종속관계는 문제되지 않는다. 판례가운데에는 중첩적 채무인수설을 취하는 입장에서 원청기업이 현장의 물적 시설에 대한 관리권을 가지고 있다는 것을 요소로 하여 원청기업의 안전배려의무를 긍정했던 것도 있다(大津地判昭和62年4月27日勞判499号39頁).

829) 大山宏「勞働災害と親會社の責任」勞旬913号39頁(1975年)은 의제설에 서있고, 小林良明「元請會社の下請勞動者に對する債務不履行責任」勞旬913号40頁(1976年)은 묵시설을 주장한다.

830) 小室豊充「使用者概念論の展開と課題(下)－親會社の勞動契約責任」勞旬934·5合併号58頁(1977年), 岡村親宜『勞災裁判の展開と法理』216頁(1982年), 平田秀光「勞働災害における安全保護義務再論(二)」勞判298号17頁(1978年) 등 참조. 더구나 福島地判昭和49年3月25日判時744号105頁은 출근한 사원에 관한 사례에서 지휘명령관계의 존재를 이유로 출근한 사원과 상대방 사이에 근로계약의 성립을 긍정했다.

831) 林迪廣「判批」判時759号152頁(1975年).

832) 福岡地小倉支判昭和49年3月14日判時749号109頁, 大津地判昭和62年4月27日勞判499号39頁 등 참조.

833) 전자의 견해는 채무자의 확장인데 비하여, 후자는 채권자를 확장하는 것이라고 한다(宮本健藏

다[834] 라고 하거나. 기교적이다 라는 등의 비판이 있다.[835] 또한 후자의 견해에 대하여 하청기업에 대한 안전배려의무와 하청근로자에 대한 안전배려의무와는 내용적으로 다르기 때문에, 이 법리를 적용할 수 있는 관계가 아니라는 비판도 있다.[836] 그러나 하청업자 자신이 하청근로자와 함께 작업에 종사하고 있는 경우에는 양자가 동일한 것이고, 더욱 더 안전배려의무의 내용은 구체적 상황에 따라서 확정되는 것이므로, 양자의 내용이 다른 것은 당연한 것이라고 생각한다.[837]

셋째, 안전배려의무 자체의 법적 근거로부터 이것을 기초한 견해가 있다. 즉, 안전배려의무는 노무에 대한 지휘지배권에 부수하는 의무인 것으로 원청기업과 하청근로자 사이에 '사용종속관계가 있는 노동관계' 나 '지휘명령 또는 지휘감독의 노동관계'가 있다면, 원청기업의 안전배려의무는 긍정된다고 하는 노동관계설[838] 및 이와 같은 실태가 존재하는 때는 最判昭和50年2月25日(民集29卷2号143頁)에서 언급한 '특별한 사회적 접촉관계'가 있다고 하여 원청기업의 안전배려의무를 긍정한 특별한 사회적 접촉관계설[839]이 있다.

근래의 판례·학설은 위 세 번째 견해를 지지하는 것이 다수이다. 그러나 안전배려의무는 매매계약이나 임대차계약 등에 있어서도 인정되므로 특히 노동관계설과 같이 안전배려의무를 노무에 대한 지휘지배권에 부수하는 의무이라고 결론 짓는 데는 의문이 남아 있다. 또한 원청기업과 하청근로자 사이에 사회적 접촉관계를 인정하려는 견해는 그 이론적 연원으로 독일의 보호의무론과 조화시키려 한다. 보호의무가 인정되기 위해서는 불확정적인 것이라 해도 계약체결의 목적을 가지는 것이 필요한데, 원청기업과 하청근로자에게는 이와 같은 목적은 존재하지 않기 때문이다.[840]

(2) 최근의 하급심판례

종래 판례이론은 위에서 서술한 바와 같지만, 최근 그것에 일정한 제한을 가하는 하급심판례가 있다. 즉, 東京地判平成3年3月22日(判時1382号29頁) 이른바 공항의 지

「下請勞働者に生じた勞働災害と元請負人の賠償責任」 法學硏究(明治學院大學)60号223頁(1996年) 등 참조). 그리고 北川善太郎『注釋民法(10)』368頁[奥田昌道編](1987年)은 반드시 명확한 것은 아니지만 그와 같은 식으로 해석한다. 또한 國井和郎「『安全配慮義務』についての賞書(下)」 判タ364号74頁(1978年)은 이 이론의 도입을 유보하면서도, 이 정도가 솔직한 이론구성이라고 한다.

834) 和田肇「雇用と安全配慮義務」ジュリ828号124頁(1985年).

835) 西村健一郎「使用者の安全配慮義務をめぐる若干の問題點」 勞判371号9頁(1981年).

836) 浦川道太郎「判批」 リマークス5号47頁(1992年).

837) 宮本健藏·前揭注 3) 466頁.

838) 星野雅紀,「安全配慮義務の適用範圍」: 吉田·塩崎編,,『裁判實務大系第八卷』481頁(1985年), 吉賀哲大,「判批」 法時55卷8号148頁(1983年), 西村健一郎,「判批」 判時1403号154頁(1992年) 등 참조. 東京地判昭和56年2月10日判タ449号147頁, 福岡地小倉支判昭和57年9月14日判時1066号126頁 등은 사회적 접촉관계로 언급하지 않고, 실질적인 사용종속관계만을 근거로 한다.

839) 神戸地尼崎支判昭和60年2月8日勞判448号31頁, 最判平成3年4月11日判時1391号3頁, 浦和地熊谷支判平成11年4月27日判時1694号14頁, 福岡地判平成13年12月18日判タ1107号92頁(142頁), 盛岡地判平成13年3月30日判時1776号112頁(140頁), 福岡高判平成13年7月19日判時1785号89頁(117頁), 東京高判平成13年10月23日判時1768号138頁(150頁) 등 참조.

840) 宮本健藏,「判批」民法判例百選Ⅱ(第4版)14頁(1996年).

상서비스(ground service)勞災訴訟判決이 바로 그것이다.

사안은 항공기 지상서비스를 업으로 하는 Y1회사에서 X등은 기내청소작업 등에 종사하고 있던 중 근막성 요통에 걸려서 통상근무를 할 수 없었다. 이 요통은 원고 등이 협소한 기내에서 허리에 부담을 주거나 몸을 비틀거리는 등 부자연스러운 작업을 지나치게 하였고, 작업환경·근무형태가 열악하여 발병한 것이기 때문에, Y1회사 및 그 모회사인 Y2회사(원청기업)에 대하여 안전배려의무위반을 이유로 손해배상을 청구했던 것이다.

법원은 Y1회사의 책임을 인정했지만, Y2회사에 대해서는 X 등에 대한 안전배려의무를 부정했다. 그 이유로서 첫째, Y2회사와 X 등 사이에는 직접 계약관계가 존재하지 않는다. 양자 사이에 고용계약이 존재하는 것과 동일시될 수 있는 관리지배, 사용종속의 노동관계가 성립하고 있는 경우에만 Y2회사는 X 등에 대하여 안전배려의무를 직접 부담한다고 하는 일반원칙을 기술했다. 그리고 둘째, 「X 등에 대한 Y2회사의 지휘감독·관리지배의 관계가 미치고 있는 경우에만 그 관리지배의 범위에 대한 안전배려의무의 책임이 문제되는 것이어서, 단지 Y1회사가 Y2회사의 지휘감독 등을 받고 또한 X 등의 행위가 외형상 Y1회사의 업무집행에 해당되는 것과 같은 때에는 Y2회사의 책임을 문제 삼을 수 없다」고 판시했다.

본건 사안에는 Y2회사와 Y1회사 사이에는 물적·인적 기타의 관계가 존재하고 또한 Y2회사는 Y1회사의 작업공정을 파악하여 그 작업내용, 작업시간, 작업장소에 관한 지시 내지 개입을 하고 또한 작업시간을 규제하고, 작업장소의 관리를 행하고 더욱이 Y2회사의 직원이 Y1회사의 직원에 대하여 직접 작업할당 기타의 지시를 하였다는 사실이 인정되었다. 그러나 법원은 이 Y2회사의 지휘감독 또는 관리지배는 「도급계약의 성격을 가지는 본건 지상업무위탁계약의 수급인인 Y1회사에 대하여 위 계약의 이행을 구하면서 또는 계약의 이행을 구하는 것을 전제로 하고 있는 것이기 때문에, 위 계약상 도급인으로서의 지위에 기한 것이며, 이를 넘어선 것은 아니라고 해석하였다. 따라서 그 지휘감독 내지 관리지배는 어느 것도 Y1회사에 대한 것이지 X 등에 대한 것은 아니다」라고 판시하면서 Y2회사의 안전배려의무를 부정했다.

본 판결의 사실인정에 의하면 원청기업의 지휘감독 또는 관리지배는 사실상 하청근로자에게 미치고 있다고 하는 것이 바람직하다. 그러나 본 판결은 이와 같은 사실상의 지휘감독 내지 관리지배를 도급인으로서의 지위에 따른 것과 그것을 벗어난 것으로 이분하고, 전자의 경우에는 하청근로자에 대한 지휘감독 내지 관리지배는 존재하지 않고, 원청기업은 하청근로자에 대하여 안전배려의무를 부담하지 않는다고 했다. 종래의 판례에 의하면 「도급계약과 고용계약을 매개로 하여 간접적으로 성립한 법률관계」의 존재[841] 또는 「도급계약을 매개로 하여」 사실상 지휘감독의 존재[842] 또는 「원청부인으로서 공사상의 지도를 하고, 그의 감독하에 공사를 시공케 한다」면 충분하다고 하기 때문에[843] 이것과 대비할 때, 본 판결의 성립범위는 좁다고 생각한다.[844]

---

841) 大阪高判昭和63年11月28日判時1391号18頁, 東京地判平成5年11月19日交民集26卷6号1440頁, 長崎地判平成10年11月25日判タ1019号182頁(211頁), 浦和地熊谷支判平成11年4月27日判時1694号14頁.

842) 福岡高判昭和51年7月14日勞旬942号69頁, 神戸地判昭和59年7月20日判タ533号86頁.

843) 札幌地判昭和53年3月30日判時923号104頁 등.

이 판례에 의하면 도급인으로서의 지위를 초월했는가의 여부가 중요하므로, 어떤 기준에 의해서 그것을 판단할 수 있는가 하는 명확한 기준이 제시되어야 한다. 그런데 그것을 제시하는 것은 실제적으로는 지극히 곤란하다. 또한 사실상 지휘감독이 존재함에도 불구하고 원청기업의 안전배려의무를 부정하는 것은 종래 일본의 판례 및 통설이 채용한 안전배려의무론의 이론적 기초와 조화되지 않는다. 본 판결은 이것을 회피하기 위해서 원청기업의 지휘감독은 하청기업에 대한 것이고, 하청근로자에 대한 것은 아니라고 한다. 그러나 이와 같은 설명에 의해서도 지휘감독의 존재라는 「사실」을 간과할 수는 없다. 또한 「사실」의 존재판단에 「도급인의 지위」와 같은 법적 평가를 하는 것도 타당하지 않다고 생각한다.

본 판결에 대하여 이와 같은 문제점을 지적하는 것이 가능하지만, 다른 한편 본판결은 사실상의 사용종속관계에서는 법적으로 처리할 수 없는 경우가 있다는 입장을 분명히 하고 있어 종래 일본의 판례 및 통설의 불충분성을 보여주는 것과 다르지 않다. 또한 하청근로자에 대한 지휘감독·관리지배의 관계가 미치는 경우에도 안전배려의무에 따른 책임이 인정되는 것은 「그의 관리지배할 수 있는 범위」내에 있기 때문이다. 이것은 포괄적인 안전배려의무가 아닌, 제한적·부분적인 안전배려의무를 인정하는 것이므로 이점도 주목할 가치가 있다.

또한 福岡高法判例[845]도 마찬 가지로 원청기업의 안전배려의무의 제한이론을 분명히 했다. 이른바 長崎日鐵鑛業人의 肺訴訟判決에서 Y회사(日鐵鑛業株式會社)가 경영하는 탄광에서 Y로부터 갱내 굴진작업을 일부 하청 받은 A회사의 종업원X가 분쇄작업에 종사하였고, 그로인해 폐에 병이 걸렸다. 그래서 X가 Y에 대하여 안전배려의무위반을 이유로 손해배상을 청구하였던 것이다.

재판소는 Y의 안전배려의무위반을 이유로 하는 X의 청구를 인용했다. 이 결론에 이론이 없다고 생각되지만, 원청기업의 안전배려의무에 관해서 다음과 같은 주목할 만할 기준을 제시했다. 즉, 사실적 사용종속관계가 있는 경우에 원청기업은 안전배려의무를 부담하지만, 그와 같은 사실적 사용종속관계를 인정하기 위해서는 「단순히 원청기업과 하청기업 사이에 도급계약에 기해서 하청기업의 종업원이 원청기업의 운영하는 사업에 노무제공을 하였다는 사실만으로는 불충분하고 해당 원청기업과 하청기업 사이에 일반적으로 볼 때 도급인과 수급인의 관계를 넘어 밀접한 지휘감독, 관리지배관계가 존재하는 것(원청회사의 종업원이 하청회사의 종업원에 대하여 어떤 요청 내지 지시를 했다는 것만으로는 충분하지 않고, 회사내의 업무상 지시명령과 같은 정도의 구속력 내지 강제력을 가지는 것)이 구체적으로 분명하지 않으면 안 된다(다만 항상 직접적인 지휘감독이 현실적으로 행하여지고 있다는 것까지는 필요치 않고, 지휘감독의 방법은 직접 또는 간접의 양면이 있으면 된다)고 판시하고 있다.[846]

「원청기업이 하청근로자에 대하여 어떠한 요청 내지 지시를 했다는 것만으로는

844) 宮本健藏·前揭注 3) 470頁.

845) 福岡高判平成12年7月28日(判タ1108号215頁).

846) 福岡高判平成13年7月19日判時1785号118頁도 마찬가지로 해석된다. 즉, 원청기업은 일반적으로 보여지는 관계를 넘어서까지 안전배려의무를 부담하지 않는다고 주장했지만, 재판소는 그것을 배척했다.

불충분하다」고 하는 점은 앞에서 언급한 공항지상서비스소송에서도 마찬가지이다. 본 판결에 의하면, 이와 같은 원청기업과 하청근로자 관계는 원청기업과 하청기업 사이에 「보통 일반적으로 보여지는 관계를 넘어 밀접한 관계」의 유무와 동어반복의 관계에 서있다. 다시 말해서 하청근로자에 대한 원청기업의 지휘명령·관리지배의 유무는 하청기업과 원청기업과의 관계가 통상 도급계약관계보다도 밀접한가 여부의 판단과 연결되어 있다. 그렇다고 할 때, 본판결은 「원청기업과 하청근로자 간의 사실상 사용종속관계」로부터 「원청기업과 하청기업 간의 밀접한 사용종속관계의 존재」로 판단의 중점을 이전한 것으로 보인다.847)

Ⅲ. 도급인의 안전배려의무와 산업안전보건법 등의 규정

1. 산업안전보건법과의 관련

우리나라의 산업안전보건법(이하 산안보법이라 함)은 산업재해를 예방하고 쾌적한 작업환경을 조성함으로써 근로자의 안전과 보건을 유지·증진하기 위하여 사업주 등이 마련해야 할 각종의 조치를 규정하고 있다. 이 산안보법은 근로자의 안전위생확보를 위한 종합적인 법제로서 1990년에 제정되었다. 이 법은 사업주가 마련해야 하는 조치에 관한 최저 기준 이외도 근로자의 선상의 유지증진 내지 쾌적한 지장환경의 형성을 위해서 사업주가 해결해 나가야 할 일 그리고 국가에 의한 각종 구조조치 등에 관한 광범위한 내용의 규정이 마련되어 있다.848)

산안보법 제4장 「유해·위험예방조치」에서는 제23조(안전상의 조치) 및 제24조(보건상의 조치)를 통해 「사업을 행하는 사업주로서 각종의 위험 및 건강장해를 예방하기 위하여 필요한 조치」를 취할 의무를 규정하고 있고, 나아가 제26조(작업중지등)에서는 「산업재해발생의 급박한 위험이 있을 때 또는 중대재해가 발생한 경우 즉시 작업을 중지 및 근로자대피 등 필요한 안전·보건상의 조치」를 취할 의무를 규정하고 있다. 특히 제28조(유해작업 도급금지)는 「안전·보건상의 유해 또는 위험한 작업중 대통령이 정하는 작업은 노동부장관의 인가를 받지 아니하고는 그 작업만을 분리하여 도급(하도급을 포함한다)을 줄 수 없다」고 규정하고 있다. 또한 제29조(도급사업에 있어서의 안전·보건조치)는 「동일한 장소에서 행하여지는 사업의 일부를 도급에 의하여 행하는 사업으로서 대통령령이 정하는 사업의 사업주는 그가 사용하는 근로자와 그의 수급인이 사용하는 근로자가 동일한 장소에서 작업을 할 때에 생기는 산업재해를 예방하기 위하여 ① 안전·보건에 관한 협의체의 구성 및 운영, ② 작업장의 순회점검 등 안전·보건관리, ③ 수급인이 행하는 근로자의 안전·보건교육에 대한 지도의 지원, ④ 기타 산업재해를 예방하기 위하여 노동부령이 정하는 사항 등의 조치의무를 규정하고 있다. 또한 사업주는 그의 수급인이 사용하는 근로자가 노동부령이 정하는 산업재해 발생위험이 있는 장소에서 작업을 할 때에는 노동부령이 정하는 산업재해예방을 위한 초치의무를 규정하고 있다. 동시에 사업주는 노동부령이 정하는 바에 따라 그가 사용하는 근로자, 그의 수급인 및 그의 수급인이 사용하는 근

847) 宮本健藏·前揭注 3) 472頁 참조.

848) 산업안전보건법 제1조(목적) 및 제4조(정부의 책무) 이하 등 참조.

로자와 함께 정기 또는 수시로 작업장에 대한 안전·보건점검을 실시하여야 할 의무 등」을 규정하고 있다.

이와 같은 우리나라의 산안보법의 규정은 일본의 노동안전위생법(이하 노안위법이라 함)과 거의 유사한 내용을 규율한 법규이다. 그런데 일본에서는 노안위법과 관련하여 다음과 같은 논란이 있다. 아래에서는 이와 관련하여 일본의 미야모또 겐죠(宮本健藏) 교수의 견해를 정리하여 기술하고 이에 대해 우리 나라에 시사하는 바를 생각하기로 한다.

2. 일본의 노동안전위생법과의 관련

(1) 노안위법의 사법적 효력

일본의 노안위법상의 규제는 본래적으로는 공법적 규제이므로, 사법적 효력을 가지는가에 관해서는 다툼이 있다.[849] 예컨대, 일본의 일부 학설은 그것을 부정한다.[850] 즉, 노안위법은 노사 이외의 관계자들도 규제대상으로 하고 있다는 것, 사업자에 대하여 여러 종류의 노력의무를 부과하고 그 구체화한 지침작성 내지 행정지도를 하고 있다는 것, 법의 목적달성을 위한 행정시책의 구비 등도 설정하고 있다는 점들에 있어서 노동법보다도 광범·다양·고도의 법규를 갖추고 있다고 한다. 또한 이와 같은 법규의 내용에 비추어 노안위법은 일본의 노동기준법(이하 노기법이라고 함)상의 근로계약에 대한 직접적 효력규정을 위반하고 있지 않다는 것들을 그 이유로 들고 있다. 이에 대하여 통설적 견해는 노안위법의 연혁적 이유를 들어 그것을 긍정한다.[851] 즉 사업자가 마련해야만 하는 각종의 조치에 관해서는 노기법 제5장 「안전 및 위생」에 규정되어 있지만, 노안위법은 그것을 분리·독립시켜서 단행법으로 규정한 것이다.[852] 그러므로 노기법상으로는 그러한 규정은 제13조에 의하여 사법상의 효력이 부여되고 있기 때문에 노안위법에 의해서도 마찬가지의 효력이 인정되어야만 한다고 한다. 이와 같이 입법의 연혁 및 법규정의 상호관련으로부터라면 사업자의 조치의무에 대해서는 통설적 견해가 타당하다고 한다.[853] 더군다나 노안위법이 노기법과 자매법의 관계이고, 노기법 전체 법체계의 가운데 있는 하나이므로, 노기법의 규정과 일체로 되어서 근로조건의 확보를 도모하는 것이라는 사실은 국회심의과정에서도 입법담당자에 의하여 분명히 언급되었던 것이라고 한다.[854] 또한 이러한 것은 법규정상으

849) 三柴丈典『勞働安全衛生法論序說』70頁以下(2000年).

850) 菅野和夫, 『勞働法』(第16版), 330頁(2003年); 小畑史子,「勞働安全衛生法規の法的性質(三)」, 法協112卷5号, 643頁(1995年).

851) 渡辺章 「批判」ジュリ564号116頁(1974年), 西村健一郎 「批判」 勞判222号9頁(1975年), 桑原昌宏「安全衛生」『勞働災害補償法論』 371頁(1985年), 小西國友·渡辺章·中嶋士元也 『勞働關係法』(第4版)330頁(2004年) 등.

852) 우리 나라의 경우도 근로기준법 제6장 「안전과 보건」 제76조 (안전과 보건)는 「근로자의 안전과 보건에 관하여는 산업안전보건법이 정하는 바에 의한다.」고 규정하고 있다.

853) 다만 이 경우에도 모든 규정에 일률적으로 사법적 효력이 인정되는 것은 아니고 규제 내용 등을 개별적으로 검토하여 계약내용으로서 상응하지 않는 것에 대하여는 사법적 효력을 부정하는 것은 당연하다. 香川孝三 「批判」 ジュリ1057号118頁(1994年), 渡辺賢 「産業医の活動とプライバシー」 日本勞働法學會誌86号133頁(1995年) 등 참조.

로도 명확하여 노안위법 제1조가 「노동기준법과 더불어서」라고 규정하고 또한 노기법에 「제5장 안전 및 위생」의 장명을 남기고 「노동자의 안전 및 위생에 관해서는 노동안전위생법이 정한 것에 따른다」고 규정하고 있다고 한다(노기법 제42조). 그리고 사법적 효력을 부여하는 노기법 제13조는 그대로 유지되고 있기 때문이라고 한다.

그러나 안전배려의무론이 충분히 뿌리내리고 있지 않은 시대에는 노동안전위생에 관한 규정에 사법적 효력을 인정하는 것은 극도로 중요한 의의를 가진다고 생각하지만, 안전배려의무론의 확립과 더불어서 그 의의를 잃었다고 하겠다. 현재는 노안위법상의 규정은 안전배려의무의 내용을 결정할 때에 참작할 수 있는 요소 중의 하나라고 생각하면 충분하다고 한다.[855] 또한 일본의 판례의 다수도 노안위법의 규정은 사법상 안전배려의무의 내용을 정하는 기준[856] 내지 그것을 검토하는데 있어서 참작할 수 있는 것[857]이라고 한다.

(2) 원청기업과 하청근로자의 관계와 노안위법의 사법적 효력

원청기업과 하청근로자의 관계에 있어서 사법적 효력의 의의에 관하여 보면, 양자 간에는 직접적인 노동계약은 존재하지 않으므로 노기법 제13조의 적용요건을 흠결한다. 따라서 사법적 효력의 근거를 동 규정에서 구하는 것은 가능하지 않다. 또한 사법적 효력을 긍정한다고 하여도 그것에 의해서 계약관계가 없는 당사자 간에 직접 계약법상의 의무를 발생시킬 수 있는지는 의문이다. 계약상의 의무를 인정하기 위해서는 한 단계 더 높은 정당화가 필요하다고 한다. 사법적 효력의 유무에 따라서 원청기업과 하청근로자 간에 문제가 바로 해결되는 것은 아니다.

다시 말해서 원청기업은 신의칙상 하청근로자에 대한 안전배려의무를 부담하고, 그 내용은 노안위법상의 사업자의 의무를 기준 내지 참작하여 결정할 수 있다고 한다.[858] 다만 이것은 원청기업의 안전배려의무를 사업자(직접 사용자)의 안전배려의무와 내용적으로 동일하게 해석하지만, 이와 같이 이해할 수 있는가는 의문이 남는다.

왜냐하면 노안위법은 사업자의 각종 조치의무 이외에 원방사업자[859] 또는 특정원

854) 勞働省勞働基準局安全衛生部編『勞働安全衛生法の詳解』74頁(1998年) 이하 참고 및 이와 같은 노기법으로부터 분리독립되어 노안법이 단행법으로서 규정되기에 이른 것은 첫째, 노동기준법과 같이 직접의 고용관계만을 전제로 하여 규제하는 것은 재해를 확실하게 방지하는 것이 곤란하다는 것, 둘째, 재해방지를 위해서는 최저기준을 설정하고 그것을 확보하는 것만으로는 불충분하고, 안전위생교육의 철저 또는 기술지침의 책정 등보다 안전하면서 쾌적한 직장환경을 형성할 필요가 있다는 것이 그 이유라고 한다(同書 59頁, 73頁以下參照).

855) 宮本健藏·前揭注 3) 477頁 참조.

856) 鳥取地判昭和53年6月22日判時920号198頁(202頁), 神戶地判平成2年12月27日判タ764号165頁(181頁) 등 이 판례들은 사용자에 관한 것이지만, 사용자 및 원청기업 양자에 관하여 판시한 판례로서는 神戶地判平成6年7月12日判時1518号41頁(79頁)(三菱振動病訴訟) 등이 있다(또한 항소심인 大阪高判平成11年3月30日勞判771号62頁은 이것을 지지한다).

857) 神戶地判昭和62年7月31日判タ645号109頁(121頁)(三菱難聽3次訴訟), 大阪高判昭和63年11月28日判時1391号118頁(三菱難聽1次·2次訴訟) 등 모두 사용자 및 원청기업 양자에 관해서 판시하였다.

858) 원청기업의 책임만을 다룬 판례중 기준설에 따른 판례는 大阪地判昭和56年5月25日判タ449号155頁, 神戶地尼崎支判昭和60年2月8日勞判448号43頁(勞働基準局長의 통고를 구체적인 조치의 준거로 가능하다고 판시했다) 등이 있고, 참작설에 의한 판례는 札幌地判昭和59年2月28日判時1122号147頁(152頁) 등이 있다.

방사업자[860]에 대하여 특별한 의무를 규정한다. 그런데 한 장소에서 도급계약관계가 있는 여러 종류의 일에 따라서 일이 서로 연관되어 뒤섞여져서 행하여지는 사태가 예상될 수 있다. 이와 같은 작업의 혼재성이라는 특수상황에 대처하기 위하여 노안위법은 원방사업자 또는 특정원방사업자에게 특별한 의무를 부여한다.

구체적으로는 원방사업자는 관련된 수급인 및 관련된 수급인의 피용자가 법령에 위반하지 않도록 필요한 지시를 행한다. 이것을 위반하고 있다고 인정될 때에는 시정을 위한 필요한 지시를 행하지 않으면 안 된다(동법 제29조). 또한 건설업의 원방사업자는 토사붕괴의 우려가 있는 장소, 기계 등이 뒤집힐 우려가 있는 장소 등에서 관련된 수급인의 피용자가 작업을 행하는 때에는 미리 작업장소의 안전을 확보하기 위하여 적절한 조치를 강구하지 않으면 안 된다(동법 제29조의2). 작업이 이 같은 장소에서 행하여 질 때는 특정원방사업자는 첫째 협의조직의 설치 및 운영 둘째, 작업간의 연락 및 조정 셋째, 작업장소의 순시 넷째, 안전위생교육에 대한 지도 및 원조 다섯째, 일의 공정에 관한 계획 등의 작성 여섯째, 건설기계 등 작업계획 등에 관한 지도 일곱째, 건설현장상황 주지 등의 조치를 강구하여야 할 의무를 부담한다(동법 제30조 제1항).

원청기업이 원방사업자 또는 특정원방사업자에 해당하는 경우에는 위와 같은 특별한 의무를 부담한다. 그러나 이와 같은 의무는 통상 사업자의 의무를 뛰어넘는 것이므로, 노상위법상 사업자의 의무를 기준 또는 참작하여 원청기업의 안전배려의무의 내용을 결정한다고 하더라도 원방사업자 등의 의무가 당연히 그 대상이 되는 것은 아니다. 그래서 이와 같은 사업자의 의무를 뛰어넘는 원방사업자 등의 의무가 사법상 어떤 위치를 차지 할 수 있는지가 문제이다.

종래 학설은 이와 같은 특수성을 그다지 주목하지 않았다고 생각하지만, 판례를 보면 다음과 같은 견해로 나뉘어 진다.

우선 첫째, 일부의 판례는 이러한 의무위반을 불법행위책임으로 다루었다. 예컨대, 廣島地尾道支判昭和53年2月28日(判時901号93頁)은 조선소 내의 화재사고에 관해서 특정원방사업자에 해당한다고 하여 원청기업에게 불법행위책임을 긍정하였다. 그 전제로서 원방사업자의 노안위법상의 의무는 공법상의 의무이지만, 그러한 의무위반과 손해사이에 인과관계가 존재하고 동규정이 현저하게 불합리한 것이 아닌 한 일본민법 제709조의 과실이 있다고 추정된다고 한다.[861] 그러나 松山地判昭和59年9月27日(交民集17巻5号1369頁)은 노무의 이행과 사고 사이에 관련성이 없다고 하여 책임을 부정하였다. 이와 같은 사안에서는 결국 피해자 측이 단지 원청기업의 불법행위책임을 추궁하는 것으로 끝났다.

둘째, 이것의 위반을 채무불이행으로 하는 것이 있다. 예컨대, 神戸地尼崎支判昭和

859) 원방사업자라 함은 한 장소에서 행하는 일의 일부를 관련 수급인에게 도급을 주고 일의 일부는 스스로 행하는 사업자 중 최초의 사람을 말한다(일본의 노안위법 제15조).

860) 원방사업자 가운데서 특정사업 즉 건설업 및 조선업을 행하는 자를 특별히 특정원방사업자라고 한다(일본의 노안위법 제15조, 동시행령 제7조 1항).

861) 판결요지는 직접적으로는 사업자의 의무에 관해서 이와 같이 서술하였지만, 원방사업자의 의무에 관해서도 동일한 이해를 전제로 한다.

54年2月16日(判時941号84頁)은 원방사업자로서 노안위법 제29조 규정의 지도·지시를 하지 않았다는 것, 또한 특정원방사업자로서 노안위법 제30조의 조치를 내리지 않았기 때문에, 안전보호의무의 불완전이행이 있다고 판시했다. 여기서는 노안위법상의 의무만이 문제로 되어서 원청기업과 하청근로자 간의 지휘감독관계의 존재는 문제로 되지 않는다. 그렇다면 그것은 노안위법 제29조 및 제30조의 의무에 관해서 원청기업과 하청근로자 사이에 사법적 효과를 직접적으로 인정하고 있다고 말해도 좋다고 한다. 그러나 양자 사이에 직접적 계약관계는 존재하지 않기 때문에, 이점에 대해서는 좀 더 상세한 이유가 있어야 한다고 생각한다.

셋째, 제3의 유형으로서 원방사업자 또는 특정원방사업자등의 노안위법상의 의무를 원청기업의 안전배려의무의 근거로 드는 견해가 있다. 福岡地小倉支判昭和57年9月14日(判時1066号126頁)은 안전배려의무를 지휘감독권능에 부수하는 것이라고 이해한다. 그것을 전제로 하여 원청기업은 노안위법상의 특정원방사업자이므로, 공사현장에 현장사무소를 설치하고 공사소장으로서 자기의 종업원을 상주시켜 통괄안전위생관리자로 하여금 지정공사관리나 안전에 관한 다양한 종류의 회의를 주재하게 하여 상시 포괄적으로 지시·명령을 하도록 하거나, 또한 하청기업과 체결된 협정에 따라서 안전위생에 관한 협의, 지시, 승인 및 점검의 권한을 포괄적으로 확보했던 것을 이유로 원청기업과 하청근로자 사이에 사실상 고용관계와 유사한 지휘감독관계가 발생했다고 인정하는 것이 상당하다고 판시했다. 여기에서 인정되고 있는 사실은 특정원방사업자로서 행동할 수밖에 없는 사정이 있고(노안위법 제15조·제30조), 또한 협정서도 그것을 계약조항화 했다는 것이다. 이와 같이 생각할 때, 판례는 원방사업자등의 노안위법상의 의무를 원청기업의 안전배려의무의 근거로 사용하고 있다.

또한 神戸地判昭和56年4月27日(勞判407号55頁)은 하수급인의 노재사고(勞動災害事故)가 문제로 된 사례에서 하청기업과 하수급인 간에는 고용관계와 동일시하는 사용종속관계가 발생하고 있다고 하여 하청기업의 안전배려의무를 긍정했다. 그러나 원청기업에 대해서는 단지 노안위법 제15조의 특정원방사업자이라고 지적할 뿐만 아니라, 고용계약에 있어서 노동자를 대하는 것과 같이 작업에 의한 재해위험 전반에 대하여 인적·물적으로 안전하게 작업을 할 수 있도록 하는 사법상의 안전보증의무를 긍정했다.[862] 이것도 원방사업자 등의 의무를 원청기업의 안전배려의무의 근거로 사용하는 것이라고 말할 수 있다.

생각건대, 위에서 주장된 내용들은 우리나라의 경우에서도 유사하게 고려될 수 있다고 본다.

3. 광산보안법과의 관련

(1) 우리 나라 광산보안법의 목적 및 주요내용

우리 나라는 광산근로자에 대한 위해방지를 위해서 1963년에 광산보안법을 제정하여 그것을 규정하고 있다.[863] 동법은 광산근로자에 대한 위해방지를 목적의 하나

862) 항소심인 大阪高判昭和58年1月20日勞判407号53頁은 이것을 지지한다.

863) 일본은 광산근로자에 대한 위해방지를 위해서 昭和 24년에 광산보안법을 제정하였고, 같은 해에 금속광산 등 보안규칙 및 석탄광산보안규칙, 석유광산보안규칙 등을 제정하여 그것의 구체적

로 내세우고 있다(제1조). 또한 광산근로자라 함은 광산에서 임금을 목적으로 근로를 제공하는 자(일본의 경우는 광업에 종사하는 자)이지, 광업권자 또는 조광권자에게 고용된 자인가 아닌가를 문제로 삼지 않는다(제2조 제3호).

내용적으로는 광산에서의 사람에 대한 위해방지(위생에 관한 통풍을 포함)를 보안사항의 한 가지로 하고(제5조 1호 내지 3호), 광업권자 또는 조광권자의 의무로서 낙반 또는 갱내화재 등의 방지, 분진 등에 의한 위해 또는 기계 등의 취급시 동반되는 위해방지, 통풍확보, 기계·기구·건축물 및 공작물의 보전을 위해 필요한 조치를 강구할 것 등을 열거하고 있다. 또한 광업권자 또는 조광권자는 보안교육을 하여야 하고 또한 보안규정을 정하여야 한다(동법 5호), 더 나아가 광산보안관리직원을 선임하고(제13조), 광산근로자도 보안을 위해 필요한 사항을 준수할 의무를 부담한다(제6조). 일본 광산보안법도 대체로 이와 같은 내용들을 포함하여 우리나라법과 유사하게 규정하고 있다. 따라서 일본 광산보안법과 도급인의 안전배려의무와 관련하여 일본에서 논의 된 바를 살펴보고 얻은 결과를 우리나라에서도 발생할 수 있는 유사한 법률문제의 해결에 참고할 수 있다고 생각한다.

(2) 일본의 광산보안법과 노안위법과의 관계

양자의 관계를 보면 광산의 보안에 관해서는 제2장 노동재해방지계획을 제외하고 노안위법의 적용은 없는 것으로 하고 있다(노안위법 제115조 1항). 이와 같이 노안위법과는 별도로 광산보안법에 의한 광업권자의 의무가 사법상의 효력을 가지는가가 문제로 되었다. 또한 광산근로자에 대해서는 특히 진폐 피해자가 심각하여, 그와 관련한 진폐법[864] 등의 규제도 그 대상에 포함되고 있다. 이러한 법들도 보안위법과 마찬가지로 노동안전위생에 관한 공법상의 규제에 속한다. 그러나 학설은 노안위법의 사법적 효력을 주로 논하면서 노안위법 이외의 규제에 관하여는 거의 언급을 하지 않고 있다. 다만 이에 관한 판례들이 다수 있기 때문에 이를 중심으로 살펴보고자 한다.

첫째, 직접 고용한 근로자와의 관계를 볼 때, 일부의 판례는 「광산근로자가 종사했던 분진작업의 내용, 그 작업환경, 진폐에 관한 의학적 지식, 진폐방지에 관한 공학기술수준 및 행정법령 등을 통합 고려함으로써 안전배려의무의 내용을 확정할 수 있다」고 한다(통합고려설).[865] 또한 다른 판례는 「진폐방지에 관한 각종 법령등은 주로 탄광사업자에 대한 공적 규제를 규정하고 있고, 근로자와의 관계를 사법적으로

인 조치를 명확히 하고 있었다. 그 후 平成 6년에 광산보안규칙이 제정됨으로써 그와 같은 규칙들은 모두 폐지되었다(동규칙 부칙 제2조).

864) 昭和 35년에 구진폐법이 제정되어 사용자 및 분진작업에 종사한 근로자는 진폐의 예방에 관해 노동기준법 및 광산보안법의 규정을 따르는 것 이외에 분진의 발산억제, 보호구의 사용, 기타에 대해서 적절한 조치를 취하여야 하여야 한다(제5조). 또한 분진작업근로자에 대한 진폐에 관한 교육(제6조) 및 건강진단을 하여야만 하는 사용자의 의무(제7조·제8조)가 규정되어 있다. 그리고 昭和 52년의 법개정에서는 건강관리를 위한 조치의 충실을 도모하고, 취업장소의 변경, 작업시간단축, 분진발생의 축소, 내지 중지 등을 포함한 조치를 강구하여야 할 의무 등이 규정되었다(제20조의2, 제20조의3).

865) 福島地いわき支判平成2年2月28日判時1344号53頁(90頁), 長崎地判平成6年12月13日判時1527号21頁(31頁), 福岡地飯塚支判平成7年7月20日判時1543号3頁(38頁, 49頁), 浦和地熊谷支判平成11年4月27日判時1694号65頁 등.

직접 규율하는 것은 아니다. 그러나 법령은 그때그때에 있어서 일반적으로 인식되고 있는 제사정을 전제로 하여 사회가 요구하고 있는 평균적인 수준 또는 최저한도 필요로 하는 수준을 반영하고 있다고 생각되기 때문에, 그 내용은 안전배려의무의 내용판단에 있어서도 참고할 수 있는 것이다.[866] 따라서 이러한 기준을 준수했다고 해서, 신의칙상 인정되는 안전배려의무를 다했다고 말하는 것은 가능하지 않다」고 한다(최저기준설).[867] 이와 같이 견해는 나누어지지만 어느 쪽이든 거기에는 광산보안법 등의 규정은 사용자의 안전배려의무의 내용을 규정하는 때에 고려되는 하나의 요소에 지나지 않는다.

둘째, 원청기업과 하청근로자의 관계를 볼 때, 원청기업의 안전배려의무의 근거를 실질적인 사용종속관계 또는 특별한 사회적 접촉관계에서 구하고, 안전배려의무의 내용에 관해서는 사용자의 그것과 동일하게 이해하는 것이 일반적이다. 따라서 원청기업의 안전배려의무에 관해서도 위의 통합고려설 및 최저기준설이 그대로 투영된다고 하겠다.[868]

이러한 점들로 볼 때, 사실적인 지휘감독관계와는 무관계하게 광산보안법상의 의무의 존재를 유일한 기초로 하여 원청기업의 안전배려의무를 인정한다고 한다. 또한 원청기업의 안전배려의무의 구체적 내용은 보안체제를 통하여 하청근로자가 진폐에 걸리지 않도록 각종 조치를 취함과 동시에 하청기업이 그의 종업원에 대하여 진폐방지를 위하여 안전배려의무를 다하는 것 같이 지도·감독하는 것이라고 한다.[869] 결국 福岡高裁平成13年判決과 마찬 가지로, 광산보안법 등에 의한 원청기업의 의무를 근거로 하여 원청기업의 안전배려의무를 기초하는 것도 가능하다고 생각한다.[870]

Ⅳ. 도급인의 안전배려의무와 제3자 보호효를 가진 계약이론

1. 사용종속관계론의 검토

지금까지 앞에서 살펴보았듯이 종래 일본의 판례·통설에 의하면 도급인의 수급인 또는 수급인의 피용자에 대한 안전배려의무는 사회적 접촉관계 또는 실질적인 사용종속관계를 기초로 하여 주로 3가지 또는 4가지의 요소가 존재하는 경우에 인정된다. 그 내용은 고용계약상의 사용자의 피용자에 대한 안전배려의무와 동일하다고 해

866) 福岡地判平成13年12月18日判タ1107号92頁(130頁) 등.

867) 長崎진폐소송에 관한 판례로는 福岡高判平成元年3月31日判時1311号36頁(44頁) 참조, 長崎日鐵鑛業진폐소송에 관한 판례로는 長崎地判平成10年11月25日判タ1019号182頁(210頁) 등 참조.

868) 福岡高判平成13年7月19日判決(判時1785号89頁)은 보안법상의 보안의무가 하청근로자에게도 미치는 것 등을 지적한 후, 결론으로서 「하청근로자에 대한 안전배려의무의 이행의 제1차적 책임은 하청기업에 있다고 하면서, 발주자인 광업권자에 대해서도 탄광 내에서의 노동재해 가운데 작은 것이라고 해도 보안법이 규정하는 보안에 관해서는 발주자인 광업권자도 하청근로자에 대한 지휘감독의 권리 및 의무를 가지고 있기 때문에 신의칙상 안전배려의무를 부담한다」고 판시했다. 이 판결은 사용자의 안전배려의무에 관해서 통합고려설에 입각하고 있다고 하겠다.

869) 札幌地判平成11年5月28日(判時1703号3頁)(북해도석탄진폐소송) 참고. 이 판결은 사용자의 안전배려의무에 관해서는 최저기준설을 채용했다.

870) 宮本健藏·前揭注 3) 484頁.

석될 수 있다. 그러나 이러한 견해에 대해서 미야모또 겐조(宮本健藏) 교수의 견해에 따르면 다음과 같은 문제점들이 지적되고 있다.[871)]

첫째, 도급인의 안전배려의무의 기초와 관련하여 위의 3요소 또는 4요소가 존재함에도 불구하고, 이것을 부정했던 판례가 존재한다. 반대로 노안위법상의 의무 등이 존재하는 경우에는 이와 같은 요소와는 무관계하게 노안위법상의 의무를 기초로 하여 그것을 인정했던 판례도 있다. 이것은 사용종속관계론 및 3요소가 반드시 유용한 기준은 아니라는 것을 의미한다. 또한 실질적으로 생각해도 이러한 요소들 가운데 어느 하나가 흠결되어 있다는 것을 이유로 도급인의 안전배려의무를 전면적으로 부정하는 것이 타당한가도 의문이다. 예컨대, 하청근로자가 하청기업을 통하여 원청기업이 지정한 장소에 배치되어 원청기업이 제공한 설비·기구 등을 사용하여 노무제공을 한 경우에는 하청근로자에 대한 지휘감독관계의 유무와는 무관계하게 적어도 그와 같은 물적 환경에 관해서는 원청기업의 안전배려의무를 긍정할 수 있다. 또한 설비 혹은 기구 등이 제공되어 있지 않은 때에도 원청기업의 지시 하에 노무제공을 하는 때에는 작업내용 혹은 작업과정으로부터 발생하는 노동재해에 관해서는 안전배려의무위반의 책임을 원청기업은 면하지 못한다. 하급심 판례가운데는 「원청기업이 제공한 설비·기구 등을 사용하여 또는 원청기업의 지시 하에 노무를 제공하는 경우」라고 하여 그러한 요소를 선택적으로 보고 있다.[872)]

둘째, 안전배려의무의 내용에 관하여 도급인의 안전배려의무와 사용자의 그것과 반드시 동일하다고는 할 수 없다. 종래 일본의 판례·통설은 고용계약을 특징지우는 3요소가 도급인과 수급인의 피용자 사이에 존재하는 때에 고용관계와 유사한 사용종속관계를 긍정하고 도급인에게 사용자와 같은 내용의 포괄적인 안전배려의무를 인정했다. 그러나 이미 지적한 바와 같이 도급인의 안전배려의무가 항상 포괄적인 것이라고 한정할 수 없다. 도급인에 관하여는 부분적인 안전배려의무도 인정될 수 있다. 또한 반대로 노안위법 또는 광산보안법 등은 도급인에게 특별한 책임을 부담시키고 있고, 그것을 도급인의 안전배려의무에 포함시킬 때는 사용자의 안전배려의무를 초과하는 것이 된다.

셋째, 종래 일본의 판례·통설에 의하면 노안위법 등에 의한 도급인의 의무에 관해서 실질적 사용종속관계가 존재하지 않으면, 도급인은 수급인의 피용자에 대하여 책임을 지지 않아도 된다고 한다.[873)] 그러나 일부 최근의 판례와 같이 노안위법 등에 의한 도급인의 의무의 존재를 이유로 도급인의 안전배려의무를 기초로 하지만, 그것은 실질적 사용종속관계의 존부와 도급인의 책임이 반드시 부합하는 것을 시사하는 것은 아니라고 한다. 마찬 가지로 참작설 또는 기준설 등에 있어서도 실질적 사용종속관계가 존재하지 않는 때는 도급인의 책임을 전면적으로 부정하고 있지만,

---

871) 宮本健藏·前揭注 3) 488頁 이하 참조.

872) 大阪高判昭和63年11月28日判時1391号117頁, 札幌地判平成11年5月28日判時1703号68頁 등. 神戸地判昭和62年7月31日判タ645号109頁(120頁)도 같은 태도이다.

873) 松本久 「勞働安全衛生法規と民事上の賠償責任」 塩崎勤編 『現代民事裁判の課題⑧』 788頁(1989年)은 사실상의 사용종속관계가 존재하지 않으면, 특정원방사업자 등에 있어서도 안전배려의무위반을 문제삼을 수 없다고 한다.

이것이 타당한가는 의문이다. 도급인이 노안위법 등의 공법상의 의무를 준수하고 그 것에 필요한 행위를 하여야만 한다는 것은 도급계약에 관여한 모든 당사자에게도 당연히 전제되고, 이것은 실질적인 사용종속관계의 유무와는 무관계하다.

이와 같은 이유들로 볼 때, 도급인과 수급인 간의 또는 도급인과 수급인의 피용자 간의 실질적 사용종속관계론과 같은 고용계약과의 유사성을 기초로 하여 도급인의 안전배려의무를 인정하는 것은 적당하지 않다. 또한 도급인과 수급인 간의 도급계약 체결의 실태에 비추어 그 변칙적 형태에 따라서 도급인의 안전배려의무의 내용 또는 책임범위가 결정된다고 하겠다. 그러므로 도급인과 수급인 간에 존재하는 도급계약 관계를 기초로 하여 도급인과 수급인의 피용자간의 문제를 고찰하는 것이 필요하다고 생각한다.

2. 제3자 보호효를 가진 계약이론에 따른 이론구성

사회적 접촉관계론은 독일의 보호의무론에서 유래하지만, 이미 지적한 바와 같이 독일에서는 계약체결전의 접촉관계에 기한 계약법상의 의무를 인정하기 위해서는 적어도 불확정적인 계약체결목적을 가지고 있다는 것이 필요하다. 이와 같은 목적을 가지고 있지 않은 당사자 및 직접적인 계약관계가 없는 당사자에 대해서는 소위 제3자 보호효를 지닌 계약이론에 의해서 그 보호가 도모되었다. 이러한 관점에서 볼 때, 특히 도급인과 수급인의 피용자 양자는 계약체결의 목적을 가지고 있지 않기 때문에 양자간의 접촉관계를 기초로 하여 계약법상의 의무를 정당화하는 것은 곤란하다. 여기서는 제3자 보호효를 가진 계약이론의 관점에서 문제를 처리하는 것이 타당하다.

이와 같은 제3자 보호효를 가진 계약이론[874]에 의하면 첫째, 도급인이 직접 계약의 상대방인 수급인에 대하여 어떠한 책임을 부담하는가가 분명하게 되어있지 않으면 안 된다. 이것은 도급인과 수급인과의 관계가 중요하다는 뜻이다. 둘째, 수급인의 피용자에 대하여 계약책임의 제3자에로의 확장을 위한 요건의 충족여부를 검토하여야 한다. 즉 수급인의 피용자가가 수급인과 같은 정도로 불완전한 급부위험상태에 처해 있다는 것(Leistungsnähe)과 수급인이 그의 피용자의 보호에 관해서 특별한 이해관계를 가진다는 것(Partnernähe) 및 이와 같은 것들이 계약체결 시에 도급인이 인식가능하다는 것 등의 3가지이다.[875]

이러한 전제요건을 좀 더 구체적으로 검도하여 보면 다음과 같다. 즉 도급인과 수

---

874) 제3자 보호효를 가진 계약이론에 대해서는 奧田昌道「契約法と不法行爲法の接點」磯村哲編『民法學の基礎的課題(中)』(於保先生還曆紀念)207頁(233頁)(1974年) 참고; 박희호, "제3자에 대한 책임 -'제3자 보호효 있는 계약'의 도입을 지지하며-" 민사법학 제30호, 2005, 385면 이하; 김민중, "제3자를 위한 보호효가 있는 계약," 사법학의 재조명(박영우교수화갑기념), 1996, 301면 이하; 송덕수, "제3자 보호효 있는 계약," 민법학논총(곽윤직교수화갑기념), 1985, 454면 이하 참고.

875) 독일의 학설과 판례는 ① 제3자가 채무자의 급부와 긴밀한 관계(Leistungsnähe)에 있고, ② 채권자와는 동거동락하는 관계(Wohl- und Weh-Erfordernis)에 있으며, ③ 채무자가 이와 같은 상황을 인식(Erkennbarkeit)할 수 있는 때에는 제3자의 손해배상청구권이 인정될 수 있다고 한다(Vgl. Schlectriem, Schuldrecht Allgemeiner Teil, 4. Aufl., 2000, Rn. 551ff.; Medicus, Schuldrecht Ⅰ Allgemeiner Teil, 12. Aufl., 2000, Rn. 772ff.; Larenz, Lehrbuch des Schuldrecht Band Ⅰ, Allgemeiner Teil, 14. Aufl., 1987, S.224, 303).

급인의 관계를 볼 때, 도급계약의 변칙적 형태가 다양하고 도급인이 부담하여야 하는 책임도 그에 따라서 다르다. 예컨대, 도급계약상의 의무 또는 도급계약을 당연한 전제로 하여 도급인이 재료를 공급하거나 혹은 기구 등을 제공하는 경우가 있다. 이와 같은 경우 도급인은 안전한 재료 혹은 기구 등을 급부할 의무 즉, 안전배려의무를 수급인에 대하여 부담하는 것은 명확하다. 또한 도급인이 자기의 지배·관리하는 작업장소를 제공하는 경우에도 그 작업장소가 안전하지 않으면 안 된다. 이와 같은 안전성이 결여되어 있을 때, 도급인은 수급인에 대하여 안전배려의무위반의 책임을 부담한다. 또한 수급인의 피용자는 수급인과의 고용계약에 기해서 도급작업에 종사하므로 그는 수급인과 같은 정도로 작업의 위험성에 노출된다. 도급인은 계약체결시에 그와 같은 사정에 대해 인식가능하기 때문에 결국 앞에서 든 세 가지 요건이 충족되어서 도급인은 수급인의 피용자에 대하여도 안전배려의무를 부담하게 된다.[876]이와 같은 재료 혹은 기구 등을 제공하는 경우는 아니지만, 도급인이 수급인에 대하여 구체적인 작업방법 등에 관하여 지도하는 경우도 있다. 이와 같은 지도는 도급인으로서의 지위에서 행하는 것이지만, 도급인의 지도가 있다면 수급인은 그것에 따르지 않으면 안 된다. 따라서 도급인의 지도가 노동재해를 초래하지 않는 적절한 것이어야 한다는 점에서 그것도 수급인에 대한 안전배려의무의 내용으로 된다.[877] 그리고 수급인의 피용자도 수급인과의 고용계약을 매개로 그것에 구속되므로, 도급인의 안전배려의무는 수급인의 피용자에게도 확장된다.[878]

또한 도급인이 산업안전보건법(일본의 경우는 노동안전위생법)상의 원방사업자에 해당하거나 또는 광산보안법상의 광업권자 혹은 조광권자인 때는 산업안전보건법 또는 광산보안법이 정하는 특별한 의무가 도급인에게 부여된다. 그것은 공법적인 규제이지만, 그러한 의무를 도급인이 다 이행하여야만 하는 것은 도급계약상의 당연한 전제가 된다. 그러므로 계약당사자는 이 점에 대하여 명시적 또는 묵시적으로 합의하고 있는 것으로 해석되므로, 그러한 의무를 준수하고 그것에 필요한 행위를 하는 것은 도급인에게 부여된 도급계약상의 의무이다. 이와 같은 이유로 산업안전보건법 또는 광산보안법이 정하는 도급인의 특별한 의무는 사법상의 효력을 가진다고 하겠다. 또한 도급인은 수급인뿐만 아니라 수급인의 피용자에 대하여서도 이것의 불완전한 이행에 기한 손해를 주지 않아야 할 의무를 부담한다. 이 때에도 계약책임의 주관적 확장을 위한 요건은 존재하기 때문이다.[879]

이와 같이 도급인이 도급계약에 기하여 어떠한 책임을 부담하는가가 중요하다. 바꾸어 말하면, 도급인이 인수한 지배관리의 범위가 명시적 또는 묵시적으로 도급계약에 의해서 획정되고 이 범위에 속하는 사항에 관해서는 도급인은 수급인의 근로자에

---

876) 우리 나라의 산업안전보건법 제29조 및 일본의 노동보안위생법 제31조 참고.

877) 일본의 노동보안위생법 제31조의3 참고.

878) 이른바 공항지상서비스(ground service)소송의 東京地方裁判所判決은 도급인으로서의 지위에 기한 것과 그것을 초월한 것과를 구분하지만, 이와 같은 구별은 타당하지 않다고 한다(宮本健藏·前揭注 3) 491頁).

879) 일본의 노안위법 또는 광산보안법은 원청기업의 하청근로자에 대한 지도감독의무를 규정하고 있다(노안위법 제29조·광산보안법 제4조, 제5조).

대하여고 계약법상의 책임을 부담하지 않으면 안 된다. 이 의미에는 도급인과 수급인의 피용자 간의 실질적인 사용종속관계가 중요한 것이 아니라 도급인과 수급인의 피용자 간의 관계, 다시 말해서 도급인의 지배관리성이 결정적인 것이라고 말 할 수 있다.[880] 이와 같이 도급인의 지배관리에 속하는 범위가 넓으면 넓을수록 도급인의 안전배려의무는 내용적으로도 광범위하게 미치고, 사용자와 마찬 가지로 포괄적인 것으로 된다. 따라서 수급인(하수급인을 포함한다)이 실질적인 자유재량을 가지지 못하는 고용관계와 매우 비슷한 도급계약의 경우에는 도급인은 수급인(하수급인)뿐만 아니라 수급인의 피용자(하수급인의 피용자)에 대해서도 포괄적인 안전배려의무를 부담한다.[881]

Ⅴ. 맺음말

오늘날 도급의 변칙적 형태는 다양하여서 기계류와 재료의 제공에 머무르지 않고, 실질적으로 고용·근로계약관계가 존재하는 변형된 경우에 이르기까지 그 형태는 천차만별이다. 그러나 우리 나라의 경우, 도급인의 수급인의 피용자에 대한 안전배려의무위반에 의한 책임의 존부에 관해 직접 언급한 학설이나 판례는 거의 그 예를 찾아보기 어렵다. 이에 비하여 일본의 판례·학설은 이에 관하여 활발한 논의를 전개하여 왔다.[882]

이에 관한 일본의 판례·통설은 도급인의 수급인의 피용자에 대한(예컨대, 원청기업의 하청근로자에 대한) 안전배려의무위반에 의한 책임의 존부를 판단할 때, 도급인과 수급인의 피용자 간의 사용종속관계의 존재를 유일한 판단요소로 하고 있다. 이것은 도급의 변칙적 형태의 다양성을 전혀 도외시하는 것이다. 또한 이러한 견해에 의하면 도급인이 안전배려의무를 부담하는가 또는 부담하지 않는가 하는 두 가지 중 하나만을 판단한 것이므로, 이것이 긍정될 때는 사용자와 동일한 포괄적인 안전배려의무를 도급인에게 부담시키는 것이 된다. 그러나 이와 같은 결론은 너무나 획

880) 宮本健藏·前揭注 19) 246頁 이하 참조. 더구나 岐阜地判昭和56年8月31日判時1036号98頁(102頁)은 「도급인의 지배영역에 있는 사정이 직접적으로 위험의 발생을 초래할 우려가 있는 경우 예컨대, 주문내용자체에 위험이 숨어있거나, 도급인이 특수한 원재료를 제공하는 경우에 그 성상, 취급방법이 아직까지 널리 알려지지 않은 경우 등 미리 도급인 측에서 그러한 점을 수급인에게 고지하여 수급인으로 하여금 적절한 조치를 취하게 할 의무가 있다」고 한다. 또한 札幌地判平成11年5月28日判時1703号3頁(68頁)은 「노동환경의 정비와 노무관리가 실질적으로 발주회사에 의해서 행하여지고 있다고 평가할 수 있는가가 중요한 요소가 된다」고 한다. 그리고 大津地判昭和62年4月27日勞判499号55頁은 「노무의 제공을 관리, 지배하고 또한 노무제공을 위한 장소, 시설 등을 설치, 관리하는 권능을 가진 자」가 안전배려의무를 부담한다고 한다.

881) 실질적 사용종속관계의 존재를 이유로 수급인에 대한 도급인의 안전배려의무를 긍정했던 판례로서는 廣島高判平成14年11月6日LEX/DB文獻番号28080754, 神戸地判昭和56年4月27日勞判407号55頁(59頁) 및 항소심인 大阪高判昭和58年1月20日勞判407号53頁(그러나 본 판례의 사안에서는 실질적 사용종속관계가 존재하지 않는다는 이유로 모두 안전배려의무의 위반을 부정했다), 浦和地判平成8年3月22日判タ914号162頁(원청기업의 책임을 긍정) 등이 있다. 또한 東京地判昭和57年3月29日判タ475号103頁은 양자간에 노동계약의 성립을 인정하고, 수급인에 대한 도급인의 안전배려의무위반을 긍정했다.

882) 宮本健藏·前揭注 3) 463頁 이하 참조.

일적 혹은 경직적이라고 생각한다.883)

오늘날 도급의 변칙적 형태에는 도급인이 수급인의 일의 완성에 간섭하는 범위나 정도에 따라서 도급인이 부담하는 안전배려의무의 내용과 범위는 다르다. 일본의 판례·통설과 같이 전부 아니면 전무(all or nothing)적으로 생각할 수는 없다. 매도인이나 임대인의 안전배려의무를 생각하면 알 수 있듯이, 이와 같이 포괄적이 아닌 부분적인 안전배려의무는 서로 어떤 차이가 있다고 하겠다. 앞서 살펴 본 일본의 소위 공항지상서비스소송판결 등은 이와 같은 점을 설명할 수 있는 것으로 생각한다. 또한 이와 같은 도급의 변칙적 형태에 있어서 도급인은 안전배려의무를 부담하고 이러한 의무부담의 범위는 수급인과 나아가 수급인의 피용자에게도 확장되어 미치고, 그 의무위반에 인하여 수급인의 피용자에게 손해가 발생된 경우에는 도급인은 그것을 배상하여야 할 책임이 있다. 즉 수급인의 피용자는 수급인의 채무이행을 보조하는 자이므로(이행보조자), 도급인의 안전배려의무의 불이행에 의한 영향을 필연적으로 받는 관계에 놓이기 때문이다. 또한 도급계약에는 이용보조자를 사용하는 것이 허용되므로, 도급인은 그것을 당연히 예기하고 있다. 따라서 도급인에게 이와 같은 책임을 인정하여도 가혹한 책임을 부담지우는 것은 아니다.884)

이와 같이 수급인의 피용자가 도급인의 지배·영향 하에 있는 사업장에서 일을 수행하는 도급계약관계에 놓여 있을 때는, 일본의 노동안전방위법상의 원방사업자 등의 책임이나 광산보안법에 따른 광업권자의 책임 등도 쉽게 도급계약관계에 받아드릴 수 있듯이, 우리 나라의 경우에도 같은 법제들인 산업안전보건법상의 사업주의 책임이나 광산보안법상의 광업권자 또는 조광권자의 책임 등도 마찬 가지로 쉽게 도급계약관계에 받아드릴 수 있다. 따라서 수급인 또는 수급인의 피용자가 도급인의 지배·영향 하에 있는 사업장에서 일을 수행하는 도급의 경우에는 도급인의 수급인의 피용자에 대한 안전배려의무위반에 대한 책임을 부담지우는 것이 가능하다고 본다.

10. 현상광고계약

(1) 의의 및 법적성질

민법 제675조는 광고자가 어떤 행위를 완료한 자에게 일정한 보수를 지급할 의사를 표시하고, 이에 응한 자가 그 광고에 정한 행위를 완료함으로써 현상광고의 효력이 발생함을 규정하고 있다. 이에 대한 법적성질을 가지고 계약설(다수설)885)과 단독행위설886)이 대립하고 있다. 계약설은 광고자의 광고를 계약의 청

883) 上揭注 67) 494頁 참조.

884) 上揭注 68) 495頁 참조.

885) 김증한, 전게서, 316면; 이은영, 전게서, 555면; 임정평, 전게서, 460면 등.

886) 곽윤직, 전게서, 325면; 김주수, 전게서, 390면.

약으로 보고 지정행위의 완료를 승낙으로 보는 도급과 유사한 계약으로 이해한다. 이에 반하여 단독행위설은 현상광고는 지정행위를 완료한 자에게 보수를 지급한다는 광고자의 일방적 의사표시라고 이해한다. 즉, 지정행위의 완료는 정지조건의 성취이며, 행위자는 이때에 광고에 의한 보수를 청구할 수 있다고 한다.

김형배 교수는 제675조는 현상광고가 계약에 의해 성립한다는 원칙규정이고, 제677조는 광고가 있었음을 알지 못하고 지정행위를 완료한 자가 있을 수 있음에 대비하여 현상광고가 단독행위에 의해서 성립되는 것이 아니라 일종의 법정채권관계로 성립될 수 있다는 규정이라고 한다. 또한 현상광고계약은 의사의 합치만으로는 성립하는 낙성계약이 아니라 지정행위의 완료가 있을 때 계약이 성립한다는 점에서 요물계약이며, 계약성립 후에는 광고자의 보수지급의무만이 남는다는 점에서 편무계약이다. 그리고 응모자의 지정행위에 대한 대가로서 보수를 지급해야 하므로 유상계약이라고 한다.[887)]

(2) 현상광고의 성립

1) 광고자의 광고행위

불특정 다수인을 상대로 현상광고계약을 체결하고자 하는 광고자의 확정적 의사(청약의 의사표시)가 포함되어 있어야 하며, 응모자가 해야 할 행위가 구체적으로 지정되어야 한다. 그리고 지정행위를 한 자에게 일정한 보수를 지급한다는 내용이 포함되어야 한다. 지정행위의 완료기간을 정한 경우에 광고자는 그 기간만료 전에 광고를 철회하지 못한다. 그러나 완료기간을 정하지 않은 경우에는 그 행위를 완료한 자가 있기 전에 그 광고와 동일한 방법으로 철회할 수 있다(제679조). 따라서 제679조는 제527조(계약의 청약은 이를 철회하지 못한다)의 특칙이라고 할 수 있다.

2) 응모자의 지정행위

광고의 방법에는 제한이 없지만 지정행위의 내용은 광고자가 정하며, 이에 응해 행위자가 광고에 정한 행위를 완료함으로써 현상광고는 성립한다(제675조). 행위자가 광고 있음을 알지 못하고 지정행위를 한 경우에도 법률의 규정에 의하여 현상광고의 법률관계(일종의 법정채권관계)가 성립한다(제677조).

---

887) 김형배, 민법학강의, 신조사, 2010, 723-724면.

(3) 현상광고의 효과

광고자의 보수지급의무가 발생한다. 보수는 금전에 한하지 않고 물건·여행·서비스 등으로 지급할 수 있다. 보수지급시기는 응모자가 지정행위를 완료하고 광고자에게 통지한 때이다(계약설). 광고에 정한 행위를 완료한 자가 여러 사람인 경우에 그 행위를 먼저 완료한 자가 보수를 청구할 수 있다(제676조 제1항). 다만 보수가 그 성질상 분할할 수 없거나 광고에 1인만이 보수 받을 것을 정한 때에는 추첨에 의하여 결정한다(제676조 제2항). 그리고 제677조의 경우에는 사실상 지정행위를 먼저 완료한 자에게 보수청구권이 주어지므로, 보수청구권을 주장하는 자는 이러한 사실을 입증하여야 한다.[888]

(4) 우수현상광고

지정행위를 완료한 자 가운데 우수한 지정행위를 한 자에게만 보수를 지급하는 현상광고를 말한다(제678조 제1항). 광고 중에 판정자를 정하지 아니한 때에는 광고자가 판정한다(제678조 제2항). 응모자는 우수판정을 받을 때, 비로소 정지조건이 성취되어 보수지급청구권을 취득한다. 이 경우에 우수한 지정행위를 완료한 자가 없다는 판정은 할 수 없다. 다만 광고 중에 다른 의사표시가 있거나 광고의 성질상 판정의 표준이 정하여져 있는 경우에는 우수한 자가 없다는 판정을 할 수 있다. 그리고 응모자는 판정에 대하여 이의를 제기할 수 없다(제678조 제3항·제4항).

[문제 32]

乙교회는 1993.6.6. 교회교육관신축공사에 관한 설계를 공모하면서 최우수작으로 판정된 자에게 공사에 관한 '기본 및 실시설계권'을 부여하기로 하였다. 이에 甲은 1993.7.30. 위 공모에 응모하여 1993.8.10. 최우수작으로 판정되었다. 그 결과 甲은 乙교회의 일부 설계변경요구를 받아들여 새로운 설계도면을 작성한 다음, 1993.8.28. 평당 건축비를 250만원으로 예상하여 산출한 설계 및 감리 비용에 관한 견적서를 乙교회에 제출한 바 있고, 乙교회로부터 위 설계도면 및 견적서 등을 제출받은 乙교회교구청 건축심의위원회는 1994.9.8. 일부 설계변경을 하고, 평당 건축비가 150만원에서 200만원을 넘지 않도록 하라는 의견을 붙여 심의를 통과시켰다. 甲은 위 설계변경 요구를 반영하여 설계도의 일부를 변경하였고, 그 후 甲과 乙교회 사이에 설계대금에 관하여 합의가

888) 김형배, 전게서, 727면.

이루어지지 아니하여 설계계약이 체결되지 못하고 있던 중, 乙교회는 1993.11.11. 甲에게 "평당 건축비 180만원을 기준으로 할 때 건축사 업무 및 보수기준에 따른 설계 및 감리비가 6,000만원 정도에 불과하지만, 건축주의 선택사양으로 2,000만원을 추가하여 합계 8,000만원을 지급할 의사가 있다."는 내용의 통지를 하였고, 이에 甲은 1993.11.15. 乙교회에게 "평당 건축비 200만원을 기준으로 할 때 설계비는 5,900만원, 감리비는 1,900만원, 본당도면 작성비용 1,300만원 등 합계 9,100만원이 그 대금으로 정하여져야 한다."는 내용의 회신을 보냈다. 또한 乙교회는 1993.11.17. 甲에게 같은 달 20일까지 乙교회의 안을 수용하지 아니하면, 甲이 이 공사에 관한 설계계약을 체결할 의사가 없는 것으로 간주한다는 뜻을 통보하기에 이르렀고, 甲은 위 기간까지 아무런 답변을 하지 아니하였다. 그 후 이 공사계획은 주임사제의 인사이동과 건축자금의 염출이 용이하지 아니하여 현재 유보된 상태에 있다.

(질문)

첫째, 甲이 교회교육관신축공사 우수현상광고에 응모하여 최우수작으로 판정되고 그 보수로서 이 공사에 관한 기본 및 실시설계권을 부여받았다면 공사에 관한 설계계약이 체결된 것이라고 할 수 있는가?

둘째, 위 사례의 경우 甲과 乙교회 사이에 체결이 예정되어 있던 교회교육관 신축공사설계계약의 결렬 책임을 乙교회에게 돌려서 甲이 보수를 청구한다면 이 주장은 타당한가?

(참조판례) 대판 2002.1.25, 99다63169.

[문제 32] 해설

첫째, 甲이 교회교육관신축공사 우수현상광고에 응모하여 최우수작으로 판정되고 그 보수로서 이 공사에 관한 기본 및 실시설계권을 부여받았다면 공사에 관한 설계계약이 체결된 것이라고 할 수 있는가?

건축설계 우수현상광고에서 당선자가 보수로서 받는 '기본 및 실시설계권'이란 당선자가 광고자에게 우수작으로 판정된 계획설계에 기초하여 기본 및 실시설계계약의 체결을 청구할 수 있는 권리를 말한다(대판 2002.1.25, 99다63169). 따라서 사안에서 甲이 교회교육관신축공사 우수현상광고에 응모하여 최우수작으로 판정되고 그 보수로서 이 공사에 관한 기본 및 실시설계권을 부여받았다면 공사에 관한 설계계약이 체결된 것이라고 할 수 있다.

둘째, 위 사례의 경우 甲과 乙교회 사이에 체결이 예정되어 있던 교회교육관 신축공사설계계약의 결렬 책임을 乙교회에게 돌려서 甲은 이를 이유로 한 손해배상을 청구한다면 이 주장은 타당한가?

건축설계 우수현상광고에서 당선자 甲이 보수로서 받는 '기본 및 실시설계권'이란 당선자 甲이 광고자 乙에게 우수작으로 판정된 계획설계에 기초하여 기본 및 실시설계계약의 체결을 청구할 수 있는 권리를 말하는 것이므로, 광고자 乙로서는 특별한 사정이 없는 한 이에 응할 의무를 지게 되어 당선자 甲 이외의 제3자와 설계계약을 체결하여서는 아니됨은 물론이고, 당사자 甲과 乙 모두 계약의 체결을 위하여 성실하게 협의하여야 할 의무가 있다고 할 것이다. 만약 광고자 乙이 일반 거래실정이나 사회통념에 비추어 현저히 부당하다고 보여지는 사항을 계약내용으로 주장하거나 경제적 어려움으로 공사를 추진할 수 없는 등으로 인하여 계약이 체결되지 못하였다면, 당선자 甲은 이를 이유로 한 손해배상책임을 물을 수 있다(대판 2002.1.25, 99다63169).

따라서 위 사례의 경우 甲과 乙교회 사이에 체결이 예정되어 있던 교회교육관 신축공사설계계약의 결렬 책임을 乙교회에게 돌려서 甲은 이를 이유로 한 손해배상을 청구한다면 이 주장은 타당하다고 하겠다.

[문제 32] 관련 판례: [관판 32]

◎ **대판 2002.1.25, 99다63169【현상광고보수】**

【판시사항】

건축설계 우수현상광고에서 당선자가 보수로서 받는 '기본 및 실시설계권'이란 당선자가 광고자에게 우수작으로 판정된 계획설계에 기초하여 기본 및 실시설계계약의 체결을 청구할 수 있는 권리를 말한다고 한 사례

【판결요지】

건축설계 우수현상광고에서 당선자가 보수로서 받는 '기본 및 실시설계권'이란 당선자가 광고자에게 우수작으로 판정된 계획설계에 기초하여 기본 및 실시설계계약의 체결을 청구할 수 있는 권리를 말하는 것이므로, 광고자로서는 특별한 사정이 없는 한 이에 응할 의무를 지게 되어 당선자 이외의 제3자와 설계계약을 체결하여서는 아니됨은 물론이고, 당사자 모두 계약의 체결을 위하여 성실하게 협의하여야 할 의무가 있다고 할 것이며, 만약 광고자가 일반 거래실정이나 사회통념에 비추어 현저히 부당하다고 보여지는 사항을 계약내용으로 주장하거나 경제적 어려움으로 공사를 추진할 수 없는 등으로 인하여 계약이 체결되지 못하였다면 당선자는 이를 이유로 한 손해배상책임을 물을 수 있다고 한 사례.

11. 위임계약

(1) 의의 및 성립

당사자 일방(위임인)이 상대방(수임인)에게 대하여 사무의 처리를 위탁하고 상대방이 이를 승낙함으로써 성립하는 계약이다(제680조). 따라서 민법전에 규정된 위임계약은 낙성·불요식계약이며, 원칙적으로 편무·무상계약이다. 그러나 특약이

있는 경우에는 유상·쌍무계약으로 할 수 있다(제686조). 그러나 오늘날 대부분 위임계약은 유상으로 행해지고 있는 현실이다.[889]

(2) 법률효과

1) 수임인의 의무

① 수임사무처리의무(제681조)

수임인은 주된 의무로서 위임의 무상 혹은 유상에 관계없이 위임의 내용에 따라 선량한 관리자의 주의(제374조)로써 위임사무(법률상 또는 사실상의 모든 행위를 포함)를 처리할 의무를 부담한다.

② 부수적 의무

수임인은 위임인의 요구가 있을 때에는 언제나 위임사무의 처리상황을 보고하여야 하며, 또한 위임의 종료 시에는 지체 없이 그 전말을 보고하여야 한다(보고의무: 제683조). 또한 수임인은 위임사무의 처리로 인하여 받은 금전 기타의 물건 및 그가 수취한 과실을 위임인에게 인도하여야 한다(취득물인도의무: 제684조 제1항). 인도시기는 특약에 의하고, 특약이 없으면 위임인의 청구 혹은 위임이 종료한 때에 인도하면 된다. 그리고 수임인은 위임인을 위하여 수임인 명의로 취득한 권리를 위임인에게 이전하여야 한다(취득권리 이전의무: 제684조 제2항). 아울러 수임인이 위임인에게 인도할 금전 또는 위임인을 위하여 사용할 금전을 자기를 위하여 소비한 때에는 그 소비한 날 이후의 이자(법정이자)를 지급하여야 하며 또한 그밖에 손해가 있으면 이를 배상하여야 한다(금전소비에 대한 책임: 제685조). 이 규정은 금전채무의 손해배상에 관한 일반원칙인 제397조에 대하여 특칙이 된다.

2) 위임인의 의무

① 보수지급의무

우리 민법상 위임은 무상이 원칙이지만 당사자 간에 보수특약이 있거나, 그러한 특약을 인정할 수 있는 때에는 위임인은 수임인에게 보수를 지급할 의무를 부담한다(제686조 제1항). 보수의 지급시기에 관한 특약이 없으면 수임인은 위임사무가 종료한 후에 청구할 수 있다. 그러나 기간으로 보수를 정한 때에는 그 기간이

889) 김형배, 전게서, 1458면.

지난 후가 아니면 청구하지 못한다(第686조 제2항). 다만 위임이 사무처리의 도중에 수임인의 책임 없는 사유로 종료하거나 위임인의 귀책사유로써 종료한 때에는 수임인은 이미 처리한 사무의 비율에 따른 보수를 청구할 수 있다(제686조 제3항).

② 비용선급의무

위임사무의 처리에 비용이 필요한 경우는 수임임의 청구가 있으면 위임인은 이를 먼저 지급하여야 한다(제687조).

③ 필요비상환의무

수임인이 위임사무의 처리에 관하여 필요비를 지출한 때에는 위임인은 그 비용과 지출한 날 이후의 이자를 상환할 의무가 있다(제688조 제1항).

④ 채무대변제의무 및 담보제공의무

수임인은 자신이 위임사무의 처리에 필요한 채무를 부담한 때에는 자기에 갈음하여 위임인으로 하여금 채무를 변제하게 할 수 있으며, 만일에 그 채무가 아직 변제기에 이르지 않은 때에는 상당한 담보를 제공하게 할 수 있다(제688조 제2항).

⑤ 손해배상의무

수임인은 위임사무를 처리하는 데 과실 없이 손해를 받은 때에는 위임인은 그 손해를 배상할 책임이 있다(제688조 제3항).

(3) 위임의 종료

1) 위임의 종료원인

위임에서의 임의해지(제689조 제1항)와 당사자의 사망(제690조) 및 당사자의 파산(제690조 전단) 그리고 수임인의 금치산선고(제690조 후단) 등이다. 다만 위임된 사무의 처리가 행위능력을 필요로 하지 않는 경우에는 수임인의 금치산선고로 위임관계가 당연히 종료하지 않는다고 해석하는 견해가 있다.[890]

2) 위임종료의 특칙

위임관계가 종료되더라도 급박한 사정이 있는 때에는 수임인, 그의 상속인 또

890) 김형배, 전게서, 1266-1267면.

는 법정대리인은 위임인, 그의 상속인이나 또는 법정대리인이 위임사무를 처리할 수 있을 때까지 그 사무의 처리를 계속하여야 한다. 위임관계의 종료 후 계속되는 위임관계는 종료 전의 위임과 동일한 효력을 갖는다(수임인의 긴급처리의무: 제691조). 그리고 위임종료의 사유는 이를 상대방에게 통지하거나 또는 상대방이 안 때가 아니면 이로써 상대방에게 대항하지 못한다(위임종료에 대한 대항: 제692조).

[문제 33]

농수산 품목의 수출입을 목적으로 하는 甲은 2000.8.19.부터 같은 해 9.19.까지 4회에 걸쳐 정부로부터 푸른 들 가꾸기 사업에 필요한 호밀종자 1,600여 톤의 수입의뢰를 받아 이를 수입하면서 그 통관에 관한 업무를 관세사 乙에게 위임하였다. 乙은 수입신고 과정에서 甲의 대리인 丙에게 관련 자료를 1회 요청하였을 뿐, 당시 관세법 제7조의2에 따라 수입물품의 관세율표 품목분류번호를 확정하는 데 필요한 조치를 취하지 아니한 채, 무관세로 통관하게 하여 달라는 丙의 요구를 그대로 받아들여 2000.8.19.부터 같은 해 9.19.까지 4회에 걸쳐 이 사건 수입물품은 무관세품목에 해당하여 납부할 관세가 없다고 부산세관장에 수입신고하여 관세 없이 통관하였다.

그런데 그 후 부산세관장은 2001.6.1. 뒤늦게 이 사건 수입물품이 관세율 113.5%에 해당함에도 위 각 수입신고를 그대로 수리하여 관세 없이 통관하였음을 발견하고, 이 수입물품의 통관 금액 합계 958,023,494원에 대하여 관세율 113.5%를 적용한 관세 1,087,356,640원 및 가산세 217,471,310원을 부과한다는 과세 전 통지를 甲에게 발송하였다. 이에 甲은 이 수입물품을 수입하는 경우 당시의 관세법에 의하여 수입업자가 주무부처장의 확인서를 첨부하여 관세의 감면을 신청할 수 있음을 뒤늦게 알고, 이에 따라 2001.12.7. 위 확인서를 첨부한 관세감면신청서를 부산세관장에게 제출하였는바, 부산세관장은 2001.12.26. 甲의 위 신청을 받아들여 이 수입물품에 대한 관세는 면제하되, 다만 불성실 신고가 있었던 것을 이유로 가산세의 부과처분은 그대로 유지하는 내용의 세액 경정처분을 하였다. 甲은 위 경정처분에 따라 2001.12.31. 가산세 217,471,310원을 납부하였다.

(질문)

위 사례에서 甲이 乙에게 주장할 수 있는 법적 책임과 그 내용은 무엇인가?

(참조판례) 대판 2005.10.7, 2005다38294; 대판 2003.1.10, 2000다61671; 대판 2004.5.14, 2004다7354; 대판 2005.1.14, 2003다63968 등.

[문제 33] 해설

1. 문제제기

乙(관세사)은 甲(의뢰인)으로부터 위임받은 수입물품의 통관 업무를 처리하면서 관세청장에 대한 사전회시 등 수입물품의 관세율표 품목분류번호(세번)를 확정하는 데 필요한 조치를 취하지 아니한 채, 의뢰인의 요구에 따라 잘못된 세번과 세율로 수입신고함으로써 甲으로 하여금 가산세를 무는 손해를 입게 하였다.

이 경우 수임인 乙은 위임계약상 선량한 관리자의 주의의무와 설명조언의무를 위반한 것이 아니가? 하는 문제가 제기된다.

2. 乙의 위임계약상 선량한 관리자의 주의의무와 설명조언의무의 위반여부

관세사 乙과 그에게 통관 업무를 맡긴 수입업자 甲 사이의 법률관계는 민법상의 위임관계와 같으므로, 乙은 위임계약의 내용에 의하여 정해지는 구체적 위임사무 범위에서 위임의 본지에 따라 선량한 관리자의 주의로써 의뢰받은 통관 업무를 처리하여야 하고, 위임인인 의뢰인의 지시가 있으면 우선적으로 이에 따라야 할 것이지만, 그에 따르는 것이 위임의 본지에 적합하지 않거나 또는 의뢰인에게 불이익한 때에는 관세사는 그러한 내용을 의뢰인에게 설명하고 그 지시를 변경하도록 조언할 의무를 진다. 또한 乙은 의뢰받은 사무와 밀접하게 연관되는 범위 안에서는 비록 별도의 위임이 없다 하여도 의뢰인이 이익을 도모하고 손해를 방지하기 위하여 필요한 조치를 취하도록 의뢰인에게 설명하고 조언하여야 한다.

사안의 경우 수임인 乙은 의뢰인 甲으로부터 위임받은 수입물품의 통관 업무를 처리하면서 관세청장에 대한 사전회시 등 수입물품의 관세율표 품목분류번호(세번)를 확정하는 데 필요한 조치를 취하지 아니한 채, 의뢰인의 요구에 따라 잘못된 세번과 세율로 수입신고함으로써 의뢰인으로 하여금 가산세를 무는 손해를 입게 하였다.

따라서 乙은 수임인으로서의 선량한 관리자의 주의의무와 설명조언의무를 위반하여 위임인 甲으로 하여금 가산세를 무는 손해를 입게 하였다.

3. 甲이 乙에게 주장할 수 있는 법적 책임과 그 내용

甲은 乙에게 제681조상의 선량한 관리자의 주의의무와 설명조언의무를 위반하여 손해를 발생시켰으므로, 위임계약상의 채무불이행책임(제390조) 또는 불법행위책임(제750조)을 물을 수 있다. 그리고 그 내용으로서 甲은 乙에게 甲이 지불해야만 하는 가산세를 무는 손해와 그 밖의 손해가 있다면 이를 입증하여 손해배상을 청구할 수 있다(제393조, 제763조).

[문제 33] 관련 판례: [관판 33]

◎ **대판 2005.10.7, 2005다38294【손해배상(기)】**

【판시사항】

[1] 수입물품의 통관업무를 위임받은 관세사가 부담하는 선관주의의무의 내용

[2] 관세사가 의뢰인으로부터 위임받은 수입물품의 통관 업무를 처리하면서 관세청장에 대한 사전회시 등 수입물품의 관세율표 품목분류번호(세번)를 확정하는 데 필요한 조치를 취하지 아니한 채, 의뢰인의 요구에 따라 잘못된 세번과 세율로 수입신고함으로써 의뢰인으로 하여금 가산세를 무는 손해를 입게 하였다면, 관세사로서의 선량한 관리자의 주의의무와 설명조언의무를 위반한 것이라고 한 원심의 판단을 수긍한 사례

【판결요지】

[1] 관세사 또는 관세사 법인과 그에게 통관 업무를 맡긴 수입업자 사이의 법률관계는 민법상의 위임관계와 같으므로, 관세사는 위임계약의 내용에 의하여 정해지는 구체적 위임사무 범위에서 위임의 본지에 따라 선량한 관리자의 주의로써 의뢰받은 통관 업무를 처리하여야 하고, 위임인인 의뢰인의 지시가 있으면 우선적으로 이에 따라야 할 것이지만, 다른 한편 구 관세사법(2002.12.18. 법률 제6778호로 개정되기 전의 것)이 관세사에게 관세사법 및 관세법 기타 법령에 의한 명령을 준수하고 통관업을 성실·공정하게 수행하여야 할 의무를 지우고 있는 점(제13조)이니, 관세사의 직무를 관세사나 관세사 법인 등이 아니면 취급할 수 없도록 명시하고 있는 점(제3조) 등에 비추어 보면, 관세사는 의뢰받은 사무와 밀접하게 연관되는 범위 안에서는 비록 별도의 위임이 없다 하여도 의뢰인이 이익을 도모하고 손해를 방지하기 위하여 필요한 조치를 취하도록 의뢰인에게 설명하고 조언하여야 하며, 의뢰인의 구체적인 지시가 있어도 그에 따르는 것이 위임의 본지에 적합하지 않거나 또는 의뢰인에게 불이익한 때에는 관세사는 그러한 내용을 의뢰인에게 설명하고 그 지시를 변경하도록 조언할 의무를 진다.

[2] 관세사가 의뢰인으로부터 위임받은 수입물품의 통관 업무를 처리하면서 관세청장에 대한 사전회시 등 수입물품의 관세율표 품목분류번호(세번)를 확정하는 데 필요한 조치를 취하지 아니한 채, 의뢰인의 요구에 따라 잘못된 세번과 세율로 수입신고함으로써 의뢰인으로 하여금 가산세를 무는 손해를 입게 하였다면, 관세사로서의 선량한 관리자의 주의의무와 설명조언의무를 위반한 것이라고 한 원심의 판단을 수긍한 사례.

12. 임치계약

(1) 의의 및 성립

임치란 당사자 일방(임치인)이 상대방(수치인)에 대하여 금전이나 유가증권 기타 물건의 보관을 위탁하고 상대방이 이를 승낙함으로써 성립하는 계약이다(제693조). 따라서 임치는 낙성·불요식의 계약이며(구민법은 요물계약으로 구성함) 편무·

무상계약임을 원칙으로 하나, 특약에 의해 쌍무·유상계약이 된다(제701조). 또한 임치관계는 계속적 채권관계이다. 임치가 성립하기 위해서는 금전이나 유가증권 기타의 물건 등을 보관하는 급부가 계약의 목적이어야 한다. 그리고 목적물을 원상 그대로 유지한다는 목적달성에 필요한 수치인의 노무가 필요하므로 보관장소만을 제공하는 계약은 사용대차나 임대차이다. 우리 민법상 부동산도 임치의 목적이 될 수 있으나, 부동산의 보관에는 단순히 보존에 그치지 않고 넓은 의미의 관리를 필요로 하므로 위임이 성립할 수 있다. 특히 금전이 임치의 목적물이 되는 경우에는 소비임치가 성립한다(제702조).

그러나 임치가 성립하는 경우에도 상사와 관련된 경우 예컨대, 창고업 및 공중접객업소와 관련해서 상법이 적용되고, 은행에 돈을 맡기는 경우도 이른바 소비임치가 성립한다. 그리고 주차장을 이용하는 경우도 자동차보관을 목적으로 하는 임치인지, 주차장의 임대차인지의 여부가 문제된다. 마찬 가지로 은행·우체국·기차역 등에 설치되어 있는 보관함 등을 이용하는 것은 임대차에 의해서 매개되는 것이 일반적이라고 한다. 따라서 순수한 임치가 성립하는 경우는 그리 많지 않다.[891]

(2) 법률효과

1) 수치인의 의무

① 임치물보관의무

수치인은 기본적으로 임치물보관의무를 부담한다. 다만 임치가 무상인 때는 '자기재산과 동일한 주의'로써 보관하지만(제695조), 유상인 때에는 '선량한 관리자의 주의'로써 관리하여야 한다. 그러나 상인이 자신의 영업범위 내에서 물건의 임치를 맡은 경우에는 무상이라도 선관주의의무를 부담한다(상법 제62조).

② 제3자의 권리주장에 대한 수치인의 의무

제3자가 소유권을 주장하여 임치물의 반환을 청구하더라도 수치인은 이를 제3자에게 인도해서는 안 된다. 그리고 제3자가 소유권 기타의 점유할 권리를 근거로 임치물의 인도를 청구하는 소를 제기하거나 또는 임치물을 압류한 때에는 수치인은 지체 없이 그 사실을 임치인에게 통지하여야 한다(제696조).

---

891) 김형배, 전게서, 1470면.

③ 취득물인도의무 및 취득권리이전의무

수치인은 임치물의 보관을 위하여 받은 금전 기타의 물건 및 수취한 과실을 인도하고 자기명의로 취득한 권리를 임치인에게 이전하여야 한다(제701조).

④ 금전소비에 따른 책임

수치인이 자기를 위하여 금전을 소비한 때에는 그 소비한 날 이후의 이자를 지급하여야 하며 그 밖에 손해가 있으면 배상하여야 한다(제701조).

⑤ 임치물반환의무

임치가 종료하면 수치인은 임치물을 보관한 장소에서 반환하여야 한다. 그러나 수치인이 정당한 사유로 인하여 그 물건을 전치한 때에는 현존하는 장소에서 반환할 수 있다(제700조). 특히 유상임치의 경우에 수치인의 임치물반환의무는 임치인의 보수지급의무와 동시이행의 관계에 선다.

2) 임치인의 의무

① 임치물인도의무의 인정 여부

임치는 낙성계약이므로 임치인에게 임치물인도의무를 인정할 것인가가 문제된다. 유상임치의 경우에는 수치인이 목적물을 보관하는 데 경제적 이익이 있으므로 인도의무를 인정하는 것이 타당하다는 견해가 있다.[892] 그러나 임치인은 자기의 물건에 대한 보관을 청구할 권리를 가진 자이므로 임치목적물의 인도의무를 부담하는 채무자로 이해될 수 없다. 유상임치의 경우 임치인이 목적물을 인도하지 않음으로써 수치인이 보수를 받을 수 없게 되어 손해를 입은 경우 에는 채권자의 귀책사유로 인한 이행불능이 문제될 뿐이다(제538조 제1항 전단).[893] 임치물인도의무의 인정은 임치인에게 임의해지권과도 전혀 부합되지 않는다(제698조 후단, 제609조).

② 보수지급의무

보수지급에 관해서는 위임규정이 준용된다(제701조; 제686조). 그러나 유상임치는 묵시적 약정은 물론 관행 또는 특별한 사정에 따른 당사자의 의사를 추단함

892) 곽윤직, 전게서, 352면; 김주수, 전게서, 428면.

893) 김형배, 전게서, 706면; 이은영, 전게서, 584면.

으로써 인정될 수 있다. 보수지급시기는 후급이 원칙이다.

③ 비용선급의무 등

임치의 유상·무상을 따지지 않고 비용선급의무, 필요비상환의무, 채무대변제 및 담보제공의무 등에 관한 위임의 규정이 임치관계에 적용된다.

④ 손해배상의무

임치인은 임치물의 성질이나 하자로 생긴 손해를 수치인에게 배상하여야 한다(제697조 본문). 이는 임치인의 무과실책임을 정한 것이라고 할 수 있다. 다만 수치인이 임치물의 성질 또는 하자를 안 때에는 임치인은 배상책임을 면한다(제697조 단서: 면책요건). 그렇다면 수치인이 과실로 성질 또는 하자를 알지 못하여 손해를 입은 때, 무상임치의 경우에는 구체적 경과실로, 유상임치의 경우에는 추상적 경과실로 그런 손해를 알지 못한 때 임치인은 책임을 면한다고 보아야 한다.[894)]

(3) 임치의 종료

일반적 종료원인으로는 임치기간의 만료 혹은 목적물의 멸실 등이 있고, 이에 의하여 임치관계는 종료한다. 그리고 임치인은 임치기간의 약정유무에도 불구하고 언제든지 해지할 수 있다(제608조 제2항). 한편 수치인도 기간의 약정이 없는 때는 언제든지 해지할 수 있으나, 임치기간을 약정한 때는 부득이한 사유가 없으면 기간만료 전에 해지하지 못한다(제608조 제1항). 그 밖에 당사자의 사망·파산 또는 수치인의 성년후견개시의 심판 등이 있다. 무상임치의 경우 수치인의 사망으로 보관의무는 상속인에게 승계됨이 없이 임치관계가 당연히 종료하고, 유상임치에서는 임치인이 파산하면 기간의 약정이 있더라도 수치인은 해지할 수 있다고 한다.[895)] 이와 같은 사유들이 발생하면 해당 임치관계의 계속을 기대할 수 없다고 봄이 신의칙에 합당하고, 임치가 위임처럼 반드시 신뢰관계를 바탕으로 하고 있기 때문은 아니다.[896)]

894) 곽윤직, 전게서, 353면; 김주수, 전게서, 429면; 김형배, 전게서, 707면.

895) 곽윤직, 전게서, 353면; 김형배, 전게서, 709면.

896) 김형배, 전게서, 1474면.

[문제 34]

A가 일본의 B로부터 수입하는 러시아산 원목(이하 '화물' 이라고 함)에 대한 인도청구권을 표창하는 유가증권으로서, 운송인 C는 선하증권(송하인을 B, 수하인을 D, 통지처를 A로 기재한)을 2000년 8월 30일자로 발행하였다. 그 후 운송인 C는 선박회사 E와 화물의 인도 및 선하증권의 회수 등의 업무를 수행하는 것을 내용으로 하는 선박대리점계약을 체결하였다. 그런데 선박대리점 E는 선하증권상의 통지처에 불과한 화주 A의 의뢰를 받은 하역회사 F가 화물을 양하하여 통관을 위해 지정장치장에 입고시킨 사실을 용인·방치하였고, 지정장치장 화물관리인 G는 보관중이던 화물을 당시 선하증권 소지인 D나 운송인 C 및 선박대리점 E 등에게 알리지 않은 채 화물에 대한 통관절차만 마치고 선하증권은 아직 회수하지 못한 화주 A에게 무단 반출함으로써 화물이 멸실되었다.

(질문)

첫째, 위 사례에서 운송인 C와 지정장치장 화물관리인 G 사이 및 선하증권 소지인 D와 화물관리인 G와 사이의 법률관계는?

둘째, 위 사례에서 화물이 운송인 C의 지배를 떠나 화주 A에게 인도된 것으로 볼 수 있는가?

셋째, 위 사례에서 운송인 C로부터 화물의 인도업무를 위임받은 선박대리점 E는 선하증권 소지인 D의 화물에 대한 소유권을 침해하였는가?

(참조판례) 대판 2006.12.21. 2003다47362; 대판 2004.5.14, 2001다33918; 대판 2000.11.14, 2000다30950; 대판 2005.1.27, 2004다12394 등.

[문제 34] 해설

1. 문제제기

선하증권이 발행된 화물의 해상운송에 있어서 운송인 C 또는 그 선박대리점 E는 선하증권과 상환하여 화물을 인도함으로써 의무의 이행을 다하는 것이다. 그런데 사안의 경우에 선하증권상의 통지처에 불과한 화주 A의 의뢰를 받은 하역회사 F가 화물을 양하하여 통관을 위해 지정장치장에 입고시켰다면, 화물은 운송인 C 등의 지배를 떠나 화주 A에게 인도된 것인가 등과 관련하여 아래의 2.와 3. 등과 같은 문제가 제기될 수 있다.

2. 운송인 C와 지정장치장 화물관리인 G 사이 및 선하증권 소지인 D와 화물관리인 G와 사이의 법률관계(첫째와 둘째 질문에 대한 해설)

선하증권이 발행된 화물의 해상운송에 있어서 운송인 C 또는 그 선박대리점 E는 선하증권과 상환하여 화물을 인도함으로써 의무의 이행을 다하는 것이므로, 선하증권상의 통지처에 불과한 화주 A의 의뢰를 받은 하역회사 F가 화물을 양하하여 통관을 위해 지정장치장에 입고시켰다면, 화물이 운송인 C 등의 지배를 떠나 화주 A에게 인도된 것으로 볼 수는 없고, 운송인 C 등은 지정장치장 화물관리인 G를 통하여 화물에 대한 지배를 계속하고 있고 지정장치장 화물관리인 G의 입장에서도 운송인 C 등으로부터 점유를 이전받았다고 할 것이므로, 운송인 C 등과 지정장치장 화물관리인 G 사이에는 화물에 관하여 묵시적인 임치계약관계가 성립하고, 지정장치장 화물관리인 G는 운송인 C 등의 지시에 따라 임치물을 인도할 의무를 지게 된다.

3. 운송인 C로부터 화물의 인도업무를 위임받은 선박대리점 E는 선하증권 소지인 D의 화물에 대한 소유권침해의 여부

해상운송화물은 선하증권과 상환으로 그 소지인에게 인도되어야 하고 선하증권 없이 화물이 적법하게 반출될 수 없으므로, 선하증권을 제출하지 못하여 운송인 C 또는 그 선박대리점 E로부터 화물인도지시서를 발급받지 못한 화주 A에게 화물을 인도하면 그 화물이 무단 반출되어 선하증권 소지인 D가 화물을 인도받지 못하게 될 수 있음을 예견할 수 있고, 따라서 지정장치장 화물관리인 G는 화물인도지시서나 운송인C의 동의를 받지 않고 화물을 인도하였다면 그로 말미암아 선하증권 소지인 D가 입은 손해에 대하여 불법행위에 기한 손해배상책임을 진다.

그러나 사안처럼 선하증권상의 통지처에 불과한 화주 A의 의뢰를 받은 하역회사 F가 화물을 양하하여 통관을 위해 지정장치장에 입고시킨 경우, 운송인 C로부터 화물의 인도 업무를 위임받은 선박대리점 E는 지정장치장 화물관리인 G를 통하여 화물에 대한 지배를 계속하고 있고, 선하증권의 소지인 D가 아닌 자에게 화물을 인도하였다거나 선하증권의 소지인 D에게 인도되어야 할 화물을 무단반출의 위험이 현저한 장소에 보관시켰다고 할 수 없다.

그 이유는 운송인 C의 선박대리점 E가 화주 A의 의뢰를 받은 하역회사 F가 화물을 양하하여 통관을 위해 지정장치장에 입고시킨 사실(화물이 지정장치장으로 반입되는 것)을 용인·방치한 사정만으로는 지정장치장 화물관리인 G가 화물을 화주 A에게 무단 반출한 데 대하여 선박대리점으로서의 주의의무를 위반하지 않았다고 보기 때문이다.

따라서 그 후 지정장치장 화물관리인 G가 보관중인 화물을 화주 A에게 무단 반출함으로써 화물이 멸실되었다고 하더라도, 선박대리점 E의 중대한 과실에 의하여 선하증권 소지인 D의 화물에 대한 소유권이 침해되었다고 할 수 없다고 하겠다.

[문제 34] 관련 판례: [관판 34]

◎ **대판 2006.12.21, 2003다47362【손해배상(기)】**

【판시사항】

[1] 선하증권상 통지처인 화주의 의뢰를 받은 하역회사가 화물을 지정장치장에 입고시킨 경우, 운송인 등과 지정장치장 화물관리인 사이의 법률관계

[2] 지정장치장 화물관리인이 화물인도지시서나 운송인의 동의 없이 화물을 인도함으로써 선하증권 소지인이 손해를 입은 경우, 지정장치장 화물관리인이 불법행위에 기한 손해배상책임을 지는지 여부(적극)

[3] 선하증권상 통지처인 화주의 의뢰를 받은 하역회사가 화물을 지정장치장에 입고시킨 후 지정장치장 화물관리인이 화물을 화주에게 무단 반출한 경우, 운송인으로부터 화물의 인도업무를 위임받은 선박대리점이 중대한 과실로 선하증권 소지인의 화물에 대한 소유권을 침해하였는지 여부(소극)

[4] 운송인의 선박대리점이 화물이 지정장치장으로 반입되는 것을 용인·방치한 사정만으로는 지정장치장 화물관리인이 화물을 화주에게 무단 반출한 데 대하여 선박대리점으로서의 주의의무를 위반하지 않았다고 본 사례

【판결요지】

[1] 선하증권이 발행된 화물의 해상운송에 있어서 운송인 또는 그 선박대리점은 선하증권과 상환하여 화물을 인도함으로써 의무의 이행을 다하는 것이므로, 선하증권상의 통지처에 불과한 화주의 의뢰를 받은 하역회사가 화물을 양하하여 통관을 위해 지정장치장에 입고시켰다면, 화물이 운송인 등의 지배를 떠나 화주에게 인도된 것으로 볼 수는 없고, 운송인 등은 지정장치장 화물관리인을 통하여 화물에 대한 지배를 계속하고 있고 지정장치장 화물관리인의 입장에서도 운송인 등으로부터 점유를 이전받았다고 할 것이므로, 운송인 등과 지정장치장 화물관리인 사이에는 화물에 관하여 묵시적인 임치계약관계가 성립하고, 지정장치장 화물관리인은 운송인 등의 지시에 따라 임치물을 인도할 의무를 지게 된다.

[2] 해상운송화물은 선하증권과 상환으로 그 소지인에게 인도되어야 하고 선하증권 없이 화물이 적법하게 반출될 수 없으므로, 선하증권을 제출하지 못하여 운송인 또는 그 선박대리점으로부터 화물인도지시서를 발급받지 못한 화주에게 화물을 인도하면 그 화물이 무단 반출되어 선하증권 소지인이 화물을 인도받지 못하게 될 수 있음을 예견할 수 있고, 따라서 지정장치장 화물관리인이 화물인도지시서나 운송인의 동의를 받지 않고 화물을 인도하였다면 그로 말미암아 선하증권 소지인이 입은 손해에 대하여 불법행위에 기한 손해배상책임을 진다.

[3] 선하증권상의 통지처에 불과한 화주의 의뢰를 받은 하역회사가 화물을 양하하여 통관을 위해 지정장치장에 입고시킨 경우, 운송인으로부터 화물의 인도 업무를 위임받은 선박대리점은 지정장치장 화물관리인을 통하여 화물에 대한 지배를 계속하고 있고, 선하증권의 소지인이 아닌 자에게 화물을 인도하였다거나 선하증권의 소지인에게 인도되어야 할 화물을 무단반출의 위험이 현저한 장소에 보관시켰다고 할 수 없으므로, 그 후 지정장치장 화물관리인이 보관중인 화물을 화주에게 무단 반출함으로써 화물이 멸실되었다고 하더라도, 선박대리점의 중대한 과실에 의하여 선하증권 소지인의 화물에 대한 소유권이 침해되었다고 할 수 없다.

[4] 운송인의 선박대리점이 화물이 지정장치장으로 반입되는 것을 용인·방치한 사정만으로는 지정장치장 화물관리인이 화물을 화주에게 무단 반출한 데 대하여 선박대리점으로서의 주의의무를 위반하지 않았다고 본 사례.

13. 조합계약

(1) 조합계약과 조합의 의의 및 법적성질

1) 의 의

조합계약이란 2인 이상이 상호출자하여 공동사업을 경영할 것을 약정하는 상호간의 법률행위를 말한다(제703조 제1항). 조합은 조합계약에 의해 성립하며 공동사업을 목적으로 하는 단체적 성질을 가진 법률관계이다. 특히 조합관계는 조합원 상호간의 채권관계일 뿐 조합원 이외의 제3자에 대한 관계에 있어서는 조합이라는 독립된 주체로서의 단체적 존재는 인정되지 않는다.

2) 조합계약의 법적성질

조합이라는 단체적 법률관계를 성립·발생시키는 원인(법률요건)이 되는 계약을 조합계약이라고 하며, 이의 법적 성질에 관한 학설대립은 조합계약에 계약법의 일반규정이 어느 정도까지 적용되느냐에 따라 견해가 다르다.

① 특수법률행위설

조합에 관한 약정은 조합설립이라는 공동의 목적을 향하고 있다는 점에서 합동행위로서의 성질을 가지고 있지만, 조합의 구성·운영 등에 관한 모든 규범은 구성원들 사이의 의사의 합치로써 성립하므로 계약으로서의 성질도 갖는 특수한 법률행위라고 한다.[897)]

② 계약설

조합계약의 특수성은 조합원 각자를 위한 공동사업을 명확히 설정하고 각 조합원은 이와 같은 목적사업에 적합한 의무를 부담하는데 있다. 따라서 조합원이 갖는 권리 및 의무가 공동목적을 수행하는데 있어서 단체적 제한을 받는다고 해서 단체가 성립하는 것은 아니다. 그러므로 조합계약은 순수한 계약이라고 이해된다.[898)]

---

897) 곽윤직, 전게서, 363면.

898) 김형배, 전게서, 736면; 김증한, 전게서, 347면; 김주수, 전게서, 441면; 이은영, 전게서, 599면.

(2) 조합계약의 성립

1) 공동사업이라는 목적의 존재 및 합의

두 사람 이상이 상호출자 하여 공동사업을 경영할 것을 약정하는 때에 성립한다(제703조 제1항). 사업의 종류에는 제한이 없으나, 사업의 성공에 공동의 이해관계를 가질 것을 요구한다.

2) 출자업무에 대한 약정

모든 조합원이 출자의무를 부담한다(제703조 제1항). 따라서 출자의무를 부담하지 않는 자가 있는 조합계약은 무효이다. 출자의 목적은 제한이 없으므로 금전에 한정되지 않고, 물건·물권·무체재산권·노무·신용 등도 그 목적이 될 수 있다(제703조 제2항).

3) 조합계약의 하자

조합계약의 목적이 사회질서에 반하거나 사회적 타당성을 결여한 경우에는 언제나 무효이다. 그러나 조합원의 일부가 무능력자이거나 그의 의사표시에 하자가 있는 경우에는 원칙적으로 일부무효의 법리가 적용된다(제137조 참조). 다만 이른바 '흠있는 조합' 즉, 조합이 사실상 조합관계를 유지하면서 활동하는 동안은 계약상의 흠이 있더라도 마치 조합이 유효하게 성립한 것처럼 다루는 것이 타당하다(조합의 법적 외관을 신뢰하고 거래를 하는 제3자 보호를 위해). 이는 흠있는 조합관계에는 마치 유효하게 처리되어야 한다는 이유에서 주장된 사실적 계약관계론과는 달리 무효·취소의 원인이 있기는 하지만 분명히 조합계약이 존재하고 있기 때문이다.[899]

4) 조합계약의 당연성립

2인 이상이 공동으로 광업권설정의 출원을 하는 경우에 출원인은 조합계약을 한 것으로 간주된다(광업법 제19조 제6항). 이는 공동광업권자에게 준용된다(광업법 제34조 제1항).

---

899) 김형배, 전게서, 1482면; 같은 취지의 판례로서 대판 1972.4.25, 71다1833 참조.

(3) 법률효과

1) 조합원의 출자와 조합재산

조합을 구성하는 모든 조합원은 계약의무로서 출자의무를 부담한다. 출자는 금전에 한정되지 않으므로 그 밖의 재산 및 노무 등도 출자의 대상이 될 수 있다(제703조 제2항). 그리고 조합원의 출자 기타 조합재산은 조합원의 합유로 한다(제704조).

2) 조합의 업무집행

조합에 있어서는 각 조합원의 개성이 중요시되므로 원칙적으로 각 조합원이 업무집행권을 가진다. 다만 필요한 때에는 언제든지 조합원 3분의 2 이상의 찬성으로 업무집행자를 선임할 수 있다(제706조 제1항).

3) 손익분배

조합이 공동사업을 수행함으로써 생기는 이익과 손실은 조합원에게 합유적으로 귀속되지만, 각 조합원에게 일정비율에 따라 분배한다. 조합계약에서 그 비율을 정하지 않은 경우 각 조합원의 출자가액에 비례하여 손익분배에 대한 비율이 결정된다(제711조).

4) 조합원의 탈퇴

조합계약상 조합의 존속기간을 정하지 않았거나 종신까지 존속하는 것으로 정하고 있는 경우에는 각 조합원은 언제든지 탈퇴할 수 있다(제716조 제1항 본문). 다만 부득이한 사유가 없는 한 불리한 시기에 탈퇴할 수 없다(제716조 제1항 단서). 그리고 존속기간을 정하고 있는 경우에는 그 기간 동안 탈퇴하지 못한다. 이 경우에도 부득이한 사유가 있으면 탈퇴가 가능하다(제716조 제2항). 그밖에 조합원의 사망, 파산 혹은 금치산선고, 제명 등의 경우와 같은 비임의탈퇴의 사유도 있다(제717조 제1호 내지 제4호).

5) 조합원의 가입

조합원이 되려고 하는 자와 기존 조합원과의 계약이 있으면 조합관계는 유효하게 성립한다.

6) 조합원지위의 양도

조합계약에서 조합원의 지위를 처분하는 데에 대하여 약정하였거나, 모든 조합원이 이에 대하여 합의한 경우에는 조합원의 지위를 양도할 수 있다(통설). 이는 사단법인에서 사원의 지위가 양도 내지 상속될 수 없다는 점과 비교된다.

(4) 조합의 해산과 청산

조합계약의 종료(해산)로써 조합의 사업을 중지하고 조합재산을 정리하여 조합채무를 변제한 후, 잔여재산을 각 조합원에게 환급하여야 한다(청산).

[문제 35]

대지공유자 28명은 공유회를 조직하고 이 대지 지상에 가설점포를 만들어 일부 공유자들은 직접, 일부 공유자들은 타인에게 임대하여 행인을 상대로 김밥, 떡, 의류 등을 파는 노점으로 이용하여왔다. 그러다 5년 전부터 이 대지 및 점포의 수익·관리를 위하여 공유지분 과반수의 결의로 관리인을 선임하여 그 개인 명의로 임차인들과 임대차계약을 체결하고 월세를 수금하는 등 관리업무를 수행하도록 하는 한편, 그 수익금을 공유지분의 비율로 배당받아 왔다.

그리고 이 대지의 공유지분의 양도·양수가 있으면 그에 따라 공유회원의 지위도 변경되어 공유지분을 취득한 사람이 그 지분 비율에 따라 수익금을 배당받을 수 있었다. 그런데 이 점포의 관리인으로 처음 선임되었던 甲은 곧 사임하고 이 점포의 임대 및 배당 업무에 관여하지 아니하였으며, 나중에 선임된 乙이 이를 전담하였다.

(질문)

첫째, 민법상 조합계약의 성립요건은 무엇인가?

둘째, 위 사례에서 공유회는 2인 이상이 상호 출자하여 공동으로 사업을 경영 할 것을 약정하는 조합계약에 의하여 결성된 것이라고 할 수 있는가?

(참조판례) 대판 2008.7.10, 2007다44965; 대판 2007.6.14, 2005다5140; 대판 2005.11.10, 2003다18876; 대판 2004.4.9, 2003다60778 등.

[문제 35] 해설

첫째, 민법상 조합계약의 성립요건은 무엇인가?

민법상의 조합계약은 2인 이상이 상호 출자하여 공동으로 사업을 경영할 것을 약정하는 계약으로서(민법 제703조) 특정한 사업을 공동 경영하는 약정에 한하여 이를 조합계약이라고 할 수 있고, 공동의 목적달성이라는 정도만으로는 조합의 성립요건을 갖추지 못하였다고 할 것이다.[900]

둘째, 위 사례에서 공유회는 2인 이상이 상호 출자하여 공동으로 사업을 경영 할 것을 약정하는 조합계약에 의하여 결성된 것이라고 할 수 있는가?

이 사건 대지의 공유자 28명은 이 대지 지상에 가설점포를 만들어 일부 공유자들은 직접 일부 공유자들은 타인에게 임대하여 행인을 상대로 김밥, 떡, 의류 등을 파는 노점으로 이용하였다. 그러다가 1981년경부터 이 사건 대지 및 점포의 수익·관리를 위하여 공유지분 과반수의 결의로 관리인을 선임하여 그 개인 명의로 임차인들과 임대차계약을 체결하고 월세를 수금하는 등 관리업무를 수행하도록 하는 한편, 그 수익금을 공유지분 비율로 배당받아 왔다.

따라서 이 사건 대지의 공유지분의 양도·양수가 있으면 그에 따라 공유회원의 지위도 변경되어 공유지분을 취득한 사람이 그 지분 비율에 따라 수익금을 배당받을 수 있었던 사실 등을 인정할 수 있는바, 사실관계가 이와 같다면 이 사건 공유회는 상호 출자하여 공동사업을 경영하기로 약정함에 따라 결성된 것이라기보다는 공유재산인 이 사건 대지 및 점포를 임대·관리한다는 공동의 목적 달성을 위한 모임에 불과하여 조합의 성립요건을 갖추었다고 보기 어렵다.

[문제 35] 관련 판례: [관판 35]

◎ **대판 2007.6.14, 2005다5140 【지분소유권이전절차이행】**

【판시사항】

[1] 부동산 실권리자명의 등기에 관한 법률에서 정한 유예기간이 경과한 후, 명의신탁자가 명의신탁 해지를 원인으로 하는 소유권이전등기를 청구할 수 있는지 여부(소극)

[2] 사업을 공동경영하는 약정이 민법상 조합계약이 되기 위한 요건

[3] 수인이 전매차익을 목적으로 부동산을 공동으로 매수한 경우, 그 수인을 조합원으로 하는 동업체에서 매수한 것으로 인정하기 위한 요건

[4] 부동산의 공동매수인들이 전매차익을 얻으려는 '공동의 목적 달성'을 위해 상호 협력한 것에 불과하고 이를 넘어 '공동사업을 경영할 목적'이 있었다고 인정되지 않는 경우, 이들 사이의 법률관계는 공유관계에 불과할 뿐 민법상 조합이 아니라고 한 사례

【판결요지】

[1] 부동산 실권리자명의 등기에 관한 법률 제11조, 제12조 제1항과 제4조의 규정에 의하면, 같은 법 시행 전에 명의신탁약정에 의하여 부동산에 관한 물권을 명의수탁자의 명의로 등기하도록 한 명의신탁자는 같은 법 제11조에서 정한 유예기간 이내에 실명등기 등을 하여야 하고, 유예기간이 경과

900) 대판 2004.4.9, 2003다60778; 대판 2005.11.10, 2003다18876 등 참조.

한 날 이후부터 명의신탁약정과 그에 따라 행하여진 등기에 의한 부동산에 관한 물권변동이 무효가 되므로, 명의신탁자는 더 이상 명의신탁 해지를 원인으로 하는 소유권이전등기를 청구할 수 없다.

[2] 민법상 조합계약은 2인 이상이 상호 출자하여 공동으로 사업을 경영할 것을 약정하는 계약으로서, 특정한 사업을 공동경영하는 약정에 한하여 이를 조합계약이라 할 수 있고, 공동의 목적 달성이라는 정도만으로는 조합의 성립요건을 갖추었다고 할 수 없다.

[3] 수인이 부동산을 공동으로 매수한 경우, 매수인들 사이의 법률관계는 공유관계로서 단순한 공동매수인에 불과할 수도 있고, 그 수인을 조합원으로 하는 동업체에서 매수한 것일 수도 있는바, 공동매수의 목적이 전매차익의 획득에 있을 경우 그것이 공동사업을 위해 동업체에서 매수한 것이 되려면, 적어도 공동매수인들 사이에서 그 매수한 토지를 공유가 아닌 동업체의 재산으로 귀속시키고 공동매수인 전원의 의사에 기해 전원의 계산으로 처분한 후 그 이익을 분배하기로 하는 명시적 또는 묵시적 의사의 합치가 있어야만 할 것이고, 이와 달리 공동매수 후 매수인별로 토지에 관하여 공유에 기한 지분권을 가지고 각자 자유롭게 그 지분권을 처분하여 대가를 취득할 수 있도록 한 것이라면 이를 동업체에서 매수한 것으로 볼 수는 없다.

[4] 부동산의 공동매수인들이 전매차익을 얻으려는 '공동의 목적 달성'을 위해 상호 협력한 것에 불과하고 이를 넘어 '공동사업을 경영할 목적'이 있었다고 인정되지 않는 경우, 이들 사이의 법률관계는 공유관계에 불과할 뿐 민법상 조합이 아니라고 한 사례.

◎ **대판 2008.7.10, 2007다44965【약정금】**

【판시사항】

[1] 민법상 조합계약의 성립요건

[2] 공유재산인 대지 및 점포를 임대·관리한다는 공동의 목적 달성을 위한 모임에 불과하여 조합의 성립요건이 갖추어지지 않았다고 본 사례

【주 문】

상고를 모두 기각한다. 상고비용은 각자가 부담한다.

【이 유】

1. 원고들의 상고이유에 대한 판단

가. 피고 2에 대한 부분에 관한 상고이유에 대하여

민법상의 조합계약은 2인 이상이 상호 출자하여 공동으로 사업을 경영할 것을 약정하는 계약으로서(민법 제703조) 특정한 사업을 공동 경영하는 약정에 한하여 이를 조합계약이라고 할 수 있고, 공동의 목적달성이라는 정도만으로는

조합의 성립요건을 갖추지 못하였다고 할 것이다(대법원 2004.4.9. 선고 2003다60778 판결, 대법원 2005.11.10. 선고 2003다18876 판결 등 참조). 원심판결 이유를 기록에 비추어 검토하여 보면, 대구 중구 교동 (지번 생략) 대 94.2㎡(28.5평, 이하 '이 사건 대지'라 한다)의 공유자 28명은 이 사건 대지 지상에 가설점포(이하 '이 사건 점포'라 한다)를 만들어 일부 공유자들은 직접, 일부 공유자들은 타인에게 임대하여 행인을 상대로 김밥, 떡, 의류 등을 파는 노점으로 이용하다가, 1981.경부터 이 사건 대지 및 점포의 수익·관리를 위하여 공유지분 과반수의 결의로 관리인을 선임하여 그 개인 명의로 임차인들과 임대차계약을 체결하고 월세를 수금하는 등 관리업무를 수행하도록 하는 한편 그 수익금을 공유지분 비율로 배당받아 온 사실, 이 사건 대지의 공유지분의 양도·양수가 있으면 그에 따라 공유회원의 지위도 변경되어 공유지분을 취득한 사람이 그 지분 비율에 따라 수익금을 배당받을 수 있었던 사실 등을 인정할 수 있는바, 사실관계가 이와 같다면, 이 사건 공유회는 상호 출자하여 공동사업을 경영하기로 약정함에 따라 결성된 것이라기보다는, 공유재산인 이 사건 대지 및 점포를 임대·관리한다는 공동의 목적 달성을 위한 모임에 불과하여 조합의 성립요건을 갖추었다고 보기 어렵다. 원심은 이와 같은 전제 아래, 그 채택 증거들에 의하여 피고 2가 1996.8.31.경 이 사건 점포의 관리인으로 선임되었으나 곧 사임하고 이 사건 점포의 임대 및 배당 업무에 관여하지 아니하였으며 피고 1이 이를 전담하였다고 인정한 다음, 원고들의 피고 2에 대한 배당금 또는 그에 상당하는 손해배상청구를 배척하였는바, 기록에 비추어 검토하여 보면 원심의 조치는 정당한 것으로 수긍이 가고, 원심의 판단에는 채무불이행책임 또는 사용자책임에 기한 손해배상청구를 모두 배척하는 취지가 포함되어 있다고 할 것이므로 원심판결에 상고이유로 주장하는 바와 같은 채증법칙 위반, 사실오인, 심리미진, 판단누락, 이유불비 또는 법리오해 등의 위법이 있다고 할 수 없다. 이와 관련한 상고이유의 주장은 모두 받아들일 수 없다.

나. 피고 1에 대한 부분에 관한 상고이유에 대하여

증거의 취사와 사실의 인정은 사실심의 전권에 속하는 것으로서 이것이 자유심증주의의 한계를 벗어나지 않는 한 적법한 상고이유로 삼을 수 없다(대법원 2001.8.24. 선고 2001다33048 판결, 대법원 2005.7.15. 선고 2003다61689 판결, 대법원 2006.5.25. 선고 2005다77848 판결 등 참조). 원심은 그 채택 증거에 의하여, 피고 1이 이 사건 점포를 관리한 1986.6.부터 2001.5.까지의 기간 중 이 사건 점포의 임대수익금을 그 판시와 같이 인정한 다음, 공유지분 과반수의 결의 등에 의하여 관리비용으로 인정한 금액을 공제한 후 원고들의 공유지분 비율에 따라 배당되어야 할 몫을 정하고, 피고 1이 원고들에게 변제한 일부 금액과 변제공탁금으로 변제충당하고 남은 나머지 금액을 각 지급할 의무가 있다고 판단하는 한편, 피고 1이 2001.6. 이후에도 이 사건 점포를 관리하였다는 점 및 수금한 돈을 정기예금하여 그 이율 상당의 이득을 얻었다고 인정할 증거가 없다고 판단하여 2001.6. 이후의 배당금 및 민법에서 정한 연 5%를 초과하는 지연손해금 청구를 배척하였는바, 위 법리와 기록에 비추어 살펴보면, 원심이 한 증거의 취사와 사실인정은 정당한 것으로 수긍이 가고, 거기에 상고이유로 주장하는 바와 같은 채증법칙 위반이나 그로 인한 사실오인, 심리미진 또는 법리오해 등의 위법이 있다고 할 수 없다. 이와 관련한 상고이유의 주장은 모두 받아들일 수 없다.

2. 피고 1의 상고이유에 대한 판단

가. 앞서 본 법리와 기록에 비추어 살펴보면, 원심이 앞서 본 바와 같은 이유에서 피고 1이 원고들에게 그 판시의 각 금원을 지급할 의무가 있다고 판단한 조치는 정당한 것으로 수긍이 가고, 거기에 상고이유로 주장하는 바와 같은 채증법칙 위반이나 사실오인 또는 법리오해 등의 위법이 없다.

나. 원심은 나아가, 피고 1이 원고들에게 지급할 배당금에 대한 지연손해금에 대하여는 1년 또는 3년의 단기소멸시효기간이 적용되지 않고, 원고 8 등이 이 사건 점포의 다른 공유자들에게 반환하여야 할 보증금 또는 원고 9의 미납 월세금 등에 대하여는 피고 1이 그 지급을 청구할 지위에 있지 아니하므로 이를 자동채권으로 한 상계항변이나 공제항변은 이유가 없으며, 원고들의 배당금 수령지체를 인정할 증거가 없을 뿐 아니라 설령 수령을 지체하였다고 하더라도 그것만으로는 원고들의 배당금채권이 실효되었거나 그 채권행사가 권리남용에 해당한다거나 원고들의 손해 확대의 원인이 되었다고 보기 어렵다고 판단하였는바, 관련 법리와 기록에 비추어 살펴보면 원심의 판단은 정당한 것으로 수긍이 가고, 거기에 상고이유로 주장하는 바와 같은 법리오해 등의 위법이 없다. 상고이유의 주장은 모두 받아들일 수 없다.

3. 결 론

그러므로 상고를 모두 기각하고, 상고비용은 각자가 부담하기로 하여 관여 대법관의 일치된 의견으로 주문과 같이 판결한다.

14. 종신정기금계약

(1) 의의 및 법적성질

당사자의 일방(정기금채무자)이 자기나 상대방 또는 제3자의 종신까지 정기로 금전 기타의 물건을 상대방 또는 제3자에게 교부할 것을 약정함으로써 효력이 생기는 계속적 채권계약이다(제725조). 계약이 아닌 채무자의 일방적 의사표시(유언)로써 종신정기금채권이 발생할 수 있으나, 보통 당사자의 합의에 의하여 성립한다.

종신정기금계약은 낙성·불요식 계약이다. 그러나 이는 유상 또는 무상으로 할 수 있다. 특히 무상계약으로 하는 경우에는 결국 정기급부를 목적으로 하는 증여가 되므로 증여에 관한 규정도 적용된다(제560조). 또한 대체로 증여나 매매 혹은 소비대차계약 등 원인행위의 법률효과로서 발생한 채무의 이행을 종신정기적으로 결재하는 방법에 대한 또 하나의 계약이다. 이 경우 종신정기금계약은 유인계약이 된다.

(2) 법률효과

종신정기금계약이 성립하면 당사자 사이에 종신정기금채권 및 채무가 발생한다. 종신정기금채권이 그 급부의 기준으로 되어 있는 기간 중에 소멸한 때에는 종신정기금은 일수로 계산한다(제726조).

그리고 정기금채무자가 정기금채무를 제대로 이행하지 않는 경우, 예컨대, 정기금채무자가 정기금채무의 원본을 받지 않은 경우에는 정기금채권자는 해제에 대한 일반규정(제543조 이하)에 따라 정기금계약을 해제하고, 손해가 있으면 그 배상을 청구할 수 있다(제551조). 이와는 달리 정기금채무자가 정기금채무의 원본을 받은 경우에는 정기금채권자는 최고 없이 계약을 해제하고 원본의 반환을 청구할 수 있다(제727조 제1항 본문). 그러나 정기금채권자는 이미 지급을 받은 정기금채무액에서 그 원본의 이자를 제외한 잔액을 정기금채무자에게 반환하여야 한다(제727조 제1항 단서). 따라서 정기금채권자는 원본의 이자를 회수할 수 있으나 정기금채무자는 정기금의 이자를 회수할 수 없다. 또한 이 경우 정기금채권자는 그 밖에 손해가 있으면 그 손해배상도 청구할 수 있다(제727조 제2항). 이때 쌍방의 반환채무는 동시이행의 관계에 선다(제728조).

(3) 계약의 종료

종신정기금계약은 특정인이 사망하면 종료하는 것이 원칙이다. 그러나 사망이 정기금채무자의 책임있는 사유로 인한 때는 법원은 정기금채권자 또는 그 상속인의 청구에 의하여 상당한 기간 채권의 존속을 선고할 수 있다(제729조 제1항).

상당한 기간이라 함은 특정인이 생존하였을 기간을 말한다. 또는 정기금채권자 혹은 그 상속인은 계약을 해제하고 원본의 반환을 청구할 수도 있다(제729조 제2항에 의한 제727조 준용).

15. 화해계약

(1) 의의 및 법적성질

화해는 당사자가 서로 양보하여 분쟁을 끝낼 것을 약정하는 계약이다(제731조). 화해와 구별되는 제도로서는 재판상 화해와 조정 및 중재가 있다. 재판상 화해는 분쟁당사자가 법원에서 서로 양보하여 분쟁을 종료시키는 것을 말하며, 화해조서는 확정판결과 동일한 효력이 있다. 이에는 소송상 화해(민사소송법 제145조)와 제소전 화해(민사소송법 제385조)가 있다. 그리고 조정은 법원 국가기관의 알선으로 당사자가 합의에 이르도록 하는 절차를 말한다. 조정조서가 작성되면 재판상 화해와 동일한 효력이 있다. 당사자가 반드시 양보하여야 하는 것이 아니라는 점에서 민법상 화해와 다르다. 그리고 중재는 당사자의 합의에 의해 선출된 중재인이 중재판정을 하고 당사자가 이에 복종하는 절차이다. 중재판정은 확정판결과 동일한 효력이 있으며, 당사자의 의사와 관계없이 효력이 발생한다.

화해계약은 낙성·불요식 계약이다. 그러나 쌍무·유상계약인가에 관해서는 학설의 다툼이 있다.

화해에 있어서 당사자가 서로 양보하는 것은 서로 손실을 입는 것을 승인하는 것이므로 화해는 유상계약이고 또한 쌍방은 서로 양보하여 합의한 것을 실현할 채무를 부담하므로 쌍무계약이라고 한다.[901)]

반면에 부정설은 화해에 있어 양보는 어디까지나 주관적인 것이며, 또한 각자의 양보는 화해계약의 체결에 있어 동기가 될 수 있으나 계약내용은 될 수 없기에 화해계약의 성격은 그 계약에 의해서 생기는 채무가 하나인가 둘인가, 둘인 경우에 상환성 및 등가성을 갖는가에 따라 쌍무·유상계약 여부가 결정된다고 한다.[902)] 이러한 견해들에 대하여 화해는 전형계약 혹은 비전형계약에서도 성립할 수 있으므로 채무자의 급부행위의 유형적 특성을 중심으로 이해할 수 없다. 따라서 화해를 쌍무·유상계약으로 이해하는 것은 잘못이다. 즉, 화해는 다툼이 있는 기존의 법률관계를 확정적으로 변경시키는 변경계약 혹은 확정계약으로서 단순히 의무부담행위가 아니라, 처분행위를 그 자체에 포함하는 계약이다.

그러나 화해는 기존의 법률관계를 소멸시키고 새로운 법률관계를 발생하게 하

---

901) 곽윤직, 전게서, 405면; 김주수, 전게서, 482면.

902) 이은영, 전게서, 628면.

는 경개와 구별된다. 즉, 화해를 통하여 변경·확정된 법률관계는 다툼이 있었던 기존의 법률관계와 동일성을 유지한다.

(2) 화해계약의 성립

1) 당사자 사이의 분쟁이 있어야 한다.

분쟁의 의미에 관해서는 법률관계의 존부·범위·모습 등에 관해서 당사자의 주장이 일치하지 않는 것이라고 보는 견해가 통설이다. 따라서 불확실한 법률관계를 확정적으로 합의하는 것은 무명계약이고 단지 화해의 규정이 유추적용 된다고 한다. 이에 대하여 김형배 교수는 화해에서 중요한 것은 외형적인 다툼의 존재가 아니라 화해전의 불명확한 법률관계를 종지시키고 화해(상호 양보에 의한 합의를 전제하고 있기 때문이다)에 의하여 이에 갈음하는 새로운 법률관계를 창설하는데 있다고 한다.[903)]

2) 양당사자의 양보

당사자의 상호양보라 함은 당사자쌍방이 서로 불이익을 부담한다는 것을 말한다. 양보는 일종의 처분행위이다. 여기서 불이익이란 당사자의 주장을 근거로 판단하지 진실한 법률관계를 기준으로 하지 않는다. 따라서 진실한 법률관계의 실체가 화해에 의한 법률관계의 내용보다 불리한 경우에도 양보는 성립할 수 있다.

3) 당사자의 처분능력

당사자가 자유로이 처분할 수 없는 법률관계(예: 주로 가족법상의 법률관계)는 화해의 목적이 될 수 없기 때문에(판례)[904)], 당사자는 분쟁의 대상이 된 법률관계에 대한 처분능력이나 처분권한이 있어야 한다.

4) 착오의 의사표시와 화해계약

화해도 의사표시를 요소로 하므로 원칙적으로 의사표시의 무효·취소에 관한 규정(제107조 이하)이 모두 적용된다. 다만 착오를 이유로 화해의 의사표시를 취소할 수 없다(취소의 배제: 제733조). 이를 인정하면 화해제도를 무의미하게 하기 때

903) 김형배, 전게서, 1500면; 이은영, 전게서, 634면.

904) 대판 1968.2.27, 67므34.

문이다. 그러나 화해당사자의 자격 또는 화해의 목적인 분쟁이외의 사항에 착오가 있는 때에는 화해의 의사표시를 취소할 수 있다(취소배제의 제한: 제733조 단서). 이러한 사항들은 이를 이유로 화해계약을 주장하는 자가 입증하여야 한다.[905)]

(3) 법률효과

1) 법률관계를 확정하는 효력

당사자가 다투었던 사항은 화해계약의 내용에 따라 결정된다. 다만 화해에 전제가 아닌 사항은 화해 후에도 그대로 존속한다.

2) 법률관계를 창설하는 효력

화해에 의해서 새로운 법률관계가 생긴다(제732조). 그러나 이 규정은 임의규정이므로, 사후에 화해전의 명백한 증거가 발생하면 화해계약을 소멸시키고 종전의 법률관계에 따를 것을 약정한 해제조건부 회해도 유효하나.

3) 화해계약의 해제

착오에 의한 의사표시의 경우와 달리 해제에 관한 일반규정(제543조 이하)은 화해계약에 그대로 적용된다.

(4) 화해를 통한 손해배상액의 합의와 후발손해

1) 손해배상액의 합의와 화해계약

교통사고와 같은 불법행위로 인한 손해배상으로서 가해자와 피해자가 그 액, 지급방법, 피헤자도 그 이상의 청구의 포기할 것으로 분쟁을 종결하는 합의가 행하여지는 경우에 화해계약이 성립하였다고 볼 수 있는가?

당사자 사이에 손해배상액에 대한 다툼이 있고 이를 해결하기 위해 서로 양보하여 다툼을 종결하는 약정을 한 경우에는 화해라고 볼 수 있으나, 다툼이 없이 합의했다면 화해라고 볼 수 없다. 그러나 상호 양보함이 없이 합의한 경우에도 넓은 의미의 화해가 성립한 것으로 보는 것이 타당하다. 물론 피해자가 그의 궁박, 경솔 또는 무경험으로 하여 적정한 배상액보다 현저하게 소액의 배상액에 합

905) 대판 2004.8.20, 2002다20353.

의한 경우에 그 합의는 불공정한 계약으로서 무효이다(제104조).

2) 법률효과

위와 같은 합의에 의해 피해자는 합의당시 또는 그 후에 그 이상의 손해가 존재하였거나 발생하더라도 원칙적으로 추가청구는 허용되지 않는다. 그러나 합의 후 피해자가 전혀 예상할 수 없었던 재수술이나 후유증에 의하여 손해가 중대한 경우에는 예외로 보는 것이 학설과 판례의 태도이다. 즉, 추가청구의 가능성 여부를 계약의 효력범위에 관한 해석문제로 이해한다.

이러한 학설과 판례에 대해 김형배 교수는 합의당시에 예상할 수 있었던 손해에 한정하여 화해의 효력을 인정하는 것은 제733조 본문의 규정과 부합하지 않는다고 비판한다. 다만 가해자가 화해계약을 원용하여 피해자의 후발손해의 배상을 거부하는 것이 신의칙에 반할 정도로 그 후발손해가 심각할 때에는 제733조 본문의 규정에도 불구하고 화해의 효력이 미치지 않는다고 해석한다.[906]

[문제 36]

A 기업은 1981.1.1.자로 퇴직금지급률을 인하 조정하는 퇴직금지급규정을 개정하자 신규정이 근로자집단의 집단의사결정방법에 의한 동의를 받지 아니하여 무효라는 이유로 퇴직한 직원들 중 B 외 18명이 신·구규정에 따른 퇴직금의 차액의 지급을 구하는 소송을 제기하였다. 또한 A 기업 직원들인 C 외 272명도 신규정이 무효라는 소송을 제기하였다. 그러자 A 기업과 C 외 272명 및 소송을 제기하지 아니한 D 외 22명의 직원들을 대리한 A 기업 노동조합 위원장 E와 A 기업 사이에 1991.3.13. B 외 18인이 제기한 소송에서 위 소외인들이 승소 확정판결을 받는 경우 이를 원용하여 위 직원들에 대하여 구규정을 적용하기로 하고, 위 직원들은 자신들의 소송을 취하하고, 추후 동일한 사건에 대하여는 소를 제기하지 않도록 하고 소송비용은 각자 부담하며, 위 합의의 효력을 노사간 단체협약에 준하도도록 하기로 하는 등과 같은 합의를 하였다.

(질문)

첫째, 위 사례에서 A 회사와 노동조합 위원장 E 사이의 합의는 화해계약이라고 할 수 있는가?

둘째, 위 사례에서 신규정이 근로자집단의 집단의사결정방법에 의한 동의를 얻어서 유효한지의 여부에 관한 것은 착오를 이유로 이를 취소할 수 있는가?

(참조판례) 대판 1995.12.12, 94다22453; 대판 2001.10.12, 2001다49326 등.

---

906) 김형배, 전게서, 1503면.

[문제 36] 해설

첫째, 위 사례에서 A 회사와 노동조합 위원장 E 사이의 합의는 화해계약이라고 할 수 있는가?

사안처럼 퇴직금지급률을 인하 조정하는 퇴직금지급규정의 개정에 대하여 노사간에 다툼이 있어, 그 판단을 같은 분쟁에 대하여 이미 퇴사한 직원들이 제기하여 계속 중인 소송의 확정 판결에 따르기로 하는 등의 합의를 하였다면, 그 합의는 새로운 법률관계를 확정하여 일체의 분쟁을 끝내기로 한 것이므로 화해계약에 해당한다(대판 1995.12.12, 94다22453)고 하겠다.

둘째, 위 사례에서 신규정이 근로자집단의 집단의사결정방법에 의한 동의를 얻어서 유효한지의 여부에 관한 것은 착오를 이유로 이를 취소할 수 있는가?

민법상 화해계약에 있어서는 당사자는 착오를 이유로 취소하지 못하고 다만 화해 당사자의 자격 또는 화해의 목적인 분쟁 이외의 사항에 착오가 있는 때에 한하여 취소할 수 있다(민법 제733조).

여기서 '화해의 목적인 분쟁 이외의 사항'이라 함은 분쟁의 대상이 아니라 분쟁의 전제 또는 기초가 된 사항으로서, 쌍방 당사자가 예정한 것이어서 상호 양보의 내용으로 되지 않고 다툼이 없는 사실로 양해된 사항을 말한다.[907]

본 사안에 있어서와 같이 신규정이 근로자집단의 집단의사결정방법에 의한 동의를 얻어서 유효한지의 여부에 관한 것은 분쟁의 대상인 법률관계의 자체에 관한 것으로 착오를 이유로 이를 취소할 수 없다고 하겠다.

[문제 36] 관련 판례: [관판 36]

◎ **대판 1995.12.12, 94다22453 【부당이득금반환】**

【판시사항】

[1] 노사간의 개정된 퇴직금지급규정을 둘러싼 분쟁 끝에 이루어진 합의를 화해계약으로 본 사례

[2] 민법상 화해계약에 있어서 착오가 있음을 이유로 취소할 수 있는 '화해의 목적인 분쟁 이외의 사항'의 의미

[3] 민법 제109조 제1항 단서에서 규정하고 있는 '중대한 과실'의 의미

【판결요지】

[1] 퇴직금지급률을 인하 조정하는 퇴직금지급규정의 개정에 대하여 노사간에 다툼이 있어, 그 판단을 같은 분쟁에 대하여 이미 퇴사한 직원들이 제기하여 계속중인 소송의 확정 판결에 따르기로 하는 등의 합의를 하였다면, 그 합의는 새로운 법률관계를 확정하여 일체의 분쟁을 끝내기로 한 것이므로 화해계약에 해당한다.

[2] 민법상 화해계약에 있어서는 당사자는 착오를 이유로 취소하지 못하고 다

907) 대판 1992.7.14, 91다47208; 대판 1992.10.27, 92다18719, 18726; 대판 1994.9.30, 94다11217 등 참조.

만 화해 당사자의 자격 또는 화해의 목적인 분쟁 이외의 사항에 착오가 있는 때에 한하여 취소할 수 있는바(민법 제733조), 여기서 '화해의 목적인 분쟁 이외의 사항'이라 함은 분쟁의 대상이 아니라 분쟁의 전제 또는 기초가 된 사항으로서, 쌍방 당사자가 예정한 것이어서 상호 양보의 내용으로 되지 않고 다툼이 없는 사실로 양해된 사항을 말한다.

[3] 민법 제109조 제1항 단서에서 규정하고 있는 '중대한 과실'이라 함은 표의자의 직업, 행위의 종류, 목적 등에 비추어 보통 요구되는 주의를 현저하게 결여한 것을 말한다.

◎ **대판 2001.10.12, 2001다49326【약정금】**

【판시사항】

의사의 치료행위 직후 환자가 사망하여 의사가 환자의 유족에게 거액의 손해배상금을 지급하기로 합의하였으나 그 후 환자의 사망이 의사의 치료행위와는 전혀 무관한 것으로 밝혀진 사안에서, 의사에게 치료행위상의 과실이 있다는 점은 위 합의의 전제이었지 분쟁의 대상은 아니었다고 보아 착오를 이유로 화해계약의 취소를 인정한 사례

【판결요지】

의사의 치료행위 직후 환자가 사망하여 의사가 환자의 유족에게 거액의 손해배상금을 지급하기로 합의하였으나 그 후 환자의 사망이 의사의 치료행위와는 전혀 무관한 것으로 밝혀진 사안에서, 의사에게 치료행위상의 과실이 있다는 점은 위 합의의 전제이었지 분쟁의 대상은 아니었다고 보아 착오를 이유로 화해계약의 취소를 인정한 사례.

판례색인

사항색인

【ㄴ】

【ㄷ】

【ㄹ】

【ㅁ】

【ㅂ】

【ㅈ】

【ㅊ】

【ㅌ】

정 광 수 (鄭光洙)

[저자 약력]

· 현재, 강원대학교 법학전문대학원 교수, 법학박사
· 강원대학교 법과대학장 겸 법학전문대학원장
· 강원대학교 비교법학연구소장
· 미국 Indiana Law School, Visiting Scholar
· 사법시험위원, 입법고시위원 등 각종 국가시험위원

[저서 · 논문]

· 『채권법연습』(다나출판, 2012)
· 『친족상속법』(강원대학교출판부, 2010) 등 저서 다수.
· 「친권자 변경에 관한 연구」(강원법학 제37호, 2012)
· 「계약교섭의 중단으로 인한 손해배상책임」(안암법학 제27호, 2008) 등 논문 다수.

계 약 법

2015년 1월 25일 초판인쇄
2015년 1월 30일 초판발행

저　　자 정 광 수
발 행 인 고 호 균
발 행 처 **법 영 사**

저자와의 협의하에 인지첩부를 생략함

135-835 서울시 강남구 대치동 611
전화 (501)8898(대) Fax (501)8895
등록 1987. 5. 11. 제3-125호(윤)
Homepage : www.bubyoungsa.co.kr
E-mail : bypuco@chol.com

※ 파본은 교환해 드립니다. 정가 **32,000**원

ISBN 978-89-7032-302-2